Linux-Gerätetreiber

2. Auflage

Alessandro Rubini & Jonathan Corbet

Deutsche Übersetzung von
Matthias Kalle Dalheimer

O'REILLY®
Beijing · Cambridge · Farnham · Köln · Paris · Sebastopol · Taipei · Tokyo

Kommentare und Fragen können Sie gerne an uns richten:
O'Reilly Verlag
Balthasarstr. 81
50670 Köln
Tel.: 0221/9731600
Fax: 0221/9731608
E-Mail: kommentar@oreilly.de

1. Auflage 1998
2. Auflage 2002

Die Originalausgabe erschien 2001 unter dem Titel *Linux Device Drivers - 2nd Edition*
im Verlag O'Reilly & Associates, Inc.

Die Deutsche Bibliothek - CIP - Einheitsaufnahme

Ein Titeldatensatz für diese Publikation ist
bei der Deutschen Bibliothek erhältlich.

Übersetzung und deutsche Bearbeitung: Matthias Kalle Dalheimer, Hagfors (Schweden)
Lektorat: Christine Haite, Köln
Korrektorat: Friederike Daenecke, Zülpich
Fachliche Begutachtung: Sven Riedel, Clausthal & Lothar Schumacher, Meerbusch
Satz: Stefan Göbel, reemers publishing services gmbh, Krefeld; www.reemers.de
Umschlaggestaltung: Edie Freedman & Pam Spremulli, Boston
Produktion: Geesche Kieckbusch, Köln
Belichtung, Druck und buchbinderische Verarbeitung:
Druckerei Kösel, Kempten; www.koeselbuch.de

ISBN 3-89721-138-6

Dieses Buch ist auf 100% chlorfrei gebleichtem Papier gedruckt.

Inhalt

Vorwort

Oberflächlich betrachtet ist dieses Buch ein Buch über das Schreiben von Gerätetreibern für Linux-Systeme. Das ist natürlich ein durchaus lohnenswertes Ziel; es steht nicht zu erwarten, daß der Zustrom neuer Hardware in nächster Zeit abnimmt, und irgend jemand muß ja dafür sorgen, daß alle diese Spielzeuge auch unter Linux funktionieren. Aber in diesem Buch geht es auch darum, wie der Linux-Kernel arbeitet und wie Sie sich das für Ihre Bedürfnisse und Interessen zunutze machen können. Linux ist ein offenes System, und wir hoffen, daß es mit diesem Buch für eine Vielzahl von Entwicklern noch offener und zugänglicher wird.

Es hat sich seit der ersten Auflage dieses Buches viel im Linux-Bereich geändert. Linux läuft jetzt auf viel mehr Prozessoren und unterstützt viel mehr verschiedene Hardware. Viele der internen Programmierschnittstellen haben sich signifikant verändert. Daher wurde diese zweite Auflage notwendig. Dieses Buch behandelt die Version 2.4 des Kernels mit allen darin enthaltenen neuen Features, schaut aber immer auch im Interesse derjenigen, die das benötigen, auf die älteren Versionen zurück.

Wir hoffen, es bereitet Ihnen genauso viel Vergnügen, dieses Buch zu lesen, wie es uns Spaß gemacht hat, dieses Buch zu schreiben.

Alessandros Einführung

Als Elektrotechniker und »Selbermacher« habe ich immer gern meinen Computer benutzt, um externe Hardware zu steuern. Seit den Zeiten des Apple IIe meines Vaters habe ich nach einer anderen Plattform gesucht, mit der ich meine selbstgebastelten Schaltkreise verbinden und auf der ich eigene Treiber für diese schreiben könnte. Unglücklicherweise waren die PCs der achtziger Jahre noch nicht leistungsstark genug, weder auf der Software- noch auf der Hardware-Ebene: Das innere Design des PCs war deutlich schlechter als das des Apple IIe und die verfügbare Dokumentation war lange Zeit wenig zufriedenstellend. Aber dann erschien Linux, und ich entschied mich, ihm eine Chance zu geben: ich kaufte eine teure 386er-Hauptplatine und keinerlei kommerzielle Software.

Zu dieser Zeit benutzte ich Unix-Systeme an der Universität. Dieses schlaue Betriebssystem begeisterte mich sehr, insbesondere wenn man die noch schlaueren Hilfsprogramme hinzunimmt, die das GNU-Projekt für die Benutzer entwickelt. Den Linux-Kernel auf meinem eigenen PC laufen zu lassen ist immer eine interessante Erfahrung gewesen, und ich konnte nun sogar meine eigenen Gerätetreiber schreiben und wieder mit dem Lötkolben spielen. Ich erzähle den Leuten immer noch, daß ich »ein Hacker werden möchte, wenn ich groß bin«. Linux ist die perfekte Plattform für solche Träume. Da weiß ich nicht einmal, ob ich jemals groß werde.

In dem Maße, in dem sich Linux weiterentwickelt und reift, interessieren sich auch immer mehr Leute dafür, Treiber für ihre selbstgestrickten Schaltungen oder auch für kommerzielle Geräte zu entwickeln. Oder wie Linus Torvalds es einmal formulierte: »Es brechen Zeiten an, in denen Männer wieder Männer sind und ihre eigenen Gerätetreiber schreiben.«

1996 programmierte ich an meinen eigenen Spielzeug-Gerätetreibern, mit denen ich mit geliehener, gespendeter oder sogar selbstgebauter Hardware herumexperimentieren konnte. Ich hatte bereits einige Seiten zum *Kernel Hacker's Guide* von Michael Johnson beigetragen und begann, Kernel-bezogene Artikel für das *Linux Journal* zu schreiben, das Magazin, das Michael gegründet hatte und leitete. Michael brachte mich mit Andy Oram von O'Reilly zusammen, der sein Interesse an einem ganzen Buch über Gerätetreiber bekundete, und ich nahm diese Aufgabe an, die mich eine ganze Zeitlang auf Trab hielt.

1999 wurde deutlich, daß ich nicht allein die Energie aufbringen konnte, das Buch zu aktualisieren; meine Familie war gewachsen, und ich hatte genug Programmieraufgaben, um mich allein mit dem Schreiben von GPL-Software zu beschäftigen. Außerdem war der Kernel größer und die API reifer und umfassender geworden. An dieser Stelle bot Jonathan seine Hilfe an: Er hatte genau die richtigen Fähigkeiten und den Enthusiasmus, um mit der Aktualisierung anzufangen und mich bei Kurs und im Zeitplan zu halten – der dann doch ins Rutschen geriet. Er ist ein unschätzbarer Kumpel bei dieser Arbeit gewesen, die er mit seinen Kenntnissen und seiner Einsatzbereitschaft deutlich mehr vorangebracht hat, als ich das allein hätte tun können. Ich habe wirklich gern mit ihm zusammengearbeitet, sowohl auf fachlicher als auch auf persönlicher Ebene.

Jons Einführung

Ich begann 1994, aktiv mit Linux herumzuspielen, als ich meinen Arbeitgeber davon überzeugen konnte, mir einen Laptop von einer Firma zu kaufen, die sich damals Fintronic Systems nannte. Als Unix-Anwender seit den frühen achtziger Jahren und als jemand, der schon immer im Quellcode herumgespielt hat, war ich Linux sofort verfallen. Schon 1994 war Linux ein sehr mächtiges System, und das erste wirklich freie System, mit dem ich jemals arbeiten konnte. Zu diesem Zeitpunkt verlor ich fast alles Interesse daran, mit proprietären Systemen zu arbeiten.

Ich hatte allerdings nie geplant, über Linux zu schreiben. Als ich anfing, mich mit O'Reilly zu unterhalten, hatte ich gerade den Job gekündigt, in dem ich 18 Jahre lang gearbeitet hatte, um eine Linux-Beratungsfirma zu gründen. Um auf uns aufmerksam zu machen, startete ich eine Site mit Linux-Nachrichten, den Linux Weekly News (*http://lwn.net*), auf der es unter anderem auch um Kernel-Entwicklung ging. Als die Beliebtheit von Linux explosionsartig zunahm, war das auch mit der Website der Fall, und das Beratungsgeschäft geriet so langsam in Vergessenheit.

Mein Hauptinteresse ist aber immer die Systemprogrammierung gewesen. Früher äußerte sich dieses Interesse darin, den ursprünglichen BSD-Unix-Paging-Code zu »fixen« (was ein ziemlich schrecklicher Hack gewesen sein muß) oder widerspenstige Bandlaufwerke auf einem VAX/VMS-System zum Laufen zu bringen (auf dem der Quellcode zur Verfügung stand, wenn es einem nichts ausmachte, daß dieser in Assembler und Bliss geschrieben war und nur auf Mikrofilmen geliefert wurde). Im Laufe der Zeit hatte ich Treiber für Systeme wie Alliant, Ardent und Sun geschrieben, bevor ich mich damit befaßte, Linux etwa als Echtzeit-Radardaten-System einzusetzen oder – während ich an diesem Buch arbeitete – das Sperren der I/O-Request-Warteschlange im Linux-Diskettentreiber zu reparieren.

Die Gelegenheit, an diesem Buch zu arbeiten, war mir daher aus mehreren Gründen sehr willkommen. Es war unter anderem eine Chance, sich tief in den Code einzuarbeiten und anderen mit ähnlichen Zielen zu helfen. Linux sollte immer nicht nur nützlich sein, sondern auch Spaß machen, und das Herumspielen am Kernel ist sicherlich eine der Sachen, die besonders viel Spaß machen, zumindest Leuten mit einer etwas merkwürdigen Definition von »Spaß«. Die Zusammenarbeit mit Alessandro ist ein großes Vergnügen gewesen, und ich bin ihm zu Dank verpflichtet dafür, daß er mir zugetraut hat, an seinem exzellenten Text herumzuwerken, und geduldig mit mir war, während ich mich einarbeitete und Sachen kaputt machte – außerdem natürlich für eine Radtour durch Pavia unter Einfluß des Jetlags. Dieses Buch zu schreiben ist eine großartige Erfahrung für mich gewesen.

Die Zielgruppe dieses Buches

Dieses Buch ist eine praktische Einführung in die Kernel-Interna und einige der Entwurfsentscheidungen, die die Linux-Entwickler getroffen haben. Obwohl das eigentliche und offizielle Ziel dieses Buches darin besteht, Ihnen beizubringen, wie man Gerätetreiber schreibt, sollte es auch einen interessanten Überblick über die Implementation des Linux-Kernels im allgemeinen geben.

Obwohl echte Hacker alle notwendigen Informationen in den offiziellen Kernel-Quellen finden können, kann ein geschriebener, »richtiger« Text hilfreich sein, wenn man sich Programmierwissen aneignen will. Der Text, der jetzt vor Ihnen liegt, ist das Ergebnis stundenlangen geduldigen Durchsuchens der Kernel-Quellen, und wir hoffen, daß das Ergebnis die Mühe wert ist.

Dieses Buch soll sowohl für Leute, die mit ihrem Computer experimentieren, als auch für technische Programmierer, die sich mit den Innereien eines Linux-Rechners beschäftigen müssen, eine interessante Informationsquelle sein. Beachten Sie, daß »ein Linux-Rechner« mehr umfaßt als »ein PC, auf dem Linux läuft«, denn unser Betriebssystem unterstützt viele Plattformen, und die Kernel-Programmierung ist keinesfalls an eine bestimmte Plattform gebunden. Wir hoffen, daß dieses Buch ein nützlicher Ausgangspunkt für Leute ist, die Kernel-Hacker werden möchten, aber nicht wissen, wo sie anfangen sollen.

Linux-Begeisterte sollten in diesem Buch genug Gehirnnahrung finden, um mit dem Code spielen zu können und dann in die Gruppe der Entwickler einzutreten, die ständig an neuen Fähigkeiten und Geschwindigkeitsverbesserungen arbeiten. Dieses Buch behandelt natürlich nicht den gesamten Linux-Kernel, aber Autoren von Linux-Gerätetreibern müssen wissen, wie man mit vielen der Subsysteme des Kernels arbeitet. Daher ist das Buch auch eine gute Einführung in die Kernel-Programmierung im allgemeinen. Linux ist immer noch in der Entwicklung begriffen, und es gibt immer einen Platz für neu hinzugekommene Programmierer.

Dieses Buch sollte aber auch so modular aufgebaut sein, daß Sie damit auch dann klarkommen, wenn Sie nur einen Gerätetreiber für ein bestimmtes Gerät schreiben und sich nicht lange mit den Kernel-Interna auseinandersetzen wollen. Wenn Sie nicht tief in die Details einsteigen wollen, dann können Sie die meisten technischen Abschnitte überspringen und bei der Standard-API bleiben, die von den Gerätetreibern benutzt wird, damit diese nahtlos in den Rest des Kernels integriert werden können.

Das Hauptziel dieses Buches ist es, Kernel-Module für die Version 2.4 des Kernels zu schreiben. Ein *Modul* ist Objektcode, der zur Laufzeit nachgeladen werden kann, um zu einem laufenden Kernel neue Funktionalität hinzuzufügen. Wo immer möglich behandelt unser Beispiel-Code auch die Versionen 2.2 und 2.0, und wir weisen darauf hin, wenn sich etwas geändert hat.

Organisation des Buches

Die einzelnen Themen in diesem Buch sind nach aufsteigender Komplexität sortiert und können in zwei Teile eingeteilt werden. Der erste Teil (Kapitel 1 bis 10) fängt damit an, wie Kernel-Module ordentlich installiert werden, und beschreibt dann die verschiedenen Aspekte der Programmierung, die Sie kennen müssen, um einen voll funktionsfähigen Treiber für ein zeichenorientiertes Gerät zu schreiben. Jedes Kapitel behandelt ein anderes Problem und enthält am Ende eine »Symboltabelle«, die während der Entwicklung als Referenz verwendet werden kann.

Im ganzen ersten Teil des Buches bewegen sich die Themen ungefähr von Software-Themen zu Hardware-Themen. Wir haben das so gemacht, damit Sie die Software auf Ihrem eigenen Computer so weit wie möglich testen können, ohne externe Hardware anschließen zu müssen. Jedes Kapitel enthält Quellcode und verweist auf Muster-Treiber, die Sie auf jedem Linux-Rechner laufen lassen können. Allerdings werden wir Sie in den Kapiteln 8 und 9 dazu auffordern, ein kurzes Stück Draht an den parallelen Port anzuschließen, um den Zugriff auf die Hardware zu testen, aber wir denken, das sollte jeder hinbekommen.

In der zweiten Hälfte des Buches gehen wir auf blockorientierte Treiber und Netzwerkschnittstellen ein und kommen zu fortgeschritteneren Themen. Viele Treiber-Autoren werden diese Informationen gar nicht benötigen, aber wir möchten Sie ermutigen, trotzdem weiterzulesen. Viele der hier besprochenen Dinge sind so interessant im Hinblick darauf, wie der Kernel arbeitet, daß es sich lohnen kann, diese Kapitel auch dann zu lesen, wenn Sie sie nicht für ein bestimmtes Projekt benötigen.

Hintergrundinformationen

Um dieses Buch verstehen zu können, müssen Sie sich in der C-Programmierung auskennen. Ein wenig Unix-Wissen ist ebenfalls nötig, denn wir werden uns oft auf Unix-Befehle und -Pipes beziehen.

Auf der Hardware-Ebene sind keine Vorkenntnisse notwendig, solange die allgemeinen Konzepte klar sind. Dieses Buch basiert nicht auf spezifischer PC-Hardware, und wir werden alle erforderlichen Informationen geben, wenn wir doch einmal auf spezifische Hardware zu sprechen kommen.

Mehrere freie Software-Werkzeuge sind notwendig, um den Kernel bauen zu können, und oft werden Sie bestimmte Versionen dieser Werkzeuge benötigen. Ältere Versionen verfügen möglicherweise nicht über benötigte Features, und neuere können manchmal kaputte Kernel erzeugen. Normalerweise sollten die Werkzeuge, die mit einer aktuellen Distribution geliefert werden, aber gut funktionieren. Welche Versionen benötigt werden, unterscheidet sich von Kernel zu Kernel; in *Documentation/Changes* in den Kernel-Quellen können Sie die genauen Anforderungen nachlesen.

Weitere Informationsquellen

Die meisten Informationen in diesem Buch stammen direkt aus den Kernel-Quellen. Achten Sie besonders auf das Verzeichnis *Documentation*, das Sie in den Kernel-Quellen finden. Hier finden Sie eine Vielzahl interessanter Informationen, darunter auch die Dokumentation eines ständig wachsenden Teils der Kernel-API (im Unterverzeichnis *DocBook*).

Es gibt einige wenige interessante Bücher, die verwandte Themen umfassend beschreiben; diese sind im Literaturverzeichnis genannt.

Auch im Internet finden sich viele nützliche Informationen; im Folgenden finden Sie eine Auswahl von Sites. Diese ändern sich natürlich ständig – viel schneller, als Bücher geändert werden können. Daher wird diese Liste permanent etwas veraltet sein.

http://www.kernel.org/
ftp://ftp.kernel.org/
: Diese Website ist das Zuhause der Linux-Kernel-Entwicklung. Sie finden hier die neueste Kernel-Version und verwandte Informationen. Beachten Sie, daß der FTP-Server in der ganzen Welt gespiegelt wird, so daß Sie wahrscheinlich in Ihrer Nähe einen Mirror finden können.

http://www.linuxdoc.org
: Das Linux Documentation Project enthält ebenfalls eine Menge interessante Dokumente namens »HOWTOs«; einige davon sind ziemlich technisch und enthalten auch Kernel-Themen.

http://www.linux-mag.com/depts/gear.html
: Der Abschnitt »Gearheads only« im *Linux Magazine* enthält oft Kernel-orientierte Artikel von bekannten Entwicklern.

http://www.linux.it/kerneldocs
: Diese Seite enthält viele Kernel-orientierte Artikel, die Alessandro geschrieben hat.

http://lwn.net
: Auch auf die Gefahr hin, hier Eigenwerbung zu betreiben, möchten wir doch auf diese News-Site (die von einem der Autoren dieses Buches betreut wird) hinweisen, die unter anderem regelmäßig über Kernel-Entwicklungen berichtet.

http://kt.zork.net
: Kernel Traffic ist eine beliebte Site, die wöchentliche Zusammenfassungen der Linux-Kernel-Entwicklungs-Mailing-Liste enthält.

http://www.atnf.csiro.au/~rgooch/linux/docs/kernel-newsflash.html
: Die Kernel Newsflash-Site ist eine zentrale Anlaufstelle für brandneue Kernel-Nachrichten. Insbesondere geht es hier um Probleme und Inkompatibilitäten in aktuellen Kernel-Versionen. Sie kann eine gute Informationsquelle sein, wenn man herausfinden will, warum ein Treiber mit dem neuesten Entwickler-Kernel nicht mehr funktioniert.

http://www.kernelnotes.org
: Kernel Notes ist eine klassische Site mit Informationen über neue Kernel-Versionen, inoffizielle Patches und mehr.

http://www.kernelnewbies.org
: Diese Site richtet sich an neue Kernel-Entwickler. Hier finden Sie Informationen für Anfänger, eine FAQ und einen IRC-Kanal für Leute, die nach Hilfe suchen.

http://lksr.org
: Die Linux Kernel Source Reference ist ein Web-Interface zu einem CVS-Archiv, das eine unglaubliche Menge historischer Kernel-Versionen enthält. Dies ist besonders dann nützlich, wenn man herausfinden möchte, wann eine bestimmte Änderung erfolgt ist.

http://www.linux-mm.org
: Auf dieser Site geht es um die Entwicklung der Speicherverwaltung in Linux. Hier finden Sie nützliche Informationen und eine umfassende Liste von Kernel-orientierten Web-Links.

http://www.conecta.it/linux/
: Dieser italienische Server ist einer der Orte, an denen ein Linux-Enthusiast aktualisierte Informationen über alle laufenden Projekte im Linux-Bereich sammelt. Möglicherweise kennen Sie bereits eine interessante Stelle mit Links zum Thema Linux-Entwicklung, wenn nicht, dann ist das hier ein guter Ausgangspunkt.

Online-Versionen und Lizenz

Die Autoren dieses Buches haben sich entschlossen, es unter den Bedingungen der GNU Free Documentation License (GFDL), Version 1.1, zur freien Verfügung zu stellen.

Vollständiger Lizenztext
: *http://www.oreilly.com/catalog/linuxdrive2/chapter/licenseinfo.html*;

Eine nicht-offizielle Übersetzung der GFDL
: *http://nautix.sourceforge.net/docs/fdl.de.html*;

Die vorliegende Übersetzung des amerikanischen Originalbuchs
: *http://www.oreilly.de/openbook/*;

Das Originalbuch
: *http://www.oreilly.com/catalog/linuxdrive2/*.

DocBook
: *http://www.oreilly.com/catalog/linuxdrive2/chapter/bookindex.xml*;

PDF
: *http://www.oreilly.com/catalog/linuxdrive2/chapter/bookindexpdf.html*.

Konventionen in diesem Buch

In diesem Buch wurden die folgenden typographischen Konventionen verwendet.

Kursiv
: wird für Datei- und Verzeichnisnamen, Programm- und Befehlsnamen, Kommandozeilenoptionen, E-Mail-Adressen und Pfadnamen, URLs und zum Hervorheben neu eingeführter Begriffe verwendet.

`Nichtproportionalschrift`
: wird in Beispielen für den Inhalt von Programmdateien oder für die Ausgabe von Befehlen verwendet und kennzeichnet Wörter, die in C-Code vorkommen, sowie andere literale Strings.

`Kursive Nichtproportionalschrift`
: wird verwendet, um Variablenoptionen, Schlüsselwörter oder Text zu kennzeichnen, den der Benutzer durch den eigentlichen Wert ersetzen soll.

`Fette Nichtproportionalschrift`
: wird in Beispielen verwendet, um Befehle oder anderen Text zu kennzeichnen, der vom Benutzer wörtlich eingegeben werden soll.

Beachten Sie besonders Anmerkungen, die mit den folgenden Symbolen vom Text abgesetzt sind:

Dies ist ein Tip. Er enthält nützliche Zusatzinformationen zum aktuellen Thema.

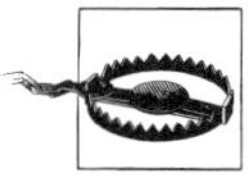

Dies ist eine Warnung. Sie kann Ihnen dabei helfen, ärgerliche Probleme zu lösen oder gleich zu vermeiden.

Danksagungen

Dieses Buch wurde selbstverständlich nicht in einem Vakuum geschrieben, weswegen wir den vielen Leuten danken möchten, die daran beteiligt waren.

Ich (Alessandro) möchte den Leuten danken, die diese Arbeit möglich gemacht haben. Zunächst wäre da natürlich die geradezu unglaubliche Geduld von Federica zu nennen, die mich sogar die erste Auflage während unserer Hochzeitsreise hat Korrektur lesen lassen, mit einem Laptop im Zelt. Giorgio und Giulia sind nur an der zweiten Auflage dieses Buches beteiligt gewesen und halfen mir durch das Ziehen an Kabeln und das Schreien nach Aufmerksamkeit dabei, auf Tuchfühlung mit der Wirklichkeit zu bleiben. Ich möchte auch allen vier Großeltern danken, die als Rettung kamen, wenn die Deadlines zu knapp wurden, und meine väterlichen Pflichten für ganze Tage übernahmen und mir die Konzentration auf Code und Kaffee ermöglichten. Auch Michael Jackson bin ich immer noch dafür zu Dank verpflichtet, daß er mich in die Welt des Schreibens eingeführt hat. Das ist zwar schon einige Jahre her, aber er ist immer noch derjenige, der das Rad ins Rollen gebracht hat; ich hatte schließlich zuvor die Universität verlassen, um das Schreiben von Artikeln gegen das Schreiben von Software einzutauschen. Als unabhängiger Berater habe ich keinen Arbeitgeber, der mir großzügigerweise erlaubt haben könnte, an diesem Buch zu arbeiten, bin aber Francesco Magenta und Rodolfo Giometti zu Dank verpflichtet, die mir als »abhängige Berater« helfen. Schließlich möchte ich den Autoren freier Software danken, die mir das Programmieren beigebracht haben, ohne es zu wissen; dazu gehören sowohl Kernel- als auch User-Space-Autoren, deren Code ich gern gelesen habe; die Liste ist aber zu lang, um sie hier aufzuführen.

Ich (Jon) bin vielen Leuten zu großem Dank verpflichtet; zunächst natürlich meiner Frau Laura, die sich mit dem großen Zeitbedarf, den das Schreiben dieses Buches benötigte, abgefunden hat, insbesondere wo ich gleichzeitig versuchte, eine »dotcom«-Firma zu führen. Meine Kinder, Michele und Giulia, sind eine ständige Quelle der Freude und der Inspiration gewesen. Diverse Leute auf der Linux-Kernel-Mailing-Liste haben sehr geduldig meine Fragen beantwortet und mich eingenordet. Meine Kollegen bei LWN.net waren sehr geduldig mit meiner Ablenkung, und die Unterstützung unserer Leser der LWN-Kernel-Seite ist geradezu großartig gewesen. Diese Auflage wäre vermutlich nicht zustande gekommen ohne die lokale Radiostation in Boulder (mit dem passenden Kürzel KGNU), die fantastische Musik spielt, und die Lake Eldora Ski-Lodge, wo ich mich während der Skistunden meiner Kinder den ganzen Tag mit meinem Laptop aufhielt und wo guter Kaffee serviert wurde. Ich bin Evi Nemeth zu Dank verpflichtet, die die erste war, die mich mit den frühen BSD-Quellen auf ihrer VAX herumspielen ließ, außerdem William Waite, der mir *wirklich* das Programmieren beibringen wollte, und Rit Carbone am National Center for Atmospheric Research (NCAR), der mir bei den ersten Schritten einer langen Karriere behilflich war, in der ich fast alles andere gelernt habe.

Wir möchten beide unserem Lektor Andy Oram danken. Durch seine Anstrengungen ist dieses Buch ein wesentlich besseres Produkt geworden. Und natürlich verdanken wir viel all den klugen Leuten, die die Idee der freien Software vorangebracht haben und am Leben halten (natürlich Richard Stallman, aber auch vielen anderen).

Auch auf Hardware-Ebene haben wir viel Hilfe bekommen; ohne Hilfe von außen hätten wir nicht so viele Plattformen untersuchen können. Wir danken Intel für die Ausleihe eines frühen IA-64-Systems und Rebel.com für die Spende eines Netwinders (ein ARM-basierter Kleincomputer dieser Firma). Prosa Labs, früher Linuxcare Italien, lieh uns ein ziemlich gut ausgestattetes PowerPC-System; NEC Electronics stiftete sein interessantes Entwicklungssystem für den VR4181-Prozessor – ein Palmtop, auf dem wir ein Linux-System in den Flash-Speicher schreiben konnten. Sun Italien lieh uns sowohl ein SPARC- als auch ein SPARC64-System. All diese Firmen und deren Systeme hielten Alessandro auf Trab, Portabilitätsprobleme zu debuggen und zwangen ihn dazu, seinem Zoo von Silikon-Ungeheuern noch einen weiteren Raum zur Verfügung zustellen.

Die erste Auflage wurde von (in alphabetischer Reihenfolge der Vornamen) Alan Cox, Greg Hankins, Hans Lermen, Heiko Eissfeldt und Miguel de Icaza Korrektur gelesen. Bei der zweiten Auflage waren das Allan B. Cruse, Christian Morgner, Jake Edge, Jeff Garzik, Jens Axboe, Jerry Cooperstein, Jerome Peter Lynch, Michael Kerrisk, Paul Kinzelman und Raph Levien. Alle diese Leute haben zusammen eine gewaltige Anstrengung unternommen, Probleme zu finden und auf mögliche Verbesserungen hinzuweisen.

Und nicht zuletzt danken wir den Linux-Entwicklern für ihre nie nachlassende Arbeit. Dazu gehören sowohl die Kernel-Programmierer als auch die User-Space-Programmierer, die ansonsten oft vergessen werden. Wir haben uns entschlossen, nie Namen zu nennen, um nicht jemanden zu vergessen. Manchmal sind wir von dieser Regel abgewichen und haben Linus namentlich erwähnt; es macht ihm hoffentlich nichts aus.

KAPITEL 1

Eine Einführung in den Linux-Kernel

Die Popularität von Linux wächst immer weiter und das Interesse an Linux-Gerätetreibern entsprechend ebenfalls. Der größte Teil von Linux ist unabhängig von der Hardware, auf der er läuft, und die meisten Benutzer müssen sich (glücklicherweise) nicht um Hardware-Fragen kümmern. Aber für jedes Stückchen Hardware, das unter Linux laufen soll, muß jemand einen Treiber geschrieben haben. Ohne Gerätetreiber gibt es kein funktionierendes System.

Gerätetreiber nehmen im Linux-Kernel eine spezielle Rolle ein. Sie sind klar abgegrenzte »Blackboxes«, die ein bestimmtes Stück Hardware auf eine wohldefinierte interne Programmierschnittstelle reagieren lassen. Sie verbergen die komplexen Details, wie das Gerät funktioniert. Die Benutzer-Aktivität findet über einen Satz standardisierter Aufrufe statt, die unabhängig vom jeweiligen Treiber sind; das Abbilden dieser Aufrufe auf gerätespezifische Operationen, die auf der tatsächlichen Hardware arbeiten, ist dann die Aufgabe des Gerätetreibers. Diese Programmierschnittstelle ist so aufgebaut, daß die Treiber vom Rest des Kernels getrennt entwickelt und bei Bedarf zur Laufzeit »eingestöpselt« werden. Diese Modularität macht es einfach, Linux-Treiber zu schreiben, weswegen es inzwischen Hunderte davon gibt.

Es gibt eine Reihe von Gründen, sich für das Schreiben von Linux-Gerätetreibern zu interessieren. Die Geschwindigkeit, mit der neue Hardware verfügbar wird (und wieder veraltet!) stellt sicher, daß Treiber-Autoren auf absehbare Zeit gut ausgelastet sein werden. Einzelne Benutzer müssen möglicherweise etwas über Treiber wissen, um auf ein bestimmtes für sie interessantes Gerät zugreifen zu können. Hardware-Hersteller können die große und stetig wachsende Anzahl von Linux-Benutzern in ihre potentielle Zielgruppe aufnehmen, wenn sie einen Linux-Treiber für ihre Produkte verfügbar machen.

Und wegen der Open Source-Eigenschaft des Linux-Systems kann der Quellcode des Treibers, wenn der Autor das wünscht, blitzschnell zu Millionen von Benutzern gebracht werden.

In diesem Buch werden Sie lernen, wie man eigene Gerätetreiber schreibt und wie man in den dazugehörigen Teilen des Kernels herumhackt. Wir haben dabei einen geräteunabhängigen Ansatz verfolgt; die vorgestellten Programmiertechniken und -schnittstellen sind wo immer möglich nicht an ein bestimmtes Gerät gebunden. Alle Treiber sind anders; als Treiber-Autor müssen Sie Ihr jeweiliges Gerät gut kennen. Aber die meisten Prinzipien und grundlegenden Techniken sind für alle Treiber die gleichen. Dieses Buch kann Ihnen nichts über Ihr Gerät beibringen, aber es kann Ihnen mit dem Hintergrundwissen helfen, das Sie brauchen, um Ihr Gerät zum Laufen zu bringen.

Während Sie lernen, Treiber zu schreiben, werden Sie einiges über den Linux-Kernel im allgemeinen lernen. Damit verstehen Sie möglicherweise auch besser, wie Ihr Rechner funktioniert und warum nicht immer alles so schnell geht oder so läuft, wie Sie das erwarten. Wir werden neue Konzepte langsam einführen, mit sehr einfachen Treibern anfangen und darauf aufbauen. Zu jedem neuen Konzept werden Sie Beispiel-Code finden, zu dessen Test man keine spezielle Hardware benötigt.

In diesem Kapitel wird es noch nicht darum gehen, Code zu schreiben. Wir werden einige Hintergrundkonzepte über den Linux-Kernel einführen, die Ihnen später sehr nützlich sein werden, wenn wir anfangen, Code zu schreiben.

Die Rolle des Treiber-Programmierers

Als Programmierer können Sie selbst Entscheidungen über Ihren Treiber treffen und dabei zwischen der Zeit, die Sie zum Programmieren benötigen, und der Flexibilität des Ergebnisses abwägen. Obwohl es vielleicht merkwürdig klingt, davon zu sprechen, daß ein Treiber »flexibel« ist, mögen wir dieses Wort, denn es betont, daß ein Treiber-Programmierer *Mechanismen* und keine *Policies* (Strategien) bereitstellt.

Der Unterschied zwischen Mechanismus und Policy ist eine der besten Ideen, die hinter dem Design von UNIX stehen. Die meisten Probleme in der Programmierung können in der Tat in zwei Teile aufgespalten werden: in »welche Funktionalität zur Verfügung gestellt werden muß« (der Mechanismus) und in »wie die Funktionalität verwendet werden kann« (die Policy). Wenn diese beiden Bereiche in verschiedenen Teilen des Programms oder sogar von verschiedenen Programmen behandelt werden, dann ist die Software viel einfacher zu entwickeln und an bestimmte Bedürfnisse anzupassen.

Ein Beispiel: Unter UNIX ist die Verwaltung der Bildschirmausgabe zwischen dem X-Server, der die Hardware kennt und den Benutzerprogrammen eine einheitliche Schnittstelle zur Verfügung stellt, und dem Window Manager aufgeteilt, der eine bestimmte Policy implementiert, ohne irgend etwas über die Hardware zu wissen. Man kann den gleichen

Window Manager auf verschiedener Hardware laufen lassen, genau wie verschiedene Benutzer verschiedene Konfigurationen auf ein- und demselben Arbeitsplatzrechner haben können. Selbst vollständig verschiedene Desktop-Umgebungen wie KDE und GNOME können auf ein und demselben System existieren. Ein weiteres Beispiel ist die Schichtenstruktur der TCP/IP-Netzwerkprotokolle: Das Betriebssystem stellt die Socket-Abstraktion bereit, die keine Policy beinhaltet. Verschiedene Server sorgen dann für die Dienste (und deren zugehörige Policies). Darüber hinaus kann ein Server wie `ftpd` den Mechanismus zur Datenübertragung bereitstellen, während die Benutzer den Client verwenden, der ihnen am besten gefällt; es gibt sowohl Kommandozeilen- als auch grafische Clients. Außerdem kann jeder eine neue Benutzerschnittstelle zur Datenübertragung schreiben.

Auch bei Treibern gibt es diese Rollenaufteilung zwischen Mechanismus und Policy. Der Floppy-Treiber hat keine Policy – seine einzige Aufgabe ist es, die Diskette als zusammenhängendes Array von Datenblocks zu betrachten. Höhere Ebenen des Systems liefern dann die Policies, etwa wer auf das Diskettenlaufwerk zugreifen darf, ob direkt auf das Laufwerk oder über das Dateisystem zugegriffen wird und ob Benutzer Dateisysteme auf dem Laufwerk einhängen dürfen. Weil verschiedene Umgebungen auch unterschiedlich auf die Hardware zugreifen müssen, ist es wichtig, so Policy-frei wie möglich zu bleiben.

Programmierer, die Treiber *schreiben*, müssen besonders auf dieses fundamentale Konzept achten: Wir müssen Kernel-Code schreiben, der auf die Hardware zugreift, aber wir sollten dem Benutzer keine bestimmten Policies aufzwingen. Der Treiber sollte sich nur mit dem Ansprechen der Hardware beschäftigen und die Frage, *wie* die Hardware benutzt werden kann, der Applikation überlassen. Ein Treiber gilt also als *flexibel*, wenn er Zugriff auf die Fähigkeiten der Hardware bietet, ohne zusätzliche Beschränkungen hinzuzufügen. Manchmal muß man aber doch Policy-Entscheidungen treffen. Beispielsweise kann ein digitaler I/O-Treiber möglicherweise nur Byte-breiten Zugriff auf die Hardware ermöglichen, um den zusätzlichen Code zu vermeiden, der für die Verarbeitung einzelner Bits notwendig wäre.

Sie können Ihren Treiber auch aus einer anderen Perspektive betrachten: Er stellt eine Software-Schicht dar, die zwischen den Applikationen und dem eigentlichen Gerät liegt. Diese privilegierte Rolle des Treibers erlaubt es dem Treiber-Programmierer zu bestimmen, wie das Gerät dargestellt werden sollte: Verschiedene Treiber können verschiedene Fähigkeiten bieten, selbst für ein und dasselbe Gerät. Das eigentliche Design des Treibers sollte zwischen den verschiedenen Überlegungen abwägen. Beispielsweise ist es denkbar, daß ein Gerät gleichzeitig von mehreren Programmen benutzt werden soll. Der Treiber-Programmierer hat die Freiheit zu bestimmen, wie diese Nebenläufigkeit realisiert werden soll. Er könnte eine Abbildung des Speichers auf das Gerät unabhängig von den Hardware-Fähigkeiten implementieren, eine Bibliothek bereitstellen, um es Applikationsprogrammierern zu erleichtern, eigene Policies auf den verfügbaren Primitiven aufzubauen, und vieles andere mehr. Grundsätzlich müssen Sie abwägen zwischen dem Wunsch, dem Benutzer so viele Optionen wie möglich zu bieten, der Zeit, die Ihnen zur Programmierung des Treibers zur Verfügung steht, und Ihrem Wunsch, den Treiber einfach zu halten, damit sich nicht so viele Fehler einschleichen.

Policy-freie Treiber haben eine Reihe typischer Eigenschaften. Dazu gehören die Unterstützung sowohl des asynchronen als auch des synchronen Betriebs, die Fähigkeit, mehrfach geöffnet werden zu können, die Möglichkeit, die Hardware vollständig ausnutzen zu können, und die Abwesenheit von Software-Schichten, die »die Sache vereinfachen« oder Policy-bezogene Operationen bereitstellen. Solche Treiber funktionieren nicht nur besser für Endbenutzer, sondern sind auch leichter zu schreiben und zu pflegen. Policy-frei zu sein ist in der Tat ein ganz gängiges Ziel von Software-Designern.

Die meisten Gerätetreiber werden zusammen mit Benutzerprogrammen veröffentlicht, die bei der Konfiguration und beim Zugriff auf das Zielgerät helfen. Diese Programme reichen von einfachen Konfigurationswerkzeugen bis hin zu vollständigen grafischen Applikationen. Beispiele dafür sind das Programm *tunelp*, das einstellt, wie der Gerätetreiber für Drucker am parallelen Port funktioniert, und das grafische Werkzeug *cardctl*, das zum PCMCIA-Treiber-Paket gehört. Normalerweise wird auch eine Client-Bibliothek bereitgestellt, die Fähigkeiten implementiert, die nicht Bestandteil des Treibers selbst sein müssen.

In diesem Buch geht es hauptsächlich um den Kernel. Deswegen werden wir versuchen, uns weder mit Policy-Fragen noch mit Anwendungsprogrammen oder Hilfsbibliotheken zu beschäftigen. Manchmal werden wir über verschiedene Policies und wie man diese unterstützt, sprechen, aber wir behandeln Programme, die das Gerät oder die erzwungenen Policies benutzen, nicht sehr detailliert. Sie sollten aber wissen, daß Anwenderprogramme ein unverzichtbarer Bestandteil eines Softwarepakets sind und daß auch Policy-freie Pakete mit Konfigurationsdateien ausgeliefert werden, die dem zugrundeliegenden Mechanismus ein Default-Verhalten zuweisen.

Organisation des Kernels

Auf einem UNIX-System beschäftigen sich mehrere gleichzeitig laufende *Prozesse* mit verschiedenen Aufgaben. Jeder Prozeß fordert Systemressourcen an. Das können Rechenzeit, Speicher, Netzwerkverbindungen oder andere Ressourcen sein. Der *Kernel* ist der große Haufen ausführbaren Codes, der all diese Anforderungen bearbeitet. Obwohl die einzelnen Aufgaben des Kernels nicht klar voneinander getrennt sind, kann die Rolle des Kernels, wie in Abbildung 1-1 gezeigt, in die folgenden Teile aufgeteilt werden:

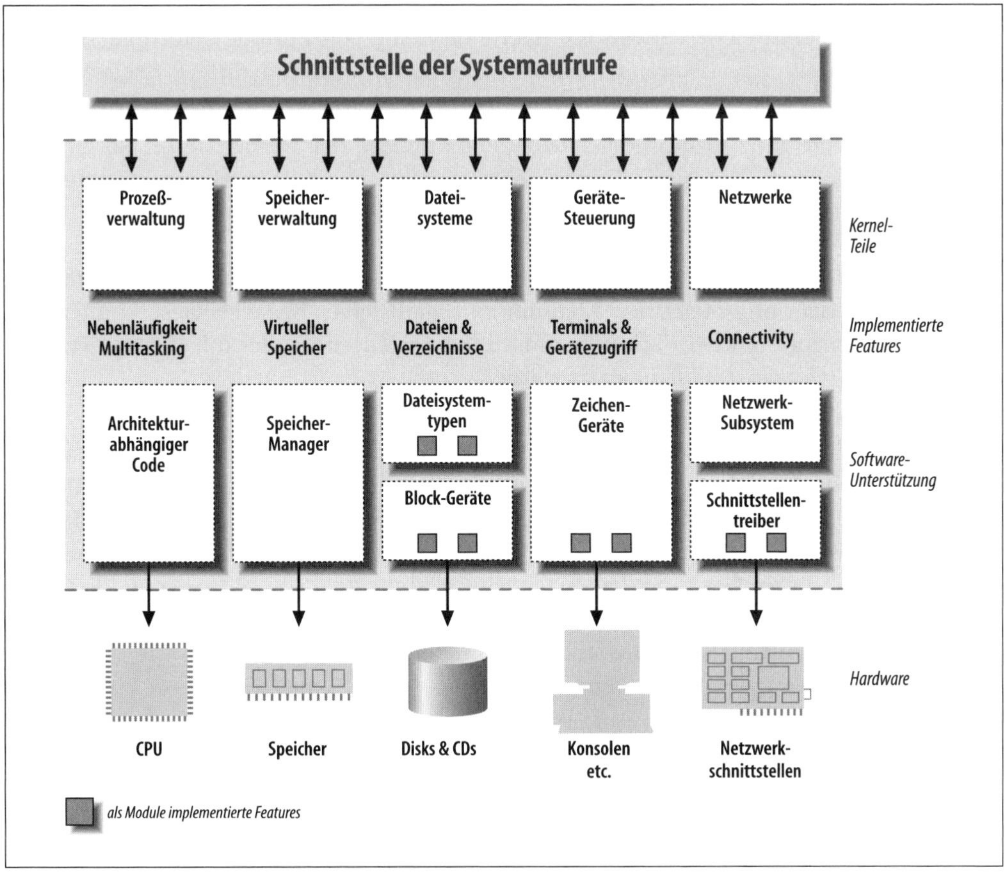

Abbildung 1-1: Ein Blick auf die Aufgabenblöcke des Kernels

Prozeßverwaltung

Der Kernel ist für das Erzeugen und Zerstören von Prozessen und das Verwalten ihrer Verbindung zur Außenwelt (Input und Output) zuständig. Die Kommunikation zwischen den verschiedenen Prozessen (mit Signalen, Pipes und Primitiven zur Interprozeß-Kommunikation) gehört zur grundlegenden Systemfunktionalität und wird ebenfalls vom Kernel übernommen. Außerdem gehört der Scheduler, der steuert, wie Prozesse sich die CPU teilen, zur Prozeßverwaltung. Allgemein gesprochen, besteht die Prozeßverwaltung des Kernels darin, die Abstraktion mehrerer Prozesse auf einer einzigen CPU (oder auch mehreren) zu implementieren.

Speicherverwaltung

Der Speicher des Computers ist eine wichtige Ressource, und die Verfahren, nach denen sie verteilt wird, sind für die Performance des Systems entscheidend. Der Kernel erzeugt den virtuellen Adreßraum für jeden einzelnen Prozeß aus den vorhandenen beschränkten Ressourcen. Die einzelnen Teile des Kernels interagieren mit dem

Subsystem zur Speicherverwaltung über eine Reihe von Funktionsaufrufen, die von einfachen *malloc/free*-Paaren bis hin zu exotischeren Funktionalitäten reichen.

Dateisysteme

UNIX basiert ganz grundsätzlich auf dem Konzept der Dateisysteme; so ziemlich alles kann unter UNIX als Datei angesehen werden. Der Kernel legt ein strukturiertes Dateisystem über unstrukturierte Hardware, und die daraus resultierende Datei-Abstraktion wird überall im gesamten System verwendet. Linux unterstützt darüber hinaus verschiedene Typen von Dateisystemen, also verschiedene Möglichkeiten, Daten auf dem physikalischen Medium zu organisieren. Beispielsweise können Disketten entweder mit dem Linux-Standarddateisystem ext2 oder mit dem oft verwendeten FAT-Dateisystem formatiert werden.

Gerätesteuerung

So ziemlich jede Systemoperation wird am Ende auf ein physikalisches Gerät zurückgeführt. Mit Ausnahme des Prozessors, des Speichers und einiger weniger anderer Dinge werden sämtliche Gerätesteuerungsoperationen durch Code ausgeführt, der für das jeweilige Gerät spezifisch ist. Dieser Code wird *Gerätetreiber* genannt. Der Kernel muß einen Gerätetreiber für jedes Peripheriegerät im System enthalten, von der Festplatte über die Tastatur bis hin zum Bandlaufwerk. Um diesen Aspekt der Kernel-Funktionen wird es uns in diesem Buch hauptsächlich gehen.

Netzwerkbetrieb

Der Netzwerkbetrieb muß vom Betriebssystem verwaltet werden, da die meisten Netzwerkoperationen nicht für einen Prozeß spezifisch sind: Eingehende Pakete sind asynchrone Ereignisse. Diese Pakete müssen gesammelt, identifiziert und weitergeleitet werden, bevor sich ein Prozeß darum kümmern kann. Es ist die Aufgabe des Systems, Datenpakete über Programm- und Netzwerkschnittstellen hinweg auszuliefern und die Ausführung von Programmen passend zu ihrer Netzwerkaktivität zu steuern. Außerdem sind alle Belange des Routings und der Adreßauflösung im Kernel angesiedelt.

Ziemlich weit hinten in diesem Buch, in Kapitel 16, finden Sie eine Übersichtskarte über den Linux-Kernel, aber fürs erste sollten diese wenigen Absätze genügen.

Eine der guten Eigenschaften von Linux ist die Fähigkeit, den Kernel-Code dynamisch zur Laufzeit zu erweitern. Das bedeutet, daß Sie Funktionen zum Kernel hinzufügen können, während das System läuft.

Jedes Code-Stück, das zum Kernel hinzugefügt werden kann, wird ein *Modul* genannt. Der Linux-Kernel unterstützt eine Reihe verschiedener Modul-Typen (auch Klassen genannt), darunter auch Gerätetreiber. Jedes Modul besteht aus Objekt-Code, der nicht zu einem vollständigen ausführbaren Programm gelinkt ist und dynamisch mit dem Programm *insmod* zum laufenden Kernel hinzugelinkt sowie mit *rmmod* daraus wieder entfernt werden kann.

In Abbildung 1-1 können Sie die verschiedenen Klassen von Modulen sehen, die jeweils eine bestimmte Aufgabe haben. Die Zugehörigkeit eines Moduls zu einer bestimmten Klasse wird anhand seiner Funktionalität bestimmt. Die Module in Abbildung 1-1 umfassen die wichtigsten Klassen, sind aber lange nicht vollständig, weil immer mehr Funktionalität im Linux-Kernel modularisiert wird.

Klassen von Geräten und Modulen

Unter UNIX werden Geräte in drei verschiedene Gerätetypen eingeteilt. Jedes Modul implementiert normalerweise nur einen Treiber und kann daher beispielsweise als *Zeichen-Modul*, als *Block-Modul* oder als *Netzwerk-Modul* klassifiziert werden. Diese Aufteilung der Module in verschiedene Typen und Klassen ist nicht strikt; es ist möglich, riesige Module zu schreiben, die verschiedene Treiber in einem einzigen Code-Stück implementieren. Gute Programmierer schreiben aber trotzdem normalerweise ein Modul pro implementierter Funktionalität, weil eine solche Aufteilung ein zentrales Hilfsmittel ist, um Skalierbarkeit und Erweiterbarkeit zu erreichen.

Kommen wir noch einmal zu den Geräten zurück. Es gibt die drei folgenden Typen:

Zeichen-Geräte (Character Devices)
: Ein Zeichen-Gerät ist ein Gerät, auf das wie auf einen Stream von Bytes zugegriffen werden kann. Ein Zeichen-Treiber implementiert dieses Verhalten. Dazu gehört normalerweise die Implementierung der Systemaufrufe *open*, *close*, *read* und *write*. Die Text-Konsole (*/dev/console*) und die seriellen Ports (*/dev/ttyS0* und Freunde) sind Beispiele für Zeichen-Geräte; sie können gut durch die Stream-Abstraktion repräsentiert werden. Auf Zeichen-Geräte wird mit Hilfe von Dateisystem-Knoten zugegriffen, also beispielsweise mit */dev/tty1* oder */dev/lp0*. Der einzige relevante Unterschied zwischen einem Zeichen-Gerät und einer normalen Datei besteht darin, daß Sie in einer regulären Datei immer vor- und zurückspringen können, während die meisten Zeichen-Geräte nur ein Datenkanal sind, auf den Sie nur sequentiell zugreifen können. Es existieren aber trotzdem Zeichen-Geräte, die wie ein Datenbereich aussehen, in dem Sie dann vor- und zurückspulen können, beispielsweise Framegrabber, bei denen die Applikationen mittels *mmap* oder *lseek* auf das gesamte eingelesene Bild zugreifen können.

Block-Geräte
: Wie auf Zeichen-Geräte wird auch auf Block-Geräte über Dateisystem-Einträge im */dev*-Verzeichnis zugegriffen. Ein Block-Gerät ist etwas, das ein Dateisystem aufnehmen kann, beispielsweise eine Festplatte. Auf den meisten UNIX-Systemen kann auf ein Block-Gerät nur in Vielfachen eines Blocks zugegriffen werden; ein Block ist normalerweise ein Kilobyte oder eine andere Zweierpotenz an Daten. Linux erlaubt es Applikationen, auf ein Block-Gerät wie auf ein Zeichen-Gerät zuzugreifen. Es ermöglicht, beliebig viele Bytes auf einmal zu übertragen. Daraus folgt, daß sich Block- und Zeichen-Geräte nur darin unterscheiden, wie die Daten intern vom Kernel ver-

waltet werden, also in der Schnittstelle zwischen dem Kernel und dem Treiber. Wie auf Zeichen-Geräte wird auf Block-Geräte über Dateisystemknoten zugegriffen; der Unterschied ist für den Benutzer transparent. Ein Block-Treiber kommuniziert mit dem Kernel über die gleiche Schnittstelle wie ein Zeichen-Treiber, darüber hinaus aber auch über eine zusätzliche Schnittstelle, die für den Benutzer oder die Applikation, die */dev*-Einsprungpunkte verwenden, unsichtbar ist. Diese Block-Schnittstelle ist aber notwendig, um ein Dateisystem *einhängen* (*mounten*) zu können.

Netzwerk-Schnittstellen

Jede Netzwerk-Kommunikation geschieht über Schnittstellen, d.h. über ein Gerät, das Daten mit anderen Rechnern austauschen kann. Eine Schnittstelle ist normalerweise ein Stück Hardware, kann aber auch ein reines Software-Gerät wie die Loopback-Schnittstelle sein. Eine Netzwerk-Schnittstelle hat die Aufgabe, vom Netzwerk-Subsystem des Kernels gesteuert, Datenpakete zu senden und zu empfangen, muß aber nicht wissen, wie die einzelnen Kommunikationsvorgänge auf die schließlich übertragenen Pakete abgebildet werden. Obwohl sowohl Telnet- als auch FTP-Verbindungen Stream-orientiert sind und die Daten über das gleiche Gerät übertragen werden, sieht das Gerät nicht die einzelnen Streams, sondern nur die Datenpakete.

Da Netzwerk-Schnittstellen keine Stream-orientierten Geräte sind, können sie nicht so einfach in einen Knoten im Dateisystem wie */dev/tty1* abgebildet werden. Unter UNIX werden den Schnittstellen eindeutige Namen wie `eth0` zugewiesen. Zu so einem Namen gibt es keinen dazugehörigen Eintrag im Dateisystem. Die Kommunikation zwischen dem Kernel und dem Netzwerk-Gerätetreiber ist völlig anders als die, die bei Zeichen- und Block-Treibern verwendet wird. Anstelle von *read* und *write* ruft der Kernel Funktionen auf, die zur Paketübertragung gehören.

Es gibt in Linux noch weitere Klassen von Treiber-Modulen. Die Module jeder Klasse nutzen öffentliche Dienste des Kernels aus, um mit bestimmten Gerätetypen umgehen zu können. Auf diese Art und Weise können USB-(Universal Serial Bus-)Module, serielle Module usw. angesprochen werden. Die gängigste Nicht-Standard-Klasse von Geräten sind die SCSI[1]-Treiber. Obwohl jedes Gerät, das an den SCSI-Bus angeschlossen ist, in */dev* entweder als Zeichen- oder als Block-Gerät erscheint, ist der interne Aufbau der Software anders.

So wie Netzwerkkarten dem Netzwerk-Subsystem die Hardware-Funktionalität zur Verfügung stellen, stellt ein SCSI-Controller dem SCSI-Subsystem den Zugriff auf das eigentliche Schnittstellenkabel zur Verfügung. SCSI ist ein Kommunikationsprotokoll zwischen Computern und Peripheriegeräten, und jedes SCSI-Gerät verwendet dasselbe Protokoll, unabhängig davon, welche Controller-Karte im Rechner steckt. Der Linux-Kernel enthält also eine SCSI-*Implementation* (d.h. eine Abbildung der Datei-Operationen auf das SCSI-Kommunikationsprotokoll). Der Treiber-Programmierer muß die

---

1 SCSI ist ein Akronym für Small Computer Systems Interface und steht für einen etablierten Standard im Workstation- und High-End-Server-Bereich.

Abbildung zwischen der SCSI-Abstraktion und dem physikalischen Kabel implementieren. Diese Abbildung hängt vom SCSI-Controller ab und ist unabhängig davon, welche Geräte am SCSI-Kabel angeschlossen sind.

Andere Klassen von Gerätetreibern sind in jüngerer Zeit zum Kernel hinzugefügt worden, darunter USB-Treiber, FireWire-Treiber und I2O-Treiber. Genau wie bei den SCSI-Treibern haben Kernel-Entwickler klassenweite Merkmale bestimmt und an die Treiber-Implementierer übergeben, um Mehrfacharbeit und Fehler zu vermeiden. Auf diese Weise haben sie den Vorgang, solche Treiber zu schreiben, vereinfacht und die Entwickler unterstützt.

Außer Gerätetreibern gibt es noch weitere Funktionalitäten – sowohl als Hardware als auch als Software –, die im Kernel modularisiert sind. Die wichtigste Klasse von Modulen nach den Gerätetreibern sind die Dateisysteme. Ein Dateisystem-Typ beschreibt, wie Informationen auf einem Block-Gerät organisiert sind, um einen Baum aus Verzeichnissen und Dateien zu repräsentieren. Es handelt sich dabei nicht um einen Gerätetreiber in dem Sinne, daß ein bestimmtes Gerät eingebunden ist, um die Informationen zu verteilen. Der Dateisystem-Typ ist dagegen ein Software-Treiber, weil er die Datenstrukturen auf einer niedrigeren Ebene auf die Datenstrukturen auf einer höheren Ebene abbildet. Das Dateisystem bestimmt, wie lang ein Dateiname sein darf und welche Informationen in einem Verzeichniseintrag über jede Datei gespeichert werden müssen. Die Dateisystem-Module müssen die niedrigste Ebene der Systemaufrufe implementieren, indem sie Dateinamen und Pfade (und andere Informationen wie Zugriffsrechte) auf Datenstrukturen abbilden, die in Datenblocks gespeichert sind. Eine solche Schnittstelle ist vollkommen unabhängig von der eigentlichen Datenübertragung von und zur Festplatte (oder einem anderen Medium), die ihrerseits von einem Block-Gerätetreiber erledigt wird.

Wenn Sie berücksichtigen, wie sehr ein UNIX-System vom zugrundeliegenden Dateisystem abhängt, wird Ihnen klar, daß ein solches Software-Konzept maßgeblich für den Systembetrieb ist. Die Fähigkeit, Informationen über das Dateisystem zu verstehen, bleibt auf der niedrigsten Ebene in der Kernel-Hierarchie und ist von äußerster Wichtigkeit. Selbst wenn Sie einen Block-Treiber für Ihr neues CD-ROM-Laufwerk schreiben, ist das nutzlos, wenn Sie nicht *ls* oder *cp* auf den Daten ausführen können. Linux unterstützt Dateisystem-Module, deren Software-Schnittstellen die verschiedenen Operationen deklarieren, die auf einer Inode, einem Verzeichnis, einer Datei oder einem Superblock des Dateisystems ausgeführt werden können. Es ist ziemlich unüblich, daß ein Programmierer tatsächlich ein Dateisystem-Modul schreiben muß, weil der offizielle Kernel bereits den Code für die wichtigsten Dateisystemtypen enthält.

Sicherheitsfragen

Heutzutage ist Sicherheit ein zunehmend wichtiger Aspekt. Wir besprechen Sicherheitsfragen in diesem Buch, wenn sie auftreten. Es gibt aber auch einige allgemeine Konzepte, auf die wir bereits hier eingehen wollen.

Es gibt grundsätzlich zwei Arten möglicher Gefährdungen, die man *absichtlich* und *unbeabsichtigt* nennen kann. Ein Sicherheitsproblem ist der Schaden, den ein Benutzer durch den Mißbrauch existierender Programme oder die zufällige Ausnutzung von Fehlern erreichen kann. Der andere Aspekt beschäftigt sich damit, was für eine (Fehl-)Funktionalität ein Programmierer implementieren kann. Offensichtlich hat der Programmierer weitaus mehr Möglichkeiten als der reine Benutzer. Mit anderen Worten: Es ist ebenso gefährlich, als Superuser ein Programm zu starten, das Sie von einem Freund bekommen haben, wie ihm oder ihr zu diesem Zeitpunkt direkt eine Superuser-Shell zur Verfügung zu stellen. Obwohl der Zugang zu einem Compiler *per se* noch keine Sicherheitslücke ist, kann ein Loch auftreten, wenn der kompilierte Code tatsächlich ausgeführt wird. Seien Sie besonders vorsichtig mit Modulen, weil ein Kernel-Modul alles machen kann. Ein Modul ist genauso mächtig wie eine Superuser-Shell.

Jede Sicherheitskontrolle im System geht vom Kernel aus. Wenn der Kernel Sicherheitslücken hat, dann hat das ganze System Sicherheitslücken. In der offiziellen Kernel-Distribution kann nur ein dazu autorisierter Benutzer Module laden; der Systemaufruf *create_module* überprüft, ob der aufrufende Prozeß das Recht hat, ein Modul in den Kernel zu laden. Bei einem offiziellen Kernel kann also nur der Superuser[2] oder ein Eindringling, dem es gelungen ist, Superuser-Rechte zu erhalten, die Machtfülle des privilegierten Codes ausnutzen.

Wo immer möglich sollten Treiber-Programmierer es vermeiden, eine Sicherheits-Policy in ihren Code einzubinden. Sicherheit ist eine strategische Frage, die am besten auf höheren Ebenen im Kernel unter der Kontrolle des Systemverwalters abgehandelt wird. Es gibt aber natürlich immer Ausnahmen. Als Programmierer von Gerätetreibern sollten Sie sich über solche Situationen im klaren sein, in denen manche Gerätezugriffe das System als Ganzes negativ beeinflussen könnten, und entsprechende Kontrollen vorsehen. Beispielsweise sollten Geräteoperationen, die globale Ressourcen betreffen (wie das Einstellen einer Interrupt-Leitung) oder die Auswirkungen auf andere Benutzer haben (wie das Einstellen der Default-Blockgröße eines Bandlaufwerks), normalerweise nur hinreichend privilegierten Benutzern zur Verfügung stehen. Eine solche Überprüfung muß vom Treiber selbst vorgenommen werden.

Treiber-Autoren müssen natürlich auch darauf achten, keine Sicherheitsfehler einzubauen. Die Programmiersprache C macht es recht einfach, bestimmte Typen von Fehlern zu machen. Viele derzeitige Sicherheitsprobleme entstehen beispielsweise durch sogenannte *buffer overrun*-Fehler, bei denen der Programmierer vergessen hat, zu überprüfen, wie viele Daten in einen Puffer geschrieben werden, wodurch die Daten über das Puffer-Ende hinaus geschrieben werden und damit andere Daten überschreiben können. Solche Fehler können das gesamte System beeinträchtigen und müssen auf jeden Fall vermieden werden. Glücklicherweise ist es im Zusammenhang mit Gerätetreibern relativ

---

2 In der Version 2.0 des Kernels darf nur der Superuser privilegierten Code ausführen, während in der Version 2.2 anspruchsvollere Überprüfungen möglich sind. Wir besprechen das in Kapitel 5.

einfach, diese Fehler zu vermeiden, da die Benutzerschnittstelle sehr genau definiert ist und unter ständiger Beobachtung steht.

Auch einige andere generelle Ideen aus dem Bereich der Sicherheit sollten Sie im Kopf behalten. Alle Eingaben, die aus Benutzerprozessen stammen, sollten mit großem Mißtrauen betrachtet werden; trauen Sie den Daten nicht, sofern Sie sie nicht überprüfen können. Achten Sie auch auf uninitialisierten Speicher; jeder Speicher, den Sie vom Kernel bekommen, sollte mit Nullen gefüllt oder anderweitig initialisiert werden, bevor er einem Benutzer-Prozeß oder einem Gerät zur Verfügung gestellt wird, ansonsten können vertrauliche Informationen nach außen gelangen. Wenn Ihr Gerät gesendete Daten interpretiert, sollten Sie sicherstellen, daß der Benutzer nichts schicken kann, was das System beschädigen könnte. Denken Sie schließlich auch über die möglichen Auswirkungen von Geräteoperationen nach; wenn bestimmte Operationen (etwa das Neuladen der Firmware auf einer Adapter-Karte oder das Formatieren einer Festplatte) das ganze System beeinträchtigen könnten, sollten diese Operationen wahrscheinlich nur privilegierten Benutzern zur Verfügung stehen.

Seien Sie auch vorsichtig, wenn Sie Software von Dritten bekommen, insbesondere wenn es dabei um den Kernel geht: Weil jeder Zugriff auf den Quellcode hat, kann auch jeder Sachen kaputtmachen und neu kompilieren. Obwohl Sie den vorkompilierten Kerneln aus Ihrer Distribution vertrauen können, sollten Sie keine Kernel verwenden, die von einem Bekannten kompiliert worden sind, dem Sie nicht voll vertrauen – wenn Sie kein vorkompiliertes Binärprogramm als Superuser starten wollen, dann sollten Sie genausowenig einen vorkompilierten Kernel benutzen. Beispielsweise könnte ein böswillig modifizierter Kernel es jedem erlauben, ein Modul zu laden, und damit eine unerwartete Hintertür via *create_module* schaffen.

Beachten Sie auch, daß man einen Linux-Kernel ohne jede Modulunterstützung kompilieren und so alle diesbezüglichen Sicherheitslöcher schließen kann. Natürlich müssen in diesem Fall alle benötigten Treiber direkt in den Kernel eingebaut werden. Ab der Version 2.2 ist es auch möglich, das Laden von Kernel-Modulen über den Capability-Mechanismus nach dem Booten abzuschalten.

Versionsnumerierung

Bevor wir nun wirklich zur Programmierung kommen, möchten wir noch auf das etwas unübliche Numerierungsschema von Linux eingehen sowie erwähnen, auf welche Versionen sich dieses Buch bezieht.

Beachten Sie zunächst, daß *jedes* Software-Paket, das in einem Linux-System verwendet wird, seine eigene Versionsnummer hat. Oft bestehen auch gegenseitige Abhängigkeiten unter ihnen: Sie benötigen eine bestimmte Version eines Pakets, um eine bestimmte Version eines anderen Pakets verwenden zu können. Die Linux-Distributoren kümmern sich normalerweise darum, die richtigen Versionen herauszusuchen; der Benutzer, der eine solche Distribution installiert, muß sich also nicht um die Versionsnummern kümmern. Diejenigen, die Systemsoftware selbst ersetzen oder aktualisieren, sind dagegen auf sich allein gestellt. Glücklicherweise kann man in einigen modernen Distributionen einzelne Pakete selbst aktualisieren, wobei die Distributionen die Abhängigkeiten zwischen den Paketen überprüfen. Der Paket-Manager der Distribution erlaubt keine Aktualisierung, sofern die Abhängigkeiten nicht erfüllt sind.

Um die Beispiele aus diesem Buch ausprobieren zu können, brauchen Sie nichts außer dem Kernel; jede halbwegs aktuelle Linux-Distribution kann verwendet werden. Wir geben hier keine genauen Anforderungen an, da die Datei *Documentation/Changes* in Ihren Kernel-Quellen die beste Quelle für solche Informationen ist, wenn Sie ein bestimmtes Problem haben.

Was den Kernel angeht, sind die Kernel-Versionen mit geraden Nummern (also zum Beispiel 2.2.*x* und 2.4.*x*) die stabilen, die für die allgemeine Verwendung vorgesehen sind. Die ungeraden Versionen (wie 2.3.*x*) sind dagegen Entwicklungs-Snapshots und verändern sich schnell; die neuesten stellen den aktuellen Entwicklungsstand dar, sind aber schon nach ein paar Tagen wieder veraltet.

Dieses Buch behandelt die Kernel-Versionen 2.0 bis 2.4. Wir haben uns darauf konzentriert, alle Features zu zeigen, die Treiber-Autoren in der Version 2.4, der derzeit aktuellen Version, zur Verfügung stehen. Wir behandeln auch 2.2 gründlich, wenn sich 2.2 und 2.4 unterscheiden. Außerdem erwähnen wir Features, die in 2.0 nicht zur Verfügung stehen, und bieten Workarounds an, wo der Platz das zuläßt. Ganz allgemein ist der hier gezeigte Code so geschrieben, daß er auf so vielen Kernel-Versionen wie möglich läuft; er ist auf der Version 2.4.4 und, wo es möglich war, den Versionen 2.2.18 und 2.0.38 getestet worden.

Wir gehen hier nicht speziell auf Kernel-Versionen mit ungeraden Nummern ein. Normale Anwender sollten diese nie verwenden. Entwickler, die mit neuen Features experimentieren, sollten aber immer die aktuellste Entwicklungsversion verwenden, um Fehlerkorrekturen und neue Implementationen von bestimmten Features mitzubekommen. Beachten Sie aber, daß es keine Garantie für experimentelle Kernel gibt,[3] und daß niemand Ihnen helfen wird, wenn Sie ein Problem wegen eines Bugs in einem nicht aktuellen Entwicklungs-Kernel haben. Diejenigen, die ungerade Kernel-Versionen verwenden, haben normalerweise die notwendigen Kenntnisse, um sich selbständig in den Kernel einzuarbeiten – ein weiterer Grund dafür, hier nicht auf Entwicklungs-Kernel einzugehen.

Linux ist nicht mehr nur ein »Unix-Klon für PC-Klone«, sondern ein plattformunabhängiges Betriebssystem; es wird erfolgreich auf Alpha- und SPARC-Prozessoren, 68000- und PowerPC-Plattformen und noch einigen mehr eingesetzt. Dieses Buch ist ebenfalls so plattformunabhängig wie möglich; alle Beispiele sind auf mehreren Plattformen wie PCs, Alpha, ARM, IA-64, M68k, PowerPC, SPARC, SPARC64 und VR41xx (MIPS) gete-

3 Auch für Kernel mit geraden Nummern gibt es keine Garantie, es sei denn ein kommerzieller Anbieter sieht das in seinen Lizenzbestimmungen vor.

stet worden. Weil der Code sowohl auf 32-Bit- als auch auf 64-Bit-Prozessoren getestet worden ist, sollte er auch auf allen anderen Plattformen kompiliert werden können und laufen. Natürlich gilt das nicht für die Code-Beispiele, die bestimmte Hardware benötigen, aber das ist dann jeweils im Quellcode angegeben.

Lizenzbedingungen

Linux wird unter der GNU General Public License (GPL) lizenziert, einem Dokument, das für das GNU-Projekt der Free Software Foundation entwickelt wurde. Die GPL erlaubt es jedem, ein Produkt unter der GPL weiterzuvertreiben und auch unter der GPL lizenzierte Programme zu verkaufen, sofern der Empfänger eine genaue Kopie der Binärdateien aus den Quellen bauen darf. Außerdem muß auch jedes Software-Produkt, das von einem unter der GPL stehenden Produkt abgeleitet ist, wieder unter der GPL stehen.

Das Hauptziel einer solchen Lizenz ist es, das allgemeine Wissen zu vergrößern, indem jeder die Programme nach Belieben verändern darf, und daß gleichzeitig Leute, die Software verkaufen, noch ihrer Arbeit nachgehen können. Trotz dieser einfachen Ziele hält die Diskussion über die GPL und ihre Verwendung noch an. Falls Sie die Lizenz lesen wollen, können Sie sie an verschiedenen Stellen in Ihrem System finden, unter anderem im Verzeichnis */usr/src/linux* in der Datei *COPYING*.

Eigene Module und Module Dritter sind kein Bestandteil des Linux-Kernels, und Sie sind daher nicht verpflichtet, diese unter der GPL freizugeben. Ein Modul *benutzt* den Kernel über eine wohldefinierte Schnittstelle, ist aber kein Bestandteil davon, ähnlich wie Benutzerprogramme den Kernel über Systemaufrufe benutzen. Beachten Sie, daß diese Ausnahme von der GPL-Lizenzierung nur für Module gilt, die ausschließlich die veröffentlichte Modul-Schnittstelle verwenden. Module, die tiefer in den Kernel eingreifen, fallen unter die Klausel über »abgeleitete Arbeiten« in der GPL.

Zusammengefaßt: Wenn Ihr Code in den Kernel aufgenommen wird, müssen Sie ihn unter die GPL stellen. Wenn Sie Ihre Veränderungen nur selbst verwenden, greift die GPL noch nicht, aber wenn Sie Ihren Code an andere weitergeben, müssen Sie den Quellcode in der Distribution mitliefern – Leute, die sich Ihr Paket besorgen, müssen in den Lage sein, die Binärdateien beliebig neu zu kompilieren. Wenn Sie aber andererseits ein Modul schreiben, dürfen Sie es auch in binärer Form vertreiben. Dies ist aber nicht immer besonders praktisch, weil Module im allgemeinen für die jeweilige Kernel-Version, mit der sie verwendet werden sollen (siehe dazu Kapitel 2, Abschnitt »Versionsabhängigkeit« und Kapitel 11, Abschnitt »Versionskontrolle in Modulen«), neu übersetzt werden sollten. Neue Kernel-Versionen – selbst kleinere stabile Versionen – funktionieren oft nicht mehr mit kompilierten Modulen, was ein Neukompilieren erforderlich macht. Linus Torvalds hat öffentlich erklärt, daß er mit diesem Verhalten kein Problem hat und daß binäre Module nur unter dem Kernel sicher arbeiten, unter dem sie kompiliert wurden. Als Modul-Autor sind Sie Ihren Anwendern besser behilflich, wenn Sie den Quellcode verfügbar machen.

Der größte Teil des Codes in diesem Buch kann als Quellcode und in binärer Form frei weitergegeben werden; weder der O'Reilly Verlag noch wir haben Lizenzrechte an daraus abgeleitetem Code. Alle Programme sind (in der ursprünglichen englischen Version) per FTP von *ftp.oreilly.de/pub/examples/linux/drivers/* erhältlich, die genauen Lizenzbedingungen stehen in der Datei *LICENSE* im gleichen Verzeichnis.

Wenn Beispielprogramme Teile des Kernel-Codes enthalten, schlägt aber wieder die GPL zu: Die Kommentare zu den Quelltexten geben jeweils genau an, was Sache ist. Das trifft aber nur auf einige wenige Quelldateien zu, die nur am Rande mit dem Thema dieses Buches zu tun haben.

Selbst in der Kernel-Entwicklergemeinde tätig werden

Wenn Sie damit anfangen, Module für den Linux-Kernel zu schreiben, werden Sie ein Bestandteil einer größeren Entwicklergemeinde. In dieser Gemeinde finden Sie nicht nur Leute, die sich mit ähnlichen Dingen beschäftigen, sondern auch eine Gruppe hochmotivierter Ingenieure, die daran arbeiten, Linux zu einem noch besseren System zu machen. Diese Leute können eine Quelle der Hilfe, von Ideen aber auch von kritischer Begutachtung des eigenen Codes sein – dies sind die ersten, an die Sie sich normalerweise wenden sollten, wenn Sie nach Testern für einen neuen Treiber suchen.

Die zentrale Anlaufstelle für Linux-Kernel-Entwickler ist die Mailing-Liste *linux-kernel*. Alle wichtigen Kernel-Entwickler, bei Linus Torvalds angefangen, sind auf dieser Liste zu finden. Diese Liste ist nichts für Leute, die leicht nervös werden; es können durchaus bis zu 200 Nachrichten und mehr pro Tag kommen. Gleichwohl ist das Verfolgen dieser Liste aber unabdingbar für alle, die an der Kernel-Entwicklung interessiert sind. Außerdem kann sie eine qualitativ hochwertige Hilfequelle bei Problemen mit der Kernel-Entwicklung sein.

Um sich auf dieser Liste einzutragen, sollten Sie den Anweisungen in der FAQ der Liste folgen, die Sie unter *http://www.tux.org/lkml* finden. Lesen Sie bei der Gelegenheit auch gleich den Rest der FAQ; Sie finden hier viele nützliche Informationen. Linux-Kernel-Entwickler sind vielbeschäftigte Leute und sehr viel eher bereit, Leuten zu helfen, die erst einmal ihre Hausaufgaben gemacht haben.

Übersicht über dieses Buch

An dieser Stelle betreten wir die Welt der Kernel-Programmierung. Kapitel 2 führt das Thema Modularisierung ein, erklärt die dahinterstehenden Geheimnisse und zeigt den Code zum Starten von Modulen. Kapitel 3 erläutert Zeichen-Treiber und enthält den vollständigen Code eines speicherbasierten Gerätetreibers, der zum Spaß gelesen und geschrieben werden kann. Die Verwendung von Speicher als Hardware-Basis erlaubt es jedem, die Beispielprogramme laufen zu lassen, ohne spezielle Hardware beschaffen zu müssen.

Für jeden Programmierer sind Debugging-Techniken äußerst wichtig; sie werden in Kapitel 4 eingeführt. Mit unseren neu erworbenen Debugging-Fähigkeiten gehen wir dann auf fortgeschrittenere Merkmale von Zeichen-Treibern ein, darunter auf blockierende Operationen, die Verwendung von *select* und den wichtigen *ioctl*-Aufruf; diese Themen sind der Inhalt von Kapitel 5.

Bevor wir zur Verwaltung von Hardware kommen, werden wir noch einige weitere Software-Schnittstellen des Kernels auseinandernehmen: Kapitel 6 erklärt, wie Zeit im Kernel verwaltet wird, und Kapitel 7 beschreibt die Anforderung und Vergabe von Speicher.

Anschließend konzentrieren wir uns auf die Hardware: Kapitel 8 beschreibt die Verwaltung von I/O-Ports und Speicher-Puffern, die sich im Gerät befinden; danach gehen wir dann in Kapitel 9 zur Behandlung von Interrupts über. Unglücklicherweise wird nicht jeder in der Lage sein, die Beispielprogramme aus diesen Kapiteln auszuprobieren, weil ein wenig Hardware-Unterstützung notwendig ist, um die Software-Schnittstelle zu den Interrupts zu testen. Wir haben uns bemüht, die benötigte Hardware so gering wie möglich zu halten, aber trotzdem werden Sie zum Lötkolben greifen müssen, um Ihr »Gerät« zu bauen. Das Gerät ist ein einziges Stück Draht, das in den parallelen Port gesteckt wird. Wir hoffen also, daß das kein Problem ist.

Kapitel 10 enthält einige weitere Hinweise zum Schreiben von Kernel-Software und zu Portabilitätsfragen.

Im zweiten Teil dieses Buches werden wir etwas ambitionierter, weswegen Kapitel 11 noch einmal auf die Modularisierung zu sprechen kommt und dabei tiefer in das Thema einsteigt.

Kapitel 12 beschreibt dann, wie Block-Treiber implementiert werden, und erläutert die Punkte, an denen sich diese von Zeichen-Treibern unterscheiden. Anschließend erklärt Kapitel 13, was wir bei unserer bisherigen Behandlung der Speicherverwaltung ausgelassen haben: *mmap* und DMA. Nach diesen Kapiteln sollten Sie alles über Zeichen- und Block-Treiber wissen.

Als nächstes folgt die dritte große Klasse der Treiber: In Kapitel 14 besprechen wir detailliert, wie Netzwerk-Interfaces aussehen, und zerlegen den Code eines Beispiel-Netzwerktreibers.

Einige wenige Merkmale von Gerätetreibern hängen direkt von dem Bus ab, an dem das Peripherie-Gerät hängt, daher enthält Kapitel 15 einen Überblick über die heutzutage gängigsten Bus-Implementationen, wobei besonders auf die PCI-Unterstützung im Kernel eingegangen wird.

Schließlich ist Kapitel 16 eine Art Rundreise durch die Kernel-Quellen. Dieses Kapitel ist als Ausgangspunkt für Leute gedacht, die das allgemeine Design verstehen wollen, aber die sich vielleicht durch den riesigen Berg an Quellcode, aus dem Linux besteht, abgeschreckt fühlen.

KAPITEL 2

Module erstellen und starten

Es ist allerhöchste Zeit, daß wir mit dem Programmieren anfangen. In diesem Kapitel lernen Sie alle notwendigen Konzepte aus dem Bereich Modul- und Kernel-Programmierung kennen. Auf diesen wenigen Seiten werden wir ein vollständiges Modul programmieren. Das dabei erworbene Wissen ist grundlegend für jede Art von modularisiertem Treiber. Um nicht zu viele Konzepte auf einmal einzuführen, reden wir in diesem Kapitel nur über Module und beziehen uns dabei nicht auf irgendwelche Geräte-Klassen.

Alle Bestandteile des Kernels (Funktionen, Variablen, Header-Dateien und Makros), die hier eingeführt werden, werden in der Zusammenfassung am Ende des Kapitels beschrieben.

Für ungeduldige Leser enthält der folgende Code ein vollständiges »Hallo Welt«-Modul (das nichts Besonderes macht). Dieser Code läßt sich unter den Kernel-Versionen 2.0 bis 2.4 übersetzen:[1]

```
#define MODULE
#include <linux/module.h>

int init_module(void)       { printk("<1>Hallo, Welt\n"); return 0; }
void cleanup_module(void)   { printk("<1>Ade, du grausame Welt\n"); }
```

Die Funktion *printk* ist im Linux-Kernel definiert und funktioniert ähnlich wie `printf` aus der Standard-C-Bibliothek. Der Kernel braucht eine eigene Ausgabefunktion, da er nicht auf die C-Bibliothek zurückgreifen kann. Das Modul kann *printk* aufrufen, denn nachdem es mit *insmod* geladen worden ist, ist das Modul zum Kernel hinzugelinkt und kann auf dessen öffentliche Symbole (Funktionen und Variablen, siehe den nächsten Abschnitt) zugreifen. Der String `<1>` gibt die Priorität der Meldung an. Wir haben in die-

1 Dieses Beispiel ist genau wie alle anderen in diesem Buch vom O'Reilly-FTP-Server, wie in Kapitel 1 beschrieben, erhältlich.

sem Modul eine hohe Priorität (eine kleine Zahl) verwendet, weil eine Meldung mit der Default-Priorität eventuell – je nach verwendeter Kernel-Version, der Version und der Konfiguration des *klogd*-Daemons – auf der Konsole nicht zu sehen sein könnte. Sie können das aber fürs erste ignorieren, wir gehen darauf im Abschnitt »printk« in Kapitel 4 näher ein.

Sie können das Modul testen, indem Sie *insmod* und *rmmod* wie im nächsten Abschnitt gezeigt aufrufen. Beachten Sie, daß nur der Superuser ein Modul laden und wieder entfernen kann.

Die oben gezeigte Quelldatei kann nur dann wie gezeigt geladen und entladen werden, wenn die Unterstützung für Modul-Versionen im Kernel abgeschaltet ist; die meisten Distributionen installieren aber Kernel mit Versionsunterstützung (das Thema Versionsunterstützung behandeln wir in Kapitel 11). Ältere Versionen der *modutils* erlauben zwar das Laden von Modulen ohne Versionsinformationen in Kernel mit Versionsunterstützung, aber das ist nicht länger möglich. Um dieses Problem mit *hello.c* zu lösen, enthalten die Quellen im Verzeichnis *misc-modules* des Beispiel-Codes einige weitere Zeilen, mit denen der Code sowohl in Kerneln mit als auch ohne Versionsunterstützung funktioniert. Wir empfehlen Ihnen aber dringend, einen eigenen Kernel (ohne Versionsunterstützung) zu bauen und zu installieren, bevor Sie den Beispiel-Code ausführen.[2]

```
root# gcc -c hello.c
root# insmod hello.o
Hallo, Welt
root# rmmod hello.o
Ade, du grausame Welt
root#
```

Je nach Verfahren, das Ihr System verwendet, um die Meldungen auszugeben, kann die Ausgabe unterschiedlich aussehen. Die obenstehende Ausgabe stammt aus einer Text-Konsole; wenn Sie *insmod* und *rmmod* aus einem *xterm* heraus ausführen, werden Sie nichts in Ihrem Terminal sehen. Suchen Sie statt dessen in den System-Protokolldateien wie */var/log/message* (der Name kann sich von Distribution zu Distribution unterscheiden). Der Mechanismus, mit dem Kernel-Meldungen ausgegeben oder aufgezeichnet werden, wird in »Protokollierung von Meldungen« in Kapitel 4 beschrieben.

Wie Sie sehen, ist es gar nicht so schwierig, ein Modul zu schreiben. Schwierig ist es vor allem, Ihr Gerät zu verstehen und die Performance zu maximieren. Wir werden die Modularisierung in diesem Kapitel immer weiter vertiefen und die gerätespezifischen Fragen für die anderen Kapitel aufheben.

2 Wenn Sie noch keine eigenen Kernel gebaut haben, können Sie unter *http://www.linux.it/kerneldocs/kconf* einen einführenden Artikel von Alessandro zu diesem Thema lesen.

Module versus Applikationen

Bevor wir weitermachen, sollten wir noch die diversen Unterschiede zwischen einem Kernel-Modul und einer Applikation hervorheben.

Während eine Applikation eine einzige Aufgabe vom Anfang bis zum Ende durchführt, registriert sich ein Modul, um zukünftige Anfragen zu bedienen; seine *main*-Funktion beendet sich sofort wieder. Mit anderen Worten: Es ist die Aufgabe von *init_module* (dem Einsprungpunkt in das Modul), den späteren Aufruf der Funktionen des Moduls vorzubereiten. Das ist, als würde das Modul sagen: »Hier bin ich, und das kann ich.« Der zweite Einsprungpunkt eines Moduls, *cleanup_module*, wird unmittelbar, bevor das Modul entladen wird, aufgerufen. Die Funktion sollte dem Kernel folgendes mitteilen: »ich bin nicht mehr da, bitte mich nicht mehr, etwas zu tun.« Die Fähigkeit, ein Modul zu entladen, ist eines der Merkmale der Modularisierung, die Sie besonders schätzen lernen werden, da es die Entwicklungszeit deutlich herabsetzt. Dadurch können Sie neue Versionen Ihres Treibers testen, ohne den Rechner erst lange herunterfahren und neu starten zu müssen.

Als Programmierer wissen Sie, daß eine Applikation Funktionen aufrufen kann, die sie nicht selbst definiert: Beim Linken werden externe Referenzen mit Hilfe der passenden Funktionsbibliothek aufgelöst. *printf* ist eine dieser aufrufbaren Funktionen, die in *libc* definiert ist. Ein Modul ist andererseits nur gegen den Kernel gelinkt. Die einzigen Funktionen, die es aufrufen kann, sind die, die der Kernel exportiert; es gibt keine Bibliotheken, gegen die gelinkt wird. Die Funktion *printk* beispielsweise, die wir in *hello.c* oben verwendet haben, ist die Version von *printf*, die im Kernel definiert ist und für die Module exportiert wird. Sie verhält sich mit wenigen Ausnahmen (so hat sie beispielsweise keine Unterstützung für Fließkomma-Ausgaben) genauso wie die originale Funktion.

Abbildung 2-1 zeigt, wie Funktionsaufrufe und Funktionszeiger in einem Modul verwendet werden, um neue Funktionalität zu einem laufenden Kernel hinzuzufügen.

Weil keine Bibliothek zu den Modulen gelinkt wird, sollten Quelldateien *nie* die üblichen Header-Dateien einbinden. Nur Funktionen, die zum Kernel selbst gehören, dürfen in Kernel-Modulen verwendet werden. Alles, was zum Kernel gehört, ist in den Header-Dateien in *include/linux* und *include/asm* (normalerweise unterhalb von */usr/src/linux*) definiert. Ältere Distributionen (die auf der *libc*-Version 5 oder früher basieren) hatten oft symbolische Links von */usr/include/linux* und */usr/include/asm* auf die eigentlichen Kernel-Quellen, so daß der Include-Baum der *libc* auf die Header-Dateien der installierten Kernel-Quellen verweisen konnte. Diese symbolischen Links machten es User-Space-Anwendungen einfach, Kernel-Header-Dateien einzubinden, was ab und zu einmal nötig ist.

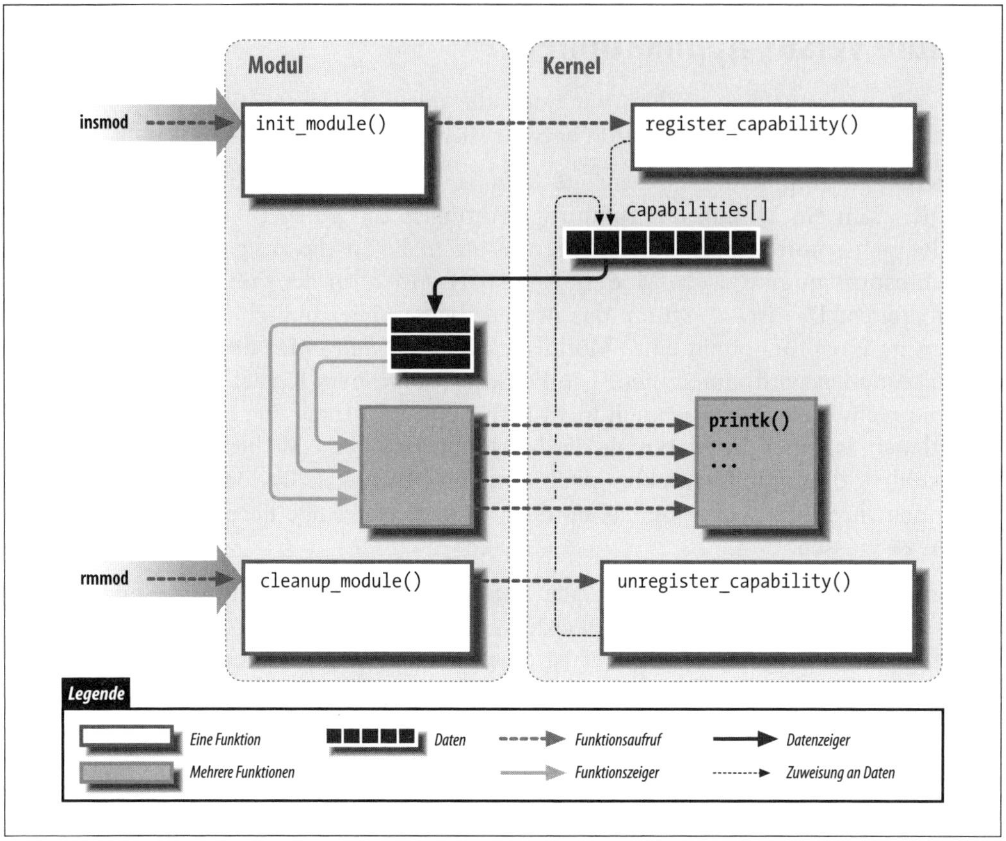

Abbildung 2-1: Ein Modul zum Kernel linken

Auch wenn die User-Space-Header-Dateien jetzt von den Kernel-Space-Header-Dateien getrennt sind, müssen manche Applikationen doch noch Kernel-Header-Dateien einbinden – entweder bevor eine alte Bibliothek verwendet wird oder bevor neue Informationen benötigt werden, die nicht in User-Space-Header-Dateien zur Verfügung stehen. Viele der Deklarationen in den Kernel-Header-Dateien sind aber nur für den Kernel relevant und sollten für User-Space-Applikationen gar nicht zu sehen sein. Diese Deklarationen sind aus diesem Grund von `#ifdef __KERNEL__`-Blöcken geschützt. Deswegen muß Ihr Treiber, wie jeder andere Kernel-Code, mit dem definierten Präprozessor-Symbol `__KERNEL__` kompiliert werden.

Wir erklären die Aufgabe der einzelnen Kernel-Header-Dateien später, wenn sie benötigt werden.

Entwickler, die an einem großen Software-System (wie dem Kernel) arbeiten, müssen sich über das Problem der *Namespace Pollution* im klaren sein und es vermeiden. Unter Namespace Pollution versteht man das Problem, daß es viele Funktionen und globale

Variablen gibt, deren Namen nicht eindeutig genug sind, um sie einfach voneinander zu unterscheiden. Ein Programmierer, der gezwungen ist, sich mit so einer Applikation zu beschäftigen, verschwendet viel Zeit und Energie darauf, sich die reservierten Namen zu merken und eindeutige Namen für neue Symbole zu finden. Namensraum-Kollisionen können verschiedenartige Probleme verursachen, von Problemen beim Laden des Moduls bis hin zu bizarren Fehlern, die vielleicht nur dann auftreten, wenn ein anderer Benutzer Ihres Codes einen Kernel mit einer anderen Konfiguration baut.

Einen solchen Fehler können sich Programmierer von Kernel-Code nicht leisten, denn selbst das kleinste Modul wird mit dem gesamten Kernel verlinkt. Die beste Lösung, um Namespace Pollution zu vermeiden, besteht darin, alle Ihre Symbole als `static` zu deklarieren und für die Symbole, die global bleiben müssen, ein wohldefiniertes, im ganzen Kernel eindeutiges Präfix zu verwenden. Alternativ dazu können Sie als Modul-Programmierer die externe Sichtbarkeit Ihrer Symbole steuern (wie in »Die Symboltabelle des Kernels« weiter unten in diesem Kapitel beschrieben).[3]

Es kann manchmal beim Debuggen helfen, wenn Sie das einmal gewählte Präfix auch für private Symbole in einem Modul verwenden. Beim Testen Ihres Treibers könnten Sie alle Symbole exportieren, ohne Ihren Namensraum zu verschmutzen. Die im Kernel verwendeten Präfixe bestehen per Konvention nur aus Kleinbuchstaben; wir werden uns ebenfalls an diese Konvention halten.

Der letzte Unterschied zwischen der Kernel- und der Anwendungsprogrammierung besteht darin, wie Fehler behandelt werden: Während ein Segmentation Fault bei der Anwendungsentwicklung harmlos ist und man immer einen Debugger verwenden kann, um auf die Ursache im Quellcode zu kommen, ist ein Kernel-Fehler zumindest für den aktuellen Prozeß fatal, wenn nicht sogar für das ganze System. Sie werden im Abschnitt »Debuggen von Systemfehlern« in Kapitel 4 noch lernen, wie man Kernel-Fehler zurückverfolgt.

User-Space und Kernel-Space

Wir können unsere Diskussion zusammenfassen, indem wir sagen, daß Module im sogenannten *Kernel-Space* laufen, während Applikationen im *User-Space* ablaufen. Dieses Konzept ist ein grundlegendes Prinzip der Betriebssystemtheorie.

Die Rolle des Betriebssystems in der Praxis ist es, den Programmen eine einheitliche Sicht auf die Hardware des Computers zu verschaffen. Außerdem muß das Betriebssystem dafür sorgen, daß Programme unabhängig voneinander laufen und daß ein unerlaubter Zugriff auf Ressourcen verhindert wird. Diese nicht ganz einfache Aufgabe ist nur möglich, wenn die CPU eine Trennung der Systemsoftware von den Applikationen erzwingt.

3 Die meisten Versionen von *insmod* (aber nicht alle) exportieren alle nicht-statischen Symbole, wenn sie keine besonderen Anweisungen im Modul finden; deswegen ist es ratsam, alle Symbole, die Sie nicht exportieren wollen, als `static` zu deklarieren.

Jeder moderne Prozessor ist in der Lage, dieses Verhalten zu erzwingen. Das wird erreicht, indem verschiedene Betriebsmodalitäten (oder Ebenen) in der CPU selbst implementiert werden. Die Ebenen haben verschiedene Aufgaben, und manche Operationen sind auf den niedrigeren Ebenen nicht erlaubt. Programmcode kann von einer Ebene auf eine andere nur durch eine begrenzte Anzahl von *Toren* gelangen. Unix-Systeme werden so entworfen, daß sie von diesem Hardware-Feature Gebrauch machen, verwenden aber nur zwei dieser Ebenen. Alle aktuellen Prozessoren haben mindestens zwei solcher Ebenen, manche, wie die x86-Familie, haben mehr. Wenn mehrere Ebenen vorhanden sind, werden die niedrigste und die höchste benutzt. Unter Unix wird der Kernel auf der höchsten Ebene (im sogenannten *Supervisor-Modus*), auf der alles erlaubt ist, ausgeführt, während Anwendungen auf der niedrigsten Ebene (dem sogenannten *User-Modus*) ausgeführt werden, auf der der Prozessor einen direkten Zugriff auf die Hardware und einen unerlaubten Zugriff auf den Speicher verhindert.

Wie bereits erwähnt, nennen wir die Ausführungsmodi im Zusammenhang mit Software *Kernel-Space* und *User Space* und beziehen uns dabei nicht nur auf die verschiedenen Zugriffsrechte in den beiden Modi, sondern auch darauf, daß jeder Modus eine eigene Speicherabbildung, seinen eigenen Adreßraum, hat.

Unix wechselt bei Systemaufrufen und Hardware-Interrupts vom User-Space in den Kernel-Space. Der Kernel-Code, der in einem Systemaufruf ausgeführt wird, läuft im Kontext eines Prozesses – er arbeitet im Auftrag des aufrufenden Prozesses und kann auf Daten im Adreßbereich des Prozesses zugreifen. Code, der Interrupts behandelt, ist dagegen asynchron zu Prozessen und nicht mit irgendeinem bestimmten Prozeß verbunden.

Die Rolle eines Moduls ist es, die Kernel-Funktionalität zu erweitern; modularisierter Code läuft im Kernel-Space. Normalerweise führt ein Treiber beide obengenannten Aufgaben aus: Manche Funktionen im Modul werden als Teil eines Systemaufrufs ausgeführt, andere sind für die Bedienung von Interrupts zuständig.

Nebenläufigkeit im Kernel

Die Programmierung von Gerätetreibern unterscheidet sich von der Programmierung der meisten Applikationen besonders im Bereich der Nebenläufigkeit. Eine Applikation läuft normalerweise sequentiell vom Anfang zum Ende, ohne sich darum Gedanken machen zu müssen, was in der Zwischenzeit passiert, was die Umgebung der Applikation ändern könnte. Kernel-Code läuft nicht in einer derart einfachen Welt und muß immer mit Rücksicht auf die Tatsache geschrieben werden, daß viele Dinge gleichzeitig passieren können.

Es gibt einige Quellen für die Nebenläufigkeit in der Kernel-Programmierung. Natürlich können Linux-Systeme mehrere Prozesse ausführen, von denen mehr als einer zur gleichen Zeit versuchen kann, Ihren Treiber zu verwenden. Die meisten Geräte können den Prozessor unterbrechen, Interrupt-Handler laufen asynchron und können zur gleichen Zeit aufgerufen werden, zu der Ihr Treiber versucht, etwas anderes zu tun. Mehrere Software-Abstraktionen (wie die in Kapitel 6 eingeführten Kernel-Timer) laufen ebenfalls asynchron. Außerdem kann Linux natürlich auf symmetrischen Multiprozessorsystemen (SMP-Systemen) laufen, mit der Folge, daß Ihr Treiber gleichzeitig von mehr als einer CPU ausgeführt werden könnte.

Als Folge daraus muß Linux-Kernel-Code einschließlich des Treiber-Codes *reentrant* sein, d.h. er muß in mehr als einem Kontext gleichzeitig lauffähig sein. Datenstrukturen müssen sorgfältig entworfen werden, um mehrere Ausführungs-Threads auseinanderzuhalten, und der Code muß dafür sorgen, daß auf gemeinsam genutzte Daten auf eine Weise zugegriffen wird, die verhindert, daß die Daten durcheinandergeraten. Das Schreiben von Code, der mit Nebenläufigkeit umgehen kann und Race Conditions (Situationen, in denen eine unglückliche Ausführungsreihenfolge unerwünschtes Verhalten verursacht) vermeidet, verlangt einiges an Nachdenken und kann schwierig sein. Jeder Beispiel-Treiber in diesem Buch wurde unter Berücksichtigung der Nebenläufigkeit geschrieben; wir werden die notwendigen Techniken jeweils an passender Stelle erläutern.

Ein von Treiber-Programmierern häufig gemachter Fehler ist die Annahme, daß Nebenläufigkeit so lange kein Problem ist, wie ein bestimmtes Code-Segment nicht schlafen gelegt wird (nicht »blockiert«). Es stimmt zwar, daß der Linux-Kernel nicht präemptiv ist; mit der wichtigen Ausnahme der Bedienung von Interrupts wird einem Kernel-Code, der das nicht will, der Prozessor nicht entzogen. Früher war das meistens schon ausreichend, um unerwünschte Nebenläufigkeit zu vermeiden. Auf SMP-Systemen ist aber keine Präemption notwendig, damit es zu einer nebenläufigen Ausführung kommen kann.

Wenn Ihr Code davon ausgeht, daß ihm der Prozessor nicht entzogen wird, dann wird er in SMP-Systemen nicht vernünftig funktionieren. Auch wenn Sie selbst nicht über so ein System verfügen, können ja durchaus andere, die Ihren Code benutzen, ein SMP-System haben. Es ist auch möglich, daß sich der Kernel in Zukunft zu einer präemptiven Arbeitsweise hinbewegt, wobei es dann selbst auf Einprozessorsystemen überall zu Nebenläufigkeit kommen kann (in manchen Varianten des Kernels ist das bereits der Fall). Ein vorsichtiger Programmierer wird sich also immer so verhalten, als würde er auf einem SMP-System arbeiten.

Der aktuelle Prozeß

Obwohl Kernel-Module nicht wie Applikationen sequentiell ausgeführt werden, gehören die meisten vom Kernel durchgeführten Aktionen doch zu einem bestimmten Prozeß. Kernel-Code kann den aktuellen Prozeß, der den Code aufgerufen hat, über `current` erfahren, einen globalen Zeiger auf eine `struct task_struct`-Stuktur, die in der Version 2.4 des Kernels in `<asm/current.h>` deklariert ist, was wiederum von `<linux/sched.h>` eingebunden wird. Der `current`-Zeiger verweist auf den gerade ausgeführten User-Prozeß. Während der Ausführung eines Systemaufrufs wie *open* oder *read* ist der aktuelle Prozeß derjenige, der den Systemaufruf durchgeführt hat. Kernel-Code kann prozeßspezifische Informationen mit Hilfe von `current` benutzen, wenn es nötig ist. Ein Beispiel für diese Technik finden Sie in »Zugriffskontrolle auf Gerätedateien« in Kapitel 5.

Inzwischen ist `current` keine echte globale Variable mehr, wie das noch in den ersten Kernel-Versionen der Fall war. Die Entwickler haben den Zugriff auf die Struktur, die den aktuellen Prozeß beschreibt, optimiert, indem sie die Struktur in der Stack-Seite versteckt haben. Sie können sich die Details von `current` in `<asm/current.h>` anschauen. Dieser Code sieht vielleicht haarig aus, aber Sie dürfen nicht vergessen, daß Linux ein SMP-fähiges System ist und eine globale Variable einfach nicht funktioniert, wenn mehrere CPUs im Spiel sind. Die Details der Implementation bleiben aber vor anderen Kernel-Subsystemen verborgen, und ein Gerätetreiber kann einfach `<linux/sched.h>` einbinden und `current` verwenden.

Aus Sicht eines Moduls ist `current` genau wie die externe Referenz *printk*. Ein Modul kann `current` verwenden, wann immer es will; all diese Referenzen werden von *insmod* beim Laden des Moduls aufgelöst. Die folgende Anweisung gibt beispielsweise die Prozeß-ID und den Befehlsnamen des aktuellen Prozesses durch Zugriff auf bestimmte Felder in `struct task_struct` aus:

```
printk("Befehlsname: \"%s\" (Prozess-ID %i)\n", current->comm, current->pid)
```

Der Befehlsname, der in `current->comm` abgelegt ist, ist der Basisname der Programmdatei, die gerade vom aktuellen Prozeß ausgeführt wird.

Kompilieren und Laden

Im Rest dieses Kapitels werden wir ein vollständiges, wenn auch typenloses Modul schreiben, das heißt, das Modul wird nicht zu einer der in »Klassen von Geräten und Modulen« in Kapitel 1 genannten Klassen gehören. Der Beispiel-Treiber, den wir Ihnen in diesem Kapitel zeigen werden, heißt *skull*, was ein Akronym für »Simple Kernel Utility for Loading Localities« ist. Sie können den Source-Code von *skull* verwenden, um Ihren eigenen lokalen Code in den Kernel zu laden, wenn Sie die darin enthaltene Beispiel-Funktionalität entfernen.[4]

Bevor wir uns mit der Aufgabe von *init_module* und *cleanup_module* beschäftigen, werden wir ein *makefile* schreiben, mit dem Objektcode erzeugt wird, den der Kernel laden kann.

4 Wir verwenden das Wort »lokal« hier, um damit unsere eigenen Änderungen am System zu bezeichnen, und befinden uns damit in guter Tradition von */usr/local*.

Zunächst müssen wir das Präprozessor-Symbol `__KERNEL__` definieren, bevor wir irgendwelche Header-Dateien einbinden. Wie bereits erwähnt, ist ein großer Teil des Kernel-spezifischen Inhalts in den Kernel-Header-Dateien unerreichbar, wenn dieses Symbol nicht definiert ist.

Ein weiteres wichtiges Symbol ist `MODULE`, das definiert sein muß, bevor `<linux/module>` eingebunden wird. Dieses Symbol ist immer definiert, es sei denn, es wird ein Treiber kompiliert, der direkt zum Kernel hinzugelinkt wird. Da keiner der Treiber, die wir in diesem Buch behandeln werden, direkt zum Kernel hinzugelinkt wird, definieren wir dieses Symbol in diesem Buch immer.

Wenn Sie Code für einen SMP-Rechner kompilieren, dann müssen Sie auch `__SMP__` definieren, bevor Sie Kernel-Header-Dateien einbinden. In der Version 2.2 wurde die Wahl zwischen Multiprozessor und Einzelprozessor zu einem richtigen Konfigurationselement, weswegen es ausreicht, diese Zeilen am Anfang Ihres Moduls zu verwenden:

```
#include <linux/config.h>
#ifdef CONFIG_SMP
# define __SMP__
#endif
```

Ein Modul-Programmierer muß darüber hinaus den Compiler-Schalter *–O* auf der Kommandozeile angeben, da viele Funktionen in den Header-Dateien als `inline` deklariert sind. *gcc* expandiert Inline-Funktionen nicht, wenn die Optimierung nicht eingeschaltet ist, kommt aber auch mit gleichzeitiger Angabe von *–g* und *–O* klar, so daß Sie auch Code, der Inline-Funktionen verwendet, debuggen können.[5] Weil der Kernel umfassenden Gebrauch von Inline-Funktionen macht, ist es wichtig, daß diese korrekt expandiert werden.

Sie müssen außerdem sicherstellen, daß der Compiler, den Sie verwenden, zum Kernel paßt, den Sie kompilieren; lesen Sie dazu die Datei *Documentation/Changes* in den Kernel-Quellen. Der Kernel und der Compiler werden zur gleichen Zeit von verschiedenen Gruppen entwickelt, so daß manchmal Änderungen an dem einen Fehler im anderen hervorrufen können. Manche Distributionen (besonders Red Hat ist dafür bekannt) liefern eine Version des Compilers aus, die zu neu ist, um den Kernel zuverlässig bauen zu können. In diesem Fall gibt es normalerweise ein separates Paket (das oft *kgcc* heißt) mit einem für die Kernel-Kompilierung geeigneten Compiler.

Schließlich möchten wir Ihnen raten, daß Sie den Compiler-Schalter *–Wall* (alle Warnungen) verwenden, um unliebsame Überraschungen vermeiden, und daß Sie Ihren Code so ändern, daß der Compiler keine Warnungen ausgibt, selbst wenn das bedeutet, daß Sie Ihren üblichen Programmierstil ändern müssen. Beim Schreiben von Kernel-Code ist der bevorzugte Code-Stil eindeutig der von Linus selbst. *Documentation/*

5 Beachten Sie aber, daß jede Optimierung größer als –O2 riskant ist, da der Compiler eventuell Funktionen als inline behandeln könnte, die nicht im Quellcode als `inline` deklariert sind. Das kann bei Kernel-Code ein Problem sein, da manche Funktionen ein bestimmtes Stack-Layout bei ihrem Aufruf erwarten.

CodingStyle liest sich recht amüsant und ist eine obligatorische Lerneinheit für alle, die sich für das Kernel-Hacken interessieren.

Es ist am besten, alle bisher eingeführten Definitionen und Schalter in der von *make* verwendeten Variable `CFLAGS` unterzubringen.

Außer einer passenden `CFLAGS`-Variable muß das *Makefile* eine Regel enthalten, um die einzelnen Objektdateien zu verbinden. Diese Regel wird nur benötigt, wenn das Modul über verschiedene Quelldateien verteilt ist, was aber bei Modulen nicht unüblich ist. Die Module werden mit dem Befehl `ld -r` zusammengelinkt. Genauer gesagt, ist das kein Link-Vorgang, auch wenn der Linker verwendet wird. Die Ausgabe ist eine neue Objektdatei, die den Code aller Eingabedateien enthält. Die Option *–r* steht für *relocatable*, die Ausgabedatei ist relozierbar, da sie noch keine absoluten Adressen enthält.

Das folgende *makefile* ist ein minimales Beispiel, das zeigt, wie man ein Modul aus zwei Quelldateien baut. Wenn das Modul nur aus einer einzigen Quelldatei besteht, können Sie den Eintrag mit `ld -r` einfach weglassen.

```
# Entweder hier aendern oder auf der Kommandozeile von "make" angeben
KERNELDIR = /usr/src/linux

include = $(KERNELDIR)/.config

CFLAGS = -D__KERNEL__ -DMODULE -I$(KERNELDIR)/include -O -Wall

ifdef CONFIG_SMP
  CFLAGS += -D__SMP__ -DSMP
endif

all: skull.o

skull.o: skull_init.o skull_clean.o
	$(LD) -r $^ -o $@

clean:
	rm -f *.o *~ core
```

Wenn *make* neu für Sie ist, dann wundern Sie sich vielleicht darüber, daß keine *.c*-Datei und keine Kompilationsregel im obigen *makefile* stehen. Diese Deklarationen sind nicht notwendig, da *make* schlau genug ist, ohne weitere Anweisungen eine *.c*-Datei zu einer *.o*-Datei zu machen, wobei der aktuelle Compiler (oder der Default), `$(CC)`, und dessen Flags, `$(CFLAGS)`, verwendet werden.

Nachdem das Modul gebaut worden ist, muß es in den Kernel geladen werden. Wie wir bereits erwähnt haben, wird das von *insmod* erledigt. Dieses Programm arbeitet ähnlich wie *ld*; es linkt alle im Modul nicht aufgelösten Symbole gegen die Symboltabelle des laufenden Kernels. Im Gegensatz zum Linker wird aber nicht die Datei auf der Festplatte, sondern das Abbild im Speicher modifiziert. *insmod* akzeptiert eine Reihe von Kommandozeilenoptionen (näheres finden Sie in der Man-Page), und kann Integer- und String-Variablen in Ihrem Modul Werte zuweisen, bevor das Modul in den laufenden Kernel gelinkt wird. Wenn ein Modul also korrekt entwickelt wurde, dann kann es zur Ladezeit konfiguriert werden. Diese Fähigkeit gibt dem Benutzer mehr Flexibilität als die Konfiguration zur Kompilierzeit, die leider noch manchmal verwendet wird. Die Konfiguration zur Ladezeit wird in »Automatische und manuelle Konfiguration« weiter hinten in diesem Kapitel beschrieben.

Interessierte Leser wollen sich vielleicht ansehen, wie *insmod* vom Kernel unterstützt wird. *insmod* verwendet einige wenige Systemaufrufe, die in *kernel/module.c* definiert sind. Die Funktion *sys_create_module* alloziert *Kernel*-Speicher, um das Modul aufzunehmen (dieser Speicher wird mit *vmalloc* alloziert, siehe dazu »vmalloc und Freunde« in Kapitel 7); der Systemaufruf *get_kernel_syms* gibt die Symboltabelle des Kernels zurück, um das Modul dagegen zu linken, und *sys_init_module* kopiert den relozierten Objekt-Code in den Kernel-Space und ruft die Initialisierungsfunktion des Moduls auf.

Wenn Sie sich die Kernel-Quellen ansehen, werden Sie feststellen, daß den Namen der Systemaufrufe `sys_` vorangestellt ist. Das ist bei allen Systemaufrufen und bei keiner anderen Funktion der Fall. Das ist nützlich zu wissen, wenn Sie mit *grep* nach Systemaufrufen in den Quellen suchen.

Versionsabhängigkeit

Denken Sie daran, daß Ihr Modul für jede Version des Kernels, mit der es verwendet werden soll, neu kompiliert werden muß. Jedes Modul definiert ein Symbol namens `__module_kernel_version`, das von *insmod* mit der Versionsnummer des aktuellen Kernels verglichen wird. Dieses Symbol steht im `.modinfo`-Abschnitt des ELF-Formats (Executable Linking and Format; siehe Kapitel 11. Beachten Sie bitte, daß die Beschreibung der Interna nur auf die Versionen 2.2 und 2.4 zutrifft; Linux 2.0 tat das gleiche auf eine andere Weise.

Der Compiler definiert dieses Symbol für Sie, wenn Sie `<linux/module.h>` einbinden (deswegen hat *hello.c* das nicht deklariert). Das bedeutet auch, daß Sie `<linux/module.h>` nur einmal einbinden müssen, selbst wenn Ihr Modul aus mehreren Quelldateien besteht. (Es sei denn, Sie verwenden `__NO_VERSION__`, das in Kürze eingeführt werden wird.)

Wenn die Versionen nicht übereinstimmen, können Sie trotzdem noch versuchen, das Modul mit einer anderen Kernel-Version zu laden, in dem Sie den Schalter *-f* (»force«) beim Aufruf von *insmod* verwenden; aber das ist nicht besonders sicher und kann auch fehlschlagen. Außerdem ist es schwierig vorherzusagen, was passieren wird. Das Laden kann wegen nicht zusammenpassender Symbole fehlschlagen. In diesem Fall wird eine Fehlermeldung ausgegeben. Es kann aber auch wegen einer internen Änderung im Kernel fehlschlagen. Wenn das passiert, bekommen Sie üble Laufzeitfehler und möglicherweise eine Systempanik – ein guter Grund, um vorsichtig mit nicht zusammenpassenden Versionen zu sein. Nicht zusammenpassende Versionen können besser mit *Versioning* im Kernel behandelt werden, ein fortgeschrittenes Thema, das wir in »Versionskontrolle in Modulen« in Kapitel 11 behandeln werden.

Wenn Sie ein Modul für eine bestimmte Kernel-Version kompilieren wollen, dann müssen Sie die passenden Header-Dateien für diesen Kernel einbinden (beispielsweise, indem Sie ein anderes `KERNELDIR` im obigen *makefile* deklarieren). Diese Situation ist nicht ungewöhnlich, wenn man mit den Kernel-Quellen herumspielt, weil Sie am Ende oft mehrere Versionen des Quellbaumes haben werden. Alle Beispiel-Module in diesem Buch verwenden die Variable `KERNELDIR`, um auf die korrekten Kernel-Quellen zu verweisen; diese Variable kann entweder in Ihrer Umgebung oder in der Kommandozeile von *make* gesetzt werden.

Um Versionsabhängigkeiten beim Laden zu berücksichtigen, verwendet *insmod* einen speziellen Suchpfad und sucht zuerst in versionsabhängigen Verzeichnissen unterhalb von */lib/modules*. Ältere Versionen suchten zunächst im aktuellen Verzeichnis, aber dieses Verhalten ist jetzt aus Sicherheitsgründen abgeschaltet (das Problem ist das gleiche wie bei der Umgebungsvariable `PATH`). Wenn Sie also ein Modul aus dem aktuellen Verzeichnis laden wollen, müssen Sie *./module.o* verwenden, was mit allen *insmod*-Versionen funktioniert.

Manchmal werden Sie auf Kernel-Schnittstellen stoßen, die sich bei den Versionen 2.0.*x* und 2.4.*x* unterschiedlich verhalten. In diesem Fall müssen Sie die Makros verwenden, die die Versionsnummer des aktuellen Quellbaumes definieren. Diese sind in der Header-Datei`<linux/version.h>` definiert. Wir weisen Sie jeweils darauf hin, wenn sich Schnittstellen geändert haben; entweder direkt vor Ort oder in einem speziellen Abschnitt über Versionsabhängigkeiten am Ende des jeweiligen Kapitels, wenn wir eine 2.4-spezifische Diskussion nicht verkomplizieren wollen.

Die Header-Datei, die von *linux/module.h* automatisch eingebunden wird, definiert die folgenden Makros:

`UTS_RELEASE`
: Dieses Makro expandiert zu einem String, der die Version des Kernel-Baumes beschreibt, etwa `"2.3.48"`.

`LINUX_VERSION_CODE`
: Dieses Makro expandiert zur binären Repräsentation der Kernel-Version; dabei wird ein Byte pro Teil der Versionsnummer verwendet. Beispielsweise ist der Code für 2.3.48 131888 (0x020330).[6] Mit dieser Information kann man ziemlich einfach bestimmen, mit welcher Kernel-Version man es zu tun hat.

`KERNEL_VERSION(major,minor,release)`
: Dies ist das Makro, das dazu verwendet wird, einen »Kernel-Versions-Code« aus den einzelnen Zahlen der Versionsnummer zu bauen. Beispielsweise expandiert `KERNEL_VERSION(2,3,48)` zu 131888. Dieses Makro ist nützlich, wenn Sie die aktuelle Version und einen bekannten Referenzpunkt vergleichen müssen. Wir werden dieses Makro in diesem Buch mehrmals verwenden.

---

6 Damit sind bis zu 256 Entwicklungsversionen zwischen den stabilen Versionen möglich.

Die Datei *version.h* wird von *module.h* eingebunden, so daß Sie normalerweise *version.h* nicht explizit einbinden müssen. Andererseits können Sie *module.h* auch daran hindern, indem Sie __NO_VERSION__ deklarieren. Dies machen Sie, wenn Sie <linux/module.h> in mehreren, später zusammengelinkten Quelldateien einbinden müssen, zum Beispiel, wenn Sie in *module.h* deklarierte Präprozessor-Makros benötigen. Das Deklarieren von __NO_VERSION__ vor dem Einbinden von *module.h* verhindert die automatische Deklaration des Strings __module_kernel_version oder seiner Äquivalente in den Quelldateien, in denen Sie das nicht wünschen (*ld -r* würde sich sonst über die mehrfache Definition des Symbols beschweren). Die Beispiel-Module in diesem Buch verwenden aus diesem Grund ebenfalls __NO_VERSION__.

Die meisten Abhängigkeiten von der jeweiligen Kernel-Version können mit bedingten Präprozessor-Ausdrücken, die KERNEL_VERSION und LINUX_VERSION_CODE verwenden, umgangen werden. Versionsabhängigkeiten sollten den Treiber-Code aber nicht mit komplizierten #ifdef-Ausdrücken verschandeln; am besten ist es, wenn man die Inkompatibilitäten in einer einzigen Header-Datei versteckt. Deswegen enthält unser Beispiel-Code eine Header-Datei namens *sysdep.h*, die alle Inkompatibilitäten in passenden Makro-Definitionen verbirgt.

Die erste Versionsabhängigkeit, mit der wir es zu tun haben, ist die Definition einer make install-Regel für unsere Treiber. Wie Sie vielleicht erwarten, wird das Installationsverzeichnis, das sich von Kernel-Version zu Kernel-Version unterscheiden kann, durch Nachschlagen in *version.h* ermittelt. Das folgende Fragment stammt aus der Datei *Rules.make*, die in alle Makefiles eingebunden wird:

```
VERSIONFILE = $(INCLUDEDIR)/linux/version.h
VERSION  = $(shell awk -F\" '/REL/ {print $$2}' $(VERSIONFILE))
INSTALLDIR = /lib/modules/$(VERSION)/misc
```

Wir haben uns entschlossen, alle unsere Treiber in das *misc*-Verzeichnis zu installieren; das ist einerseits die richtige Wahl für diverse Zusatztreiber und andererseits eine gute Möglichkeit, um mit der Änderung in der Verzeichnisstruktur unterhalb von */lib/modules* umzugehen, die kurz vor Einführung der 2.4-Version des Kernels vorgenommen wurde. Auch wenn die neue Verzeichnisstruktur komplizierter ist, wird das *misc*-Verzeichnis sowohl von alten als auch von neuen Versionen des *modutils*-Pakets verwendet.

Mit der oben gezeigten Definition von INSTALLDIR sieht die install-Regel aller Makefiles dann so aus:

```
install:
        install -d $(INSTALLDIR)
        install -c $(OBJS) $(INSTALLDIR)
```

Plattformabhängigkeiten

Jede Computer-Plattform hat ihre Eigenheiten, und Kernel-Designern steht es frei, alle diese Eigenheiten auszunutzen, um in der Objektdatei eine bessere Performance zu erreichen.

Im Gegensatz zu Applikationsentwicklern, die ihren Code gegen vorkompilierte Bibliotheken linken und sich an Konventionen zur Parameterübergabe halten müssen, können Kernel-Entwickler einige Prozessor-Register für bestimmte Aufgaben reservieren und haben das auch getan. Außerdem kann Kernel-Code für einen bestimmten Prozessor in einer CPU-Familie optimiert sein, um das Maximum aus der Zielplattform herauszuholen: Im Gegensatz zu Applikationen, die oft binär verteilt werden, kann eine spezialisierte Kernel-Kompilation für einen bestimmten Computer optimiert sein.

Modularisierter Code muß mit den gleichen Optionen wie der Kernel kompiliert werden, um mit diesem zusammenarbeiten zu können (es müssen also die gleichen Register zur besonderen Verwendung reserviert und die gleichen Optimierungen vorgenommen werden). Aus diesem Grund bindet unser Top-level-*Rules.make* eine plattformabhängige Datei ein, die die Makefiles durch zusätzliche Definitionen ergänzt. Alle diese Dateien heißen `Makefile.`*`plattform`* und weisen den *make*-Variablen für die aktuelle Kernel-Konfiguration passende Werte zu.

Ein weiteres interessantes Feature dermaßen aufgebauter Makefiles ist die Unterstützung der Cross-Kompilation in einem gesamten Baum von Beispieldateien. Wann immer Sie für eine bestimmte Zielplattform cross-kompilieren müssen, müssen Sie all Ihre Werkzeuge (*gcc*, *ld* usw.) durch andere Werkzeuge (zum Beispiel *m68k-linux-gcc* und *m68k-linux-ld*) ersetzen. Das zu verwendende Präfix ist als `$(CROSS_COMPILE)` definiert, entweder auf der *make*-Kommandozeile oder in Ihrer Umgebung.

Die SPARC-Architektur ist ein Sonderfall, der ebenfalls von den Makefiles behandelt werden muß. User-Space-Programme, die auf der SPARC64-(SPARC V9-)Plattform laufen, sind die gleichen Binaries wie auf SPARC32 (SPARC V8). Der Default-Compiler auf SPARC64 (*gcc*) erzeugt daher SPARC32-Objekt-Code. Der Kernel benötigt aber SPARC V9-Objekt-Code, weswegen ein Cross-Compiler her muß. Alle Linux-Distributionen für SPARC64 enthalten einen passenden Cross-Compiler, den die Makefiles auswählen.

Auch wenn die vollständige Liste der Versions- und Plattformabhängigkeiten noch etwas komplizierter als hier beschrieben ist, sollten die vorangegangene Beschreibung und die von uns bereitgestellten Makefiles für den Anfang genug sein. Wenn Sie detailliertere Informationen wünschen, können Sie die Makefiles und die Kernel-Quellen durchlesen.

Die Symboltabelle des Kernels

Wir haben schon gesehen, wie *insmod* undefinierte Symbole anhand der Tabelle der öffentlichen Kernel-Symbole auflöst. Diese Tabelle enthält die Adressen der globalen Kernel-Elemente – Funktionen und Variablen –, die benötigt werden, um modularisierte Treiber zu programmieren. Die öffentliche Symboltabelle kann in Textform aus der Datei */proc/ksyms* ausgelesen werden (natürlich nur, wenn Ihr Kernel das */proc*-Dateisystem unterstützt, was er wirklich tun sollte).

Wenn Ihr Modul geladen wird, werden alle deklarierten globalen Symbole in die Symboltabelle des Kernels aufgenommen. Das können Sie anhand der Datei */proc/ksyms* oder der Ausgabe des Befehls *ksyms* überprüfen.

Neue Module können wiederum die Symbole verwenden, die Ihr Modul exportiert; so können Sie neue Module auf anderen Modulen aufsetzen lassen. Auch in den ausgelieferten Kernel-Quellen bauen Module aufeinander auf: Das *msdos*-Dateisystem benötigt die Symbole, die vom Modul *fat* exportiert werden, und jedes USB-Input-Gerätemodul baut auf den Modulen *usbcore* und *input* auf.

Das Aufeinandersetzen von Modulen ist in komplexen Projekten sehr nützlich. Wenn eine neue Abstraktion in Form eines Gerätetreibers implementiert wird, könnte diese beispielsweise eine Schnittstelle für hardware-spezifische Implementationen bieten. Beispielsweise könnte ein Bildschirmspeicher-Videotreiber Symbole exportieren, die von einem hardware-näheren VGA-Treiber verwendet werden. Jeder Benutzer lädt das Bildschirmspeicher-Modul sowie das passende VGA-Modul für seine vorhandene Hardware. Die Unterstützung von Parallel-Ports und die große Vielfalt von Peripherie-Geräten wird auf ähnliche Weise unterstützt – außerdem das gesamte USB-Kernel-Subsystem. Der Aufbau des Subsystems für den Parallel-Port ist in Abbildung 2-2 zu sehen; die Pfeile stellen die Kommunikation zwischen den Modulen (mit einigen Beispielfunktionen und Datenstrukturen) und mit der Kernel-Programmierschnittstelle dar.

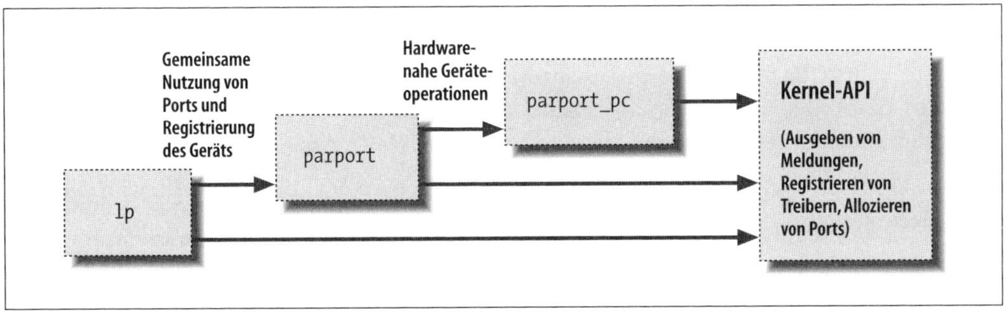

Abbildung 2-2: Aufeinanderstapeln von Treibermodulen für den Parallel-Port

Wenn aufeinandergestapelte Module verwendet werden, ist das Hilfsprogramm *modprobe* nützlich. *modprobe* funktioniert ähnlich wie *insmod*, lädt aber auch alle anderen Module, die das zu ladende Modul zusätzlich benötigt. Ein *modprobe*-Aufruf kann also mehrere *insmod*-Aufrufe ersetzen (auch wenn Sie *insmod* immer noch brauchen, wenn Sie eigene Module aus dem aktuellen Verzeichnis laden wollen, weil *modprobe* nur den Baum mit den installierten Modulen verwendet).

Die Modularisierung in Ebenen kann auch die Entwicklungszeit verkürzen, weil jede einzelne Ebene vereinfacht wird. Das entspricht der Trennung in Mechanismus und Policy, über die wir in Kapitel 1 gesprochen haben.

Normalerweise implementiert ein Modul seine eigene Funktionalität, ohne überhaupt irgendwelche Symbole exportieren zu müssen. Sie müssen aber immer dann Symbole exportieren, wenn andere Module davon Gebrauch machen können oder sollen. Eventuell müssen Sie auch spezielle Anweisungen einbinden, um das Exportieren aller nicht-statischen Symbole zu vermeiden, da manche (aber nicht alle) Versionen von *modutils* defaultmäßig alle Symbole exportieren.

Die Header-Dateien des Linux-Kernels stellen eine bequeme Möglichkeit bereit, die Sichtbarkeit Ihrer Symbole zu verwalten, reduzieren damit die Verschmutzung des Namensraums und fördern das Verstecken von Informationen. Der in diesem Abschnitt beschriebene Mechanismus funktioniert ab Kernel-Version 2.1.18; der 2.0-Kernel hatte einen vollständig anderen Mechanismus, der am Ende dieses Kapitels beschrieben wird.

Wenn Ihr Modul überhaupt keine Symbole exportiert, dann können Sie das mit dem folgenden Makroaufruf in Ihrer Quelldatei ausdrücklich ausweisen:

```
EXPORT_NO_SYMBOLS;
```

Das Makro wird zu einer Assembler-Anweisung expandiert und kann an beliebiger Stelle im Modul stehen. Portabler Code sollte es aber in die Initialisierungsfunktion des Moduls (*init_module*) stellen, weil die in *sysdep.h* definierte Version dieses Makros nur dort funktioniert.

Wenn Sie dagegen einen Teil der Symbole aus Ihrem Modul exportieren müssen, besteht der erste Schritt darin, das Präprozessor-Makro `EXPORT_SYMTAB` zu definieren. Dies muß *vor* dem Einbinden von *module.h* geschehen. Normalerweise macht man das mit dem Compiler-Schalter *–D* im *Makefile*.

Wenn `EXPORT_SYMTAB` definiert ist, können die einzelnen Symbole mit ein paar Makros exportiert werden:

```
EXPORT_SYMBOL (name);
EXPORT_SYMBOL_NOVERS (name);
```

Beide Versionen des Makros machen ein Symbol außerhalb des Moduls sichtbar, die zweite Version (`EXPORT_SYMBOL_NOVERS`) exportiert das Symbol ohne Versionsinformationen (siehe Kapitel 11). Symbole müssen außerhalb jeder Funktion exportiert werden, weil die Makros zu einer Variablendeklaration expandieren. (Wenn es Sie interessiert, können Sie in `<linux/module.h>` nachlesen, wie das funktioniert, aber das ist zum Programmieren von Modulen nicht notwendig.)

Initialisierung und Beendigung

Wie bereits angedeutet, registriert *init_module* jede vom Modul bereitgestellte Fähigkeit. Mit »Fähigkeit« meinen wir neue Funktionalitäten, seien es ein ganzer Treiber oder eine neue Software-Abstraktion, die von einer Applikation verwendet werden kann.

Module können viele verschiedene Fähigkeiten registrieren; für jede gibt es eine spezielle Kernel-Funktion. Die an diese Funktionen übergebenen Argumente sind normalerweise ein Zeiger auf eine Datenstruktur, die die neue Fähigkeit beschreibt, und der Name der Fähigkeit. Die Datenstruktur enthält üblicherweise Zeiger auf die Modulfunktionen; auf diese Art und Weise werden Funktionen im Modul aufgerufen.

Die registrierbaren Elemente gehen über die Liste der im vorigen Kapitel genannten Gerätetypen hinaus. Dazu gehören serielle Schnittstellen, diverse Geräte, */proc*-Dateien, ausführbare Domänen und *Line Disciplines*. Viele dieser Elemente gehören nicht direkt zu irgendeiner Hardware, sondern bleiben im Bereich der »Software-Abstraktionen«. Solche Elemente können registriert werden, weil sie sowieso in die Funktionalität des Treibers integriert sind (wie etwa */proc*-Dateien oder Line Disciplines).

Es gibt noch weitere Fähigkeiten, die als Zusatzfunktionen für bestimmte Treiber registriert werden, aber deren Verwendung ist so spezifisch, daß es sich nicht lohnt, sie hier zu besprechen. Diese Fähigkeiten verwenden die oben in »Die Symboltabelle des Kernels« beschriebene Stapelungstechnik. Wenn Sie dieses Thema weiter verfolgen wollen, dann sollten Sie in den Kernel-Quellen nach *EXPORT_SYMBOL* suchen und sich die von den verschiedenen Treibern angebotenen Einsprungpunkte anschauen. Den meisten Registrierungsfunktionen ist `register_` vorangestellt, man kann sie also auch durch Suchen nach `register_` in */proc/ksyms* finden.

Fehlerbehandlung in init_module

Wenn beim Registrieren von Fähigkeiten ein Fehler auftritt, müssen Sie alle bis dahin durchgeführten Registrierungsaktivitäten rückgängig machen. Ein Fehler kann beispielsweise auftreten, wenn im System nicht mehr genug Speicher vorhanden ist, um Platz für eine neue Datenstruktur zu allozieren, oder weil eine angeforderte Ressource bereits von einem anderen Treiber verwendet wird. Obwohl das eher unwahrscheinlich ist, kann es passieren, und guter Programmcode muß in der Lage sein, damit umgehen zu können.

Linux verwaltet die registrierten Fähigkeiten nicht pro Modul, so daß ein Modul alles selbst rückgängig machen muß, wenn *init_module* an irgendeiner Stelle fehlschlägt. Wenn Sie jemals nicht alle registrierten Fähigkeiten deregistrieren, gerät der Kernel in einen instabilen Zustand: Sie können Ihre Fähigkeiten nicht noch einmal durch erneutes Laden des Moduls registrieren, weil sie als *besetzt* (*busy*) gemeldet werden, und Sie können sie auch nicht deregistrieren, weil Sie dazu den gleichen Zeiger bräuchten, den Sie auch zum Registrieren verwendet haben, und normalerweise nicht in der Lage sind, die Adresse herauszubekommen. Aus solchen Situationen wieder herauszukommen, ist kniffig; oft ist ein Neustart des Systems die einzige Lösung, damit Sie eine neuere Version Ihres Moduls laden können.

Wir würden Ihnen raten, die Fehlerbehandlung mit der goto-Anweisung durchzuführen. Wir hassen es normalerweise, goto zu benutzen, aber in dieser Situation (und *nur* in dieser Situation) ist das nützlich. Im Kernel wird goto oft wie hier gezeigt verwendet, um Fehler zu behandeln.

Der folgende Beispielcode (mit fiktiven Funktionen zur Registrierung und Deregistrierung) verhält sich sowohl im Erfolgs- als auch im Mißerfolgsfall korrekt:

```
int init_module(void)
{
int err;

    /* Registrierung erwartet einen Zeiger und einen Namen */
    err = register_this(ptr1, "skull");
    if (err) goto fail_this;
    err = register_that(ptr2, "skull");
    if (err) goto fail_that;
    err = register_those(ptr3, "skull");
    if (err) goto fail_those;

    return 0; /* Erfolg */

    fail_those: unregister_that(ptr2, "skull");
    fail_that:  unregister_this(ptr1, "skull");
    fail_this:  return err; /* Fehler weitermelden */
}
```

Dieser Code versucht, drei (fiktive) Fähigkeiten zu registrieren. Die goto-Anweisung wird dazu verwendet, um im Fehlerfall nur die Fähigkeiten zu deregistrieren, die zuvor erfolgreich registriert worden sind.

Eine andere Möglichkeit, bei der keine haarigen goto-Anweisungen notwendig sind, besteht darin, mitzuverfolgen, was erfolgreich registriert worden ist, und *cleanup_module* bei jedem Fehler aufzurufen. Die Aufräumfunktion macht dann nur die Schritte rückgängig, die zuvor erfolgreich durchgeführt worden sind. Diese Alternative erfordert aber mehr Code und mehr CPU-Zeit, weswegen goto meistens doch noch das beste Werkzeug ist. Der Rückgabewert (err) von *init_module* ist ein Fehlercode. Im Linux-Kernel sind Fehlercodes negative Zahlen, die in `<linux/errno.h>` definiert sind. Wenn Sie eigene Fehlercodes erzeugen wollen, anstatt einfach nur weiterzugeben, was Sie von den anderen Funktionen bekommen, sollten Sie `<linux/errno.h>` einbinden, um symbolische Werte wie -ENODEV, -ENOMEM usw. verwenden zu können. Es ist guter Programmierstil, passende Fehlercodes zurückzugeben, denn Benutzerprogramme können diese mit *per-*

ror oder ähnlichen Funktionen in für Menschen lesbare Strings umwandeln. (Es ist allerdings interessant, daß mehrere Versionen von *modutils* die Fehlermeldung »Device busy« zurückgegeben haben, unabhängig davon, was *init_module* als Fehler gemeldet hat; dieses Problem ist erst in jüngerer Zeit behoben worden.)

Offensichtlich muß *cleanup_module* alle von *init_module* vorgenommenen Registrierungen rückgängig machen; dies geschieht üblicherweise in umgekehrter Reihenfolge:

```
void cleanup_module(void)
{
    unregister_those(ptr3, "skull");
    unregister_that(ptr2, "skull");
    unregister_this(ptr1, "skull");
    return;
}
```

Wenn Ihre Initialisierung und Ihr Aufräumen komplexer ist als hier gezeigt, dann kann der goto-Ansatz schwierig zu verwalten sein, weil der gesamte Aufräum-Code in *init_modules* mit eingeschobenen Labels wiederholt werden muß. Deswegen ist manchmal ein anderes Code-Layout nützlich.

Hierbei minimieren Sie die Duplizierung von Code und halten alles sauber, indem Sie *cleanup_module* immer dann aus *init_module* aufrufen, wenn ein Fehler aufgetreten ist. Die Aufräumfunktion muß dann den Zustand jedes Elements überprüfen, bevor es seine Registrierung rückgängig macht. In der einfachsten Form sieht dieser Code so aus:

```
struct something *item1;
struct somethingelse *item2;
int stuff_ok;

void cleanup_module(void)
{
 if (item1)
        release_thing(item1);
 if (item2)
  release_thing2(item2);
 if (stuff_ok)
  unregister_stuff();
 return;
}

int init_module(void)
{
 int err = -ENOMEM;

 item1 = allocate_thing(arguments);
 item2 = allocate_thing2(arguments2);
 if (!item2 || !item2)
  goto fail;
 err = register_stuff(item1, item2);
 if (!err)
  stuff_ok = 1;
 else
```

```
        goto fail;
    return 0; /* success */

    fail:
    cleanup_module();
    return err;
}
```

Wie hier gezeigt wird, brauchen Sie manchmal externe Schalter, um die erfolgreiche Abarbeitung eines Initialisierungsschrittes zu markieren. Das ist von der Semantik der jeweiligen Registrierungs- oder Allokationsfunktion abhängig. Egal, ob Sie solche Schalter benötigen, skaliert diese Art von Initialisierung besser und ist besser als die zuvor gezeigte Technik.

Verwendungszähler

Das System zählt, wie oft jedes Modul verwendet wird, um bestimmen zu können, wann ein Modul gefahrlos entfernt werden kann. Das System benötigt diese Information, denn ein Modul kann nicht entladen werden, wenn es in Benutzung ist. Beispielsweise können Sie nicht einen Dateisystemtyp entladen, während noch ein Dateisystem dieses Typs gemountet ist, und kein Zeichen-Gerät entfernen, während ein Prozeß ein solches noch benutzt; ansonsten bekommen Sie einen Segmentation Fault oder eine Kernel-Panic, wenn wilde Zeiger dereferenziert werden.

In modernen Kerneln kann das System automatisch den Verwendungszähler mit einem Mechanismus pflegen, den Sie im nächsten Kapitel kennenlernen werden. Manchmal müssen Sie das aber trotzdem noch manuell machen, etwa bei Code, der auch portabel auf ältere Kernel sein soll. Der Verwendungszähler wird von drei Makros verwaltet:

`MOD_INC_USE_COUNT`
: Zählt den Zähler für das aktuelle Modul um eins hoch.

`MOD_DEC_USE_COUNT`
: Zählt den Zähler um eins herunter.

`MOD_IN_USE`
: Ergibt true, wenn der Zähler nicht null ist.

Diese Makros sind in `<linux/module.h>` definiert und arbeiten auf internen Datenstrukturen, auf die Programmierer nicht direkt zugreifen sollten. Übrigens sind die Interna der Modul-Verwaltung während der 2.1-Entwicklung sehr verändert und für 2.1.18 vollständig neu geschrieben worden, die Verwendung dieser Makros hat sich aber nicht geändert.

Beachten Sie, daß Sie nicht `MOD_IN_USE` in `cleanup_module` überprüfen müssen, da der Systemaufruf *sys_delete_module* (definiert in *kernel/module.c*) das automatisch macht, bevor er die Funktion *cleanup_module* aufruft.

Die korrekte Verwaltung des Modul-Verwendungszähler ist für die Stabilität des Systems absolut notwendig. Denken Sie daran, daß der Kernel zu jeder Zeit versuchen darf, ein Modul zu entladen. Es ist ein häufig gemachter Programmierfehler, eine Reihe von Operationen zu beginnen (etwa als Antwort auf eine *open*-Anforderung) und den Verwendungszähler am Ende heraufzusetzen. Wenn der Kernel das Modul unterwegs entlädt, ist das eine Garantie für einsetzendes Chaos. Um solche Probleme zu vermeiden, sollten Sie `MOD_INC_USE_COUNT` aufrufen, *bevor* Sie irgend etwas anderes im Modul machen.

Wenn der Verwendungszähler durcheinander kommt, können Sie ein Modul nicht mehr entladen. Das kann während der Entwicklung eines Moduls durchaus passieren, denken Sie also daran. Wenn beispielsweise ein Prozeß beendet wird, weil Ihr Treiber auf einen NULL-Zeiger zugegriffen hat, dann wird der Treiber das Gerät nicht schließen und der Verwendungszähler nicht auf 0 zurückgehen können. Eine mögliche Lösung für dieses Problem besteht darin, den Verwendungszähler während des Debuggens völlig abzustellen, indem Sie sowohl `MOD_INC_USE_COUNT` als auch `MOD_DEC_USE_COUNT` auf leere Operationen umdefinieren. Sie können auch noch eine andere Methode verwenden, um den Zähler auf 0 zu zwingen (wie das geht, erfahren Sie in »Das Argument von ioctl benutzen« in Kapitel 5). In einem fertigen Modul sollten aber nie diese Sicherheitsüberprüfungen abgeschaltet werden. Beim Debuggen helfen solche brachialen Methoden mitunter, Zeit zu sparen, und sind daher akzeptabel.

Der aktuelle Wert des Verwendungszählers steht im dritten Feld jedes Eintrags in */proc/modules*. Diese Datei zeigt, welche Module gerade geladen sind, und enthält einen Eintrag pro Modul. Die einzelnen Felder sind der Name des Moduls, die Größe des Speichers in Byte, den das Modul verwendet, und der aktuelle Wert des Verwendungszählers. Eine typische */proc/modules*- Datei kann etwa so aussehen:

```
parport_pc    7604 1 (autoclean)
lp     4800 0 (unused)
parport     8084 1 [parport_probe parport_pc lp]
lockd     33256 1 (autoclean)
sunrpc     56612 1 (autoclean) [lockd]
ds     6252 1
i82365     22304 1
pcmcia_core   41280 0 [ds i82365]
```

Hier sind mehrere Module zu sehen. Unter anderem sind die Parallel-Port-Module gestapelt geladen worden, wie das oben beschrieben wurde. Der Hinweis `(autoclean)` gibt an, daß diese Module von *kmod* oder *kerneld* (siehe Kapitel 11) verwaltet werden; `(unused)` bedeutet eben das: Das Modul wird nicht benutzt. Es gibt auch noch andere Markierungen. In Linux 2.0 wurde das zweite Feld (die Größe) in Seiten und nicht in Bytes angegeben (auf den meisten Plattformen sind 4 KByte eine Seite).

Entladen

Ein Modul wird mit dem Befehl *rmmod* entladen. Das Entladen ist deutlich einfacher als das Laden, weil nicht gelinkt werden muß. Der Befehl ruft den Systemaufruf *delete_module* auf, der wiederum *cleanup_module* im Modul aufruft, wenn der Verwendungszähler auf null gefallen ist, oder gibt ansonsten eine Fehlermeldung zurück.

Die Implementation von *cleanup_modules* ist dafür zuständig, jedes Element zu deregistrieren, das das Modul vorher registriert hat. Nur die exportierten Symbole werden automatisch entfernt.

Explizite Initialisierungs- und Aufräumfunktionen

Wie wir bereits gesehen haben, ruft der Kernel *init_module* auf, um ein frisch geladenes Modul zu initialisieren, sowie *cleanup_module* unmittelbar vor dem Entfernen des Moduls. In modernen Kerneln haben diese Funktionen aber oft andere Namen. Ab Kernel 2.3.13 gibt es eine Möglichkeit, die Initialisierungs- und Aufräumroutinen explizit zu benennen; dies ist auch der bevorzugte Programmierstil.

Schauen wir uns ein Beispiel an. Wenn Ihr Modul seine Initialisierungsroutine *my_init* (anstelle von *init_module*) und die Aufräumroutine *my_cleanup* nennt, dann würden Sie dies mit den folgenden zwei Zeilen (normalerweise am Ende der Quelldatei) angeben:

```
module_init(my_init);
module_exit(my_cleanup);
```

Beachten Sie, daß Ihr Code `<linux/init.h>` einbinden muß, um *module_init* und *module_exit* verwenden zu können.

Der Vorteil dabei besteht darin, daß jede Initialisierungs- und Aufräumfunktion im Kernel einen eigenen Namen haben kann, was beim Debuggen hilft. Diese Funktionen machen auch denjenigen das Leben leichter, die Treiber schreiben, die entweder als Modul arbeiten oder direkt in den Kernel eingebaut werden. Die Verwendung von *module_init* und *module_exit* ist aber nicht notwendig, wenn Ihre Initialisierungs- und Aufräumfunktionen die alten Namen benutzen. Das einzige, was diese beiden Makros bei Modulen machen, ist *init_module* und *cleanup_module* als neue Namen für die angegebenen Funktionen zu definieren.

Wenn Sie sich durch die Kernel-Quellen graben (ab Version 2.2), dann werden Sie wahrscheinlich eine etwas andere Form der Deklaration der Modul-Initialisierungs- und Aufräumfunktionen vorfinden, die etwa so aussieht:

```
static int __init my_init(void)
{
 ....
}

static void __exit my_cleanup(void)
```

```
{
  ....
}
```

Das Attribut `__init` sorgt – wenn es wie hier gezeigt verwendet wird – dafür, daß die Initialisierungsfunktion verworfen und der Speicher zurückgewonnen wird, nachdem die Initialisierung abgeschlossen ist. Das funktioniert aber nur bei eingebauten Treibern und hat keine Wirkung auf Module. `__exit` sorgt als Gegenstück dafür, daß die angegebene Funktion nicht mit aufgenommen wird, wenn der Treiber nicht als Modul gebaut wird; auch dies hat in Modulen keine Wirkung.

Die Verwendung von `__init` (und `__initdata` bei Datenelementen) kann die Menge des vom Kernel verwendeten Speichers reduzieren. Es ist kein Problem, die Initialisierungsfunktionen von Modulen mit `__init` zu markieren; es nützt aber derzeit auch nichts. Die Verwaltung der Initialisierungsabschnitte ist für Module noch nicht implementiert; möglicherweise kommt das aber in Zukunft noch.

Ressourcen verwenden

Ein Modul kann ohne die Verwendung von Systemressourcen wie Speicher, I/O-Ports, I/O-Speicher, Interrupt-Leitungen und DMA-Kanälen (falls Sie altmodische DMA-Controller wie den aus der Industry Standard Architecture (ISA) verwenden) nicht viel bewerkstelligen.

Als Programmierer kennen Sie sich bereits mit der Speicherverwaltung aus, und Kernel-Code unterscheidet sich in dieser Hinsicht nicht von normalem Code. Ihr Programm kann einen Speicherbereich mit *kmalloc* anfordern und mit *kfree* wieder freigeben. Diese Funktionen verhalten sich wie *malloc* und *free* mit der Ausnahme, daß *kmalloc* ein zusätzliches Argument, die Priorität, erwartet. Meistens verwendet man die Priorität `GFP_KERNEL`. Das Kürzel `GFP` steht dabei übrigens für »Get Free Page«. (Die Allokation von Speicher wird in Kapitel 7 beschrieben.)

Anfänger in der Treiberprogrammierung sind anfangs oft überrascht, daß I/O-Ports, I/O-Speicher[7] und Interrupt-Leitungen explizit alloziert werden müssen. Schließlich kann ein Kernel-Modul einfach auf diese Ressourcen zugreifen, ohne dem Betriebssystem Bescheid sagen zu müssen. Obwohl Systemspeicher anonym ist und an beliebiger Stelle alloziert werden kann, haben I/O-Speicher, Ports und Interrupts sehr spezifische Rollen. Beispielsweise muß ein Treiber in der Lage sein, genau die gewünschten Ports zu allozieren, nicht einfach *irgendwelche* Ports. Aber Treiber können auch nicht einfach diese Systemressourcen verwenden, ohne zunächst sicherzustellen, daß diese nicht noch irgendwo anders verwendet werden.

7 Die Speicherbereiche, die sich in Peripherie-Geräten befinden, werden meist *I/O-Speicher* genannt, um sie vom RAM zu unterscheiden, das normalerweise einfach nur Speicher genannt wird.

I/O-Ports und I/O-Speicher

Ein typischer Treiber ist die meiste Zeit damit beschäftigt, I/O-Ports und I/O-Speicher auszulesen und zu beschreiben. Der Zugriff auf I/O-Ports und I/O-Speicher (die oft unter dem Begriff *I/O-Bereiche* zusammengefaßt werden) geschieht sowohl während der Initialisierung als auch im Normalbetrieb.

Leider gibt es nicht in allen Bus-Architekturen eine saubere Möglichkeit, die I/O-Bereiche zu identifizieren, die zu einem bestimmten Gerät gehören; manchmal muß der Treiber raten, wo sich die eigenen I/O-Bereiche befinden, oder sogar nach Geräten suchen, indem er »mögliche« Adreßbereiche liest und beschreibt. Das trifft besonders auf den ISA-Bus zu, der immer noch für einfache Geräte verwendet wird, die in einen PC eingebaut werden können, und der in der Form seiner PC/104-Implementation und PC/104+-Implementation(siehe Kapitel 15) in der Industrie noch sehr beliebt ist.

Trotz der Features (oder deren Fehlen) des von einem Hardware-Gerät verwendeten Bus sollte der Gerätetreiber exklusiven Zugriff auf seine I/O-Bereiche bekommen können, um Störungen von anderen Geräten zu vermeiden. Wenn beispielsweise ein Modul beim Suchen nach seiner Hardware auf Ports schreibt, die anderen Geräten gehören, können alle möglichen merkwürdigen Dinge passieren.

Die Entwickler von Linux haben einen Anfordern/Freigeben-Mechanismus für I/O-Bereiche gewählt, um Kollisionen zwischen verschiedenen Geräten zu vermeiden. Dieser Mechanismus wurde schon lange für I/O-Ports verwendet und ist kürzlich auf Ressourcen-Allokation im Allgemeinen ausgeweitet worden. Beachten Sie, daß dies nur eine Software-Abstraktion ist, die dem System bei der Verwaltung hilft und nicht durch die Hardware unterstützt werden kann. Beispielsweise führt ein unerlaubter Zugriff auf einen Port nicht zu einem Fehler wie etwa einem Segmentation Fault – die Hardware kann die Registrierung von Ports nicht erzwingen.

Die Dateien */proc/ioports* und */proc/iomem* enthalten Informationen über die registrierten Ressourcen in Textform, wobei letztere erst während der 2.3-Entwicklung eingeführt wurde. Wir besprechen hier die Version 2.4 und behandeln Portabilitätsfragen am Ende des Kapitels.

Ports

Eine typische */proc/ioports*-Datei auf einem neueren PC, auf dem ein 2.4-Kernel läuft, sieht etwa so aus:

```
0000-001f : dma1
0020-003f : pic1
0040-005f : timer
0060-006f : keyboard
0080-008f : dma page reg
00a0-00bf : pic2
00c0-00df : dma2
```

```
00f0-00ff : fpu
0170-0177 : ide1
01f0-01f7 : ide0
02f8-02ff : serial(set)
0300-031f : NE2000
0376-0376 : ide1
03c0-03df : vga+
03f6-03f6 : ide0
03f8-03ff : serial(set)
1000-103f : Intel Corporation 82371AB PIIX4 ACPI
 1000-1003 : acpi
 1004-1005 : acpi
 1008-100b : acpi
 100c-100f : acpi
1100-110f : Intel Corporation 82371AB PIIX4 IDE
1300-131f : pcnet_cs
1400-141f : Intel Corporation 82371AB PIIX4 ACPI
1800-18ff : PCI CardBus #02
1c00-1cff : PCI CardBus #04
5800-581f : Intel Corporation 82371AB PIIX4 USB
d000-dfff : PCI Bus #01
 d000-d0ff : ATI Technologies Inc 3D Rage LT Pro AGP-133
```

Jeder Eintrag in dieser Datei gibt (in hexadezimaler Darstellung) einen Bereich von Ports an, der von einem Treiber blockiert wird oder einem Hardware-Gerät gehört. In früheren Versionen des Kernels hatte die Datei das gleiche Format, allerdings ohne die »geschichtete« Struktur, die durch die Einrückungen angegeben wird.

Diese Datei kann dazu verwendet werden, Port-Kollisionen zu vermeiden, wenn ein neues Gerät zum System hinzugefügt wird und ein I/O-Bereich durch Umstecken von Jumpern ausgewählt werden muß: Der Benutzer kann kontrollieren, welche Ports bereits verwendet werden, und das neue Gerät auf einen verfügbaren I/O-Bereich einstellen. Sie werden vielleicht einwenden, daß die meiste moderne Hardware keine Jumper mehr verwendet, aber das Problem ist für kundenspezifische Geräte und Industriekomponenten immer noch aktuell.

Noch wichtiger als die Datei *ioports* selbst ist die Datenstruktur dahinter. Wenn sich der Software-Treiber für ein Gerät selbst initialisiert, kann er die bereits belegten Port-Bereiche herausfinden; wenn der Treiber I/O-Ports suchen muß, um das neue Gerät zu finden, kann er das Ausprobieren bereits von anderen Treibern belegter Ports ebenfalls vermeiden.

Das Suchen von ISA-Geräten (»Probing«) ist in der Tat eine riskante Aufgabe, und einige Treiber, die mit dem offiziellen Linux-Kernel ausgeliefert werden, verweigern die Suche, wenn sie als Module geladen werden. Sie wollen dadurch vermeiden, ein laufendes System instabil zu machen oder zu zerstören, indem sie Ports manipulieren, an denen sich unbekannte Hardware befinden kann. Glücklicherweise sind moderne (und ältere, aber gut durchdachte) Bus-Architekturen gegen all diese Probleme immun.

Die Programmierschnittstelle für den Zugriff auf das I/O-Register besteht aus drei Funktionen:

```
int check_region(unsigned long start, unsigned long len);
struct resource *request_region(unsigned long start,
unsigned long len, char *name);
void release_region(unsigned long start, unsigned long len);
```

check_region kann aufgerufen werden, um festzustellen, ob ein Bereich von Ports zur Allokation bereitsteht; wenn das nicht der Fall ist, wird ein negativer Code (wie `-EBUSY` oder `-EINVAL` zurückgegeben). *request_region* alloziert den Port-Bereich und gibt einen von `NULL` verschiedenen Zeiger-Wert zurück, wenn die Allokation erfolgreich ist. Treiber müssen den zurückgegebenen Zeiger nicht verwenden oder speichern, der Test auf `NULL` ist völlig ausreichend.[8] Code, der nur mit 2.4-Kerneln funktionieren muß, muß *check_region* gar nicht aufrufen; das ist sogar besser so, weil sich zwischen den Aufrufen von *check_region* und *request_region* etwas ändern kann. Wenn Sie portabel zu älteren Kerneln sein wollen, müssen Sie aber *check_region* verwenden, weil *request_region* vor 2.4 `void` zurückgegeben hat. Ihr Treiber sollte selbstverständlich *release_region* aufrufen, um die Ports freizugeben, wenn sie nicht mehr gebraucht werden.

Die drei Funktionen sind in Wirklichkeit Makros und werden in `<linux/ioport.h>` deklariert.

Das Registrieren von Ports sieht typischerweise folgendermaßen aus (die Funktion *skull_probe_hw* enthält den gerätespezifischen Code und ist hier deswegen nicht enthalten):

```
#include <linux/ioport.h>
#include <linux/errno.h>
static int skull_detect(unsigned int port, unsigned int range)
{
    int err;

    if ((err=check_region(port,range)) < 0) return err; /* besetzt */
    if (skull_probe_hw(port,range) != 0) return -ENODEV; /* nicht gefunden */
    request_region(port,range,"skull"); /* funktioniert immer */
    return 0;
}
```

Dieser Code versucht zuerst herauszufinden, ob der gewünschte Bereich von Ports verfügbar ist; wenn die Ports nicht alloziert werden können, macht es auch keinen Sinn, nach der Hardware zu suchen. Die eigentliche Allokation der Ports wird erst vorgenommen, wenn sichergestellt ist, daß das Gerät auch existiert. *request_region* sollte nie fehlschlagen; der Kernel lädt nur jeweils ein Modul, so daß es keine Probleme mit anderen Modulen geben kann, die in der Zwischenzeit Ports wegnehmen könnten. Paranoider Code kann den Rückgabewert trotzdem abfragen; denken Sie aber daran, daß *request_region* in Kerneln vor 2.4 `void` zurückgab.

8 Der Zeiger selbst wird nur verwendet, wenn die Funktion intern vom Ressourcenverwaltungssubsystem des Kernels aufgerufen wird.

Alle vom Treiber allozierten Ports müssen irgendwann freigegeben werden; *skull* macht das aus *cleanup_module* heraus:

```
static void skull_release(unsigned int port, unsigned int range)
{
    release_region(port,range);
}
```

Der Ansatz, Ressourcen anzufordern und wieder freizugeben, ähnelt der Folge von Registrierung und Deregistrierung, die wir weiter oben für Fähigkeiten beschrieben haben, und paßt gut in das goto-basierte Implementationsschema, das wir schon erwähnt haben.

Speicher

Ähnlich wie bei I/O-Ports steht auch die Information über I/O-Speicher in einer Datei, */proc/iomem*, zur Verfügung. Hier ist ein Ausschnitt der Datei auf einem typischen PC:

```
00000000-0009fbff : System RAM
0009fc00-0009ffff : reserved
000a0000-000bffff : Video RAM area
000c0000-000c7fff : Video ROM
000f0000-000fffff : System ROM
00100000-03feffff : System RAM
  00100000-0022c557 : Kernel code
  0022c558-0024455f : Kernel data
20000000-2fffffff : Intel Corporation 440BX/ZX - 82443BX/ZX Host bridge
68000000-68000fff : Texas Instruments PCI1225
68001000-68001fff : Texas Instruments PCI1225 (#2)
e0000000-e3ffffff : PCI Bus #01
e4000000-e7ffffff : PCI Bus #01
  e4000000-e4ffffff : ATI Technologies Inc 3D Rage LT Pro AGP-133
  e6000000-e6000fff : ATI Technologies Inc 3D Rage LT Pro AGP-133
fffc0000-ffffffff : reserved
```

Auch hier werden die Werte hexadezimal angezeigt, der String nach dem Doppelpunkt ist der Name des »Besitzers« des I/O-Bereiches.

Was den Treiber angeht, wird auf das Verzeichnis für I/O-Speicher auf die gleiche Weise wie auf das Verzeichnis für I/O-Ports zugegriffen; beide basieren auf dem gleichen internen Mechanismus.

Um Zugriff auf einen bestimmten I/O-Speicherbereich zu bekommen und diesen wieder freizugeben, sollten die folgenden Funktionen verwendet werden:

```
int check_mem_region(unsigned long start, unsigned long len);
int request_mem_region(unsigned long start, unsigned long len,
    char *name);
int release_mem_region(unsigned long start, unsigned long len);
```

Ein typischer Treiber kennt seinen I/O-Speicherbereich schon; die für I/O-Ports gezeigte Folge reduziert sich deswegen auf:

```
if (check_mem_region(mem_addr, mem_size)) { printk("drivername:
  memory already in use\n"); return -EBUSY; }
  request_mem_region(mem_addr, mem_size, "drivername");
```

Ressourcen-Allokation in Linux 2.4

Der aktuelle Mechanismus zur Allokation von Ressourcen wurde in Linux 2.3.11 eingeführt und stellt eine flexible Möglichkeit dar, Systemressourcen zu steuern. Dieser Abschnitt beschreibt diesen Mechanismus kurz. Die grundlegenden Ressourcen-Allokationsfunktionen (*request_region* usw.) sind immer noch (als Makros) implementiert und werden noch viel verwendet, da sie zu früheren Kernel-Versionen abwärtskompatibel sind. Die meisten Modul-Programmierer müssen nicht wissen, was unter der Haube eigentlich passiert, aber diejenigen, die an komplexeren Treibern arbeiten, sind vielleicht doch interessiert.

Die Ressourcen-Verwaltung in Linux kann beliebige Ressourcen hierarchisch kontrollieren. Global bekannte Ressourcen (wie etwa die Bereiche von I/O-Ports) können in kleinere Teilmengen aufgeteilt werden, wie etwa in die Ressourcen, die zu einem bestimmten Bus-Slot gehören. Einzelne Treiber können ihren Bereich dann bei Bedarf noch weiter aufteilen.

Ressourcen-Bereiche werden mittels einer *resource*-Struktur beschrieben, die in <linux/ioport.h> deklariert ist:

```
struct resource {
 const char *name;
 unsigned long start, end;
 unsigned long restore;
 struct resource *parent, *sibling, *child;
};
```

Top-Level-Ressourcen werden beim Booten erzeugt. Beispielsweise wird die Ressource, die den I/O-Port-Bereich beschreibt, folgendermaßen erzeugt:

```
struct resource ioport_resource =
   { "PCI IO", 0x0000, IO_SPACE_LIMIT, IORESOURCE_IO };
```

Der Name der Ressource ist also `PCI_IO`, und der abgedeckte Bereich läuft von 0 bis `IO_SPACE_LIMIT` , was je nach Hardware-Plattform `0xffff` (16 Bits Adreßraum wie unter x86, IA-64, Alpha, M68k und MIPS), `0xffffffff` (32 Bits: SPARC, PPC, SH) oder `0xffffffffffffffff` (64 Bits: SPARC64) sein kann.

Unterbereiche einer bestimmten Ressource können mit *allocate_resource* erzeugt werden. Während der PCI-Initialisierung wird beispielsweise eine neue Ressource für einen Bereich erzeugt, der einem physikalischen Gerät tatsächlich zugewiesen wird. Wenn der PCI-Code diese Port- oder Speicherzuweisungen liest, erzeugt er für genau diese Regionen neue Ressourcen und alloziert diese unter `ioport_resource` oder `iomem_resource`.

Ein Treiber kann dann durch den Aufruf von *__request_region* eine Teilmenge einer bestimmten Ressource (und damit eine Teilmenge einer globalen Ressource) anfordern und als belegt markieren. Diese Funktion gibt einen Zeiger auf eine neue `struct resource`-Datenstruktur zurück, die die angeforderte Ressource beschreibt (oder im Fehlerfall NULL zurückgibt). Die Struktur ist bereits ein Bestandteil des globalen Ressourcen-Baums, und der Treiber darf sie nicht nach Gutdünken verwenden.

Interessierte Leser mögen sich vielleicht die Details im Quellcode in *kernel/resource.c* und die Verwendung der Ressourcen-Verwaltung im Rest des Kernels anschauen. Die meisten Treiber-Autoren sind aber mit *request_region* und den anderen im vorigen Abschnitt eingeführten Funktionen mehr als bedient.

Dieser Schicht-Mechanismus bringt eine Reihe von Vorteilen mit sich. Zum einen wird die I/O-Struktur des Systems in den Datenstrukturen des Kernels deutlich. Man sieht das Ergebnis etwa in */proc/ioports*:

```
e800-e8ff : Adaptec AHA-2940U2/W / 7890
e800-e8be : aic7xxx
```

Der Bereich e800-e8ff ist von einer Adaptec-Karte alloziert worden, die sich selbst gegenüber dem PCI-Bus-Treiber identifiziert hat. Der Treiber *aic7xxx* hat dann den größten Teil dieses Bereiches angefordert: in diesem Fall den Teil, der realen Ports auf der Karte entspricht.

Ein weiterer Vorteil dieser Ressourcen-Kontrolle besteht darin, daß der gesamte Port-Raum in bestimmte Unterbereiche aufgeteilt wird, die die Hardware des zugrundeliegenden Systems widerspiegeln. Weil der Ressourcen-Allokator keine Allokation über Teilbereiche hinweg erlaubt, kann ein fehlerhafter Treiber (oder einer, der nach Hardware sucht, die im System nicht vorhanden ist), daran gehindert werden, Ports zu allozieren, die zu mehr als einem Bereich gehören – selbst wenn einige dieser Ports zu dem Zeitpunkt nicht alloziert sind.

Automatische und manuelle Konfiguration

Einige der Parameter, die ein Treiber benötigt, können von System zu System unterschiedlich sein. Beispielsweise muß ein Treiber die verwendeten I/O-Adressen oder Speicherbereiche kennen (dies ist bei gut durchdachten Bus-Interfaces kein Problem und betrifft nur ISA-Geräte). Manchmal müssen Sie Parameter an einen Treiber übergeben, um diesem dabei zu helfen, sein eigenes Gerät zu finden oder bestimmte Features ein- oder auszuschalten.

Je nach Gerät können auch noch andere Parameter außer der I/O-Adresse das Verhalten des Treibers beeinflussen, beispielsweise die Gerätemarke und die Versionsnummer. Ein Treiber muß die Werte dieser Parameter kennen, um korrekt arbeiten zu können. Einen Treiber mit den korrekten Werten zu versorgen (also ihn zu konfigurieren) ist eine der kniffligen Aufgaben, die während der Treiber-Initialisierung vollbracht werden müssen.

Im Grunde genommen gibt es nur zwei Möglichkeiten, an die korrekten Werte heranzukommen: entweder gibt der Benutzer sie explizit an oder der Treiber ermittelt sie selbst (*Auto-Detection*). Während Auto-Detection zweifellos die beste Variante ist, ist die

Konfiguration durch den Benutzer deutlich einfacher zu implementieren. Eine sinnvolle Wahl könnte es sein, die automatische Konfiguration wo immer möglich zu implementieren, es aber zu erlauben, daß vom Benutzer übergebene Werte die Auto-Detection überschreiben. Dieser Ansatz hat noch den zusätzlichen Vorteil, daß der Treiber zunächst ohne Auto-Detection entwickelt werden kann, indem die Parameter zur Ladezeit angegeben werden. Die Auto-Detection kann dann später implementiert werden.

Viele Treiber haben auch Konfigurationsoptionen, die andere Aspekte ihrer Arbeit steuern. Beispielsweise gibt es in Treibern für SCSI-Adapter oft Optionen zur Steuerung des Tagged Command Queueings, und IDE-Treiber (Integrated Device Electronics) erlauben dem Benutzer die Steuerung der Hardware-Operationen. Selbst wenn Ihr Treiber vollständig autokonfigurierbar ist, kann es also sinnvoll sein, andere Konfigurationsoptionen für den Benutzer verfügbar zu machen.

Parameterwerte können von *insmod* oder *modprobe* zur Ladezeit zugewiesen werden; letzteres kann die Parameter auch aus einer Konfigurationsdatei (normalerweise */etc/modules.conf*) auslesen. Die Befehle nehmen Integer- und String-Werte auf der Kommandozeile entgegen. Wenn Ihr Modul also einen Integer-Parameter namens *skull_ival* und einen String-Parameter namens *skull_sval* haben soll, könnten die Parameter beim Laden des Moduls mit etwa folgendem *insmod*-Befehl angegeben werden:

```
insmod skull skull_ival=666 skull_sval="das Biest"
```

Bevor *insmod* aber die Modulparameter verändern kann, muß das Modul diese verfügbar machen. Parameter werden mit dem in *module.h* definierten Makro `MODULE_PARM` deklariert. `MODULE_PARM` erwartet zwei Parameter: den Namen der Variablen und einen String, der den Typ angibt. Das Makro sollte außerhalb aller Funktionen stehen und gehört normalerweise in die Nähe des Anfangs der Quelldatei. Die beiden oben erwähnten Parameter könnten mit den folgenden Zeilen deklariert werden:

```
int skull_ival=0;
char *skull_sval;

MODULE_PARM (skull_ival, "i");
MODULE_PARM (skull_sval, "s");
```

Es werden derzeit fünf Typen von Modulparametern unterstützt: `b`, ein Byte; `h`, ein Short-Wert (zwei Bytes); `i`, ein Integer-Wert; `l`, ein Long-Wert, und `s`, ein String. Im Falle von String-Werten sollte eine Zeiger-Variable deklariert werden; *insmod* alloziert den Speicher für den vom Benutzer angegebenen Parameter und setzt die Variable entsprechend um. Ein dem Typ vorangestellter Integer-Wert gibt ein Array der angegebenen Länge an; zwei Zahlen, die von einem Bindestrich getrennt sind, geben eine minimale und eine maximale Anzahl von Werten an. Wenn Sie die Beschreibung dieses Features durch den Autor lesen möchten, verweisen wir Sie auf die Header-Datei *<linux/module.h>*.

Als Beispiel könnte ein Array, das wenigstens zwei und maximal vier Werte haben muß, folgendermaßen deklariert werden:

```
int skull_array[4];
MODULE_PARM (skull_array, "2-4i");
```

Es gibt auch noch das Makro MODULE_PARM_DESC, mit dem der Programmierer eine Beschreibung des Parameters angeben kann. Diese Beschreibung wird in der Objektdatei gespeichert und kann dort mit einem Hilfsprogramm wie *objdump* oder automatisierten Werkzeugen zur Systemverwaltung angezeigt werden. Auch hierzu ein Beispiel:

```
int base_port = 0x300;
MODULE_PARM (base_port, "i");
MODULE_PARM_DESC (base_port, "Der Basis-I/O-Port (Default 0x300)");
```

Alle Modulparameter sollten einen Default-Wert haben; *insmod* ändert den Wert nur, wenn der Benutzer das ausdrücklich anfordert. Das Modul kann explizite Parameter finden, indem es Parameter mit deren Default-Werten vergleicht. Entsprechend kann eine automatische Konfiguration folgendermaßen funktionieren: Wenn die Konfigurationsvariablen den Default-Wert haben, führe die automatische Erkennung durch; ansonsten behalte den aktuellen Wert. Damit diese Technik funktioniert, sollte der »Default«-Wert immer ein Wert sein, den der Benutzer nie selbst angeben würde.

Der folgende Code zeigt, wie *skull* Port-Adressen eines Gerätes automatisch ermittelt. In diesem Beispiel wird die Auto-Detection verwendet, um nach mehreren Geräten zu suchen, während die manuelle Konfiguration auf ein einziges Gerät beschränkt ist. Beachten Sie, daß wir die Funktion *skull_detect* schon oben gezeigt haben, während *skull_init_board* die treiberspezifische Initialisierung vornimmt und deswegen nicht gezeigt wird.

```
 /*
  * Port-Bereiche: das Geraet kann in Schritten von 0x10 zwischen 0x280
  * und 0x300 liegen. Es verwendet 0x10 Bytes große Ports.
  */
#define SKULL_PORT_FLOOR 0x280
#define SKULL_PORT_CEIL  0x300
#define SKULL_PORT_RANGE 0x010

/*
 * Die folgende Funktion führt die Auto-Detection durch, wenn der
 * Variablen "skull_port_base" von insmod kein
 * Wert zugewiesen worden ist.
 */

static int skull_port_base=0; /* 0 erzwingt Auto-Detection */
MODULE_PARM (skull_port_base, "i");
MODULE_PARM_DESC (skull_port_base, "Base I/O port for skull");

static int skull_find_hw(void) /* gibt die Anzahl der Geraete zurück */
{
    /* base ist entweder der Wert, der beim Laden uebergeben wurde,
     * oder der erste Versuch */
    int base = skull_port_base ? skull_port_base
                               : SKULL_PORT_FLOOR;
    int result = 0;

    /* Schleife einmal durchlaufen, wenn ein Wert zugewiesen wurde,
     * ansonsten bei der Auto-Detection alle probieren */
```

```
    do {
        if (skull_detect(base, SKULL_PORT_RANGE) == 0) {
            skull_init_board(base);
            result++;
        }
        base += SKULL_PORT_RANGE; /* für naechsten Versuch vorbereiten */
    }
    while (skull_port_base == 0 && base < SKULL_PORT_CEIL);

    return result;
}
```

Wenn die Konfigurationsvariablen nur im Treiber verwendet werden (also nicht in der Symboltabelle des Kernels veröffentlicht werden), dann kann der Treiber-Autor dem Benutzer das Leben etwas einfacher machen, indem er das Präfix der Variablennamen (hier `skull_`) wegläßt. Die Präfixe haben für den Benutzer außer zusätzlicher Schreibarbeit normalerweise keine Bedeutung.

Aus Gründen der Vollständigkeit führen wir hier noch die drei anderen Makros auf, die Dokumentation in die Objektdatei schreiben:

`MODULE_AUTHOR (name)`
: Schreibt den Namen des Autors in die Objektdatei.

`MODULE_DESCRIPTION (desc)`
: Schreibt eine Beschreibung des Moduls in die Objektdatei.

`MODULE_SUPPORTED_DEVICE (dev)`
: Schreibt einen Eintrag, der angibt, welche Geräte unterstützt werden, in das Modul. Kommentare in den Kernel-Quellen legen nahe, daß dieser Parameter irgendwann einmal zum automatischen Laden von Modulen verwendet werden könnte; davon wird aber derzeit noch kein Gebrauch gemacht.

Im User-Space arbeiten

Ein Unix-Programmierer, der sich zum erstenmal mit dem Kernel beschäftigt, ist jetzt vielleicht etwas nervös, wenn er ein Modul schreiben soll. Das Schreiben eines Benutzerprogramms, das die Geräte-Ports direkt ausliest und beschreibt, ist viel einfacher.

Tatsächlich gibt es einige Argumente für die Programmierung im User-Space, und mitunter ist das Schreiben von sogenannten User-Space-Gerätetreibern eine sinnvolle Alternative zum Kernel-Hacken.

Die Vorteile von User-Space-Treibern können folgendermaßen zusammengefaßt werden:

- Die vollständige C-Bibliothek kann dazugelinkt werden. Der Treiber kann viele exotische Aufgaben selbst übernehmen, ohne auf externe Programme zurückzugreifen (die Hilfsprogramme, die Benutzungs-Policies implementieren, die üblicherweise zusammen mit dem Treiber vertrieben werden).

- Ein konventioneller Debugger kann verwendet werden, ohne den mühseligen Umweg zu gehen, einen laufenden Kernel zu debuggen.
- Wenn ein User-Space-Gerätetreiber hängt, können Sie ihn einfach beenden. Probleme mit dem Treiber führen wahrscheinlich nicht dazu, daß das gesamte System hängt; es sei denn, die Hardware verhält sich *wirklich* unangenehm.
- Im Gegensatz zum Kernel-Speicher kann Benutzer-Speicher ausgelagert werden. Ein selten benutztes Gerät mit einem riesigen Treiber belegt so keinen Speicher, den andere Programme benutzen könnten; es sei denn, das Gerät ist gerade in Benutzung.
- Ein sauber programmiertes Treiber-Programm kann trotzdem noch gleichzeitigen Zugriff auf ein Gerät erlauben.

Ein Beispiel eines User-Space-Treibers ist der X-Server: Er weiß genau, was die Hardware kann und was nicht, und bietet diese grafischen Ressourcen allen X-Clients an. Beachten Sie aber, daß es eine langsame, aber stetige Bewegung hin zu Framebuffer-basierten Grafikumgebungen gibt, in denen der X-Server nur als Server, der auf einem echten Kernel-Space-Gerätetreiber für die Grafikmanipulation basiert, arbeitet.

Üblicherweise implementiert ein User-Space-Treiber einen Server-Prozeß, der vom Kernel die Aufgabe übernimmt, das einzige Stück Code zu sein, das die Hardware kontrolliert. Client-Applikationen können sich dann mit diesem Server verbinden, um mit dem Gerät zu kommunizieren; ein intelligenter Treiber-Prozeß kann also auch nebenläufigen Zugriff auf das Gerät ermöglichen. Genau so funktioniert auch der X-Server.

Ein anderes Beispiel für einen User-Space-Treiber ist der Maus-Server *gpm*: Er weist die Maus verschiedenen Clients zu und vermittelt zwischen diesen, so daß diverse maussensitive Applikationen auf verschiedenen virtuellen Konsolen laufen können.

Manchmal gewährt ein User-Space-Treiber aber auch nur einem einzigen Programm Zugriff auf das Gerät. So funktioniert beispielsweise `libsvga`. Diese Bibliothek, die die grafische Ausgabe auf einem Terminal ermöglicht, wird zur Applikation hinzugelinkt und bietet der Applikation so den Zugriff auf den Bildschirm, ohne daß diese sich noch an eine zentrale Autorität (d.h. einen Server) wenden muß. Dieser Ansatz führt normalerweise zu besserer Performance, weil der Kommunikations-Overhead entfällt, verlangt aber, daß die Anwendung als privilegierter Benutzer läuft (dieses Problem wird unter anderem durch die Verwendung eines Framebuffer-Gerätetreibers im Kernel-Space gelöst).

Der User-Space-Ansatz hat aber auch eine Reihe von Nachteilen. Die wichtigsten sind:

- Im User-Space stehen keine Interrupts zur Verfügung. Daran führt kein Weg vorbei; es sei denn, Sie lernen (auf x86-Systemen), wie man den Systemaufruf *vm86* verwendet, und akzeptieren eine Performance-Einbuße.[9]
- Direkter Zugriff auf den Speicher ist nur mittels *mmap* auf */dev/mem* möglich, was wiederum nur ein privilegierter Benutzer kann.
- Zugriff auf I/O-Ports ist nur nach Aufruf von *ioperm* oder *iopl* möglich. Nicht alle Plattformen unterstützen diese Systemaufrufe, und Zugriffe auf */dev/port* können zu langsam sein, um effektiv zu sein. Beides steht nur privilegierten Benutzern zur Verfügung.
- Die Antwortzeiten sind langsamer, weil ein Kontextwechsel notwendig ist, um Informationen zwischen dem Client und der Hardware zu transportieren.
- Es kommt noch schlimmer: Wenn der Treiber auf die Festplatte ausgelagert worden ist, werden die Antwortzeiten inakzeptabel hoch. Der Systemaufruf *mlock* kann hier helfen, aber oftmals werden Sie mehrere Speicherseiten im Speicher festhalten müssen, weil ein User-Space-Programm von einer Menge Bibliothekscode abhängt. Auch *mlock* steht nur privilegierten Benutzern zur Verfügung.
- Auf die wichtigsten Geräte kann nicht im User-Space zugegriffen werden. Dazu gehören unter anderem Netzwerk-Interfaces und Block-Geräte.

Wie Sie sehen, können User-Space-Treiber nicht viel machen. Trotzdem gibt es aber interessante Anwendungen, beispielsweise Unterstützung für SCSI-Scanner (im *SANE*-Paket implementiert) und CD-Brenner (implementiert durch *cdrecord* und andere Programme). In beiden Fällen verwenden die User-Space-Gerätetreiber den »generischen SCSI-Kernel-Treiber«, der die SCSI-Funktionalität niedriger Ebene den User-Space-Programmen zur Verfügung stellt, so daß diese auf ihre Hardware zugreifen können.

Um einen User-Space-Treiber zu schreiben, genügen mittlere Hardware-Kenntnisse, und man muß die Subtilitäten der Kernel-Programmierung nicht verstehen. Wir werden in diesem Buch nicht weiter auf Treiber im User-Space eingehen, sondern uns auf Kernel-Code konzentrieren.

Wenn Sie es dagegen mit ungewöhnlicher Hardware zu tun haben, dann kann es sinnvoll sein, die Software erst einmal im User-Space zu schreiben. Auf diese Art und Weise können Sie Ihre Hardware kennenlernen, ohne zu riskieren, daß das ganze System hängenbleibt. Wenn Sie das einmal geschafft haben, dann sollte es nicht mehr weiter schwierig sein, die Software in ein Kernel-Modul zu kapseln.

9 Dieser Systemaufruf wird in diesem Buch nicht besprochen, da es uns hier vor allem um Kernel-Treiber geht; außerdem ist *vm86* zu plattformspezifisch, um wirklich interessant zu sein.

Abwärtskompatibilität

Der Linux-Kernel ist ein sich bewegendes Ziel; viele Dinge ändern sich während der Entwicklung neuer Features. Die Schnittstelle, die wir in diesem Kapitel beschrieben haben, ist diejenige, die Sie im 2.4-Kernel vorfinden werden; wenn Ihr Code auch mit älteren Versionen laufen soll, müssen Sie einige Änderungen vornehmen.

Dies ist der erste von vielen Abschnitten mit dem Titel »Abwärtskompatibilität« in diesem Buch. Am Ende jedes Kapitels werden wir die Dinge behandeln, die sich seit der Kernel-Version 2.0 verändert haben, und beschreiben, was Sie tun müssen, damit Ihr Code portabel wird.

Zunächst einmal wurde das Makro `KERNEL_VERSION` mit der Version 2.1.90 eingeführt. Die Header-Datei *sysdep.h* enthält einen Ersatz für die Kernel, die das benötigen.

Änderungen in der Ressourcen-Verwaltung

Die neue Ressourcen-Verwaltung bringt einige Portabilitätsprobleme mit sich, wenn Sie einen Treiber schreiben wollen, der mit Kernel-Versionen vor 2.4 funktioniert. In diesem Abschnitt beschreiben wir, auf welche Probleme Sie stoßen werden und wie die Header-Datei *sysdep.h* versucht, die Probleme vor Ihnen zu verbergen.

Die offensichtlichste Änderung im neuen Code zur Ressourcen-Verwaltung ist das Hinzufügen von *request_mem_region* und verwandten Funktionen. Ihre Rolle beschränkt sich auf den Zugriff auf die I/O-Speicher-Datenbank, ohne bestimmte Operationen auf irgendwelcher Hardware durchzuführen. In älteren Kerneln sollten Sie also diese Funktionen einfach nicht aufrufen. Das geht leicht mit der Header-Datei *sysdep.h*, die diese Funktionen einfach als Makros definiert, die in Kerneln vor der Version 2.4 `0` zurückgeben.

Ein weiterer Unterschied zwischen 2.4 und früheren Kernel-Versionen besteht in den Prototypen von *request_region* und zugehörigen Funktionen selbst.

Kernel vor 2.4 haben sowohl *request_region* als auch *release_region* als Funktionen deklariert, die `void` zurückgeben, (und erzwangen damit den vorhergehenden Aufruf von *check_region*). Die neue Implementation enthält jetzt Funktionen, die einen Zeiger-Wert zurückgeben, so daß Fehler gemeldet werden können (was *check_region* ziemlich nutzlos macht). Der Zeiger-Wert selbst kann in Treiber-Code für nichts als einen Test auf `NULL` verwendet werden; dieser Wert bedeutet, daß die Anforderung fehlgeschlagen ist.

Wenn Sie sich ein paar Zeilen Code in Ihren Treibern sparen wollen und Ihnen die Abwärtskompatibilität egal ist, dann können Sie auch die neuen Funktionsaufrufe ausnutzen und die Verwendung von *check_region* in Ihrem Code vermeiden. *check_region* ist jetzt mit Hilfe von *request_region* implementiert, gibt den I/O-Bereich frei und meldet eine erfolgreiche Ausführung, wenn die Anfrage erfüllt werden konnte; der zusätzliche Aufwand ist vernachlässigbar, weil keine dieser Funktionen jemals aus zeitkritischem Code aufgerufen wird.

Wenn Sie lieber portablen Code haben möchten, dann können Sie es beim weiter oben vorgeschlagenen Code belassen und die Rückgabewerte von *request_region* und *release_region* ignorieren. *sysdep.h* deklariert die beiden Funktionen sowieso als Makros, die 0 (Erfolg) zurückgeben, so daß Sie sowohl portabel sein als auch den Rückgabewert jeder aufgerufenen Funktion abfragen können.

Der letzte Unterschied in der I/O-Registry zwischen Version 2.4 und früheren Kernel-Versionen besteht in den Datentypen, die für die Argumente `start` und `len` verwendet werden. Während neuere Kernel immer `unsigned long` verwenden, benutzen ältere Kernel kürzere Typen. Diese Änderung hat aber keinen Einfluß auf die Portabilität des Treibers.

Kompilieren auf Multiprozessor-Systemen

In der Version 2.0 des Kernels wurde die Konfigurationsoption `CONFIG_SMP` nicht verwendet, um Kernel auf SMP-Systemen zu bauen; statt dessen wurde eine globale Zuweisung im Haupt-*Makefile* des Kernels benutzt. Beachten Sie, daß Module, die für einen SMP-Rechner kompiliert worden sind, nicht in einem Einzelprozessor-Kernel laufen und umgekehrt; es ist also wichtig, daß hier nichts durcheinandergerät.

Der Beispiel-Code zu diesem Buch kümmert sich automatisch um SMP in den Makefiles, so daß der oben gezeigte Code nicht in jedes Modul kopiert werden muß. Allerdings unterstützen wir kein SMP in der Kernel-Version 2.0. Dies sollte aber kein Problem sein, weil die Multiprozessor-Unterstützung in Linux 2.0 ohnehin nicht so besonders stabil war; alle, die SMP-Systeme verwenden, sollten 2.2 oder 2.4 benutzen. Version 2.0 wird in diesem Buch behandelt, weil das immer noch die Plattform der Wahl (insbesondere in der MMU-freien Implementation) für kleine eingebettete Systeme ist. Solche Systeme haben aber nicht mehrere Prozessoren.

Symbole in Linux 2.0 exportieren

Der Mechanismus zum Exportieren von Symbolen in Linux 2.0 wurde um eine Funktion namens *register_symtab* herum entwickelt. Ein Linux 2.0-Modul baut eine Tabelle mit allen zu exportierenden Symbolen auf und ruft dann aus seiner Initialisierungsfunktion heraus *register_symtab* auf. Nur in dieser expliziten Symboltabelle aufgeführte Symbole wurden an den Kernel exportiert. Wenn die Funktion dagegen gar nicht aufgerufen wurde, wurden alle globalen Symbole exportiert.

Wenn Ihr Modul keine Symbole exportieren muß und Sie nicht alles als `static` deklarieren wollen, dann verstecken Sie einfach die globalen Symbole durch Hinzufügen der gleich gezeigten Zeile zu *init_module*. Dieser Aufruf von *register_symtab* überschreibt einfach die Default-Symboltabelle des Moduls mit einer leeren Tabelle:

```
register_symtab(NULL);
```

Genau so ist EXPORT_NO_SYMBOLS in *sysdep.h* definiert, wenn für die Version 2.0 kompiliert wird. Aus diesem Grund muß EXPORT_NO_SYMBOLS auch in *init_module* stehen, um unter Linux 2.0 korrekt zu funktionieren.

Wenn Sie aber Symbole aus Ihrem Modul exportieren müssen, dann müssen Sie eine Symboltabellenstruktur erzeugen, die diese Symbole beschreibt. Das Füllen einer solchen Struktur für Linux 2.0 ist eine knifflige Aufgabe, aber die Kernel-Entwickler haben Header-Dateien geschrieben, die die Sache vereinfachen. Die folgenden Code-Zeilen zeigen, wie eine Symboltabelle mittels der Header-Dateien von Linux 2.0 deklariert und exportiert wird:

```
static struct symbol_table skull_syms = {

#include <linux/symtab_begin.h>
  X(skull_fn1),
  X(skull_fn2),
  X(skull_variable),
#include <linux/symtab_end.h>
        };

 register_symtab(&skull_syms);
```

Das Schreiben portablen Codes, der die Sichtbarkeit von Symbolen steuert, erfordert spezielle Maßnahmen des Treiber-Programmierers. Dies ist ein Fall, in dem es nicht reicht, einige Kompatibilitätsmakros zu definieren; statt dessen gilt es, eine nicht zu vernachlässigende Menge von bedingtem Präprozessor-Code zu schreiben. Die Konzepte aber sind einfach. Zunächst müssen die zu verwendende Kernel-Version ermittelt und einige Symbole entsprechend definiert werden. Wir haben uns entschieden, in *sysdep.h* ein Makro namens REGISTER_SYMTAB() zu definieren, das in Version 2.2 und neuer zu nichts expandiert und in Version 2.0 zu *register_symtab*. Außerdem wird __USE_OLD_SYMTAB__ definiert, wenn alter Code verwendet werden muß.

Durch Verwendung dieses Codes kann ein Modul, das Symbole exportiert, dies jetzt portabel tun. Im Beispiel-Code finden Sie ein Modul namens *misc-modules/export.c*, das nichts tut, außer ein Symbol zu exportieren. Dieses Modul, das in »Versionskontrolle in Modulen« in Kapitel 11 genauer besprochen wird, enthält die folgenden Zeilen, um das Symbol portabel zu exportieren:

```
#ifdef __USE_OLD_SYMTAB__
 static struct symbol_table export_syms = {
  #include <linux/symtab_begin.h>
  X(export_function),
  #include <linux/symtab_end.h>
 };
#else
 EXPORT_SYMBOL(export_function);
#endif

int export_init(void)
{
```

```
    REGISTER_SYMTAB(&export_syms);
    return 0;
}
```

Wenn `__USE_OLD_SYMTAB__` gesetzt ist (es sich also um einen 2.0-Kernel handelt), dann wird die *symbol_table*-Struktur wie benötigt definiert; ansonsten wird `EXPORT_SYMBOL` verwendet, um das Symbol direkt zu exportieren. In *init_module* wird dann `REGISTER_SYMTAB` aufgerufen, was auf allen anderen Kerneln als 2.0 zu nichts expandiert.

Modul-Konfigurationsparameter

`MODULE_PARM` wurde mit der Kernel-Version 2.1.18 eingeführt. Im 2.0-Kernel wurden keine Parameter explizit deklariert. Statt dessen konnte *insmod* den Wert beliebiger Variablen im Modul ändern. Dieses Verfahren hatte den Nachteil, dem Benutzer Zugriff auf Variablen zu geben, die nicht für solchen Zugriff vorgesehen waren; außerdem war keine Typenüberprüfung der Parameter möglich. `MODULE_PARM` macht Modul-Parameter viel sauberer und sicherer, macht aber auch Linux 2.2-Module inkompatibel zu 2.0-Kerneln.

Wenn die Kompatibilität mit 2.0 für Sie ein Problem ist, dann kann ein einfacher Präprozessor-Test verwendet werden, um die diversen `MODULE_`-Makros so zu definieren, daß sie nichts tun. Die Header-Datei *sysdep.h* im Beispiel-Code definiert diese Makros bei Bedarf.

Schnellreferenz

Dieser Abschnitt faßt die Kernel-Funktionen, -Variablen, -Makros und */proc*-Dateien zusammen, die wir in diesem Kapitel angesprochen haben. Er soll als Referenz dienen. Jedes Element ist nach der entsprechenden Header-Datei (sofern vorhanden) aufgeführt. Sie werden von nun an nach jedem Kapitel solche Abschnitte vorfinden, die die im jeweiligen Kapitel neu eingeführten Symbole zusammenfassen.

`__KERNEL__`
`MODULE`
: Präprozessor-Symbole, die beide definiert sein müssen, um modularisierten Kernel-Code kompilieren zu können.

`__SMP__`
: Ein Präprozessor-Symbol, das definiert werden muß, wenn Module für symmetrische Multiprozessorsysteme kompiliert werden sollen.

`int init_module(void);`
`void cleanup_module(void);`
: Einsprungpunkte in Module, die in der Objektdatei des Moduls definiert sein müssen.

```
#include <linux/init.h>
module_init(init_function);
module_exit(cleanup_function);
```

Der moderne Mechanismus zum Kennzeichnen der Initialisierungs- und Aufräumfunktionen eines Moduls.

```
#include <linux/module.h>
```

Benötigte Header-Datei. Muß in jede Modul-Quelldatei eingebunden werden.

```
MOD_INC_USE_COUNT;
MOD_DEC_USE_COUNT;
MOD_IN_USE
```

Makros, die den Verwendungszähler beeinflussen oder abfragen.

/proc/modules

Die Liste der aktuell geladenen Module. Die einzelnen Einträge enthalten den Modulnamen, die belegte Speichermenge jedes Moduls und den Verwendungszähler. An jede Zeile können zusätzliche Strings angehängt werden, die die für das jeweilige Modul gültigen Schalter angeben.

```
EXPORT_SYMTAB;
```

Präprozessor-Makro, erforderlich in Modulen, die Symbole exportieren.

```
EXPORT_NO_SYMBOLS;
```

Makro, das angibt, daß das Modul keine Symbole in den Kernel exportiert.

```
EXPORT_SYMBOL (symbol);
EXPORT_SYMBOL_NOVERS (symbol);
```

Makro zum Exportieren eines Symbols in den Kernel. Die zweite Version exportiert ohne Versionsinformationen.

```
int register_symtab(struct symbol_table *);
```

Eine Funktion, die verwendet wird, um die Menge der öffentlichen Symbole des Moduls anzugeben. Wird nur in 2.0-Kerneln verwendet.

```
#include <linux/symtab_begin.h>
X(symbol),
#include <linux/symtab_end.h>
```

Header-Dateien und Präprozessor-Makro, mit denen eine Symboltabelle im 2.0-Kernel deklariert wird.

```
MODULE_PARM(variable, type);
MODULE_PARM_DESC (variable, description);
```

Makros, die eine Modul-Variable als Parameter verfügbar machen, der vom Benutzer während des Ladens des Moduls verändert werden kann.

```
MODULE_AUTHOR(author);
MODULE_DESCRIPTION(description);
MODULE_SUPPORTED_DEVICE(device);
```

Schreiben Dokumentation über das Modul in die Objektdatei.

#include <linux/version.h>

Benötigte Header-Datei. Sie wird von <linux/module.h eingebunden, es sei denn, __NO_VERSION__ ist definiert (siehe unten).

LINUX_VERSION_CODE

Integer-Makro, nützlich, um Versionsabhängigkeiten mit #ifdef abzufragen.

char kernel_version[] = UTS_RELEASE;

In jedem Kernel-Modul benötigte Variable. Wird in <linux/module.h> definiert, wenn __NO_VERSION__ nicht definiert ist (siehe unten).

__NO_VERSION__

Präprozessor-Symbol. Verhindert die Deklaration von kernel_version in <linux/module.h>.

#include <linux/sched.h>

Eine der wichtigsten Header-Dateien. Diese Datei enthält Definitionen eines großen Teils der von Treibern verwendeten Kernel-API, darunter Funktionen zum Schlafen sowie diverse Variablendeklarationen.

struct task_struct *current;

Der aktuelle Prozeß.

current->pid
current->comm

Die Prozeß-ID und der Befehlsname des aktuellen Prozesses.

#include <linux/kernel.h>
int printk(const char * fmt, ...);

Die Entsprechung zu *printf* im Kernel-Code.

#include <linux/malloc.h>
void *kmalloc(unsigned int size, int priority);
void kfree(void *obj);

Die Entsprechung zu *malloc* und *free* im Kernel-Code. Verwenden Sie die Konstante GFP_KERNEL als Priorität.

#include <linux/ioport.h>
int check_region(unsigned long from, unsigned long extent);
struct resource *request_region (unsigned long from, unsigned long extent, const char *name);
void release_region (unsigned long from, unsigned long extent);

Funktionen, mit denen I/O-Ports registriert und wieder freigegeben werden.

int check_mem_region (unsigned long start, unsigned long extent);
struct resource *request_mem_region (unsigned long start, unsigned long extent, const char *name);
void release_mem_region (unsigned long start, unsigned long extent);

Makros zum Registrieren und Freigeben von I/O-Speicherbereichen.

/proc/ksyms
: Die öffentliche Kernel-Symboltabelle.

/proc/ioports
: Die Liste der Ports, die von installierten Geräten benutzt werden.

/proc/iomem
: Die Liste der allozierten Speicherbereiche.

KAPITEL 3

Zeichen-Treiber

In diesem Kapitel werden wir einen vollständigen Zeichen-Gerätetreiber schreiben. Wir nehmen einen Zeichen-Treiber, weil diese Treiber-Klasse für die meisten einfachen Hardware-Geräte geeignet ist. Außerdem sind sie leichter zu verstehen als beispielsweise Block-Treiber. Das Endziel ist es dabei, einen *modularisierten* Zeichen-Treiber zu schreiben, aber wir werden in diesem Kapitel nicht auf Probleme der Modularisierung eingehen.

Während des ganzen Kapitels werden wir Code-Fragmente vorstellen, die aus einem echten Gerätetreiber stammen: *scull*, was für *Simple Character Utility for Loading Localities* steht. *scull* ist ein Zeichen-Treiber, der einen Speicherbereich so anspricht, als würde es sich um ein Gerät handeln. Als Nebeneffekt aus diesem Verhalten kann, solange es um *scull* geht, der Begriff *Gerät* mit der Bedeutung »der Speicherbereich, der von *scull* verwendet wird« benutzt werden.

Es ist ein Vorteil von *scull*, daß der Treiber nicht von irgendwelcher Hardware abhängt, weil ja jeder Computer über Speicher verfügt. *scull* arbeitet einfach nur auf einem Stück Speicher, das mit *kmalloc* alloziert wird. Jeder kann *scull* kompilieren und starten; *scull* ist portabel über alle Rechnerarchitekturen hinweg, auf denen Linux läuft. Auf der anderen Seite macht das Gerät natürlich nichts Nützliches, außer daß es die Schnittstelle zwischen dem Kernel und Zeichen-Treibern demonstriert und den Benutzer einige Tests starten läßt.

Das Design von scull

Beim Schreiben eines Treibers besteht der erste Schritt darin, die Funktionen (den *Mechanismus*) zu definieren, den der Treiber den Benutzerprogrammen bieten wird. Weil unser *Gerät* ein Teil des Computerspeichers ist, können wir damit machen, was wir wollen. Es kann sich um ein Gerät mit sequentiellem oder wahlfreiem Zugriff handeln, um ein Gerät oder viele usw.

Damit *scull* als nützliches Muster eines richtigen Treibers für richtige Geräte dienen kann, werden wir Ihnen zeigen, wie Sie mehrere Geräte-Abstraktionen auf dem Computerspeicher aufsetzen können, alle mit eigenen Charakteristika (einer sogenannten *Personality*).

Der Quellcode von *scull* implementiert die folgenden Geräte. Jedes Gerät, das vom Modul implementiert wird, wird als ein *Typ* bezeichnet:

scull0-3
: Vier Geräte, die aus vier Speicherbereichen bestehen, die alle global und persistent sind. *Global* bedeutet hier, daß auf allen Dateideskriptoren die gleichen Daten benutzt werden, wenn das Gerät mehr als einmal geöffnet wird. *Persistent* bedeutet, daß die Daten nicht verlorengehen, wenn das Gerät geschlossen und wieder geöffnet wird. Es macht Spaß, mit so einem Gerät zu arbeiten, weil man auf das Gerät mit konventionellen Befehlen wie *cp*, *cat* und der Shell-I/O-Umleitung zugreifen und es testen kann. Wir werden die Interna des Gerätes in diesem Kapitel untersuchen.

scullpipe0-3
: Vier *FIFO*-Geräte, die wie Pipes arbeiten. Ein Prozeß liest die Daten, die ein anderer Prozeß schreibt. Wenn mehrere Prozesse von demselben Gerät lesen wollen, dann konkurrieren sie um die Daten. Die Interna von *scullpipe* werden zeigen, wie blockierendes und nicht-blockierendes Lesen und Schreiben implementiert werden kann. Das funktioniert auch, ohne auf Interrupts auszuweichen. Obwohl echte Treiber ihre Geräte mittels Hardware-Interrupts synchronisieren, ist es dennoch wichtig, sich mit blockierenden und nicht-blockierenden Operationen zu beschäftigen. Auch kann dieses Thema unabhängig von Interrupts behandelt werden (über die wir in Kapitel 9 sprechen werden).

scullsingle
scullpriv
sculluid
scullwuid
: Diese Geräte ähneln *scull0*, haben aber einige Einschränkungen hinsichtlich der Zeitpunkte, zu denen ein *open* zugelassen ist. Das erste Gerät (*scullsingle*) erlaubt nur jeweils einem Prozeß, auf das Gerät zuzugreifen, während *scullpriv* privat zur jeweiligen virtuellen Konsole (oder X-Terminalsitzung) ist, weil Prozesse auf jeder Konsole und jedem Terminal einen anderen Speicherbereich als Prozesse aus anderen Konsolen bekommen. *sculluid* und *scullwuid* können mehrfach geöffnet werden, aber nur von jeweils einem Benutzer. Die erste Version gibt »Gerät besetzt« zurück, wenn ein anderer Benutzer das Gerät sperrt, während die letzte ein blockierendes *open* implementiert. Diese Varianten von *scull* stellen mehr »Policy« als »Mechanismus« dar, sind aber trotzdem interessant, weil manche Geräte eine derartige Verwaltung benötigen.

Jedes der *scull*-Geräte demonstriert verschiedene Features des Treibers und zeigt auch verschiedene Schwierigkeiten auf. In diesem Kapitel werden wir die Interna von *scull0-3* besprechen; die fortgeschritteneren Geräte kommen dann in Kapitel 5 zur Sprache: *scullpipe* wird in »Eine Beispiel-Implementation: scullpipe« beschrieben, die anderen Geräte in »Zugriffskontrolle auf Gerätedateien«.

Major- und Minor-Nummern

Auf Zeichen-Geräte wird über Namen (oder *Nodes*, dt. Knoten) im Dateisystem zugegriffen. Diese Namen nennt man »spezielle Dateien« oder »Gerätedateien« oder einfach »Knoten im Dateisystem-Baum«; normalerweise liegen sie im */dev*-Verzeichnis. Gerätedateien sind besondere Dateien, die durch ein »c« in der ersten Spalte der Ausgabe von *ls -l* kenntlich gemacht werden. Auch Block-Geräte stehen in */dev*, werden aber durch ein »b« gekennzeichnet. Auch wenn einige der folgenden Informationen auch auf Block-Geräte zutreffen, werden wir uns hier auf Zeichen-Treiber konzentrieren.

Wenn Sie den Befehl *ls -l* eingeben, werden Sie bei jeder Gerätedatei zwei durch ein Komma getrennte Zahlen direkt vor dem Modifikationsdatum sehen, wo sonst die Dateilänge steht. Diese Zahlen sind die *Major*- und *Minor*-Nummern des jeweiligen Gerätes. Das folgende Listing zeigt einige wenige Geräte, wie sie auf unserem System aussehen. Die Major-Nummern sind 1, 4, 7 und 10, die Minor-Nummern 1, 3, 5, 64, 65 und 129.

```
crw-rw-rw- 1 root   root     1, 3   Feb 23 1999  null
crw------- 1 root   root    10, 1   Feb 23 1999  psaux
crw------- 1 rubini tty      4, 1   Aug 16 22:22 tty1
crw-rw-rw- 1 root   dialout 4, 64   Jun 30 11:19 ttyS0
crw-rw-rw- 1 root   dialout 4, 65   Aug 16 00:00 ttyS1
crw------- 1 root   sys      7, 1   Feb 23 1999  vcs1
crw------- 1 root   sys      7, 129 Feb 23 1999  vcsa1
crw-rw-rw- 1 root   root     1, 5   Feb 23 1999  zero
```

Die Major-Nummer gibt an, welcher Treiber zu diesem Gerät gehört. Beispielsweise werden sowohl */dev/null* als auch */dev/zero* vom Treiber 1 verwaltet, während alle virtuellen Konsolen und seriellen Terminals vom Treiber 4 verwaltet werden; gleichermaßen ist der Treiber 7 für die Geräte *vcs1* und *vcsa1* zuständig. Der Kernel verwendet die Major-Nummer, um einem Gerät den passenden Treiber zuzuordnen.

Die Minor-Nummer wird nur vom durch die Major-Nummer angegebenen Gerätetreiber benutzt; andere Teile des Kernels betrachten sie nicht und geben sie lediglich an den Treiber weiter. Es ist nicht ungewöhnlich, daß ein Treiber mehrere Geräte kontrolliert (wie im obigen Beispiel) – die Minor-Nummer ist eine Möglichkeit für den Treiber, zwischen den Geräten zu unterscheiden.

In der Version 2.4 des Kernels kam ein neues (optionales) Feature hinzu, das *Device Filesystem* (*Geräte-Dateisystem*, *devfs*). Wenn dieses Dateisystem verwendet wird, dann ist die Verwaltung der Gerätedateien einfacher und deutlich anders. Auf der anderen Seite bringt das neue Dateisystem auch mehrere für den Benutzer sichtbare Inkompatibilitäten mit sich und ist von den Distributoren derzeit noch nicht als Default eingesetzt worden. Die obenstehende Beschreibung und die folgenden Anweisungen über das Hinzufügen eines neuen Treibers und einer speziellen Datei gehen davon aus, daß *devfs* nicht vorhanden ist. Wir füllen diese Lücke später in diesem Kapitel, im Abschnitt »Das Device-Dateisystem«.

Wenn *devfs* nicht verwendet wird, muß einem neuen Treiber eine Major-Nummer zugewiesen werden, um ihn zum System hinzuzufügen. Diese Zuweisung sollte während der Initialisierung des Treibers (bzw. des Moduls) vorgenommen werden, indem die folgende Funktion aufgerufen wird, die in `<linux/fs.h>` definiert ist:

```
int register_chrdev(unsigned int major, const char *name,
                    struct file_operations *fops);
```

Der Rückgabewert ist ein Fehlercode. Ein negativer Rückgabewert zeigt einen Fehler an; eine Null oder ein positiver Rückgabewert bedeuten eine erfolgreiche Ausführung. Das Argument `major` ist die angeforderte Major-Nummer, `name` ist der Name des Gerätes, wie er in */proc/devices* erscheinen soll, und `fops` ist ein Zeiger auf ein Array aus Funktionszeigern, über die die Funktionen des Treibers aufgerufen werden (siehe »Datei-Operationen« weiter unten in diesem Kapitel).

Die Major-Nummer ist eine kleine Integer-Zahl, die als Index in ein statisches Array von Zeichen-Treibern verwendet wird. weiter hinten in diesem Kapitel beschreibt, wie man eine Major-Nummer auswählt. Die 2.0-Kernel unterstützten 128 Geräte; in 2.2 und 2.4 wurde dieser Wert auf 256 erweitert (wobei die Werte 0 und 255 für zukünftige Einsatzzwecke vorgesehen sind). Auch Minor-Nummern bestehen aus acht Bits, sie werden aber nicht an *register_chrdev* übergeben, weil sie ja, wie bereits gesagt, nur vom Treiber verwendet werden. Es gibt einen gewaltigen Druck von seiten der Entwicklergemeinde, die Anzahl der im Kernel möglichen Geräte heraufzusetzen; die Unterstützung von Gerätenummern mit wenigstens 16 Bits ist eines der Ziele in der 2.5-Entwicklung.

Wenn der Treiber erst einmal in der Kernel-Tabelle registriert ist, wird jedesmal, wenn eine Operation auf einer Zeichen-Datei durchgeführt wird, deren Major-Nummer mit der des Treibers übereinstimmt, vom Kernel die korrekte Funktion im Treiber aufgerufen. Dazu wird die Adresse aus der `file_operations`-Sprungtabelle genommen. Aus diesem Grund sollte der an *register_chrdev* übergebene Zeiger auf eine globale Struktur im Treiber zeigen und nicht auf eine lokale Struktur in der Initialisierungsfunktion des Moduls.

Als nächstes stellt sich die Frage, wie man Programmen den Namen bekanntgibt, unter dem sie auf ihren Treiber zugreifen können. Ein solcher Name muß im */dev*-Verzeichnis stehen und mit der Major- und Minor-Nummer des Treibers verknüpft sein.

Der Befehl, um einen Knoten im Dateisystem zu erzeugen, lautet *mknod* und kann nur vom Superuser ausgeführt werden. Der Befehl erwartet neben dem Namen der zu erzeugende Knoten drei Argumente. Beispielsweise erzeugt der Befehl

```
mknod /dev/scull0 c 254 0
```

ein Zeichen-Gerät (c), dessen Major-Nummer 254 und dessen Minor-Nummer 0 ist. Minor-Nummern sollten im Bereich von 0 bis 255 liegen, weil sie aus historischen Gründen manchmal in nur einem Byte abgespeichert werden. Es gibt gute Gründe, den Bereich der verfügbaren Minor-Nummern zu erweitern, aber zur Zeit gilt noch die 8-Bit-Grenze.

Bitte beachten Sie, daß die spezielle Gerätedatei nach ihrer Erzeugung durch *mknod* wie alle anderen Informationen auf der Festplatte verbleibt, sofern sie nicht ausdrücklich wieder entfernt wird. Sie können das in diesem Beispiel erzeugte Gerät mit *rm /dev/scull0* wieder entfernen.

Dynamische Zuweisung von Major-Nummern

Manche Major-Nummern werden den gängigsten Geräten statisch zugewiesen. Eine Liste solcher Geräte finden Sie im Kernel-Quellenbaum in der Datei *documentation/devices.txt*. Weil viele Nummern schon vergeben sind, kann es schwierig sein, eine eindeutige Nummer für einen neuen Treiber zu wählen, weil es sehr viel mehr spezielle Treiber als Major-Nummern gibt. Sie könnten eine der für »experimentelle oder lokale Verwendung« gekennzeichneten Nummern verwenden,[1] aber wenn Sie mit mehreren »lokalen« Treibern arbeiten oder Ihren Treiber auch anderen zur Verfügung stellen, haben Sie wieder das gleiche Problem.

Glücklicherweise (obwohl das weniger auf Glück als vielmehr auf der Genialität eines Entwicklers beruht) kann man eine dynamisch zugewiesene Major-Nummer anfordern. Wenn das Argument `major` beim Aufruf von *register_chardev* auf Null gesetzt ist, wählt die Funktion eine freie Nummer aus und gibt diese zurück. Die Major-Nummer ist immer positiv und kann daher nicht mit Fehlercodes verwechselt werden. Bitte beachten Sie die Unterschiede im Verhalten in den beiden Fällen: Die Funktion gibt die allozierte Major-Nummer zurück, wenn der Aufrufer eine dynamische Nummer angefordert hat, aber 0 (nicht die Major-Nummer), wenn eine vordefinierte Major-Nummer erfolgreich registriert werden konnte.

Bei privaten Treibern raten wir Ihnen dringend, die dynamische Zuweisung von Major-Nummern zu verwenden, anstatt eine willkürliche Nummer aus den gerade freien zu verwenden. Wenn Ihr Treiber dagegen allgemein verwendet werden und in den offiziellen Kernel aufgenommen werden soll, dann sollten Sie sich eine für Sie reservierte Major-Nummer zuweisen lassen.

Der Nachteil der dynamischen Zuweisung besteht darin, daß Sie die Geräteknoten nicht vorher anlegen können, weil nicht garantiert ist, daß Ihr Treiber jedesmal dieselbe Nummer erhält. Sie können also das in Kapitel 11 verwendete Laden-bei-Bedarf nicht verwen-

1 Major-Nummern in den Bereichen 60 bis 63, 120 bis 127 und 240 bis 254 sind für die lokale und experimentelle Verwendung reserviert; kein richtiges Gerät wird eine dieser Nummern zugewiesen bekommen.

den. Bei normalen Treibern ist das aber kaum ein Problem, weil Sie die Nummer aus */proc/devices* auslesen können, wenn sie einmal zugewiesen worden ist.

Um einen Treiber mit einer dynamischen Major-Nummer zu laden, muß der Aufruf von *insmod* daher durch ein einfaches Skript ersetzt werden, das nach dem Aufruf von *insmod* die Datei */proc/devices* ausliest, um dann die spezielle(n) Gerätedatei(en) zu erzeugen.

Eine typische */proc/devices*-Datei sieht folgendermaßen aus:

```
Character devices:
 1 mem
 2 pty
 3 ttyp
 4 ttyS
 6 lp
 7 vcs
 10 misc
 13 input
 14 sound
 21 sg
180 usb

Block devices:
 2 fd
 8 sd
 11 sr
 65 sd
 66 sd
```

Das Skript, das ein Modul mit dynamisch zugewiesenen Major-Nummern laden soll, kann also ein Hilfsprogramm wie *awk* verwenden, um die Informationen aus */proc/devices* auszulesen und damit die Dateien in */dev* zu erzeugen.

Das folgende Skript *scull_load* ist ein Bestandteil der *scull*-Distribution. Der Benutzer eines Treibers, der in Form eines Moduls ausgeliefert wird, kann solch ein Skript aus der *rc.local*-Datei des Systems oder bei Bedarf, also wenn das Modul gebraucht wird, aufrufen. Es gibt auch noch eine dritte Möglichkeit: die Verwendung von *kerneld*.

```
#!/bin/sh
module="scull"
device="scull"
group="wheel"
mode="664"

# insmod mit allen übergebenen Parametern aufrufen
# dabei den Pfad angeben, weil neuere modutils defaultmäßig nicht in . suchen
/sbin/insmod -f $module $* || exit 1

# alte Nodes entfernen
rm -f /dev/${device}[0-3]

major=`cat /proc/devices | awk "\\$2==\"$module\" {print \\$1}"` /proc/devices`

mknod /dev/${device}0 c $major 0
```

```
mknod /dev/${device}1 c $major 1
mknod /dev/${device}2 c $major 2
mknod /dev/${device}3 c $major 3

# passende Gruppe und Zugriffsrechte zuweisen und die Gruppe ändern
# Nicht alle Distributionen enthalten staff; auf manchen muß "wheel" verwendet werden
group="staff"
grep '^staff:' /etc/group > /dev/null || group="wheel"

chgrp $group /dev/${device}[0-3]
chmod $mode /dev/${device}[0-3]
```

Das Skript kann an andere Treiber angepaßt werden, indem man die Variablen anders belegt und die *mknod*-Zeilen entsprechend modifiziert. Das Skript erzeugt vier Geräte, weil das der Vorgabewert in den *scull*-Quellen ist.

Die letzten paar Zeilen des Skripts werden Ihnen vielleicht merkwürdig vorkommen: Warum sollte man die Gruppe und die Zugriffsrechte eines Gerätes ändern? Der Grund dafür besteht darin, daß das Skript vom Superuser ausgeführt werden muß und daher neu angelegte Knoten auch diesem gehören. Die Zugriffsrechte sind per Default so, daß nur der Superuser Schreibzugriff, daß aber jeder Lesezugriff hat. Ein Geräteknoten benötigt aber normalerweise andere Zugriffsrechte, weswegen diese verändert werden müssen. Als Default bekommt in unserem Skript eine Gruppe von Benutzern Zugriffsrechte, aber Sie brauchen möglicherweise etwas anderes. Im Abschnitt »Zugriffskontrolle auf Gerätedateien« in Kapitel 5 werden wir im Code von *sculluid* zeigen, wie ein Gerätetreiber selbst Zugriffsrechte auf Geräte implementieren kann. Es steht dann ein Skript namens *scull_unload* zur Verfügung, um das */dev*-Verzeichnis aufzuräumen und das Modul zu entfernen.

Als Alternative zu einem Skriptenpaar zum Laden und Entladen könnten Sie ein `init`-Skript schreiben, das in das Verzeichnis kommt, das Ihre Distribution für diese Skripten vorsieht.[2] In den *scull*-Quellen finden Sie ein ziemlich vollständiges und konfigurierbares Beispiel für ein `init`-Skript namens *scull.init*. Es versteht die üblichen Argumente (»start«, »stop« und »restart«) und übernimmt die Rolle sowohl von *scull_load* als auch von *scull_unload*.

Wenn es Ihnen zu aufwendig ist, immer wieder die */dev*-Knoten zu erzeugen und wieder zu löschen, haben wir eine Lösung für Sie: Wenn Sie immer nur einen Treiber laden und entladen, dann können Sie nach dem ersten Erzeugen der Spezialdateien einfach *rmmod* und *insmod* verwenden: Dynamische Nummern werden nicht zufällig zugewiesen; Sie können davon ausgehen, wieder die gleiche Nummer zu bekommen, wenn Sie in der Zwischenzeit nichts mit anderen (dynamischen) Modulen machen. In der Entwicklungsphase ist es sicher sinnvoll, längliche Skripte zu vermeiden. Unser Trick funktioniert aber natürlich leider nur solange, wie nicht mehr als ein Treiber beteiligt ist.

---

2 Wo die `init`-Skripten liegen, unterscheidet sich deutlich von Distribution zu Distribution; am häufigsten werden */etc/init.d*, */etc/rc.d/init.d* und */sbin/init.d* verwendet. Wenn Ihr Skript schon beim Booten ausgeführt werden soll, müssen Sie außerdem im passenden Runlevel-Verzeichnis (d.h. *../rc3.d*) einen Link darauf anlegen.

Unserer Meinung nach ist es am besten, die dynamische Zuweisung von Major-Nummern als Default vorzusehen, sich aber die Hintertür offenzuhalten, die Major-Nummer zur Lade- oder gar zur Kompilierzeit anzugeben. Die Implementation von *scull* verwendet eine globale Variable, `scull_major`, die die gewählte Nummer enthält. Diese Variable wird mit `SCULL_MAJOR` aus *scull.h* initialisiert. Der Default-Wert von `SCULL_MAJOR` ist 0, steht also für *dynamische Zuweisung verwenden*. Der Benutzer kann diesen Default übernehmen oder eine bestimmte Major-Nummer wählen, indem er entweder das Makro vor dem Kompilieren verändert oder einen Wert für `scull_major` auf der Kommandozeile angibt. Schließlich kann der Benutzer auch mit dem Skript *scull_load* auf der Kommandozeile Argumente für *insmod* übergeben.[3]

Wir verwenden in *scull.c* den folgenden Code, um eine Major-Nummer zu bekommen:

```
result = register_chrdev(scull_major, "scull", &scull_fops);
if (result < 0) {
    printk(KERN_WARNING "scull: kann Major-Nummer nicht bekommen %d\n",scull_major);
    return result;
}
if (scull_major == 0) scull_major = result; /* dynamisch */
```

Einen Treiber aus dem System entfernen

Wenn ein Modul aus dem System entfernt wird, sollte die Major-Nummer freigegeben werden. Das geschieht mit der folgenden Funktion, die von *cleanup_module* aufgerufen wird:

```
int unregister_chrdev(unsigned int major, const char *name);
```

Die Argumente sind die freizugebende Major-Nummer und der Name des dazugehörenden Geräts. Der Kernel vergleicht den Namen mit dem für diese Nummer registrierten Namen (sofern vorhanden). Wenn diese nicht übereinstimmen, wird `-EINVAL` zurückgegeben. Das geschieht auch wenn die Major-Nummer nicht im erlaubten Bereich für Major-Nummern liegt.

Wenn die Ressource nicht in der Aufräumfunktion freigegeben wird, hat das unschöne Nebeneffekte. */proc/devices* wird beim nächsten Leseversuch einen Fehler erzeugen, weil einer der Namensstrings noch auf den Speicher des Moduls verweist, der aber längst nicht mehr gültig ist. Diese Art von Fehler wird als *Oops* bezeichnet, weil der Kernel diese Meldung ausgibt, wenn er versucht, auf eine ungültige Adresse zuzugreifen.[4]

Wenn Sie den Treiber entladen, ohne die Major-Nummer zu deregistrieren, kommen Sie aus dieser Situation schwerlich wieder heraus, denn der Aufruf von *strcmp* in *unregister_chrdev* muß den Zeiger (`name`) auf das ursprüngliche Modul verwenden. Wenn Sie jemals vergessen, eine Major-Nummer zu deregistrieren, müssen Sie sowohl das gleiche Modul

3 Das init-Skript *scull.init* akzeptiert keine Treiberoptionen auf der Kommandozeile, unterstützt aber eine Konfigurationsdatei, weil es für die automatische Verwendung beim Booten und Herunterfahren gedacht ist.

4 Das Wort »Oops« wird von Linux-Freaks sowohl als Substantiv als auch als Verb gebraucht.

als auch eines zum Deregistrieren entladen. Das fehlerhafte Modul bekommt mit etwas Glück die gleiche Adresse, und der String `name` liegt an der gleichen Stelle, wenn Sie den Code nicht verändert haben. Die sichere Alternative ist natürlich, das System zu rebooten.

Über das Entladen des Moduls hinaus müssen Sie oft die Geräteknoten des entladenen Treibers entfernen. Wenn die Geräteknoten während des Ladens erzeugt wurden, dann kann man ein einfaches Skript schreiben, das diese beim Entladen entfernt. Für unser Beispiel-Gerät macht das das Skript *scull_unload*; alternativ dazu können Sie auch *scull.init stop* aufrufen.

Wenn dynamische Gerätedateien nicht aus */dev* entfernt werden, kann es unerwartete Fehler geben: Ein überschüssiger */dev/framegrabber*-Eintrag auf dem Rechner eines Entwicklers kann einen Monat später zu einem Feueralarm-Gerät gehören, wenn beide Treiber eine dynamische Zuweisung verwenden, um an eine Major-Nummer zu kommen. Wenn beim Öffnen von */dev/framegrabber* »No such file or directory« erscheint, dann ist das sicherlich angenehmer als das, was der neue Treiber erzeugen würde.

dev_t und kdev_t

Bisher haben wir über die Major-Nummer gesprochen. Jetzt wird es Zeit, die Minor-Nummern zu untersuchen und zu sehen, wie der Treiber die Minor-Nummer verwendet, um zwischen verschiedenen Geräten zu unterscheiden.

Jedesmal, wenn der Kernel einen Gerätetreiber aufruft, teilt er diesem mit, um welches Gerät es geht. Die Major- und Minor-Nummern werden in einem einzigen Datentyp zusammengefaßt, der vom Treiber verwendet wird, um ein bestimmtes Gerät zu identifizieren. Die kombinierte Gerätenummer (also die aneinandergehängte Major- und Minor-Nummer) steht im Feld `i_rdev` der *inode*-Struktur, die wir später kennenlernen werden. Manche Treiberfunktionen bekommen einen Zeiger auf `struct inode` als erstes Argument übergeben. Wenn Sie diesen Zeiger (wie die meisten Treiber-Autoren) `inode` nennen, dann kann die Funktion durch Zugriff auf `inode->i_rdev` die Gerätenummer herausbekommen.

Traditionell wird unter Unix `dev_t` (*device type*) deklariert, um die Gerätenummern abzuspeichern. Früher war das ein 16-Bit-Integer-Wert, der in `<sys/types.h>` definiert war. Heutzutage braucht man manchmal mehr als 256 Minor-Nummern, aber da es Applikationen gibt, die die Interna von `dev_t` »kennen« und nicht mehr laufen würden, wenn diese Struktur geändert werden würde, kann man das nicht so einfach ändern. Die Grundlagen für größere Gerätenummern sind zwar vorhanden, die Nummern selbst sind aber immer noch 16-Bit-Integer-Zahlen.

Im Linux-Kernel wird jedoch ein neuer Typ, `kdev_t`, verwendet. Dieser neue Typ ist für alle Kernel-Funktionen eine Blackbox. Benutzerprogramme wissen nicht einmal von der Existenz dieses Typs, und Kernel-Funktionen wissen nicht, was sich dahinter verbirgt.

Dadurch, daß kdev_t versteckt bleibt, kann dieser Typ nach Belieben von einer Kernel-Version zur nächsten geändert werden, ohne daß gleich alle Gerätetreiber angepaßt werden müssen.

Die Informationen über kdev_t sind in <linux/kdev_t.h> versteckt. Diese Datei besteht zum größten Teil aus Kommentaren. Wenn Sie sich für die Überlegungen hinter dem Code interessieren, dann lohnt es sich, diese Header-Datei einmal durchzulesen. Sie müssen diese Datei nicht explizit in Ihre Treiber einbinden, weil <linux/fs.h> das schon für Sie macht.

Sie können mit den folgenden Makros und Funktionen auf kdev_t-Variablen operieren:

MAJOR(kdev_t dev);
: Holt die Major-Nummer aus einer kdev_t-Struktur.

MINOR(kdev_t dev);
: Holt die Minor-Nummer.

MKDEV(int ma, int mi);
: Erzeugt aus Major- und Minor-Nummer einen kdev_t.

kdev_t_to_nr(kdev_t dev);
: Konvertiert einen kdev_t-Typ in eine Zahl (einen dev_t).

to_kdev_t(int dev);
: Konvertiert eine Zahl in einen kdev_t. Beachten Sie, daß dev_t im Kernel-Modus nicht definiert ist, weswegen int verwendet wird.

Solange Ihr Code diese Operationen verwendet, um mit Gerätenummern umzugehen, sollte er auch dann noch funktionieren, wenn sich die internen Datenstrukturen verändern.

Datei-Operationen

In den nächsten Abschnitten schauen wir uns die verschiedenen Operationen an, die ein Treiber auf den von ihm verwalteten Geräten ausführen kann. Ein offenes Gerät wird intern über eine file-Struktur identifiziert, und der Kernel benutzt die Struktur file_operations, um auf die Funktionen des Treibers zuzugreifen. Diese Struktur, die in <linux/fs.h> definiert wird, ist ein Array aus Funktionszeigern. Jede Datei hat ihren eigenen Satz von Funktionen (indem ein Feld namens f_op aufgenommen wird, das auf eine file_operations-Struktur verweist). Die Operationen sind vor allem dafür zuständig, die Systemaufrufe zu implementieren, und heißen daher *open*, *read* usw. Wir können die Datei als »Objekt« und die darauf operierenden Funktionen als »Methoden« ansehen und so die Terminologie der objektorientierten Programmierung verwenden, mit der Aktionen bezeichnet werden, die von einem Objekt auf sich selbst deklariert werden. Hier stoßen wir zum erstenmal auf objekt-orientiertes Design im Linux-Kernel. Davon werden wir später noch mehr sehen.

Per Konvention wird eine `file_operations`-Struktur oder ein Zeiger darauf `fops` (oder so ähnlich) genannt; wir haben so einen Zeiger schon als Argument im Aufruf von *register_chrdev* kennengelernt. Jedes Feld der Struktur muß auf die Funktion im Treiber verweisen, die die jeweilige Operation implementiert, oder auf `NULL` bleiben, wenn die Aktion nicht unterstützt wird. Was der Kernel genau macht, wenn dort ein `NULL`-Zeiger steht, ist von Funktion zu Funktion unterschiedlich, wie die Liste im nächsten Abschnitt zeigen wird.

Die Struktur `file_operations` ist langsam gewachsen, während neue Funktionalität zum Kernel hinzugefügt wurde. Das Hinzufügen neuer Operationen kann natürlich zu Portabilitätsproblemen bei Gerätetreibern führen. Instantiierungen der Struktur in jedem Treiber erfolgten früher in Standard-C-Syntax, und neue Operationen wurden normalerweise am Ende der Struktur hinzugefügt. Ein einfaches Neukompilieren der Treiber setzte damit einen `NULL`-Wert für die neue Operation ein und wählte so das Default-Verhalten aus, was man normalerweise genau erreichen wollte.

Inzwischen sind die Kernel-Entwickler auf ein »Tag«-Initialisierungsformat übergegangen, das die Initialisierung von Strukturfeldern anhand ihres Namens ermöglicht und so die meisten Probleme mit geänderten Datenstrukturen vermeidet. Die Tag-Initialisierung ist aber kein Standard-C, sondern eine (nützliche) Spezialerweiterung des GNU-Compilers. Wir werden uns gleich ein Beispiel für eine Tag-Initialisierung einer Struktur anschauen.

Die folgende Liste führt alle Operationen auf, die eine Applikation auf einem Gerät ausführen kann. Wir haben uns bemüht, die Liste so kurz zu halten, daß sie als Referenz verwendet werden kann. Jede Operation ist nur kurz zusammengefaßt. Außerdem finden Sie das Default-Verhalten des Kernels, wenn ein `NULL`-Zeiger verwendet wird. Sie können diese Liste beim ersten Lesen überspringen und später darauf zurückkommen.

Nachdem eine weitere wichtige Datenstruktur (die `file`-Struktur) beschrieben worden ist, erklärt der Rest des Kapitels die Aufgabe der wichtigsten Operationen, gibt Hinweise, weist auf Fallen hin und enthält echte Code-Beispiele. Wir werden die komplexeren Operationen in einem späteren Kapitel besprechen, denn es fehlen uns jetzt noch Kenntnisse über die Speicherverwaltung, über blockierende Operationen und über asynchrone Benachrichtigung.

Die folgende Liste zeigt, welche Operationen in welcher Reihenfolge in der 2.4-Serie des Kernels in `struct file_operations` stehen. Obwohl es kleinere Unterschiede zwischen 2.4 und früheren Kerneln gibt, behandeln wir diese erst weiter hinten in diesem Kapitel und beschränken uns hier auf 2.4. Der Rückgabewert der einzelnen Operationen ist im Erfolgsfall 0 oder ein negativer Fehlercode, um einen Fehler anzuzeigen, wenn nichts anderes angegeben ist.

`loff_t (*llseek) (struct file *, loff_t, int);`
: Die Methode *llseek* wird verwendet, um die aktuelle Lese/Schreib-Position in einer Datei zu verändern; die neue Position wird als (positiver) Rückgabewert zurückgegeben. `loff_t` ist ein »langer Offset« und selbst auf 32-Bit-Plattformen mindestens 64

Bits breit. Fehler werden durch einen negativen Rückgabewert gemeldet. Wenn die Funktion für diesen Treiber nicht existiert, schlagen Positionierungen relativ zum Dateiende fehl, andere Positionierungen funktionieren trotzdem; in diesem Fall wird der Positionszeiger in der `file`-Struktur (beschrieben in »Die Struktur file«) verändert.

`ssize_t (*read) (struct file *, char *, size_t, loff_t *);`
: Wird verwendet, um Daten vom Gerät zu lesen. Steht an dieser Position ein NULL-Zeiger, dann schlägt der *read*-Systemaufruf mit `-EINVAL` (»Invalid argument«) fehl. Ein nicht-negativer Rückgabewert gibt die Anzahl der erfolgreich eingelesenen Zeichen an (der Rückgabewert ist ein »vorzeichenbehafteter Größentyp«, normalerweise der native Integer-Typ der Zielplattform).

`ssize_t (*write) (struct file *, const char *, size_t, loff_t * int);`
: Schickt Daten an das Gerät. Wenn diese Funktion nicht existiert, wird vom Systemaufruf *write* `-EINVAL` zurückgegeben. Wenn der Rückgabewert nicht negativ ist, enthält er die Anzahl der erfolgreich geschriebenen Bytes.

`int (*readdir) (struct file *, void *,` *filldir_t);*
: Dieses Feld sollte bei Geräteknoten `NULL` sein; es wird nur zum Lesen von Verzeichnissen verwendet und ist nur bei Dateisystemen sinnvoll.

`unsigned int (*poll) (struct file *, struct poll_table_struct *);`
: Die Methode *poll* ist das Backend zweier Systemaufrufe, *poll* und *select*, die dazu verwendet werden, um abzufragen, ob ein Gerät lesbar oder beschreibbar ist oder sich in einem besonderen Zustand befindet. Beide Systemaufrufe können blockieren, bis ein Gerät lesbar oder beschreibbar wird. Wenn ein Treiber keine *poll*-Methode definiert, dann wird angenommen, daß das Gerät sowohl lesbar als auch beschreibbar ist und sich in keinem besonderen Zustand befindet. Der Rückgabewert ist eine Bitmaske, die den Zustand des Geräts beschreibt.

`int (*ioctl) (struct inode *, struct file *, unsigned int, unsigned long);`
: Der *ioctl*-Systemaufruf ermöglicht es Programmen, gerätespezifische Befehle abzusetzen (wie das Formatieren einer Diskettenspur, wobei es sich ja weder um Lesen noch um Schreiben handelt). Einige weitere *ioctl*-Aufrufe werden vom Kernel erkannt, ohne auf die `fops`-Tabelle zuzugreifen. Wenn das Gerät keinen Einsprungpunkt für *ioctl* enthält, gibt der Systemaufruf bei jeder nicht vordefinierten Anfrage einen Fehler (`-ENOTTY`, »No such ioctl for device«) zurück. Ein nicht-negativer Rückgabewert wird an das aufrufende Programm zurückgegeben, um eine erfolgreiche Ausführung mitzuteilen.

`int (*mmap) (struct file *, struct vm_area_struct *);`
: *mmap* wird verwendet, um eine Abbildung von Gerätespeicher auf den Adreßraum des Prozesses anzufordern. Wenn das Gerät diese Methode nicht implementiert, gibt der Systemaufruf *mmap* `-ENODEV` zurück.

`int (*open) (struct inode *, struct file *);`
: Obwohl dies immer die erste Operation ist, die auf einer Gerätedatei ausgeführt wird, muß ein Treiber nicht unbedingt eine entsprechende Methode deklarieren. Wenn dieser Eintrag `NULL` ist, dann gelingt das Öffnen des Gerätes immer; das wird Ihrem Treiber allerdings nicht mitgeteilt.

`int (*flush) (struct file *);`
: Die *flush*-Operation wird aufgerufen, wenn ein Prozeß seine Kopie eines Dateideskriptors für ein Gerät schließt; die Methode sollte dann alle ausstehenden Operationen auf dem Gerät ausführen (und auf deren Beendigung warten). Verwechseln Sie dies nicht mit der *fsync*-Operation, die von Anwenderprogrammen angefordert wird. *flush* wird derzeit nur vom NFS-Code (dem Network File System) verwendet. Wenn *flush* `NULL` ist, wird die Methode einfach nicht aufgerufen.

`int (*release) (struct inode *, struct file *);`
: Diese Operation wird aufgerufen, wenn die `file`-Struktur freigegeben wird. Wie *open* kann auch *release* fehlen.[5]

`int (*fsync) (struct inode *, struct dentry *, int);`
: Diese Methode ist das Backend des Systemaufrufs *fsync*, den ein Anwender verwendet, um ausstehende Daten herauszuschreiben. Wenn diese Methode vom Treiber nicht implementiert wird, gibt dieser `-EINVAL` zurück.

`int (*fasync) (int, struct file *, int);`
: Diese Operation wird benutzt, um dem Gerät eine Änderung seines `FASYNC`-Schalters mitzuteilen. Die asynchrone Benachrichtigung ist ein fortgeschrittenes Thema und wird in Kapitel 5 behandelt. Wenn der Treiber die asynchrone Benachrichtigung nicht unterstützt, kann dieses Feld `NULL` sein.

`int (*lock) (struct file*, int, struct file_lock *);`
: Die `lock`-Methode implementiert das Sperren von Dateien. Während Sperren für normale Dateien unverzichtbar ist, wird es von Gerätetreibern nur selten implementiert.

`ssize_t (*readv) (struct file *, const struct iovec *, unsigned long, loff_t *);`
`ssize_t (*writev) (struct file *, const struct iovec *, unsigned long, loff_t *);`
: Diese beiden Methoden wurden spät im 2.3-Entwicklungszyklus hinzugefügt und implementieren sogenannte scatter/gather-Lese- und Schreiboperationen. Applikationen müssen von Zeit zu Zeit einzelne Lese- oder Schreib-Operationen durchführen, bei denen mehrere Speicherbereiche betroffen sind. Diese Systemaufrufe erlauben dies, ohne die Daten zusätzlich kopieren zu müssen.

---

5 Beachten Sie, daß *release* nicht jedesmal aufgerufen wird, wenn ein Prozeß *close* aufruft. Immer wenn eine `file`-Struktur gemeinsam genutzt wird (etwa nach einem *fork* oder *dup*), wird *release* nicht aufgerufen, bis nicht alle Kopien geschlossen sind. Wenn Sie ausstehende Daten herausschreiben müssen, wenn eine der Kopien geschlossen wird, sollten Sie die *flush*-Methode verwenden.

`struct module *owner;`
: Dieses Feld ist keine Methode wie alles andere in der Struktur `file_operations`. Es handelt sich vielmehr um einen Zeiger auf das Modul, dem diese Struktur »gehört«. Dies wird vom Kernel verwendet, um den Verwendungszähler des Moduls zu pflegen.

Der Gerätetreiber *scull* implementiert nur die wichtigsten Methoden und verwendet das Tag-Format, um seine `file_operations`-Struktur zu deklarieren:

```
struct file_operations scull_fops = {
 llseek:  scull_llseek,
 read:  scull_read,
 write:  scull_write,
 ioctl:  scull_ioctl,
 open:  scull_open,
 release: scull_release,
};
```

Diese Deklaration verwendet die Tag-Initialisierungssyntax, die wir oben beschrieben haben. Diese Syntax ist vorzuziehen, weil sie Treiber portabler in Hinblick auf Änderungen in der Strukturdefinition macht, und sie macht den Code auch kompakter und besser lesbar. Die Tag-Initialisierung erlaubt das Umstellen von Struktur-Mitgliedern; in manchen Fällen konnten maßgebliche Performance-Verbesserungen erreicht werden, indem häufig verwendete Struktur-Mitglieder in die gleiche Zeile des Hardware-Caches gestellt wurden.

Außerdem muß das `owner`-Feld der `file_operations`-Struktur gesetzt werden. Oftmals werden Sie dies zusammen mit der restlichen Initialisierung in der folgenden Tag-Syntax vorfinden:

```
owner: THIS_MODULE,
```

Dieser Ansatz funktioniert aber nur auf 2.4-Kerneln. Portabler ist die Verwendung des Makros `SET_MODULE_OWNER`, das in `<linux/module.h>` definiert ist. *scull* führt diese Initialisierung folgendermaßen durch:

```
SET_MODULE_OWNER(&scull_fops);
```

Dieses Makro funktioniert auf allen Strukturen, die ein `owner`-Feld haben; wir werden auf dieses Feld noch in anderem Zusammenhang zurückkommen.

Die Struktur file

`struct file`, definiert in `<linux/fs.h>`, ist die zweitwichtigste Datenstruktur, die in Gerätetreibern verwendet wird. Beachten Sie, daß `file` nichts mit der Struktur `FILE` in Anwendungsprogrammen zu tun hat. `FILE` wird in der C-Bibliothek definiert und taucht nie im Kernel-Code auf. `struct file` dagegen ist eine Kernel-Struktur, die nie in Anwendungsprogrammen auftaucht.

Die Struktur `file` repräsentiert eine *offene Datei*. (Sie ist nichts gerätetreiberspezifisches; jede offene Datei hat so eine `struct file` im Kernel-Space.) Sie wird vom Kernel beim *open* erzeugt und wird bis zum *close* an jede Funktion übergeben, die auf der Datei operiert. Nachdem die Datei geschlossen worden ist, gibt der Kernel die Datenstruktur frei. Eine *offene Datei* unterscheidet sich von einer *Plattendatei*, die durch `struct inode` repräsentiert wird.

In den Kernel-Quellen heißen Zeiger auf `struct file` üblicherweise entweder `file` oder `filp` (*File Pointer*). Wir werden den Zeiger durchgehend `filp` nennen, um Verwechslungen mit der Struktur selbst zu vermeiden: `filp` ist ein Zeiger (und als solcher eines der Argumente der Geräte-Methoden), `file` die Struktur selbst.

Die wichtigsten Felder in `struct file` werden unten aufgeführt. Wie der letzte Abschnitt kann auch diese Liste beim ersten Lesen übersprungen werden. Im nächsten Abschnitt werden wir dann aber auf echten C-Code stoßen, und wir werden dort auf einige dieser Felder eingehen, so daß Sie dann eventuell hier nachschlagen möchten.

`mode_t f_mode;`
: Der Dateimodus identifiziert die Datei durch die Bits `FMODE_READ` und `FMODE_WRITE` als entweder lesbar oder schreibbar (oder beides). Es kann nützlich sein, dieses Feld auf Lese/Schreib-Erlaubnis in Ihren *ioctl*-Funktionen zu überprüfen, aber Sie müssen die Zugriffsrechte nicht beim *read* und *write* überprüfen, weil der Kernel das schon macht, bevor Ihr Treiber aufgerufen wird. Ein Versuch, ohne Schreibrechte zu schreiben, wird zurückgewiesen, bevor der Treiber überhaupt davon erfährt.

`loff_t f_pos;`
: Die aktuelle Lese/Schreib-Position. `loff_t` ist ein 64-Bit-Wert (in *gcc*-Terminologie ein `long long`). Der Treiber kann diesen Wert auslesen, wenn er die aktuelle Position in der Datei wissen muß, sollte diesen Wert aber nie verändern (*read* und *write* sollten die Position durch den Zeiger aktualisieren, den sie als letztes Argument bekommen, anstatt direkt auf `filp->f_pos` zuzugreifen).

`unsigned int f_flags;`
: Dies sind die Datei-Schalter wie `O_RDONLY`, `O_NONBLOCK` und `O_SYNC`. Ein Treiber muß den Schalter für das Nicht-Blockieren überprüfen; die anderen Schalter werden selten verwendet. Insbesondere sollten Lese/Schreib-Rechte mit `f_mode` anstelle von `f_flags` überprüft werden. Alle Flags werden in der Header-Datei `<linux/fcntl.h>` definiert.

`struct file_operations *f_op;`
: Die Operationen, die mit der Datei assoziiert sind. Der Kernel weist die Zeiger im Zuge der Implementation von *open* zu und liest sie immer, wenn er eine Operation weiterleiten muß. Der Wert in `filp->f_op` wird nie für später abgespeichert; das bedeutet, daß Sie die Datei-Operationen auf Ihrer Datei ändern können, wann immer Sie wollen. Die neuen Methoden gelten dann unmittelbar nach dem Rücksprung zum Aufrufer. Beispielsweise ersetzt der Code für *open* für die Major-Num-

mer 1 (*/dev/null*, */dev/zero* usw.) die Operationen in `filp->f_op` je nachdem, welche Minor-Nummer geöffnet wird. Dieses Verfahren erlaubt die Implementation unterschiedlichen Verhaltens für die gleiche Major-Nummer, ohne daß ein zusätzlicher Systemaufruf eingeführt werden muß. Die Möglichkeit, die Datei-Operationen zu ersetzen, ist das Kernel-Äquivalent zu der Technik, die in der objektorientierten Programmierung *Überschreiben von Methoden* genannt wird.

`void *private_data;`
: Der Systemaufruf *open* setzt diesen Zeiger auf `NULL`, bevor die *open*-Methode des Treibers aufgerufen wird. Der Treiber kann dieses Feld für seine eigenen Zwecke verwenden oder ignorieren. Er kann das Feld auch verwenden, um auf allozierte Daten zu verweisen, muß es dann aber in der *release*-Methode wieder freigeben, bevor die `file`-Struktur vom Kernel zerstört wird. `private_data` ist eine gute Möglichkeit, um Zustandsinformationen zwischen Systemaufrufen abzuspeichern und wird von den meisten unserer Beispielmodule verwendet.

`struct dentry *f_dentry;`
: Die Verzeichniseintrag-Struktur (*dentry*, von *directory entry*), die zur Datei gehört. Dentries sind eine in der 2.1-Serie eingeführte Optimierung. Autoren von Gerätetreibern müssen sich – abgesehen vom Zugriff auf die `inode`-Struktur als `filp->f_dentry->d_inode` – normalerweise nicht mit Dentry-Strukturen befassen.

Die tatsächliche Struktur hat noch einige weitere Felder, die aber für Gerätetreiber nicht nützlich sind. Wir können diese Felder problemlos ignorieren, weil Treiber `file`-Strukturen nie füllen; sie greifen nur auf andernorts erzeugte Strukturen zu.

open und release

Nachdem wir uns jetzt die Felder kurz angeschaut haben, benutzen wir sie in echten *scull*-Funktionen.

Die Methode open

Die Methode *open* wird von Treibern bereitgestellt, um mit Initialisierungen spätere Operationen vorzubereiten. Außerdem erhöht *open* normalerweise den Verwendungszähler des Gerätes, damit das Modul nicht entladen wird, bevor die Datei wieder geschlossen wird. Der Zähler, der in Abschnitt »Verwendungszähler« in Kapitel 2 beschrieben wird, wird dann von der Methode *release* wieder heruntergezählt.

In den meisten Treibern macht *open* folgendes:

- Es inkrementiert den Verwendungszähler.
- Es fragt gerätespezifische Fehler ab (beispielsweise könnte das Gerät nicht bereit sein oder andere Hardware-Fehler könnten auftreten).

- Es initialisiert das Gerät, wenn es das erste Mal geöffnet wird.
- Es identifiziert die Minor-Nummer und aktualisiert gegebenenfalls den `f_op`-Zeiger.
- Es alloziert und füllt Datenstrukturen, die in `filp->private_data` untergebracht werden sollen.

In *scull* hängen die meisten der obengenannten Aufgaben von der Minor-Nummer des geöffneten Gerätes ab. Daher muß als erstes das Gerät, um das es geht, identifiziert werden. Dazu sehen wir uns `inode->i_rdev` an.

Wir haben bereits darüber gesprochen, daß der Kernel die Minor-Nummer des Gerätes selbst nicht verwendet, so daß der Treiber diese nach Belieben verwenden kann. In der Praxis werden verschiedene Minor-Nummern verwendet, um auf verschiedene Geräte zuzugreifen oder um ein und dasselbe Gerät auf verschiedene Arten zu öffnen. Beispielsweise verweisen */dev/st0* (Minor-Nummer 0) und */dev/st1* (Minor-Nummer 1) auf verschiedene SCSI-Bandlaufwerke, aber */dev/nst0* (Minor-Nummer 128) ist das gleiche physikalische Gerät wie */dev/st0*, verhält sich aber anders (es spult das Band nicht zurück, wenn das Gerät geschlossen wird). Alle Gerätedateien für Bandlaufwerke haben unterschiedliche Minor-Nummern, damit der Treiber sie auseinanderhalten kann.

Ein Treiber kennt selbst nie den Namen des Gerätes, das gerade geöffnet wird, nur die Gerätenummer. Benutzer können sich das zunutze machen, indem sie zur Bequemlichkeit Aliasnamen für Geräte anlegen. Wenn Sie zwei Gerätedateien mit dem gleichen Paar aus Minor- und Major-Nummer anlegen, dann sind das die gleichen Geräte, die Dateien können nicht unterschieden werden. Den gleichen Effekt erreichen Sie mit einem symbolischen oder harten Link; das ist auch die empfohlene Vorgehensweise.

Der *scull*-Treiber verwendet Minor-Nummern folgendermaßen: Das höherwertige Nibble (vier Bits) identifiziert den Typ (die Personality) des Gerätes, und das niederwertige Nibble dient zur Unterscheidung zwischen den einzelnen Geräten, wenn der Typ mehr als eine Geräteinstanz unterstützt (*scull0-3* und *scullpipe0-3*). *scull0* unterscheidet sich also von *scullpipe0* im höherwertigen Nibble, *scull0* und *scull1* im niederwertigen Nibble.[6] Zwei Makros (`TYPE` und `NUM`) werden definiert, um die Bits aus der Gerätenummer zu gewinnen:

```
#define TYPE(dev) (MINOR(dev) >> 4) /* oberes Nibble */
#define NUM(dev) (MINOR(dev) & 0xf) /* unteres Nibble */
```

Zu jedem Gerätetyp definiert *scull* eine spezifische Struktur `file_operations`, die beim Öffnen in `filp->f_op` eingesetzt wird. Der folgende Code zeigt, wie das Aufteilen in Bits und mehrfache `fops` implementiert werden:

```
struct file_operations *scull_fop_array[]={
 &scull_fops,  /* type 0 */
 &scull_priv_fops, /* type 1 */
 &scull_pipe_fops, /* type 2 */
```

6 Die Aufteilung in verschiedene Bits ist eine typische Anwendungsweise für Minor-Nummern. Der IDE-Treiber verwendet beispielsweise die oberen beiden Bits für die Plattennummer und die unteren sechs Bits für die Partitionsnummer.

```
    &scull_sngl_fops, /* type 3 */
    &scull_user_fops, /* type 4 */
    &scull_wusr_fops /* type 5 */
};
#define SCULL_MAX_TYPE 5

/* In scull_open wird fop_array entsprechend TYPE(dev) verwendet */
 int type = TYPE(inode->i_rdev);

  if (type > SCULL_MAX_TYPE) return -ENODEV;
  filp->f_op = scull_fop_array[type];
```

Der Kernel ruft *open* entsprechend der Major-Nummer auf, und *scull* verwendet dann die Minor-Nummer in den oben definierten Makros. `TYPE` wird als Index in das Array `scull_fop_array` verwendet, um den richtigen Satz von Methoden für den gerade geöffneten Gerätetyp zu bekommen.

In *scull* haben wir die korrekte `file_operations`-Struktur entsprechend des Typs der Minor-Nummer an `filp->f_op` zugewiesen. Dann wird die in den neuen `fops` definierte *open*-Methode aufgerufen. Normalerweise ruft ein Treiber seine eigenen `fops` nicht auf, diese werden vom Kernel verwendet, um die richtige Treiber-Methode aufzurufen. Aber wenn die *open*-Methode mit verschiedenen Gerätetypen umgehen können muß, dann kann es doch sinnvoll sein, `fops->open` aufzurufen, nachdem der `fops`-Zeiger entsprechend der Minor-Nummer des geöffneten Gerätes modifiziert wurde.

Der eigentliche Code von *scull_open* steht hier. Er verwendet die oben definierten Makros `TYPE` und `NUM`, um die Minor-Nummer aufzuteilen:

```
int scull_open(struct inode *inode, struct file *filp)
{
 Scull_Dev *dev; /* Geraeteinformation */
 int num = NUM(inode->i_rdev);
 int type = TYPE(inode->i_rdev);

 /*
  * Wenn private_data nicht gueltig ist, dann verwenden wir kein devfs
  * und benutzen deswegen den Typ (aus der Minor-Nr.), um ein f_op
  * auszuwaehlen
  */
 if (!filp->private_data && type) {
  if (type > SCULL_MAX_TYPE) return -ENODEV;
  filp->f_op = scull_fop_array[type];
  return filp->f_op->open(inode, filp); /* an spezifisches open weiterleiten */
 }

 /* Typ 0, Geraetenummer ueberpruefen (sofern private_data nicht gueltig ist) */
 dev = (Scull_Dev *)filp->private_data;
 if (!dev) {
  if (num >= scull_nr_devs) return -ENODEV;
  dev = &scull_devices[num];
  filp->private_data = dev; /* for other methods */
 }

 MOD_INC_USE_COUNT; /* Moeglicherweise vor dem Schlafen */
 /* jetzt die Laenge des Geraets auf 0 setzen, wenn es nur zum Schreiben
```

```
    geöffnet wurde */
  if ( (filp->f_flags & O_ACCMODE) == O_WRONLY) {
   if (down_interruptible(&dev->sem)) {
    MOD_DEC_USE_COUNT;
    return -ERESTARTSYS;
   }
   scull_trim(dev); /* Fehler ignorieren */
   up(&dev->sem);
  }

  return 0;    /* Erfolg */
}
```

Hier sind wahrscheinlich noch einige Erklärungen angebracht. Die Datenstruktur, in der der Speicherbereich untergebracht wird, heißt `Scull_dev` und wird gleich erläutert. Die globalen Variablen `scull_nr_devs` und `scull_devices[]` (alle in Kleinbuchstaben) geben die Anzahl der verfügbaren Geräte und das eigentliche Array von Zeigern in `Scull_dev` an.

Die Aufrufe von *down_interruptible* und *up* können Sie im Moment ignorieren, wir kommen darauf in Kürze zurück.

Der Code sieht ziemlich dürftig aus, weil er beim *open* nicht auf bestimmte Geräte eingeht. Das muß auch nicht sein, weil die Geräte `scull0-3` vom Design her global und persistent sind. Insbesondere gibt es kein »Initialisieren des Gerätes beim ersten Öffnen«, weil wir keinen Zähler der geöffneten *sculls* mitführen, nur den Verwendungszähler des Moduls.

In Anbetracht der Tatsache, daß der Kernel den Verwendungszähler des Moduls über das `owner`-Feld in der Struktur `file_operations` verwalten kann, wundern Sie sich vielleicht, warum wir das hier manuell machen. Das liegt daran, daß Module in älteren Kerneln die gesamte Verwaltungsarbeit selbst machen mußten; es gab den `owner`-Mechanismus damals noch nicht. Um zu älteren Kerneln portabel zu sein, implementiert *scull* seinen eigenen Verwendungszähler. Dieses Verhalten führt dazu, daß der Verwendungszähler auf 2.4-Systemen zu groß ist, was aber kein Problem ist, denn er fällt gleichwohl auf Null zurück, wenn das Modul nicht verwendet wird.

Die einzige reale Operation, die hier auf dem Gerät vorgenommen wird, ist das Verkürzen auf eine Länge von Null, wenn das Gerät zum Schreiben geöffnet wird. Das Überschreiben des Gerätes mit einer kürzeren Datei führt zu einem kleineren Gerätedatenbereich, ähnlich wie das Öffnen einer normalen Datei zum Schreiben die Datei auf Null verkürzt. Die Operation tut nichts, wenn das Gerät zum Lesen geöffnet ist.

Später, wenn wir uns die anderen Personalities von *scull* anschauen, werden wir noch sehen, wie richtige Initialisierungen funktionieren.

Die Methode release

Die Aufgabe der Methode *release* ist das Gegenstück zu *open*. Manchmal wird die Methodenimplementation auch *device*`_close` anstelle von *device*`_release` genannt. In jedem Falle sollte sie aber folgende Aufgaben erfüllen:

- deallozieren von allem, das *open* in `filp->private_data` alloziert hat
- beim letzten Schließen das Gerät herunterfahren
- Verwendungszähler dekrementieren

Die grundlegende Form von *scull* muß das Gerät nicht herunterfahren, so daß der benötigte Code minimal ist:[7]

```
int scull_release (struct inode *inode, struct file *filp)
{
    MOD_DEC_USE_COUNT;
    return 0;
}
```

Das Dekrementieren des Verwendungszählers ist wichtig, weil der Kernel das Modul nicht entladen kann, solange der Zähler nicht auf Null zurückgeht.

Wie kann der Zähler konsistent bleiben, wenn eine Datei manchmal geschlossen wird, ohne vorher geöffnet worden zu sein? Wir wissen alle, daß *dup* und *fork* aus einer geöffneten Datei zwei machen, ohne *open* aufzurufen, aber jede dieser Dateien wird beim Beenden des Programms wieder geschlossen. Beispielsweise öffnen die meisten Programme ihre `stdin`-Datei (oder ihr `stdin`-Gerät) nicht, aber alle schließen sie letztendlich.

Die Antwort ist einfach: Nicht jeder *close*-Systemaufruf verursacht einen Aufruf der Methode `release`. Nur diejenigen, die wirklich die Gerätedatenstruktur freigeben, rufen auch die Methode auf – daher auch der Name. Der Kernel verwaltet einen Zähler, der registriert, wie oft eine `file`-Struktur verwendet wird. Weder *fork* noch *dup* erzeugen eine neue `file`-Struktur (das tut nur *open*); sie inkrementieren nur den Zähler in der existierenden Struktur.

Der Systemaufruf *close* führt die Methode *release* nur dann aus, wenn der Zähler der Struktur auf Null fällt, was genau dann passiert, wenn die Struktur zerstört wird. Dieser Zusammenhang zwischen der Methode `release` und dem Systemaufruf *close* garantiert, daß der Verwendungszähler von Modulen immer konsistent ist.

Beachten Sie, daß die Methode *flush* immer dann aufgerufen wird, wenn eine Applikation *close* aufruft. Nur wenige Treiber implementieren *flush* aber, weil es normalerweise nichts beim Schließen zu tun gibt, solange *release* nicht im Spiel ist.

Wie Sie sich vielleicht vorstellen können, gilt all das hier Gesagte auch, wenn die Applikation beendet wird, ohne explizit ihre offenen Dateien zu schließen: Der Kernel schließt automatisch alle offenen Dateien beim Beenden des Prozesses, indem er den Systemaufruf *close* intern aufruft.

---

7 Die anderen Arten des Gerätes werden von anderen Funktionen geschlossen, weil *scull_open* andere Werte in `filp->f_op` eingesetzt hat. Diese Funktionen werden wir später sehen.

Die Verwendung von Speicher in scull

Bevor wir die *read*- und *write*-Operationen einführen, sollten wir besser noch einen Blick darauf werfen, wie und warum *scull* Speicher alloziert. Das »Wie« müssen wir wissen, um den Code gründlich zu verstehen, und das »Warum« demonstriert, welche Entscheidungen ein Treiber-Programmierer treffen muß, obwohl *scull* sicherlich nicht typisch für ein Gerät ist.

In diesem Abschnitt behandeln wir nur, wie Speicher in *scull* alloziert wird, und gehen nicht auf die anderen Bereiche der Hardware-Verwaltung ein, die Sie kennen müssen, um richtige Treiber zu schreiben. Diese Kenntnisse erwerben Sie in Kapitel 8 und Kapitel 9. Daher können Sie diesen Abschnitt überspringen, wenn Sie nicht daran interessiert sind, wie der speicherorientierte *scull*-Treiber arbeitet.

Die Region im Speicher, die von *scull* verwendet wird und die wir hier auch ein *Gerät* nennen, hat eine variable Länge. Je mehr Sie schreiben, um so größer wird sie. Der Speicherbereich kann wieder verkürzt werden, indem das Gerät mit einer kürzeren Datei überschrieben wird.

Die Implementation, die wir für *scull* gewählt haben, ist nicht so besonders intelligent. Aber der Quelltext für eine intelligentere Implementation wäre schwieriger zu lesen, und in diesem Kapitel geht es darum, sich mit *read* und *write* zu beschäftigen, und nicht mit der Speicherverwaltung. Darum verwendet der Code nur *kmalloc* und *kfree*, ohne darauf zurückzugreifen, ganze Seiten zu allozieren, auch wenn das effizienter wäre.

Andererseits wollten wir aber auch die Größe des *Geräte*-Bereiches nicht beschränken, sowohl aus prinzipiellen als auch aus praktischen Gründen. Prinzipiell betrachtet, sind willkürliche Beschränkungen bezüglich der Größe der verwalteten Daten immer schlecht, und praktisch gesehen kann *scull* dazu verwendet werden, um nach und nach den gesamten Systemspeicher zu verbrauchen, um zu testen, wie sich Ihre Programme bei geringem Speicher verhalten. Mit solchen Tests können Sie auch die Interna des Systems besser verstehen. Sie können den Befehl *cp /dev/zero /dev/scull0* verwenden, um das gesamte RAM von *scull* verbrauchen zu lassen, oder mit dem Hilfsprogramm *dd* selbst entscheiden, wie viele Dateien in das *scull*-Gerät kopiert werden sollen.

In *scull* ist jedes Gerät eine verkette Liste von Zeigern, die alle auf ein `Scull_Dev` zeigen. Jede dieser Strukturen kann defaultmäßig über ein Array von Zwischenzeigern auf maximal vier Millionen Bytes verweisen. Die Quellen verwenden ein Array von 1000 Zeigern auf Bereiche von jeweils 4000 Bytes. Wir nennen jeden Speicherbereich ein *Quantum* und das Array (oder seine Länge) eine *Quantum-Menge*. Ein *scull*-Gerät und seine Speicherbereiche sind in Abbildung 3-1 zu sehen.

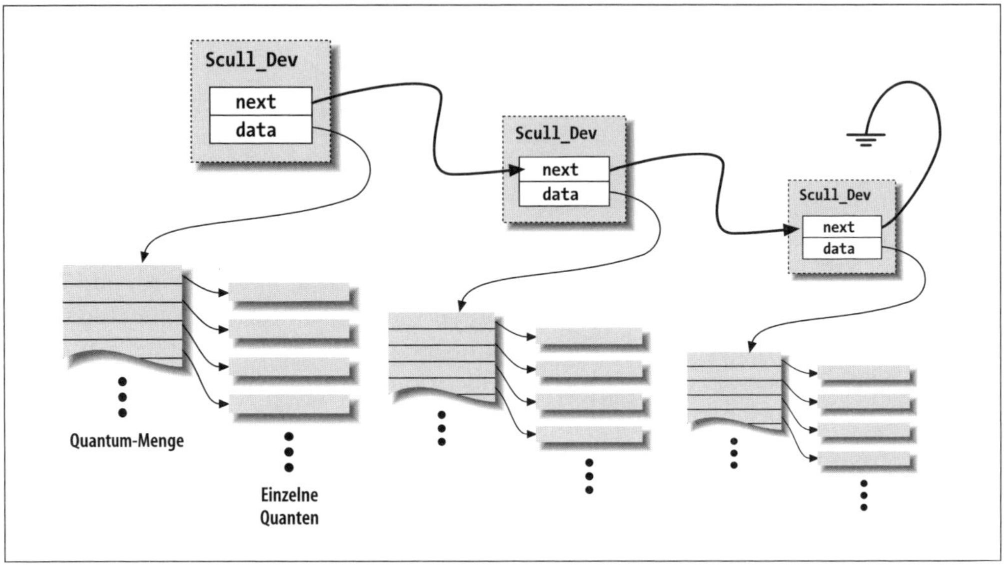

Abbildung 3-1: Das Layout eines scull-Geräts

Die Zahlen sind so gewählt, daß das Schreiben eines einzelnen Bytes in *scull* acht- oder zwölftausend Bytes im Speicher verbraucht: viertausend für das Quantum und vier- oder achttausend für die Quantum-Menge (je nachdem, ob ein Zeiger auf der Zielplattform 32 oder 64 Bits groß ist). Auf der anderen Seite ist der Verwaltungsaufwand beim Durchlaufen der verketteten Liste durchaus nicht so schlecht, wenn große Datenmengen geschrieben werden, weil es nur ein Listenelement für vier Megabyte Daten gibt und die maximale Größe des Gerätes auf einige wenige Megabytes beschränkt ist, da es nicht größer als der Computerspeicher werden kann.

Die Wahl passender Werte für das Quantum und die Quantum-Menge ist eine Frage der Policy und nicht des Mechanismus; die optimalen Werte hängen davon ab, wie das Gerät verwendet wird. Der *scull*-Treiber sollte also keine bestimmten Werte für das Quantum und die Quantum-Menge erzwingen. In *scull* kann der Benutzer die Werte auf verschiedene Art und Weise verändern: durch das Ändern der Makros `SCULL_QUANTUM` und `SCULL_QSET` in *scull.h* beim Kompilieren, durch das Setzen der Integer-Werte `scull_quantum` und `scull_qset` beim Laden des Moduls oder durch das Ändern der aktuellen und der Default-Werte mittels *ioctl*-Aufrufen zur Laufzeit.

Die Verwendung eines Makros und eines Integer-Wertes, um eine Konfiguration sowohl zur Kompilierungs- als auch zur Ladezeit zu ermöglichen, erinnert daran, wie wir die Major-Nummer ausgewählt haben. Wir verwenden diese Technik immer, wenn ein Wert im Treiber willkürlich oder Policy-abhängig ist.

Die einzige verbleibende Frage ist, welche Default-Werte gewählt werden sollten. In diesem speziellen Fall besteht das Problem darin, die beste Balance zwischen der Speicherverschwendung halbgefüllter Quanta und Quantum-Mengen und dem Verwaltungsaufwand beim Allozieren, Deallozieren und Verwalten der Zeiger-Verkettung zu finden, der auftritt, wenn die Quanta und die Quantum-Mengen klein sind.

Darüber hinaus muß auch noch das interne Design von *kmalloc* berücksichtigt werden. Wir werden hier aber nicht auf die Details eingehen. Die Innereien von *kmalloc* werden im Abschnitt »Die ganze Wahrheit über kmalloc« in Kapitel 7 seziert.

Die Default-Werte wurden in der Annahme gewählt, daß die meisten Programmierer mehr als vier Megabyte RAM haben und daß wahrscheinlich sehr große Datenmengen auf *scull* geschrieben werden. Die Besitzer großer Computer werden zum Testen mehrere zehn Megabyte auf das Gerät schreiben, auch wenn normalerweise nur ein paar Kilobyte transportiert werden werden.

Die Datenstruktur, die die Geräteinformation enthält, sieht folgendermaßen aus:

```
typedef struct Scull_Dev {
   void **data;
    struct Scull_Dev *next;    /* naechstes Listenelement */
    int quantum;               /* die aktuelle Quantum-Groesse */
    int qset;                  /* die aktuelle Array-Groesse */
    unsigned long size;
    devfs_handle_t handle;     /* nur bei devfs verwendet */
    unsigned int access_key;   /* wird von sculluid und scullpriv verwendet */
    struct semaphore sem;      /* Semaphor zum gegenseitigen Ausschluss */
} Scull_Dev;
```

Der folgende Code zeigt, wie `Scull_Dev` in der Praxis verwendet wird, um Daten zu speichern. Die Funktion *scull_trim* ist dafür zuständig, den gesamten Datenbereich freizugeben, und wird von *scull_open* aufgerufen, wenn die Datei zum Schreiben geöffnet wird. Sie traversiert einfach die Liste und gibt alle vorgefundenen Quanta und Quantum-Mengen frei.

```
int scull_trim(Scull_Dev *dev)
{
 Scull_Dev *next, *dptr;
 int qset = dev->qset; /* "dev" ist nicht null */
 int i;

 for (dptr = dev; dptr; dptr = next) { /* alle Listenelemente */
  if (dptr->data) {
   for (i = 0; i < qset; i++)
    if (dptr->data[i])
     kfree(dptr->data[i]);
   kfree(dptr->data);
   dptr->data=NULL;
  }
  next=dptr->next;
  if (dptr != dev) kfree(dptr); /* alle außer dem ersten */
 }
```

```
    dev->size = 0;
    dev->quantum = scull_quantum;
    dev->qset = scull_qset;
    dev->next = NULL;
    return 0;
  }
```

Ein kurze Einführung in Race Conditions

Da Sie jetzt verstehen, wie die Speicherverwaltung von *scull* funktioniert, sollten Sie sich einmal das folgende Szenario anschauen: Zwei Prozesse, A und B, haben beide das gleiche *scull*-Gerät zum Schreiben geöffnet. Beide versuchen gleichzeitig, Daten auf das Gerät zu schreiben. Damit diese Operation durchgeführt werden kann, ist ein neues Quantum notwendig, also alloziert jeder Prozeß den benötigten Speicher und legt einen Zeiger darauf in der Quantum-Menge ab.

Das gibt Ärger. Weil beide Prozesse das gleiche *scull*-Gerät sehen, legen sie auch beide den neuen Speicher an der gleichen Stelle in der Quantum-Menge ab. Wenn A seinen Zeiger zuerst ablegt, dann überschreibt B diesen Zeiger danach. Der von A allozierte Speicher und die darin enthaltenen Daten gehen also verloren.

Dies ist eine klassische *Race Condition*: Das Ergebnis hängt davon ab, wer als erstes zum Zug kommt; und normalerweise passiert etwas Unerfreuliches. Auf Einprozessor-Linux-Systemen muß sich der *scull*-Code nicht mit solchen Problemen auseinandersetzen, weil Prozesse, die Kernel-Code ausführen, nicht gezwungen werden können, die CPU abzugeben. Auf SMP-Systemen ist die Sache leider komplizierter. Die beiden Prozesse A und B können gut und gern auf verschiedenen Prozessoren laufen und sich so wie beschrieben ins Gehege kommen.

Der Linux-Kernel stellt mehrere Mechanismen bereit, um Race Conditions zu vermeiden und mit ihnen umzugehen. Eine vollständige Beschreibung dieser Mechanismen müssen wir auf Kapitel 9 verschieben, aber ein wenig können wir hier schon darauf eingehen.

Ein *Semaphor* ist ein allgemeiner Mechanismus zur Steuerung des Zugriffs auf Ressourcen. In seiner einfachsten Form kann ein Semaphor für *gegenseitigen Ausschluß* (*mutual exclusion*) verwendet werden; Prozesse, die Semaphore im Mutual Exclusion-Modus verwenden, werden daran gehindert, gleichzeitig den gleichen Code auszuführen oder auf die gleichen Daten zuzugreifen. Solche Semaphore nennt man oft *mutex*, was von »mutual exclusion« kommt.

Semaphore in Linux werden in `<asm/semaphore.h>` definiert. Ihr Typ ist `struct semaphore`, und Treiber sollten auf sie nur über das definierte Interface zugreifen. In *scull* wird ein Semaphor pro Gerät in der Struktur `Scull_Dev` alloziert. Weil die Geräte vollständig unabhängig voneinander sind, ist es nicht notwendig, einen gegenseitigen Ausschluß über Gerätegrenzen hinweg zu erzwingen.

Semaphore müssen vor der ersten Verwendung durch Übergabe eines numerischen Arguments an *sema_init* initialisiert werden. Wenn es um einen gegenseitigen Ausschluß geht (also darum, Threads vom gleichzeitigen Zugriff auf die gleichen Daten abzuhalten), dann kann das Semaphor mit dem Wert 1 initialisiert werden, was bedeutet, daß das Semaphor zur Verfügung steht. Der folgende Code aus der Initialisierungsfunktion des *scull*-Moduls (*scull_init*) zeigt, wie die Semaphore im Zuge der Einrichtung des Geräts initialisiert werden.

```
for (i=0; i < scull_nr_devs; i++) {
  scull_devices[i].quantum = scull_quantum;
  scull_devices[i].qset = scull_qset;
  sema_init(&scull_devices[i].sem, 1);
 }
```

Ein Prozeß, der in einen von einem Semaphor geschützten Code-Bereich eintreten möchte, muß zunächst sicherstellen, daß sich darin noch kein anderer Prozeß befindet. In der klassischen Informatik heißt die Funktion zum Erwerb eines Semaphors oft *P*, aber unter Linux müssen Sie *down* oder *down_interruptible* aufrufen. Diese Funktionen fragen den Wert des Semaphors ab, um festzustellen, ob er größer als 0 ist; wenn das der Fall ist, dann wird das Semaphor dekrementiert, und die Funktion kehrt zurück. Ist das Semaphor dagegen 0, dann legen sich die Funktionen schlafen und versuchen es noch einmal, nachdem ein anderer Prozeß, der vermutlich das Semaphor freigegeben hat, sie aufgeweckt hat.

Die Funktion *down_interruptible* kann von einem Signal unterbrochen werden, während *down* es nicht zuläßt, daß zwischendrin Signale ausgeliefert werden. In fast allen Fällen sollten Sie Signale zulassen; ansonsten riskieren Sie nicht-beendbare Prozesse und anderes unerwünschtes Verhalten. Das Zulassen von Signalen verkompliziert allerdings die Lage dahingehend, daß Sie immer abfragen müssen, ob die Funktion (hier *down_interruptible*) unterbrochen wurde. Wie üblich gibt die Funktion 0 im Erfolgsfall und einen von Null verschiedenen Wert im Fehlerfall zurück. Wenn der Prozeß unterbrochen wurde, dann hat die Funktion auch keine Semaphore erworben, weswegen Sie auch nicht *up* aufrufen müssen. Ein typischer Aufruf zum Erwerben eines Semaphors sieht daher normalerweise so aus:

```
if (down_interruptible (&sem))
      return -ERESTARTSYS;
```

Der Rückgabewert `-ERESTARTSYS` teilt dem System mit, daß die Operation von einem Signal unterbrochen wurde. Die Kernel-Funktion, die die Gerätemethode aufgerufen hat, wird entweder einen erneuten Aufruf versuchen oder `-EINTR` an die Applikation zurückgeben – je nachdem, wie die Applikation den Umgang mit Signalen konfiguriert hat. Natürlich kann es sein, daß Ihr Code vor dem Rücksprung erst etwas aufräumen muß, wenn er in diesem Modus unterbrochen wurde.

Ein Prozeß, der einen Semaphor erwirbt, muß diesen danach immer wieder freigeben. Die dafür zuständige Funktion heißt in der Informatik *V*; Linux nennt sie aber *up*. Ein einfacher Aufruf wie

```
up (&sem);
```

inkrementiert den Wert des Semaphors und weckt alle Prozesse auf, die darauf warten, daß das Semaphor verfügbar wird.

Bei der Arbeit mit Semaphoren muß man sich vorsehen. Die vom Semaphor geschützten Daten müssen genau definiert sein, und *sämtlicher* Code, der auf diese Daten zugreift, muß zuerst das Semaphor erwerben. Code, der *down_interruptible* verwendet, um das Semaphor zu erwerben, darf keine andere Funktion aufrufen, die ebenfalls versucht, diesen Semaphor zu erwerben; ansonsten kommt es zu einem Deadlock. Wenn es eine Routine in Ihrem Treiber versäumt, ein gehaltenes Semaphor wieder freizugeben (z.B. als Folge eines Rücksprungs nach einem Fehler), dann werden alle weiteren Versuche, das Semaphor zu erwerben, blockieren. Gegenseitiger Ausschluß ist immer ein kniffliges Problem und bedarf einer wohldefinierten und methodischen Herangehensweise.

In *scull* wird das gerätespezifische Semaphor dazu verwendet, die gespeicherten Daten vor unangemessenem Zugriff zu schützen. Sämtlicher Code, der auf das Feld `data` der Struktur `Scull_Dev` zugreift, muß zunächst das Semaphor erworben haben. Um Deadlocks zu vermeiden, sollten nur Funktionen, die Geräte-Methoden implementieren, das Semaphor anfordern. Interne Routinen wie das oben gezeigte *scull_trim* gehen davon aus, daß das Semaphor bereits erworben wurde. Solange dies gewährleistet ist, ist der Zugriff auf die Datenstruktur `Scull_Dev` vor Race Conditions geschützt.

read und write

Die Methoden *read* und *write* führen eine ähnliche Aufgabe durch, sie kopieren also Daten aus dem und in den Applikationscode. Ihre Prototypen sind daher sehr ähnlich und können gleichzeitig eingeführt werden:

```
ssize_t read(struct file *filp, char *buff, size_t count, loff_t *offp);
ssize_t write(struct file *filp, const char *buff, size_t count, loff_t *offp);
```

Bei beiden Methoden ist `filp` der file-Zeiger und `count` die Größe der angeforderten Datenübertragung. Das Argument `buff` zeigt auf den Benutzer-Puffer, der die zu schreibenden Daten enthält, oder auf den leeren Puffer, in den die gelesenen Daten hineingeschrieben werden sollen. `offp` ist schließlich ein Zeiger auf ein Objekt mit »langem Offset«, das die Dateiposition angibt, auf die der Benutzer zugreifen will. Der Rückgabewert ist ein »vorzeichenbehafteter Größentyp«, dessen Verwendung wir später behandeln.

Was den Datentransfer angeht, besteht die Hauptschwierigkeit der beiden Geräte-Methoden darin, die Daten zwischen dem Adreßraum des Kernels und dem des Benutzers hin- und herzutransportieren. Die Operation kann nicht auf die übliche Weise mittels Zeigern oder *memcpy* durchgeführt werden. User-Space-Adressen können aus einer Reihe von Gründen nicht direkt im Kernel-Space verwendet werden.

Ein großer Unterschied zwischen Adressen im Kernel-Space und Adressen im User-Space besteht darin, daß Speicher im User-Space ausgelagert werden kann. Wenn der Kernel auf einen Zeiger im User-Space zugreift, ist die zugehörige Seite möglicherweise nicht im Speicher vorhanden, und es wird ein Seitenfehler (*Page Fault*) erzeugt. Die in diesem Abschnitt und im Abschnitt »Das Argument von ioctl benutzen« in Kapitel 5 eingeführten Funktionen verwenden ein paar versteckte Zaubertricks, um auch dann noch korrekt mit Seitenfehlern umzugehen, wenn die CPU sich gerade im Kernel-Space befindet.

Interessanterweise verwendete die x86-Version von Linux 2.0 völlig unterschiedliche Speichertabellen im User-Space und im Kernel-Space. User Space-Zeiger konnten überhaupt nicht vom Kernel-Space aus dereferenziert werden.

Wenn das Ziel-Gerät eine Erweiterungskarte anstelle von RAM ist, entsteht das gleiche Problem, weil der Treiber trotzdem noch Daten zwischen Benutzer-Puffern und dem Kernel-Space (sowie möglicherweise zwischen dem Kernel-Space und dem I/O-Speicher) übertragen muß.

Das Kopieren zwischen Spaces geschieht in Linux mit speziellen Funktionen, die in `<asm/uaccess.h>` definiert sind. Eine solche Kopie wird entweder durch eine generische (*memcpy*-artige) Funktion oder durch Funktionen, die für eine bestimmte Datengröße (`char`, `short`, `int`, `long`) optimiert sind, durchgeführt; die meisten davon werden im Abschnitt »Das Argument von ioctl benutzen« in Kapitel 5 erklärt.

Der Code für *read* und *write* in *scull* muß ein gesamtes Datensegment in den Benutzer-Adreßraum oder aus ihm heraus kopieren. Diese Fähigkeit wird durch die folgenden Kernel-Funktionen bereitgestellt, die ein beliebiges Array von Bytes kopieren und das Herzstück jeder *read*- und *write*-Implementation sind:

```
unsigned long copy_to_user(void *to, const void *from, unsigned long count);
unsigned long copy_from_user(void *to, const void *from, unsigned long count);
```

Obwohl sich diese Funktionen wie normale *memcpy*-Funktionen verhalten, müssen Sie ein wenig zusätzliche Vorsicht walten lassen, wenn Sie von Kernel-Code aus auf den User-Space zugreifen wollen. Die angesprochenen Seiten im User Space sind möglicherweise nicht im Speicher vorhanden, und der Page Fault-Handler kann den Prozeß schlafen legen, während die Seite geholt wird. Dies passiert beispielsweise, wenn die Seite aus dem Swap-Space geholt werden muß. Daraus folgt für den Treiberautor, daß jede Funktion, die auf den User-Space zugreift, reentrant sein muß und gleichzeitig mit anderen Treiberfunktionen laufen können muß (siehe auch Abschnitt »Reentranten Code schreiben« in Kapitel 5). Deswegen verwenden wir Semaphore, um den nebenläufigen Zugriff zu steuern.

Die Rolle der beiden Funktionen ist nicht darauf beschränkt, Daten in den oder aus dem User-Space zu kopieren: Sie überprüfen auch, ob der Zeiger in den User-Space gültig ist. Wenn das nicht der Fall ist, wird auch nicht kopiert; wenn aber während des Kopierens eine ungültige Adresse vorgefunden wird, werden nur Teile der Daten kopiert. In beiden Fällen ist der Rückgabewert die verbleibende Menge zu kopierender Daten. Der Code in *scull* überprüft diesen Wert und gibt `-EFAULT` zurück, wenn es sich nicht um 0 handelt.

Das Thema des Zugriffs auf den User-Space sowie ungültiger User Space-Zeiger ist etwas komplizierter und wird im Abschnitt »Das Argument von ioctl benutzen« in Kapitel 5 besprochen. Es lohnt sich aber zu wissen, daß Sie *__copy_to_user* und *__copy_from_user* verwenden können, wenn Sie sicher sind, den User-Space-Zeiger nicht überprüfen zu müssen, etwa, wenn Sie diesen bereits überprüft haben.

Was die eigentlichen Gerätemethoden angeht, so ist es die Aufgabe der *read*-Methode, Daten vom Gerät (unter Verwendung von *copy_to_user*) in den User-Space zu kopieren, während *write* Daten vom User-Space auf das Gerät kopieren muß (mittels *copy_from_user*). Jeder *read*- und *write*-Systemaufruf überträgt eine bestimmte Anzahl von Bytes, aber es ist dem Treiber freigestellt, weniger Daten zu übertragen – die genauen Regeln dafür unterscheiden sich beim Lesen und beim Schreiben etwas und werden weiter hinten in diesem Kapitel beschrieben.

Wie viele Daten die Methoden auch immer transportieren; sie sollten im allgemeinen die Dateiposition an `*offp` aktualisieren, so daß diese die aktuelle Dateiposition nach einer erfolgreichen Beendigung des Systemaufrufs wiedergibt. Meistens ist das Argument `offp` nur ein Zeiger auf `filp->f_pos`, aber zur Unterstützung der Systemaufrufe *pread* und *pwrite*, die das Gegenstück zu *lseek* und *read* oder *write* in einer einzigen atomaren Operation ausführen, wird ein anderer Zeiger verwendet.

Die Aufgabe der verschiedenen Argumente von *read* ist in Abbildung 3-2 wiedergegeben.

Sowohl die Methode *read* als auch die Methode *write* gibt einen negativen Wert zurück, wenn ein Fehler auftritt. Ein Rückgabewert größer oder gleich 0 teilt dem aufrufenden Programm mit, wie viele Bytes erfolgreich übertragen worden sind. Wenn einige Daten korrekt transportiert wurden und dann ein Fehler auftritt, ist der Rückgabewert trotzdem noch die Anzahl der erfolgreich übertragenen Bytes; der Fehler wird nicht vor dem nächsten Funktionsaufruf gemeldet.

Obwohl Kernel-Funktionen eine negative Zahl zurückgeben, um einen Fehler zu melden, und der Betrag dieser Zahl angibt, welcher Fehler aufgetreten ist (wie in Kapitel 2 im Abschnitt »Fehlerbehandlung in init_module« beschrieben), sehen Programme im User-Space immer nur -1 als Fehlercode. Diese Programme müssen auf die Variable `errno` zugreifen, um herauszufinden, was passiert ist. Dieser Unterschied liegt zum einen am POSIX-Aufrufstandard für Systemaufrufe und zum anderen am Vorteil, im Kernel nicht mit `errno` umgehen zu müssen.

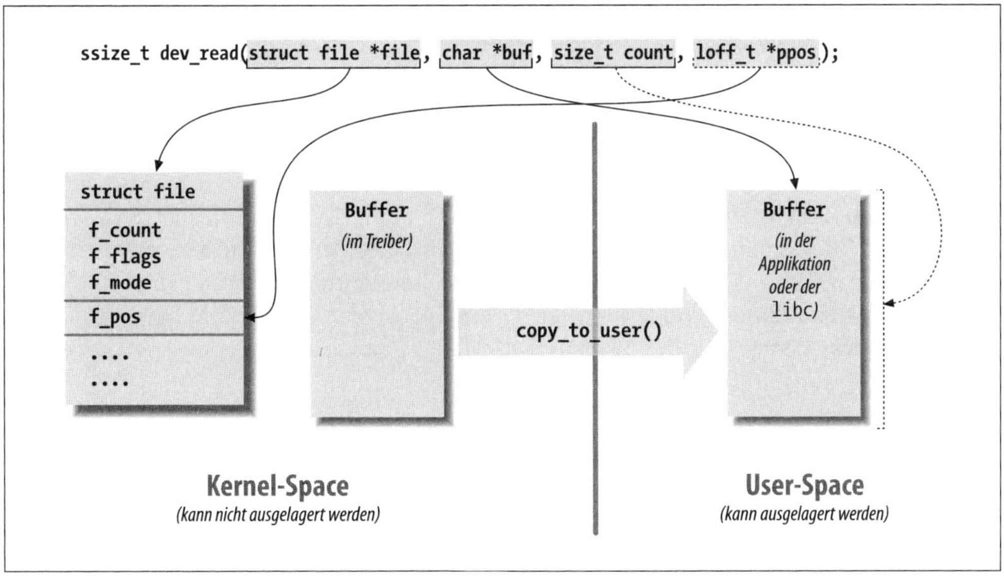

Abbildung 3-2: Die Argumente von read

Die Methode read

Der Rückgabewert von *read* wird vom aufrufenden Programm folgendermaßen interpretiert:

- Wenn der Wert gleich dem Argument `count` ist, dann ist die angeforderte Zahl von Bytes übertragen worden. Dies ist der optimale Fall.
- Wenn der Wert positiv, aber kleiner als `count` ist, ist nur ein Teil der Daten übertragen worden. Das kann aus einer Reihe von Gründen passieren, die vom jeweiligen Gerät abhängen. Meistens wird das Programm noch einmal versuchen, die Daten zu lesen. Wenn Sie beispielsweise die Funktion *fread* verwenden, dann ruft die Bibliotheksfunktion den Systemaufruf noch einmal auf, um die angeforderte Datenübertragung noch einmal durchzuführen.
- Wenn der Wert Null ist, wird das als Erreichen des Dateiendes interpretiert.
- Ein negativer Wert weist auf einen Fehler hin. Der Wert gibt an, was für ein Fehler das war; die Werte stehen in `<linux/errno.h>`. Diese Fehler sehen aus wie `-EINTR` (unterbrochener Systemaufruf) oder `-EFAULT` (fehlerhafte Adresse).

In der obenstehenden Liste fehlt noch der Fall, daß keine Daten vorliegen, aber später eintreffen könnten. In diesem Fall sollte der Systemaufruf *read* blockiert werden. Wir behandeln blockierendes Lesen erst im Abschnitt »Blockierende I/O« in Kapitel 5.

Der Code von *scull* macht von diesen Regeln Gebrauch, insbesondere vom partiellen Lesen. Jeder Aufruf von *scull_read* behandelt nur ein einziges Daten-Quantum; es gibt keine Schleife, um alle Daten auszulesen. Damit ist der Code kürzer und leichter zu lesen. Wenn das lesende Programm mehr Daten benötigt, kann es den Systemaufruf wiederholen. Wenn die Standardbibliothek (also *fread* und Konsorten) zum Lesen verwendet wird, wird die Applikation nicht einmal bemerken, daß der Datentransfer in Schüben erfolgt.

Wenn die aktuelle Leseposition größer als die Größe des Gerätes ist, gibt die *read*-Methode von *scull* 0 zurück, um mitzuteilen, daß keine Daten vorliegen (daß wir also mit anderen Worten am Dateiende sind). Diese Situation kann auftreten, wenn ein Prozeß A von dem Gerät liest, während Prozeß B das Gerät zum Schreiben öffnet und damit das Gerät auf eine Länge von 0 verkürzt. Prozeß A findet sich selbst auf einmal jenseits des Dateiendes wieder, und der nächste *read*-Aufruf gibt 0 zurück.

Der Code von *read* sieht wie folgt aus:

```
ssize_t scull_read(struct file *filp, char *buf, size_t count, loff_t *f_pos)

{
 Scull_Dev *dev = filp->private_data; /* das erste Listenelement */
 Scull_Dev *dptr;
 int quantum = dev->quantum;
 int qset = dev->qset;
 int itemsize = quantum * qset; /* wie viele Bytes sind im Listenelement */
 int item, s_pos, q_pos, rest;
 ssize_t ret = 0;

 if (down_interruptible(&dev->sem))
   return -ERESTARTSYS;
 if (*f_pos >= dev->size)
  goto out;
 if (*f_pos + count > dev->size)
  count = dev->size - *f_pos;
 /* Listenelement, qset-Index und Offset im Quantum suchen */
 item = (long)*f_pos / itemsize;
 rest = (long)*f_pos % itemsize;
 s_pos = rest / quantum; q_pos = rest % quantum;

 /* der Liste bis zur richtigen Position (anderenorts definiert) folgen */
 dptr = scull_follow(dev, item);

 if (!dptr->data)
  goto out; /* Loecher nicht füllen */
 if (!dptr->data[s_pos])
  goto out;
 /* nur bis zum Ende dieses Quantums lesen */
 if (count > quantum - q_pos)
  count = quantum - q_pos;

 if (copy_to_user(buf, dptr->data[s_pos]+q_pos, count)) {
  ret = -EFAULT;
        goto out;
 }
 *f_pos += count;
 ret = count;

 out:
```

```
  up(&dev->sem);
  return ret;
}
```

Die Methode write

write kann wie *read* weniger Daten übertragen, als angefordert waren. Die folgenden Regeln gelten für den Rückgabewert:

- Wenn der Wert gleich `count` ist, ist die angeforderte Anzahl von Bytes übertragen worden.
- Wenn der Wert positiv, aber kleiner als `count` ist, dann wurde nur ein Teil der Daten übertragen. Das Anwendungsprogramm wird wahrscheinlich versuchen, auch den Rest der Daten zu schreiben.
- Wenn der Wert 0 ist, ist nichts geschrieben worden. Dieses Ergebnis ist kein Fehler, weswegen auch kein Fehlercode zurückgegeben wird. Auch hier wird die Standardbibliothek *write* erneut aufrufen. Wir werden die Bedeutung dieses Falls im Abschnitt »Blockierende I/O« in Kapitel 5 untersuchen, wenn wir auf blockierendes Schreiben eingehen.
- Ein negativer Wert weist auf einen aufgetretenen Fehler hin. Wie bei *read* sind die möglichen Fehlerwerte in `<linux/errno.h>` definiert.

Unglücklicherweise gibt es einige schlecht geschriebene Programme, die eine Fehlermeldung ausgeben und abbrechen, wenn Daten nur partiell übertragen worden sind. Das passiert, weil es manche Programmierer gewohnt sind, *write*-Aufrufe entweder ganz oder gar nicht gelingen zu sehen, was auch meistens passiert und von den Geräten ebenfalls unterstützt werden sollte. Diese Einschränkung in der Implementation von *scull* könnte behoben werden, aber wir wollten den Code nicht komplizierter als notwendig machen.

Der Code von *write* in *scull* behandelt wie der von *read* jeweils nur ein Quantum:

```
ssize_t scull_write(struct file *filp, const char *buf, size_t count, loff_t *f_pos)

{
  Scull_Dev *dev = filp->private_data;
  Scull_Dev *dptr;
  int quantum = dev->quantum;
  int qset = dev->qset;
  int itemsize = quantum * qset;
  int item, s_pos, q_pos, rest;
  ssize_t ret = -ENOMEM; /* der Wert wird in "goto out"-Anweisungen verwendet */

  if (down_interruptible(&dev->sem))
    return -ERESTARTSYS;

  /* Listenelement, qset-Index und Offset suchen */
  item = (long)*f_pos / itemsize;
  rest = (long)*f_pos % itemsize;
  s_pos = rest / quantum; q_pos = rest % quantum;
```

```
    /* der Liste bis zur richtigen Position folgen */
    dptr = scull_follow(dev, item);
    if (!dptr->data) {
     dptr->data = kmalloc(qset * sizeof(char *), GFP_KERNEL);
     if (!dptr->data)
      goto out;
     memset(dptr->data, 0, qset * sizeof(char *));
    }
    if (!dptr->data[s_pos]) {
     dptr->data[s_pos] = kmalloc(quantum, GFP_KERNEL);
     if (!dptr->data[s_pos])
      goto out;
    }
    /* nur bis zum Ende dieses Quantums schreiben */
    if (count > quantum - q_pos)
     count = quantum - q_pos;

    if (copy_from_user(dptr->data[s_pos]+q_pos, buf, count)) {
     ret = -EFAULT;
          goto out;
    }
    *f_pos += count;
    ret = count;

    /* die Groeße aktualisieren */
    if (dev->size < *f_pos)
     dev-> size = *f_pos; out:
    up(&dev->sem);
    return ret;
   }
```

readv und writev

Unix-Systeme unterstützen seit langem zwei alternative Systemaufrufe namens *readv* und *writev*. Diese »Vektorversionen« erwarten ein Array von Strukturen, die jeweils einen Zeiger auf einen Puffer und einen Längenwert enthalten. Ein *readv*-Aufruf liest dann der Reihe nach die angegebene Menge in jeden Puffer. *writev* dagegen sammelt die Inhalte der Puffer und schreibt sie in einer einzigen Schreiboperation heraus.

Bis zur Kernel-Version 2.3.44 emulierte Linux allerdings *readv* und *writev* immer durch mehrfache *read*- und *write*-Aufrufe. Wenn Ihr Treiber keine Methoden für Vektoroperationen bereitstellt, dann ist das auch immer noch der Fall. In vielen Situationen erreicht man aber eine größere Effizienz, wenn man *readv* und *writev* direkt im Treiber implementiert.

Die Prototypen der Vektoroperationen lauten:

```
ssize_t (*readv) (struct file *filp, const struct iovec *iov,
     unsigned long count, loff_t *ppos);
ssize_t (*writev) (struct file *filp, const struct iovec *iov,
     unsigned long count, loff_t *ppos);
```

Hier sind die Argumente `filp` und `ppos` die gleichen wie bei *read* und *write*. Die in `<linux/uio.h>` definierte Struktur `iovec` sieht folgendermaßen aus:

```
struct iovec
{
 void *iov_base;
 _ _kernel_size_t iov_len;
};
```

Jedes `iovec` beschreibt einen zu übertragenden Datenblock, der bei `iov_base` (im User-Space) beginnt und `iov_len` Bytes lang ist. Der Parameter `count` gibt an, wie viele `iovec`-Strukturen es gibt. Diese Strukturen werden von der Applikation erzeugt, aber der Kernel kopiert sie vor dem Aufruf des Treibers in den Kernel-Space.

Die einfachste Implementation der Vektoroperationen ist eine einfache Schleife, die einfach die Adresse und Länge jedes `iovec`-Blocks an die *read*- oder *write*-Funktion des Treibers übergibt. Oft muß der Treiber für ein effizientes und korrektes Verhalten etwas schlauer sein. Beispielsweise sollte ein *writev* auf einem Bandlaufwerk sämtliche Daten aus den `iovec`-Strukturen in einem einzigen Datensatz auf das Band schreiben.

Viele Treiber haben aber keinen Vorteil darin, diese Methoden selbst zu implementieren. Daher werden sie in *scull* einfach weggelassen. Der Kernel emuliert sie mit *read* und *write*, und das Ergebnis ist das gleiche.

Die neuen Geräte ausprobieren

Wenn Sie die vier gerade beschriebenen Methoden haben, kann der Treiber kompiliert und getestet werden; er speichert alle Daten, die Sie in ihn schreiben, bis sie mit neuen Daten überschrieben werden. Das Gerät arbeitet wie ein Daten-Puffer, dessen Länge nur durch die tatsächlich verfügbare RAM-Menge beschränkt ist. Sie können *cp*, *dd* und die Ein-/Ausgabeumleitung verwenden, um den Treiber zu testen.

Sie können den Befehl *free* benutzen, um zu sehen, wie die Menge freien Speichers sinkt und wieder ansteigt, wenn Daten in *scull* geschrieben werden.

Um sich besser daran zu gewöhnen, daß nur jeweils ein Quantum geschrieben wird, können Sie *printk*-Aufrufe an passenden Stellen in den Kernel einfügen und beobachten, was passiert, wenn eine Applikation große Datenmengen liest oder schreibt. Alternativ dazu können Sie auch das Hilfsprogramm *strace* benutzen, um die vom Programm durchgeführten Systemaufrufe zu beobachten. Wenn Sie damit *cp* oder auch *ls -l > /dev/scull0* verfolgen, werden Sie die aufgeteilten Lese- und Schreib-Anweisungen verfolgen können. Im nächsten Kapitel werden wir auf Monitoring- und Debugging-Techniken etwas detaillierter eingehen.

Das Device-Dateisystem

Wie bereits am Anfang des Kapitels angedeutet, enthalten die neueren Versionen des Linux-Kernels ein spezielles Dateisystem für Geräte-Einsprungpunkte. Dieses Dateisystem gibt es seit einiger Zeit als unoffiziellen Patch. In den offiziellen Quell-Baum wurde es mit Version 2.3.46 aufgenommen. Eine Rückportierung auf 2.2 steht ebenfalls zur Verfügung, ist aber nicht in den offiziellen 2.2-Kerneln enthalten.

Auch wenn die Verwendung dieses speziellen Dateisystems derzeit noch nicht besonders weit verbreitet ist, bieten die neuen Features doch einige Vorteile für Autoren von Gerätetreibern. Deswegen verwendet unsere Version von *scull* das *devfs*, wenn dieses auf dem Zielsystem vorhanden ist. Das Modul verwendet Konfigurationsinformationen des Kernels zur Compile-Zeit, um herauszufinden, ob bestimmte Features eingeschaltet worden sind; in diesem Fall geht es darum festzustellen, ob `CONFIG_DEVFS_FS` definiert ist oder nicht.

Die wichtigsten Vorteile von *devfs* sind:

- Geräte-Einsprungpunkte in */dev* werden bei der Initialisierung des Geräts erzeugt und beim Entfernen des Geräts ebenfalls wieder entfernt.
- Der Gerätetreiber kann Gerätenamen, Besitzer und Zugriffsrechte angeben, aber Programme im User-Space können trotzdem noch den Besitzer und die Zugriffsrechte ändern (aber nicht den Dateinamen).
- Man muß keine Major-Nummer für den Treiber anfordern und sich nicht mit Minor-Nummern auseinandersetzen.

Als Folge daraus ist es nicht notwendig, beim Laden oder Entladen eines Moduls ein Skript auszuführen, das die Gerätedateien erzeugt, weil der Treiber durch die Verwaltung seiner eigenen Gerätedateien autonom ist.

Um Geräte zu erzeugen und zu entfernen, sollte der Treiber die folgenden Funktionen aufrufen:

```
#include <linux/devfs_fs_kernel.h>

devfs_handle_t devfs_mk_dir (devfs_handle_t dir, const char *name, void *info);

devfs_handle_t devfs_register (devfs_handle_t dir,
  const char *name, unsigned int flags,
  unsigned int major, unsigned int minor,
  umode_t mode, void *ops, void *info);

  void devfs_unregister (devfs_handle_t de);
```

Die *devfs*-Implementation enthält noch weitere Funktionen zur Verwendung durch Kernel-Code. Diese ermöglichen die Erzeugung symbolischer Links, den Zugriff auf die internen Datenstrukturen, um `devfs_handle_t`-Elemente aus Inodes zu bekommen, sowie weitere Aufgaben. Wir behandeln diese Funktionen hier nicht, weil sie entweder nicht wichtig oder aber schwer zu verstehen sind. Neugierige Leser finden weitere Informationen in der Header-Datei.

Die diversen Argumente der Funktionen zum Registrieren und Deregistrieren lauten:

`dir`
: Das Eltern-Verzeichnis, in dem die neue Gerätedatei erzeugt werden soll. Die meisten Treiber werden hier `NULL` angeben, um die Dateien im Verzeichnis */dev* zu erzeugen. Um ein eigenes Verzeichnis zu erzeugen, sollte der Treiber *devfs_mk_dir* verwenden.

`name`
: Der Name des Geräts ohne das führende `/dev`. Der Name kann Schrägstriche enthalten, wenn das Gerät in einem Unterverzeichnis stehen soll; das Unterverzeichnis wird dann während der Registrierung erzeugt. Alternativ dazu können Sie auch einen gültigen `dir`-Zeiger auf das gewünschte Unterverzeichnis angeben.

`flags`
: Eine Bitmaske mit *devfs*-Flags. `DEVFS_FL_DEFAULT` kann eine gute Wahl sein; `DEVFS_FL_AUTO_DEVNUM` ist das Flag für die automatische Zuweisung von Major- und Minor-Nummern. Welche Flags es gibt und was sie bedeuten, beschreiben wir später.

`major`
`minor`
: Die Major- und Minor-Nummern des Geräts. Sie werden nicht verwendet, wenn `DEVFS_FL_AUTO_DEVNUM` in den Flags angegeben worden ist.

`mode`
: Die Zugriffsrechte auf das neue Gerät.

`ops`
: Ein Zeiger auf die Dateioperationsstruktur des Geräts.

`info`
: Ein Default-Wert für `filp->private_data`. Das Dateisystem initialisiert den Zeiger mit diesem Wert, wenn das Gerät geöffnet wird. Der an `devfs_mk_dir` übergebene `info`-Zeiger wird nicht von *devfs* verwendet und dient als »Benutzerdaten«-Zeiger.

`de`
: Ein »*devfs*-Eintrag«, der aus einem früheren Aufruf von *devfs_register* stammt.

Diese Flags werden verwendet, um bestimmte Eigenschaften der zu erzeugenden Gerätedatei auszuwählen. Sie sind zwar kurz und deutlich in `<linux/devfs_fs_kernel.h>` dokumentiert, aber es lohnt sich trotzdem, sie hier zu beschreiben.

`DEVFS_FL_NONE`
`DEVFS_FL_DEFAULT`
: Das zuerst genannte Symbol ist einfach `0` und sollte verwendet werden, um den Code besser lesbar zu machen. Das zweite Makro ist derzeit als `DEVFS_FL_NONE` definiert, ist aber eine gute Wahl, um aufwärtskompatibel mit zukünftigen Implementationen des Dateisystems zu sein.

`DEVFS_FL_AUTO_OWNER`
: Dieses Flag läßt das Gerät so aussehen, als gehörte es der letzten Benutzer-/Gruppen-ID, die es geöffnet hat; außerdem ist es les- und schreibbar für alle, wenn es derzeit von keinem Prozeß geöffnet ist. Dieses Feature ist für TTY-Gerätedateien nützlich, aber auch für Gerätetreiber interessant, die den gleichzeitigen Zugriff auf ein Gerät verhindern müssen, das nicht gemeinsam genutzt werden kann. Um solche Fragen kümmern wir uns in Kapitel 5.

`DEVFS_FL_SHOW_UNREG`
`DEVFS_FL_HIDE`
: Das erste Flag legt fest, daß die Gerätedatei bei der Deregistrierung nicht aus */dev* entfernt wird; das zweite bestimmt, daß die Datei nie in */dev* erscheint. Diese Flags sind für normale Geräte üblicherweise nicht notwendig.

`DEVFS_FL_AUTO_DEVNUM`
: Alloziert automatisch eine Gerätenummer für dieses Gerät. Die Nummer gehört auch nach der Deregistrierung des *devfs*-Eintrags zum Gerät. Wenn der Treiber also erneut geladen wird, bevor das System heruntergefahren worden ist, bekommt er das gleiche Paar aus Major- und Minor-Nummer.

`DEVFS_FL_NO_PERSISTENCE`
: Den Eintrag nicht verfolgen, nachdem er entfernt worden ist. Dieses Flag spart nach dem Entfernen des Moduls etwas Systemspeicher, allerdings auf Kosten der Persistenz von Gerätemerkmalen über das Entladen und erneute Laden hinweg. Die persistenten Features sind die Zugriffsrechte, die Eigentümerschaft und die Major- und Minor-Nummern.

Es ist möglich, die zu einem Gerät gehörenden Flags zur Laufzeit abzufragen oder zu verwenden. Dazu dienen die beiden folgenden Funktionen:

```
int devfs_get_flags (devfs_handle_t de, unsigned int *flags);
int devfs_set_flags (devfs_handle_t de, unsigned int flags);
```

devfs in der Praxis

Weil *devfs* zu ernsthaften Inkompatibilitäten hinsichtlich Gerätenamen im User-Space führt, benutzen es nicht alle Systeme. Unabhängig davon, wie dieses neue Feature von den Linux-Benutzern akzeptiert wird, ist es nicht so wahrscheinlich, daß Sie in näherer Zeit reine *devfs*-Treiber schreiben werden, weswegen Sie auch das »alte« Verfahren mit dem Erzeugen von Dateien und Zugriffsrechten im User-Space und mit der Verwendung von Major- und Minor-Nummern im Kernel-Space unterstützen müssen.

Der Code zur Initialisierung eines Gerätetreibers, der nur funktioniert, wenn *devfs* installiert ist, ist eine Untermenge des Codes, den Sie für beide Umgebungen brauchen, so daß wir Ihnen hier nur die Dual-Mode-Initialisierung zeigen. Anstatt einen speziellen

Treiber zu schreiben, der *devfs* verwendet, fügen wir einfach *devfs*-Unterstützung zum *scull*-Treiber hinzu. Wenn Sie *scull* in einen Kernel laden, der *devfs* verwendet, dann müssen Sie *insmod* direkt aufrufen, anstatt das Skript *scull_load* zu verwenden.

Wir haben uns entschieden, ein Verzeichnis zu erzeugen, das alle Gerätedateien von *scull* enthalten soll, weil die Struktur von *devfs* in hohem Maße hierarchisch ist und es keinen Grund gibt, sich nicht an diese Konvention zu halten. Außerdem können wir so zeigen, wie ein Verzeichnis erzeugt und entfernt wird.

Der folgende Code in *scull_init* kümmert sich um die Geräteerzeugung und verwendet ein Feld namens `handle` in der Gerätestruktur, um sich zu merken, welche Geräte bereits registriert worden sind:

```
/* Wenn wir devfs haben, /dev/scull erzeugen, wo die Dateien hinkommen */
scull_devfs_dir = devfs_mk_dir(NULL, "scull", NULL);
if (!scull_devfs_dir) return -EBUSY; /* Problem */

for (i=0; i < scull_nr_devs; i++) {
 sprintf(devname, "%i", i);
 devfs_register(scull_devfs_dir, devname,
     DEVFS_FL_AUTO_DEVNUM,
     0, 0, S_IFCHR | S_IRUGO | S_IWUGO,
     &scull_fops,
     scull_devices+i);
}
```

Dieser Code wird von den folgenden Zeilen aus *scull_cleanup* vervollständigt:

```
if (scull_devices) {
 for (i=0; i<scull_nr_devs; i++) {
  scull_trim(scull_devices+i);
  /* Die folgende Zeile ist nur für devfs */
  devfs_unregister(scull_devices[i].handle);
 }
 kfree(scull_devices);
}

/* auch das ist nur für devfs */
devfs_unregister(scull_devfs_dir);
```

Ein Teil der obenstehenden Code-Fragmente wird mit `#ifdef CONFIG_DEVFS_FS` umgeben. Wenn das Feature im aktuellen Kernel nicht eingeschaltet ist, verwendet *scull* weiterhin *register_chrdev*.

Um beide Umgebungen zu unterstützen, ist jetzt nur noch die Initialisierung von `filp->f_ops` und `filp->private_data` in der Gerätemethode *open* erforderlich. Der erste Zeiger wird so gelassen, wie er ist, weil die korrekten Datei-Operationen bereits in *devfs_register* angegeben worden sind. Der zweite Zeiger muß nur von der *open*-Methode initialisiert werden, wenn er `NULL` ist, denn nur dann wird *devfs* nicht verwendet.

```
/*
 * Wenn die privaten Daten nicht gueltig sind, dann verwenden wir kein
 * devfs und setzen also den Typ (aus der Minor-Nummer), um einen neuen
 * Wert für f_op anzugeben.
 */
if (!filp->private_data && type) {
 if (type > SCULL_MAX_TYPE) return -ENODEV;
 filp->f_op = scull_fop_array[type];
 return filp->f_op->open(inode, filp); /* an open weiterleiten */
}

/* Typ 0, Geraetenummer ueberpruefen (wenn private_data nicht gültig ist) */
dev = (Scull_Dev *)filp->private_data;
if (!dev) {
 if (num >= scull_nr_devs) return -ENODEV;
 dev = &scull_devices[num];
 filp->private_data = dev; /* für andere Methoden */
}
```

Mit dem oben gezeigten Code kann das *scull*-Modul in einem System, das *devfs* verwendet, geladen werden. *ls -l /dev/scull* zeigt dann die folgende Ausgabe an:

```
crw-rw-rw- 1 root  root  144,  1 Jan 1 1970 0
crw-rw-rw- 1 root  root  144,  2 Jan 1 1970 1
crw-rw-rw- 1 root  root  144,  3 Jan 1 1970 2
crw-rw-rw- 1 root  root  144,  4 Jan 1 1970 3
crw-rw-rw- 1 root  root  144,  5 Jan 1 1970 pipe0
crw-rw-rw- 1 root  root  144,  6 Jan 1 1970 pipe1
crw-rw-rw- 1 root  root  144,  7 Jan 1 1970 pipe2
crw-rw-rw- 1 root  root  144,  8 Jan 1 1970 pipe3
crw-rw-rw- 1 root  root  144, 12 Jan 1 1970 priv
crw-rw-rw- 1 root  root  144,  9 Jan 1 1970 single
crw-rw-rw- 1 root  root  144, 10 Jan 1 1970 user
crw-rw-rw- 1 root  root  144, 11 Jan 1 1970 wuser
```

Die Funktion der einzelnen Dateien ist die gleiche wie beim »normalen« *scull*-Modul; der einzige Unterschied besteht in den Pfadnamen der Gerätedateien: Was vorher */dev/scull0* war, ist jetzt */dev/scull/0*.

Portabilitätsprobleme mit devfs

Die Quelldateien von *scull* sind ein wenig komplizierter, weil sie unter Linux 2.0, 2.2 und 2.4 kompilierbar sein und laufen sollen. Diese Portabilitätsanforderungen führen zu mehreren Fällen bedingter Kompilierung auf der Basis von `CONFIG_DEVFS_FS`.

Glücklicherweise sind sich die meisten Entwickler darüber einig, daß `#ifdef`-Konstrukte von Übel sind, wenn sie im Rumpf von Funktionsdefinitionen (im Gegensatz zu Header-Dateien) stehen. Daher brauchen wir zusätzliche Mechanismen, wenn wir trotz der Verwendung von *devfs* `#ifdefs` in unserem Code vermeiden wollen. Gleichwohl findet sich noch bedingte Kompilation in *scull*, weil ältere Versionen der Kernel-Header-Dateien keine andere Unterstützung enthalten.

Wenn Ihr Code nur mit der Version 2.4 des Kernels verwendet werden soll, können Sie bedingte Kompilierung durch das Aufrufen von Kernel-Funktionen vermeiden, die den Treiber auf beide Arten initialisieren; eine der beiden Initialisierungen macht dabei gar nichts und meldet nur eine erfolgreiche Ausführung zurück. Hier folgt ein Beispiel, wie eine solche Initialisierung aussehen kann:

```
#include <devfs_fs_kernel.h>

int init_module()
{
 /* Major-Nummer anfordern, macht nichts, wenn devfs verwendet wird */
 result = devfs_register_chrdev(major, "name", &fops);
 if (result < 0) return result;

 /* mit devfs registrieren, macht nichts, wenn devfs nicht verwendet wird */
 devfs_register(NULL, "name", /* .... */ );
 return 0;
}
```

Sie können ähnliche Tricks in Ihren eigenen Header-Dateien verwenden, solange Sie dabei aufpassen, keine Funktionen umzudefinieren, die schon von den Kernel-Header-Dateien verwendet werden. Das Beseitigen von bedingter Kompilierung ist eine gute Sache, weil die Lesbarkeit des Codes verbessert und die Wahrscheinlichkeit von Fehlern verringert wird, denn der Compiler parst die gesamte Eingabedatei. Immer, wenn eine/ die bedingte Kompilierung verwendet wird, besteht die Gefahr, daß sich Tipp- oder andere Fehler einschleichen, die unentdeckt bleiben, weil sie an einer Stelle stehen, die vom C-Präprozessor aufgrund eines `#ifdef` verworfen wird.

Hier zeigen wir als Beispiel, wie *scull.h* die bedingte Kompilierung im Aufräum-Teil des Programms vermeidet. Dieser Code ist über alle Kernel-Versionen hinweg portabel, weil er sich nicht darauf verläßt, daß *devfs* in den Header-Dateien bekannt ist:

```
#ifdef CONFIG_DEVFS_FS /* nur, wenn verwendet, um Fehler in 2.0 zu vermeiden */
#include <linux/devfs_fs_kernel.h>
#else
 typedef void * devfs_handle_t; /* #ifdef in der Struktur vermeiden */
#endif
```

In *sysdep.h* wird nichts definiert, weil es sehr schwer ist, solche Hacks generisch genug zu implementieren, um allgemein verwendbar zu sein. Jeder Treiber sollte seine eigenen Bedürfnisse abdecken, um eine exzessive Verwendung von `#ifdef` im Funktionscode zu vermeiden. Wir haben uns außerdem entschlossen, im Beispiel-Code zu diesem Buch (mit der Ausnahme von *scull*), *devfs* nicht zu unterstützen. Wir hoffen, daß dieser Abschnitt hier ausreichend ist, um Ihnen das weitere Entdecken von *devfs* zu ermöglichen, wenn Sie das wünschen. Wir haben die *devfs*-Unterstützung aus den weiteren Beispielen herausgelassen, um den Code einfach zu halten.

Abwärtskompatibilität

Wir haben in diesem Kapitel bisher die Programmierschnittstelle der Version 2.4 des Linux-Kernels beschrieben. Leider hat sich diese Schnittstelle im Laufe der Kernel-Entwicklung deutlich verändert. Diese Änderungen sind für sich genommen alle Verbesserungen, bringen aber wieder einmal Schwierigkeiten für diejenigen mit, die Treiber schreiben wollen, die mit verschiedenen Kernel-Versionen kompatibel sind.

Was dieses Kapitel angeht, so gibt es nur wenige sichtbare Unterschiede zwischen den Versionen 2.4 und 2.2. In Version 2.2 wurden allerdings viele der Prototypen der `file_operations`-Methoden im Vergleich zur Version 2.0 geändert; außerdem wurde der Zugriff auf den User-Space deutlich verändert (und vereinfacht). Der Semaphor-Mechanismus war in Linux 2.0 noch nicht so weit entwickelt. Und schließlich wurde in der 2.1-Entwicklungsserie der Verzeichniseintrag-Cache (*dentry cache*) eingeführt.

Änderungen in der Struktur für die Dateioperationen

Eine Reihe von Faktoren haben die Änderungen in den `file_operations`-Methoden vorangetrieben. Die seit langem bestehende Grenze von 2 GByte für die Dateigröße brachte selbst zu Zeiten von Linux 2.0 Probleme mit sich. Daher wurde ab der 2.1-Serie der Typ `loff_t`, ein 64-Bit-Wert, verwendet, um Dateipositionen und Längen anzugeben. Die Unterstützung großer Dateien war vor der Version 2.4 noch nicht vollständig in den Kernel integriert, aber ein großer Teil der Basisarbeit wurde schon vorher erledigt und mußte von Treiber-Entwicklern berücksichtigt werden.

Eine weitere in der 2.1-Entwicklung eingeführte Änderung war das Hinzufügen des Zeigerarguments `f_pos` zu den Methoden *read* und *write*. Diese Änderung wurde vorgenommen, um die POSIX-Systemaufrufe *pread* und *pwrite* zu unterstützen, die explizit den Datei-Offset angeben, von dem Daten gelesen oder zu dem Daten geschrieben werden sollen. Ohne diese Systemaufrufe kann es bei Multithreading-Programmen zu Race Conditions kommen, wenn Daten in Dateien verschoben werden.

Fast alle Methoden in Linux 2.0 erwarteten ein explizites Zeigerargument `inode`. In der 2.1-Reihe wurde dieser Parameter aus mehreren Methoden entfernt, weil er selten benötigt wurde. Wenn Sie ihn noch brauchen, können Sie ihn immer noch aus dem `filp`-Argument gewinnen.

Als Ergebnis daraus sahen die Prototypen der häufig verwendeten Methoden in `file_operations` in 2.0 so aus:

`int (*lseek) (struct inode *, struct file *, off_t, int);`
: Beachten Sie, daß diese Methode in Linux 2.0 nicht *llseek*, sondern *lseek* heißt. Die Namensänderung soll anzeigen, daß Positionierungsoperationen jetzt mit 64-Bit-Offset-Werten vorgenommen werden können.

`int (*read) (struct inode *, struct file *, char *, int);`
`int (*write) (struct inode *, struct file *, const char *, int);`
: Wie erwähnt hatten diese Funktionen in Linux 2.0 den inode-Zeiger als Argument, dafür aber kein Positionsargument.

`void (*release) (struct inode *, struct file *);`
: Im 2.0-Kernel konnte die Methode *release* nicht fehlschlagen und gab deswegen `void` zurück.

Es hat noch viele weitere Änderungen an der Struktur `file_operations` gegeben; wir werden diese in den folgenden Kapiteln behandeln, wenn sie für uns relevant werden. Es lohnt sich aber gleichwohl auch jetzt schon, sich anzuschauen, wie portabler Code geschrieben werden kann, der die bisher geschriebenen Änderungen abdeckt. Die Änderungen an diesen Methoden sind umfassend, und es gibt keine einfache, elegante Möglichkeit, sie zu behandeln.

Der Beispiel-Code berücksichtigt diese Änderungen mit kleinen Wrapper-Funktionen, die zwischen der alten und der neuen API »übersetzen«. Diese Wrapper werden nur verwendet, wenn mit 2.0-Header-Dateien kompiliert wird, und ersetzen die »echten« Geräte-Methoden in der Struktur `file_operations`. Der folgende Code implementiert die Wrapper für den *scull*-Treiber:

```
/*
 * Die folgenden Wrapper bringen den Code mit 2.0-Kerneln zum Laufen
 */
#ifdef LINUX_20
int scull_lseek_20(struct inode *ino, struct file *f,
    off_t offset, int whence)
{
 return (int)scull_llseek(f, offset, whence);
}

int scull_read_20(struct inode *ino, struct file *f, char *buf,
   int count)
{
 return (int)scull_read(f, buf, count, &f->f_pos);
}

int scull_write_20(struct inode *ino, struct file *f, const char *b,
   int c)
{
 return (int)scull_write(f, b, c, &f->f_pos);
}

void scull_release_20(struct inode *ino, struct file *f)
{
 scull_release(ino, f);
}

/* "Echte" Namen in 2.0-Namen umdefinieren */
#define scull_llseek scull_lseek_20
#define scull_read scull_read_20
#define scull_write scull_write_20
```

```
#define scull_release scull_release_20
#define llseek lseek
#endif /* LINUX_20 */
```

Das Umdefinieren der Namen auf diese Weise kann auch Struktur-Elemente abdecken, deren Namen sich mit der Zeit geändert haben (wie etwa im Falle der Änderung von *lseek* in *llseek*).

Wir müssen wahrscheinlich nicht extra sagen, daß Sie solche Umdefinitionen von Namen mit Vorsicht vornehmen sollten; diese Zeilen sollten vor der Definition der Struktur *file_operations*, aber nach einer Veränderung dieser Namen stehen.

Es gibt noch zwei weitere Inkompatibilitäten im Zusammenhang mit der Struktur `file_operations`. So wurde die Methode *flush* während der 2.1-Entwicklung hinzugefügt. Treiber-Entwickler müssen sich fast nie um diese Methode kümmern, aber ihre reine Anwesenheit mitten in der Struktur kann trotzdem noch zu Problemen führen. Sie können es am besten vermeiden, sich mit der *flush*-Methode auseinanderzusetzen, wenn Sie die markierte Initialisierungssyntax verwenden, wie wir das in allen Beispieldateien getan haben.

Der andere Unterschied besteht darin, wie ein `inode`-Zeiger aus der `filp`-Struktur geholt wird. Während moderne Kernel eine `dentry`-Struktur (directory entry, Verzeichniseintrag) verwenden, gab es eine solche Struktur im Kernel 2.0 noch nicht. Daher definiert *sysdep.h* ein Makro, das für den portablen Zugriff auf `inode` von einem `filp` verwendet werden soll.

```
#ifdef LINUX_20
# define INODE_FROM_F(filp) ((filp)->f_inode)
#else
# define INODE_FROM_F(filp) ((filp)->f_dentry->d_inode)
#endif
```

Der Verwendungszähler von Modulen

In 2.2 und früheren Kerneln gab es von seiten des Linux-Kernels keine Unterstützung für Module bei der Verwaltung des Verwendungszählers. Die Module mußten diese Arbeit selbst erledigen. Dieser Ansatz war fehlerträchtig und machte viel doppelte Arbeit notwendig.

Code, der portabel sein soll, muß aber auch mit dieser alten Vorgehensweise zurechtkommen. Das bedeutet, daß der Verwendungszähler weiterhin inkrementiert werden muß, wenn eine neue Referenz auf das Modul angelegt wird, und daß er dekrementiert werden muß, wenn diese Referenz wieder verschwindet. Portabler Code muß auch das Problem umgehen, daß das Feld `owner` in der Struktur `file_operations` in früheren Kernel-Versionen nicht existiert. Das ist am einfachsten möglich, wenn Sie `SET_MODULE_OWNER` verwenden, anstatt auf das Feld `owner` zuzugreifen. In *sysdep.h* stellen wir eine leere Version von `SET_FILE_OWNER` für Kernel bereit, die nicht über dieses Feld verfügen.

Änderungen in der Unterstützung von Semaphoren

Die Semaphor-Unterstützung war im 2.0-Kernel noch weniger weit entwickelt; ganz allgemein war die Unterstützung für SMP-Systeme zu diesem Zeitpunkt noch recht primitiv. Treiber, die nur für diese Kernel-Version geschrieben wurden, müssen gar keine Semaphore verwenden, weil nur jeweils eine CPU Kernel-Code ausführen konnte. Dennoch mag es hier die Notwendigkeit für Semaphore geben, und es schadet allemal nicht, den vollständigen Schutz späterer Kernel-Versionen zu haben.

Die meisten der in diesem Kapitel behandelten Semaphor-Funktionen existierten auch schon im Kernel 2.0. Die einzige Ausnahme bildet die Funktion *sema_init*; im Kernel 2.0 mußten Entwickler die Semaphore manuell initialisieren. Die Header-Datei *sysdep.h* deckt dieses Problem durch Definition einer Version von *sema_init* ab, die bei der Verwendung eines 2.0-Kernels benutzt wird:

```
#ifdef LINUX_20
# ifdef MUTEX_LOCKED /* Nur, wenn semaphore.h eingebunden ist */
  extern inline void sema_init (struct semaphore *sem, int val)
  {
   sem->count = val;
   sem->waking = sem->lock = 0;
   sem->wait = NULL;
  }
# endif
#endif /* LINUX_20 */
```

Änderungen im Zugriff auf den User-Space

Schließlich änderte sich am Anfang der 2.1-Reihe der Zugriff auf den User-Space total. Die neue Schnittstelle hat ein besseres Design und nutzt die Hardware für den sicheren Zugriff auf User Space-Speicher sehr viel besser aus. Aber natürlich hat sich die Schnittstelle geändert. Im 2.0-Kernel sahen die Funktionen für den Speicherzugriff folgendermaßen aus:

```
void memcpy_fromfs(void *to, const void *from, unsigned long count);
void memcpy_tofs(void *to, const void *from, unsigned long count);
```

Die Namen dieser Funktionen stammen aus der historischen Verwendung des `FS`-Segment-Registers auf dem i386. Beachten Sie, daß diese Funktionen keinen Rückgabewert haben; wenn der Benutzer eine ungültige Adresse angibt, dann schlägt das Kopieren der Daten stillschweigend fehl. *sysdep.h* versteckt die Umbenennung und erlaubt Ihnen das portable Aufrufen von *copy_to_user* und *copy_from_user*.

Schnellreferenz

In diesem Kapitel wurden die folgenden Symbole und Header-Dateien eingeführt. Die Liste der Felder in struct file_operations und struct file wird hier nicht wiederholt.

#include <linux/fs.h>

Die *Dateisystem*-Header-Datei wird zum Schreiben von Gerätetreibern benötigt. Alle wichtigen Funktionen sind hier definiert.

int register_chrdev(unsigned int major, const char *name, struct file_operations *fops);

Registriert einen Zeichen-Gerätetreiber. Wenn die Major-Nummer nicht Null ist, wird diese unverändert übernommen, wenn die Nummer Null ist, wird eine dynamische Nummer zugewiesen.

int unregister_chrdev(unsigned int major, const char *name);

Deregistriert einen Treiber beim Entladen. Sowohl major als auch name müssen die gleichen Werte wie beim Registrieren enthalten.

kdev_t inode->i_rdev;

Die Geräte-*Nummer* des aktuellen Geräts steht über das inode-Argument zur Verfügung.

int MAJOR(kdev_t dev);
int MINOR(kdev_t dev);

Diese Makros extrahieren die Major- und Minor-Nummern aus einem Geräte-Wert.

kdev_t MKDEV(int major, int minor);

Dieses Makro erzeugt einen kdev_t-Wert aus den Major- und Minor-Nummern.

SET_MODULE_OWNER(struct file_operations *fops)

Dieses Makro setzt das owner-Feld in der angegebenen file_operations-Struktur.

#include <asm/semaphore.h>

Definiert Funktionen und Typen rund um Semaphore.

void sema_init (struct semaphore *sem, int val);

Initialisiert einen Semaphor mit einem bekannten Wert. Mutexe werden normalerweise mit dem Wert 1 initialisiert.

int down_interruptible (struct semaphore *sem);
void up (struct semaphore *sem);

Holt einen (wenn notwendig schlafenden) Semaphor bzw. gibt ihn wieder frei.

#include <asm/segment.h>
#include <asm/uaccess.h>

segment.h definiert Funktionen, die zum Kopieren von Daten zwischen User-Space und Kernel-Space in allen Kerneln bis einschließlich 2.0 verwendet werden. In Version 2.1 wurde der Name der Header-Datei in *uaccess.h* geändert.

`unsigned long __copy_from_user (void *to, const void *from, unsigned long count);`
`unsigned long __copy_to_user (void *to, const void *from, unsigned long count);`
: Kopiert Daten zwischen User-Space und Kernel-Space.

`void memcpy_fromfs(void *to, const void *from, unsigned long count);`
`void memcpy_tofs(void *to, const void *from, unsigned long count);`
: Diese Funktionen wurden in der Kernel-Version 2.0 dazu benutzt, ein Array von Bytes zwischen dem User-Space und dem Kernel-Space hin- und herzukopieren.

`#include <linux/devfs_fs_kernel.h>`
`devfs_handle_t devfs_mk_dir (devfs_handle_t dir, const char *name, void *info);`
`devfs_handle_t devfs_register (devfs_handle_t dir, const char *name, unsigned int flags,`
`unsigned int major, unsigned int minor, umode_t mode, void *ops, void *info);`
`void devfs_unregister (devfs_handle_t de);`
: Die grundlegenden Funktionen zum Registrieren von Geräten im Geräte-Dateisystem (*devfs*).

KAPITEL 4

Debugging-Techniken

Eines der vordringlichsten Probleme für jeden, der Kernel-Code schreibt, ist das Debugging. Kernel-Code kann nicht einfach in einem Debugger ausgeführt oder verfolgt werden, weil es sich bei Kernel-Code um Funktionalitäten handelt, die nicht zu einem spezifischen Prozeß gehören. Fehler im Kernel-Code können auch besonders schwer zu reproduzieren sein, das ganze System mit sich reißen und dabei möglicherweise Beweismittel zerstören, mit denen man das Problem hätte aufspüren können.

In diesem Kapitel werden Techniken eingeführt, mit denen Sie unter solch herausfordernden Umständen Kernel-Code beobachten und Fehler verfolgen können.

Debugging mit Ausgaben

Die gängigste Debugging-Technik ist die Überwachung des Programmablaufs. Anwendungsprogramme machen das, indem an den passenden Stellen *printf* eingefügt wird. Wenn Sie Kernel-Code debuggen, können Sie dasselbe mit *printk* erreichen.

printk

Wir haben die Funktion *printk* bereits in vorangegangenen Kapiteln verwendet und dabei vereinfachend angenommen, daß diese Funktion wie *printf* arbeitet. Jetzt ist es an der Zeit, daß wir auch auf die Unterschiede eingehen.

Einer der Unterschiede besteht darin, daß *printk* die Möglichkeit bietet, Meldungen nach ihrer Wichtigkeit oder Bedeutung in verschiedene *Loglevel* einzuteilen. Der Loglevel wird normalerweise mit einem Makro angegeben. Beispielsweise ist das Makro `KERN_INFO`, das wir schon bei einigen Ausgaben gesehen haben, einer der möglichen Loglevel einer Meldung. Das Loglevel-Makro wird zu einem String expandiert, der dann vom Compiler der eigentlichen Meldung vorangestellt wird. Deswegen steht auch in den folgenden Beispielen kein Komma zwischen der Priorität und dem Format-String. Hier sehen Sie zwei Beispiele für die Verwendung von *printk* – eine Debugging-Meldung und eine kritische Meldung:

```
printk(KERN_DEBUG "Hier bin ich: %s:%i\n", __FILE__, __LINE_&_);
printk(KERN_CRIT "Ich bin abgestuerzt bei %p\n", ptr);
```

Es gibt insgesamt acht Loglevel-Strings, die in der Header-Datei `<linux/kernel.h>` definiert sind:

`KERN_EMERG`
: Wird für Meldungen in Notsituationen verwendet, also normalerweise kurz vor einem Absturz.

`KERN_ALERT`
: Eine Situation, die ein unmittelbares Eingreifen erfordert.

`KERN_CRIT`
: Kritische Zustände, oft im Zusammenhang mit schwerwiegendem Hardware- oder Software-Versagen.

`KERN_ERR`
: Wird zum Melden von Fehlerzuständen verwendet; Gerätetreiber verwenden oft `KERN_ERR`, um Schwierigkeiten mit der Hardware zu melden.

`KERN_WARNING`
: Warnungen in problematischen Situationen, die für sich allein genommen keine ernsthaften Probleme für das System mit sich bringen.

`KERN_NOTICE`
: Situationen, die zwar normal, aber trotzdem beachtenswert sind. Eine Reihe von sicherheitsrelevanten Zuständen wird auf diesem Level gemeldet.

`KERN_INFO`
: Informationsmeldungen. Viele Treiber geben beim Start Informationen über die vorgefundene Hardware auf diesem Level aus.

`KERN_DEBUG`
: Wird für Debug-Meldungen verwendet.

Jedes dieser Makros wird zu einer Zeichenkette < i > mit i zwischen 0 und 7 expandiert. Kleinere Werte bedeuten höhere Prioritäten.

Eine *printk*-Anweisung ohne explizit angegebene Priorität hat den Default `DEFAULT_MESSAGE_LOGLEVEL`, einen in *kernel/printk.c* angegebenen Integer-Wert. Der Default-Wert ist während der Entwicklung von Linux mehrfach verändert worden, so daß wir Ihnen raten, immer einen passenden Loglevel anzugeben.

Der Kernel gibt die Meldung, basierend auf dem Loglevel, auf der aktuellen Textkonsole (einem Terminal im Textmodus, einem seriellen Drucker oder einem Paralleldrucker) aus: Wenn die Priorität kleiner als die Integer-Variable `console_loglevel` ist, wird die Meldung angezeigt. Wenn sowohl *klogd* als auch *syslogd* auf dem System laufen, werden Kernel-Meldungen unabhängig von `console_loglevel` an */var/log/messages* angehängt (oder entsprechend Ihrer *syslogd*-Konfiguration behandelt). Wenn *klogd* nicht läuft, erreichen die Meldungen den User-Space nicht, sofern Sie nicht */proc/kmsg* lesen.

Die Variable `console_loglevel` wird mit dem Wert `DEFAULT_CONSOLE_LOGLEVEL` initialisiert und kann dann durch den Systemaufruf *sys_syslog* verändert werden. Das kann zum Beispiel durch Angabe der Option *–c* beim Aufruf von *klogd* erfolgen (siehe die Man-Page von *klogd*). Beachten Sie, daß Sie zum Ändern des aktuellen Wertes zunächst *klogd* beenden und dann mit der Option *–c* neu starten müssen. Alternativ dazu können Sie natürlich auch ein Programm schreiben, das den Loglevel der Konsole verändert. Sie finden unsere Version eines solchen Programms in der Datei *miscprogs/setlevel.c* in den Quelldateien auf dem FTP-Server von O'Reilly. Der neue Level wird als Integer-Wert zwischen 1 und 8 angegeben. Bei 1 werden nur Meldungen auf Level 0 (`KERN_EMERG`) auf der Konsole ausgegeben, bei 8 dagegen alle, auch die Debugging-Meldungen.

Sie wollen wahrscheinlich den Loglevel herabsetzen, wenn Sie auf der Konsole arbeiten und auf einen Kernel-Fehler stoßen (siehe »Debuggen von Systemfehlern« weiter hinten in diesem Kapitel), denn der Fehlerbehandlungscode setzt die Variable `console_loglevel` auf den Maximalwert, worauf alle weiteren Meldungen auf der Konsole erscheinen. Wenn Sie Ihre Debugging-Meldungen sehen müssen, sollten Sie den Loglevel heraufsetzen; dies ist auch nützlich, wenn Sie Kernel-Code entfernt entwickeln und die Textkonsole nicht für eine interaktive Sitzung verwendet wird.

Ab Version 2.1.31 ist es möglich, den Loglevel der Konsole mit der Textdatei */proc/sys/kernel/printk* zu lesen und zu ändern. Diese Datei enthält vier Integer-Werte. Die ersten beiden sind vielleicht interessant für Sie: der aktuelle Loglevel der Konsole und der Default-Level für Meldungen. In neueren Kerneln können Sie beispielsweise mit folgendem Befehl alle Kernel-Meldungen auf der Konsole erscheinen lassen:

```
# echo 8 > /proc/sys/kernel/printk
```

In 2.0 müssen Sie dagegen das Hilfsprogramm *setlevel* verwenden.

Es sollte jetzt auch klar sein, warum in *hello.c* die `<1>`-Markierungen standen: Damit wird sichergestellt, daß solche Meldungen auf jeden Fall auf der Konsole erscheinen.

Linux ist einigermaßen flexibel, was das Logging auf die Konsole angeht, indem es Ihnen gestattet, Meldungen an eine bestimmte virtuelle Konsole zu schicken (wenn sich Ihre Konsole auf einem Textbildschirm befindet). Per Default ist die *Konsole* das aktuelle virtuelle Terminal. Um ein anderes virtuelles Terminal als Empfänger von Meldungen auszuwählen, können Sie den Aufruf `ioctl(TIOCLINUX)` auf einem beliebigen Konsolengerät ausführen. Mit dem folgenden Programm *setconsole*, das vom Superuser ausgeführt werden muß, kann ausgewählt werden, auf welcher Konsole Kernel-Meldungen ausgegeben werden. Sie finden es im Verzeichnis *misc-progs*.

Und so funktioniert das Programm:

```
int main(int argc, char **argv)
{
    char bytes[2] = {11,0}; /* 11 ist die Befehlsnummer von TIOCLINUX */

    if (argc==2) bytes[1] = atoi(argv[1]); /* die ausgewaehlte Konsole */
    else {
        fprintf(stderr, "%s: nur ein Argument angeben\n",argv[0]); exit(1);
    }

    if (ioctl(STDIN_FILENO, TIOCLINUX, bytes)<0) {    /* stdin verwenden */
        fprintf(stderr,"%s: ioctl(stdin, TIOCLINUX): %s\n",
                argv[0], strerror(errno));
        exit(1);
    }
    exit(0);
}
```

setconsole verwendet den speziellen *ioctl*-Befehl `TIOCLINUX`, der Linux-spezifische Funktionen implementiert. Um `TIOCLINUX` zu verwenden, übergeben Sie einen Zeiger auf ein Byte-Feld als Argument. Das erste Byte des Feldes ist eine Zahl, die den gewünschten Subbefehl angibt. Die folgenden Bytes sind dann wiederum spezifisch für den Subbefehl. In *setconsole* wird der Subbefehl 11 verwendet, wobei das nächste Byte (das in `bytes[1]` steht) die virtuelle Konsole angibt. Die vollständige Beschreibung von `TIOCLINUX` steht in den Kernel-Quellen in *drivers/char/tty_io.c*.

Wie Meldungen protokolliert werden

Die Funktion *printk* schreibt Meldungen in einen Ring-Puffer der Länge `LOG_BUF_LEN` (definiert in *kernel/printk.c*). Dann weckt sie einen Prozeß, der auf Meldungen wartet, also einen Prozeß, der im Systemaufruf *syslog* schläft oder */proc/kmsg* liest. Diese beiden Schnittstellen zum Protokoll-System sind fast äquivalent, beachten Sie aber, daß das Lesen aus */proc/kmsg* die Daten aus dem Protokoll-Puffer »verbraucht«, während der Systemaufruf *syslog* Protokoll-Daten optional auch wieder zurückgeben kann, so daß diese auch noch für andere Prozesse zur Verfügung stehen. Das Auslesen einer */proc*-Datei ist aber einfacher, weswegen das auch das Default-Verhalten von *klogd* ist.

Wenn Sie Kernel-Meldungen direkt von */proc* lesen, dann verhält sich die */proc*-Datei nach dem Anhalten von *klogd* wie eine FIFO-Datei; der Leser blockiert und wartet auf weitere Daten. Natürlich können Sie keine Meldungen auf diese Weise lesen, wenn *klogd* oder ein anderer Prozess ebenfalls die gleichen Daten liest, weil Sie nie an die Reihe kommen.

Wenn der Ring-Puffer voll ist, fängt *printk* wieder vorn an und schreibt neue Daten an den Anfang des Puffers, wodurch die jeweils ältesten Daten überschrieben werden. Der Protokoll-Prozeß verliert also die ältesten Daten. Dieses Problem kann im Vergleich mit den Vorteilen eines solchen Ring-Puffers vernachlässigt werden. Zum Beispiel kann ein System sogar ohne Protokoll-Prozeß laufen, ohne daß unnötig viel Speicher verschwendet wird (indem alte Daten überschrieben werden, falls keiner sie liest). Ein weiterer Vorteil des Ansatzes von Linux ist es, daß *printk* überall aufgerufen werden kann, selbst aus einem Interrupt-Handler. Auch gibt es keine Beschränkungen, wie viele Daten ausgegeben werden können. Die einzige Gefahr ist der mögliche Verlust einiger Daten.

Wenn der *klogd*-Prozeß läuft, entnimmt er die Kernel-Meldungen und gibt sie an *syslogd* weiter, der wiederum */etc/syslog.conf* ausliest, um zu ermitteln, was er mit den Meldungen machen soll. *syslogd* unterscheidet die Meldungen nach einer *Quelle* und einer *Priorität*. Die möglichen Werte sowohl für die Quelle als auch für die Priorität sind in `<sys/syslog.h>` definiert. Kernel-Meldungen werden unter der Quelle `LOG_KERN` protokolliert; die Priorität ist die bei *printk* angegebene (beispielsweise wird `LOG_ERR` für `KERN_ERR`-Meldungen verwendet). Wenn *klogd* nicht läuft, bleiben die Daten im Ring-Puffer, bis jemand diesen ausliest oder der Puffer überläuft.

Wenn Sie es vermeiden wollen, daß Ihr System-Protokoll mit Meldungen Ihres Treibers »zugemüllt« wird, können Sie entweder bei *klogd* die Option *–f (file)* angeben, um die Meldungen in eine bestimmte Datei zu schreiben, oder */etc/syslog.conf* Ihren Bedürfnissen entsprechend modifizieren. Eine ziemlich rabiate, andere Möglichkeit wäre es, *klogd* zu beenden und alle Meldungen auf einem unbenutzten virtuellen Terminal auszugeben[1] oder aber in einem unbenutzten *xterm* den Befehl *cat /proc/kmsg* auszuführen.

Die Meldungen ein- und ausschalten

Am Anfang der Entwicklung eines Treibers kann *printk* ziemlich hilfreich sein, wenn neuer Code debuggt und getestet wird. Wenn Sie den Treiber aber offiziell freigeben, sollten solche Ausgabeanweisungen entfernt oder wenigstens abgeschaltet werden. Möglicherweise werden Sie aber ein neues Feature implementieren (oder einen Bug fixen) wollen und wenigstens eine der Meldungen wieder ausschalten von Interrupts wollen, sobald Sie alle entfernt haben. Es gibt mehrere Möglichkeiten, beide Probleme zu lösen, das heißt, sowohl global Meldungen ein- und ausschalten als auch einzelne Meldungen individuell beeinflussen zu können.

Wir zeigen hier eine Möglichkeit, *printk*-Aufrufe zu schreiben, so daß man diese individuell oder global ein- und ausschalten kann; diese Technik beruht auf einem Makro, das zu *printk* (oder *printf*) aufgelöst wird, wenn Sie das wollen:

- Jede Ausgabeanweisung kann durch das Weglassen oder Hinzufügen eines einzelnen Buchstabens zum Namen des Makros ein- oder ausgeschaltet werden.
- Alle Meldungen können durch das Ändern der Variable `CFLAGS` vor dem Kompilieren auf einmal abgeschaltet werden.
- Ein und dieselbe Ausgabeanweisung kann sowohl im Kernel-Code als auch im User-Space-Code verwendet werden, so daß der Treiber und die Testprogramme hinsichtlich der Meldungen gleich behandelt werden können.

---

1 Sie können beispielsweise mit *setlevel 8; setconsole 10* das Terminal 10 zum Anzeigen von Meldungen einrichten.

Das folgende Code-Fragment implementiert diese Funktionen und stammt unmittelbar aus der Header-Datei *scull.h*:

```
#undef PDEBUG             /* vorsichtshalber "undefinieren" */
#ifdef SCULL_DEBUG
# ifdef __KERNEL__
   /* das hier gilt im Kernel-Space, wenn Debugging eingeschaltet ist */
#  define PDEBUG(fmt, args...) printk(KERN_DEBUG "scull: " fmt, ## args)
# else
   /* und das hier im User-Space */
#  define PDEBUG(fmt, args...) fprintf(stderr, fmt, ## args)
# endif
#else
# define PDEBUG(fmt, args...) /* kein Debugging: nichts machen */
#endif

#undef PDEBUGG
#define PDEBUGG(fmt, args...) /* nichts machen, nur ein Platzhalter */
```

Das Symbol PDEBUG ist davon abhängig, ob SCULL_DEBUG definiert ist oder nicht, und zeigt Informationen in einer Weise an, die zu der Umgebung, in der der Code läuft, paßt: Im Kernel wird der Kernel-Aufruf *printk* verwendet, und im User-Space der libc-Aufruf *fprintf*. Das Symbol PDEBUGG macht dagegen gar nichts; man kann damit einfach Ausgabeanweisungen »auskommentieren«, ohne sie ganz entfernen zu müssen.

Um den Prozeß weiter zu vereinfachen, können Sie die folgenden Zeilen zu Ihrem *Makefile* hinzufügen:

```
# Kommentieren Sie die folgende Zeile ein oder aus, um das Debugging
# ein- oder auszuschalten
DEBUG = y

#  Debugging-Flag zu CFLAGS hinzufügen oder nicht
ifeq ($(DEBUG),y)
  DEBFLAGS = -O -g -DSCULL_DEBUG # "-O" wird fuer die Expansion von
                                 # Inline-Funktionen gebraucht
else
  DEBFLAGS = -O2
endif

CFLAGS += $(DEBFLAGS)
```

Die in diesem Abschnitt gezeigten Makros verlassen sich auf eine *gcc*-Erweiterung des ANSI-C-Präprozessors, die Makros mit einer variablen Anzahl von Argumenten unterstützt. Diese Abhängigkeit vom *gcc* sollte kein Problem sein, weil der Kernel selbst ohnehin massiv von Features des *gcc* abhängt. Die gleichen Überlegungen gelten auch für die Abhängigkeit des *Makefile* von *gmake*.

Wenn Sie sich mit dem C-Präprozessor auskennen, können Sie die angegebenen Definitionen noch um das Konzept einer *Debugging-Ebene* erweitern. Dabei werden verschiedene Ebenen definiert, und jeder Ebene wird ein Integer-Wert (oder eine Bitmaske) zugewiesen, um zu bestimmen, wie geschwätzig dieser Wert sein soll.

Jeder Treiber hat allerdings eigene Features und Überwachungsbedürfnisse. Die Kunst guter Programmierung besteht darin, zwischen Flexibilität und Effizienz abzuwägen, und wir können Ihnen nicht sagen, was in Ihrem Fall das Beste ist. Denken Sie daran, daß Präprozessor-Bedingungen (genau wie konstante Ausdrücke im Code) während des Kompilierens ausgeführt werden, so daß Sie neu kompilieren müssen, um die Meldungen an- oder abzuschalten. Eine mögliche Alternative wäre es, C-Bedingungen zu verwenden, die zur Laufzeit ausgeführt werden und die es Ihnen ermöglichen, Meldungen während der Programmausführung an- oder abzuschalten. Diese Fähigkeit ist sehr angenehm, benötigt aber zusätzliche Verarbeitung zur Laufzeit, was die Performance selbst dann beeinflussen kann, wenn die Meldungen abgeschaltet sind. Manchmal ist dieser Performance-Verlust inakzeptabel.

Wir persönlich sind mit den obigen Makros zufrieden, auch wenn sie uns zwingen, das Modul jedesmal neu zu kompilieren und zu laden, wenn wir eine Meldung hinzufügen oder entfernen möchten.

Debugging mit Abfragen

Im vorigen Abschnitt sind wir darauf eingegangen, wie *printk* arbeitet und eingesetzt werden kann. Über die Nachteile haben wir allerdings noch nicht gesprochen.

Das System kann durch die intensive Verwendung von *printk* deutlich verlangsamt werden, weil *syslogd* ständig seine Ausgabedateien synchronisiert und so jede Zeile zu einem Festplattenzugriff führt. Aus der Sicht von *syslogd* ist das auch die korrekte Implementation. Der Daemon versucht, alles sofort auf die Platte zu schreiben, um für den Fall vorzubeugen, daß das System unmittelbar nach der Ausgabe einer Meldung abstürzt. Andererseits wollen Sie Ihr System natürlich nicht bloß wegen der Debugging-Meldungen verlangsamen. Dieses Problem kann gelöst werden, indem Sie dem Namen der Protokolldatei in */etc/syslogd.conf* ein Minuszeichen voranstellen, aber manchmal wollen Sie Ihre Konfigurationsdateien vielleicht nicht ändern.[2] Das Ändern der Konfiguration bringt das Problem mit sich, daß die Änderung vermutlich da verbleiben wird, nachdem Sie mit dem Debuggen fertig sind, obwohl während des normalen Systembetriebs Meldungen tatsächlich so schnell es geht auf die Festplatte geschrieben werden sollen. Alternativ zu so einer permanenten Änderung können Sie ein anderes Programm als *klogd* (wie etwa das bereits vorgeschlagene *cat /proc/mksg*) verwenden, was aber möglicherweise keine passende Umgebung für den normalen Systembetrieb ist.

Häufig besteht die beste Möglichkeit, an relevante Informationen heranzukommen, darin, das System nach diesen Informationen zu fragen, wenn Sie sie benötigen, anstatt ständig Daten zu produzieren. Jedes Unix-System stellt eine Reihe von Werkzeugen zur Verfü-

2 Das Minuszeichen ist eine »magische« Markierung, mit der *syslogd* davon abgehalten wird, die Datei bei jeder neuen Meldung auf die Festplatte herauszuschreiben. Dies ist in der Manual-Page *syslog.conf(5)* dokumentiert, die ohnehin eine sehr lesenswerte Lektüre ist.

gung, mit denen Systeminformationen abgefragt werden können: *ps*, *netstat*, *vmstat* usw.

Es gibt zwei Techniken für Treiber-Entwickler, mit denen Anfragen an das System gestellt werden können: das Erzeugen einer Datei im */proc*-Dateisystem und das Verwenden der Treiber-Methode *ioctl*. Als Alternative zu */proc* steht auch *devfs* zur Verfügung, aber */proc* ist für die Abfrage von Informationen normalerweise einfacher zu verwenden.

Das /proc-Dateisystem verwenden

Das */proc*-Dateisystem ist ein spezielles, von der Software erzeugtes Dateisystem, das vom Kernel dazu verwendet wird, Informationen unter die Leute zu bringen. Jede Datei in */proc* gehört zu einer Kernel-Funktion, die den »Inhalt« der Datei bei Bedarf erzeugt, wenn die Datei gelesen wird. Einige dieser Dateien haben wir bereits in Aktion gesehen, etwa */proc/modules*, die immer eine Liste der gerade geladenen Module zurückgibt.

/proc wird im Linux-System intensiv verwendet. Viele Hilfsprogramme in einer modernen Linux-Distribution wie *ps*, *top* und *uptime* holen sich ihre Informationen aus */proc*. Manche Gerätetreiber stellen ebenfalls Informationen über */proc* bereit, und auch Ihnen steht diese Möglichkeit offen. Das */proc*-Dateisystem ist dynamisch; Ihr Modul kann also Einträge jederzeit nach Belieben hinzufügen und entfernen.

Vollständige */proc*-Einträge können komplizierte Angelegenheiten sein; unter anderem kann man daraus sowohl lesen als auch dorthinein schreiben. Meistens sind */proc*-Einträge aber Dateien, die nur gelesen werden können. In diesem Abschnitt beschäftigen wir uns mit dem letzteren, einfacheren Fall. Diejenigen, die etwas Komplizierteres implementieren wollen, können diesen Abschnitt als Grundlage verwenden und dann in den Kernel-Quellen weiterlesen.

Alle Module, die mit */proc* arbeiten, sollten `<linux/proc_fs.h>` einbinden, um die passenden Funktionen zu definieren.

Um eine nur lesbare */proc*-Datei zu erzeugen, muß Ihr Treiber eine Funktion implementieren, die die Daten erzeugt, wenn die Datei gelesen wird. Wenn ein Prozeß die Datei liest (normalerweise mit dem Systemaufruf *read*), dann erreicht diese Anfrage Ihr Modul über eine von zwei verschiedenen Schnittstellen, je nachdem, was Sie registriert haben. Wir sparen uns die Registrierung für später auf und springen direkt zur Beschreibung der Schnittstellen zum Lesen.

In beiden Fällen alloziert der Kernel eine Speicherseite (also `PAGE_SIZE` Bytes), in die der Treiber Daten schreiben kann, die er in den User-Space übergeben möchte.

Die empfohlene Schnittstelle ist *read_proc*, aber es gibt auch eine ältere namens *get_info*.

```
int (*read_proc)(char *page, char **start, off_t offset, int count, int *eof,
    void *data);
```

Der Zeiger `page` ist der Puffer, in den Sie Ihre Daten schreiben; `start` wird von der Funktion verwendet, um mitzuteilen, wo in `page` die interessanten Daten hingeschrieben worden sind (mehr dazu später); `offset` und `count` haben die gleiche Bedeutung wie in der Implementation von *read*. Das Argument `eof` verweist auf einen Integer-Wert, der vom Treiber gesetzt werden muß, um anzuzeigen, daß er keine weiteren Daten mehr zurückgeben möchte, während `data` ein treiberspezifischer Daten-Zeiger ist, den Sie für interne Verwaltungsaufgaben verwenden können.[3] Diese Funktion steht in der Version 2.4 des Kernels zur Verfügung, außerdem in 2.2, wenn Sie unsere Header-Datei *sysdep.h* verwenden.

`int (*get_info)(char *page, char **start, off_t offset, int count);`

get_info ist eine ältere Schnittstelle zum Lesen aus einer */proc*-Datei. Die Argumente haben die gleiche Bedeutung wie bei *read_proc*. Was hier fehlt, ist der Zeiger, um das Dateiende zu melden, sowie die Objektorientierung, die der `data`-Zeiger mit sich bringt. Die Funktion steht in allen Kernel-Versionen, die wir in diesem Buch behandeln, zur Verfügung (hatte aber in der 2.0-Implementation ein zusätzliches, nicht verwendetes Argument).

Beide Funktionen sollten die Anzahl der Bytes, die sie in den `page`-Buffer geschrieben haben, zurückgeben, genau wie *read* das für andere Dateien macht. Andere Ausgabewerte sind `*eof` und `*start`. `eof` ist ein einfaches Flag, aber die Verwendung des `start`-Werts ist etwas komplizierter.

Das Hauptproblem mit der ursprünglichen Implementation der benutzerdefinierten Erweiterungen des */proc*-Dateisystems bestand darin, daß eine einzige Speicherseite für die Datenübertragung verwendet wurde. Dies schränkte die Gesamtgröße auf eine Benutzerdatei von 4 KByte (oder was auch immer auf der jeweiligen Plattform galt) ein. Das `start`-Argument dient dazu, große Datendateien zu implementieren, kann aber ignoriert werden.

Wenn Ihre *proc_read*-Funktion den `*start`-Zeiger nicht zuweist (initial ist er `NULL`), dann nimmt der Kernel an, daß der `offset`-Parameter ignoriert worden ist und daß die Datenseite die gesamte Datei enthält, die Sie an den User-Space übergeben wollen. Wenn Sie dagegen eine größere Datei aus mehreren Stückchen zusammensetzen müssen, dann können Sie `*start` auf den gleichen Wert wie `page` setzen, so daß der Aufrufer weiß, daß Ihre neuen Daten am Anfang des Puffers stehen. Dann müssen Sie natürlich die ersten `offset` Datenbytes überspringen, die bereits in einem früheren Aufruf übergeben worden sind.

Es gibt seit langem ein weiteres größeres Problem mit */proc*-Dateien, das `start` ebenfalls lösen soll. Manchmal ändert sich die ASCII-Repräsentation der Kernel-Datenstrukturen zwischen den *read*-Aufrufen, so daß der lesende Prozeß inkonsistente Daten vorfinden kann. Wenn `*start` auf einen kleinen Integer-Wert gesetzt wird, dann wird der Aufrufer diesen verwenden, um `filp->f_pos` unabhängig von der zurückgegebenen Datenmenge zu inkrementieren, und so `f_pos` zu einer internen Datensatznummer Ihrer *read_proc*- oder *get_info*-Funktion machen. Wenn Ihre *read_proc*-Funktion beispielsweise Informa-

---

3 Von diesen Zeigern werden wir noch mehrere in diesem Buch antreffen; sie repräsentieren das »Objekt«, um das es geht, und entsprechen in etwa dem `this`-Zeiger in C++.

tionen aus einem großen Array von Datenstrukturen zurückgibt und fünf dieser Strukturen im ersten Aufruf zurückgegeben wurden, dann könnte `start` auf 5 gesetzt werden. Der nächste Aufruf liefert den gleichen Wert als Offset und der Treiber weiß dann, daß er Daten ab der sechsten Struktur im Array zurückgeben muß. Die Autoren bezeichnen dies als »Hack«, in *fs/proc/generic.c* können Sie sich selbst eine Meinung bilden.

Es ist Zeit für ein Beispiel. Hier ist eine einfache Implementation von *read_proc* für das *scull*-Gerät:

```
int scull_read_procmem(char *buf, char **start, off_t offset,
                   int count, int *eof, void *data)
{
    int i, j, len = 0;
    int limit = count - 80; /* Nicht mehr als diesen Wert ausgeben */

    for (i = 0; i < scull_nr_devs && len <= limit; i++) {
        Scull_Dev *d = &scull_devices[i];
        if (down_interruptible(&d->sem))
                return -ERESTARTSYS;
        len += sprintf(buf+len,"\nDevice %i: qset %i, q %i, sz %li\n",
                       i, d->qset, d->quantum, d->size);
        for (; d && len <= limit; d = d->next) { /* die Liste durchsuchen */
            len += sprintf(buf+len, "  item at %p, qset at %p\n", d,
                                    d->data);
            if (d->data && !d->next) /* nur das letzte Element
                                                ausgeben - Platz sparen */
                for (j = 0; j < d->qset; j++) {
                    if (d->data[j])
                        len += sprintf(buf+len,"    % 4i: %8p\n",
                                                j,d->data[j]);
                }
        }
        up(&scull_devices[i].sem);
    }
    *eof = 1;
    return len;
}
```

Dies ist eine recht typische Implementation von *read_proc*, die davon ausgeht, daß es nie notwendig ist, mehr als eine Seite voll Daten auszugeben, und deswegen die Werte `start` und `offset` ignoriert. Die Implementation paßt allerdings für alle Fälle darauf auf, den Puffer nicht zu überschreiben.

Eine */proc*-Funktion, die die *get_info*-Schnittstelle verwendet, würde der eben gezeigten Funktion sehr ähnlich sehen, aber die letzten beiden Argumente nicht haben. Das Ende der Datei wird in diesem Fall dadurch angezeigt, daß weniger Daten zurückgegeben werden, als der Aufrufer erwartet (also weniger als count).

Wenn Sie eine *read_proc*-Funktion definiert haben, dann müssen Sie diese mit einem Eintrag in der */proc*-Hierarchie verbinden. Dazu gibt es je nach verwendetem Kernel zwei Möglichkeiten. Die einfachste, die nur im 2.4-Kernel (und in 2.2, wenn Sie unsere Header-Datei *sysdep.h* verwenden) zur Verfügung steht, besteht darin, einfach *create_proc_* *read_entry* aufzurufen. Hier ist dem von *scull* verwendete Aufruf, mit der die */proc*-Funktion als */proc/scullmem* verfügbar gemacht wird:

```
create_proc_read_entry("scullmem",
                       0    /* Default-Modus */,
                       NULL /* Elternverzeichnis */,
                       scull_read_procmem,
                       NULL /* Client-Daten */);
```

Die Argumente dieser Funktion sind (in der gezeigten Reihenfolge):

- der Name des */proc*-Eintrags
- die Dateizugriffsrechte des Eintrags (wobei 0 ein Sonderfall ist, der den Default, eine von jedem lesbare Maske, bezeichnet)
- der `proc_dir_entry`-Zeiger auf das Elternverzeichnis dieser Datei (wir verwenden `NULL`, damit der Treiber direkt unterhalb von */proc* erscheint)
- der Zeiger auf die *read_proc*-Funktion
- und der Datenzeiger, der an die *read_proc-Funktion* übergeben wird.

Der Zeiger für den Verzeichniseintrag kann dazu verwendet werden, eine ganze Verzeichnishierarchie unterhalb von */proc* anzulegen. Beachten Sie aber, daß ein Eintrag einfacher in ein Unterverzeichnis von */proc* gestellt werden kann, indem Sie den Verzeichnisnamen als Bestandteil des Namens angeben. Das setzt aber voraus, daß das Verzeichnis selbst existiert. Beispielsweise kristallisiert sich langsam eine Konvention heraus, nach der */proc*-Einträge von Gerätetreibern in das Unterverzeichnis *driver/* gehören; *scull* könnte seinen Eintrag einfach durch Angabe von *driver/scullmem* verlegen.

Einträge in */proc* sollten natürlich beim Entladen des Moduls entfernt werden. *remove_proc_entry* ist die Funktion, die *create_proc_read_entry* wieder rückgängig macht:

```
remove_proc_entry("scullmem", NULL /* Elternverzeichnis */);
```

Alternativ zum bisher gezeigten Verfahren kann man eine `proc_dir_entry`-Struktur erzeugen und initialisieren und an *proc_register_dynamic* (Version 2.0) oder *proc_register* übergeben (Version 2.2 nimmt an, daß es sich um eine dynamische Datei handelt, wenn die Inode-Nummer der Struktur 0 ist). Schauen Sie sich als Beispiel den folgenden Code an, den *scull* verwendet, wenn der Treiber mit 2.0-Headern kompiliert wird:

```
static int scull_get_info(char *buf, char **start, off_t offset, int len, int unused)
{
    int eof = 0;
    return scull_read_procmem (buf, start, offset, len, &eof, NULL);
}

struct proc_dir_entry scull_proc_entry = {
        namelen:    8,
        name:       "scullmem",
        mode:       S_IFREG | S_IRUGO,
        nlink:      1,
```

```
        get_info:   scull_get_info,
};

static void scull_create_proc()
{
    proc_register_dynamic(&proc_root, &scull_proc_entry);
}

static void scull_remove_proc()
{
    proc_unregister(&proc_root, scull_proc_entry.low_ino);
}
```

Der Code deklariert eine Funktion mit der *get_info*-Schnittstelle und füllt eine `proc_dir_entry`-Struktur aus, die beim Dateisystem registriert ist.

Dieser Code sorgt für die Kompatibilität zwischen 2.0- und 2.2-Kerneln, mit ein wenig Unterstützung durch die Makrodefinitionen in *sysdep.h*. Er verwendet die *get_info*-Schnittstelle, weil der 2.0-Kernel *read_proc* noch nicht unterstützte. Mit etwas mehr Einsatz von `#ifdef`-Arbeit könnte man auch *read_proc* unter Linux 2.2 verwenden, aber der Gewinn wäre nur gering.

Die Methode ioctl

ioctl (näher im nächsten Kapitel besprochen) ist ein Systemaufruf, der auf einem Dateideskriptor arbeitet. Dazu wird eine »Befehls«-Nummer und (optional) ein weiteres Argument, üblicherweise ein Zeiger, übergeben.

Als Alternative zur Verwendung des */proc*-Dateisystems können Sie einige wenige *ioctl*-Befehle implementieren, die speziell auf das Debugging ausgerichtet sind. Diese Befehle können relevante Datenstrukturen vom Treiber in den User-Space kopieren, wo Sie sie näher untersuchen können.

Die Verwendung von *ioctl* auf diese Art und Weise ist etwas schwieriger als die Verwendung von */proc*, weil Sie ein zusätzliches Programm benötigen, das *ioctl* aufruft und die Ergebnisse ausgibt. Auch dieses Programm muß geschrieben, kompiliert und mit dem Modul, das Sie gerade testen, synchronisiert werden. Auf der anderen Seite ist es einfacher, den Treiber-Code zu schreiben, als eine */proc*-Datei zu implementieren.

Trotzdem gibt es Situationen, in denen *ioctl* die beste Möglichkeit ist, an Informationen heranzukommen, weil es schneller ist, als */proc* auszulesen. Wenn Daten vor der Ausgabe bearbeitet werden müssen, kann es effizienter sein, die Daten in binärer Form anstatt als Textdatei zu bekommen. Außerdem erfordert *ioctl* auch nicht das Aufteilen der Daten in Fragmente, die auf eine Seite passen.

Ein weiterer interessanter Vorteil des *ioctl*-Ansatzes besteht darin, daß Befehle zur Informationsabfrage auch dann im Treiber verbleiben können, wenn das Debugging ansonsten abgeschaltet ist. Im Gegensatz zu einer */proc*-Datei, die für jeden sichtbar ist, der in das Verzeichnis schaut (und viel zu viele Leute werden sich vermutlich wundern, »was das für eine merkwürdige Datei ist«), bleiben undokumentierte *ioctl*-Befehle höchstwahrscheinlich unentdeckt. Außerdem sind sie immer noch da, wenn etwas Merkwürdiges mit dem Treiber passiert. Der einzige Nachteil ist ein geringfügig größeres Modul.

Debugging durch Beobachten

Manchmal können kleinere Probleme im Gerätetreiber durch die Beobachtung einer Anwendung im User-Space eingekreist werden. Diese Beobachtung kann auch dabei helfen sich davon zu überzeugen, daß der Treiber korrekt arbeitet. Beispielsweise waren wir von *scull* überzeugt, nachdem wir uns angeschaut hatten, wie die *read*-Implementation auf *read*-Anforderungen mit verschiedenen Datenmengen reagierte.

Es gibt verschiedene Möglichkeiten, ein User-Space-Programm zu beobachten. Sie können es im Debugger starten und die Funktionen schrittweise durchlaufen, Ausgabeanweisungen hinzufügen oder das Programm unter *strace* laufen lassen. Hier besprechen wir nur diese letzte Technik, die besonders interessant ist, wenn das eigentliche Ziel die Untersuchung von Kernel-Code ist.

Der Befehl *strace* ist ein mächtiges Werkzeug, das alle Systemaufrufe anzeigt, die von einem User-Space-Programm ausgeführt werden. Dabei werden nicht die Aufrufe allein, sondern auch die Argumente und die Rückgabewerte in symbolischer Form angezeigt. Wenn ein Systemaufruf fehlschlägt, wird sowohl der symbolische Wert des Fehlers (z. B. `ENOMEM`) als auch der zugehörige String (`Out of memory`) angezeigt. *strace* hat viele Kommandozeilenoptionen, von denen die wichtigsten folgende sind: *–t*, um die Zeit anzuzeigen, zu der ein Systemaufruf ausgeführt wird, *–T*, um die Zeit anzuzeigen, die im Systemaufruf verbraucht wurde, *–e*, um die verfolgten Aufrufe einzugrenzen, und *–o*, um die Ausgabe in eine Datei umzuleiten. Per Default gibt *strace* die Informationen auf `stderr` aus.

strace bekommt die Informationen aus dem Kernel. Das bedeutet, daß ein Programm mit *strace* unabhängig davon beobachtet werden kann, ob es mit Debugging-Unterstützung (der *–g*-Option des *gcc*) übersetzt wurde oder nicht oder vielleicht sogar gestrippt worden ist. Außerdem können Sie *strace* auf einen bereits laufenden Prozeß ansetzen, ähnlich wie sich auch ein Debugger mit einem laufenden Prozeß verbinden und diesen kontrollieren kann.

Die Informationen von *strace* werden oft verwendet, um Fehlerberichte an Applikationsprogrammierer zu schicken. Aber *strace* ist auch sehr wertvoll für Kernel-Programmierer. Wir haben schon gesehen, wie Treiber-Code durch die Ausführung von Systemaufrufen ausgeführt wird, und mit *strace* können wir die Konsistenz der Eingabe- und Ausgabedaten jedes Aufrufs überprüfen.

Ein Beispiel: Die folgende Ausgabe zeigt die letzten Zeilen eines *strace*-Protokolls mit *strace ls /dev > /dev/scull0*:

```
[...]
open("/dev", O_RDONLY|O_NONBLOCK)      = 4
fcntl(4, F_SETFD, FD_CLOEXEC)          = 0
brk(0x8055000)                         = 0x8055000
lseek(4, 0, SEEK_CUR)                  = 0
getdents(4, /* 70 entries */, 3933)    = 1260
[...]
getdents(4, /* 0 entries */, 3933)     = 0
close(4)                               = 0
fstat(1, {st_mode=S_IFCHR|0664, st_rdev=makedev(253, 0), ...}) = 0
ioctl(1, TCGETS, 0xbffffa5c)           = -1 ENOTTY (Inappropriate ioctl for device)
write(1, "MAKEDEV\natibm\naudio\naudio1\na"..., 4096) = 4000
write(1, "d2\nsdd3\nsdd4\nsdd5\nsdd6\nsdd7"..., 96) = 96
write(1, "4\nsde5\nsde6\nsde7\nsde8\nsde9\n"..., 3325) = 3325
close(1)                               = 0
_exit(0)                               = ?
```

Offensichtlich hat der erste *write*-Systemaufruf, nachdem *ls* das Zielverzeichnis fertig gelesen hat, versucht, 4 KByte zu schreiben. Merkwürdigerweise (aus Sicht von *ls*) wurden jedoch nur viertausend Bytes geschrieben und die Operation erneut gestartet. Wir wissen jedoch, daß die Implementation von *write* in *scull* nur ein Quantum zur gleichen Zeit schreibt, so daß wir mit dem partiellen Schreiben hätten rechnen können. Nach einigen Schritten läuft dann aber alles durch, und das Programm beendet sich erfolgreich.

Lassen wir jetzt als weiteres Beispiel *read* vom *scull*-Gerät lesen (mit dem Befehl *wc*):

```
[...]
open("/dev/scull0", O_RDONLY)           = 4
fstat(4, {st_mode=S_IFCHR|0664, st_rdev=makedev(253, 0), ...}) = 0
read(4, "MAKEDEV\natibm\naudio\naudio1\na"..., 16384) = 4000
read(4, "d2\nsdd3\nsdd4\nsdd5\nsdd6\nsdd7"..., 16384) = 3421
read(4, "", 16384)                      = 0
fstat(1, {st_mode=S_IFCHR|0600, st_rdev=makedev(3, 7), ...}) = 0
ioctl(1, TCGETS, {B38400 opost isig icanon echo ...}) = 0
write(1, "   7421 /dev/scull0\n", 20)   = 20
close(4)                                = 0
_exit(0)                                = ?
```

Wie erwartet, kann *read* nur viertausend Bytes zur gleichen Zeit lesen, aber die totale Datenmenge ist die gleiche wie im vorigen Beispiel. Es ist interessant zu sehen, wie die zusätzlichen Versuche in diesem Beispiel im Gegensatz zum letzten angeordnet sind. *wc* ist dafür optimiert, möglichst schnell zu lesen, umgeht deshalb die Standardbibliothek und versucht, in einem Systemaufruf mehr Daten zu lesen. Sie können an den *read*-Zeilen im Protokoll sehen, daß *wc* versucht hat, 16 KByte pro Aufruf zu lesen.

Linux-Experten finden in der Ausgabe von *strace* noch mehr nützliche Informationen. Wenn die ganzen Symbole Sie abschrecken, dann können Sie sich auch darauf beschränken zu beobachten, wie die Dateimethoden (*open*, *read* usw.) arbeiten.

Wir persönlich finden *strace* besonders nützlich, um Laufzeitfehler in Systemaufrufen zu entdecken. Oft ist ein Aufruf von *perror* in Applikationen oder Demo-Programmen nicht ausführlich genug, um zum Debuggen nützlich zu sein. Es kann eine große Hilfe sein, wenn man genau sagen kann, welche Argumente in welchem Systemaufruf einen Fehler ausgelöst haben.

Debuggen von Systemfehlern

Selbst wenn Sie alle Beobachtungs- und Debugging-Techniken verwendet haben, bleiben manchmal noch Fehler im Treiber, die zu einem Systemfehler führen, wenn der Treiber ausgeführt wird. Wenn so etwas passiert, ist es wichtig, so viele Informationen wie möglich zu sammeln, um das Problem zu lösen.

Beachten Sie, daß »Fehler« hier nicht gleich »Panik« bedeutet. Der Linux-Code ist robust genug, um die meisten Fehler sanft abfedern zu können: Ein Fehler führt meistens nur zur Beendigung des aktuellen Prozesses, aber das System läuft weiter. Das System *kann* jedoch in Panik geraten, wenn ein Fehler außerhalb eines Prozeßkontextes auftritt oder ein lebenswichtiger Teil des Systems betroffen ist. Aber wenn das Problem nur ein Treiberfehler ist, dann wird normalerweise lediglich der Prozeß abgeschossen, der den Treiber unseligerweise benutzt hat. Der einzige nicht wiedergutzumachende Schaden, der auftritt, wenn ein Prozeß zerstört wird, ist der mögliche Verlust des vom Prozeß allozierten Speichers. Beispielsweise könnten via *kmalloc* allozierte dynamische Listen verloren sein. Da aber der Kernel für jedes offene Gerät *close* aufruft, kann der Treiber alles freigeben, was in *open* alloziert wurde.

Wir haben bereits erwähnt, daß eine informative Meldung auf der Konsole ausgegeben wird, falls sich Kernel-Code nicht richtig verhält. Im nächsten Abschnitt wird erklärt, wie man diese Meldungen entschlüsselt und benutzt. Obwohl diese Meldungen für den Anfänger ziemlich obskur aussehen, sind diese Prozessor-Dumps voller interessanter Informationen und oft schon ausreichend, um einen Programmfehler zu finden, ohne daß noch zusätzlich getestet werden muß.

Oops-Meldungen

Die meisten Fehler treten auf, wenn ein `NULL`-Zeiger dereferenziert oder ein anderer inkorrekter Zeiger-Wert verwendet wird. Das führt normalerweise zu einer Oops-Meldung.

Jede Adresse, die der Prozessor verwendet, ist eine *virtuelle* Adresse, die über eine komplexe Struktur aus sogenannten Seitentabellen (*page tables*, siehe in Kapitel 13) auf physikalische Adressen abgebildet wird. Wenn ein ungültiger Zeiger dereferenziert wird, kann der Seitenaustausch-Algorithmus den Zeiger nicht auf eine physikalische Adresse abbilden, und der Prozessor meldet dem Betriebssystem einen *Seitenfehler* (*page fault*). Wenn die Adresse nicht gültig ist, dann kann der Kernel die fehlende Seite nicht laden. Passiert dies, während der Prozessor im Supervisor-Modus ist, erzeugt der Kernel eine Oops-Meldung.

Interessanterweise war die erste nach der Version 2.0 eingeführte Verbesserung die automatische Fehlerbehandlung ungültiger Adressen beim Transportieren von Daten in und aus dem User-Space. Linus entschloß sich dazu, die Hardware fehlerhafte Speicherreferenzen abfangen zu lassen, so daß der Normalfall (die Adressen sind korrekt) effizienter abgehandelt wird.

Eine Oops-Meldung zeigt den Prozessor-Status zum Zeitpunkt des Fehlers an. Dazu gehören der Inhalt der CPU-Register, die Lage der Seitendeskriptoren-Tabellen und andere, auf den ersten Blick unverständliche Informationen. Die Meldung wird durch *printk*-Anweisungen in der Fehlerbehandlungsroutine (*arch/*/kernel/traps.c*) ausgegeben und, wie weiter vorn in Abschnitt »Printk« beschrieben, weitergeleitet.

Lassen Sie uns eine solche Meldung ansehen. Hier sehen Sie, was geschieht, wenn ein `NULL`-Zeiger auf einem PC refenziert wird, der die Version 2.4 des Kernels verwendet. Die wichtigste Information ist hier der Anweisungszeiger (`EIP`), also die Adresse der fehlerhaften Anweisung.

```
Unable to handle kernel NULL pointer dereference at virtual address \
     00000000
 printing eip:
c48370c3
*pde = 00000000
Oops: 0002
CPU:    0
EIP:    0010:[<c48370c3>]
EFLAGS: 00010286
eax: ffffffea   ebx: c2281a20   ecx: c48370c0   edx: c2281a40
esi: 4000c000   edi: 4000c000   ebp: c38adf8c   esp: c38adf8c
ds: 0018   es: 0018   ss: 0018
Process ls (pid: 23171, stackpage=c38ad000)
Stack: 0000010e c01356e6 c2281a20 4000c000 0000010e c2281a40 c38ac000 \
            0000010e
       4000c000 bffffc1c 00000000 00000000 c38adfc4 c010b860 00000001 \
            4000c000
       0000010e 0000010e 4000c000 bffffc1c 00000004 0000002b 0000002b \
            00000004
Call Trace: [<c01356e6>] [<c010b860>]
Code: c7 05 00 00 00 00 00 00 00 00 31 c0 89 ec 5d c3 8d b6 00 00
```

Die obige Meldung wurde das durch Schreiben auf ein Gerät provoziert, das dem *faulty*-Modul gehört, einem Modul, in das wir absichtlich Fehler eingebaut haben. Die Implementation der *write*-Methode von *faulty.c* ist trivial:

```
ssize_t faulty_write (struct file *filp, const char *buf, size_t count,
                loff_t *pos)
{
    /* Durch Dereferenzieren eines NULL-Zeigers ganz einfach einen Fehler hervorrufen */
    *(int *)0 = 0;
    return 0;
}
```

Wie Sie sehen, dereferenzieren wir hier einen NULL-Zeiger. Weil 0 nie ein zulässiger Zeigerwert ist, tritt ein Fehler auf, den der Kernel in die oben gezeigte Oops-Meldung umwandelt. Der aufrufende Prozeß wird dann beendet.

Das Modul *faulty* enthält noch weitere interessante Fehlerfälle in seiner *read*-Implementation:

```
char faulty_buf[1024];

ssize_t faulty_read (struct file *filp, char *buf, size_t count,
                     loff_t *pos)
{
    int ret, ret2;
    char stack_buf[4];

    printk(KERN_DEBUG "read: buf %p, count %li\n", buf, (long)count);
    /* Die naechste Zeile fuehrt bei 2.0 zu einem Oops, ab 2.2 nicht mehr */
    ret = copy_to_user(buf, faulty_buf, count);
    if (!ret) return count; /* we survived */

    printk(KERN_DEBUG "didn't fail: retry\n");
    /* Ein Puffer-Ueberlauf sollte auch bei 2.2 und 2.4 wirken  */
    sprintf(stack_buf, "1234567\n");
    if (count > 8) count = 8; /* copy 8 bytes to the user */
    ret2 = copy_to_user(buf, stack_buf, count);
    if (!ret2) return count;
    return ret2;
}
```

Diese Funktion liest zuerst aus einem globalen Puffer, ohne die Größe der Daten zu überprüfen, und erzeugt dann durch Schreiben in einen lokalen Puffer einen *Buffer Overrun*. Die erste Situation führt nur in der Version 2.0 des Kernels zu einem Oops, weil spätere Versionen sich automatisch um die Kopierfunktionen zum oder vom User-Space kümmern. Der Puffer-Überlauf führt in allen Kernel-Versionen zu einem Oops; weil aber die return-Anweisung den Anweisungszeiger ins Niemandsland bringt, ist diese Art von Fehlern sehr viel schwieriger aufzuspüren, und Sie können etwa folgendes bekommen:

```
EIP:    0010:[<00000000>]
[...]
Call Trace: [<c010b860>]
Code:  Bad EIP value.
```

Wenn Benutzer mit Oops-Meldungen konfrontiert werden, besteht das Hauptproblem darin, daß die hexadezimalen Werte nur wenig eigentliche Bedeutung enthalten; damit sie für den Programmierer eine Bedeutung bekommen, müssen sie in Symbole aufgelöst werden. Dafür gibt es Hilfsprogramme: *klogd* und *ksymoops*. Ersteres erledigt die Decodierung der Symbole ganz automatisch, wenn es gerade läuft, letzteres muß vom Benutzer explizit aufgerufen werden. In der folgenden Darstellung verwenden wir die Daten aus unserem ersten Oops-Beispiel, in dem wir einen NULL-Zeiger dereferenziert haben.

klogd benutzen

Der *klogd*-Daemon kann Oops-Meldungen decodieren, bevor sie überhaupt in den Protokolldateien auftauchen. *klogd* kann alle Informationen liefern, die Entwickler brauchen, um ein Problem einzukreisen, auch wenn die Entwickler dafür manchmal ein bißchen nachhelfen müssen.

Ein Auszug der Oops-Meldung für *faulty* sieht im Systemprotokoll folgendermaßen aus (beachten Sie die decodierten Symbole in der `EIP`-Zeile und im Stack Trace):

```
Unable to handle kernel NULL pointer dereference at virtual address \
     00000000
 printing eip:
c48370c3
*pde = 00000000
Oops: 0002
CPU:    0
EIP:    0010:[faulty:faulty_write+3/576]
EFLAGS: 00010286
eax: ffffffea   ebx: c2c55ae0   ecx: c48370c0   edx: c2c55b00
esi: 0804d038   edi: 0804d038   ebp: c2337f8c   esp: c2337f8c
ds: 0018   es: 0018   ss: 0018
Process cat (pid: 23413, stackpage=c2337000)
Stack: 00000001 c01356e6 c2c55ae0 0804d038 00000001 c2c55b00 c2336000 \
            00000001
       0804d038 bffffbd4 00000000 00000000 bffffbd4 c010b860 00000001 \
            0804d038
       00000001 00000001 0804d038 bffffbd4 00000004 0000002b 0000002b \
            00000004
Call Trace: [sys_write+214/256] [system_call+52/56]
Code: c7 05 00 00 00 00 00 00 00 00 31 c0 89 ec 5d c3 8d b6 00 00
```

klogd liefert den größten Teil der notwendigen Information, um das Problem einzukreisen. In diesem Fall sehen wir, daß sich der Anweisungszeiger (`EIP`) in der Funktion *faulty_write* befand, wissen also, wo wir mit der Suche anfangen müssen. Der String `3/576` teilt uns mit, daß sich der Prozessor an Byte 3 einer Funktion befand, die 576 Bytes lang zu sein scheint. Beachten Sie, daß die Werte dezimal, nicht hexadezimal sind.

Man muß allerdings als Entwickler etwas vorsichtig sein, um nützliche Informationen über Fehler zu bekommen, die in ladbaren Modulen auftreten. *klogd* lädt alle verfügbaren Symbolinformationen beim Start und verwendet danach diese Symbole. Wenn Sie ein Modul laden, nachdem *klogd* initialisiert worden ist (was normalerweise beim Systemstart geschieht), dann stehen *klogd* keine Informationen über die Symbole Ihres Moduls zur Verfügung. Um *klogd* zu zwingen, sich diese Informationen zu holen, müssen Sie dem *klogd*-Prozeß nach dem Laden (oder Neuladen) Ihres Moduls ein `SIGUSR1`-Signal schicken, bevor Sie etwas unternehmen, was zu einem Oops führen könnte.

Es ist auch möglich, *klogd* mit der Option *–p* (»paranoid«) zu starten, die zum Neuladen der Symbolinformationen führt, wann immer *klogd* auf eine Oops-Meldung stößt. Die

Manual-Page von *klogd* rät aber davon ab, weil *klogd* den Kernel nach Informationen fragen muß, nachdem das Problem aufgetreten ist. Eine so erlangte Information kann schlicht und einfach falsch sein.

Damit *klogd* korrekt funktionieren kann, muß eine aktuelle Version der Symboltabellendatei *System.map* vorliegen. Normalerweise steht diese Datei in */boot*; wenn Sie einen Kernel aus einem vom Standard abweichenden Verzeichnis gebaut und installiert haben, müssen Sie eventuell *System.map* nach */boot* kopieren oder *klogd* mitteilen, woanders zu suchen. *klogd* verweigert das Decodieren der Symbole, wenn die Symboltabelle nicht zum aktuellen Kernel paßt. Wenn ein Symbol im Systemprotokoll decodiert worden ist, dann können Sie ziemlich sicher sein, daß es korrekt ist.

ksymoops verwenden

Manchmal reicht *klogd* nicht aus, um ein Problem einzukreisen. Gewöhnlich brauchen Sie sowohl die hexadezimale Adresse als auch das dazugehörige Symbol, und oft brauchen Sie auch die Offsets als hexadezimale Zahlen sowie mehr Informationen als das reine Decodieren der Adreßinformation. Es ist auch nicht ungewöhnlich, daß der *klogd*-Prozeß während des Fehlers abgeschossen wird. In solchen Situationen braucht man ein kraftvolleres Oops-Analysewerkzeug. *ksymoops* ist so ein Werkzeug.

Vor der 2.3-Entwicklungsserie wurde *ksymoops* mit den Kernel-Quellen im Verzeichnis *scripts* verteilt. Heutzutage befindet es sich auf einem eigenen FTP-Server und wird unabhängig vom Kernel gepflegt. Selbst wenn Sie mit einem älteren Kernel arbeiten, sollten Sie sich am besten von *ftp://ftp.ocs.com.au/pub/ksymoops* die neueste Version dieses Werkzeugs holen.

Um sein Potential voll ausschöpfen zu können, braucht *ksymoops* neben der Fehlermeldung eine Reihe zusätzlicher Informationen; mit Kommandozeilenoptionen können Sie mitteilen, wo sich diese befinden. Das Programm braucht:

Eine System.map-Datei
: Diese Tabelle muß zu dem Kernel passen, der lief, als der Oops auftrat. Der Default ist */usr/src/linux/System.map*.

Eine Liste von Modulen
: *ksymoops* muß wissen, welche Module gerade geladen waren, als der Oops auftrat, um die symbolischen Informationen daraus extrahieren zu können. Wenn Sie diese Liste nicht angeben, holt *ksymoops* sie sich aus */proc/modules*.

Eine Liste der zum Zeitpunkt des Oops definierten Kernel-Symbole
: Defaultmäßig wird diese Liste aus */proc/ksyms* geholt.

Eine Kopie des gerade laufenden Kernel-Images
: Beachten Sie, daß *ksymoops* ein normales Kernel-Image benötigt, nicht eine der komprimierten Versionen *vmlinz*, *zImage* oder *bzImage*, die die meisten Systeme zum Booten verwenden. Defaultmäßig wird kein Kernel-Image verwendet, weil die mei-

sten Leute keines haben. Wenn Sie das passende Image parat haben, dann sollten Sie dem Programm mit der Option *-v* mitteilen, wo sich dieses befindet.

Die Lage der Objektdateien aller geladenen Kernel-Module
: *ksymoops* sucht in den Standardverzeichnissen für Module, aber während der Entwicklung müssen Sie fast immer sagen, wo Ihre Module gerade liegen; dies geschieht mit der Option *-o*.

Obwohl *ksymoops* die Dateien aus */proc* verwendet, um einige Informationen zu suchen, die es benötigt, können diese Ergebnisse unzuverlässig sein. Wahrscheinlich ist das System seit dem Oops neugestartet worden, und die Informationen aus */proc* stimmen möglicherweise nicht mit denen überein, die gültig waren, als der Fehler auftrat. Wenn es möglich ist, ist es besser, */proc/modules* und */proc/ksyms* zu sichern, bevor der Oops auftritt.

Wir empfehlen allen Treiberentwicklern, die Manual-Page von *ksymoops* zu lesen; dies ist ein sehr informatives Dokument.

Das letzte Argument auf der Kommandozeile von *ksymoops* ist die Lage der Oops-Meldung; wenn diese nicht angegeben wird, liest das Programm in bester Unix-Tradition von `stdin`. Die Meldung kann mit Glück aus dem Systemprotokoll geholt werden; bei einem ganz üblen Crash müssen Sie sie möglicherweise vom Bildschirm abschreiben und später wieder eintippen (sofern Sie keine serielle Konsole verwenden, die bei der Kernel-Entwicklung sehr praktisch ist).

Beachten Sie, daß sich *ksymoops* von einer Oops-Meldung, die bereits von *klogd* verarbeitet worden ist, irritieren läßt. Wenn Sie *klogd* verwenden und Ihr System auch nach dem Oops noch läuft, dann können Sie oft mit dem Befehl *dmesg* eine saubere Oops-Meldung bekommen.

Wenn Sie nicht die gesamten hier genannten Informationen explizit angeben, wird *ksymoops* Warnungen ausgeben. Dies geschieht auch, wenn Module geladen werden, die keine Symbole definieren, und bei ähnlichen Problemen. Es ist selten, daß man *ksymoops* ohne Warnung ausführen kann.

Die Ausgabe von *ksymoops* sieht oft etwa so aus:

```
>>EIP; c48370c3 <[faulty]faulty_write+3/20>   <=====
Trace; c01356e6 <sys_write+d6/100>
Trace; c010b860 <system_call+34/38>
Code;  c48370c3 <[faulty]faulty_write+3/20>
00000000 <_EIP>:
Code;  c48370c3 <[faulty]faulty_write+3/20>   <=====
   0:   c7 05 00 00 00    movl   $0x0,0x0   <=====
Code;  c48370c8 <[faulty]faulty_write+8/20>
   5:   00 00 00 00 00
Code;  c48370cd <[faulty]faulty_write+d/20>
   a:   31 c0             xorl   %eax,%eax
Code;  c48370cf <[faulty]faulty_write+f/20>
   c:   89 ec             movl   %ebp,%esp
Code;  c48370d1 <[faulty]faulty_write+11/20>
```

```
    e:   5d                 popl   %ebp
Code;  c48370d2 <[faulty]faulty_write+12/20>
    f:   c3                 ret
Code;  c48370d3 <[faulty]faulty_write+13/20>
   10:   8d b6 00 00 00     leal   0x0(%esi),%esi
Code;  c48370d8 <[faulty]faulty_write+18/20>
   15:   00
```

Wie Sie sehen, liefert *ksymoops* Informationen über `EIP` und den Kernel-Stack fast genauso wie *klogd*, allerdings genauer und in hexadezimaler Schreibweise. Beachten Sie, daß die Funktion *faulty_write* korrekterweise mit einer Länge von 0x20 Bytes gemeldet wird. Dies ist möglich, weil *ksymoops* die Objektdatei Ihres Moduls liest und alle notwendigen Informationen extrahiert.

In diesem Fall bekommen Sie darüber hinaus auch noch einen Assembler-Dump des Codes, bei dem der Fehler auftrat. Diese Information kann oft verwendet werden, um herauszufinden, was eigentlich passiert ist; hier handelt es sich offensichtlich um eine Anweisung, die eine 0 an die Adresse 0 schreibt.

Es ist ein interessantes Feature von *ksymoops*, daß dieses Programm auf fast alle Plattformen portiert worden ist, auf denen Linux läuft, und die *bfd*-Bibliothek (Binary Format Description) verwendet, um mehrere Computer-Architekturen gleichzeitig zu unterstützen. Um aus der PC-Welt herauszukommen, schauen wir uns jetzt die gleiche Oops-Meldung auf der *SPARC64*-Plattform an (mehrere Zeilen sind aus Layout-Gründen umbrochen worden):

```
Unable to handle kernel NULL pointer dereference
tsk->mm->context = 0000000000000734
tsk->mm->pgd = fffff80003499000
              \|/ ____ \|/
              "@'/ .. \'@"
              /_| \__/ |_\
                 \__U_/
ls(16740): Oops
TSTATE: 0000004400009601 TPC: 0000000001000128 TNPC: 0000000000457fbc \
Y: 00800000
g0: 000000007002ea88 g1: 0000000000000004 g2: 0000000070029fb0 \
g3: 0000000000000018
g4: fffff80000000000 g5: 0000000000000001 g6: fffff8000119c000 \
g7: 0000000000000001
o0: 0000000000000000 o1: 000000007001a000 o2: 0000000000000178 \
o3: fffff8001224f168
o4: 0000000001000120 o5: 0000000000000000 sp: fffff8000119f621 \
ret_pc: 0000000000457fb4
l0: fffff800122376c0 l1: ffffffffffffffea l2: 000000000002c400 \
l3: 000000000002c400
l4: 0000000000000000 l5: 0000000000000000 l6: 0000000000019c00 \
l7: 0000000070028cbc
i0: fffff8001224f140 i1: 000000007001a000 i2: 0000000000000178 \
i3: 000000000002c400
i4: 000000000002c400 i5: 000000000002c000 i6: fffff8000119f6e1 \
i7: 0000000000410114
Caller[0000000000410114]
Caller[000000007007cba4]
```

```
Instruction DUMP: 01000000 90102000 81c3e008 <c0202000> \
30680005 01000000 01000000 01000000 01000000
```

Beachten Sie, daß der Anweisungsauszug nicht bei der Anweisung anfängt, die den Fehler verursachte, sondern drei Anweisungen davor. Dies liegt daran, daß RISC-Plattformen mehrere Anweisungen parallel ausführen und Ausnahmen eventuell verzögern müssen; deswegen muß man in der Lage sein, die letzten paar Anweisungen zu sehen.

Hier sehen Sie die Ausgabe von *ksymoops*, wenn man die Eingabedatei ab der TSTATE-Zeile übergibt:

```
>>TPC; 0000000001000128 <[faulty].text.start+88/a0>   <=====
>>O7;  0000000000457fb4 <sys_write+114/160>
>>I7;  0000000000410114 <linux_sparc_syscall+34/40>
Trace; 0000000000410114 <linux_sparc_syscall+34/40>
Trace; 000000007007cba4 <END_OF_CODE+6f07c40d/????>
Code;  000000000100011c <[faulty].text.start+7c/a0>
0000000000000000 <_TPC>:
Code;  000000000100011c <[faulty].text.start+7c/a0>
   0:   01 00 00 00       nop
Code;  0000000001000120 <[faulty].text.start+80/a0>
   4:   90 10 20 00       clr  %o0     ! 0 <_TPC>
Code;  0000000001000124 <[faulty].text.start+84/a0>
   8:   81 c3 e0 08       retl
Code;  0000000001000128 <[faulty].text.start+88/a0>   <=====
   c:   c0 20 20 00       clr  [ %g0 ]   <=====
Code;  000000000100012c <[faulty].text.start+8c/a0>
  10:   30 68 00 05       b,a   %xcc, 24 <_TPC+0x24> \
                        0000000001000140 <[faulty]faulty_write+0/20>
Code;  0000000001000130 <[faulty].text.start+90/a0>
  14:   01 00 00 00       nop
Code;  0000000001000134 <[faulty].text.start+94/a0>
  18:   01 00 00 00       nop
Code;  0000000001000138 <[faulty].text.start+98/a0>
  1c:   01 00 00 00       nop
Code;  000000000100013c <[faulty].text.start+9c/a0>
  20:   01 00 00 00       nop
```

Um diesen disassemblierten Code auszugeben, mußten wir *ksymoops* zunächst das Ziel-Dateiformat und die Ziel-Architektur angeben (weil die native Architektur des *SPARC64*-User-Space 32 Bit breit ist). In diesem Fall brauchten wir dafür die Optionen *-t elf64-sparc -a sparc:v9*.

Vielleicht beschweren Sie sich jetzt, daß dieser Aufruf-Trace keine interessanten Informationen enthält; die *SPARC*-Prozessoren speichern aber nicht den gesamten Aufruf-Trace auf dem Stack; die Register `O7` und `I7` enthalten die Anweisungszeiger der letzten beiden aufrufenden Funktionen, weswegen diese hier in der Nähe des Aufruf-Traces gezeigt werden. In diesem Falle befand sich die fehlerhafte Anweisung in einer Funktion, die von *sys_write* aufgerufen wurde.

Beachten Sie, daß unabhängig von der Plattform und der Architektur das verwendete Format im disassemblierten Code immer das gleiche wie das von *objdump* verwendete ist. *objdump* ist ein hilfreiches Werkzeug; wenn Sie sich die gesamte fehlerhafte Funktion anschauen wollen, können Sie den Befehl *objdump –d faulty.o* verwenden (auch hier brauchen Sie für *SPARC64* spezielle Optionen: *–target elf64-sparc–architecture sparc: v9*).Weitere Informationen zu *objdump* und den Kommandozeilenoptionen dieses Programms finden Sie in dessen Man-Page.

Man braucht ein wenig Übung sowie gewisse Kenntnisse über den verwendeten Prozessor und die Konventionen des verwendeten Assemblers, um Oops-Meldungen decodieren zu können, aber es lohnt sich. Die Zeit, diese Technik zu erlernen, macht sich schnell bezahlt. Selbst, wenn Sie sich vorher schon mit PC-Assembler auf Nicht-Unix-Betriebssystemen beschäftigt haben, müssen Sie einiges neu lernen, weil sich die Unix-Syntax von der Intel-Syntax unterscheidet. (Eine gute Beschreibung der Unterschiede finden Sie in der Info-Datei von *as* im Kapitel »I386-specific«.)

Das System bleibt stehen

Obwohl die meisten Fehler im Kernel-Code als Oops-Meldungen enden, können sie manchmal auch zu einem völligen Stillstand des Systems führen. Wenn das System stehenbleibt, wird auch keine Meldung ausgegeben. Wenn der Code beispielsweise in eine Endlosschleife gerät, hört der Kernel mit der Zuweisung des Prozessors an die Prozesse auf, und das System antwortet auf keinerlei Eingaben mehr, auch nicht auf die magische Kombination **Strg-Alt-Entf**. Sie haben zwei Möglichkeiten, mit stehengebliebenen Systemen umzugehen: Entweder Sie verhindern das Stehenbleiben von vornherein, oder Sie können den Fehler hinterher finden.

Sie können Endlosschleifen verhindern, indem Sie *schedule*-Aufrufe an strategischen Punkten einfügen. Wie Sie sich denken können, ruft *schedule* den Scheduler auf und ermöglicht es so anderen Prozessen, ebenfalls CPU-Zeit abzubekommen. Wenn ein Prozeß aufgrund eines Fehlers in Ihrem Treiber im Kernel-Space in einer Endlosschleife läuft, dann können Sie diesen Prozeß wegen der *schedule*-Aufrufe noch mit *kill* beenden – natürlich, nachdem Sie herausgefunden haben, was passiert ist.

Sie dürfen natürlich nicht vergessen, daß jeder *schedule*-Aufruf eine potentielle zusätzliche Quelle von reentranten Aufrufen Ihres Treibers ist, weil andere Prozesse ausgeführt werden können. Diese Reentranz sollte normalerweise kein Problem sein, wenn Sie die passenden Sperren in Ihrem Treiber verwenden. Stellen Sie aber sicher, daß Ihr Treiber nie *schedule* aufruft, wenn er über ein Spinlock verfügt.

Wenn Ihr Treiber wirklich das System zum Stillstand gebracht hat und Sie nicht wissen, wo Sie die *schedule*-Aufrufe einfügen sollen, dann ist es am besten, einige Ausgaben auf die Konsole einzufügen (indem Sie den `console_loglevel`-Wert verändern).

Manchmal scheint das System zu hängen, obwohl dies gar nicht der Fall ist. Das kann beispielsweise passieren, wenn die Tastatur auf irgendeine merkwürdige Art und Weise gesperrt bleibt. Dieses vermeintliche Hängenbleiben können Sie aufspüren, indem Sie die Ausgabe eines Programms beobachten, das Sie nur zu diesem Zweck betrachten.

Eine Uhr oder eine Systemlastanzeige sind eine gute Statusanzeige; solange diese aktualisiert, arbeitet auch der Scheduler noch. Wenn Sie keinen grafischen Bildschirm verwenden, können Sie den Scheduler durch ein Programm kontrollieren, das die Tastatur-LEDs blinken, den Motor des Diskettenlaufwerks periodisch anlaufen oder den Lautsprecher knacken läßt – normale Beeps sind ziemlich lästig und sollten vermieden werden; benutzen Sie statt dessen den *ioctl*-Befehl `KDMKTONE`. Ein Beispielprogramm, das die Tastatur-LED wie einen Herzschlag aufblinken läßt, ist in *misc-progs/heartbeat.c* in den Quellen auf dem FTP-Server von O'Reilly zu finden.

Wenn Ihre Tastatur keine Eingaben entgegennimmt, melden Sie sich am besten über Ihr Netzwerk beim System an und beenden alle kritischen Prozesse oder setzen die Tastatur (mit *kbd_mode –a*) zurück. Festzustellen, daß es sich lediglich um eine aufgehängte Tastatur handelt, ist aber wenig nützlich, wenn Sie kein Netzwerk zur Verfügung haben. In diesem Fall könnten Sie ein alternatives Eingabegerät einrichten, um wenigstens das System sauber neu zu starten. Ein Herunterfahren und Neustarten ist eine geringere Belastung für Ihren Computer als der sogenannte große rote Knopf und erspart Ihnen das zeitraubende *fsck*-Überprüfen Ihrer Festplatten.

Ein solches alternatives Eingabegerät kann beispielsweise die Maus sein. Version 1.10 und neuere Versionen des *gpm*-Maus-Servers enthalten eine Kommandozeilenoption, die eine ähnliche Funktionalität einschaltet, aber nur im Textmodus funktioniert. Wenn Sie keine Netzwerkverbindung haben und im Grafikmodus arbeiten, empfehlen wir Ihnen, eine eigene Lösung zu verwenden; etwa einen Schalter, der mit dem DCD-Pin der seriellen Schnittstelle verbunden ist und ein Skript, das diesen Status abfragt.

Ein unersetzliches Werkzeug in diesen Situationen ist die »magische SysRq-Taste«, die in 2.2 und neueren Kerneln auf mehr Architekturen als früher zur Verfügung steht. Die magische SysRq-Taste wird durch eine Kombination der Tasten ALT und SysRq auf der PC-Tastatur oder durch die Tasten ALT und Stop auf SPARC-Tastaturen ausgelöst. Eine dritte Taste, die gemeinsam mit diesen beiden gedrückt wird, führt eine aus einer Reihe nützlicher Aktionen aus, die in der folgenden Liste angegeben sind:

`r`
: Schaltet den rohen Tastaturmodus in Situationen aus, in denen Sie *kbd_mode* nicht verwenden können.

`k`
: Ruft die »Secure Attention«-(SAK)-Funktion auf. SAK beendet alle Prozesse, die in der aktuellen Konsole laufen, und hinterläßt Ihnen so ein sauberes Terminal.

`s`
: Führt eine Notsynchronisation aller Festplatten durch.

`u`
: Versucht, alle Festplatten nur lesbar neu zu mounten. Diese Operation, die normalerweise direkt nach einem *s* verwendet wird, kann eine Menge Zeit zum Überprüfen der Dateisysteme sparen, wenn das System in ernsthaften Schwierigkeiten ist.

`b`
: Startet das System unmittelbar neu. Achten Sie darauf, vorher die Festplatten zu synchronisieren und neu zu mounten.

`p`
: Gibt die aktuellen Registerinformationen aus.

`t` Gibt die aktuelle Task-Liste aus.

`m` Gibt Speicherinformationen aus.

Es gibt noch weitere magische SysRq-Funktionen; die vollständige Liste finden Sie in der Datei *sysrq.txt* im Verzeichnis *Documentation* in den Kernel-Quellen. Beachten Sie, daß SysRq explizit in der Kernel-Konfiguration eingeschaltet sein muß und daß dies in den meisten Distributionen aus offensichtlichen Sicherheitsgründen nicht der Fall ist. Auf einem System, auf dem Treiber entwickelt werden, lohnt es sich aber, sich die Mühe zu machen, einen neuen Kernel zu kompilieren, um SysRq zu ermöglichen. SysRq muß dann zur Laufzeit mit einem Befehl wie dem folgenden eingeschaltet werden:

```
echo 1 > /proc/sys/kernel/sysrq
```

Eine weitere Vorsichtsmaßnahme beim Reproduzieren von Systemaufhängern ist das nur lesbare Mounten (oder Entmounten) aller Festplatten. Wenn die Festplatten nur zum Lesen oder gar nicht gemountet sind, besteht nicht die Gefahr, daß die Dateisysteme beschädigt werden oder in einen inkonsistenten Zustand geraten. Eine andere Möglichkeit ist es, einen Computer zu verwenden, der alle seine Dateisysteme über NFS, das Network File System, mountet. Dazu muß »NFS-Root« im Kernel eingeschaltet sein und es müssen spezielle Parameter beim Booten übergeben werden. In diesem Fall können Sie selbst ohne SysRq jede Beschädigung von Dateisystemen vermeiden, weil die Kohärenz des Dateisystems von dem NFS-Server sichergestellt wird, den Ihr Gerätetreiber nicht mit in den Abgrund reißt.

Debugger und verwandte Werkzeuge

Der letzte Ausweg beim Debuggen von Modulen besteht in der Benutzung eines Debuggers, um den Code schrittweise zu durchlaufen und dabei den Wert von Variablen und Maschinenregistern zu beobachten. Dieser Ansatz kostet viel Zeit und sollte, wo immer möglich, vermieden werden. Trotzdem kann der genaue Einblick in den Code, den man mit einem Debugger bekommt, wertvoll sein.

Die Verwendung eines interaktiven Debuggers im Kernel ist allerdings eine Herausforderung. Der Kernel läuft in einem eigenen Adreßraum im Namen aller Prozesse im System. Als Folge davon sind eine Reihe von gängigen Funktionen in User-Space-Debuggern – wie Breakpoints und Einzelschrittausführung im Kernel – schwieriger zu erreichen. In diesem Abschnitt schauen wir uns mehrere Möglichkeiten an, den Kernel zu debuggen. Alle haben ihre Vor- und Nachteile.

gdb verwenden

gdb kann sehr nützlich sein, wenn Sie einen Blick in die System-Interna werfen wollen. Eine effiziente Verwendung des Debuggers auf dieser Ebene verlangt eine gewisse Vertrautheit mit den *gdb*-Befehlen, ein paar Kenntnisse über den Assembler-Codes der zugrundeliegenden Plattform und die Fähigkeit, Quellcode und optimierten Assembler-Code zusammenzubringen.

Der Debugger muß so aufgerufen werden, als wäre der Kernel ein Anwendungsprogramm. Zusätzlich zu dem Dateinamen eines unkomprimierten Kernel-Images sollten Sie auf der Kommandozeile den Namen einer Core-Datei angeben. Bei einem laufenden Kernel ist diese Core-Datei das Kernel-Core-Image */proc/kcore*. Ein typischer Aufruf des *gdb* sieht also so aus:

```
gdb /usr/src/linux/vmlinux /proc/kcore
```

Das erste Argument ist der Name des unkomprimierten Kernels, nicht von *zImage* oder *bzImage* oder von irgend etwas anderem Komprimiertem.

Das zweite Argument auf der Kommandozeile von *gdb* ist der Name der Core-Datei. Wie jede Datei in */proc* wird auch */proc/kcore* erzeugt, wenn sie ausgelesen wird. Wenn der Systemaufruf *read* im Dateisystem */proc* ausgeführt wird, wird dieser auf eine Funktion zur Generierung und nicht auf eine Funktion zur Abfrage von Daten abgebildet; wir haben davon bereits im Abschnitt »Verwenden des */proc*-Dateisystems« Gebrauch gemacht. *kcore* repräsentiert die *ausführbare Kernel-Datei* in Form einer Core-Datei. Diese Datei ist riesig, weil sie den gesamten Adreßraum des Kernels wiedergibt, der wiederum dem gesamten physikalischen Speicher entspricht. Aus dem *gdb* heraus können Sie Kernel-Variablen mit den normalen *gdb*-Befehlen ansehen. Beispielsweise gibt *p jiffies* die Anzahl der System-Ticks seit dem Starten des Systems an.

Wenn Sie Daten aus dem *gdb* ausgeben, läuft der Kernel noch, und die diversen Datenelemente haben zu verschiedenen Zeitpunkten verschiedene Werte. *gdb* optimiert allerdings den Zugriff auf die Core-Datei, indem einmal eingelesene Daten im Cache zwischengespeichert werden. Wenn Sie sich die Variable `jiffies` noch einmal ansehen, bekommen Sie die gleiche Antwort wie beim letzten Mal. Bei normalen Core-Dateien ist das Cachen von Werten zur Vermeidung zusätzlicher Festplattenzugriffe eine gute Sache, bei Verwendung eines *dynamischen* Cores aber natürlich unangenehm. Sie können das Programm umgehen, indem Sie jedesmal, wenn Sie den Cache des *gdb* leeren wollen, den Befehl *core-file /proc/kcore* eingeben. Der Debugger verwirft dann alle alten Informationen im Cache. Sie müssen aber nicht jedesmal `core-file` benutzen, wenn Sie einen neuen Wert auslesen wollen, denn *gdb* liest die Core-Datei in Blocks von wenigen Kilobytes und bewahrt nur solche Blocks im Cache auf, auf die bereits einmal zugegriffen wurde.

Viele normalerweise in *gdb* vorhandene Fähigkeiten stehen nicht zur Verfügung, wenn man mit dem Kernel arbeitet. Beispielsweise ist *gdb* nicht in der Lage, die Kernel-Daten zu ändern; er erwartet, das zu debuggende Programm unter eigener Kontrolle auszuführen, bevor mit dem Speicher herumgespielt werden kann. Außerdem ist es nicht möglich, Breakpoints oder Watchpoints zu setzen oder Kernel-Funktionen im Einzelschrittmodus zu durchlaufen.

Wenn Sie den Kernel mit Debug-Symbolen übersetzen (*–g*), dann ist die daraus resultierende *vmlinux*-Datei für die Verwendung mit *gdb* besser geeignet als eine ohne *–g* übersetzte Datei. Zum Übersetzen eines Kernels mit der Option *–g* benötigen Sie allerdings enorm viel Festplattenplatz (jede Objektdatei und der Kernel selbst sind dreimal (oder mehr) so groß wie sonst).

Auf Nicht-PCs sieht die Sache anders aus. Auf Alpha-Systemen entfernt `make boot` die Debugging-Symbole aus dem Kernel, bevor das bootfähige Image erzeugt wird, so daß Sie am Ende sowohl die Datei *vmlinux* als auch *vmlinux.gz* haben. Erstere kann mit dem *gdb*, letztere zum Booten verwendet werden. Auf Sparc-Systemen (zumindest im 2.0-Kernel) werden die Debugging-Symbole defaultmäßig nicht entfernt.

Wenn Sie den Kernel mit *–g* kompilieren und den Debugger zusammen mit */proc/kcore* auf *vmlinux* ansetzen, dann kann *gdb* eine Menge an Informationen über die Kernel-Interna ausgeben. Beispielsweise können Sie Befehle wie *p *module_list*, *p *module_list->next* und *p *chrdevs[4]->fops* verwenden, um an Strukturen heranzukommen. Diese Operationen sind vor allem dann hilfreich, wenn Sie die Symboltabelle des Kernels und den Quellcode parat haben.

Eine weitere nützliche Funktion von *gdb* ist das Disassemblieren von Funktionen im laufenden Kernel mit dem *disassemble*-Befehl (der auch als *disass* abgekürzt werden kann) oder mit dem Befehl zum Anzeigen von Maschinenanweisungen (*x/i*). Der Befehl `disassemble` erwartet als Argumente entweder einen Funktionsnamen oder einen Speicherbereich, während `x/i` eine Speicheradresse, ebenfalls in Form eines Symbolnamens, benötigt. Sie können beispielsweise mit `x/20i` zwanzig Anweisungen disassemblieren. Beachten Sie, daß Sie eine Modulfunktion nicht disassemblieren können, denn der Debugger arbeitet auf der Datei *vmlinux*, die von Ihrem Modul nichts weiß. Wenn Sie versuchen, ein Modul unter Angabe seiner Adresse zu disassemblieren, wird *gdb* höchstwahrscheinlich mit »Cannot access memory at xxxx« antworten. Aus dem gleichen Grund können Sie auch keine Moduldaten ansehen. Wenn Sie die Adresse der Variablen kennen, können diese aus */dev/mem* ausgelesen werden, aber es ist schwierig, die aus dem System-RAM ausgelesenen Daten zu interpretieren.

Wenn Sie eine Modulfunktion disassemblieren wollen, sollten Sie besser das Hilfsprogramm *objdump* verwenden. Unglücklicherweise arbeitet dieses Programm auf der Festplattenkopie der Datei und nicht auf der laufenden. Daher sind die von *objdump* angezeigten Adressen die Adressen vor der Relozierung und haben nichts mit der Ausführungsumgebung des Moduls zu tun. Ein weiterer Nachteil beim Disassemblieren der ungelinkten Objektdatei besteht darin, daß noch kein Funktionsaufruf aufgelöst ist, so daß es nicht so leicht ist, einen *printk*-Aufruf von einem *kmalloc*-Aufruf zu unterscheiden.

Wie Sie sehen, ist *gdb* ein nützliches Werkzeug, wenn Sie in einen laufenden Kernel hineinschauen wollen, aber es fehlen doch noch einige Funktionen, die man zum Debuggen von Gerätetreibern dringend braucht.

Der Kernel-Debugger kdb

Viele Leser fragen sich vielleicht, warum keine besseren Debugging-Möglichkeiten in den Kernel eingebaut sind. Die Antwort lautet schlicht und einfach, daß Linus nichts von interaktiven Debuggern hält. Er befürchtet, daß diese zu schlechten Fixes führen, die nur Symptome kurieren, anstatt die eigentliche Ursache des Problems zu beheben. Also gibt es keine eingebauten Debugger.

Andere Kernel-Entwickler hätten aber schon von Zeit zu Zeit ganz gern einmal interaktive Debugging-Werkzeuge. Ein solches Werkzeug ist der eingebaute Kernel-Debugger *kdb*, der als nicht-offizieller Patch von *oss.sgi.com* heruntergeladen werden kann. Um *kdb* verwenden zu können, müssen Sie sich diesen Patch holen (stellen Sie sicher, daß Sie eine Version haben, die zu Ihrer Kernel-Version paßt), diesen anwenden und den Kernel neu bauen und installieren. Beachten Sie, daß *kdb* derzeit nur für IA-32-(x86)-Systeme existiert (auch wenn eine IA-64-Version für einige Zeit in den Haupt-Kernel-Quellen vorhanden war, bis sie entfernt wurde).

Wenn Sie einen *kdb*-fähigen Kernel verwenden, gibt es einige Möglichkeiten, den Debugger zu starten. Das Drücken der Pause- (oder Break-)Taste auf der Konsole startet den Debugger. *kdb* startet auch, wenn ein Kernel-Oops auftritt oder wenn ein Breakpoint getroffen wird. In allen Fällen bekommen Sie eine Meldung wie die folgende:

```
Entering kdb (0xc1278000) on processor 1 due to Keyboard Entry
[1]kdb>
```

Beachten Sie, daß so ziemlich alles im Kernel anhält, während *kdb* läuft. Es sollte nichts auf einem System laufen, wenn Sie *kdb* aufrufen, insbesondere sollte das Netzwerk abgeschaltet sein (selbstverständlich nicht, wenn Sie einen Netzwerktreiber debuggen). Es ist im allgemeinen eine gute Idee, das System im Single User-Modus zu booten, wenn Sie *kdb* verwenden wollen.

Als Beispiel schauen wir uns eine schnelle Debugging-Sitzung mit *scull* an. Nehmen wir an, daß der Treiber bereits geladen ist. Dann können wir *kdb* mit folgendem Befehl veranlassen, einen Breakpoint in *scull_read* zu setzen:

```
[1]kdb> bp scull_read
Instruction(i) BP #0 at 0xc8833514 (scull_read)
    is enabled on cpu 1
[1]kdb> go
```

Der Befehl *bp* weist *kdb* an, anzuhalten, wenn der Kernel das nächste Mal in die Funktion *scull_read* gelangt. Danach setzen wir die Ausführung mit **go** fort. Nachdem wir etwas in eines der *scull*-Geräte geschrieben haben, können wir in einer Shell auf einem anderen Terminal *cat* ausführen, um das folgende Ergebnis zu bekommen:

```
Entering kdb (0xc3108000) on processor 0 due to Breakpoint @ 0xc8833515
Instruction(i) breakpoint #0 at 0xc8833514
scull_read+0x1:   movl   %esp,%ebp
[0]kdb>
```

Wir stehen jetzt am Anfang von *scull_read*. Ein Stack Trace zeigt uns, wie wir dorthin geraten sind:

```
[0]kdb> bt
    EBP       EIP         Function(args)
0xc3109c5c 0xc8833515  scull_read+0x1
0xc3109fbc 0xfc458b10  scull_read+0x33c255fc( 0x3, 0x803ad78, 0x1000, 0x1000, 0x804ad78)
0xbffffc88 0xc010bec0  system_call
[0]kdb>
```

kdb versucht, die Argumente aller Funktionen im Stack Trace auszugeben. Optimierungstricks des Compilers können den Debugger aber verwirren. Deswegen werden fünf Argumente bei *scull_read* ausgegeben, obwohl es nur vier gibt.

Es ist Zeit, sich einige Daten anzuschauen. Der Befehl *mds* manipuliert Daten; wir können damit den Wert des Zeigers `scull_devices` pointer abfragen:

```
[0]kdb> mds scull_devices 1
c8836104: c4c125c0 ....
```

Wir fragen hier nach einem Datenwort (vier Bytes), das an der Position `scull_devices` beginnt; die Antwort teilt uns mit, daß unser Geräte-Array ab der Adresse `c4c125c0` alloziert worden ist. Um sich die Gerätestruktur selbst anzuschauen, verwenden wir diese Adresse:

```
[0]kdb> mds c4c125c0
c4c125c0: c3785000  ....
c4c125c4: 00000000  ....
c4c125c8: 00000fa0  ....
c4c125cc: 000003e8  ....
c4c125d0: 0000009a  ....
c4c125d4: 00000000  ....
c4c125d8: 00000000  ....
c4c125dc: 00000001  ....
```

Die hier gezeigten acht Zeilen entsprechen den acht Feldern in der Struktur `Scull_Dev`. Wir sehen also, daß der Speicher des ersten Geräts ab der Adresse `0xc3785000` alloziert ist, daß es kein weiteres Element in der Liste gibt, daß das Quantum 4000 (hex fa0) und die Array-Größe 1000 (hex 3e8) ist, daß es 154 Datenbytes (hex 9a) im Gerät gibt und so weiter.

kdb kann die Daten auch ändern. Wenn wir etwa Daten aus dem Gerät löschen wollen, könnten wir folgendes eingeben:

```
[0]kdb> mm c4c125d0 0x50
0xc4c125d0 = 0x50
```

Der nächste *cat*-Aufruf auf diesem Gerät gibt weniger Daten zurück als vorher.

kdb hat eine Reihe weiterer Fähigkeiten wie Einzelschrittausführung (anweisungsweise, nicht per C-Quellcode-Zeile), Setzen von Breakpoints bei Datenzugriff, Disassemblieren von Code, Durchlaufen verketteter Listen, Zugriff auf Registerdaten und andere. Nach dem Anwenden des *kdb*-Patches finden Sie die vollständigen Manual-Pages im Verzeichnis *Documentation/kdb* in den Kernel-Quellen.

Der Integrated Kernel Debugger-Patch

Eine Reihe von Kernel-Entwicklern haben einen inoffiziellen Patch namens *Integrated Kernel Debugger* oder IKD beigesteuert. IKD liefert eine Reihe nützlicher Funktionen zum Debuggen von Kerneln. x86 ist die Hauptplattform für diesen Patch, aber ein großer Teil davon funktioniert auch auf anderen Architekturen. Sie finden den Patch derzeit unter *ftp://ftp.kernel.org/pub/linux/kernel/people/andrea/ikd*. Sie müssen ihn auf Ihre Kernel-Quellen anwenden; der Patch ist versionsabhängig; laden Sie also die zu Ihrem Kernel passende Version herunter.

Eines der Features des IKD-Patches ist ein Kernel Stack Debugger. Wenn Sie dieses Feature ausschalten von Interrupts, überprüft der Kernel bei jedem Funktionsaufruf die Menge des freien Platzes auf dem Kernel-Stack und erzwingt ein Oops, wenn dieser zu klein wird. Wenn etwas in Ihrem Kernel den Stack durcheinanderbringt, dann können Sie das mit diesem Werkzeug herausfinden. Es gibt auch ein »Stack Meter«, mit dem Sie jederzeit sehen können, wie dicht Sie an die Füllgrenze des Stacks herangekommen sind.

Der IKD-Patch enthält auch Werkzeuge zum Einkreisen von Kernel-Lockups. Ein »Soft Lockup«-Detektor erzwingt ein Oops, wenn eine Kernel-Prozedur zu lange läuft, ohne den Scheduler aufzurufen. Dies wird durch Zählen der Funktionsaufrufe implementiert; wenn diese Zahl einen vorkonfigurierten Grenzwert überschreitet, bricht der Prozeß die Ausführung ab. Ein anderes Feature kann ununterbrochen den Programmzähler auf einer virtuellen Konsole ausgeben; dieses ist das allerletzte Mittel, wenn Sie nach Lockups suchen. Der Semaphor-Deadlock-Detektor erzwingt ein Oops, wenn ein Prozeß zuviel Zeit in einem *down*-Aufruf verbringt.

Weitere Debugging-Funktionalitäten in IKD sind die Kernel-Trace-Fähigkeit, mit der die Pfade aufgezeichnet werden können, die der Kernel-Code nimmt. Es gibt einige Werkzeuge zum Debuggen des Speichers, darunter einen Leak-Detektor und mehrere »Speichermusterprüfer«, die nützlich sein können, wenn Sie Speicherkorruptionsproblemen auf die Spur kommen wollen.

Schließlich enthält IKD auch eine Version des *kdb*-Debuggers, den wir im letzten Abschnitt besprochen haben. Derzeit ist die im IKD-Patch enthaltene *kdb*-Version aber etwas älter. Wenn Sie *kdb* benötigen, empfehlen wir Ihnen, sich die neueste Version direkt von *oss.sgi.com* zu holen.

Der kgdb-Patch

kgdb ist ein Patch, der die vollständige Verwendung von *gdb* auf dem Linux-Kernel erlaubt, allerdings nur auf x86-Systemen. Der Patch hakt sich in das zu debuggende System über eine serielle Leitung ein, auf deren anderem Ende *gdb* läuft. Sie brauchen also zwei Systeme, um *kgdb* verwenden zu können: eines, um den Debugger laufen zu lassen, und eines, das den zu debuggenden Kernel enthält. Wie *kdb* kann auch *kgdb* von *oss.sgi.com* heruntergeladen werden.

Das Einrichten von *kgdb* erfordert das Einspielen eines Kernel-Patches und das Booten des geänderten Kernels. Sie müssen die beiden Systeme mit einem seriellen Kabel (einem Null-Modem-Kabel) verbinden und einige Hilfsdateien auf der *gdb*-Seite der Verbindung installieren. Der Patch enthält detaillierte Anweisungen in der Datei *Documentation/i386/gdb-serial.txt*; wir drucken diese hier nicht ab. Lesen Sie sich auf jeden Fall die Anweisungen zum Debuggen von Modulen durch; gegen Ende finden Sie einige nützliche *gdb*-Makros, die genau zu diesem Zweck geschrieben worden sind.

Kernel Crash Dump Analyzer

Crash Dump Analyzer ermöglichen es dem System, seinen Zustand aufzuzeichnen, wenn ein Oops auftritt, so daß der Zustand hinterher nach Belieben analysiert werden kann. Dies kann besonders nützlich sein, wenn Sie es mit einem Treiber eines Benutzers an einem anderen Ort zu tun haben. Viele Benutzer wollen nicht gern Oops-Meldungen abschreiben, so daß Sie durch die Installation eines solchen Systems Informationen über das Problem des Benutzers bekommen können, ohne daß dieser dazu einen Finger rühren muß. Es ist daher auch nicht erstaunlich, daß die verfügbaren Crash Dump Analyzer von Firmen geschrieben worden sind, die Support für Benutzersysteme anbieten.

Es gibt derzeit zwei Crash Dump Analyzer-Patches für Linux. Beide waren relativ neu, als wir diesen Abschnitt geschrieben haben, und befanden sich noch mitten in der Entwicklung. Anstatt hier vermutlich veraltete Informationen zu präsentieren, beschränken wir uns darauf, Ihnen einen Überblick zu geben und auf weitere Informationsquellen zu verweisen.

Der erste Analyzer ist LKCD (Linux Kernel Crash Dumps). Auch dieses Programm stammt von *oss.sgi.com*. Wenn ein Kernel-Oops auftritt, schreibt LKCD eine Kopie des aktuellen Systemzustands (hauptsächlich den Speicher) in das Dump-Gerät, das Sie vorher angegeben haben. Dieses muß ein System-Swap-Bereich sein. Ein Hilfsprogramm namens *LCRASH* wird nach dem nächsten Neustart (vor dem Einschalten des Swapping) ausgeführt, um eine Zusammenfassung des Crashs zu erzeugen und optional eine Kopie des Auszugs in einer konventionellen Datei zu speichern. *LCRASH* kann interaktiv ausgeführt werden und liefert eine Reihe von Debugger-artigen Befehlen zum Abfragen des Systemzustands.

LKCD wird derzeit nur für die Intel-32-Bit-Architektur unterstützt und funktioniert nur mit Swap-Partitionen auf SCSI-Festplatten.

Ein weiteres Crash Dump-Programm finden Sie auf *www.missioncriticallinux.com*. Dieses erzeugt Crash Dump-Dateien direkt in */var/dumps* und verwendet den Swap-Bereich nicht. Dies macht manches einfacher, bedeutet aber auch, daß das System das Dateisystem zu einem Zeitpunkt modifizieren muß, zu dem schon etwas schiefgegangen ist. Die erzeugten Crash Dumps liegen im Standardformat für Core-Dateien vor; Werkzeuge wie *gdb* können also für die Post-Mortem-Analyse verwendet werden. Dieses Package enthält auch einen separaten Analyzer, der mehr Informationen als *gdb* aus Crash Dump-Dateien extrahieren kann.

Die User-Modus-Linux-Portierung

User-Modus-Linux ist ein interessantes Konzept. Es ist als separate Portierung des Linux-Kernels mit eigenem *arch/um*-Unterverzeichnis strukturiert. Es läuft aber nicht auf einer neuen Art von Hardware, sondern als virtuelle Maschine, die unter Verwendung der Linux-Systemaufrufe implementiert ist. User-Modus-Linux erlaubt es dem Linux-Kernel also, als separater Prozeß im User-Modus auf einem Linux-System zu laufen.

Die Verfügbarkeit einer Kernel-Kopie, die im User-Modus läuft, bringt eine Reihe von Vorteilen mit sich. Weil es sich um einen beschränkten, virtuellen Prozessor handelt, kann ein fehlerhafter Kernel nicht das »richtige« System zerstören. Verschiedene Hardware- und Software-Konfigurationen können leicht auf dem gleichen Rechner ausprobiert werden. Und, was vielleicht am wichtigsten für Kernel-Entwickler ist, der User-Modus-Kernel kann leicht mit *gdb* oder einem anderen Debugger manipuliert werden – schließlich ist er einfach nur ein weiterer Prozeß. User-Modus-Linux hat eindeutig das Potential, die Kernel-Entwicklung zu beschleunigen.

Derzeit wird User-Modus-Linux nicht im normalen Kernel mitgeliefert, sondern muß separat von *http://user-mode-linux.sourceforge.net* heruntergeladen werden. Es heißt, daß User-Modus-Linux in eine der 2.4-Versionen nach 2.4.0 integriert werden soll; das könnte schon der Fall sein, wenn Sie dies lesen.

User-Modus-Linux weist derzeit auch noch einige wesentliche Einschränkungen auf, von denen die meisten sicherlich bald behoben werden. Der virtuelle Prozessor arbeitet derzeit nur im Einzelprozessor-Modus; die Portierung läuft problemlos auf einem SMP-System, kann aber nur einen Einzelprozessor-Host emulieren. Das größte Problem für Treiber-Autoren ist aber, daß der User-Modus-Kernel keinen Zugriff auf die Hardware des Host-Systems hat. Er kann daher zwar nützlich sein, um die meisten der Beispiel-Treiber in diesem Buch zu debuggen, aber nicht für Treiber verwendet werden, bei denen es um echte Hardware geht. Schließlich gibt es User-Modus-Linux nur für die IA-32-Architektur.

Weil an all diesen Problemen bereits gearbeitet wird, wird User-Mode-Linux in naher Zukunft ein unverzichtbares Werkzeug für Programmierer von Linux-Gerätetreibern sein.

Das Linux Trace Toolkit

Das Linux Trace Toolkit (LTT) ist ein Kernel-Patch samt dazugehörigen Hilfsprogrammen, mit denen Ereignisse im Kernel verfolgt werden können. Der Trace enthält Timing-Informationen und kann ein ziemlich vollständiges Bild darüber liefern, was zu einem bestimmten Zeitpunkt passiert ist. Daher kann LTT nicht nur zum Debuggen, sondern auch zum Einkreisen von Performance-Problemen verwendet werden.

LTT finden Sie zusammen mit einer ausführlichen Dokumentation unter *www.opersys.com/LTT*.

Dynamic Probes

Dynamic Probes (oder DProbes) ist ein Debugging-Werkzeug, das von IBM unter der GPL für die IA-32-Architektur freigegeben wurde. Es erlaubt das Einsetzen einer »Sonde« an fast jeder Stelle im System, sowohl im User als auch im Kernel-Space. Die Sonde besteht aus Code (der in einer speziellen, Stack-orientierten Sprache geschrieben wird), der ausgeführt wird, wenn die jeweilige Stelle erreicht wird. Dieser Code kann Informationen an den User-Space zurückliefern, Register ändern oder eine Reihe anderer Dinge tun. DProbes ist deswegen so nützlich, weil Sonden ohne ein Neukompilieren des Kernels oder ein Rebooten an beliebigen Stellen in einem laufenden System eingefügt werden können, wenn DProbes einmal in den Kernel eingebaut worden ist. DProbes kann auch mit dem Linux Trace Toolkit zusammenarbeiten, um neue Tracing-Ereignisse an beliebigen Stellen einzusetzen.

DProbes kann vom IBMs Open Source-Site *oss.software.ibm.com* heruntergeladen werden.

KAPITEL 5

Fortgeschrittene Operationen in Zeichen-Treibern

In Kapitel 3 haben wir einen vollständigen Gerätetreiber geschrieben, auf den der Benutzer schreiben und aus dem er lesen kann. Ein echtes Gerät bietet aber normalerweise viel mehr Möglichkeiten als synchrones Lesen und Schreiben. Jetzt, da wir wissen, wie wir auf die Fehlersuche gehen können, wenn etwas schiefgeht, können wir weitermachen und neue Operationen implementieren.

Eine der Funktionalitäten, die normalerweise zum Lesen und Schreiben hinzukommen, ist das Steuern der Hardware über den Gerätetreiber. Diese Kontrolloperationen werden normalerweise in der *ioctl*-Methode implementiert. Die Alternative wäre es, den auf das Gerät geschriebenen Datenfluß zu analysieren und spezielle Sequenzen als Steuerbefehle zu interpretieren. Diese Technik sollte vermieden werden, weil sie verlangt, daß einzelne Zeichen zu Steuerzwecken reserviert werden und deswegen nicht mehr im Datenfluß auftauchen dürfen. Außerdem ist diese Technik komplexer als *ioctl*. Trotzdem ist dieser Ansatz manchmal nützlich und wird von TTYs und anderen Geräten verwendet. Wir beschreiben ihn weiter hinten in diesem Kapitel in »Geräte ohne ioctl steuern«.

Wie wir im vorigen Kapitel schon angedeutet haben, stellt der Systemaufruf *ioctl* einen gerätespezifischen Einsprungpunkt für den Treiber dar, um »Steuerbefehle« zu handhaben. *ioctl* ist insofern gerätespezifisch, als es – im Gegensatz zu *read* und anderen Methoden – den Applikationen ermöglicht, auf spezielle Merkmale der angesprochenen Hardware zuzugreifen. Dazu können die Konfiguration des Gerätes und das Wechseln von Betriebsmodi gehören. Diese Steuerbefehle stehen normalerweise nicht über *read* oder *write* zur Verfügung. Beispielsweise wird alles, was Sie auf einen seriellen Port schreiben, als Kommunikationsdaten verwendet; Sie können nicht durch Schreibvorgänge die Baudrate des Gerätes ändern. Genau dafür, für die Steuerung des I/O-Kanals, ist *ioctl* gedacht.

Ein weiteres wichtiges Merkmal echter Geräte (im Gegensatz zu *scull*) ist es, daß die gelesenen oder geschriebenen Daten mit anderer Hardware ausgetauscht werden, was eine

Synchronisation erfordert. Diese Lücke wird durch blockierende I/O und asynchrone Benachrichtigung gefüllt. Wir werden dies in diesem Kapitel anhand eines modifizierten *scull*-Gerätes erläutern. Der Treiber verwendet eine Interaktion zwischen verschiedenen Prozessen, um asynchrone Ereignisse zu erzeugen. Wie beim ursprünglichen *scull* brauchen wir auch hier keine Spezial-Hardware, um den Treiber auszuprobieren. Wir *werden* uns auch noch mit richtiger Hardware beschäftigen, aber erst in Kapitel 8.

ioctl

Die *ioctl*-Funktion im User-Space entspricht dem folgenden Prototyp:

```
int ioctl(int fd, int cmd, ...);
```

Dieser Prototyp unterscheidet sich von den anderen Unix-Systemaufrufen durch die Punkte, die normalerweise auf eine variable Anzahl von Argumenten hinweisen. In einem realen System kann ein Systemaufruf aber nicht eine variable Anzahl von Argumenten haben. Systemaufrufe müssen eine wohldefinierte Anzahl von Argumenten haben, denn Anwendungsprogramme können auf diese (wie in »User-Space und Kernel-Space« in Kapitel 2 beschrieben) nur durch Hardware-»Tore« zugreifen. Daher repräsentieren die Punkte im Prototyp keine variable Anzahl von Argumenten, sondern ein einziges optionales Argument, das traditionell als `char *argp` bezeichnet wird. Die Punkte sind einfach nur da, um während des Kompilierens die Typenüberprüfung abzuschalten. Was das dritte Argument bedeutet, hängt vom jeweiligen Steuerbefehl ab (dem zweiten Argument). Manche Befehle erwarten keine Argumente, andere einen Integer-Wert und wieder andere erwarten einen Zeiger auf andere Daten. Mit einem Zeiger können beliebige Daten an den *ioctl*-Aufruf übergeben werden; das Gerät kann eine beliebige Menge von Daten mit dem User-Space austauschen.

Die *ioctl*-Treibermethode verwendet ihre Argumente entsprechend der folgenden Deklaration:

```
int (*ioctl) (struct inode *inode, struct file *filp,
              unsigned int cmd, unsigned long arg);
```

Die Zeiger `inode` und `filp` sind die Werte, die dem von der Applikation übergebenen Dateideskriptor `fd` entsprechen, und werden genauso benutzt wie bei *open*. Das `cmd`-Argument wird unverändert übergeben, das optionale `arg`-Argument wird dagegen in Form eines `unsigned long` übergeben, egal ob es sich dabei ursprünglich um einen Integer-Wert oder einen Zeiger handelte. Wenn das aufrufende Programm das dritte Argument nicht übergibt, dann bekommt auch der Treiber kein sinnvolles `arg` übergeben.

Da beim dritten Argument die Typprüfung abgeschaltet ist, kann der Compiler Sie nicht warnen, wenn Sie ein ungültiges Argument an *ioctl* übergeben; Sie werden den Fehler also bis zur Laufzeit des Programms nicht bemerken. Diese fehlende Kontrolle kann als kleineres Problem der *ioctl*-Definition angesehen werden, ist aber ein Preis, den man für die allgemeine Funktionalität bezahlen muß.

Wie Sie sich vorstellen können, bestehen die meisten Implementationen von *ioctl* aus einer `switch`-Anweisung, die das korrekte Verhalten anhand des `cmd`-Arguments auswählt. Verschiedene Befehle haben verschiedene numerische Werte, die normalerweise in Form symbolischer Namen angegeben werden, um den Code zu vereinfachen. Ein symbolischer Name wird durch eine Präprozessor-Definition zugewiesen. Benutzerdefinierte Treiber deklarieren solche Symbole für gewöhnlich in ihren Header-Dateien; *scull.h* tut das für *scull*. Benutzerprogramme müssen natürlich diese Header-Datei einbinden, um auf diese Symbole zugreifen zu können.

Die ioctl-Befehle auswählen

Bevor Sie Code für *ioctl* schreiben, müssen Sie die Zahlen auswählen, die den Befehlen entsprechen sollen. Unglücklicherweise funktioniert die naheliegendste Möglichkeit, nämlich kleine Nummern, mit 1 beginnend, zu nehmen, nicht besonders gut.

Die Befehlsnummern sollten im ganzen System eindeutig sein, um Fehler zu vermeiden, bei denen der richtige Befehl an das falsche Gerät geschickt wird. So eine Verwechslung kann leicht passieren. So kann ein Programm beispielsweise versuchen, die Baudrate eines nicht-seriellen Eingabegerätes wie eines FIFOs oder eines Audiogeräts zu verändern. Wenn jede *ioctl*-Nummer nur einmal auftritt, dann bekommt die Applikation einen `EINVAL`-Fehler zurück, anstatt erfolgreich etwas Unbeabsichtigtes zu tun.

Um Programmierern dabei zu helfen, eine solche Eindeutigkeit zu erreichen, sind diese Codes in mehrere Bitfelder aufgeteilt worden. Die ersten Versionen von Linux verwendeten 16-Bit-Zahlen: die oberen acht Bits waren eine »magische« Nummer, die zum Gerät gehörte, und die unteren acht eine fortlaufende Nummer innerhalb dieses Gerätes. Der Grund dafür war, daß Linus »keinen Plan hatte« (um ihn zu zitieren), und man erst später auf eine bessere Aufteilung der Bitfelder kam. Unglücklicherweise verwenden eine ganze Reihe von Treibern weiterhin die alte Konvention. Das geht auch nicht anders: Ein Ändern der Befehlscodes würde Unmengen von Binärprogrammen nicht mehr funktionieren lassen. In unseren Quellen werden wir aber ausschließlich die neue Konvention für Befehlscodes verwenden.

Um *ioctl*-Nummern entsprechend der neuen Konvention für Ihren Treiber auszuwählen, sollten Sie zunächst *include/asm/ioctl.h* und *Documentation/ioctl-number.txt* lesen. Die Header-Datei definiert die Bitfelder, die Sie verwenden werden: Typ (magische Zahl), laufende Nummer, Übertragungsrichtung und Größe des Arguments. *ioctl-number.txt* führt die im Kernel verwendeten magischen Nummern auf, damit Sie Ihre eigenen Nummern ohne Überlappungsgefahr wählen können. Diese Textdatei nennt auch die Gründe, warum dieser Konvention gefolgt werden sollte.

Die alte und jetzt nicht mehr empfohlene Methode, eine *ioctl*-Nummer auszuwählen, war einfach: Wähle eine magische 8-Bit-Zahl wie »k« (Hex 0x6b), und addiere eine ganze Zahl, wie im folgenden Beispiel:

```
#define SCULL_IOCTL1 0x6b01
#define SCULL_IOCTL2 0x6b02
/* .... */
```

Wenn sich Applikation und Treiber über die Zahlen einig sind, müssen Sie nur die `switch`-Anweisung im Treiber implementieren. Diese Methode, *ioctl*-Nummern zu definieren, die aus alter Unix-Tradition stammt, sollte aber heute nicht mehr verwendet werden. Wir haben Ihnen das nur gezeigt, damit Sie einen Eindruck davon bekommen, wie *ioctl*-Nummern aussehen.

Die neue Methode verwendet vier Bitfelder, die die folgenden Bedeutungen haben. Alle neuen Symbole, die wir in dieser Liste einführen, sind in `<linux/ioctl.h>` definiert.

`type`
: Die magische Zahl. Wählen Sie einfach eine Zahl (nachdem Sie *ioctl-number.txt* zu Rate gezogen haben), und benutzen Sie diese im gesamten Treiber. Dieses Feld ist 8 Bit breit (`_IOC_TYPEBITS`).

`number`
: Die laufende Nummer. Sie ist 8 Bits breit (`_IOC_NRBITS`).

`direction`
: Die Richtung der Datenübertragung, falls bei diesem Befehl Daten übertragen werden. Die möglichen Werte sind `_IOC_NONE` (keine Datenübertragung), `_IOC_READ`, `_IOC_WRITE` und `_IOC_READ; | _IOC_WRITE` (Daten werden in beiden Richtungen übertragen). Datentransfers werden aus Sicht der Applikation bezeichnet; `_IOC_READ` bedeutet also, daß *vom* Gerät gelesen wird, der Treiber muß also in den User-Space schreiben. Beachten Sie, daß dieses Feld eine Bitmaske ist; `_IOC_READ` und `_IOC_WRITE` können also mit einer logischen UND-Operation extrahiert werden.

`size`
: Die Menge der betroffenen Daten. Die Breite dieses Feldes ist architekturabhängig und variiert zur Zeit von 8 bis 14 Bit. Sie können den Wert für Ihre Architektur aus dem Makro `_IOC_SIZEBITS` ermitteln. Wenn Sie Ihren Treiber portabel halten wollen, sollten Sie sich jedoch nicht auf mehr als 255 verlassen. Sie müssen dieses Feld nicht verwenden. Wenn Sie größere Datentransfers benötigen, können Sie es einfach ignorieren. Wir werden bald sehen, wozu es gut ist.

Die Header-Datei `<asm/ioctl.h>`, die von `<linux/ioctl.h>` eingebunden wird, definiert Makros, mit denen Sie Befehlsnummern wie folgt erzeugen können: `_IO(type,nr)`, `_IOR(type,nr,dataitem)`, `_IOW(type,nr,dataitem)` und `_IOWR(type,nr,dataitem)`. Jedes Makro entspricht einem der möglichen Werte für die Übertragungsrichtung. Die Felder `type` und `number` werden als Argumente übergeben, und das Feld `size` wird abgeleitet, indem Sie *sizeof* auf das Argument `dataitem` anwenden. Außerdem definiert die Header-Datei

Makros, um die Nummern wieder zu decodieren: `_IOC_DIR(nr)`, `_IOC_TYPE(nr)`, `_IOC_NR(nr)` und `_IOC_SIZE(nr)`. Wir werden hier nicht weiter auf diese Makros eingehen. Die Header-Datei ist leicht zu lesen, und weiter unten finden Sie auch Beispiel-Code.

Das folgende Listing zeigt, wie *ioctl*-Befehle in *scull* definiert werden. Konkret setzen diese Befehle die konfigurierbaren Parameter des Treibers bzw. fragen sie ab.

```
/* 'k' als Magic Number verwenden */
#define SCULL_IOC_MAGIC  'k'

#define SCULL_IOCRESET    _IO(SCULL_IOC_MAGIC, 0)

/*
 * S steht fuer "Setzen": ueber einen Zeiger
 * T steht fuer "Tell" (Sagen, Setzen): direkt ueber den Argumentwert
 * G steht fuer "Get" (Abholen): Antwort durch Setzen ueber den Zeiger
 * Q steht fuer "Query" (Abfrage): Rueckgabewert ist die Antwort
 * X steht fuer "eXchange": G und S atomar
 * H steht fuer "sHift": T und Q atomar
 */
#define SCULL_IOCSQUANTUM _IOW(SCULL_IOC_MAGIC, 1, scull_quantum)
#define SCULL_IOCSQSET   _IOW(SCULL_IOC_MAGIC, 2, scull_qset)
#define SCULL_IOCTQUANTUM _IO(SCULL_IOC_MAGIC,  3)
#define SCULL_IOCTQSET   _IO(SCULL_IOC_MAGIC,  4)
#define SCULL_IOCGQUANTUM _IOR(SCULL_IOC_MAGIC, 5, scull_quantum)
#define SCULL_IOCGQSET   _IOR(SCULL_IOC_MAGIC, 6, scull_qset)
#define SCULL_IOCQQUANTUM _IO(SCULL_IOC_MAGIC,  7)
#define SCULL_IOCQQSET   _IO(SCULL_IOC_MAGIC,  8)
#define SCULL_IOCXQUANTUM _IOWR(SCULL_IOC_MAGIC, 9, scull_quantum)
#define SCULL_IOCXQSET   _IOWR(SCULL_IOC_MAGIC,10, scull_qset)
#define SCULL_IOCHQUANTUM _IO(SCULL_IOC_MAGIC, 11)
#define SCULL_IOCHQSET   _IO(SCULL_IOC_MAGIC, 12)
#define SCULL_IOCHARDRESET _IO(SCULL_IOC_MAGIC, 15) /* zum Debuggen */

#define SCULL_IOC_MAXNR 15
```

Der letzte Befehl, `HARDRESET`, wird benutzt, um den Verwendungszähler des Moduls auf Null zurückzusetzen, so daß das Modul entladen werden kann, wenn etwas mit dem Zähler schiefgeht. Die echte Quelldatei definiert auch die Befehle zwischen `IOCHQSET` und `HARDRESET`, die hier nicht zu sehen sind.

Wir haben uns entschieden, beide Möglichkeiten der Übergabe von Integer-Argumenten zu implementieren – über einen Zeiger und als expliziter Wert –, auch wenn es eine etablierte Konvention ist, daß *ioctl* Daten über Zeiger übergibt. Entsprechend sind auch beide Möglichkeiten, eine Integer-Zahl zurückzugeben, implementiert: über einen Zeiger oder über den Rückgabewert. Das funktioniert, solange der Rückgabewert eine positive ganze Zahl ist, denn positive Werte bleiben erhalten (wie wir es schon bei *read* und *write* gesehen haben), während negative Werte als Fehler-Code interpretiert werden und im User-Space in errno landen.

Die »Austausch«- (*exchange*) und »Verschiebe«- (*shift*) Operationen sind für *scull* nicht so besonders nützlich. Wir haben »exchange« implementiert, um zu zeigen, wie der Treiber mehrere Operationen zu einer einzigen atomaren Operation kombinieren kann, und haben »shift« implementiert, um »tell« und »query« zu ergänzen. Manchmal werden solche atomaren[1] test-and-set-Operationen benötigt, insbesondere dann, wenn Applikationen Sperren setzen und freigeben müssen.

Die explizite laufende Nummer hat keine spezielle Bedeutung. Sie wird nur benutzt, um die einzelnen Befehle auseinanderzuhalten. Natürlich könnten Sie auch die gleiche laufende Nummer für einen lesenden und einen schreibenden Befehl verwenden, weil sich die eigentliche *ioctl*-Nummer in den »direction«-Bits unterscheidet, aber es gibt keinen Grund dafür, das zu tun. Wir haben uns entschieden, die laufende Nummer nur in der Deklaration zu verwenden, so daß wir ihr keinen symbolischen Wert zugewiesen haben. Daher stehen in der obigen Definition explizite Zahlen. Wir zeigen Ihnen hier eine Möglichkeit, die Befehlsnummern zu verwenden; Sie können das auch anders machen.

Der Wert des *ioctl*-`cmd`-Arguments wird derzeit nicht vom Kernel benutzt, und es ist unwahrscheinlich, daß das in der Zukunft passieren wird. Daher könnten Sie, wenn Sie faul sind, auch die komplexen, oben gezeigten Deklarationen vermeiden und explizit einen Satz von skalaren Nummern deklarieren. Auf der anderen Seite könnten Sie dann aber nicht von den Bitfeldern profitieren können. Die Header-Datei `<linux/kd.h>` ist ein Beispiel für diesen veralteten Ansatz, bei dem skalare 16-Bit-Werte zur Definition der *ioctl*-Befehle verwendet wurden. Diese Quelldatei verließ sich auf skalare Nummern, weil sie die damals verfügbare Technologie verwendete, und nicht etwa aus Faulheit. Wenn man die Datei jetzt noch ändern würde, würde das zu einer umfassenden Inkompatibilität führen.

Der Rückgabewert

Die Implementation von *ioctl* ist normalerweise eine `switch`-Anweisung auf Basis der Befehlsnummer. Aber was sollte im `default`-Fall gemacht werden, also wenn die Befehlsnummer nicht zu einer gültigen Operation gehört? Diese Frage wird kontrovers diskutiert. Die meisten Kernel-Funktionen geben `-EINVAL` (»invalid argument«, ungültiges Argument) zurück, was sinnvoll ist, denn der Befehlswert ist ja ungültig. Der POSIX-Standard schreibt allerdings vor, daß in diesem Fall `-ENOTTY` zurückgegeben werden sollte. Der dazugehörige Text ist in allen Bibliotheken bis einschließlich *libc5* »Not a typewriter«. Erst in *libc6* wurde das in »Inappropriate ioctl for device« geändert, was die Sache besser trifft. Weil die meisten neueren Linux-Systeme *libc6*-basiert sind, bleiben wir beim Standard und verwenden `-ENOTTY`. Es ist aber immer noch recht gebräuchlich, `-EINVAL` als Antwort auf einen ungültigen *ioctl*-Befehl zurückzugeben.

1 Ein Stückchen Programmcode heißt atomar, wenn es immer wie eine einzige Anweisung ausgeführt wird, ohne daß zwischendrin der Prozessor unterbrochen werden und etwas anderes (wie die Ausführung anderen Codes) passieren kann.

Die vordefinierten Befehle

Auch wenn der *ioctl*-Systemaufruf meistens auf Geräten arbeitet, erkennt der Kernel einige Befehle selbst. Beachten Sie, daß diese Befehle, wenn Sie auf Ihr Gerät angewendet werden, decodiert werden, bevor Ihre eigenen Datei-Operationen aufgerufen werden. Wenn Sie also die gleiche Nummer für einen Ihrer *ioctl*-Befehle verwenden, dann wird dieser Befehl nie aufgerufen werden, und die Applikation wird nach etwas Unerwartetem fragen, weil die *ioctl*-Nummer nicht eindeutig ist.

Die vordefinierten Befehle sind in drei Gruppen eingeteilt:

- diejenigen Befehle, die auf jeder Datei (normale Datei, Gerätedatei, *FIFO* und Socket) ausgeführt werden können
- diejenigen Befehle, die nur auf normalen Dateien ausgeführt werden können
- Dateisystemtyp-spezifische Befehle

Die Befehle in der letzten Gruppe werden von der Implementation des umgebenden Dateisystems ausgeführt (siehe den Befehl *chattr*). Autoren von Gerätetreibern interessieren sich nur für die erste Gruppe von Befehlen, deren magische Zahl »T« ist. Wie die anderen Gruppen funktionieren, können Sie sich bei Interesse selbst anschauen; *ext2_ioctl* ist eine äußerst interessante Funktion (wenn auch einfacher, als Sie vielleicht vermuten), weil sie die Flags für append-only und für die Unveränderlichkeit implementiert.

Die folgenden *ioctl*-Befehle sind auf jeder Datei vordefiniert:

`FIOCLEX`
: Setzt den close-on-exec-Schalter (File IOctl CLose on EXec). Das Setzen dieses Flags sorgt dafür, daß der Dateideskriptor geschlossen wird, wenn der aufrufende Prozeß ein neues Programm ausführt.

`FIONCLEX`
: Setzt den close-on-exec-Schalter zurück.

`FIOASYNC`
: Schaltet die asynchrone Benachrichtigung für die Datei ein oder aus (siehe dazu den Abschnitt »Asynchrone Benachrichtigung« weiter hinten in diesem Kapitel). Beachten Sie, daß die Kernel-Versionen bis einschließlich 2.2.4 diesen Befehle fälschlicherweise dazu verwendeten, das `O_SYNC`-Flag zu ändern. Weil beide Aktionen auch anders erreicht werden können, verwendet niemand den Befehl `FIOASYNC`, der hier nur aus Gründen der Vollständigkeit aufgeführt ist.

`FIONBIO`
: »File IOctl Nonblocking I/O« (wird später in »Blockierende und nicht-blockierende Operationen« beschrieben). Dieser Aufruf modifiziert den `O_NONBLOCK`-Schalter in `filp->f_flags`. Das dritte Argument des Systemaufrufs wird benutzt, um zu bestimmen, ob der Schalter gesetzt oder zurückgesetzt werden soll. Wir werden später

noch auf die Aufgabe dieses Schalters zurückkommen. Beachten Sie, daß dieser Schalter auch mit dem Systemaufruf *fcntl* unter Verwendung des *F_SETFL*-Befehls verändert werden kann.

Das letzte Element in der Liste führt einen neuen Systemaufruf namens *fcntl* ein, der *ioctl* ähnlich sieht. Die Ähnlichkeit ist sogar so groß, daß auch *fcntl* ein Befehlsargument und ein zusätzliches optionales Argument erwartet. *fcntl* und *ioctl* werden hauptsächlich aus historischen Gründen auseinandergehalten: Als die Entwickler von Unix auf das Problem stießen, daß I/O-Operationen irgendwie gesteuert werden mußten, entschieden sie, daß Dateien und Geräte unterschiedlich zu behandeln seien. Zu der Zeit waren die einzigen Geräte mit *ioctl*-Implementationen Terminals, weswegen `-ENOTTY` auch die Standardantwort bei einem ungültigen *ioctl*-Befehl ist. Das hat sich geändert, aber *fcntl* bleibt aus Kompatibilitätsgründen im Namen.

Das Argument von ioctl benutzen

Bevor wir uns den *ioctl*-Code von *scull* ansehen, müssen wir noch erklären, wie das zusätzliche Argument verwendet wird. Wenn es sich um einen Integer-Wert handelt, ist das einfach: Der Wert kann direkt verwendet werden. Handelt es sich aber um einen Zeiger, muß man vorsichtiger vorgehen.

Wenn ein Zeiger verwendet wird, um auf den User-Space zu verweisen, müssen wir sichergehen, daß die Adresse gültig und die entsprechende Seite gerade geladen ist. Wenn Kernel-Code versucht, auf eine Adresse außerhalb des gültigen Bereiches zuzugreifen, dann löst der Prozessor eine Ausnahme aus. In den Versionen des Kernels bis einschließlich 2.0.*x* werden diese Ausnahmen in Oops-Meldungen umgewandelt; Version 2.1 und spätere gehen mit diesem Problem weniger rabiat um. Auf jeden Fall liegt es in der Verantwortung des Treibers, alle verwendeten Adressen im User-Space zu überprüfen und im Fehlerfall auch einen Fehler zurückzumelden.

Die Überprüfung der Adressen ist ab Kernel 2.2.*x* in der Funktion *access_ok* implementiert, die in `<asm/uaccess.h>` deklariert ist:

```
int access_ok( int type, const void* addr, unsigned long size );
```

Das erste Argument sollte entweder `VERIFY_READ` oder `VERIFY_WRITE` sein, je nach dem, ob die auszuführende Aktion Schreiben oder Lesen ist. Das Argument `addr` enthält die Adresse im User-Space, und `size` gibt die Anzahl der Bytes an. Wenn beispielsweise *ioctl* einen Integer-Wert aus dem User-Space lesen muß, dann ist `size` gleich `sizeof(int)`. Wenn Sie eine Adresse sowohl lesen als auch beschreiben müssen, dann verwenden Sie `VERIFY_WRITE`; eine Obermenge von `VERIFY_READ`.

Im Gegensatz zu den meisten anderen Funktionen gibt *access_ok* einen Booleschen Wert zurück: 1 im Erfolgsfall (Zugriff erlaubt) und 0 im Fehlerfall (Zugriff nicht erlaubt). Wenn ein Fehler zurückgegeben wird, geben Treiber normalerweise `-EFAULT` an den Aufrufer zurück.

An *access_ok* gibt es eine Reihe interessanter Dinge zu bemerken: Zunächst wird der Speicherzugriff nicht vollständig überprüft, sondern es wird nur kontrolliert, daß sich die Speicherreferenz in einem Speicherbereich befindet, auf den der Prozeß Zugriff haben könnte. Insbesondere kontrolliert *access_ok*, daß sich die Adresse nicht im Kernel-Space befindet. Weiterhin muß Treiber-Code nur selten *access_ok* aufrufen. Die weiter hinten beschriebenen Speicherzugriffsroutinen erledigen das für Sie. Trotzdem zeigen wir deren Verwendung, damit Sie sehen können, wie man das macht – und aus Gründen der Abwärtskompatibilität, auf die wir am Ende des Kapitels eingehen werden.

Der Quellcode von *scull* nutzt die Bitfelder in der *ioctl*-Nummer aus, um die Argumente vor der `switch`-Anweisung überprüfen zu können:

```
int err = 0, tmp;
int ret = 0;

/*
 * Die type- und number-Bitfelder extrahieren und falsche Befehle
 * nicht decodieren: ENOTTY (falsches ioctl) vor access_ok()
 * zurueckgeben.
 */
if (_IOC_TYPE(cmd) != SCULL_IOC_MAGIC) return -ENOTTY;
if (_IOC_NR(cmd) > SCULL_IOC_MAXNR) return -ENOTTY;

/*
 * Die Richtung ist eine Bitmaske, und VERIFY_WRITE faengt
 * R/W-Uebertragungen ab. 'Type' ist User-orientiert, waehrend
 * access_ok Kernel-orientiert ist, so daß das Konzept von "read" und
 * "write" umgedreht wird.
 */
if (_IOC_DIR(cmd) & _IOC_READ)
  err = !access_ok(VERIFY_WRITE, (void *)arg, _IOC_SIZE(cmd));
else if (_IOC_DIR(cmd) & _IOC_WRITE)
  err = !access_ok(VERIFY_READ, (void *)arg, _IOC_SIZE(cmd));
if (err) return -EFAULT;
```

Nach dem Aufruf von *access_ok* kann der Treiber gefahrlos die eigentliche Übertragung durchführen. Außer *copy_from_user* und *copy_to_user* kann der Treiber noch zwei weitere Funktionen verwenden, die für die am häufigsten verwendeten Datengrößen (1, 2 und 4 Bytes, auf 64-Bit-Plattformen auch 8 Bytes) optimiert sind. Diese Funktionen sind in der folgenden Liste beschrieben und in `<asm/uaccess.h>` definiert.

`put_user(datum, ptr)`
`__put_user(datum, ptr)`
: Diese Makros schreiben das Datum in den User-Space; sie sind relativ schnell und sollten anstelle von *copy_to_user* verwendet werden, wenn nur einzelne Werte übertragen werden. Da bei der Expansion von Makros keine Typenüberprüfung stattfindet, können Sie beliebige Zeigertypen an *put_user* übergeben, die Adressen im User-Space enthalten sollten. Die Größe der übertragenen Daten hängt vom Typ des `ptr`-Arguments ab und wird während des Kompilierens mit einer speziellen *gcc*-Pseudo-

funktion bestimmt, die hier zu zeigen sich nicht lohnt. Wenn `ptr` also ein Zeiger auf `char` ist, wird ein Byte übertragen, ansonsten entsprechend 2, 4 und möglicherweise 8 Bytes.

put_user versucht sicherzustellen, daß der Prozeß an die angegebene Speicheradresse schreiben darf. Im Erfolgsfall wird 0, ansonsten `-EFAULT` zurückgegeben. *__put_user* führt weniger Überprüfungen durch (ruft nicht *access_ok* auf), kann aber trotzdem bei manchen Arten von fehlerhaften Adressen fehlschlagen. *__put_user* sollte also nur dann verwendet werden, wenn der Speicherbereich bereits mit *access_ok* überprüft wurde.

Als generelle Regel werden Sie *__put_user* aufrufen, um ein paar Taktzyklen zu sparen, wenn Sie eine *read*-Methode implementieren oder mehrere Elemente kopieren und deswegen *access_ok* nur einmal direkt vor der ersten Datenübertragung aufrufen.

`get_user(local, ptr)`
`__get_user(local,ptr)`

Diese Makros werden dazu verwendet, ein einziges Datum aus dem User-Space zu holen. Sie verhalten sich genauso wie *put_user* und *__put_user*, übertragen aber die Daten in die entgegengesetzte Richtung. Der abgeholte Wert wird in der lokalen Variablen `local` gespeichert; der Rückgabewert gibt an, ob die Operation erfolgreich war oder nicht. Auch hier sollte *__get_user* nur verwendet werden, wenn die Adresse bereits mit *access_ok* überprüft worden ist.

Wenn mit einer der angegebenen Funktionen versucht wird, einen nicht passenden Wert zu übertragen, dann ist das Ergebnis meistens eine merkwürdige Compiler-Fehlermeldung wie »conversion to non-scalar type requested«. In diesen Fällen müssen *copy_to_ user* und *copy_from_user* verwendet werden.

Capabilities und eingeschränkte Operationen

Der Zugriff auf ein Gerät wird durch die Zugriffsrechte auf die Gerätedatei(en) gesteuert; der Treiber ist an der Überprüfung der Zugriffsrechte normalerweise nicht beteiligt. Es gibt aber Situationen, in denen beliebigen Benutzern Lese-/Schreibrechte auf das Gerät gewährt, einige andere Operationen aber verweigert werden sollen. Beispielsweise sollten nicht alle Benutzer eines Bandlaufwerks die Default-Blockgröße verändern dürfen, und die Berechtigung, auf eine Festplatte zuzugreifen, bedeutet noch lange nicht, daß der Benutzer auch das Laufwerk formatieren darf. In diesen Fällen muß der Treiber zusätzliche Überprüfungen durchführen, um sicherzustellen, daß der Benutzer die angegebene Operation durchführen darf.

Unix-Systeme haben traditionell privilegierte Operationen auf den Superuser beschränkt. Das ist ein Alles-oder-nichts-Konzept: Der Superuser darf absolut alles machen, alle anderen Benutzer sind dagegen stark eingeschränkt. Im Linux-Kernel gibt es seit der Version 2.2 ein flexibleres System namens *Capabilities*. Ein Capabilities-basiertes System ist kein Alles-oder-nichts-System mehr, sondern teilt die privilegierten Operationen in mehrere Untergruppen auf. Damit kann ein bestimmter Benutzer (oder ein Programm) das Recht bekommen, eine privilegierte Operation auszuführen, ohne damit auch das Recht zu bekommen, andere, damit nicht verwandte Operationen ausführen zu dürfen. Capabilities werden derzeit kaum im User-Space verwendet, im Kernel-Space dagegen fast überall.

Die vollständige Menge der Capabilities finden Sie in `<linux/capability.h>`. Zu denjenigen Capabilities, die für Gerätetreiber-Autoren interessant sein könnten, gehören folgende:

`CAP_DAC_OVERRIDE`
: Die Fähigkeit, Zugriffsbeschränkungen auf Dateien und Verzeichnisse zu überschreiben.

`CAP_NET_ADMIN`
: Die Fähigkeit, Netzwerk-Administrationsaufgaben durchzuführen, darunter auch diejenigen, die Netzwerkschnittstellen betreffen.

`CAP_SYS_MODULE`
: Die Fähigkeit, Kernel-Module zu laden oder zu entladen.

`CAP_SYS_RAWIO`
: Die Fähigkeit, »rohe« I/O-Operationen durchzuführen. Dazu gehören der Zugriff auf Geräteschnittstellen oder die direkte Kommunikation mit USB-Geräten.

`CAP_SYS_ADMIN`
: Eine zusammenfassende Capability, die den Zugriff auf viele Operationen der Systemadministration erlaubt.

`CAP_SYS_TTY_CONFIG`
: Die Fähigkeit, TTYs zu konfigurieren.

Bevor eine privilegierte Operation ausgeführt wird, sollte ein Gerätetreiber mit der Funktion *capable* (definiert in `<sys/sched.h>`) überprüfen, daß der aufrufende Prozeß die entsprechenden Rechte hat:

```
int capable(int capability);
```

Im *scull*-Beispiel-Treiber darf jeder Benutzer die Quantum- und Quantum-Mengen-Größen abfragen, aber nur privilegierte Benutzer dürfen diese Werte verändern, weil unpassende Werte die System-Performance negativ beeinflussen könnten. Wenn nötig, überprüft die *scull*-Implementation von *ioctl* die Rechte eines Benutzers folgendermaßen:

```
if (! capable (CAP_SYS_ADMIN))
  return -EPERM;
```

Mangels einer spezifischeren Capability wurde hier `CAP_SYS_ADMIN` verwendet.

Die Implementation der ioctl-Befehle

Die Implementation von *ioctl* in *scull* überträgt nur die konfigurierbaren Parameter des Geräts und erweist sich als sehr einfach:

```
switch(cmd) {

#ifdef SCULL_DEBUG
   case SCULL_IOCHARDRESET:
        /*
         * Zaehler auf 1 zuruecksetzen, um bei Problemen das Entladen
         * zu ermoeglichen. Wir verwenden hier 1 und nicht 0, weil die
         * Geraetedatei im aufrufenden Prozess noch geschlossen werden muß.
         */
     while (MOD_IN_USE)
       MOD_DEC_USE_COUNT;
     MOD_INC_USE_COUNT;
        /* kein break: der naechste Block soll ebenfalls ausgefuehrt werden */
#endif /* SCULL_DEBUG */

   case SCULL_IOCRESET:
    scull_quantum = SCULL_QUANTUM;
    scull_qset = SCULL_QSET;
    break;

   case SCULL_IOCSQUANTUM: /* Set: arg zeigt auf den Wert */
    if (! capable (CAP_SYS_ADMIN))
      return -EPERM;
    ret = __get_user(scull_quantum, (int *)arg);
    break;

   case SCULL_IOCTQUANTUM: /* Tell: arg ist der Wert */
    if (! capable (CAP_SYS_ADMIN))
      return -EPERM;
    scull_quantum = arg;
    break;

   case SCULL_IOCGQUANTUM: /* Get: arg ist ein Zeiger auf das Ergebnis */
    ret = __put_user(scull_quantum, (int *)arg);
    break;

   case SCULL_IOCQQUANTUM: /* Query: zurueckgeben (Wert ist positiv) */
    return scull_quantum;

   case SCULL_IOCXQUANTUM: /* eXchange: arg als Zeiger verwenden */
    if (! capable (CAP_SYS_ADMIN))
      return -EPERM;
    tmp = scull_quantum;
    ret = __get_user(scull_quantum, (int *)arg);
    if (ret == 0)
      ret = __put_user(tmp, (int *)arg);
    break;

   case SCULL_IOCHQUANTUM: /* sHift: wie Tell + Query */
    if (! capable (CAP_SYS_ADMIN))
      return -EPERM;
    tmp = scull_quantum;
```

```
        scull_quantum = arg;
        return tmp;

      default: /* redundant, cmd wurde schon mit MAXNR verglichen */
        return -ENOTTY;
    }
    return ret;
```

Zusätzlich gibt es in *scull* sechs weitere Befehle, die auf `scull_qset` arbeiten. Diese entsprechen denen von `scull_quantum` und sind im obigen Beispiel nicht enthalten, um Platz zu sparen.

Die sechs Möglichkeiten, Argumente zu übergeben und zurückzubekommen, sehen aus der Sicht des Aufrufers (also aus dem User-Space betrachtet) so aus:

```
int quantum;

ioctl(fd,SCULL_IOCSQUANTUM, &quantum);
ioctl(fd,SCULL_IOCTQUANTUM, quantum);

ioctl(fd,SCULL_IOCGQUANTUM, &quantum);
quantum = ioctl(fd,SCULL_IOCQQUANTUM);

ioctl(fd,SCULL_IOCXQUANTUM, &quantum);
quantum = ioctl(fd,SCULL_IOCHQUANTUM, quantum);
```

Natürlich würde ein normaler Treiber nicht so eine Mischung von Aufrufmodi implementieren. Wir haben das hier nur gemacht, um die verschiedenen Möglichkeiten zu demonstrieren. Normalerweise würde der Datenaustausch konsistent erfolgen, entweder (normalerweise) über Zeiger oder (seltener) über Werte, und man würde es vermeiden, die beiden Techniken zu mischen.

Geräte ohne ioctl steuern

Manchmal ist es besser, wenn der Treiber durch das Schreiben von Steuersequenzen auf das Gerät gesteuert wird. Diese Technik wird beispielsweise im Konsolentreiber verwendet, wo sogenannte Fluchtsequenzen (*escape sequences*) dazu dienen, den Cursor zu bewegen, die Default-Farbe zu verändern oder andere Konfigurationsaufgaben durchzuführen. Der Vorteil dieser Technik besteht darin, daß der Benutzer das Gerät steuern kann, indem er einfach Daten auf das Gerät schreibt; er braucht also keine speziellen Programme (die er möglicherweise auch noch selbst schreiben müßte), nur um das Gerät zu konfigurieren.

Beispielsweise beeinflußt das Programm *setterm* die Konfiguration der Konsole (oder eines anderen Terminals) durch die Ausgabe von Fluchtsequenzen. Man gewinnt damit zusätzlich die Möglichkeit, Geräte aus der Ferne zu steuern. Das steuernde Programm kann auf einem anderen Computer laufen als das kontrollierte Gerät, denn für die Konfiguration ist nur eine einfache Umleitung des Datenstroms notwendig. Sie sind es bereits gewöhnt, das mit Terminals zu machen, aber die Technik kann viel allgemeiner verwendet werden.

Der Nachteil dieses »Steuerns durch Ausgaben« besteht darin, daß Policy-Beschränkungen für das Gerät eingeführt werden. Beispielsweise ist es nur möglich, diese Technik zu verwenden, wenn Sie sicher sind, daß die Steuersequenz nicht in den Daten auftauchen kann, die normalerweise auf das Gerät geschrieben werden. Bei Terminals ist das nur teilweise der Fall. Während ein Textterminal eigentlich nur dazu da ist, ASCII-Zeichen anzuzeigen, schlüpfen manchmal Steuerzeichen im Datenstrom durch und beeinflussen die Konfiguration der Konsole. Das kann beispielsweise passieren, wenn Sie den Befehl *grep* auf einer Binärdatei ausführen, denn die extrahierten Zeilen können alles enthalten. Oft haben Sie dann am Ende den falschen Zeichensatz auf Ihrer Konsole.[2]

Dieses »Controlling-by-Write« ist immer dann die beste Möglichkeit, wenn es sich um Geräte handelt, die keine Daten übertragen, sondern nur auf Befehle antworten – wie beispielsweise Roboter.

Einer der Treiber, die einer der Autoren aus Spaß geschrieben hat, bewegt beispielsweise eine Kamera entlang zweier Achsen. In diesem Treiber ist das »Gerät« einfach nur ein Paar aus alten Schrittmotoren, auf die man nicht richtig schreiben und von denen man nicht lesen kann. Bei Schrittmotoren ergibt das Konzept, »einen Datenstrom zu schikken«, keinen Sinn. In diesem Fall interpretiert der Treiber ASCII-Befehle und konvertiert diese in eine Folge von Impulsen, die auf die Schrittmotoren wirken. Die Idee ähnelt etwas den AT-Befehlen, die man an ein Modem schickt, um die Kommunikation zu konfigurieren; der Hauptunterschied besteht darin, daß der serielle Port, über den mit dem Modem kommuniziert wird, auch reale Daten übertragen muß. Der Vorteil der direkten Steuerung bei diesem Gerät besteht darin, daß Sie *cat* verwenden können, um die Kamera zu bewegen, und keinen speziellen Code schreiben und kompilieren müssen, der *ioctl*-Aufrufe ausführen würde.

Wenn man befehlsorientierte Treiber schreibt, gibt es keinen Grund, die Methode *ioctl* zu implementieren. Ein zusätzlicher Befehl im Interpreter ist einfacher zu implementieren und zu benutzen.

Manchmal entscheiden Sie sich aber vielleicht für die andere Richtung: Anstatt *write* zu einem Interpreter zu machen und *ioctl* zu vermeiden, könnten Sie auch *write* ganz vermeiden und ausschließlich *ioctl*-Befehle verwenden und zum Treiber ein spezielles Kommandozeilenwerkzeug mitliefern, mit dem Befehle zum Treiber geschickt werden können. Dieser Ansatz verschiebt die Komplexität vom Kernel Space in den User-Space, wo man damit einfacher umgehen kann. Das hält den Treiber klein, verhindert aber die Verwendung von einfachen Befehlen wie *cat* oder *echo*.

2 **Strg-N** wählt den alternativen Zeichensatz aus, der aus grafischen Symbolen besteht und daher nicht besonders gut geeignet ist, um Eingaben in der Shell zu machen; wenn Sie dieses Problem haben, geben Sie mit *echo* ein **Strg-O** ein, um den primären Zeichensatz wieder zu aktivieren.

Blockierende I/O

Es kann beim Lesen mit *read* zu Problemen kommen, wenn *noch* keine Daten vorliegen, wir aber auch noch nicht am Dateiende angekommen sind.

Die Standardantwort in diesem Fall ist: »Der Prozeß muß schlafen gelegt werden, bis Daten da sind«. In diesem Abschnitt zeigen wir Ihnen, wie ein Prozeß schlafen gelegt wird, wie er wieder aufgeweckt wird und wie eine Anwendung fragen kann, ob Daten vorliegen, ohne im *read*-Aufruf zu blockieren. Anschließend werden wir die gleichen Konzepte auf *write* anwenden.

Wie üblich erklären wir zunächst einige Konzepte, bevor wir Ihnen richtigen Code zeigen.

Schlafen gehen und wieder aufwachen

Wenn ein Prozeß auf ein Ereignis warten muß (seien es Eingabedaten, die Beendigung eines Kindprozesses oder irgend etwas anderes), dann sollte er schlafen gelegt werden. Dabei hält der Prozeß seine Ausführung an und gibt den Prozessor für andere Aufgaben frei. Zu irgendeinem späteren Zeitpunkt, wenn das erwartete Ereignis eingetreten ist, wird der Prozeß aufgeweckt und macht mit seiner Arbeit weiter. Dieser Abschnitt beschreibt die Maschinerie, die in Linux 2.4 zum Aufwecken und Schlafenlegen von Prozessen zur Verfügung steht. Frühere Versionen werden im Abschnitt »Abwärtskompatibilität« später in diesem Kapitel behandelt.

Es gibt in Linux mehrere Möglichkeiten zum Schlafenlegen und Aufwachen, die alle andere Bedürfnisse erfüllen. Alle arbeiten aber auf dem gleichen grundlegenden Datentyp, einer Warteschlange (`wait_queue_head_t`). Eine *Warteschlange* (*wait queue*) ist genau das, was der Name sagt: eine Schlange von Prozessen, die auf ein Ereignis warten. Warteschlangen werden wie folgt deklariert und initialisiert:

```
wait_queue_head_t my_queue;
init_waitqueue_head (&my_queue);
```

Wenn eine Warteschlange statisch deklariert wird (also nicht als automatische Variable einer Funktion oder als Bestandteil einer dynamisch allozierten Datenstruktur), dann kann man die Schlange auch zur Kompilierzeit initialisieren:

```
DECLARE_WAIT_QUEUE_HEAD (my_queue);
```

Es wird häufig vergessen, die Warteschlange zu initialisieren (insbesondere, weil das in früheren Kernel-Versionen nicht notwendig war); wenn Sie das vergessen, bekommen Sie oft nicht das erwartete Ergebnis.

Wenn die Warteschlange einmal deklariert und initialisiert ist, kann ein Prozeß sie verwenden, um schlafen zu gehen. Das geschieht durch das Aufrufen einer der Varianten von *sleep_on*, je nachdem, wie tief der Schlaf sein soll.

`sleep_on(wait_queue_head_t *queue);`
: Legt den Prozeß in dieser Warteschlange schlafen. *sleep_on* hat den Nachteil, daß er nicht unterbrochen werden kann; daher kann ein Prozeß in der Schlange feststecken (und auch nicht zu beenden sein), wenn das Ereignis, auf das er wartet, nie eintritt.

`interruptible_sleep_on(wait_queue_head_t *queue);`
: Die unterbrechbare Variante arbeitet genau wie *sleep_on*, das Schlafen kann aber durch ein Signal unterbrochen werden. Diese Form haben Gerätetreiber-Autoren seit langem verwendet, bevor *wait_event_interruptible* (siehe unten) verfügbar war.

`sleep_on_timeout(wait_queue_head_t *queue, long timeout);`
`interruptible_sleep_on_timeout(wait_queue_head_t *queue, long timeout);`
: Diese beiden Funktionen verhalten sich wie die beiden vorigen, mit der Ausnahme, daß der Schlaf nicht länger als die angegebene Timeout-Zeit dauert. Der Timeout wird in »Jiffies« angegeben, die in Kapitel 6 behandelt werden.

`void wait_event(wait_queue_head_t queue, int condition);`
`int wait_event_interruptible(wait_queue_head_t queue, int condition);`
: Diese Makros sind die bevorzugte Variante, schlafend auf ein Ereignis zu warten. Sie kombinieren das Warten auf ein Ereignis und das Abfragen seines Eintretens auf eine Weise, die Race Conditions vermeidet. Sie schlafen, bis die Bedingung, bei der es sich um einen beliebigen Booleschen C-Ausdruck handeln kann, wahr wird. Die Makros expandieren zu einer *while*-Schleife, und die Bedingung wird immer wieder ausgewertet. Dieses Verhalten unterscheidet sich von dem eines Funktionsaufrufs oder eines einfachen Makros, wo die Argumente nur zum Aufrufzeitpunkt ausgewertet werden. Das zweite Makro ist als Ausdruck implementiert, der im Erfolgsfall 0 zurückgibt, sowie `-ERESTARTSYS`, wenn die Schleife durch ein Signal unterbrochen wird.

Es lohnt sich, hier noch einmal darauf hinzuweisen, daß Gerätetreiber-Autoren fast immer die *interruptible*-Instanzen dieser Funktionen bzw. Makros verwenden sollten. Die nicht unterbrechbaren Versionen existieren nur für die kleine Anzahl von Situationen, in denen Signale nicht behandelt werden können, etwa wenn darauf gewartet wird, daß eine Datenseite aus dem Swap-Space geholt wird. Die meisten Treiber befinden sich gar nicht in solchen speziellen Situationen.

Natürlich ist das Schlafen nur die eine Hälfte des Problems; irgendetwas muß den Prozeß irgendwann auch wieder aufwecken. Wenn ein Gerätetreiber direkt schläft, dann gibt es normalerweise an anderer Stelle im Treiber Code, der das Aufwecken erledigt, sobald das Ereignis eingetreten ist. Typischerweise weckt ein Treiber die Schlafenden in seinem Interrupt-Handler auf, wenn neue Daten eingetroffen sind. Es sind aber natürlich auch andere Szenarien möglich.

Genau wie es mehr als eine Möglichkeit zu schlafen gibt, so gibt es auch mehr als eine, um aufzuwachen. Der Kernel stellt die folgenden Funktionen hoher Ebene bereit, um Prozesse aufzuwecken:

`wake_up(wait_queue_head_t *queue);`
: Diese Funktion weckt alle Prozesse auf, die in dieser Warteschlange warten.

`wake_up_interruptible(wait_queue_head_t *queue);`
: *wake_up_interruptible* weckt nur die Prozesse auf, die unterbrechbar schlafen. Alle Prozesse, die mit einer nicht-unterbrechbaren Funktion oder einem solchen Makro in der Warteschlange schlafen, werden weiterschlafen.

`wake_up_sync(wait_queue_head_t *queue);`
`wake_up_interruptible_sync(wait_queue_head_t *queue);`
: Normalerweise kann ein *wake_up*-Aufruf ein unmittelbares Reschedule verursachen, was bedeutet, daß andere Prozesse gestartet werden können, bevor *wake_up* zurückkehrt. Die »synchronen« Varianten machen die aufgeweckten Prozesse dagegen nur ausführbar, geben aber die CPU nicht ab. Dies wird verwendet, um ein Rescheduling zu vermeiden, wenn der aktuelle Prozeß ohnehin gleich schlafen gelegt wird, was ohnehin ein Rescheduling erzwingt. Beachten Sie, daß die aufgeweckten Prozesse trotzdem sofort auf einem anderen Prozessor ausgeführt werden könnten; Sie sollten sich daher keinen gegenseitigen Ausschluß von diesen Funktionen versprechen.

Wenn Ihr Treiber *interruptible_sleep_on* verwendet, gibt es kaum Unterschiede zwischen *wake_up* und *wake_up_interruptible*. Es ist aber üblich, letztere Funktion zu verwenden, um die Konsistenz zwischen den beiden Aufrufen zu erhalten.

Stellen Sie sich als Beispiel für die Verwendung von Warteschlangen vor, daß Sie einen Prozeß schlafen legen wollen, wenn er von Ihrem Gerät liest, und ihn wieder aufwecken wollen, wenn jemand anderes darauf schreibt. Der folgende Code tut genau das:

```
DECLARE_WAIT_QUEUE_HEAD(wq);

ssize_t sleepy_read (struct file *filp, char *buf, size_t count, loff_t *pos)
{
  printk(KERN_DEBUG "process %i (%s) going to sleep\n", current->pid, current->comm);
  interruptible_sleep_on(&wq);
  printk(KERN_DEBUG "awoken %i (%s)\n", current->pid, current->comm);
  return 0; /* EOF */
}

ssize_t sleepy_write (struct file *filp, const char *buf, size_t count, loff_t *pos)
{
  printk(KERN_DEBUG "process %i (%s) awakening the readers...\n",
     current->pid, current->comm);
  wake_up_interruptible(&wq);
  return count; /* Erfolg, erneuten Versuch vermeiden */
}
```

Der Code für dieses Gerät steht unter dem Namen sleepy bei den Beispiel-Programmen bereit und kann wie üblich mit *cat* und Ein-/Ausgabe-Umleitung getestet werden.

Sie sollten beim Arbeiten mit Warteschlangen nicht vergessen, daß das Aufwecken nicht bedeutet, daß das Ereignis, auf das der Prozeß gewartet hat, auch wirklich eingetroffen ist; ein Prozeß kann auch aus anderen Gründen aufgeweckt werden; hauptsächlich, weil er ein Signal bekommen hat. Wenn Code schläft, sollte er dies grundsätzlich in einer Schleife tun, die die Bedingung nach der Rückkehr aus der Schleife abfragt, wie das in »Eine Beispiel-Implementation: scullpipe« weiter hinten in diesem Kapitel beschrieben wird.

Ein genauerer Blick auf Warteschlangen

Was wir im vorigen Abschnitt besprochen haben, ist alles, was die meisten Treiber-Autoren jemals über Warteschlangen wissen müssen. Einige möchten aber vielleicht doch tiefer in dieses Thema einsteigen. Dieser Abschnitt versucht, den Neugierigen weiterzuhelfen; alle anderen können zum nächsten Abschnitt vorblättern, ohne viel Wichtiges zu verpassen.

Der Typ `wait_queue_head_t` ist eine ziemlich einfache Struktur, die in `<linux/wait.h>` definiert ist. Sie besteht nur aus einer Sperrvariable und einer verketteten Liste von schlafenden Prozessen. Die individuellen Datenelemente in der Liste sind vom Typ `wait_queue_t`, und die Liste ist die generische, in `<linux/list.h>` definierte verkette Liste, die in »Verkettete Listen« in Kapitel 10 beschrieben wird. Normalerweise werden die `wait_queue_t`-Strukturen von Funktionen wie *interruptible_sleep_on* auf dem Stack erzeugt, weil sie einfach als automatische Variablen in den jeweiligen Funktionen deklariert werden. Normalerweise müssen sich Programmierer nicht damit befassen.

Einige fortgeschrittene Applikationen müssen aber eventuell direkt mit `wait_queue_t` arbeiten. Für diese lohnt es sich, einen kurzen Blick darauf zu werfen, was in einer Funktion wie *interruptible_sleep_on* vorgeht. Was folgt, ist eine *vereinfachte* Version der Implementation von *interruptible_sleep_on*, um einen Prozeß schlafen zu legen:

```
void simplified_sleep_on(wait_queue_head_t *queue)
{
  wait_queue_t wait;

  init_waitqueue_entry(&wait, current);
  current->state = TASK_INTERRUPTIBLE;

  add_wait_queue(queue, &wait);
  schedule();
  remove_wait_queue (queue, &wait);
}
```

Der hier gezeigte Code erzeugt eine neue `wait_queue_t`-Variable (`wait`, auf dem Stack alloziert) und initialisiert sie. Der Zustand des Tasks wird auf `TASK_INTERRUPTIBLE` gesetzt, es handelt sich also um ein unterbrechbares Schlafen. Dann wird der Warteschlangen-Eintrag zur Schlange (dem `wait_queue_head_t *`-Argument) hinzugefügt. Anschließend wird *schedule* aufgerufen und damit der Prozessor an jemand anderen abgegeben. *schedule* kehrt nur zurück, wenn jemand anderes den Prozeß aufgeweckt hat, und setzt dessen Zustand auf `TASK_RUNNING`. Hier wird der Warteschlangen-Eintrag aus der Schlange entfernt, und das Schlafen ist beendet.

Abbildung 5-1 zeigt die Interna der Datenstrukturen, die in Warteschlangen verwendet werden, und verdeutlicht, wie Prozesse diese benutzen.

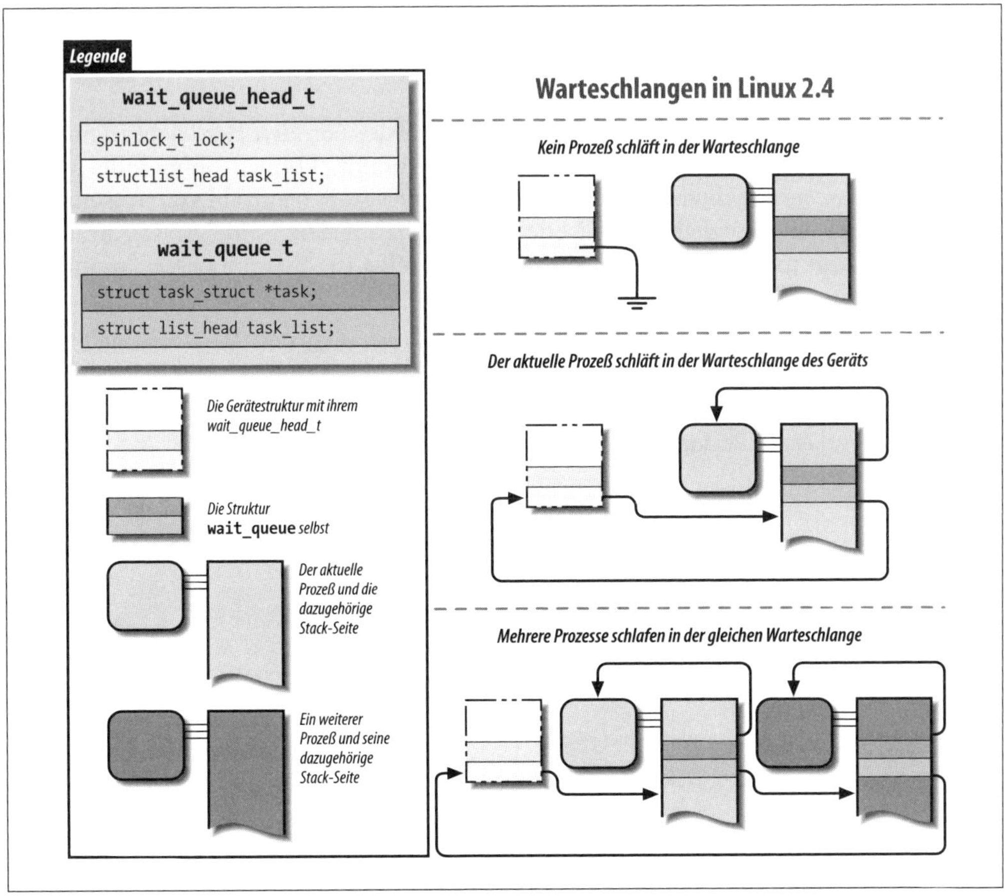

Abbildung 5-1: Warteschlangen in Linux 2.4

Ein schneller Blick in den Kernel zeigt, daß sehr viele Prozeduren »manuell« schlafen gelegt werden, mittels Code, der wie im oben stehenden Beispiel aussieht. Die meisten dieser Implementationen stammen aus Kernel-Versionen vor 2.2.3, in der *wait_event* eingeführt wurde. Wie bereits angedeutet wurde, ist *wait_event* nun das bevorzugte Verfahren, um schlafend auf ein Ereignis zu warten, weil *interruptible_sleep_on* einige unangenehme Race Conditions mit sich bringen kann. Eine volle Beschreibung dessen, was passieren kann, muß bis »Schlafen gehen ohne Race Conditions« in Kapitel 9 warten; vereinfacht gesagt, können sich die Dinge in der Zeit zwischen der Entscheidung Ihres Treibers, schlafen zu gehen, und dem Aufruf von *interruptible_sleep_on* selbst noch ändern.

Es gibt noch einen weiteren Grund, den Scheduler explizit aufzurufen: das *exklusive* Warten. Es kann Situationen geben, in denen mehrere Prozesse auf ein Ereignis warten. Wenn *wake_up* aufgerufen wird, wollen alle diese Prozesse ausgeführt werden. Nehmen wir an, daß ein Ereignis das Eintreffen eines atomaren Stückchens von Daten angezeigt. Nur ein Prozeß ist in der Lage, die Daten zu lesen; der Rest wacht einfach auf, sieht, daß keine Daten da sind, und legt sich wieder schlafen.

Diese Situation wird manchmal als das »Problem der donnernden Herde« bezeichnet. In Situationen, bei denen es auf Mikrosekunden ankommt, können donnernde Herden massiv Ressourcen verschwenden. Das Erzeugen einer großen Anzahl von ausführbaren Prozessen, die keine nützliche Arbeit erledigen können, erzeugt eine große Anzahl von Kontextwechseln und Prozessorlast, die zu nichts nütze ist. Es wäre besser, wenn diese Prozesse weiter schlafen würden.

Aus diesem Grund wurde in der 2.3-Entwicklungsserie das Konzept des *exklusiven Schlafens* eingeführt. Wenn Prozesse in einem exklusiven Modus schlafen, dann sagen sie damit dem Kernel, daß er nur einen von ihnen aufwecken soll. In manchen Situationen verbessert das die Performance.

Der Code zum Ausführen eines exklusiven Schlafens sieht dem für normales Schlafen sehr ähnlich:

```
void simplified_sleep_exclusive(wait_queue_head_t *queue)
{
  wait_queue_t wait;

  init_waitqueue_entry(&wait, current);
  current->state = TASK_INTERRUPTIBLE | TASK_EXCLUSIVE;

  add_wait_queue_exclusive(queue, &wait);
  schedule();
  remove_wait_queue (queue, &wait);
}
```

Das Hinzufügen des Flags `TASK_EXCLUSIVE` zum Zustand des Tasks zeigt an, daß der Prozeß exklusiv wartet. Auch der Aufruf von *add_wait_queue_exclusive* ist aber notwendig. Diese Funktion hängt den Prozeß an das *Ende* der Warteschlange an, hinter alle anderen. Damit bleiben die Prozesse, die nicht exklusiv schlafen, am Anfang, wo sie immer aufgeweckt werden. Sobald *wake_up* auf den ersten exklusiven Schläfer stößt, weiß die Funktion, daß sie aufhören kann.

Aufmerksamen Lesern ist vielleicht noch ein weiterer Grund dafür aufgefallen, Warteschlangen und den Scheduler explizit zu manipulieren. Wo Funktionen wie *sleep_on* einen Prozeß in genau einer Warteschlange blockieren, erlaubt das direkte Arbeiten mit Warteschlangen auch das Schlafen in mehreren Schlangen. Die meisten Treiber benötigen das nicht, aber wenn Ihr Treiber eine der Ausnahmen ist, dann verwenden Sie Code wie den hier gezeigten.

Diejenigen, die sich näher in den Warteschlangen-Code vertiefen wollen, können das in `<linux/sched.h>` und `kernel/sched.c` tun.

Reentranten Code schreiben

Wenn ein Prozeß schlafen gelegt wird, ist der Treiber immer noch lebendig, und kann von einem anderen Prozeß aufgerufen werden. Nehmen wir den Konsolentreiber als Beispiel. Während eine Anwendung auf `tty1` auf eine Tastatureingabe wartet, wechselt der Benutzer auf `tty2` und startet eine neue Shell. Jetzt warten beide Shells im Konsolentreiber auf eine Tastatureingabe, auch wenn sie in verschiedenen Warteschlangen schlafen: einer in der Warteschlange zu `tty1`, der andere auf der Warteschlange zu `tty2`. Jeder Prozeß ist in der Funktion *interruptible_sleep_on* angehalten, aber der Treiber kann trotzdem noch Anfragen von anderen Terminals entgegennehmen und beantworten.

Natürlich können auf SMP-Systemen simultane Aufrufe Ihres Treibers selbst dann vorkommen, wenn Sie nicht schlafen.

Solche Situationen können durch das Schreiben von »reentrantem Code« problemlos gelöst werden. Reentranter Code ist solcher Code, der keine Zustandsinformationen in globalen Variablen enthält, und daher verschränkt aufgerufen werden kann, ohne daß etwas durcheinander kommt. Wenn alle Statusinformationen prozeßspezifisch sind, dann kann es zu keiner gegenseitigen Beeinflussung kommen.

Wenn Statusinformationen benötigt werden, können diese entweder in lokalen Variablen in der Treiberfunktion abgelegt werden (jeder Prozeß hat eine eigene Stack-Seite im Kernel-Space, in der die lokalen Variablen abgelegt werden) oder in der `private_data`-Struktur verbleiben, auf die der `filp` verweist, der auf die Datei zugreift. Sie sollten lokale Variablen verwenden, weil manchmal ein und derselbe `filp` von zwei Prozessen (normalerweise von einem Elternprozeß und einem Kind) gemeinsam genutzt wird.

Wenn Sie große Mengen an Zustandsdaten speichern müssen, dann können Sie einen Zeiger in einer lokalen Variablen verwalten und mit *kmalloc* den eigentlichen Speicherplatz anfordern. In diesem Fall dürfen Sie nicht vergessen, den Datenbereich mit *kfree* freizugeben, denn es gibt kein Äquivalent zu der Regel »alles wird bei Prozeß-Ende wieder freigegeben«, wenn Sie im Kernel-Space arbeiten. Die Verwendung lokaler Variablen für große Datenelemente ist eine schlechte Idee, weil die Daten möglicherweise nicht in die eine Speicherseite passen, die für den Stack bereitsteht.

Sie müssen dafür sorgen, daß alle die Funktionen reentrant sind, die eine von zwei Bedingungen erfüllen: entweder, wenn die Funktion *schedule* aufruft, möglicherweise via *sleep_on* oder *wake_up* – oder wenn sie Daten aus dem oder in den User-Space kopiert, weil der Zugriff auf den User-Space Seitenfehler (*Page Faults*) verursachen kann und der Prozeß schlafen gelegt wird, während der Kernel die fehlende Seite beschafft.

Jede Funktion, die solche Funktionen aufruft, muß selbst reentrant sein. Wenn beispielsweise *sample_read* die Funktion *sample_getdata* aufruft, die blockieren kann, dann müssen sowohl *sample_read* als auch *sample_getdata* reentrant sein, weil nichts einen anderen Prozeß daran hindern könnte, diese Funktionen aufzurufen, während sich diese auch noch im ersten, schlafenden Prozeß befinden.

Schließlich sollten Sie auch nicht vergessen, daß sich der Zustand des Systems fast beliebig verändern kann, während ein Prozeß schläft. Der Treiber sollte vorsichtig sein und alle Aspekte seiner Umgebung sorgfältig überprüfen, die sich geändert haben könnten, während er gerade geschlafen hat.

Blockierende und nicht-blockierende Operationen

Wir müssen noch einen weiteren Punkt ansprechen, bevor wir uns die Implementation vollständiger *read*- und *write*-Methoden anschauen können, und zwar das Flag `O_NONBLOCK` in `filp->f_flags`. Dieser Schalter ist in `<linux/fcntl.h>` definiert, was wiederum in neueren Kerneln von `<linux/fs.h>` eingebunden wird.

Der Name des Flags kommt von »open-nonblock«, weil es beim Öffnen der Datei angegeben werden kann (ursprünglich sogar nur da). Manchmal finden Sie auch die Verwendung des Namens `O_NDELAY`, dies ist ein alternativer Name, den es zwecks Kompatibilität mit System V-Code gibt. Dieses Flag ist default-mäßig nicht gesetzt, weil das normale Verhalten eines Prozesses beim Warten auf die Daten einfach nur das Schlafengehen ist. Bei blockierenden Operationen sollte das folgende Verhalten implementiert werden, um der Standard-Semantik gerecht zu werden:

- Wenn ein Prozeß *read* aufruft, aber (noch) keine Daten zum Lesen anstehen, dann muß der Prozeß blockieren. Der Prozeß wird aufgeweckt, sobald Daten eintreffen. Diese Daten werden dann an den Aufrufer zurückgegeben, auch wenn es weniger waren, als im `count`-Argument der Methode angegeben war.
- Wenn ein Prozeß *write* aufruft, und im Puffer kein Platz ist, dann muß der Prozeß blockieren, und zwar auf einer anderen Warteschlange als der, die beim Lesen verwendet wird. Wenn Daten auf das Gerät geschrieben worden sind und im Ausgabe-Puffer Platz frei wird, dann wird der Prozeß aufgeweckt, und der *write*-Aufruf meldet eine erfolgreiche Operation zurück, auch wenn nur ein Teil der Daten geschrieben wurde, weil im Puffer nicht genug Platz für die in `count` angegebene Anzahl an Bytes war.

Beide Anweisungen gehen davon aus, daß es sowohl einen Eingabe- als auch einen Ausgabe-Puffer gibt. Das ist zulässig, weil fast jeder Gerätetreiber diese Puffer implementiert. Der Eingabe-Puffer ist notwendig, um keine Daten zu verlieren, die ankommen, wenn sie gerade keiner liest. Dagegen können beim Schreiben keine Daten verloren gehen, weil die nicht vom Systemaufruf akzeptierten Daten ja im User-Space-Buffer verbleiben. Gleichwohl ist ein Ausgabe-Puffer fast immer nützlich, um mehr Performance aus der Hardware zu holen.

Der Performance-Gewinn beim Implementieren eines Ausgabe-Puffers im Treiber rührt daher, daß weniger Kontextwechsel und Übergänge zwischen dem User-Space und dem Kernel-Space notwendig sind. Ohne Ausgabe-Puffer (und unter der Voraussetzung, daß das Gerät langsam ist) können mit jedem Systemaufruf nur einige wenige Bytes geschrieben werden. Während ein Prozeß im *write*-Systemaufruf schläft, läuft ein anderer Prozeß (ein Kontextwechsel). Wenn der erste Prozeß aufgeweckt wird, läuft er weiter (noch ein Kontextwechsel), *write* kehrt zurück (Übergang vom Kernel-Space in den User-Space), und der Prozeß führt den Systemaufruf erneut aus, um weitere Daten zu schreiben (noch ein Übergang zwischen User-Space und Kernel-Space). Dabei blockiert der Systemaufruf wieder, und alles geht von vorn los. Wenn der Ausgabe-Puffer groß genug ist, dann gelingt die *write*-Operation auf Anhieb, die Daten werden bei einem Interrupt in das Gerät geschrieben, ohne daß die Kontrolle jemals in den User-Space zurückgeht. Wie groß ein Ausgabe-Puffer sein sollte, ist natürlich gerätespezifisch.

Wir haben in *scull* keinen Eingabe-Puffer verwendet, weil die Daten auf jeden Fall bereitstehen, wenn *read* aufgerufen wird. Entsprechend wurde auch kein Ausgabe-Puffer implementiert, weil die Daten einfach nur in den zum Treiber gehörenden Speicherbereich kopiert werden. Im wesentlichen ist das gesamte Gerät ein einziger Puffer, weswegen es keinen Sinn ergeben würde, weitere Puffer hinzuzufügen. Im Abschnitt »Interrupt-gesteuerte I/O« in Kapitel 9 werden Sie lernen, wie man Puffer verwendet.

read und *write* verhalten sich anders, wenn `O_NONBLOCK` angegeben wurde. In diesem Fall geben die Systemaufrufe einfach nur `-EAGAIN` zurück, wenn ein Prozeß *read* aufruft, ohne daß Daten anliegen, oder wenn er *write* aufruft, wenn im Puffer kein Platz ist.

Wie Sie vermutlich erwarten, kehren nicht-blockierende Operationen sofort zurück, so daß Anwendungen wiederholt nach Daten nachfragen (»pollen«) können. Anwendungsprogramme müssen vorsichtig sein, wenn Sie `stdio`-Funktionen mit nicht-blockierenden Dateien benutzen, weil man leicht einen nicht-blockierenden Rücksprung mit dem Dateiende (`EOF`) verwechseln kann. Sie müssen immer `errno` überprüfen.

Natürlich kann `O_NONBLOCK` auch in der *open*-Methode verwendet werden. Das wird gemacht, wenn auch dieser Aufruf schon längere Zeit blockieren könnte, also beispielsweise, wenn ein FIFO, für den es (noch) keine Schreiber gibt, oder eine Datei, die noch gesperrt ist, geöffnet werden soll. Normalerweise geht das Öffnen eines Gerätes entweder gut oder schlägt sofort fehl, ohne daß man auf externe Ereignisse warten müßte. Manchmal ist zum Öffnen eines Gerätes jedoch eine lange Initialisierung notwendig. Dann kann es besser sein, `O_NONBLOCK` zu verwenden, was sofort mit `-EAGAIN` (»versuch's noch einmal«) zurückkehrt, nachdem das Öffnen der Datei veranlaßt wurde. Sie könnten auch ein blockierendes Öffnen verwenden, um Zugriffs-Policies ähnlich den Dateisperren zu implementieren. Wir werden eine solche Operation weiter unten in »Blockieren im open-Aufruf als Alternative zu EBUSY« sehen.

Manche Treiber implementieren auch eine spezielle Semantik für `O_NONBLOCK`; beispielsweise blockiert das Öffnen eines Bandlaufwerks normalerweise so lange, bis ein Band eingelegt worden ist. Wenn das Bandlaufwerk mit `O_NONBLOCK` geöffnet wird, dann ist der *open*-Aufruf unmittelbar erfolgreich, unabhängig davon, ob das Medium vorhanden ist oder nicht.

`O_NONBLOCK` wirkt nur auf die Operationen *read*, *write* und *open*.

Eine Beispiel-Implementation: scullpipe

Die */dev/scullpipe*-Geräte (es gibt per Default vier davon) sind ein Bestandteil des *scull*-Moduls und dienen zur Demonstration, wie blockierende I/O implementiert wird.

Innerhalb eines Treibers wird ein im *read*-Aufruf blockierter Prozeß aufgeweckt, wenn Daten eintreffen. Normalerweise löst die Hardware einen Interrupt aus, um ein solches Ereignis bekanntzugeben. Der Treiber weckt dann die wartenden Prozesse im Rahmen der Behandlung dieses Interrupts. Bei *scull* sehen die Dinge anders aus, denn Sie sollen *scull* ja auf jedem Computer ohne spezielle Hardware laufen lassen können – und ohne jeden Interrupt-Handler. Daher verwenden wir einen anderen Prozeß, der die Daten erzeugt und den lesenden Prozeß aufweckt; entsprechend wecken lesende Prozesse schlafende Schreiber-Prozesse auf. Die daraus resultierende Implementation entspricht der eines FIFO (auch *benannte Pipe* genannt) – daher auch ihr Name.

Der Gerätetreiber verwendet eine Gerätestruktur, die zwei Warteschlangen und einen Puffer enthält. Die Größe des Puffers ist wie üblich konfigurierbar (zur Kompilierzeit, zur Ladezeit oder zur Laufzeit).

```
typedef struct Scull_Pipe {
  wait_queue_head_t inq, outq;  /* Warteschlangen zum Lesen und Schreiben */
  char *buffer, *end;           /* Anfang des Puffers, Ende des Puffers */
  int buffersize;               /* wird bei der Zeiger-Arithmetik verwendet */
  char *rp, *wp;                /* wo gelesen bzw. geschrieben werden soll */
  int nreaders, nwriters;       /* Anzahl der open-Aufrufe zum Lesen/Schreiben */
  struct fasync_struct *async_queue; /* asynchrone Leser */
  struct semaphore sem;       /* Semaphor für gegenseitigen Ausschluß */
  devfs_handle_t handle;      /* nur bei devfs verwendet */
} Scull_Pipe;
```

Die Implementation von *read* behandelt sowohl blockierende als auch nicht-blockierende Eingaben und sieht folgendermaßen aus (die merkwürdig aussehende erste Zeile der Funktion wird später, in »Ein Gerät positionieren«, erklärt):

```
ssize_t scull_p_read (struct file *filp, char *buf, size_t count,
        loff_t *f_pos)
{
  Scull_Pipe *dev = filp->private_data;

  if (f_pos != &filp->f_pos) return -ESPIPE;

  if (down_interruptible(&dev->sem))
    return -ERESTARTSYS;
  while (dev->rp == dev->wp) { /* nichts zu lesen */
    up(&dev->sem); /* Sperre freigeben */
```

```
        if (filp->f_flags & O_NONBLOCK)
          return -EAGAIN;
        PDEBUG("\"%s\" reading: going to sleep\n", current->comm);
        if (wait_event_interruptible(dev->inq, (dev->rp != dev->wp)))
          return -ERESTARTSYS; /* Signal: FS-Schicht soll das bearbeiten */
        /* ansonsten Schleife durchlaufen, aber zuerst die Sperre holen */
        if (down_interruptible(&dev->sem))
          return -ERESTARTSYS;
      }
      /* OK, Daten da, etwas zurueckgeben */
      if (dev->wp > dev->rp)
        count = min(count, dev->wp - dev->rp);
      else /* der Schreib-Zeiger ist am Ende angekommen, Daten bis dev->end zurueckgeben */
        count = min(count, dev->end - dev->rp);
      if (copy_to_user(buf, dev->rp, count)) {
        up (&dev->sem);
        return -EFAULT;
      }
      dev->rp += count;
      if (dev->rp == dev->end)
        dev->rp = dev->buffer; /* um das Ende herum */
      up (&dev->sem);

      /* Alle Schreiber aufwecken und zurueckspringen */
      wake_up_interruptible(&dev->outq);
      PDEBUG("\"%s\" did read %li bytes\n",current->comm, (long)count);
      return count;
    }
```

Sie sehen, daß wir einige PDEBUG-Anweisungen im Code belassen haben. Wenn Sie den Treiber kompilieren, können Sie die Meldungen ausschalten von Interrupts, um das Verfolgen der Interaktion zwischen den verschiedenen Prozessen zu erleichtern.

Beachten Sie auch, daß hier wieder einmal Semaphore kritische Code-Abschnitte schützen. Der *scull*-Code darf nicht schlafen gehen, wenn er ein Semaphor hält, ansonsten könnten Schreiber nie Daten hinzufügen, und das Ganze würde in einem Deadlock enden. Dieser Code verwendet *wait_event_interruptible*, um – falls nötig – auf Daten zu warten. Er muß aber auch nach dem Warten überprüfen, ob Daten vorliegen. Jemand anders hätte sich zwischen dem Aufwachen und dem Zurückgeben der Semaphore die Daten schnappen können.

Wir sollten hier noch einmal wiederholen, daß ein Prozeß sowohl schlafen gelegt werden kann, wenn er *schedule* (direkt oder indirekt) aufruft, als auch, wenn er Daten vom oder in den User-Space kopiert. Im letzteren Fall kann der Prozeß schlafen, wenn sich das Array noch nicht im Hauptspeicher befindet. Wenn *scull* schläft, während Daten zwischen dem Kernel und dem User-Space kopiert werden, so geschieht dies mit gehaltenem Geräte-Semaphor. Das Halten des Semaphor ist in diesem Fall gerechtfertigt, weil das System dadurch nicht in einen Deadlock gerät und es wichtig ist, daß sich das Geräte-Speicher-Array nicht ändert, während der Treiber schläft.

Die `if`-Anweisung nach dem Aufruf von *interruptible_sleep_on* kümmert sich um die Behandlung von Signalen. Diese Anweisung stellt sicher, daß korrekt und wie erwartet auf die Signale reagiert wird, beispielsweise durch Aufwecken des Prozesses (wenn dieser unterbrechbar geschlafen hat). Wenn ein Signal eingetroffen ist und nicht vom Prozeß blockiert wurde, dann besteht das korrekte Verhalten darin, die oberen Schichten des Kernels dieses Ereignis behandeln zu lassen. Dazu gibt der Kernel `-ERESTARTSYS` an den Aufrufer zurück; dieser Wert wird intern vom virtuellen Dateisystem (VFS) verwendet, das den Systemaufruf entweder neu startet oder `-EINTR` an den User-Space zurückgibt. Wir verwenden hier die gleiche Anweisung für die Handhabung von Signalen in allen *read*- und *write*-Implementationen. Weil *signal_pending* erst in der Version 2.1.57 des Kernels eingeführt wurde, definiert *sysdep.h* es für die früheren Kernel, um die Portabilität des Quellcodes sicherzustellen.

Die Implementation von *write* ist der von *read* ziemlich ähnlich (und auch hier wird die erste Zeile später erläutert). Das einzige »merkwürdige« Merkmal ist die Tatsache, daß der Puffer niemals vollständig gefüllt und immer ein Loch von mindestens einem Byte freigelassen wird. Wenn der Puffer also leer ist, sind `wp` und `rp` gleich; wenn Daten vorliegen, sind diese beiden Zeiger immer verschieden.

```
static inline int spacefree(Scull_Pipe *dev)
{
  if (dev->rp == dev->wp)
    return dev->buffersize - 1;
  return ((dev->rp + dev->buffersize - dev->wp) % dev->buffersize) - 1;
}

ssize_t scull_p_write(struct file *filp, const char *buf, size_t count,
        loff_t *f_pos)
{
  Scull_Pipe *dev = filp->private_data;

  if (f_pos != &filp->f_pos) return -ESPIPE;

  if (down_interruptible(&dev->sem))
    return -ERESTARTSYS;

  /* Sicherstellen, daß Platz zum Schreiben da ist */
  while (spacefree(dev) == 0) { /* voll */
    up(&dev->sem);
    if (filp->f_flags & O_NONBLOCK)
      return -EAGAIN;
    PDEBUG("\"%s\" writing: going to sleep\n",current->comm);
    if (wait_event_interruptible(dev->outq, spacefree(dev) > 0))
      return -ERESTARTSYS; /* Signal: FS-Schicht soll das regeln */
    if (down_interruptible(&dev->sem))
      return -ERESTARTSYS;
  }
  /* OK, Platz ist da, etwas entgegennehmen */
  count = min(count, spacefree(dev));
  if (dev->wp >= dev->rp)
    count = min(count, dev->end - dev->wp); /* bis zum Ende des Puffers */
  else /* der Schreibzeiger hat das Ende erreicht, bis rp-1 auffuellen */
    count = min(count, dev->rp - dev->wp - 1);
  PDEBUG("Going to accept %li bytes to %p from %p\n",
      (long)count, dev->wp, buf);
```

```
    if (copy_from_user(dev->wp, buf, count)) {
      up (&dev->sem);
      return -EFAULT;
    }
    dev->wp += count;
    if (dev->wp == dev->end)
      dev->wp = dev->buffer; /* wp vom Ende auf den Anfang setzen */
    up(&dev->sem);

    /* alle Leser aufwecken */
    wake_up_interruptible(&dev->inq); /* blockiert in read() und select() */

    /* und asynchron lesenden Prozessen Signale schicken - wird spaeter erklärt */
    if (dev->async_queue)
      kill_fasync(&dev->async_queue, SIGIO, POLL_IN);
    PDEBUG("\"%s\" did write %li bytes\n",current->comm, (long)count);
    return count;
}
```

So, wie wir das Gerät entwickelt haben, implementiert es kein blockierendes *open* und ist einfacher als ein echter FIFO. Wenn Sie sich die echten FIFOs ansehen wollen, schauen Sie in *fs/pipe.c* in den Kernel-Quellen.

Um die blockierende Operation des *scullpipe*-Geräts zu testen, können Sie einige Programme darauf arbeiten lassen und wie gewohnt die I/O-Umleitung benutzen. Das Testen der nicht-blockierenden Funktion ist schwieriger, weil konventionelle Programme keine nicht-blockierenden Operationen durchführen. Das Quellverzeichnis *misc-progs* enthält das folgende einfache Programm namens *nbtest*, das zum Testen der nicht-blokkierenden Operationen benutzt werden kann. Es kopiert lediglich seine Eingabe auf die Ausgabe, verwendet dafür nicht-blockierende I/O und sorgt für eine Verzögerung zwischen den einzelnen Versuchen. Die Verzögerungszeit kann auf der Kommandozeile übergeben werden und beträgt per Default eine Sekunde.

```
int main(int argc, char **argv)
{
  int delay=1, n, m=0;

  if (argc>1) delay=atoi(argv[1]);
  fcntl(0, F_SETFL, fcntl(0,F_GETFL) | O_NONBLOCK); /* stdin */
  fcntl(1, F_SETFL, fcntl(1,F_GETFL) | O_NONBLOCK); /* stdout */

  while (1) {
    n=read(0, buffer, 4096);
    if (n>=0)
      m=write(1, buffer, n);
    if ((n<0 || m<0) && (errno != EAGAIN))
      break;
    sleep(delay);
  }
  perror( n<0 ? "stdin" : "stdout");
  exit(1);
}
```

poll und select

Applikationen, die nicht-blockierende I/O verwenden, benutzen oft auch die Systemaufrufe *poll* und *select*. Beide haben im wesentlichen die gleiche Funktionalität: Sie erlauben es einem Prozeß zu ermitteln, ob er ohne zu blockieren aus einer oder mehreren offenen Dateien lesen oder in sie schreiben kann. Daher werden sie oft in Applikationen verwendet, die mehrere Eingabe- oder Ausgabe-Streams verwenden müssen und auf keinem davon blockieren dürfen. Die gleiche Funktionalität steht in zwei separaten Funktionen bereit, weil diese fast gleichzeitig von zwei verschiedenen Gruppen implementiert wurden: *select* wurde in BSD Unix eingeführt, während *poll* die System V-Lösung war.

Beide Systemaufrufe brauchen Unterstützung vom Gerätetreiber, um zu funktionieren. In der Version 2.0 des Kernels ahmte die Gerätemethode *select* nach (und *poll* stand User-Programmen gar nicht zur Verfügung); ab 2.1.23 gab es beide, und die Gerätemethode basierte auf dem neu eingeführten *poll*-Systemaufruf, weil *poll* eine genauere Kontrolle als *select* ermöglicht.

Implementationen der *poll*-Methode, die sowohl den Systemaufruf *poll* als auch den Systemaufruf *select* implementieren, haben den folgenden Prototyp:

```
unsigned int (*poll) (struct file *, poll_table *);
```

Die Treibermethode wird immer dann aufgerufen, wenn das User Space-Programm die Systemaufruf *poll* oder *select* verwendet und dabei ein Dateideskriptor benutzt wird, der zum Treiber gehört. Die Gerätemethode muß die folgenden beiden Schritte abdecken:

1. *poll_wait* auf einer oder mehreren Warteschlangen aufrufen, die eine Änderung im Poll-Status anzeigen könnten
2. eine Bitmaske zurückgeben, die die Operationen beschreibt, die unmittelbar ohne Blockieren ausgeführt werden könnten

Beide Operationen sind normalerweise einfach zu implementieren und ähneln sich bei allen Treibern. Sie verlassen sich aber auf Informationen, die nur der Treiber bereitstellen kann, und müssen deswegen von jedem Treiber einzeln unterstützt werden.

Die Struktur `poll_table`, das zweite Argument der *poll*-Methode, wird im Kernel verwendet, um die Aufrufe *poll* und *select* zu implementieren. Sie ist in `<linux/poll.h>`, deklariert; diese Datei muß vom Treiber eingebunden werden. Treiber-Autoren müssen nichts über die Interna wissen und verwenden die Struktur als opaques Objekt. Sie wird an die Treibermethode übergeben, damit jede Ereignisschlange, die den Prozeß aufwecken und den Status der *poll*-Operation ändern könnte, durch einen Aufruf der Funktion *poll_wait* zur Struktur `poll_table` hinzugefügt werden kann:

```
void poll_wait (struct file *, wait_queue_head_t *, poll_table *);
```

Die zweite Aufgabe der poll-Methode besteht darin, die Bitmaske zurückzugeben, die die Operationen beschreibt, die unmittelbar ausgeführt werden können; auch dies ist einfach. Wenn das Gerät beispielsweise Daten verfügbar hat, dann würde ein *read*-Aufruf ohne Schlafen ausgeführt werden können; die Methode *poll* sollte diesen Zustand bekanntgeben. Mehrere (in `<linux/poll.h>` definierte) Flags werden verwendet, um die möglichen Operationen anzuzeigen:

`POLLIN`
: Dieses Bit muß gesetzt sein, wenn vom Gerät ohne zu blockieren gelesen werden kann.

`POLLRDNORM`
: Dieses Bit muß gesetzt werden, wenn »normale« Daten zum Lesen vorliegen. Ein lesbares Gerät gibt `(POLLIN | POLLRDNORM)` zurück.

`POLLRDBAND`
: Dieses Bit zeigt an, daß Out-of-Band-Daten für das Gerät vorliegen. Dies wird derzeit nur an einer einzigen Stelle (im DECnet-Code) im Linux-Kernel verwendet und trifft normalerweise nicht auf Gerätetreiber zu.

`POLLPRI`
: Daten hoher Priorität (Out-of-Band) können ohne zu blockieren gelesen werden. Dieses Bit läßt *select* melden, daß eine Ausnahmebedingung an der Datei aufgetreten ist, weil *select* Out-of-Band-Daten als Ausnahmezustand ansieht.

`POLLHUP`
: Wenn ein Prozeß, der von diesem Gerät liest, auf das Dateiende stößt, muß der Treiber `POLLHUP` (auflegen) setzen. Ein Prozeß, der *select* aufruft, bekommt dann mitgeteilt, daß das Gerät lesbar ist, wie es die *select*-Funktionalität vorschreibt.

`POLLERR`
: Ein Fehlerzustand ist am Gerät aufgetreten. Wenn *poll* aufgerufen worden ist, wird das Gerät als les- und schreibbar gemeldet, weil sowohl *read* als auch *write* ohne zu blockieren einen Fehlercode zurückgeben werden.

`POLLOUT`
: Dieses Bit ist im Rückgabewert gesetzt, wenn das Gerät ohne zu blockieren beschrieben werden kann.

`POLLWRNORM`
: Dieses Bit hat die gleiche Bedeutung wie `POLLOUT` und ist manchmal auch die gleiche Zahl. Ein schreibbares Gerät gibt `(POLLOUT | POLLWRNORM)` zurück.

`POLLWRBAND`
: Wie `POLLRDBAND` bedeutet dieses Bit, daß Daten mit einer Priorität größer 0 auf das Gerät geschrieben werden können. Nur die Datagramm-Implementation von *poll* verwendet dieses Bit, weil ein Datagramm Out-of-Band-Daten transportieren kann.

Beachten Sie, daß `POLLRDBAND` und `POLLWRBAND` nur bei Dateideskriptoren, die zu Sockets gehören, sinnvoll sind: Gerätetreiber benutzen diese Flags normalerweise nicht.

Die Beschreibung von *poll* ist relativ lang, wenn man bedenkt, wie einfach die Funktion in der Praxis zu benutzen ist. Schauen Sie sich als Beispiel die *scullpipe*-Implementation der *poll*-Methode an:

```
unsigned int scull_p_poll(struct file *filp, poll_table *wait)
{
  Scull_Pipe *dev = filp->private_data;
  unsigned int mask = 0;

  /*
   * Der Puffer ist ein Ring-Puffer, er gilt als voll, wenn "wp" direkt
   * hinter "rp" steht. "left" ist 0, wenn der Puffer leer ist, und
   * "1", wenn er voellig gefuellt ist.
   */
  int left = (dev->rp + dev->buffersize - dev->wp) % dev->buffersize;

  poll_wait(filp, &dev->inq, wait);
  poll_wait(filp, &dev->outq, wait);
  if (dev->rp != dev->wp) mask |= POLLIN | POLLRDNORM; /* lesbar */
  if (left != 1)     mask |= POLLOUT | POLLWRNORM; /* schreibbar */

  return mask;
}
```

Dieser Code fügt einfach die beiden *scullpipe*-Warteschlangen zur `poll_table` hinzu und setzt dann die passenden Maskenbits, wenn Daten gelesen der geschrieben werden können.

Der hier gezeigte *poll*-Code hat noch keine Unterstützung für das Dateiende. Die *poll*-Methode sollte `POLLHUP` zurückgeben, wenn das Gerät am Ende der Datei angekommen ist. Wenn der Aufrufer den Systemaufruf *select* verwendet hat, wird die Datei als lesbar gemeldet; in beiden Fällen weiß die Applikation, daß sie den *read*-Aufruf ausführen kann, ohne ewig warten zu müssen. Die *read*-Methode gibt dann 0 zurück, um das Dateiende zu kennzeichnen.

Bei echten FIFOs sieht der Leser beispielsweise ein Dateiende, wenn alle Schreiber die Datei schließen, wohingegen ein Leser von *scullpipe* nie ein Dateiende sieht. Das Verhalten ist anders, weil ein FIFO als Kommunikationskanal zwischen zwei Prozessen gedacht ist, während *scullpipe* ein Mülleimer ist, in dem jeder Daten ablegen kann, solange es wenigstens einen Leser gibt. Außerdem ergibt es keinen Sinn, etwas erneut zu implementieren, was es schon im Kernel gibt.

Das Implementieren des Dateiendes auf die gleiche Art und Weise wie bei FIFOs würde ein Abfragen von `dev->nwriters` sowohl in der *read*- als auch in der *poll*-Methode sowie ein entsprechendes Melden des Dateiendes (wie eben beschrieben), wenn kein Prozeß das Gerät zum Schreiben geöffnet hat, erfordern. Wenn ein Leser aber *scullpipe* unglücklicherweise vor dem Schreiber geöffnet hat, würde er das Dateiende zu sehen bekommen, bevor er eine Chance hat, auf die Daten zu warten. Dieses Problem kann am besten mit einem blockierenden *open* behoben werden, dessen Implementierung Ihnen als Aufgabe überlassen bleibt.

Interaktion mit read und write

Der Zweck der Systemaufrufe *poll* und *select* ist es, im voraus zu bestimmen, ob eine I/O-Operation blockieren wird. *poll* und *select* ergänzen also *read* und *write*, sind aber auch nützlich, um den Treiber simultan auf mehrere Datenströme warten zu lassen (auch wenn wir das in den *scull*-Beispielen nicht ausnutzen).

Damit Anwendungen korrekt arbeiten können, müssen auch diese drei Aufrufe korrekt implementiert sein. Auch wenn die folgenden Regeln schon mehr oder weniger genannt worden sind, fassen wir sie hier noch einmal zusammen.

Daten vom Gerät lesen

- Wenn Daten im Eingabe-Puffer vorliegen, sollte *read* unmittelbar und ohne spürbare Verzögerung zurückkehren, selbst wenn weniger Daten als angefordert vorhanden sind und der Treiber sicher ist, daß die fehlenden Daten bald ankommen werden. Sie können auch jederzeit weniger Daten als angefordert zurückgeben, wenn das praktisch für Sie ist (wir haben das in *scull* so gemacht), sofern Sie wenigstens ein Byte zurückgeben.
- Wenn keine Daten im Eingabe-Puffer vorliegen, muß *read* default-mäßig blockieren, bis wenigstens ein Byte anliegt, es sei denn, `O_NONBLOCK` ist gesetzt. Ein nicht-blockierendes *read* kehrt unmittelbar mit dem Rückgabewert `-EAGAIN` zurück (auch wenn einige alte Versionen von System V in diesem Fall 0 zurückgeben). In diesen Fällen muß *poll* melden, daß das Gerät unlesbar ist; zumindest so lange, bis mindestens ein Byte eintrifft. Sobald Daten im Puffer sind, gehen wir auf den vorigen Fall zurück.
- Wenn wir am Dateiende angekommen sind, sollte *read* sofort mit dem Rückgabewert 0 zurückkehren, unabhängig davon, ob `O_NONBLOCK` gesetzt ist oder nicht. *poll* sollte in diesem Fall `POLLHUP` zurückgeben.

Auf das Gerät schreiben

- Wenn Platz im Ausgabe-Puffer ist, sollte *write* verzögerungsfrei zurückkehren. Es kann aber weniger Daten entgegennehmen als angefordert, muß jedoch wenigstens ein Byte abnehmen. In diesem Fall meldet *poll*, daß das Gerät schreibbar ist.
- Wenn der Ausgabe-Puffer voll ist, blockiert *write* default-mäßig, bis wieder Platz geschaffen wurde, es sei denn, `O_NONBLOCK` ist gesetzt. Ein nicht-blockierendes *write* kehrt unmittelbar mit `-EAGAIN` zurück (oder wie in älteren System V-Systemen mit 0). *poll* sollte in diesem Fall melden, daß die Datei nicht schreibbar ist. Wenn allerdings das Gerät keine Daten mehr annehmen kann, sollte *write* `-ENOSPC` (»No space left on device«) zurückgeben, egal ob `O_NONBLOCK` gesetzt ist oder nicht.

- Ein *write*-Aufruf darf nie auf die Datenübertragung warten müssen, bevor er zurückkehrt, selbst wenn `O_NONBLOCK` nicht gesetzt ist. Das liegt daran, daß viele Applikationen *select* verwenden, um herauszufinden, ob *write* blockieren wird. Wenn das Gerät als schreibbar gemeldet ist, darf der Aufruf auch konsequenterweise nicht blockieren. Wenn das Programm, das das Gerät verwendet, sicherstellen möchte, daß die in den Ausgabe-Puffer gestellten Daten auch wirklich übertragen werden, muß das Gerät eine *fsync*-Methode bereitstellen. Das sollte beispielsweise bei entnehmbaren Geräten der Fall sein.

Diese Regeln sind zwar im allgemeinen gut verwendbar, aber man sollte nie vergessen, daß jedes Gerät seine Eigenheiten hat und daß die Regeln manchmal etwas flexibel interpretiert werden müssen. Beispielsweise könnten datensatzorientierte Geräte (wie Bandlaufwerke) keine teilweisen Schreiboperationen ausführen.

Ausstehende Ausgaben ausgeben

Wir haben schon gesehen, daß die *write*-Methode nicht alle Bedürfnisse bei der Ausgabe erfüllt. Die Funktion *fsync*, die vom Systemaufruf des gleichen Namens aufgerufen wird, füllt diese Lücke. Der Prototyp der Methode lautet:

```
int (*fsync) (struct file *file, struct dentry *dentry, int datasync);
```

Wenn eine Anwendung sichergehen muß, daß die Daten auch wirklich auf das Gerät geschrieben worden sind, muß die *fsync*-Methode implementiert werden. Der *fsync*-Aufruf sollte nur zurückkehren, wenn die Ausgabe-Puffer vollständig geleert sind, auch wenn das einige Zeit benötigt, und zwar egal, ob `O_NONBLOCK` gesetzt ist oder nicht. Das Argument `datasync`, das es nur in 2.4-Kerneln gibt, wird verwendet, um zwischen den Systemaufrufen *fsync* und *fdatasync* zu unterscheiden; es ist nur für Dateisystem-Code interessant und kann von Treibern ignoriert werden.

Die Methode *fsync* hat keine ungewöhnlichen Merkmale. Der Aufruf ist nicht zeitkritisch, so daß er in jedem Gerätetreiber nach dem Geschmack des Autors implementiert werden kann. Meistens haben Zeichen-Treiber einfach einen `NULL`-Zeiger in ihren `fops`. Block-Geräte implementieren diese Methode dagegen immer durch Aufruf der allgemein verwendbaren Funktion *vlock_fsync*, die alle Blocks des Geräts hinausschreibt und wartet, daß diese Operation abgeschlossen ist.

Die zugrundeliegende Datenstruktur

Die Implementation der Systemaufrufe *poll* und *select* ist ziemlich einfach, falls Sie daran interessiert sind, wie das vor sich geht. Immer, wenn eine Benutzer-Applikation eine der beiden Funktionen aufruft, ruft der Kernel die *poll*-Methode aller Dateien auf, die im Systemaufruf referenziert werden, und übergibt allen die gleiche `poll_table`. Diese Struktur ist im wesentlichen ein Array von poll_table_entry-Strukturen, die für einen bestimmten *poll-* oder *select-*Aufruf alloziert worden sind. Jeder poll_table_entry enthält den struct file-Zeiger für das offene Gerät, einen wait_queue_head_t-Zeiger und einen wait_queue_t-Eintrag. Wenn ein Treiber *poll_wait* aufruft, wird einer dieser Einträge mit den vom Treiber gelieferten Informationen gefüllt und der Warteschlangeneintrag wird in die Geräteschlange gestellt. Der Zeiger auf wait_queue_head_t wird dazu verwendet, die Warteschlange zu verfolgen, in der der aktuelle poll-Tabelleneintrag registriert ist, damit *free_wait* in der Lage ist, den Eintrag herauszunehmen, bevor die Warteschlange aufgeweckt wird.

Wenn keiner der gepollten Treiber anzeigt, daß I/O ohne Blockieren möglich ist, schläft der *poll-*Aufruf einfach, bis eine der (möglicherweise vielen) Warteschlangen aufwacht.

Das Interessante an der Implementation von *poll* ist, daß die Dateioperation mit einem NULL-Zeiger als poll_table-Argument aufgerufen werden kann. Diese Situation kann aus einer Reihe von Gründen entstehen. Wenn die Applikation, die *poll* aufruft, einen Timeout-Wert von 0 angegeben hat (und damit angezeigt hat, daß nicht gewartet werden soll), dann gibt es keinen Grund, die Warteschlangen anzusammeln, und das System tut das entsprechend auch nicht. Der poll_table-Zeiger wird auch unmittelbar, nachdem einer der gepollten Treiber anzeigt, daß I/O möglich ist, auf NULL gesetzt. Weil der Kernel an dieser Stelle weiß, daß nicht mehr gewartet werden muß, baut er keine Liste von Warteschlangen mehr auf.

Wenn der *poll-*Aufruf beendet wird, wird die poll_table-Struktur dealloziert, und alle vorher zur poll-Tabelle hinzugefügten Warteschlangen-Einträge (sofern es überhaupt welche gab) werden aus der Tabelle und ihren Warteschlangen entfernt.

In Wirklichkeit sind die Dinge noch etwas komplizierter als hier dargestellt, weil die poll-Tabelle kein einfaches Array ist, sondern eine Menge von einer oder mehreren Seiten, die alle ein Array enthalten. Diese zusätzliche Verkomplizierung wurde eingeführt, um die maximale Anzahl von Dateideskriptoren in einem *poll-* oder *select-*Aufruf (die durch die Seitengröße bestimmt wird) nicht zu gering zu halten.

Wir haben versucht, die beim Pollen verwendeten Datenstrukturen in Abbildung 5-2 darzustellen; die Abbildung ist eine vereinfachte Repräsentation der wirklichen Datenstrukturen, weil die Aufteilung der poll-Tabelle in mehrere Seiten ignoriert wird und der Datei-Zeiger, der in jedem poll_table_entry steht, nicht vorkommt. Wenn die tatsächliche Implementation Sie interessiert, sollten Sie sich <linux/poll.h> und *fs/select.c* ansehen.

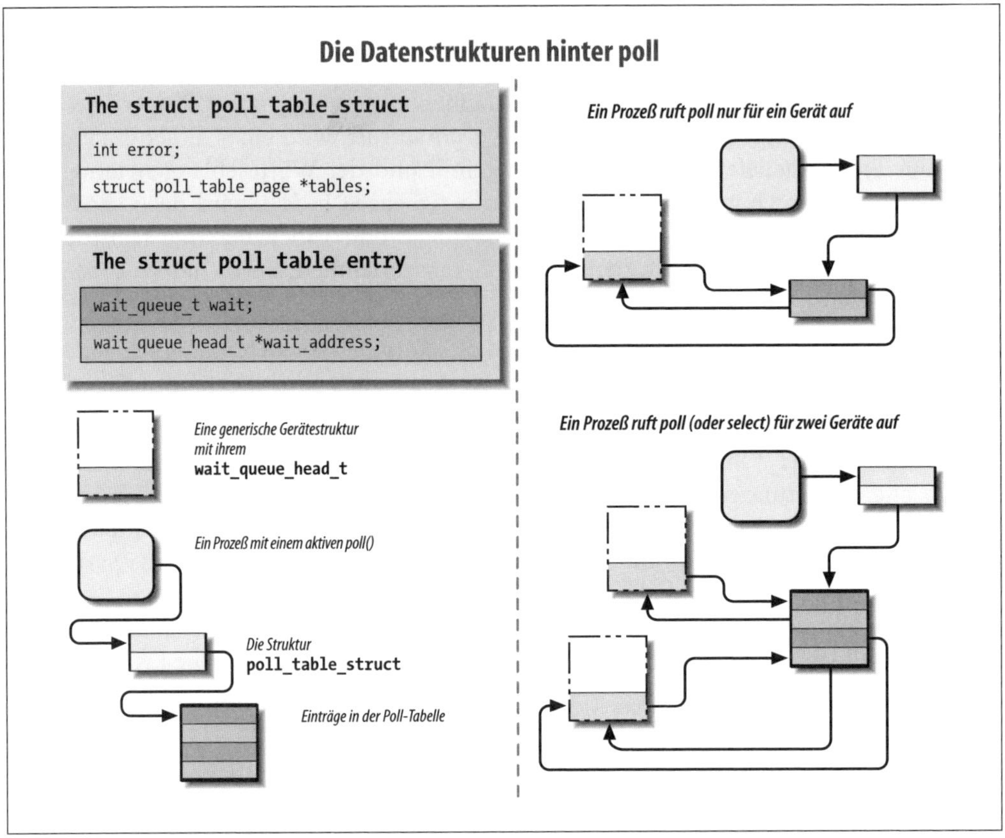

Abbildung 5-2: Die Datenstrukturen von poll

Asynchrone Benachrichtigung

Obwohl die Kombination aus blockierenden und nicht-blockierenden Operationen sowie die *select*-Methode für fast alle Fälle, in denen Geräte angesprochen werden sollen, ausreichend sind, können die bisher vorgestellten Techniken doch mit einigen Situationen nicht effizient umgehen.

Stellen wir uns beispielsweise vor, daß ein Prozeß eine lange Berechnung in einer Schleife bei niedriger Priorität durchführt, eingehende Daten aber so schnell wie möglich bearbeiten muß. Wenn der Eingabe-Kanal die Tastatur ist, dann dürfen Sie der Anwendung ein Signal schicken (normalerweise das 'INTR'-Zeichen, üblicherweise Strg-C) aber diese Fähigkeit ist ein Teil der TTY-Schicht, die nichts mit den allgemeinen Zeichen-Geräten zu tun hat. Für asynchrone Benachrichtungen benötigen wir etwas anderes. Außerdem sollten alle Eingabedaten einen Interrupt erzeugen, nicht nur Strg-C.

Anwendungsprogramme müssen zwei Schritte ausführen, um die asynchrone Benachrichtung für eine Eingabedatei einzuschalten. Zunächst wird ein Prozeß als »Eigentümer« der Datei angegeben. Die Benutzer-ID des Datei-Eigentümers wird vom Systemaufruf *fcntl* zur späteren Verwendung in `filp->f_owner` abgelegt, wenn eine Anwendung den `F_SETOWN`-Befehl verwendet. Dieser Schritt ist notwendig, damit der Kernel weiß, wen er benachrichtigen muß. Außerdem muß das Programm den Schalter *FASYNC* mit einem weiteren `F_SETFL` *fcntl*-Aufruf im Gerät setzen, um die asynchrone Benachrichtigung tatsächlich einzuschalten.

Nachdem diese beiden Aufrufe ausgeführt worden sind, kann die Eingabedatei die Verwendung eines `SIGIO`-Signals anfordern, wann immer neue Daten eintreffen. Das Signal wird an den Prozeß (oder die Prozeßgruppe, wenn der Wert negativ ist) geschickt, der in `filp->f_owner` abgelegt ist.

Die folgenden Zeilen schalten beispielsweise die asynchrone Benachrichtigung an den aktuellen Prozeß für die Eingabedatei `stdin` ein:

```
signal(SIGIO, &input_handler); /* unschoenes Verfahren; */
                                 /* sigaction() waere besser */
fcntl(STDIN_FILENO, F_SETOWN, getpid());
oflags=fcntl(STDIN_FILENO, F_GETFL);
fcntl(STDIN_FILENO, F_SETFL, oflags | FASYNC);
```

Das Programm *asynctest* in den Quellen ist ein einfaches Programm, das wie gezeigt `stdin` ausliest. Es kann verwendet werden, um die asynchronen Fähigkeiten von *scullpipe* zu testen. Das Programm ist *cat* ähnlich, beendet sich aber nicht am Dateiende; es antwortet nur auf Eingaben, nicht auf die Abwesenheit von Eingaben.

Nicht alle Geräte unterstützen jedoch die asynchrone Benachrichtigung, und Sie müssen das für Ihr Gerät auch nicht tun. Anwendungen erwarten asynchrone Fähigkeiten normalerweise nur von Sockets und TTYs. Beispielsweise unterstützen in den aktuellen Kerneln Pipes und FIFOs keine asynchrone Benachrichtigung. Mäuse haben eine asynchrone Benachrichtigung, weil einige Programme erwarten, daß eine Maus genau wie ein TTY ein `SIGIO` schicken kann.

Es gibt noch ein weiteres Problem bei der Benachrichtigung über Eingaben. Wenn ein Prozeß ein `SIGIO`-Signal bekommt, weiß er nicht, in welcher Eingabedatei neue Eingaben anliegen. Wenn für mehr als eine Datei für diesen Prozeß asynchrone Benachrichtigung eingeschaltet worden ist, muß die Anwendung doch *poll* oder *select* verwenden, um herauszufinden, was eigentlich passiert ist.

Die Sicht des Treibers

Wichtiger für uns ist aber, wie ein Gerätetreiber die asynchrone Benachrichtigung implementieren kann. Die folgende Liste führt die Operationen aus der Sicht des Kernels auf:

- Wenn `F_SETOWN` aufgerufen wird, passiert nichts weiter, es wird lediglich der Wert an `filp->f_owner` zugewiesen.
- Wenn `F_SETFL` aufgerufen wird, um `FASYNC` einzuschalten, wird die *fasync*-Methode des Treibers aufgerufen. Diese Methode wird immer dann aufgerufen, wenn der Wert von `FASYNC` in `filp->f_flags` geändert wird, damit sich der Treiber darauf einstellen kann. Wenn die Datei geöffnet wird, ist der Schalter default-mäßig nicht gesetzt. Wir werden uns die Standardimplementation der Treiber-Methode gleich ansehen.
- Wenn Daten eintreffen, muß an alle Prozesse, die sich für die asynchrone Benachrichtigung registriert haben, ein `SIGIO`-Signal geschickt werden.

Die Implementation des ersten Schritts ist trivial – der Treiber muß überhaupt nichts machen –, aber in den weiteren Schritten muß eine dynamische Datenstruktur verwaltet werden, in der die verschiedenen asynchronen Leser festgehalten werden; es kann ja mehrere davon geben. Diese dynamische Datenstruktur hängt aber nicht vom jeweiligen Gerät ab, und der Kernel bietet eine passende allgemein verwendbare Implementation an, so daß Sie diesen Code nicht für jeden Treiber neu schreiben müssen.

Die allgemeine Implementation, die Linux anbietet, besteht aus einer Datenstruktur und zwei Funktionen (die im zweiten und im dritten der oben genannten Schritte aufgerufen werden). Die benötigte Header-Datei ist `<linux/fs.h>` – nichts Neues also –, und die Datenstruktur heißt `struct fasync_struct`. So, wie wir es mit den Warteschlangen gemacht haben, müssen wir auch hier einen Zeiger auf die Struktur in die gerätespezifische Struktur mit aufnehmen. Wir haben dieses Feld auch schon im Abschnitt »Eine Beispiel-Implementation: scullpipe« gesehen.

Die beiden Funktionen, die der Treiber aufruft, haben die folgenden Prototypen:

```
int fasync_helper(int fd, struct file *filp, int mode, struct fasync_struct **fa);
void kill_fasync(struct fasync_struct **fa, int sig, int band);
```

`fasync_helper` wird aufgerufen, um Dateien zur Liste der interessierten Prozesse hinzuzufügen oder um Dateien aus ihr zu entfernen, wenn sich das `FASYNC`-Flag für eine offene Datei ändert. Alle Argumente mit Ausnahme des letzten werden an die Methode *fasync* übergeben und können direkt durchgereicht werden. `kill_fasync` wird verwendet, um die interessierten Prozesse zu benachrichtigen, wenn Daten eintreffen. Die Argumente sind das zu schickende Signal (normalerweise `SIGIO`) und das Band, das fast immer `POLL_IN` ist (aber das auch dazu verwendet werden kann, »dringende« oder Out-of-Band-Daten im Netzwerk-Code zu schicken).

scullpipe implementiert die Methode *fasync* folgendermaßen:

```
int scull_p_fasync (fasync_file fd, struct file *filp, int mode)
{
    Scull_Pipe *dev = filp->private_data;

    return fasync_helper(fd, filp, mode, &dev->async_queue);
}
```

Offensichtlich wird alle Arbeit von *fasync_helper* erledigt. Ganz ohne die Mithilfe des Treibers geht es allerdings doch nicht, weil diese Funktion Zugriff auf den korrekten Zeiger in der `struct fasync_struct *` (hier `&dev->async_queue`) benötigt, den nur der Treiber bereitstellen kann.

Wenn Daten eintreffen, muß die folgende Anweisung ausgeführt werden, um den asynchronen Lesern Bescheid zu geben. Weil neue Daten für *scullpipe*-Leser von einem schreibenden Prozeß erzeugt werden, steht die folgende Anweisung in der *write*-Methode von *scullpipe*.

```
if (dev->async_queue)
    kill_fasync (&dev->async_queue, SIGIO, POLL_IN);
```

Es sieht vielleicht so aus, als wären wir damit fertig, aber eines fehlt noch. Wir müssen beim Schließen der Datei noch einmal *fasync* aufrufen, um die geschlossene Datei von der Liste der aktiven asynchronen Leser zu entfernen. Zwar ist dieser Aufruf eigentlich nur nötig, wenn `FASYNC` in `filp->f_flags` gesetzt ist, aber es schadet nichts, die Funktion auf jeden Fall aufzurufen, was auch normalerweise gemacht wird. Die folgenden Zeilen stehen beispielsweise in der *close*-Methode von *scullpipe*:

```
/* diesen filp von der Liste der asynchron benachrichtigten filps entfernen */
scull_p_fasync(-1, filp, 0);
```

Die Datenstruktur, die der asynchronen Benachrichtigung zugrundeliegt, ist fast identisch mit der Struktur `struct wait_queue`, weil in beiden Situationen auf ein Ereignis gewartet wird. Der Unterschied ist hauptsächlich, daß `struct file` anstelle von `struct task_struct` verwendet wird. Mittels der `struct file` in der Warteschlange wird dann der `f_owner` geholt, damit der Prozeß benachrichtigt werden kann.

Ein Gerät positionieren

Wir haben den schwierigen Teil des Kapitels hinter uns. Wir werden jetzt noch schnell auf die Methode *llseek* eingehen, die nützlich und leicht zu implementieren ist.

Die Implementation von llseek

Die Methode *llseek* implementiert die Systemaufrufe *lseek* und *llseek*. Wir haben bereits erwähnt, daß bei fehlender Implementation von *lseek* im Gerätetreiber der Kernel Positionierungen vom Dateianfang oder von der aktuellen Position an gerechnet selbst durch

Modifikation von `filp->f_pos` erledigt. Beachten Sie, daß die Methoden *read* und *write* kooperieren müssen, damit der Systemaufruf *lseek* korrekt arbeiten kann. Dazu müssen Sie das Offset-Element aktualisieren, das sie als Argument (normalerweise in Form eines Zeigers auf `filp->f_pos`) bekommen.

Wenn die Positionierungsoperation einer physikalischen Operation Ihres Geräts entspricht oder wenn das Suchen vom Dateiende aus, das von der Default-Methode nicht implementiert ist, sinnvoll ist, müssen Sie möglicherweise eine eigene *llseek*-Methode implementieren. Ein einfaches Beispiel finden Sie im *scull*-Treiber.

```
loff_t scull_llseek(struct file *filp, loff_t off, int whence)
{
  Scull_Dev *dev = filp->private_data;
  loff_t newpos;

  switch(whence) {
   case 0: /* SEEK_SET */
    newpos = off;
    break;

   case 1: /* SEEK_CUR */
    newpos = filp->f_pos + off;
    break;

   case 2: /* SEEK_END */
    newpos = dev->size + off;
    break;

   default: /* kann nicht passieren */
    return -EINVAL;
  }
  if (newpos<0) return -EINVAL;
  filp->f_pos = newpos;
  return newpos;
}
```

Die einzige gerätespezifische Operation, die wir hier verwenden, ist das Abfragen der Dateilänge vom Gerät. Die Implementation von *scull* kooperiert wie benötigt, wie in »read und write« in Kapitel 3 zu sehen war.

Obwohl die obige Implementation bei *scull*, wo ein wohldefinierter Datenbereich verwaltet wird, sinnvoll ist, haben die meisten Geräte mit einem Datenstrom anstelle eines Datenbereichs zu tun (denken Sie nur an serielle Ports oder die Tastatur). Dort sind Positionierungen wenig sinnvoll. Wenn dies der Fall ist, dann können Sie nicht einfach darauf verzichten, *llseek* zu implementieren, weil die Default-Methode ja das Positionieren erlaubt. Statt dessen sollten Sie den folgenden Code verwenden:

```
loff_t scull_p_llseek (struct file *filp, loff_t off, int whence)
{
    return -ESPIPE; /* nicht positionierbar */
}
```

Die gezeigte Funktion stammt aus dem *scullpipe*-Gerät, das auch nicht positionierbar ist. Der Fehlercode wird zu »Illegal seek« (illegales Positionieren), auch wenn der symbolische Name »ist eine Pipe« bedeutet. Weil der Positionszeiger `filp->f_pos` für nicht positionierbare Geräte keine Bedeutung hat, müssen ihn weder *read* noch *write* bei der Datenübertragung aktualisieren.

Interessanterweise ist die Geräte-Methode *llseek* seit dem Hinzufügen von *pread* und *pwrite* zur Menge der unterstützten Systemaufrufe nicht mehr die einzige Möglichkeit, mit der ein User-Space-Programm in einer Datei navigieren kann. Eine korrekte Implementation von einem nicht positionierbaren Gerät sollte normale *read*- und *write*-Aufrufe erlauben, *pread* und *pwrite* aber verbieten. Dies geschieht mit der folgenden Zeile, der ersten in den *read*- und *write*-Methoden von *scullpipe*, die wir bei der Einführung dieser Methoden nicht besprochen haben:

```
if (f_pos != &filp->f_pos) return -ESPIPE;
```

Zugriffskontrolle auf Gerätedateien

Manchmal hängt die Zuverlässigkeit eines Gerätetreibers wesentlich von der Zugriffskontrolle ab. Einerseits sollten nicht-autorisierte Benutzer auch keinen Zugriff auf das Gerät haben (das wird durch die Zugriffs-Bits des Dateisystems erzwungen), andererseits sollte aber manchmal auch nur jeweils ein autorisierter Benutzer ein Gerät öffnen können.

Das Problem ist ähnlich wie bei der Benutzung von TTYs. In diesem Fall ändert der *login*-Prozeß den Eigentümer der Gerätedatei, wenn sich ein Benutzer am System anmeldet, um ein Stören oder Ausspionieren des TTY-Datenflusses durch andere Benutzer zu verhindern. Aber es ist natürlich unpraktisch, jedesmal beim Öffnen eines Gerätes ein privilegiertes Programm starten zu müssen, nur um einen exklusiven Zugriff darauf zu gewährleisten.

Der Code, den wir bisher gesehen haben, implementiert keine Zugriffskontrolle über die Zugriffs-Bits des Dateisystems hinaus. Wenn der Systemaufruf *open* eine Anfrage an den Treiber weiterleitet, dann gelingt das auch. Wir werden jetzt einige weitere Techniken einführen, mit denen zusätzliche Überprüfungen durchgeführt werden können.

Jedes Gerät in diesem Abschnitt verhält sich wie das normale *scull*-Gerät (implementiert also einen persistenten Speicherbereich); sie unterscheiden sich von *scull* nur in der Zugriffskontrolle, die in den Methoden *open* und *close* implementiert wird.

Nur einmal zu öffnende Geräte

Der radikalste Ansatz bei der Zugriffskontrolle besteht darin, ein Gerät nur von jeweils einem Prozeß öffnen zu lassen. Wir mögen diese Technik nicht, weil sie den Einfallsreichtum des Benutzers bremst. Ein Benutzer kann durchaus mehrere Prozesse auf ein und demselben Gerät ausführen wollen, so könnte einer der Prozesse Status-Informationen lesen, während ein anderer gerade Daten schreibt. In manchen Fällen können Benutzer viel erreichen, indem sie ein paar einfache Programme durch ein Shell-Skript laufen lassen, solange sie gleichzeitig auf das Gerät zugreifen dürfen. Das Implementieren des einmaligen Öffnens ist also mit anderen Worten das Einführen einer Policy, die Ihren Benutzern im Weg sein könnte.

Es hat zwar unangenehme Eigenschaften, wenn man nur einem Prozeß erlaubt, ein Gerät zu öffnen, aber das ist auch die einfachste Zugriffskontrolle, die man für einen Gerätetreiber implementieren kann. Deswegen zeigen wir dieses Verfahren hier. Der Quellcode stammt aus einem Gerät namens *scullsingle*.

Der *open*-Aufruf verweigert den Zugriff anhand eines globalen Integer-Schalters:

```
int scull_s_open(struct inode *inode, struct file *filp)
{
  Scull_Dev *dev = &scull_s_device; /* Geraeteinformation */
  int num = NUM(inode->i_rdev);

  if (!filp->private_data && num > 0)
    return -ENODEV;              /* kein devfs: nur ein Geraet erlauben */
  spin_lock(&scull_s_lock);
  if (scull_s_count) {
    spin_unlock(&scull_s_lock);
    return -EBUSY; /* bereits geoeffnet */
  }
  scull_s_count++;
  spin_unlock(&scull_s_lock);
    /* alles weitere ist aus dem normalen scull-Geraet kopiert */

  if ( (filp->f_flags & O_ACCMODE) == O_WRONLY)
    scull_trim(dev);
  if (!filp->private_data)
    filp->private_data = dev;
  MOD_INC_USE_COUNT;
  return 0;       /* Erfolg */
}
```

Der *close*-Systemaufruf markiert das Gerät entsprechend als nicht mehr belegt.

```
int scull_s_release (struct inode *inode, struct file *filp)
{
    scull_s_count--; /* Geraet freigeben */
    MOD_DEC_USE_COUNT;
    return 0;
}
```

Der beste Platz für das Flag `scull_s_count` (mit dem zugehörigen Spinlock `scull_s_lock`, dessen Aufgabe im nächsten Unterabschnitt erläutert wird) ist in der Gerätestruktur (hier `Scull_dev`), weil er konzeptionell zum Gerät gehört. Der *scullsingle*-Treiber verwendet aber doch freistehende Variablen für das Flag und das Lock, um die gleiche Gerätestruktur und die gleichen Methoden wie das einfache *scull*-Gerät verwenden zu können und um die Code-Duplikation zu minimieren.

Ein weiterer Abstecher zu den Race Conditions

Denken Sie noch einmal über die gerade gezeigte Abfrage der Variable `scull_s_count` ab. Hier erfolgen zwei separate Aktionen: Zunächst wird der Wert der Variablen abgefragt und das Öffnen verweigert, wenn dieser Wert nicht 0 ist; danach wird die Variable inkrementiert, um das Gerät als belegt zu markieren. Auf einem Einzel-Prozessor-System sind diese Tests sicher, weil kein anderer Prozeß zwischen die beiden Aktionen kommen kann.

Sobald Sie aber in die SMP-Welt kommen, tritt ein Problem auf. Wenn zwei Prozesse auf zwei Prozessoren versuchen, das Gerät gleichzeitig zu öffnen, kann es passieren, daß beide den Wert der Variable `scull_s_count` abfragen, bevor einer der beiden sie modifiziert. In diesem Szenario wird im günstigsten Fall die Einmal-Öffnen-Semantik des Geräts nicht eingehalten. Im schlimmsten Fall kann ein unerwarteter nebenläufiger Zugriff Datenstrukturen zerstören und Systemabstürze verursachen.

Wir haben hier also mit anderen Worten eine weitere Race Condition. Auch diese könnte sehr ähnlich wie die in Kapitel 3 beseitigt werden. Die Race Conditions dort wurden durch den Zugriff auf eine Status-Variable in einer potentiell gemeinsam genutzten Datenstruktur verursacht und mit Semaphoren beseitigt. Im allgemeinen können Semaphore aber teuer sein, weil sie den aufrufenden Prozeß schlafen legen können. Sie sind eine schwergewichtige Lösung für das Problem, einfach nur die schnelle Abfrage einer Status-Variable zu schützen.

Statt dessen verwendet *scullsingle* einen anderen Sperrmechanismus namens *Spinlock*. Spinlocks legen nie einen Prozeß schlafen, wenn eine Sperre nicht verfügbar ist. Statt dessen versuchen sie immer und immer wieder aufs neue, an der Sperre vorbeizukommen, bis sie einmal frei wird und dann dem entsprechenden Prozeß gehört. Spinlocks haben damit einen sehr geringen Sperr-Overhead, aber auch das Potential, einen Prozessor sehr lange rotieren zu lassen, wenn jemand auf der Sperre hocken bleibt. Ein weiterer Vorteil von Spinlocks gegenüber Semaphoren besteht darin, daß ihre Implementation leer ist, wenn der Code für ein Einzelprozessor-System kompiliert wird (wo solche SMP-spezifischen Race Conditions nicht auftreten können). Semaphore sind eine allgemeinere Ressource, die auch auf Einzelprozessor-Systemen sinnvoll ist, und werden daher auf solchen Systemen nicht wegoptimiert.

Spinlocks können der ideale Mechanismus für kleine kritische Abschnitte sein. Prozesse sollten Spinlocks so kurz wie möglich halten und dürfen nie schlafen gehen, während sie so eine Sperre halten. Daher ist der Haupt-*scull*-Treiber, der Daten mit dem User-Space austauscht und deswegen schlafen gehen kann, nicht für eine Spinlock-Lösung geeignet. Aber Spinlocks funktionieren sehr schön in der Zugriffskontrolle auf `scull_s_single` (selbst wenn auch sie nicht die optimale Lösung sind, wie wir in Kapitel 9 sehen werden).

Spinlocks werden mit dem Typ spinlock_t deklariert, der in <linux/spinlock.h> definiert ist. Vor ihrer Verwendung müssen sie initialisiert werden:

```
spin_lock_init(spinlock_t *lock);
```

Ein Prozeß, der in einen kritischen Abschnitt eintritt, holt sich die Sperre mit spin_lock:

```
spin_lock(spinlock_t *lock);
```

Die Sperre wird am Ende mit spin_unlock wieder freigegeben:

```
spin_unlock(spinlock_t *lock);
```

Spinlocks können komplizierter als hier beschrieben sein; darauf gehen wir noch in Kapitel 9 ein. Aber der hier gezeigte einfache Fall reicht uns im Moment, und wann immer es in *scull* um Zugriffskontrolle geht, werden wir einfache Spinlocks wie hier gezeigt einsetzen.

Aufmerksame Leser haben vielleicht bemerkt, daß *scull_s_open* die scull_s_lock-Sperre vor dem Inkrementieren des Flags scull_s_count erwirbt, während *scull_s_close* keine solche Vorsichtsmaßnahme enthält. Dieser Code ist sicher, weil kein anderer Code den Wert von scull_s_count verändern wird, wenn dieser kleiner als 0 ist, so daß es hier nicht zu einem Konflikt kommen kann.

Den Zugriff auf jeweils einen Benutzer zu einem Zeitpunkt beschränken

Als nächsten Schritt nach einer systemweiten Sperre können wir einen Benutzer das Gerät in mehreren Prozessen öffnen lassen, aber nur einen einzigen Benutzer auf einmal. Diese Lösung kann man leicht testen, weil der Benutzer von mehreren Prozessen gleichzeitig lesen und schreiben kann, aber davon ausgegangen werden kann, daß der Benutzer selbst einen Teil der Verantwortung für die Erhaltung der Datenintegrität während der gleichzeitigen Zugriffe trägt. Dies geschieht durch zusätzliche Überprüfungen in der Methode *open*; solche Überprüfungen geschehen nach der normalen Überprüfung der Zugriffsrechte und können den Zugriff nur restriktiver machen, als in den Benutzer- und Gruppen-Zugriffsrechten angegeben ist. Dies ist die gleiche Zugangs-Policy wie bei TTYs, bedarf aber keines externen privilegierten Programms.

Solche Zugriffs-Policies sind etwas schwieriger zu implementieren als das nur einmalige Öffnen. In diesem Fall benötigen wir zwei Daten: einen Zähler, der registriert wie oft das Gerät geöffnet wurde, und die Benutzer-ID des »Eigentümers« des Gerätes. Der beste Platz für solche Elemente ist wieder einmal die Gerätestruktur, trotzdem werden in den Beispielen aus den gleichen Gründen, die schon bei *scullsingle* angegeben wurden, globale Variablen verwendet. Das neue Gerät heißt *sculluid*.

Der Systemaufruf *open* gewährt beim ersten Mal den Zugriff, merkt sich aber den Eigentümer des Geräts. Damit kann ein Benutzer ein Gerät mehrfach öffnen, womit dann auch kooperierende Prozesse gleichzeitig auf dem Gerät arbeiten dürfen. Gleichzeitig kann aber solange kein anderer Benutzer das Gerät öffnen, was eine Beeinflussung von außen verhindert. Weil diese Version der Funktion fast identisch mit der letzten ist, zeigen wir hier nur den relevanten Teil:

```
spin_lock(&scull_u_lock);
if (scull_u_count &&
  (scull_u_owner != current->uid) && /* Benutzer darf */
  (scull_u_owner != current->euid) && /* wer su benutzt, darf */
      !capable(CAP_DAC_OVERRIDE)) { /* root darf immer */
    spin_unlock(&scull_u_lock);
    return -EBUSY;  /* -EPERM würde den Benutzer verwirren */
}

if (scull_u_count == 0)
  scull_u_owner = current->uid; /* das gehoert uns */

scull_u_count++;
spin_unlock(&scull_u_lock);
```

Wir haben uns entschieden, `-EBUSY` anstelle von `-EPERM` zurückzugeben. Zwar überprüft der Code die Zugriffsrechte, aber so wird ein Benutzer eher in die richtige Richtung geleitet. Die normale Reaktion auf »Permission denied« ist normalerweise ein Überprüfen des Modus und der Eigentümerschaft der */dev*-Datei, während »Device Busy« eher nahelegt, daß der Benutzer schauen sollte, welcher andere Prozeß das Gerät belegt.

Dieser Code überprüft auch, ob der Prozeß, der versucht, das Gerät zu öffnen, die Fähigkeit hat, die Dateizugriffsrechte zu überschreiben. Wenn das der Fall ist, ist das Öffnen selbst dann erlaubt, wenn der öffnende Prozeß nicht der Besitzer des Geräts ist. Die Capability `CAP_DAC_OVERRIDE` kommt uns da gut zupasse.

Der Code für `close` ist hier nicht aufgeführt, weil er lediglich den Verwendungszähler herunterzählt.

Blockieren im open-Aufruf als Alternative zu EBUSY

Meistens ist es das Beste, einen Fehler zu melden, wenn das Gerät gerade nicht zur Verfügung steht, aber es gibt auch Situationen, in denen man lieber auf das Gerät warten würde.

Ein Beispiel: Ein Datenkommunikationskanal wird sowohl dazu verwendet, um Berichte auf regelmäßiger Basis (mit *crontab*) zu senden, als auch, um gelegentlich Benutzeranfragen zu übertragen. In diesem Fall ist es sehr viel besser, wenn der regelmäßige Bericht geringfügig verspätet ist, anstatt ganz auszufallen, wenn der Kanal gerade belegt ist.

Hier haben wir eine der Entscheidungen, die ein Programmierer treffen muß, wenn er einen Gerätetreiber schreibt. Die richtige Antwort hängt vom zu lösenden Problem ab.

Wie Sie sich sicher schon gedacht haben, besteht die Alternative zu `EBUSY` darin, ein blokkierendes *open* zu implementieren.

Das *scullwuid*-Gerät ist eine Version von *sculluid*, die auf das Gerät wartet, anstelle -EBUSY zurückzugeben. Es unterscheidet sich von *sculluid* nur im folgenden Teil von *open*:

```
spin_lock(&scull_w_lock);
while (scull_w_count &&
 (scull_w_owner != current->uid) && /* Benutzer darf */
 (scull_w_owner != current->euid) && /* wer su ausführt, darf */
 !capable(CAP_DAC_OVERRIDE)) {
  spin_unlock(&scull_w_lock);
  if (filp->f_flags & O_NONBLOCK) return -EAGAIN;
  interruptible_sleep_on(&scull_w_wait);
  if (signal_pending(current)) /* ein Signal ist eingetroffen */
   return -ERESTARTSYS; /* die FS-Schicht soll sich damit beschaeftigen */
  /* ansonsten in die Schleife eintreten */
  spin_lock(&scull_w_lock);
}
if (scull_w_count == 0)
  scull_w_owner = current->uid; /* das gehoert uns */
scull_w_count++;
spin_unlock(&scull_w_lock)
```

Diese Implementation basiert wieder einmal auf einer Warteschlange. Warteschlangen wurden geschaffen, um eine Liste von Prozessen zu verwalten, die schlafend auf ein Ereignis warten, und sind deswegen hier perfekt geeignet.

Die *release*-Methode ist dann dafür zuständig, schlafende Prozesse aufzuwecken:

```
int scull_w_release (struct inode *inode, struct file *filp)
{
    scull_w_count--;
    if (scull_w_count == 0)
        wake_up_interruptible(&scull_w_wait); /* andere UIDs aufwecken */
    MOD_DEC_USE_COUNT;
    return 0;
}
```

Bei interaktiver Benutzung ist eine Implementation mit blockierendem *open* ziemlich unangenehm, weil der Benutzer andauernd raten muß, was gerade nicht funktioniert. Interaktive Benutzer verwenden normalerweise vorkompilierte Befehle wie *cp* und *tar* und können daher nicht einfach O_NONBLOCK zum *open*-Aufruf hinzufügen. Jemand, der ein Backup auf das Bandlaufwerk im nächsten Raum macht, hätte lieber eine »device or resource busy«-Meldung, anstatt raten zu müssen, warum *tar* beim Durchsuchen der Festplatte heute so ruhig ist.

Diese Art von Problem (verschiedene inkompatible Policies für ein und dasselbe Gerät) läßt sich am besten lösen, indem man für jede Zugriffs-Policy einen eigenen Geräteknoten erzeugt. Ein Beispiel für diese Praktik finden Sie im Linux-Treiber für Bandlaufwerke, der mehrere Gerätedateien für ein und dasselbe Gerät enthält. Verschiedene Gerätedateien lassen das Laufwerk beispielsweise mit oder ohne Komprimierung aufzeichnen oder das Band nach dem Schließen des Geräts automatisch zurückspulen.

Kopieren des Gerätes beim Öffnen

Das Erzeugen verschiedener privater Kopien eines Gerätes für jeden Prozeß, der das Gerät öffnen will, ist eine weitere Technik, Zugriffskontrollen zu implementieren.

Natürlich ist das nur möglich, wenn das Gerät an keine Hardware gebunden ist. *scull* ist ein Beispiel für ein »Software«-Gerät. Die Interna von */dev/tty* verwenden eine ähnliche Technik, um ihrem Prozeß eine andere »Sicht« auf das zu geben, was der */dev*-Eintrag repräsentiert. Wenn ein Software-Treiber Kopien eines Gerätes erzeugt, nennen wir diese virtuelle Geräte – analog zu den »virtuellen Konsolen«, die auf einem einzigen physikalischen Terminal existieren.

Eine solche Zugriffskontrolle wird zwar nur selten benötigt, aber die Implementation ist insofern interessant, als sie zeigt, wie einfach Kernel-Code die Perspektive von Anwendungen auf die umgebende Welt (also den Computer) verändern kann. Das Thema ist eigentlich ziemlich esoterisch; wenn es Sie also nicht interessiert, dann können Sie gleich zum nächsten Abschnitt vorgehen.

Der Geräteknoten */dev/scullpriv* implementiert im *scull*-Paket virtuelle Geräte. Die Implementation von *scullpriv* verwendet die Minor-Nummer der kontrollierenden TTYs des Prozesses als Schlüssel für den Zugriff auf das virtuelle Gerät. Natürlich können Sie die Quellen so anpassen, daß ein beliebiger Integer-Wert für den Schlüssel verwendet wird; jede Wahl führt zu einer anderen Policy. Wenn Sie beispielsweise `uid` verwenden, dann wird für jeden Benutzer ein anderes virtuelles Gerät erzeugt; benutzen Sie `pid`, dann gibt es ein neues Gerät für jeden Prozeß, der darauf zugreifen will.

Wir haben hier das kontrollierende Terminal gewählt, weil es damit einfach ist, das Gerät mittels I/O-Umleitung zu testen: Das Gerät wird von allen Befehlen auf dem gleichen virtuellen Terminal gemeinsam genutzt, ist aber von den Befehlen, die auf einem anderen Terminal laufen, getrennt.

Die Methode *open* sieht etwa folgendermaßen aus. Sie muß das richtige virtuelle Gerät finden und gegebenenfalls ein neues erzeugen. Der letzte Teil der Funktion ist hier nicht wiedergegeben, weil er einfach nur aus *scull* kopiert wurde und wir diesen Code schon kennen.

```
/* Die Clone-spezifische Datenstruktur enthaelt ein Schluesselfeld key */
struct scull_listitem {
  Scull_Dev device;
  int key;
  struct scull_listitem *next;

};

/* Die Liste der Geraete sowie eine Sperre zum Schutz derselben */
struct scull_listitem *scull_c_head;
spinlock_t scull_c_lock;

/* Nach einem Geraet suchen oder eines erzeugen, wenn keines gefunden wird */
static Scull_Dev *scull_c_lookfor_device(int key)
```

```
{
  struct scull_listitem *lptr, *prev = NULL;

  for (lptr = scull_c_head; lptr && (lptr->key != key); lptr = lptr->next)
    prev=lptr;
  if (lptr) return &(lptr->device);

  /* nicht gefunden */
  lptr = kmalloc(sizeof(struct scull_listitem), GFP_ATOMIC);
  if (!lptr) return NULL;

  /* das Geraet initialisieren */
  memset(lptr, 0, sizeof(struct scull_listitem));
  lptr->key = key;
  scull_trim(&(lptr->device)); /* initialisieren */
  sema_init(&(lptr->device.sem), 1);

  /* in die Liste stellen */
  if (prev) prev->next = lptr;
  else    scull_c_head = lptr;

  return &(lptr->device);
}

int scull_c_open(struct inode *inode, struct file *filp)
{
  Scull_Dev *dev;
  int key, num = NUM(inode->i_rdev);

  if (!filp->private_data && num > 0)
    return -ENODEV; /* kein devfs: nur ein Geraet erlauben */

  if (!current->tty) {
    PDEBUG("Process \"%s\" has no ctl tty\n",current->comm);
    return -EINVAL;
  }
  key = MINOR(current->tty->device);

  /* nach einem scullc-Geraet in der Liste suchen */
  spin_lock(&scull_c_lock);
  dev = scull_c_lookfor_device(key);
  spin_unlock(&scull_c_lock);

  if (!dev) return -ENOMEM;

  /* alles andere wird aus dem einfachen scull-Geraet kopiert */
```

Die *release*-Methode macht nichts Besonderes. Sie könnte das Gerät beim letzten Schließen freigeben, aber wir haben uns entschlossen, keinen Zähler zu verwalten, der protokolliert, wie oft das Gerät geöffnet wurde, um das Testen des Treibers zu erleichtern. Wenn das Gerät beim letzten Schließen freigegeben werden würde, könnten Sie nicht dieselben Daten, die Sie gerade hineingeschrieben haben, wieder lesen, es sei denn, mindestens ein Hintergrundprozeß hält das Gerät offen. Der Beispiel-Treiber geht hier den einfacheren Weg und behält die Daten einfach, so daß Sie diese beim nächsten *open* auf jeden Fall vorfinden werden. Die Geräte werden beim Aufruf von *scull_cleanup* freigegeben.

Hier sehen Sie die Implementation von *release* in *scullpriv*, die auch diese Besprechung der Geräte-Methoden abschließt:

```
int scull_c_release (struct inode *inode, struct file *filp)
{
    /*
     * Nichts zu tun, weil das Geraet persistent ist.
     * Ein "echtes" geklontes Geraet sollte beim letzten Schliessen
     * freigegeben werden.
     */
    MOD_DEC_USE_COUNT;
    return 0;
}
```

Abwärtskompatibilität

Viele der in diesem Kapitel behandelten Teile der Gerätetreiber-API haben sich von Kernel-Release zu Kernel-Release geändert. Für diejenigen von Ihnen, die ihren Treiber auch unter Linux 2.0 oder 2.2 benötigen, folgt hier eine kurze Zusammenfassung der Unterschiede.

Warteschlangen in Linux 2.2 und 2.0

Ein relativ kleiner Anteil des in diesem Kapitel behandelten Materials hat sich während der 2.3-Entwicklung geändert. Die einzige maßgebliche Änderung erfolgte im Bereich der Warteschlangen. Im 2.2-Kernel gab es eine andere, einfachere Implementation von Warteschlangen, aber es fehlten einige wichtige Features wie exklusive Sleeps. Die neue Implementation wurde mit der Kernel-Version 2.3.1 eingeführt.

Die Wartenschlangen-Implementation in Linux 2.2 verwendete Variablen des Typs `struct wait_queue *` anstelle von `wait_queue_head_t`. Dieser Zeiger mußte vor der ersten Verwendung mit `NULL` initialisiert werden. Eine typische Deklaration und Initialisierung einer Warteschlange sah so aus:

```
struct wait_queue *my_queue = NULL;
```

Die diversen Funktionen zum Schlafenlegen und Aufwecken sahen genauso aus, mit Ausnahme des Variablentyps für die Warteschlange selbst. Daher ist es mit ein wenig Code wie dem folgenden(der aus der Header-Datei `sysdep.h` stammt, die wir zum Kompilieren unseres Beispiel-Codes verwenden) einfach, Code zu schreiben, der mit allen 2. *x*-Versionen des Kernels funktioniert.

```
# define DECLARE_WAIT_QUEUE_HEAD(head) struct wait_queue *head = NULL
  typedef struct wait_queue *wait_queue_head_t;
# define init_waitqueue_head(head) (*(head)) = NULL
```

Die synchronen Versionen von *wake_up* wurden in 2.3.29 hinzugefügt; in `sysdep.h` gibt es Makros gleichen Namens, so daß Sie dieses Feature in Ihrem Code verwenden und trotzdem portabel bleiben können. Die Ersatz-Makros expandieren zu einem normalen *wake_up*, weil die zugrundeliegenden Mechanismen in früheren Kerneln nicht vorhanden sind. Die Timeout-Versionen von *sleep_on* wurden im Kernel 2.1.127 hinzugefügt. Der Rest der Warteschlangen-Schnittstelle ist relativ unverändert geblieben. Die Header-Datei *sysdep.h* definiert die Makros, die benötigt werden, um Ihre Module mit Linux 2.2 und Linux 2.0 kompilieren zu können, ohne den Code mit zu vielen `#ifdefs` zuzumüllen.

Das Makro *wait_event* gab es im Kernel 2.0 noch nicht. Für diejenigen, die es benötigen, haben wir eine Implementation in *sysdep.h* mitgeliefert.

Asynchrone Benachrichtigung

Einige kleine Änderungen an der asynchronen Benachrichtigung sind in den Versionen 2.2 und 2.4 vorgenommen worden.

In Linux 2.3.21 bekam *kill_fasync* ein drittes Argument. Vor dieser Version wurde *kill_fasync* als

```
kill_fasync(struct fasync_struct *queue, int signal);
```

aufgerufen. Glücklicherweise kümmert sich *sysdep.h* darum.

In der Version 2.2 wurde der Typ des ersten Arguments der Methode *fasync* geändert. Im Kernel 2.0 wurde ein Zeiger auf die `inode`-Struktur des Geräts anstelle des Integer-Dateideskriptors übergeben:

```
int (*fasync) (struct inode *inode, struct file *filp, int on);
```

Um diese Inkompatibilität zu umgehen, verwenden wir den gleichen Ansatz wie bei *read* und *write*: Wir benutzen eine Wrapper-Funktion, wenn das Modul mit 2.0-Header-Dateien kompiliert wird.

Das Argument `inode` der Methode *fasync* wurde auch übergeben, wenn die Methode von *release* aus aufgerufen wurde, anstelle von `-1`, wie es in neueren Kerneln der Fall ist.

Die Methode fsync

Das dritte Argument der *fsync*-Methode in `file_operations` (der Integer-Wert `datasync`) wurde in der 2.3-Serie hinzugefügt, was bedeutet, daß portabler Code grundsätzlich eine Wrapper-Funktion für ältere Kernel enthalten muß. Es gibt aber eine Falle, wenn man portable *fsync*-Methoden schreiben will: Mindestens ein Distributor, den wir hier lieber nicht erwähnen wollen, hat die 2.4-API von *fsync* in seinen 2.2-Kernel gepatcht. Die Kernel-Entwickler vermeiden normalerweise (*normalerweise...*) API-Änderungen in einer stabilen Serie, aber sie haben nur wenig Kontrolle darüber, was die Distributoren machen.

Zugriff auf den User-Space in Linux 2.0

Der Speicherzugriff wurde in den 2.0-Kerneln noch anders geregelt. Das virtuelle Speichersystem von Linux war zu dieser Zeit noch weniger weit entwickelt. Das neue System war die zentrale Änderung, die die Entwicklung von Version 2.1 einleitete, und brachte deutliche Performance-Verbesserungen mit sich – leider aber auch einen weiteren Satz von Inkompatibilitäten für Treiber-Entwickler.

In Linux 2.0 wurden folgende Funktionen für den Speicherzugriff verwendet:

`verify_area(int mode, const void *ptr, unsigned long size);`
: Diese Funktion arbeitete ähnlich wie *access_ok*, führte aber eine genauere Überprüfung durch und war langsamer. Im Erfolgsfall gab sie 0, ansonsten `-EFAULT` zurück. Neuere Kernel-Header definieren diese Funktion noch, aber sie ist nur noch ein Wrapper um *access_ok*. Wenn Sie die Version 2.0 des Kernels verwenden, dann ist der Aufruf von *verify_area* nie optional, und kein sicherer Zugriff auf den User-Space ist ohne eine vorherige explizite Überprüfung möglich.

`put_user(datum, ptr)`
: Das Makro *put_user* sieht seinem heutigen Äquivalent sehr ähnlich. Es unterscheidet sich aber von ihm dadurch, daß nichts überprüft wurde und es keinen Rückgabewert gab.

`get_user(ptr)`
: Dieses Makro holte den Wert an der angegebenen Adresse und gab ihn als Rückgabewert zurück. Auch hier wurde keine Überprüfung ausgeführt.

verify_area mußte explizit aufgerufen werden, weil keine Zugriffsfunktion auf den User-Space eine Überprüfung durchführte. Die große Neuerung in Linux 2.1, die gleichzeitig eine inkompatible Änderung an den Funktionen *get_user* und *put_user* erzwang, bestand darin, daß die Überprüfung der User-Space-Adressen der Hardware überlassen wurde, weil der Kernel jetzt in der Lage war, Prozessor-Ausnahmen, die während des Kopierens von Daten in den User-Space ausgelöst wurden, abzufangen und zu bearbeiten.

Als Beispiel dafür, wie die älteren Aufrufe verwendet werden, werfen Sie bitte einen weiteren Blick auf *scull*. Eine *scull*-Version, die die 2.0-API verwendet, würde *verify_area* folgendermaßen aufrufen:

```
int err = 0, tmp;

 /*
  * die Bitfelder für Typ und Nummer extrahieren und keine falschen Befehle
  * decodieren: ENOTTY vor verify_area() zurueckgeben
  */
 if (_IOC_TYPE(cmd) != SCULL_IOC_MAGIC) return -ENOTTY;
 if (_IOC_NR(cmd) > SCULL_IOC_MAXNR) return -ENOTTY;

 /*
  * die Richtung ist eine Bitmaske; VERIFY_WRITE faengt
  * R/W-Uebertragungen ab. Type ist User-orientiert, waehrend
```

```
     * verify_area Kernel-orientiert ist, so daß die Konzepte von "read"
     * und "write" umgedreht werden.
     */
    if (_IOC_DIR(cmd) & _IOC_READ)
      err = verify_area(VERIFY_WRITE, (void *)arg, _IOC_SIZE(cmd));
    else if (_IOC_DIR(cmd) & _IOC_WRITE)
      err = verify_area(VERIFY_READ, (void *)arg, _IOC_SIZE(cmd));
    if (err) return err;
```

get_user und *put_user* können dann folgendermaßen verwendet werden:

```
  case SCULL_IOCXQUANTUM: /* eXchange: arg als Zeiger verwenden */
    tmp = scull_quantum;
    scull_quantum = get_user((int *)arg);
    put_user(tmp, (int *)arg);
    break;

   default: /* redundant, cmd wurde bereits mit MAXNR verglichen */
    return -ENOTTY;
   }
    return 0;
```

Nur ein kleiner Bestandteil des *ioctl*-switch-Codes wurde hier gezeigt, weil er sich etwas von dem für Version 2.2 und neuer unterscheidet.

Das Leben des kompatibilitätsbewußten Treiber-Entwicklers wäre relativ einfach, wenn *put_user* und *get_user* nicht in allen Linux-Versionen als Makros implementiert worden wären und sich deren Schnittstellen nicht geändert hätten. Deswegen ist ein schneller Fix mittels Makros nicht möglich.

Eine mögliche Lösung besteht darin, einen neuen Satz versionsunabhängiger Makros zu definieren. *sysdep.h* verwendet dabei Makros in Großbuchstaben: `GET_USER`, `__GET_USER` und so weiter. Die Argumente sind die gleichen wie bei den Kernel-Makros von Linux 2. 4, aber der Aufrufer muß sicherstellen, daß zunächst *verify_area* aufgerufen worden ist (weil das in 2.0 notwendig ist).

Capabilities in 2.0

Im 2.0-Kernel gab es überhaupt keine Capabilities-Abstraktion. Alle Überprüfungen von Zugriffsrechten testeten einfach, ob der aktuelle Prozeß als Superuser ausgeführt wurde; falls das der Fall ist, war die Operation zulässig. Zu diesem Zweck wurde die Funktion *suser()* verwendet; sie erwartet keine Argumente und gibt einen von Null verschiedenen Wert zurück, wenn der Prozeß Superuser-Rechte hat.

suser existiert auch noch in neueren Kerneln, sollte aber nicht mehr verwendet werden. Es ist besser, eine Version von *capable* in 2.0 zu definieren, wie das in *sysdep.h* gemacht wird:

```
# define capable(anything) suser()
```

Auf diese Weise kann man Code schreiben, der portabel ist, aber auch auf modernen, Capability-orientierten Systemen funktioniert.

Die select-Methode in Linux 2.0

Der 2.0-Kernel unterstützte den Systemaufruf *poll* nicht; es wurde nur der BSD-artige *select*-Aufruf unterstützt. Die zugehörige Gerätetreiber-Methode wurde daher *select* genannt und funktionierte etwas anders, auch wenn die durchgeführten Aktionen fast identisch sind.

Die *select*-Methode erwartet einen Zeiger auf eine `select_table` und muß diesen Zeiger nur dann an *select_wait* weitergeben, wenn der aufrufende Prozeß auf die angeforderte Bedingung (`SEL_IN`, `SEL_OUT` oder `SEL_EX`) warten soll.

Der *scull*-Treiber deckt diese Inkompatibilität durch die Deklaration einer speziellen *select*-Methode ab, die verwendet wird, wenn für einen 2.0-Kernel kompiliert wird:

```
#ifdef __USE_OLD_SELECT__
int scull_p_poll(struct inode *inode, struct file *filp,
        int mode, select_table *table)
{
  Scull_Pipe *dev = filp->private_data;

  if (mode == SEL_IN) {
    if (dev->rp != dev->wp) return 1; /* lesbar */
    PDEBUG("Warte auf Lesen\n");
    select_wait(&dev->inq, table); /* auf Daten warten */
    return 0;
  }
  if (mode == SEL_OUT) {
    /*
     * Der Puffer ist ein Ring-Puffer; er ist voll, wenn "wp" direkt
     * hinter "rp" steht. "left" ist 0, wenn der Puffer leer ist, und
     * "1", wenn er vollstaendig gefuellt ist.
     */
    int left = (dev->rp + dev->buffersize - dev->wp) % dev->buffersize;
    if (left != 1) return 1; /* schreibbar */
    PDEBUG("Warte auf Schreiben\n");
    select_wait(&dev->outq, table); /* warten auf freien Platz */
    return 0;
  }
  return 0; /* kann nie von einer Ausnahme unterbrochen werden */
}
#else /* statt dessen Poll verwenden, wurde bereits gezeigt */
```

Das hier verwendetete Präprozessorsymbol `__USE_OLD_SELECT__` wird von *sysdep.h* entsprechend der Kernel-Version definiert.

Positionieren in Linux 2.0

Vor Linux 2.1 hieß die Methode *llseek lseek* und erwartete auch andere Parameter. Aus diesem Grund konnte man unter Linux 2.0 nicht über die 2 GByte-Grenze hinaus in einer Datei oder einem Gerät positionieren, auch wenn der Systemaufruf *llseek* damals schon unterstützt wurde.

Der Prototyp der Datei-Operation im 2.0-Kernel sah folgendermaßen aus:

```
int (*lseek) (struct inode *inode, struct file *filp , off_t off,
int whence);
```

Diejenigen, die mit 2.0 und 2.2 kompatible Gerätetreiber schreiben wollen, definieren meist gesonderte Implementationen der seek-Methode für die beiden Schnittstellen.

2.0 und SMP

Weil Linux 2.0 SMP-Systeme nur minimal unterstützte, konnten Race Conditions der in diesem Kapitel erwähnten Art normalerweise nicht vorkommen. Der 2.0-Kernel hatte durchaus eine Spinlock-Implementation, aber weil nur jeweils ein Prozessor Kernel-Code ausführen konnte, war es seltener notwendig zu sperren.

Schnellreferenz

In diesem Kapitel wurden die folgenden Symbole und Header-Dateien eingeführt:

`#include <linux/ioctl.h>`
: Diese Header-Datei deklariert alle Makros, die man zur Definition von *ioctl*-Befehlen benötigt. Sie wird derzeit von `<linux/fs.h>` eingebunden.

`_IOC_NRBITS`
`_IOC_TYPEBITS`
`_IOC_SIZEBITS`
`_IOC_DIRBITS`
: Die Anzahl der Bits, die in den verschiedenen Bitfeldern der *ioctl*-Befehle zur Verfügung stehen. Außerdem gibt es vier Makros, die die `MASK`en, und vier, die die `SHIFT`s angeben. Diese sind allerdings hauptsächlich zum internen Gebrauch gedacht. `_IOC_SIZEBITS` ist ein wichtiger Wert, den es zu überprüfen gilt, weil er in unterschiedlichen Architekturen unterschiedlich ist.

`_IOC_NONE`
`_IOC_READ`
`_IOC_WRITE`
: Die möglichen Werte für das »direction«-Bitfeld. Zum Lesen und Schreiben gibt es verschiedene Bits, die ODER-verknüpft werden können, um gleichzeitigen Lese- und Schreibzugriff anzuzeigen. Die Werte sind 0-basiert.

`_IOC(dir,type,nr,size)`
`_IO(type,nr)`
`_IOR(type,nr,size)`
`_IOW(type,nr,size)`
`_IOWR(type,nr,size)`
: Makros, mit denen ein *ioctl*-Befehl erzeugt werden kann.

`_IOC_DIR(nr)`
`_IOC_TYPE(nr)`
`_IOC_NR(nr)`
`_IOC_SIZE(nr)`

Makros, die zum Decodieren eines Befehls verwendet werden. `_IOC_TYPE(nr)` ist eine ODER-Kombination aus `IOC_READ` und `_IOC_WRITE`.

`#include <asm/uaccess.h>`
`int access_ok(int type, const void *addr, unsigned long size);`

Diese Funktion überprüft, ob ein Zeiger in den User-Space auch wirklich verwendet werden kann. *access_ok* gibt einen von Null verschiedenen Wert zurück, wenn der Zugriff erlaubt ist.

`VERIFY_READ`
`VERIFY_WRITE`

Die möglichen Werte für das `mode`-Argument in *access_ok*. `VERIFY_WRITE` ist eine Obermenge von VERIFY_READ.

`#include <asm/uaccess.h>`
`int put_user(datum,ptr);`
`int get_user(ptr);`
`int __put_user(datum,ptr);`
`int __get_user(ptr);`

Makros, mit denen ein einzelnes Datum in den User-Space geschrieben oder von dort gelesen werden kann. Die Anzahl der übertragenen Bytes hängt von `sizeof(*ptr)` ab. Die normalen Versionen rufen zunächst *access_ok* auf, während die Versionen mit den Unterstrichen vorweg annehmen, daß *access_ok* bereits aufgerufen worden ist.

`#include <linux/capability.h>`

Definiert die diversen `CAP_`-Symbole für Capabilities ab Linux 2.2.

`int capable(int capability);`

Gibt einen von Null verschiedenen Wert zurück, wenn der Prozeß die angegebene Capability hat.

`#include <linux/wait.h>`
`typedef struct { /* ... */ } wait_queue_head_t;`
`void init_waitqueue_head(wait_queue_head_t *queue);`
`DECLARE_WAIT_QUEUE_HEAD(queue);`

Der definierte Typ für Linux-Warteschlangen. Ein `wait_queue_head_t` muß explizit initialisiert werden; das kann entweder mit *init_waitqueue_head* zur Laufzeit oder mit *declare_wait_queue_head* zur Kompilierzeit geschehen.

#include <linux/sched.h>
void interruptible_sleep_on(struct wait_queue **q);
void sleep_on(struct wait_queue **q);
void interruptible_sleep_on_timeout(wait_queue_head_t *q, long timeout);
void sleep_on_timeout(wait_queue_head_t *q, long timeout);

Rufen Sie eine dieser Funktionen auf, um den aktuellen Prozeß in einer Warteschlange schlafen zu legen. Normalerweise werden Sie die interruptible-Form verwenden, um blockierendes Lesen oder Schreiben zu implementieren.

void wake_up(struct wait_queue **q);
void wake_up_interruptible(struct wait_queue **q);
void wake_up_sync(struct wait_queue **q);
void wake_up_interruptible_sync(struct wait_queue **q);

Diese Funktionen wecken Prozesse, die gerade in der Warteschlange q schlafen. Die *interruptible*-Form weckt nur unterbrechbare Prozesse auf. Die *_sync*-Versionen rufen den Scheduler vor dem Rücksprung nicht auf.

typedef struct { /* ... */ } wait_queue_t;
init_waitqueue_entry(wait_queue_t *entry, struct task_struct *task);

Der Typ wait_queue_t wird verwendet, wenn ohne Aufruf von *sleep_on* geschlafen wird. Warteschlangen-Einträge müssen immer vor ihrer Verwendung initialisiert werden; das Argument task ist fast immer current.

void add_wait_queue(wait_queue_head_t *q, wait_queue_t *wait);
void add_wait_queue_exclusive(wait_queue_head_t *q, wait_queue_t *wait);
void remove_wait_queue(wait_queue_head_t *q, wait_queue_t *wait);

Diese Funktionen fügen einen Eintrag zu einer Warteschlange hinzu; *add_wait_queue_exclusive* hängt den Eintrag am Ende der Schlange an (für exklusives Warten). Einträge sollten nach dem Schlafen mit *remove_wait_queue* entfernt werden.

void wait_event(wait_queue_head_t q, int condition);
int wait_event_interruptible(wait_queue_head_t q, int condition);

Diese beiden Makros legen den Prozeß so lange in der angegebenen Warteschlange schlafen, bis die angegebene Bedingung condition zu true evaluiert.

void schedule(void);

Diese Funktion wählt einen Prozeß aus der Schlange der startbereiten Prozesse aus. Der gewählte Prozeß kann entweder current oder ein anderer sein. Normalerweise müssen Sie *schedule* nicht direkt aufrufen, weil die *sleep_on*-Funktionen das schon intern selbst machen.

#include <linux/poll.h>
void poll_wait(struct file *filp, wait_queue_head_t *q, poll_table *p)

Diese Funktion stellt den aktuellen Prozeß in eine Warteschlange, ohne direkt die Auswahl eines neuen Prozesses zu veranlassen. Sie ist für die Verwendung in *poll*-Methoden von Gerätetreibern gedacht.

```
int fasync_helper(struct inode *inode, struct file *filp, int mode,
    struct fasync_struct **fa);
```

Diese Funktion ist eine »Hilfsfunktion« für die Implementierung der Geräte-Methode *fasync*. Das `mode`-Argument ist der gleiche Wert wie der, der an die Methode übergeben wurde; `fa` zeigt auf eine gerätespezifische `fasync_struct *`.

```
void kill_fasync(struct fasync_struct *fa, int sig, int band);
```

Wenn der Treiber die asynchrone Benachrichtigung unterstützt, dann kann diese Funktion dazu verwendet werden, um an die in `fa` registrierten Prozesse ein Signal zu schicken.

```
#include <linux/spinlock.h>
typedef struct { /* ... */ } spinlock_t;
void spin_lock_init(spinlock_t *lock);
```

Der Typ `spinlock_t` definiert ein Spinlock, das vor der Verwendung mit *spin_lock_init* initialisiert werden muß.

```
spin_lock(spinlock_t *lock);
spin_unlock(spinlock_t *lock);
```

spin_lock sperrt die angegebene Sperre und wartet gegebenenfalls, bis sie verfügbar wird. Die Sperre kann dann mit *spin_unlock* wieder freigegeben werden.

KAPITEL 6

Der Lauf der Zeit

An dieser Stelle angelangt wissen wir, wie man ein vollständiges Zeichen-Modul schreibt. Richtige Treiber müssen aber mehr tun, als nur die notwendigen Operationen implementieren; sie haben es mit Fragen wie Timing, Speicherverwaltung, Hardware-Zugriff usw. zu tun. Glücklicherweise stellt der Kernel eine Reihe von Funktionalitäten zur Verfügung, die dem Treiber-Autor das Leben leichter machen. In den nächsten paar Kapiteln liefern wir die Informationen über einige der Kernel-Ressourcen, die zur Verfügung stehen, und fangen dabei mit den Timing-Fragen an. Dazu gehören, in ansteigender Komplexität:

- das Timing im Kernel verstehen
- die aktuelle Zeit ermitteln
- Operationen für eine angegebene Zeitspanne verzögern
- asynchrone Funktionen zur Ausführung nach einer angegebenen Zeitspanne vormerken

Zeit-Intervalle im Kernel

Der erste Punkt, den wir behandeln müssen, ist der Timer-Interrupt. Das ist der Mechanismus, den der Kernel verwendet, um sich Zeit-Intervalle zu merken. Interrupts sind asynchrone Ereignisse, die normalerweise von externer Hardware ausgelöst werden; die CPU wird in ihrer Aktivität unterbrochen und führt speziellen Code (die Interrupt Service Routine, ISR) aus, um den Interrupt zu bedienen. Interrupts und Fragen der ISR-Implementation werden in Kapitel 9 behandelt.

Timer-Interrupts werden von der Timing-Hardware des Systems in regelmäßigen Abständen erzeugt; dieses Intervall wird vom Kernel entsprechend des Wertes von `HZ` eingestellt, einem in `<linux/param.h>` definierten architektur-abhängigen Wert. Die derzeitigen Linux-Versionen definieren `HZ` auf den meisten Plattformen mit 100, auf manchen aber mit 1024, und der IA-64-Simulator verwendet 20. Unabhängig davon, was Ihre Plattform verwendet, sollten Sie sich nie auf einen bestimmten Wert für `HZ` verlassen.

Jedesmal, wenn ein Timer-Interrupt auftritt, wird der Wert `jiffies` inkrementiert. `jiffies` wird beim Starten des Systems auf 0 gesetzt und gibt also die Anzahl der Clock Ticks an, die erfolgt sind, seit der Computer eingeschaltet wurde. Dieser Wert ist in `<linux/sched.h>` als `unsigned long volatile` deklariert und läuft möglicherweise nach längerem andauernden Systembetrieb über (allerdings auf keiner Plattform nach weniger als sechzehn Monaten Systemlaufzeit). Die Entwickler haben viel Zeit darauf verwendet sicherzustellen, daß der Kernel korrekt arbeitet, wenn `jiffies` überläuft. Treiber-Autoren müssen sich darüber normalerweise keine Gedanken machen, aber es ist gut zu wissen, daß dies passieren kann.

Es ist möglich, den Wert von `HZ` zu verändern, wenn man ein System mit einer anderen Interrupt-Frequenz benötigt. Manche Leute, die Linux für kritische Echtzeit-Anwendungen verwenden, haben den Wert von `HZ` vergrößert, um bessere Antwortzeiten zu bekommen; das bezahlen sie mit der Extralast durch die zusätzlichen Timer-Interrupts. Insgesamt kommt man aber mit den Timer-Interrupts am besten aus, wenn man den `HZ`-Wert läßt, wie er ist, und sich so auf die Kernel-Entwickler verläßt, die sicherlich den besten Wert gewählt haben.

Prozessorspezifische Register

Wenn Sie sehr kurze Intervalle messen müssen oder eine extrem hohe Präzision benötigen, dann können Sie zu plattformabhängigen Ressourcen greifen und damit die Präzision über die Portabilität stellen.

Die meisten modernen CPUs enthalten einen Zähler mit hoher Auflösung, der in jedem Taktzyklus inkrementiert wird; dieser Zähler kann für genaue Messungen von Zeit-Intervallen verwendet werden. In Anbetracht der inhärenten Unvorhersagbarkeit des Timings von Anweisungen auf den meisten Systemen (aufgrund des Schedulings von Anweisungen, Branch Prediction und Cache-Speichern) ist dieser Taktzähler die einzige verläßliche Möglichkeit, mit sehr kurzen Zeiten umzugehen. Als Reaktion auf die äußerst hohe Geschwindigkeit moderner Prozessoren, die drängende Nachfrage nach empirischen Performance-Werten und die intrinsische Unvorhersagbarkeit des Timings von Anweisungen in CPU-Designs aufgrund von mehreren Ebenen von Cache-Speicher, haben die CPU-Hersteller mit dem Zählen von Taktzyklen eine einfache und verläßliche Möglichkeit eingeführt, Zeitabstände zu messen. Die meisten modernen Prozessoren enthalten also ein Zähler-Register, das einmal pro Taktzyklus inkrementiert wird.

Die Details unterscheiden sich von Plattform zu Plattform: das Register kann vom User-Space aus gelesen werden oder nicht, es kann beschrieben werden oder nicht, und es kann 64 Bits oder 32 Bits breit sein (im letzteren Fall müssen Sie mit Überläufen rechnen). Aber selbst wenn die Hardware es zuläßt, das Register auf Null zurückzusetzen, wir raten davon entschieden ab. Weil Sie die Unterschiede immer mit vorzeichenlosen Variablen messen können, können Sie Ihr Ziel erreichen, ohne sich selbst durch Ändern des aktuellen Werts zum alleinigen Besitzer des Registers zu ernennen.

Das bekannteste Zähler-Register ist TSC (Timestamp Counter), das mit dem Pentium in den x86-Prozessoren eingeführt wurde und seitdem in allen CPU-Designs vorhanden war. Es handelt sich dabei um ein 64-Bit-Register, das CPU-Taktzyklen zählt und sowohl vom Kernel-Space als auch vom User-Space aus ausgelesen werden kann.

Nach dem Einbinden von `<asm/msr.h>` (das steht für »machine-specific registers«), können Sie eines dieser Makros verwenden:

```
rdtsc(low,high);
rdtscl(low);
```

Die erste Anweisung liest den 64-Bit-Wert atomar in zwei 32-Bit-Variablen aus; die zweite liest die untere Hälfte des Registers in eine 32-Bit-Variable aus und reicht in den meisten Fällen aus. Auf einem 500-MHz-System läuft ein 32-Bit-Zähler beispielsweise alle achteinhalb Sekunden über; Sie müssen nicht auf das gesamte Register zugreifen, wenn das, was Sie messen wollen, sicher weniger Zeit benötigt.

Die folgenden Zeilen messen beispielsweise die Ausführung der Anweisung selbst:

```
unsigned long ini, end;
rdtscl(ini); rdtscl(end);
printk("time lapse: %li\n", end - ini);
```

Einige der anderen Plattformen haben ähnliche Funktionalitäten, und der Kernel enthält eine architekturunabhängige Funktion, die Sie anstelle von *rtdsc* verwenden können. Sie heißt *get_cycles* und wurde während der 2.1-Entwicklung eingeführt. Der Prototyp sieht wie folgt aus:

```
#include <linux/timex.h>
cycles_t get_cycles(void);
```

Die Funktion ist für alle Plattformen definiert und gibt auf den Plattformen, die ein solches Register nicht haben, immer 0 zurück. Der Typ `cycles_t` ist ein passender vorzeichenloser Typ, der in ein CPU-Register paßt. Die Entscheidung, den Wert in ein einzelnes Register zu stecken, führt dazu, daß beispielsweise auf Pentium-Systemen nur die unteren 32 Bits des Taktzählers von *get_cycles* zurückgegeben werden. Das ist aber vernünftig, weil man so die Probleme mit Operationen über mehrere Register hinweg vermeidet, gleichwohl aber weiterhin den wichtigsten Anwendungsfall des Zählers möglich macht: kurze Zeitabstände zu messen.

Trotz der Verfügbarkeit einer architekturunabhängigen Funktion möchten wir doch die Chance ergreifen, Ihnen ein Beispiel von Inline-Assembler-Code zu zeigen. Dazu werden wir eine *rdtscl*-Funktion für MIPS-Prozessoren implementieren, die genauso wie die x86-Version arbeitet.

Der Code basiert auf MIPS, weil die meisten MIPS-Prozessoren einen 32-Bit-Zähler als Register 9 des internen »Coprozessors 0« enthalten. Um auf dieses Register zuzugreifen, das nur vom Kernel Space aus lesbar ist, können Sie das folgende Makro definieren, das einen Wert »vom Coprozessor 0« verschiebt:[1]

```
#define rdtscl(dest) \
   __asm__ __volatile__("mfc0 %0,$9; nop" : "=r" (dest))
```

Mit diesem Makro kann der MIPS-Prozessor den gleichen Code wie oben für den x86 gezeigt ausführen.

Das Interessante am Inline-Assembler im *gcc* ist die Tatsache, daß die Allokation der allgemein verwendbaren Register dem Compiler überlassen bleibt. Das gerade gezeigte Makro verwendet `%0` als Platzhalter für »Argument 0«, welches später als »ein beliebiges Register« (`r`), das für Ausgaben verwendet wird (`=`), spezifiziert wird. Außerdem gibt das Makro an, daß das Ausgabe-Register dem C-Ausdruck `dest` entsprechen muß. Die Syntax des Inline-Assemblers ist mächtig, aber komplex, speziell auf Architekturen, bei denen eingeschränkt ist, was die einzelnen Register tun können (das gilt speziell für die x86-Familie). Die vollständige Syntax ist in der Dokumentation des *gcc* beschrieben, normalerweise in der *info*-Dokumentation.

Der in diesem Abschnitt gezeigte Code-Abschnitt wurde auf einem x86-Prozessor der K7-Klasse und einem MIPS VR4181 (mit dem gerade gezeigten Makro) ausgeführt. Ersterer meldete eine verstrichene Zeit von 11 Taktzyklen, letzterer nur 2. Dieser kleine Wert war erwartet, weil RISC-Prozessoren üblicherweise nur eine Anweisung pro Taktzyklus ausführen.

Die aktuelle Zeit ermitteln

Kernel-Code kann immer auf die aktuelle Uhrzeit zugreifen, indem der Wert von `jiffies` ausgelesen wird. Die Tatsache, daß dieser Wert nur die Zeit seit dem letzten Booten angibt, ist normalerweise für den Treiber nicht relevant, weil er ohnehin nur so lange existiert, wie auch das System hochgefahren ist. Treiber können den aktuellen Wert von `jiffies` verwenden, um die Intervalle zwischen Ereignissen zu berechnen (um beispielsweise einfache Klicks von Doppelklicks in Maus-Gerätetreibern zu unterscheiden).

1 Die *nop*-Anweisung am Ende ist notwendig, um den Compiler daran zu hindern, in der unmittelbar auf *mfc0* folgenden Anweisung auf das Ziel-Register zuzugreifen. Diese Art von Verschränkung ist typisch für RISC-Prozessoren, und der Compiler kann immer noch nützliche Anweisungen in die Verzögerungs-Slots stecken. In diesem Fall verwenden wir *nop*, weil Inline-Assembler eine Blackbox für den Compiler ist, in der keine Optimierung möglich ist.

`jiffies` ist also kurz gesagt fast immer ausreichend, wenn Sie Intervalle messen müssen; und wenn Sie sehr genaue Messungen für kurze Intervalle benötigen, können Sie immer noch prozessorspezifische Register verwenden.

Es ist unwahrscheinlich, daß ein Treiber jemals die aktuelle Uhrzeit wissen muß; das interessiert normalerweise nur Benutzerprogramme wie *cron* und *at*. Wenn so eine Fähigkeit benötigt wird, dann handelt es sich um eine sehr treiberspezifische Sache. In diesem Fall kann der Treiber die Uhrzeit problemlos von einem Benutzerprogramm bekommen, das die Konvertierung von der realen Uhrzeit in die Systemzeit leicht durchführen kann. Die direkte Verwendung der Uhrzeit in einem Treiber ist oft ein Zeichen dafür, daß eine Policy implementiert wird und Sie daher noch einmal einen genauen Blick darauf werfen sollten.

Wenn Ihr Treiber wirklich die aktuelle Uhrzeit wissen muß, dann kommt Ihnen die Funktion *do_gettimeofday* zu Hilfe. Die Funktion gibt nicht etwa den aktuellen Tag in der Woche oder etwas ähnliches zurück, sondern füllt statt dessen einen Zeiger auf eine `struct timeval` – genau wie der Systemaufruf *gettimeofday* – mit den üblichen Sekunden- und Mikrosekunden-Werten. Der Prototyp sieht folgendermaßen aus:

```
#include <linux/time.h>
void do_gettimeofday(struct timeval *tv);
```

In den Quellen steht, daß *do_gettimeofday* eine Auflösung »im Bereich von Mikrosekunden« auf vielen Architekturen hat. Die Präzision variiert aber von Architektur zu Architektur und kann in älteren Kerneln kleiner sein. Mit geringerer Präzision ist die aktuelle Zeit auch aus der Variablen `xtime` erhältlich (Typ `struct timeval`); es wird jedoch davon abgeraten, diesen Wert zu benutzen, weil Sie nicht atomar auf die `timeval`-Felder `tv_sec` und `tv_usec` zugreifen können, es sei denn, Sie schalten die Interrupts ab. Ab dem Kernel 2.2 kann man die Zeit schnell und sicher, aber möglicherweise mit geringerer Präzision, mit *get_fast_time* bekommen:

```
void get_fast_time(struct timeval *tv);
```

Der Code zum Lesen der aktuellen Uhrzeit steht im Modul *jit* (»Just In Time«) in den Quelldateien auf dem O'Reilly-FTP-Server. *jit* erzeugt eine Datei namens */proc/currentime*, die beim Lesen drei Dinge in ASCII zurückgibt:

- die aktuelle Uhrzeit, wie sie von *do_gettimeofday* zurückgegeben wird
- die aktuelle Uhrzeit laut `xtime`
- den aktuellen `jiffies`-Wert

Wir verwenden eine dynamische */proc*-Datei, weil das Modul so weniger Code enthält; es lohnt sich nicht, ein ganzes Gerät anzulegen, nur weil man drei Textzeilen zurückgeben möchte.

Wenn Sie *cat* mehrfach während eines Timer-Ticks aufrufen, sehen Sie den Unterschied zwischen `xtime` und *do_gettimeofday*, was die Tatsache widerspiegelt, daß `xtime` seltener aktualisiert wird:

```
morgana% cd /proc; cat currentime currentime currentime
gettime: 846157215.937221
xtime:   846157215.931188
jiffies: 1308094
gettime: 846157215.939950
xtime:   846157215.931188
jiffies: 1308094
gettime: 846157215.942465
xtime:   846157215.941188
jiffies: 1308095
```

Die Ausführung verzögern

Gerätetreiber müssen oft die Ausführung eines bestimmten Code-Abschnitts um einen gewissen Zeitraum verzögern, normalerweise um der Hardware die Zeit zu geben, eine bestimmte Aufgabe zu erledigen. In diesem Abschnitt behandeln wir eine Reihe von Techniken für Verzögerungen. Die jeweiligen Umstände bestimmen, welche Technik wann am besten ist; wir gehen alle durch und zeigen jeweils die Vor- und Nachteile auf.

Dabei muß man berücksichtigen, ob die Verzögerung länger als ein Clock-Tick sein soll. Längere Verzögerungen können die Systemuhr verwenden, kürzere müssen normalerweise mit Software-Schleifen implementiert werden.

Lange Verzögerungen

Wenn Sie die Ausführung um ein Mehrfaches des Ticks verzögern wollen oder keine besondere Präzision benötigen (wenn Sie beispielsweise eine ganzzahlige Anzahl von Sekunden warten wollen), dann ist die einfachste (und dümmste) Implementation die folgende, die auch als *Busy Waiting* bezeichnet wird:

```
unsigned long j = jiffies + jit_delay * HZ;

while (jiffies < j)
    /* nichts */;
```

Die Art von Implementation sollte auf jeden Fall vermieden werden. Wir zeigen sie Ihnen hier, weil Sie diesen Code vielleicht einmal ausprobieren wollen, um die internen Vorgänge der anderen Lösungen besser zu verstehen.

Schauen wir uns aber kurz an, wie dieser Code funktioniert. Die Schleife funktioniert auf jeden Fall, weil `jiffies` in den Kernel-Header-Dateien als `volatile` deklariert ist und daher jedesmal ausgelesen wird, wenn C-Code darauf zugreift. Obwohl diese Schleife also »korrekt« ist, blockiert sie den Computer während der Verzögerung völlig; der Scheduler hält einen Prozeß, der im Kernel-Space läuft, nie an. Wenn Interrupts abgeschaltet worden sind, bevor Sie in die Schleife eintreten, werden die `jiffies` nicht aktualisiert, und die `while`-Bedingung bleibt für immer wahr. Als Folge müssen Sie den großen roten Knopf drücken.

Diese Implementation einer Verzögerung steht wie die folgenden auch im *jit*-Modul zur Verfügung. Die vom Modul erzeugten */proc/jit**-Dateien sorgen bei jedem Lesen für eine Verzögerung von einer ganzen Sekunde. Wenn Sie den Busy Waiting-Code ausprobieren wollen, können Sie von */proc/jitbusy* lesen, was jedesmal zu einer Busy-Schleife führt, wenn die *read*-Methode aufgerufen wird; ein Befehl wie *dd if=/proc/jitbusy bs=1* sorgt bei jedem Lesen eines Zeichens für eine Verzögerung um eine Sekunde.

Sie haben wahrscheinlich schon Verdacht geschöpft, daß das Lesen von */proc/jitbusy* ziemlich übel für die Performance des Systems ist, weil der Prozessor die anderen Prozesse nur einmal pro Sekunde laufen lassen kann.

Eine bessere Lösung, die andere Prozesse auch während der Wartezeit laufen läßt, ist die folgende, auch wenn diese Methode nicht bei harten Echtzeit-Anforderungen oder anderen zeitkritischen Situationen verwendet werden kann:

```
while (jiffies < j)
    schedule();
```

Die Variable `j` in diesem und den folgenden Beispielen ist der Wert von `jiffies` am Ende der Schleife und wird immer so berechnet, wie im Busy Waiting-Beispiel gezeigt wurde.

Diese Schleife (die durch das Lesen von */proc/jitsched* getestet werden kann), ist immer noch nicht optimal. Der System kann andere Tasks laufen lassen; der aktuelle Prozeß gibt lediglich die CPU wieder frei, bleibt aber in der Schlange der startbereiten Prozesse. Wenn es sich um den einzigen startbereiten Prozeß handelt, wird auch dieser wieder gestartet (er ruft den Scheduler auf, der wieder diesen Prozeß auswählt, der den Scheduler aufruft, der ...). Mit anderen Worten: Die Last der Maschine (die durchschnittliche Anzahl laufender Prozesse) wird mindestens 1 sein, und der Leerlauf-Task (Prozeßnummer 0, aus historischen Gründen auch *swapper* genannt) kommt nie an die Reihe. Obwohl das vielleicht irrelevant erscheint, führt das Starten des Leerlauf-Tasks, wenn der Computer im Leerlauf ist, dazu, daß die Last des Prozessors herabgesetzt wird, was wiederum die Temperatur verringert und seine Lebenserwartung erhöht; zusätzlich halten auch die Batterien länger, wenn Sie auf einem Laptop arbeiten. Da der Prozeß während der Verzögerung tatsächlich ausgeführt wird, wird ihm alle verbrauchte Zeit angerechnet. Sie können sich davon überzeugen, wenn Sie *time cat /proc/jitsched* starten.

Wenn das System dagegen sehr ausgelastet ist, könnte der Treiber auch länger als angenommen warten. Sobald ein Prozeß den Prozessor mit *schedule* abgegeben hat, gibt es keine Garantien mehr dafür, daß der Prozeß den Prozessor bald wieder zurückbekommt. Wenn es eine obere Grenze für die akzeptable Antwortzeit gibt, dann ist ein solcher Aufruf von *schedule* keine sichere Lösung für die Bedürfnisse des Treibers.

Trotz der Nachteile ist diese Art von Schleife eine schnelle Möglichkeit, um das Arbeiten eines Treibers zu beobachten. Wenn ein Fehler in Ihrem Modul das System gründlich aufhängt, dann können Sie nach jeder *printk*-Anweisung zum Debugging eine kurze Verzögerung einfügen, die sicherstellt, daß jede ausgegebene Meldung auch wirklich im Systemprotokoll landet, bevor der Prozessor auf den häßlichen Fehler stößt und der Rechner anhält. Ohne solche Verzögerungen werden die Meldungen zwar korrekt in den Speicher-Puffer geschrieben, aber das System bleibt stehen, bevor *klogd* seine Arbeit tun kann.

Am besten ist es aber, den Kernel um die Verzögerung zu bitten. Es gibt für Kurzzeit-Timeouts zwei Möglichkeiten, je nachdem, ob Ihr Treiber auf andere Ereignisse wartet oder nicht.

Wenn Ihr Treiber eine Warteschlange verwendet, um auf ein anderes Ereignis zu warten, Sie aber auch sicher sein wollen, daß das Warten innerhalb eines bestimmten Zeitraums beendet ist, dann können Sie die Timeout-Versionen der sleep-Funktionen verwenden, die in »Schlafen gehen und wieder aufwachen« in Kapitel 5 genannt worden sind:

```
sleep_on_timeout(wait_queue_head_t *q, unsigned long timeout);
interruptible_sleep_on_timeout(wait_queue_head_t *q, unsigned long timeout);
```

Beide Versionen schlafen in der angegebenen Warteschlange, kehren aber nach dem (in Jiffies) angegebenen Timeout zurück. Damit implementieren diese Funktionen einen begrenzten Schlaf, der nicht ewig andauern kann. Beachten Sie, daß der Timeout-Wert die Anzahl der zu wartenden Jiffies repräsentiert, nicht etwa einen absoluten Zeit-Wert. Eine solche Verzögerung ist in der Implementation von */proc/jitqueue* zu sehen:

```
wait_queue_head_t wait;

init_waitqueue_head (&wait);
interruptible_sleep_on_timeout(&wait, jit_delay*HZ);
```

In einem normalen Treiber kann die Ausführung auf zwei Arten fortgesetzt werden: Jemand ruft *wake_up* an der Warteschlange auf, oder der Timeout läuft ab. In dieser speziellen Implementation ruft niemand jemals *wake_up* an der Warteschlange auf (es weiß ja niemand davon), so daß der Prozeß immer durch Ablaufen des Timeouts aufwacht. Dies ist eine völlig akzeptable Implementation, aber wenn Ihr Treiber an keinen anderen Ereignissen interessiert ist, dann kann man Verzögerungen auch noch einfacher mit *schedule_timeout* bekommen:

```
set_current_state(TASK_INTERRUPTIBLE);
schedule_timeout (jit_delay*HZ);
```

Die obengenannte Zeile (für */proc/jitself*) läßt den Prozeß schlafen, bis die angegebene Zeit verstrichen ist. *schedule_timeout* erwartet ebenfalls die zu wartende Zeit, nicht die totale Anzahl von Jiffies. Wieder einmal sollten Sie beachten, daß zwischen dem Ablaufen des Timeouts und dem Zeitpunkt, an dem Ihr Prozeß mit der Ausführung dran ist, weitere Zeit verstreichen kann.

Kurze Verzögerungen

Manchmal muß ein Treiber eine sehr kurze Verzögerung berechnen, um sich mit der Hardware zu synchronisieren. In diesem Fall ist `jiffies` keine Lösung.

Die Kernel-Funktionen *udelay* und *mdelay* dienen diesem Zweck.[2] Ihre Prototypen lauten:

```
#include <linux/delay.h>
void udelay(unsigned long usecs);
void mdelay(unsigned long usecs);
```

Die Funktionen werden auf den meisten Architekturen inline kompiliert. Die erste Funktion verwendet eine Software-Schleife, um die angegebene Anzahl von Mikrosekunden zu warten, die zweite ist eine Schleife um *udelay*, die aus Bequemlichkeitsgründen eingeführt wurde. In *udelay* wird der BogoMips-Wert verwendet: Die Funktion benutzt den Integer-Wert `loops_per_second`, der wiederum das Ergebnis der BogoMips-Berechnung beim Booten ist.

Der *udelay*-Aufruf sollte nur für sehr kurze Intervalle verwendet werden, weil die Präzision von `loops_per_second` nur 8 Bits beträgt und sich bei der Berechnung langer Verzögerungen spürbare Fehler ansammeln. Auch wenn die maximal zulässige Verzögerung fast eine Sekunde beträgt (weil die Berechnungen bei längeren Verzögerungen überlaufen), ist der empfohlene Maximalwert für *udelay* 1000 Mikrosekunden (eine Millisekunde). Die Funktion *mdelay* hilft, wenn die Verzögerung länger als eine Millisekunde dauern muß.

Es ist auch wichtig, nicht zu vergessen, daß *udelay* (und damit auch *mdelay*) eine Busy-Waiting-Funktion ist und daß andere Tasks in der Zwischenzeit nicht laufen können. Sie müssen daher (besonders mit *mdelay*) sehr vorsichtig sein und diese Funktionen nur verwenden, wenn Sie keine andere Möglichkeit haben.

Die Kernel-Unterstützung für Verzögerungen, die kürzer als ein Timer-Tick, aber länger als ein paar Mikrosekunden sind, ist derzeit sehr ineffizient. Das ist aber üblicherweise kein Problem, weil Verzögerungen lang genug sein müssen, damit entweder Menschen oder die Hardware sie bemerken. Eine Hundertstelsekunde ist eine angemessene Präzision für Intervalle, die für Menschen spürbar sein sollen, während eine Millisekunde ausreichend lang für Hardware-Aktivitäten ist.

mdelay steht in Linux 2.0 nicht zur Verfügung, *sysdep.h* füllt aber die Lücke.

---

2 Das u repräsentiert den griechischen Buchstaben μ (»mü«) und steht für »Mikro-«.

Task-Schlangen

Ein Feature, das viele Treiber benötigen, ist das Vormerken der Ausführung von Tasks zu einem späteren Zeitpunkt, ohne daß Interrupts verwendet werden. Linux bietet zu diesem Zweck drei verschiedene Interfaces an: Task-Schlangen, Tasklets (ab Kernel 2.3. 43) und Kernel-Timer. Task-Schlangen und Tasklets sind flexible Werkzeuge, um die Ausführung zu einem späteren Zeitpunkt vorzumerken, wobei »später« verschiedene Bedeutungen haben kann. Sie sind besonders nützlich, wenn man Interrupt-Handler schreibt; wir werden daher noch einige davon in »Tasklets und untere Hälften« in Kapitel 9 sehen. Kernel-Timer werden verwendet, um einen Task für einen bestimmten späteren Zeitpunkt vorzumerken; wir kommen darauf später in »Kernel-Timer« zurück.

Die Verwaltung von Hardware, die keine Interrupts erzeugen kann, aber trotzdem ein blockierendes Lesen zuläßt, ist eine typische Situation, in der Sie Task-Schlangen oder Tasklets verwenden könnten. Sie müssen regelmäßig das Gerät abfragen, dabei aber aufpassen, daß Sie die CPU nicht mit unnötigen Operationen belasten. Es ist keine gute Idee, den lesenden Prozeß in festen Intervallen aufzuwecken (beispielsweise mit `current ->timeout`), weil jede Abfrage zwei Kontextwechsel benötigen würde (einen, um den Polling-Code im lesenden Prozeß auszuführen, und einen, um zum Prozeß zurückzukehren, der die eigentliche Arbeit tut) und oft ein sinnvoller Abfragemechanismus nur außerhalb des Prozeß-Kontextes implementiert werden kann.

Ein ähnliches Problem liegt vor, wenn Sie einem einfachen Hardware-Gerät regelmäßige Eingaben liefern müssen. Beispielsweise kann es notwendig sein, Schrittwerte an einen Schrittmotor zu schicken, der direkt mit dem Parallel-Port verbunden ist – der Motor muß in gleichmäßigen einzelnen Schritten bewegt werden. In diesem Fall kommuniziert der kontrollierende Prozeß mit Ihrem Gerätetreiber, um die Bewegung zu veranlassen, aber die eigentliche Bewegung sollte Schritt für Schritt durchgeführt werden, nachdem *write* schon längst wieder verlassen wurde.

Solche Operationen können am schnellsten durchgeführt werden, indem ein Task zur späteren Ausführung vorgemerkt wird. Der Kernel kennt sogenannte Task-»Schlangen«, in denen sich Tasks ansammeln, die dann ausgeführt werden, wenn die Schlange abgearbeitet wird. Sie können eine eigene Task-Schlange erzeugen und nach Belieben starten oder Ihre Tasks in vordefinierten Schlangen registrieren, die vom Kernel selbst gesteuert werden.

Dieser Abschnitt beschreibt zunächst Task-Schlangen, stellt dann die vordefinierten Task-Schlangen vor, die schon einmal ein guter Start für vordefinierte Tests sind (und den Computer zum Stehen bringen, wenn etwas schiefgeht), und geht schließlich darauf ein, wie Sie Ihre eigenen Task-Schlangen definieren können. Anschließend beschreiben wir die neue *Tasklet*-Schnittstelle, die im 2.4-Kernel bei vielen Anwendungen die Task-Schlangen ersetzt.

Wie Task-Schlangen aufgebaut sind

Eine Task-Schlange ist eine Liste von Tasks, wobei jeder Task durch einen Funktionszeiger und ein Argument repräsentiert wird. Wenn ein Task gestartet wird, bekommt er ein void *-Argument übergeben und gibt void zurück. Das Zeiger-Argument kann verwendet werden, um eine Datenstruktur an die Routine zu übergeben, oder auch ignoriert werden. Die Schlange selbst ist eine Liste von Strukturen (den Tasks), die dem Kernel-Modul gehören, das sie deklariert oder in die Warteschlange gestellt hat. Das Modul ist völlig selbst dafür verantwortlich, die Strukturen zu allozieren und zu deallozieren; oft werden dafür statische Strukturen verwendet.

Ein Eintrag in der Warteschlange wird durch die folgende Struktur beschrieben, die direkt aus <linux/tqueue.h> kopiert wurde:

```
struct tq_struct {
    struct tq_struct *next;         /* verkettete Liste der aktiven bhs */
    int sync;                       /* muss mit 0 initialisiert werden */
    void (*routine)(void *);        /* aufzurufende Funktion */
    void *data;                     /* Argument fuer die Funktion */
};
```

Das »bh« im ersten Kommentar steht für *Bottom Half* (untere Hälfte). Eine Bottom Half ist »die Hälfte eines Interrupt-Handlers«. Wir gehen auf dieses Thema ausführlich ein, wenn wir uns im Abschnitt »Tasklets und untere Hälften« in Kapitel 9 mit Interrupt-Handlern beschäftigen. Im Moment reicht es zu wissen, daß die untere Hälfte ein Mechanismus ist, der von einem Gerätetreiber eingesetzt wird, um asynchrone Tasks zu verarbeiten, die normalerweise zu groß sind, um in einem Hardware-Interrupt durchgeführt zu werden. Dieses Kapitel sollte auch ohne das Wissen um untere Hälften verständlich sein, wir werden aber trotzdem von Zeit zu Zeit darauf eingehen.

Die wichtigsten Felder in der oben gezeigten Datenstruktur sind routine und data. Um einen Task zur späteren Ausführung vorzumerken, müssen Sie diesen beiden Feldern Werte zuweisen, bevor Sie die Struktur in die Schlange einstellen, während next und sync leer sein sollten. Der sync-Schalter in der Struktur wird verwendet, um zu verhindern, daß ein und derselbe Task mehrfach in eine Schlange gestellt wird, weil damit der next-Zeiger nicht mehr stimmen würde. Wenn ein Task einmal in die Schlange gestellt worden ist, gilt die Struktur als dem Kernel »gehörend« und sollte nicht mehr verändert werden, bis der Task ausgeführt worden ist.

Die andere bei Task-Schlangen verwendete Datenstruktur ist task_queue, die derzeit nur ein Zeiger auf struct tq_struct ist. Man hat sich entschieden, diesen Zeiger per typedef über ein anderes Symbol zu definieren, um später bei Bedarf task_queue erweitern zu können. task_queue-Zeiger sollten vor der Verwendung mit NULL initialisiert werden.

Die folgende Liste faßt alle Operationen zusammen, die auf Task-Schlangen und struct tq_struct-Datenstrukturen durchgeführt werden.

`DECLARE_TASK_QUEUE(name);`
: Dieses Makro deklariert eine Task-Schlange mit dem angegebenen Namen und initialisiert die Schlange mit einem leeren Zustand.

`int queue_task(struct tq_struct *task, task_queue *list);`
: Wie der Name schon andeutet, stellt diese Funktion einen Task in die Schlange. Der Rückgabewert ist 0, wenn sich der Task bereits in der Schlange befand. Ansonsten ist er von 0 verschieden.

`void run_task_queue(task_queue *list);`
: Diese Funktion wird verwendet, um eine Schlange voller angesammelter Tasks abzuarbeiten. Sie werden diese Funktion nicht aufrufen müssen, wenn Sie keine eigenen Schlangen deklarieren und verarbeiten.

Bevor wir in die Details der Verwendung der Task-Schlangen einsteigen, müssen wir einen Moment innehalten und uns anschauen, wie diese im Kernel funktionieren.

Wie Task-Schlangen ausgeführt werden

Eine Task-Schlange ist, wie wir bereits gesehen haben, praktisch eine verkettete Liste von aufzurufenden Funktionen. Wenn *run_task_queue* gebeten wird, eine bestimmte Schlange auszuführen, wird jeder Eintrag in der Liste ausgeführt. Wenn Sie Funktionen schreiben, die mit Task-Schlangen arbeiten, müssen Sie wissen, wann der Kernel *run_task_queue* aufruft; der genaue Kontext legt Ihnen eine Beschränkungen hinsichtlich dessen auf, was Sie tun dürfen. Sie sollten außerdem keine Annahmen hinsichtlich der Reihenfolge machen, in denen die Tasks ausgeführt werden; jeder muß seine Aufgabe unabhängig von den anderen erfüllen.

Und wann werden nun Task-Schlangen ausgeführt? Wenn Sie eine der im nächsten Abschnitt besprochenen vordefinierten Task-Schlangen verwenden, dann lautet die Antwort: »Wenn der Kernel dazu Zeit hat.« Verschiedene Schlangen werden zu verschiedenen Zeitpunkten ausgeführt, aber sie werden alle ausgeführt, wenn der Kernel gerade nichts anderes Wichtiges zu tun hat.

Am wichtigsten ist, daß die Task-Schlangen fast sicher *nicht* ausgeführt werden, wenn der Prozeß, der den Task eingestellt hat, gerade ausgeführt wird. Statt dessen werden die Task-Schlangen asynchron ausgeführt. Bisher ist alles, was wir in unseren Beispiel-Treibern gemacht haben, im Kontext eines Prozesses geschehen, der Systemaufrufe ausführt. Wenn eine Task-Schlange ausgeführt wird, könnte dieser Prozeß aber gerade schlafen, auf einem anderen Prozessor ausgeführt werden oder sogar ganz beendet worden sein.

Die asynchrone Ausführung ähnelt dem, was passiert, wenn ein Hardware-Interrupt eintrifft (das wird in Kapitel 9 genau besprochen). Task-Schlangen werden oft als Folge eines »Software-Interrupts« ausgeführt. Wenn Ihr Code so im *Interrupt-Modus* (oder: »zur *Interrupt-Zeit*«) ausgeführt wird, gibt es eine Reihe von Einschränkungen. Wir stellen diese hier vor und werden an verschiedenen Stellen in diesem Buch wieder darauf stoßen. Die Wiederholungen sind hier angebracht, denn die Regeln für den Interrupt-Modus müssen befolgt werden, ansonsten kommt das System in große Schwierigkeiten.

Eine Reihe von Aktionen brauchen den Kontext eines Prozesses, um ausgeführt werden zu können. Wenn Sie sich außerhalb von Prozeß-Kontexten (also im Interrupt-Modus) befinden, müssen Sie die folgenden Regeln beachten:

- Es ist kein Zugriff auf den User-Space möglich. Weil es keinen Prozeß-Kontext gibt, gibt es auch keinen Pfad in den User-Space, der zu einem bestimmten Prozeß gehören könnte.
- Der Zeiger `current` ist im Interrupt-Modus nicht gültig und kann nicht verwendet werden.
- Es darf nicht geschlafen werden, und es darf kein Scheduling vorkommen. Code im Interrupt-Modus darf weder *schedule* noch *sleep_on* aufrufen, außerdem auch keine andere Funktion, die schlafen könnte. Beispielsweise verstößt der Aufruf von `kmalloc(..., GFP_KERNEL)` gegen die Regeln. Semaphore dürfen auch nicht verwendet werden, weil auch diese schlafen können.

Kernel-Code kann durch Aufruf der Funktion *in_interrupt()* feststellen, ob er sich im Interrupt-Modus befindet oder nicht. Diese Funktion erwartet keine Argumente und gibt einen von Null verschiedenen Wert zurück, wenn sich der Prozessor im Interrupt-Modus befindet.

Ein weiteres Merkmal der aktuellen Implementation von Task-Schlangen besteht darin, daß ein Task sich selbst wieder durch Aufrufen von *queue_task* in die gleiche Schlange einreihen kann, in der er ausgeführt wurde. Das ist möglich, weil der Kopf der Schlange durch einen `NULL`-Zeiger ersetzt wird, bevor Tasks konsumiert werden. Als Folge davon wird eine neue Schlange aufgebaut, sobald die Ausführung der alten beginnt.

Obwohl das erneute Einstellen des gleichen Tasks nutzlos erscheinen mag, es ist manchmal doch nützlich. Denken Sie beispielsweise an einen Treiber, der ein Paar von Schrittmotoren schrittweise bewegt, indem er sich immer wieder in der Schlange einträgt, bis das Ziel erreicht ist. Ein weiteres Beispiel ist das Modul *jiq*, in dem sich die Druckfunktion selbst wieder vormerkt, um die Ausgabe zu erreichen – als Folge davon wird die Timer-Schlange mehrfach durchlaufen.

Vordefinierte Task-Schlangen

Eine verzögerte Ausführung ist am einfachsten zu erreichen, wenn Sie die Schlangen verwenden, die bereits vom Kernel verwaltet werden. Es gibt vier solche Schlangen, die unten beschrieben werden, aber Ihr Treiber kann nur die ersten drei verwenden. Die Schlangen werden in `<linux/tqueue.h>` definiert; diese Header-Datei sollte in Ihren Quellen eingebunden werden.

`Die Scheduler-Schlange`
: Diese Schlange unterscheidet sich von allen anderen vordefinierten Task-Schlangen dadurch, daß sie im Prozeß-Kontext ausgeführt wird, was bedeutet, daß die Tasks etwas mehr Freiheit bei der Ausführung ihrer Aufgaben haben. In Linux 2.4 wird diese Schlange aus einem dafür abgestellten Kernel-Thread namens *keventd* heraus ausgeführt und über eine Funktion namens *schedule_task* manipuliert. In älteren Kernel-Versionen wurde *keventd* nicht verwendet und die Schlange (`tq_scheduler`) direkt manipuliert.

`tq_timer`
: Diese Schlange wird vom Timer gestartet. Weil der Timer (die Funktion *do_timer*) zur Interrupt-Zeit läuft, laufen auch alle Tasks in dieser Queue zur Interrupt-Zeit.

`tq_immediate`
: Diese Schlange läuft so schnell wie möglich, entweder beim Rücksprung aus dem Systemaufruf oder wenn der Scheduler aufgerufen wird – je nachdem, was zuerst passiert. Die Schlange wird zur Interrupt-Zeit ausgeführt.

Es gibt auch noch weitere vordefinierte Task-Schlangen, diese sind aber für Treiber-Autoren nicht interessant.

Der zeitliche Ablauf in einem Treiber, der eine Task-Schlange verwendet, ist in Abbildung 6-1 abgebildet. Die Abbildung zeigt einen Treiber, der eine Funktion in einem Interrupt-Handler in die Schlange `tq_immediate` einreiht.

Wie die Beispiele arbeiten

Beispiele für die verzögerte Ausführung finden Sie im Modul *jiq* (»Just In Queue«), aus dem auch die Quellbeispiele in diesem Abschnitt entnommen sind. Dieses Modul erzeugt */proc*-Dateien, die ähnlich wie bei *jit* von *dd* oder anderen Programmen ausgelesen können.

Der Prozeß, der eine *jiq*-Datei liest, wird schlafen gelegt, bis der Puffer voll ist.[3] Dieses Schlafen wird durch eine einfache Schleife erreicht, die so deklariert ist:

```
DECLARE_WAIT_QUEUE_HEAD (jiq_wait);
```

Der Puffer wird durch aufeinanderfolgende Läufe einer Task-Schlange gefüllt. Jeder Durchlauf durch die Schlange hängt einen Text-String an den zu füllenden Puffer an; jeder String meldet die aktuelle Uhrzeit (in Jiffies), den Prozeß, der während dieses Durchlaufs den Prozessor hat (`current`) und den Rückgabewert von *in_interrupt*.

3 Der Puffer einer */proc*-Datei ist eine Speicherseite, also 4 KByte oder was auch immer auf Ihrer Plattform gilt.

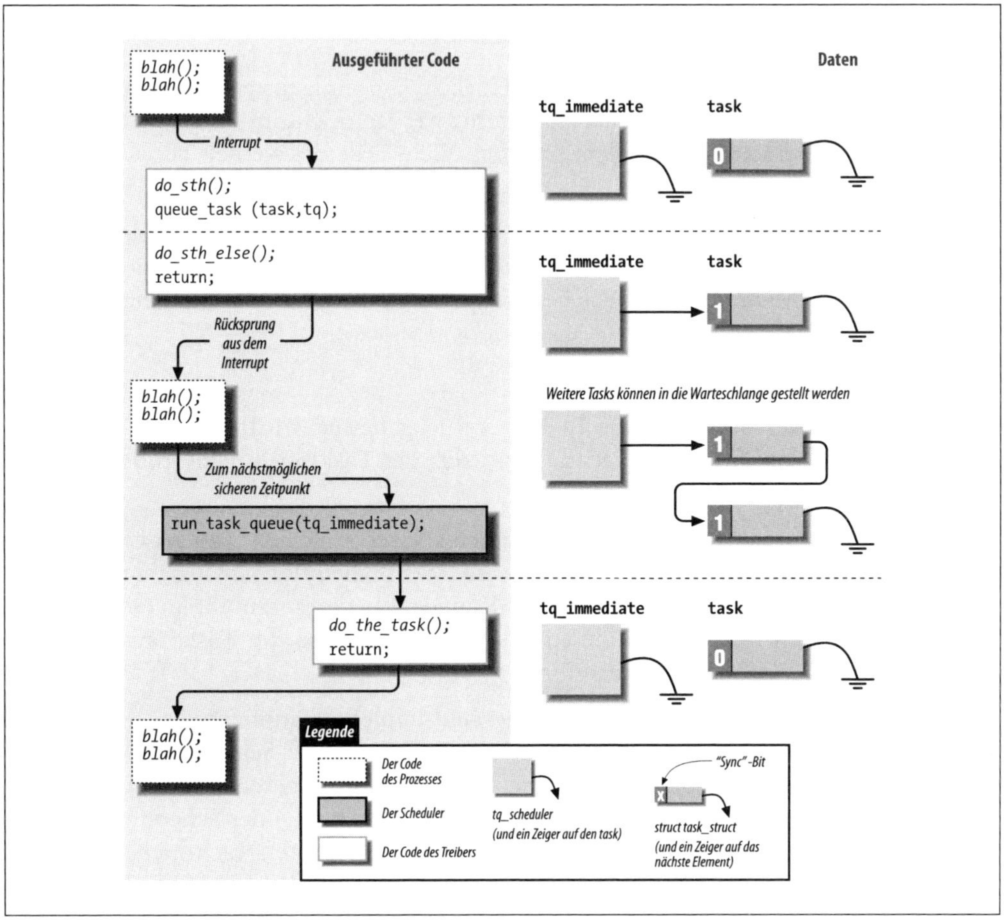

Abbildung 6-1: Zeitlicher Ablauf bei der Verwendung von Task-Schlangen

Der Code zum Füllen des Puffers ist auf die Funktion *jiq_print_tq* beschränkt, die bei jedem Durchlauf durch die verwendete Schlange ausgeführt wird. Die Funktion, die für die Ausgaben sorgt, ist nicht interessant und wird deswegen hier nicht gezeigt; statt dessen schauen wir uns an, wie der Task, der in die Schlange gestellt werden soll, initialisiert wird:

```
struct tq_struct jiq_task; /* global: mit 0 initialisiert */

/* diese Zeilen stehen in jiq_init() */
jiq_task.routine = jiq_print_tq;
jiq_task.data = (void *)&jiq_data;
```

Es ist nicht nötig, die Felder `sync` und `next` in `jiq_task` auf Null zu setzen, weil statische Variablen vom Compiler ohnehin mit Null initialisiert werden.

Die Scheduler-Schlange

Die Scheduler-Schlange ist in mancherlei Hinsicht am einfachsten zu benutzen. Weil Tasks, die aus dieser Schlange heraus ausgeführt werden, nicht im Interrupt-Modus laufen, können sie mehr tun – vor allem schlafen. Viele Teile des Kernels verwenden diese Schlange, um eine Vielzahl von Aufgaben zu erfüllen.

Ab Kernel 2.4.0-test11 ist die eigentliche Warteschlange, die die Scheduler-Schlange implementiert, vor dem Rest des Kernels verborgen. Anstatt *queue_task* direkt zu verwenden, muß Code, der diese Queue benutzt, *schedule_task* aufrufen, um einen Task in die Schlange zu stellen:

```
int schedule_task(struct tq_struct *task);
```

`task` ist natürlich der einzustellende Task. Der Rückgabewert wird von *queue_task* übernommen und ist von Null verschieden, wenn sich der Task noch nicht in der Schlange befand.

Ebenfalls ab 2.4.0-test11 startet der Kernel einen speziellen Prozeß namens *keventd*, dessen einzige Aufgabe darin besteht, Tasks aus der Scheduler-Schlange auszuführen. *keventd* stellt einen vorhersagbaren Prozeß-Kontext für die auszuführenden Tasks zur Verfügung (im Gegensatz zur früheren Implementation, die die Tasks im Prinzip in einem zufälligen Prozeß-Kontext ausführte).

Es gibt eine Reihe von Auswirkungen der *keventd*-Implementation, die es wert sind, im Kopf behalten zu werden. Zunächst können die Tasks in dieser Schlange schlafen; mancher Kernel-Code macht von dieser Freiheit Gebrauch. Gut geschriebener Code sollte aber nur sehr kurze Zeit schlafen, weil keine anderen Tasks aus der Scheduler-Schlange ausgeführt werden können, während *keventd* schläft. Sie sollten auch nicht vergessen, daß Ihr Task die Scheduler-Schlange mit anderen Tasks teilt, die ebenfalls schlafen können. In normalen Situationen werden in die Scheduler-Schlange gestellte Tasks sehr schnell ausgeführt (möglicherweise sogar, bevor *schedule_task* zurückkehrt). Wenn ein anderer Task aber schläft, kann sich die Zeit, die vergeht, bis Ihre Tasks ausgeführt werden, deutlich vergrößern. Tasks, die unbedingt in einem bestimmten engen Zeitraum ausgeführt werden müssen, sollten eine der anderen Schlangen verwenden.

/proc/jiqsched ist eine Beispiel-Datei, die die Scheduler-Schlange verwendet. Die Funktion *read* für die Datei leitet alles folgendermaßen an die Task-Schlange weiter:

```
int jiq_read_sched(char *buf, char **start, off_t offset,
                   int len, int *eof, void *data)
{

    jiq_data.len = 0;               /* noch nichts ausgegeben */
    jiq_data.buf = buf;             /* hier ausgeben */
    jiq_data.jiffies = jiffies;     /* initiale Zeit */

    /* jiq_print ruft queue_task() in jiq_data.queue erneut auf */
    jiq_data.queue = SCHEDULER_QUEUE;
```

```
        schedule_task(&jiq_task);            /* bereit zur Ausfuehrung */
        interruptible_sleep_on(&jiq_wait);   /* schlafen bis zum Beenden */

        *eof = 1;
        return jiq_data.len;
    }
```

Wenn man */proc/jiqsched* ausliest, bekommt man etwa folgende Ausgabe:

```
time   delta interrupt  pid cpu command
601687   0         0      2   1 keventd
601687   0         0      2   1 keventd
601687   0         0      2   1 keventd
601687   0         0      2   1 keventd
601687   0         0      2   1 keventd
601687   0         0      2   1 keventd
601687   0         0      2   1 keventd
601687   0         0      2   1 keventd
601687   0         0      2   1 keventd
```

In dieser Ausgabe ist das Feld `time` der Wert von `jiffies` zum Zeitpunkt der Ausführung des Tasks, `delta` ist die Veränderung in `jiffies` seit der letzten Ausführung des Tasks, `interrupt` ist der Rückgabewert der Funktion *in_interrupt*, `pid` ist die ID des laufenden Prozesses, `CPU` ist die Nummer der verwendeten CPU (immer 0 auf Einzelprozessor-Systemen), und `command` ist der Befehl, der vom aktuellen Prozeß ausgeführt wird.

Wir sehen in diesem Fall, daß der Task immer unter dem Prozeß *keventd* läuft. Außerdem läuft er sehr schnell – ein Task, der sich selbst wieder in die Scheduler-Schlange stellt, kann in einem einzigen Timer-Tick Hunderte oder Tausende von Malen laufen. Selbst auf einem stark belasteten System ist die Latenz in der Scheduler-Schlange ziemlich klein.

Die Timer-Schlange

Die Timer-Schlange unterscheidet sich dahingehend von der Scheduler-Schlange, daß die Schlange (`tq_timer`) direkt verfügbar ist. Außerdem werden Tasks in der Timer-Schlange natürlich im Interrupt-Modus ausgeführt. Weiterhin ist garantiert, daß die Schlange beim nächsten Clock-Tick ausgeführt wird, was die Latenz bei hoher Systemlast beseitigt.

Der Beispielcode implementiert */proc/jiqtimer* in der Timer-Schlange. Für diese Schlange muß *queue_task* verwendet werden:

```
int jiq_read_timer(char *buf, char **start, off_t offset,
                   int len, int *eof, void *data)
{

    jiq_data.len = 0;              /* noch nichts ausgegeben */
    jiq_data.buf = buf;            /* an dieser Stelle ausgeben */
    jiq_data.jiffies = jiffies;    /* initiale Zeit */
    jiq_data.queue = &tq_timer;    /* selbst wieder hier registrieren */
```

```
        queue_task(&jiq_task, &tq_timer);       /* bereit zur Ausfuehrung */
        interruptible_sleep_on(&jiq_wait);      /* schlafen bis zur Beendigung */

        *eof = 1;
        return jiq_data.len;
    }
```

Hier folgt die Ausgabe von *head /proc/jiqtimer* auf einem System, das gerade einen neuen Kernel kompiliert:

```
    time  delta interrupt  pid cpu command
45084845   1          1   8783   0 cc1
45084846   1          1   8783   0 cc1
45084847   1          1   8783   0 cc1
45084848   1          1   8783   0 cc1
45084849   1          1   8784   0 as
45084850   1          1   8758   1 cc1
45084851   1          1   8789   0 cpp
45084852   1          1   8758   1 cc1
45084853   1          1   8758   1 cc1
45084854   1          1   8758   1 cc1
45084855   1          1   8758   1 cc1
```

Beachten Sie, daß hier genau ein Timer-Tick zwischen zwei Aufrufen dieses Tasks vergeht und daß gerade ein willkürlicher Prozeß läuft.

Die unmittelbare Schlange

Die letzte vordefinierte Schlange, die modularisierter Code verwenden kann, ist die unmittelbare Schlange (*immediate queue*). Diese Schlange wird über den Mechanismus der unteren Hälften (bottom-half-mechanism) ausgeführt, was bedeutet, daß ein zusätzlicher Schritt zur Benutzung notwendig ist. Untere Hälften werden nur ausgeführt, wenn dem Kernel mitgeteilt worden ist, daß das notwendig ist; dies geschieht durch das »Markieren« der unteren Hälfte. Im Falle von `tq_immediate` geschieht das durch den Aufruf von *mark_bh(IMMEDIATE_BH)*. Das muß immer geschehen, *nachdem* der Task in die Schlange gestellt worden ist, ansonsten kann der Kernel die Task-Schlange ausführen, bevor Ihr Task hinzugefügt worden ist.

Die unmittelbare Schlange ist die schnellste Schlange im System, sie wird mit der kürzesten Verzögerung ausgeführt und läuft zur Interrupt-Zeit. Die Schlange wird entweder vom Scheduler oder sobald ein Prozeß aus seinem Systemaufruf zurückkehrt ausgeführt. Eine typische Ausgabe kann folgendermaßen aussehen:

```
    time  delta interrupt  pid cpu command
45129449   0          1   8883   0 head
45129453   4          1      0   0 swapper
45129453   0          1    601   0 X
45129453   0          1    601   0 X
45129453   0          1    601   0 X
45129453   0          1    601   0 X
45129454   1          1      0   0 swapper
45129454   0          1    601   0 X
45129454   0          1    601   0 X
```

```
45129454  0       1     601   0 X
45129454  0       1     601   0 X
45129454  0       1     601   0 X
45129454  0       1     601   0 X
45129454  0       1     601   0 X
```

Natürlich kann diese Schlange nicht dazu verwendet werden, die Ausführung eines Tasks zu verzögern, sie ist ja gerade eine »unmittelbare« Schlange. Statt dessen ist sie dafür da, einen Task so schnell wie möglich, aber zu einem sicheren Zeitpunkt auszuführen. Damit ist sie sehr nützlich in Interrupt-Handlern, weil sie einen Einstiegspunkt für die Ausführung von Programm-Code außerhalb der Interrupt-Routine selbst bietet. Der Mechanismus zum Abholen von Netzwerkpaketen basiert beispielsweise auf einem ähnlichen Mechanismus.

Beachten Sie, daß Sie Ihren Task nicht neu in der Schlange registrieren sollten (auch wenn wir das in *jiqimmed* zu Demonstrationszwecken tun). Sie gewinnen dadurch nichts und bringen Ihren Computer auf manchen Plattformen vollständig zum Halten. Manche Implementationen pflegten die Schlange auszuführen, bis sie leer war. Dies war beispielsweise in der Version 2.0 auf der PC-Plattform der Fall.

Eigene Task-Schlangen anlegen

Es ist nicht besonders schwierig, eine neue Task-Schlange zu deklarieren. Ein Treiber kann jederzeit eine oder mehrere Task-Schlangen deklarieren; die Tasks werden dann so in die Schlange gestellt, wie wir es bereits für die vordefinierten Schlangen gezeigt haben.

Im Gegensatz zu den vordefinierten Task-Schlangen werden benutzerdefinierte Schlangen nicht automatisch vom Kernel ausgelöst. Der Programmierer, der die Queue verwaltet, muß sich selbst darum kümmern, daß die Schlange ausgeführt wird.

Das folgende Makro deklariert eine Task-Schlange und wird zu einer Variablendeklaration expandiert. Normalerweise steht es am Anfang der Datei, außerhalb jeder Funktion:

```
DECLARE_TASK_QUEUE(tq_custom);
```

Nach der Deklaration der Schlange können Sie die bekannten Funktionen aufrufen, um Tasks einzureihen. Der obige Aufruf geht meistens mit dem folgenden einher:

```
queue_task(&custom_task, &tq_custom)
```

Die folgende Zeile führt `tq_custom` aus, wenn es an der Zeit ist:

```
run_task_queue(&tq_custom);
```

Wenn Sie jetzt mit benutzerdefinierten Task-Schlangen experimentieren wollen, müssen Sie eine Funktion registrieren, die die Task-Schlange aus einer der vordefinierten Schlangen heraus steuert. Obwohl das etwas umständlich aussieht, ist es doch praktisch. Eine benutzerdefinierte Schlange kann beispielsweise hilfreich sein, wenn Sie Jobs ansammeln wollen, die dann alle zur gleichen Zeit ausgeführt werden sollen, selbst wenn Sie eine andere Schlange verwenden müssen, um diesen Zeitpunkt auszuwählen.

Tasklets

Kurz vor der Freigabe des 2.4-Kernels haben die Entwickler noch einen weiteren Mechanismus zum Herauszögern von Kernel-Tasks hinzugefügt. Dieser Mechanismus namens *Tasklets* ist jetzt der bevorzugte Mechanismus für untere Hälften, ja die unteren Hälften werden selbst mit Tasklets implementiert.

Tasklets ähneln Task-Schlangen in mehrerer Hinsicht. Sie stellen eine Möglichkeit dar, die Ausführung eines Tasks bis zu einem sicheren Zeitpunkt zu verzögern, und werden immer zur Interrupt-Zeit ausgeführt. Wie Task-Schlangen werden auch Tasklets nur einmal ausgeführt, selbst wenn sie mehrfach vorgemerkt sind, aber Tasklets können auf SMP-Systemen parallel mit anderen (verschiedenen) Tasklets ausgeführt werden. Außerdem ist auf SMP-Systemen gerantiert, daß Tasklets auf der CPU ausgeführt werden, die sie zuerst zur Ausführung vorgemerkt hat, was ein besseres Cache-Verhalten und damit eine bessere Performance bringt.

Jedes Tasklet ist mit einer Funktion verbunden, die aufgerufen wird, wenn das Tasklet ausgeführt werden soll. Das Leben einiger Kernel-Entwickler wurde dadurch einfacher, daß diese Funktion ein Argument des Typs `unsigned long` bekam, was das Leben wiederum für diejenigen ein wenig schwieriger macht, die lieber einen Zeiger übergeben möchten; das Casten des `long`-Arguments auf einen Zeigertyp ist auf allen unterstützten Architekturen sicher und in der Speicherverwaltung ziemlich gang und gäbe (wie in Kapitel 13 besprochen wird). Die Tasklet-Funktion gibt keinen Wert zurück.

Die Software-Unterstützung für Tasklets findet sich in `<linux/interrupt.h>`, das Tasklet selbst muß mit einem der folgenden Makros deklariert werden:

`DECLARE_TASKLET(name, function, data);`
: Deklariert ein Tasklet mit dem angegebenen Namen; wenn das Tasklet ausgeführt werden soll (wie unten beschrieben), wird die angegebene Funktion mit dem `unsigned long`-Datenwert aufgerufen.

`DECLARE_TASKLET_DISABLED(name, function, data);`
: Deklariert ein Tasklet wie das vorstehende Makro. Der anfängliche Zustand des Tasklets ist aber »gesperrt«, was bedeutet, daß es zur Ausführung vorgemerkt werden kann, aber nicht ausgeführt wird, bevor es irgendwann in der Zukunft freigegeben wird.

Wenn der Beispiel-Treiber *jiq* mit 2.4-Header-Dateien kompiliert wird, wird */proc/jiqtasklet* implementiert, das genau wie die anderen *jiq*-Einträge funktioniert, aber Tasklets verwendet; wir haben in *sysdep.h* keine Tasklets für ältere Kernel-Versionen emuliert. Das Modul deklariert sein Tasklet wie folgt:

```
void jiq_print_tasklet (unsigned long);
DECLARE_TASKLET (jiq_tasklet, jiq_print_tasklet, (unsigned long)
   &jiq_data);
```

Wenn Ihr Treiber ein Tasklet zur Ausführung vormerken möchte, ruft er *tasklet_schedule* auf:

```
tasklet_schedule(&jiq_tasklet);
```

Wenn ein Tasklet vorgemerkt ist, ist es garantiert, daß es einmal (sofern es eingeschaltet ist) zu einem sicheren Zeitpunkt ausgeführt wird. Tasklets können sich selbst weitgehend genauso wie Task-Schlangen selbst vormerken. Ein Tasklet muß sich keine Gedanken über Multiprozessor-Systeme machen, weil der Kernel sicherstellt, daß jedes Tasklet nur an einer Stelle ausgeführt wird. Wenn Ihr Treiber mehrere Tasklets implementiert, sollte er aber darauf vorbereitet sein, daß eines davon gleichzeitig ausgeführt werden könnte. In diesem Fall müssen Spinlocks zum Schutz kritischer Code-Abschnitte verwendet werden (Semaphore, die schlafen können, dürfen in Tasklets nicht verwendet werden, weil diese zur Interrupt-Zeit laufen).

Die Ausgabe von */proc/jiqtasklet* sieht folgendermaßen aus:

```
    time  delta interrupt  pid cpu command
45472377   0         1    8904   0 head
45472378   1         1       0   0 swapper
45472379   1         1       0   0 swapper
45472380   1         1       0   0 swapper
45472383   3         1       0   0 swapper
45472383   0         1     601   0 X
45472383   0         1     601   0 X
45472383   0         1     601   0 X
45472383   0         1     601   0 X
45472389   6         1       0   0 swapper
```

Beachten Sie, daß das Tasklet immer auf der gleichen CPU läuft, obwohl diese Ausgabe von einem Multiprozessor-System stammt.

Das Tasklet-Subsystem enthält noch einige weitere Funktionen für die fortgeschrittene Tasklet-Verwendung:

`void tasklet_disable(struct tasklet_struct *t);`
: Diese Funktion sperrt das angegebene Tasklet. Das Tasklet kann immer noch mit *tasklet_schedule* vorgemerkt werden, aber die Ausführung wird bis zu dem Zeitpunkt verzögert, zu dem das Tasklet wieder freigeschaltet wird.

`void tasklet_enable(struct tasklet_struct *t);`
: Schaltet ein zuvor gesperrtes Tasklet wieder frei. Wenn das Tasklet bereits vorgemerkt worden ist, wird es bald ausgeführt werden (aber nicht direkt aus *tasklet_enable* heraus).

`void tasklet_kill(struct tasklet_struct *t);`

Diese Funktion kann bei Tasklets verwendet werden, die sich selbst immer wieder vormerken. *tasklet_kill* entfernt das Tasklet aus allen Schlangen, in denen es steht. Um Race Conditions mit dem Tasklet, das sich selbst wieder vormerkt, zu vermeiden, wartet diese Funktion, bis das Tasklet ausgeführt wird, und nimmt es dann aus der Schlange. Sie können also sicher sein, daß Tasklets nicht mitten in der Ausführung gestört werden. Wenn das Tasklet aber gerade nicht läuft und sich selbst vormerkt, kann *tasklet_kill* hängen bleiben. *tasklet_kill* darf nicht zur Interrupt-Zeit aufgerufen werden.

Kernel-Timer

Die ultimative Ressource zur Verwaltung von Zeit im Kernel sind die Timer. Timer werden dazu benutzt, die Ausführung einer Funktion (eines sogenannten Timer-Handlers) zu einem vorbestimmten Zeitpunkt auszulösen. Der Unterschied zu den Task-Schlangen und Tasklets besteht darin, daß Sie angeben können, *wann* Ihre Funktion aufgerufen werden soll, während Sie bei einer Task-Schlange nicht exakt vorhersagen können, wann Ihre Funktion aufgerufen wird. Ansonsten ähneln Kernel-Timer den Task-Schlangen: Eine in einem Kernel-Timer registrierte Funktion wird nur einmal ausgeführt – Timer sind nicht zyklisch.

Manchmal müssen Sie eine Operation losgelöst vom Prozeß-Kontext ausführen. Das könnte beispielsweise das Abschalten des Floppy-Motors oder eine andere, länger dauernde Operation zum Herunterfahren eines Gerätes sein. In diesem Fall wäre es nicht fair der Anwendung gegenüber, wenn einfach der Rücksprung aus dem *close* verzögert werden würde. Die Verwendung einer Task-Schlange wäre auch zuviel, denn ein Task in einer Schlange muß sich immer wieder selbst registrieren, während er seine Zeit-Berechnungen vornimmt.

Ein Timer ist viel leichter zu benutzen. Sie registrieren die Funktion einmalig, und der Kernel ruft die Funktion auf, wenn der Timer abläuft. Diese Funktionalität wird oft im Kernel selbst verwendet, manchmal aber auch – wie im Beispiel mit dem Floppy-Motor – von Treibern benutzt.

Die Kernel-Timer sind als doppelt verkettete Liste organisiert. Das bedeutet, daß Sie beliebig viele Timer erzeugen können. Ein Timer zeichnet sich durch seinen Timeout-Wert (in Jiffies) und die bei Ablauf des Timers aufzurufende Funktion aus. Der Timer-Handler bekommt ein Argument, das in der Datenstruktur gespeichert ist, sowie einen Zeiger auf den Handler selbst.

Die Datenstruktur eines Timers sieht folgendermaßen aus und ist in `<linux/timer.h>` zu finden:

```
struct timer_list {
    struct timer_list *next;          /* niemals beruehren! */
```

```
        struct timer_list *prev;            /* niemals beruehren! */
        unsigned long expires;              /* der Timeout, in Jiffies */
        unsigned long data;                 /* Argument für den Handler */
        void (*function)(unsigned long);    /* Handler des Timeouts */
        volatile int running;               /* neu in 2.4, nicht anfassen */
    };
```

Der Timeout eines Timers ist ein Wert in Jiffies; `timer->function` soll also gestartet werden, wenn `jiffies` größer oder gleich `timer->expires` ist. Der Timeout ist ein absoluter Wert; er wird normalerweise erzeugt, indem man den aktuellen Wert von `jiffies` nimmt und die gewünschte Verzögerung hinzuaddiert.

Sobald eine `timer_list`-Struktur initialisiert ist, kann sie mit *add_timer* in eine sortierte Liste eingefügt werden, die dann etwa einhundertmal pro Sekunde durchsucht wird. Selbst Systeme (wie Alphas), auf denen die Interrupt-Frequenz höher ist, überprüfen die Timer-Liste nicht öfter; die zusätzliche Timer-Auflösung würde die Kosten der zusätzlichen Durchläufe durch die Liste nicht rechtfertigen.

Die folgenden Funktionen arbeiten auf Timern:

`void init_timer(struct timer_list * timer);`
: Diese Inline-Funktion wird verwendet, um die Timer-Struktur zu initialisieren. Derzeit werden nur die `prev`- und `next`-Zeiger mit 0 gefüllt. Programmierer sollten aber immer diese Funktion verwenden, um einen Timer zu initialisieren und nie direkt auf die Zeiger zugreifen, damit sie aufwärts-kompatibel bleiben.

`void add_timer(struct timer_list * timer);`
: Diese Funktion fügt einen Timer in die globale Liste der aktiven Timer ein.

`int mod_timer(struct timer_list *timer, unsigned long expires);`
: Sollten Sie den Zeitpunkt ändern müssen, an dem der Timer abläuft, können Sie *mod_timer* verwenden. Nach dem Aufruf wird der neue Wert für `expires` verwendet.

`int del_timer(struct timer_list * timer);`
: Wenn ein Timer aus der Liste entfernt werden muß, bevor er abläuft, sollte *del_timer* verwendet werden. Wenn der Timer dagegen abläuft, wird er automatisch entfernt.

`int del_timer_sync(struct timer_list *timer);`
: Diese Funktion arbeitet wie *del_timer*, garantiert aber auch, daß bei der Rückkehr die Timer-Funktion auf keiner CPU ausgeführt wird. *del_timer_sync* wird verwendet, um Race Conditions zu vermeiden, wenn eine Timer-Funktion zu unerwarteten Zeitpunkten ausgeführt wird; sie sollte in den meisten Situationen benutzt werden. Der Aufrufer von *del_timer_sync* muß sicherstellen, daß die Timer-Funktion nicht *add_timer* verwendet, um sich selbst wieder hinzuzufügen.

Das Modul *jiq* ist ein Beispiel für die Verwendung von Timern. Die Datei */proc/jitimer* verwendet einen Timer, um die beiden Datenzeilen zu erzeugen; die Ausgabefunktion ist die gleiche wie in den Beispielen für Task-Schlangen. Die erste Datenzeile wird aus dem *read*-Aufruf (aufgerufen von einem Benutzer-Prozeß, der */proc/jitimer* ausliest) erzeugt, während die zweite Zeile von der Timer-Funktion ausgegeben wird, nachdem eine Sekunde verstrichen ist.

Der Code von */proc/jitimer* sieht folgendermaßen aus:

```
struct timer_list jiq_timer;

void jiq_timedout(unsigned long ptr)
{
    jiq_print((void *)ptr);            /* eine Zeile ausgeben */
    wake_up_interruptible(&jiq_wait);  /* Prozess aufwecken */
}


int jiq_read_run_timer(char *buf, char **start, off_t offset,
                   int len, int *eof, void *data)
{

    jiq_data.len = 0;      /* Argument für jiq_print() vorbereiten */
    jiq_data.buf = buf;
    jiq_data.jiffies = jiffies;
    jiq_data.queue = NULL;      /* nicht erneut vormerken */

    init_timer(&jiq_timer);              /* Timer-Struktur initialisieren */
    jiq_timer.function = jiq_timedout;
    jiq_timer.data = (unsigned long)&jiq_data;
    jiq_timer.expires = jiffies + HZ; /* eine Sekunde */

    jiq_print(&jiq_data);   /* ausgeben und schlafen gehen */
    add_timer(&jiq_timer);
    interruptible_sleep_on(&jiq_wait);
    del_timer_sync(&jiq_timer);  /* falls uns ein Signal aufgeweckt hat */

    *eof = 1;
    return jiq_data.len;
}
```

Wenn Sie *head /proc/jitimer* aufrufen, bekommen Sie die folgende Ausgabe:

```
   time  delta interrupt  pid cpu command
45584582   0          0   8920   0 head
45584682 100          1      0   1 swapper
```

Aus der Ausgabe können Sie ersehen, daß die Timer-Funktion, die hier die letzte Zeile ausgegeben hat, im Interrupt-Modus lief.

Es kann merkwürdig erscheinen, daß der Timer genau zum richtigen Zeitpunkt abläuft, auch wenn der Prozessor gerade einen Systemaufruf ausführte. Wir haben schon angedeutet, daß ein Prozeß, der sich im Kernel-Space befindet, nicht vom Scheduler die CPU entzogen bekommt. Der Clock-Tick hat aber eine Sonderstellung und erledigt alle seine Aufgaben unabhängig vom aktuellen Prozeß. Sie können sich anschauen, was passiert, wenn Sie */proc/jitbusy* im Vordergrund und */proc/jitimer* im Hintergrund ausführen. Obwohl das System durch den Busy-Wait-Systemaufruf massiv blockiert zu sein scheint, laufen sowohl die Timer-Warteschlange als auch die Kernel-Timer.

Timer können also eine weitere Quelle von Race Conditions sein, selbst auf Einzelprozessor-Systemen. Alle Datenstrukturen, auf die aus einer Timer-Funktion heraus zugegriffen wird, sollten vor nebenläufigem Zugriff geschützt werden, entweder durch atomare Typen (werden in Kapitel 10 besprochen) oder durch Spinlocks.

Man muß auch beim Löschen von Timern auf Race Conditions achten. Denken Sie beispielsweise an eine Situation, in der eine Timer-Funktion eines Moduls auf einem Prozessor ausgeführt wird, während ein verwandtes Ereignis (eine Datei wird geschlossen oder das Modul entfernt) auf einem anderen Prozessor stattfindet. Als Folge davon könnte die Timer-Funktion eine Situation erwarten, die nicht mehr gegeben ist, was zu einem Systemabsturz führen kann. Um solche Race Conditions zu vermeiden, sollte Ihr Modul *del_timer_sync* anstelle von *del_timer* verwenden. Wenn die Timer-Funktion den Timer selbst neu starten kann (was oft gemacht wird), dann sollten Sie auch ein »Stop-Timer«-Flag haben, das Sie vor den Aufruf von *del_timer_sync* setzen. Die Timer-Funktion sollte dann dieses Flag abfragen und sich selbst nicht mehr mit *add_timer* vormerken, wenn das Flag gesetzt ist.

Ein weiteres Muster, das Race Conditions verursachen kann, tritt auf, wenn man Timer durch das Löschen mit *del_timer* modifiziert und dann einen neuen Timer mit *add_timer* erzeugt. Es ist in dieser Situation besser, *mod_timer* zu verwenden, um die notwendigen Änderungen vorzunehmen.

Abwärtskompatibilität

Task-Schlangen und das Timing sind über die Jahre relativ konstant geblieben, aber einige Dinge haben sich trotzdem geändert und müssen beachtet werden.

Die Funktionen *sleep_on_timeout*, *interruptible_sleep_on_timeout* und *schedule_timeout* wurden alle für den 2.2-Kernel hinzugefügt. Zu Zeiten von 2.0 wurden Timeouts mit einer Variable namens `timeout` in der Task-Struktur abgedeckt. Code, der heute so aussieht:

```
interruptible_sleep_on_timeout(my_queue, timeout);
```

sah damals also so aus:

```
current->timeout = jiffies + timeout;
interruptible_sleep_on(my_queue);
```

In der Header-Datei *sysdep.h* wird *schedule_timeout* für Kernel vor 2.4 nachimplementiert, so daß Sie die neue Syntax auch unter 2.0 und 2.2 verwenden können:

```
extern inline void schedule_timeout(int timeout)
{
    current->timeout = jiffies + timeout;
    current->state = TASK_INTERRUPTIBLE;
    schedule();
    current->timeout = 0;
}
```

In 2.0 gab es eine Reihe zusätzlicher Funktionen, um Funktionen in Task-Schlangen einzustellen. *queue_task_irq* konnte in Situationen, in denen Interrupts abgeschaltet waren, anstelle von *queue_task* aufgerufen werden, was eine (sehr) kleine Performance-Verbesserung mit sich brachte. *queue_task_irq_off* ist noch schneller, funktioniert aber nicht richtig, wenn der Task schon in die Schlange gestellt ist oder schon läuft, und kann daher nur verwendet werden, wenn das garantiert nicht der Fall sein kann. Keine dieser beiden Funktionen hat aber besonders viel Performance-Gewinn gebracht, weswegen sie beide im Kernel 2.1.30 entfernt wurden. Verwenden Sie immer *queue_task*; sie funktioniert mit allen Kernel-Versionen. (Beachten Sie aber, daß *queue_task* in 2.2 und davor den Rückgabetyp `void` hatte.)

Vor 2.4 gab es weder die Funktion *schedule_task* noch den dazugehörigen Prozeß *keventd*. Statt dessen gab es eine andere vordefinierte Task-Schlange namens `tq_scheduler`. Tasks in `tq_scheduler` wurden in der *schedule*-Funktion ausgeführt und liefen deswegen immer im Prozeß-Kontext. Wessen Kontext verwendet wurde, war aber immer verschieden; es war immer derjenige Prozeß, der gerade an der CPU anstand. `tq_scheduler` hatte meistens größere Latenzen – insbesondere bei Tasks, die sich selbst wieder eingestellt hatten. *sysdep.h* enthält die folgende Implementation von *schedule_task* für 2.0- und 2.2-Systeme:

```
extern inline int schedule_task(struct tq_struct *task)
{
        queue_task(task, &tq_scheduler);
        return 1;
}
```

Wie bereits erwähnt, wurde in der 2.3-Entwicklungsserie der Tasklet-Mechanismus eingeführt; vorher standen Task-Schlangen nur für die »unmittelbare verzögerte« Ausführung zur Verfügung. Das Subsystem der unteren Hälften war anders implementiert, obwohl die meisten Änderungen für Gerätetreiber-Entwickler gar nicht sichtbar sind. Wir haben keine Tasklets für ältere Kernel in *sysdep.h* emuliert, weil diese nicht unbedingt notwendig sind, um einen Treiber zu schreiben. Wenn Sie abwärtskompatibel sein wollen, dann müssen Sie entweder eine eigene Emulation schreiben oder statt dessen Task-Schlangen verwenden.

Die Funktion *in_interrupt* existierte in Linux 2.0 noch nicht. Statt dessen gab es eine globale Variable namens `intr_count`, in der die Anzahl der gerade laufenden Interrupt-Handler gespeichert war. Das Auslesen von `intr_count` ist semantisch das gleiche wie das Aufrufen von *in_interrupt*, so daß es kein Problem war, die Kompatibilität in *sysdep.h* zu gewährleisten.

Die Funktion *del_timer_sync* existiert erst seit dem Entwicklungs-Kernel 2.4.0-test2. *sysdep.h* definiert einen minimalen Ersatz, wenn Sie mit älteren Kernel-Header-Dateien kompilieren. In der Kernel-Version 2.0 gab es auch kein *mod_timer*. Auch diese Lücke wird von unserer Header-Datei gefüllt.

Schnellreferenz

Dieses Kapitel führte die folgenden Symbole ein:

#include <linux/param.h>

HZ Das Symbol HZ gibt die Anzahl der pro Sekunde generierten Taktschläge an.

#include <linux/sched.h>

volatile unsigned long jiffies

Die Variable jiffies wird einmal pro Takt inkrementiert, also HZmal pro Sekunde.

#include <asm/msr.h>

rdtsc(low,high);

rdtscl(low);

Liest den Zeitstempel-Zähler oder dessen untere Hälfte. Die Header-Datei und Makros gibt es nur auf PC-Prozessoren; andere Plattformen müssen asm-Konstrukte verwenden, um ähnliche Resultate zu erzielen.

extern struct timeval xtime;

Die aktuelle Zeit zum Zeitpunkt des letzten Timer-Ticks.

#include <linux/time.h>

void do_gettimeofday(struct timeval *tv);

void get_fast_time(struct timeval *tv);

Diese Funktionen geben die aktuelle Zeit zurück. Die erste hat eine hohe Auflösung, die letzte ist schneller bei geringerer Auflösung.

#include <linux/delay.h>

void udelay(unsigned long usecs);

void mdelay(unsigned long msecs);

Diese Funktionen verzögern die Ausführung um die angegebene Anzahl von Mikrosekunden oder Millisekunden. Die erste Funktion sollte verwendet werden, um maximal eine Millisekunde zu warten; die zweite sollte mit großer Vorsicht verwendet werden, weil diese Verzögerungen beide Busy-Loops sind.

int in_interrupt();

Gibt einen von Null verschiedenen Wert zurück, wenn sich der Prozessor gerade im Interrupt-Modus befindet.

#include <linux/tqueue.h>

DECLARE_TASK_QUEUE(variablename);

Das Makro deklariert eine neue Variable und initialisiert diese.

void queue_task(struct tq_struct *task, task_queue *list);

Die Funktion registriert einen Task zur späteren Ausführung.

void run_task_queue(task_queue *list);

Diese Funktion führt eine Task-Schlange aus.

task_queue tq_immediate, tq_timer;

Diese vordefinierten Task-Schlangen werden sobald wie möglich (bei tq_immediate) oder nach jedem Timer-Tick (bei tq_timer) ausgeführt.

int schedule_task(struct tq_struct *task);

Merkt einen Task zur Ausführung in der Scheduler-Schlange vor.

#include <linux/interrupt.h>
DECLARE_TASKLET(name, function, data)
DECLARE_TASKLET_DISABLED(name, function, data)

Deklarieren eine Tasklet-Struktur, die die angegebene Funktion aufruft (und die angegebenen unsigned long-Daten übergibt), wenn das Tasklet ausgeführt wird. Die zweite Version initialisiert das Tasklet mit einem gesperrten Zustand, so daß es nicht ausgeführt wird, bevor es nicht explizit freigeschaltet wird.

void tasklet_schedule(struct tasklet_struct *tasklet);

Merkt das angegebene Tasklet zur Ausführung vor. Wenn das Tasklet freigeschaltet ist, wird es kurze Zeit später auf der gleichen CPU ausgeführt, die auch *tasklet_schedule* aufgerufen hat.

tasklet_enable(struct tasklet_struct *tasklet);
tasklet_disable(struct tasklet_struct *tasklet);

Diese Funktionen schalten ein Tasklet frei respektive sperren es. Ein gesperrtes Tasklet kann vorgemerkt werden, wird aber nicht ausgeführt, bevor es nicht freigeschaltet ist.

void tasklet_kill(struct tasklet_struct *tasklet);

Hindert ein sich immer wieder vormerkendes Tasklet an der weiteren Ausführung. Diese Funktion kann blockieren und darf nicht zur Interrupt-Zeit aufgerufen werden.

#include <linux/timer.h>
void init_timer(struct timer_list * timer);

Diese Funktion initialisiert einen frisch allozierten Timer.

void add_timer(struct timer_list * timer);

Diese Funktion fügt timer in die globale Liste der ausstehenden Timer ein.

int mod_timer(struct timer_list *timer, unsigned long expires);

Diese Funktion wird dazu verwendet, den Ablaufzeitpunkt einer bereits vorgemerkten Timer-Struktur zu ändern.

int del_timer(struct timer_list * timer);

del_timer entfernt einen Timer aus der Liste der ausstehenden Timer. Wenn der Timer tatsächlich vorgemerkt war, gibt *del_timer* 1 zurück, ansonsten 0.

int del_timer_sync(struct timer_list *timer);

Diese Funktion ähnelt *del_timer*, garantiert aber, daß die vorgemerkte Funktion derzeit nicht gerade auf anderen CPUs läuft.

KAPITEL 7

Speicher ergattern

Bisher haben wir immer *kmalloc* und *kfree* zur Speicherverwaltung verwendet. Im Linux-Kernel gibt es aber noch viele weitere Funktionen zum Allozieren von Speicher. In diesem Kapitel schauen wir uns andere Möglichkeiten an, Speicher in Gerätetreibern zu verwenden, und betrachten, wie man die Speicherressourcen seines Systems am besten nutzt. Dabei interessiert es uns noch nicht, wie die verschiedenen Architekturen den Speicher dann tatsächlich verwalten. Module haben mit Fragen der Segmentierung, Seitenaufteilung usw. nichts zu tun, denn der Kernel stellt für die Treiber ein einheitliches Interface zur Speicherverwaltung bereit. Außerdem werden wir in diesem Kapitel auch nicht die internen Details der Speicherverwaltung beschreiben, sondern uns das für den Abschnitt »Speicherverwaltung in Linux« in Kapitel 13 aufheben.

Die ganze Wahrheit über kmalloc

Der Allokationsmechanismus von *kmalloc* ist ein mächtiges Werkzeug, das wegen seiner Ähnlichkeit zu *malloc* leicht erlernt werden kann. Die Funktion ist schnell – sofern sie nicht blockiert – und leert den erworbenen Speicher nicht; der allozierte Bereich enthält immer noch den vorherigen Inhalt. Er ist auch im physikalischen Speicher zusammenhängend. In den nächsten Abschnitten werden wir uns detailliert mit *kmalloc* auseinandersetzen, damit Sie diese Funktion mit den anderen Speicherallokationstechniken vergleichen können, die später vorgestellt werden.

Das Argument flags

Das erste Argument von *kmalloc* ist die Größe des zu allozierenden Blocks. Das zweite Argument, die Allozierungs-Flags, ist viel interessanter, da es das Verhalten von *kmalloc* in vielerlei Hinsicht beeinflußt.

Das am häufigsten verwendete Flag GFP_KERNEL bedeutet, daß die Allokation (die intern von *get_free_pages* ausgeführt wird, daher das Präfix GFP_) im Namen eines Prozesses ausgeführt wird, der im Kernel-Space läuft. Mit anderen Worten: Die aufrufende Funktion führt einen Systemaufruf im Namen eines Prozesses aus. Wenn GFP_KERNEL verwendet wird, kann *kmalloc* den aufrufenden Prozeß schlafen legen, wenn der Speicher knapp geworden ist. Eine Funktion, die Speicher mit GFP_KERNEL alloziert, muß daher reentrant sein. Während der aktuelle Prozeß schläft, unternimmt der Kernel alles Notwendige, um eine Speicherseite zu organisieren, entweder durch Entleeren von Puffern (»flushen«) oder durch Auslagern von Speicher eines Benutzer-Prozesses.

GFP_KERNEL ist nicht immer die richtige Wahl, denn mitunter wird *kmalloc* außerhalb von Prozeß-Kontexten aufgerufen, beispielsweise aus Interrupt-Handlern, Task-Schlangen und Kernel-Timern. In diesem Fall sollte der current-Prozeß nicht schlafen gelegt werden. Hier muß GFP_ATOMIC als Flag verwendet werden. Der Kernel versucht normalerweise, einige freie Seiten beiseite zu legen, um eine atomare Allokation zu ermöglichen. Wenn GFP_ATOMIC verwendet wird, kann *kmalloc* auch noch die letzte freie Seite verwenden. Wenn diese aber auch bereits vergeben ist, schlägt die Allokation fehl.

Neben oder zusätzlich zu GFP_KERNEL und GFP_ATOMIC können auch noch andere Flags verwendet werden, auch wenn diese beiden die Bedürfnisse der meisten Gerätetreiber bereits abdecken. Die Flags sind alle in <linux/mm> aufgelistet: Einzelnen Flags ist ein doppelter Unterstrich vorangestellt wie bei __GFP_DMA. Gruppen von Flags fehlt dieses Präfix; diese werden manchmal auch *Allokationsprioritäten* genannt.

GFP_KERNEL
: Normale Allokation von Kernel-Speicher. Kann schlafen.

GFP_BUFFER
: Wird zur Verwaltung des Buffer-Caches verwendet; mit dieser Priorität kann der Allozierer schlafen. Sie unterscheidet sich von GFP_KERNEL dadurch, daß weniger Versuche gemacht werden, Speicher durch das Herausschreiben von Seiten auf die Festplatte freizumachen. Dadurch sollen Deadlocks vermieden werden, wenn die I/O-Subsysteme selbst Speicher benötigen.

GFP_ATOMIC
: Wird dazu verwendet, Speicher aus Interrupt-Handlern und anderem Code außerhalb von Prozeß-Kontexten zu allozieren. Schläft nie.

GFP_USER
: Kann Speicher für den Benutzer allozieren. Kann schlafen und hat eine niedrige Priorität.

GFP_HIGHUSER
: Wie GFP_USER, alloziert aber aus dem hohen Speicher, sofern es einen solchen gibt. Hoher Speicher wird im nächsten Unterabschnitt besprochen.

__GFP_DMA
: Dieses Flag fordert Speicher an, der für DMA-Übertragungen von oder zu Geräten geeignet ist. Die genaue Bedeutung ist plattformabhängig; das Flag kann mit GFP_KERNEL oder GFP_ATOMIC ODER-verknüpft werden.

__GFP_HIGHMEM
: Dieses Flag fordert hohen Speicher an, ein plattformabhängiges Feature, das auf Plattformen, die es nicht unterstützen, ignoriert wird. Es ist ein Bestandteil von GFP_HIGHUSER und wird selten woanders verwendet.

Speicherzonen

Sowohl __GFP_DMA als auch __GFP_HIGHMEM sind plattformabhängig, auch wenn man sie auf allen Plattformen verwenden kann.

Die Version 2.4 des Kernels kennt drei *Speicherzonen*: DMA-fähigen Speicher, normalen Speicher und hohen Speicher. Die Allokation geschieht normalerweise in der *normalen* Zone, aber das Setzen eines der genannten Bits führt dazu, daß Speicher aus einer anderen Zone alloziert wird. Dahinter steht der Gedanke, daß diese Abstraktion auf alle Computer-Plattformen paßt, die spezielle Speicherbereiche kennen (anstatt das gesamte RAM gleich zu behandeln).

DMA-fähiger Speicher ist der einzige Speicher, der bei DMA-Datenübertragungen mit Peripherie-Geräten verwendet werden kann. Diese Einschränkung tritt auf, wenn der Adreß-Bus, mit dem Peripherie-Geräte mit dem Prozessor verbunden werden, gegenüber dem Adreß-Bus, mit dem auf das RAM zugegriffen wird, eingeschränkt ist. Auf der x86-Plattform können Geräte auf dem ISA-Bus beispielsweise nur auf den Speicherbereich von 0 bis 16 MByte zugreifen. Andere Plattformen haben ähnliche Bedürfnisse, wenn auch meist weniger zwingende als der ISA-Bus.[1]

Hoher Speicher benötigt bei der Adressierung eine Sonderbehandlung. Er wurde in die Speicherverwaltung des Kernels eingeführt, als während der 2.3-Entwicklung die Unterstützung für die Pentium II Virtual Memory Extension implementiert wurde, um auf bis zu 64 GByte Speicher zugreifen zu können. Hoher Speicher ist ein Konzept, das es nur auf den x86- und SPARC-Plattformen gibt; die beiden Implementationen sind grundverschieden.

Immer wenn eine neue Seite alloziert wird, um die *kmalloc*-Anfrage abzudecken, baut der Kernel eine Liste der Zonen auf, die zur Suche verwendet werden können. Wenn __GFP_DMA angegeben wird, wird nur die DMA-Zone durchsucht: Wenn kein Speicher in den unteren Adressen zur Verfügung steht, schlägt die Allokation fehl. Ist kein spezielles

1 Interessanterweise gilt diese Grenze nur für den ISA-Bus; ein x86-Gerät, das an den PCI-Bus angeschlossen wird, kann DMA-Transfers mit dem gesamten Speicher durchführen.

Flag angegeben, wird sowohl normaler als auch DMA-Speicher durchsucht; wenn `__GFP_HIGHMEM` angegeben wird, dann werden alle drei Zonen nach einer freien Seite durchsucht.

Kennt die Plattform keinen hohen Speicher oder ist dieser in der Kernel-Konfiguration abgeschaltet worden, dann wird `__GFP_HIGHMEM` als `0` definiert und hat keine Wirkung.

Der Mechanismus der Speicherzonen ist in *mm/page_alloc.c* implementiert, während die Initialisierung der Zonen in plattformspezifischen Dateien geschieht, normalerweise in *mm/init.c* im *arch*-Baum. Wir kommen auf diese Themen noch in Kapitel 13 zurück.

Das Argument size

Der Kernel verwaltet den *physikalischen* Speicher des Systems, der nur in Einheiten von Speicherseiten verfügbar ist. Als Folge davon sieht *kmalloc* ziemlich anders aus als eine typische User-Space-*malloc*-Implementation. Eine einfache, Heap-orientierte Allokationstechnik würde schnell in Schwierigkeiten geraten; es wäre schwierig, um die Seitengrenzen herumzuarbeiten. Daher verwendet der Kernel spezielle seitenorientierte Allokationstechniken, um das System-RAM bestmöglich auszunutzen.

Linux bearbeitet Speicherallokationen indem es eine Menge von Pools von Speicherobjekten fester Größe erzeugt. Allokationsanforderungen werden bearbeitet, indem ein Pool gesucht wird, der entsprechend große Objekte enthält, und dann wird ein ganzes Speicherstück zurückgegeben. Das Speicherverwaltungsverfahren ist reichlich komplex und seine Details sind normalerweise für Autoren von Gerätetreibern überhaupt nicht von Interesse. Schließlich kann sich die Implementation ändern – wie das im Kernel 2.1. 38 der Fall gewesen ist –, ohne daß sich dadurch die Schnittstelle, die der Rest des Kernels sieht, ändert.

Treiberentwickler sollten aber im Hinterkopf behalten, daß der Kernel nur bestimmte vordefinierte Byte-Arrays fester Größe allozieren kann. Wenn Sie nach einer beliebigen Speichermenge fragen, bekommen Sie wahrscheinlich etwas mehr, als Sie wollten, möglicherweise sogar doppelt soviel. Außerdem darf man nicht vergessen, daß die kleinste Speichermenge, mit der *kmalloc* umgehen kann, 32 oder 64 ist, je nach Seitengröße der jeweiligen Architektur.

Die verfügbaren Datengrößen sind im Regelfall Zweierpotenzen. Im 2.0-Kernel waren die verfügbaren Größen aufgrund der vom Verwaltungssystem hinzugefügten Steuer-Flags etwas kleiner als die Zweierpotenzen. Wenn Sie dies im Kopf behalten, werden Sie Ihren Speicher effizienter ausnutzen. Wenn Sie beispielsweise einen Puffer von etwa 2000 Bytes benötigen und Linux 2.0 verwenden, dann fordern Sie besser 2000 als 2048 Bytes an. Das Anfordern einer exakten Zweierpotenz ist das Schlimmste, was in Kerneln vor 2.1.38 passieren kann: Der Kernel wird doppelt soviel wie angefordert allozieren. Deswegen verwendet *scull* 4000 Bytes per Quantum und nicht 4096.

Sie finden die genauen Werte für die Allokationsblocks in *mm/kmalloc.c* (im Kernel 2.0) oder in *mm/slab.c* (in neueren Kerneln), aber denken Sie daran, daß sich diese ohne Vorwarnung ändern können. Der Trick, etwas weniger als 4 KByte zu allozieren, funktioniert bei *scull* in allen 2.*x*-Kerneln, muß aber in der Zukunft nicht notwendigerweise optimal sein.

Auf jeden Fall kann *kmalloc* maximal 128 KByte allozieren, bei 2.0-Kerneln geringfügig weniger. Wenn Sie mehr als ein paar Kilobytes benötigen, gibt es aber bessere Möglichkeiten, den Speicher anzufordern. Diese werden unten beschrieben.

Lookaside-Caches

Ein Gerätetreiber muß oft immer wieder viele Objekte der gleichen Größe allozieren. Da der Kernel ohnehin schon eine Reihe von Speicher-Pools mit Objekten verwaltet, die alle die gleiche Größe haben, liegt es ja nahe, noch einige Spezial-Pools für diese in großer Zahl vorkommenden Objekte hinzuzufügen. Dies tut der Kernel durch *Lookaside-Caches*. Gerätetreiber haben normalerweise kein Verhalten, das die Verwendung eines Lookaside-Caches rechtfertigen würde, es gibt jedoch Ausnahmen: Die USB- und ISDN-Treiber in Linux 2.4.

Linux-Speicher-Caches sind vom Typ `kmem_cache_t` und werden durch das Aufrufen von *kmem_cache_create* erzeugt:

```
kmem_cache_t * kmem_cache_create(const char *name, size_t size,
   size_t offset, unsigned long flags,
   void (*constructor)(void *, kmem_cache_t *,
      unsigned long flags),
   void (*destructor)(void *, kmem_cache_t *,
      unsigned long flags) );
```

Diese Funktion erzeugt ein neues Cache-Objekt, das eine beliebige Anzahl von Speicherbereichen der gleichen Größe (angegeben durch das Argument `size`) aufnehmen kann. Das Argument `name` wird mit diesem Cache verbunden und dient als Verwaltungsinformation, die man sich beim Aufspüren von Problemen zunutze machen kann; normalerweise wird hier der Name des Strukturtyps, der gecacht werden soll, verwendet. Der Name darf maximal zwanzig Zeichen lang sein (einschließlich des abschließenden Null-Bytes).

Der `offset` ist der Versatz des ersten Objekts in der Seite; dies kann dazu verwendet werden, um eine bestimmte Ausrichtung der allozierten Objekte zu erreichen; normalerweise werden Sie aber den Defaultwert 0 verwenden. `flags` steuert, wie die Allozierung vorgenommen wird, und ist eine Bitmaske aus den folgenden Flags:

`SLAB_NO_REAP`
: Das Setzen dieses Flags schützt den Cache davor, verkleinert zu werden, wenn das System auf der Suche nach Speicher ist. Normalerweise brauchen Sie dieses Flag nicht.

`SLAB_HWCACHE_ALIGN`
: Dieses Flag erzwingt, daß jedes Datenobjekt auf einer Cache-Zeile ausgerichtet wird; die tatsächliche Ausrichtung hängt vom Cache-Layout auf der Host-Plattform ab. Dieses Flag ist oft sehr nützlich.

`SLAB_CACHE_DMA`
: Dieses Flag erzwingt, daß jedes Datenobjekt in DMA-fähigem Speicher alloziert wird.

Die Argumente `constructor` und `destructor` sind optionale Funktionen (es kann aber keinen Destruktor ohne einen Konstruktor geben); der Konstruktor kann dazu verwendet werden, frisch allozierte Objekte zu initialisieren, der Destruktor dazu, Objekte »aufzuräumen«, bevor ihr Speicher insgesamt an das System zurückgegeben wird.

Konstruktoren und Destruktoren können nützlich sein, aber es gibt einige Einschränkungen, die Sie im Hinterkopf behalten sollten. Ein Konstruktor wird aufgerufen, wenn der Speicher für einen Satz von Objekten alloziert wird; weil dieser Speicher mehrere Objekte enthalten kann, kann der Konstruktor auch mehrfach aufgerufen werden. Sie können nicht davon ausgehen, daß der Konstruktor als unmittelbare Folge der Objekt-Allozierung aufgerufen wird. Entsprechend können Destruktoren zu irgendeinem zukünftigen Zeitpunkt aufgerufen werden, nicht unbedingt unmittelbar nachdem ein Objekt freigegeben worden ist. Konstruktoren oder Destruktoren können schlafen gelegt werden oder nicht, je nachdem, ob das Flag `SLAB_CTOR_ATOMIC` gesetzt ist oder nicht (wobei `CTOR` eine Abkürzung für *constructor* ist).

Aus Gründen der Bequemlichkeit können Programmierer die gleiche Funktion für den Konstruktor und den Destruktor verwenden; der Allokator übergibt immer `SLAB_CTOR_CONSTRUCTOR`, wenn es sich um einen Konstruktor handelt.

Sobald ein Objekt-Cache erzeugt worden ist, können Sie darin mit *kmem_cache_alloc* Objekte allozieren.

```
void *kmem_cache_alloc(kmem_cache_t *cache, int flags);
```

Das Argument `cache` gibt den vorher erzeugten Cache an; die Flags sind die gleichen wie die, die an *kmalloc* übergeben werden, und werden verwendet, wenn *kmem_cache_alloc* selbst mehr Speicher allozieren muß.

Um ein Objekt wieder freizugeben, verwenden Sie *kmem_cache_free*.

```
void kmem_cache_free(kmem_cache_t *cache, const void *obj);
```

Wenn der Treiber-Code den Cache nicht mehr benötigt (was normalerweise der Fall ist, wenn das Modul entladen wird), dann sollte der Cache folgendermaßen freigegeben werden:

```
int kmem_cache_destroy(kmem_cache_t *cache);
```

Dies funktioniert nur, wenn alle in diesem Cache allozierten Objekte auch wieder freigegeben worden sind. Module sollte also den Rückgabewert von *kmem_cache_destroy* abfragen; ein Fehler zeigt hier ein Speicherleck im Modul an (da manche der Objekte nicht wieder freigegeben worden sind).

Ein weiterer Vorteil der Verwendung von Lookaside-Caches besteht darin, daß der Kernel Statistiken über die Cache-Verwaltung unterhält. Es gibt sogar eine Kernel-Konfigurationsoption, die das Einsammeln zusätzlicher statischer Informationen ermöglicht, allerdings merklich auf Kosten der Performance. Die Cache-Statistiken finden Sie in */proc/slabinfo*.

Ein scull mit Slab-Caches: scullc

Es ist Zeit für ein Beispiel. *scullc* ist eine kürzere Version des *scull*-Moduls, die nur das rohe Gerät implementiert, also den persistenten Speicherbereich. Im Gegensatz zu *scull*, das *kmalloc* verwendet, benutzt *scullc* Speicher-Caches. Die Größe des Quantums kann zur Compile- und zur Ladezeit geändert werden, aber nicht zur Laufzeit. Letzteres würde das Erzeugen eines neuen Speicher-Caches erfordern, ein Detail, mit dem wir uns hier auseinandersetzen wollten. Dieses Modul kann nicht mit 2.0-Kerneln kompiliert werden, weil es damals noch keine Speicher-Caches gab, wie wir in »Abwärtskompatibilität« noch erläutern werden.

scullc ist ein vollständiges Beispiel, das zum Testen verwendet werden kann. Es unterscheidet sich von *scull* nur durch einige wenige Code-Zeilen. Hier ist der Code zum Allozieren von Speicher-Quanta:

```
/* Ein Quantum in dem Speicher-Cache allozieren */
if (!dptr->data[s_pos]) {
    dptr->data[s_pos] =
        kmem_cache_alloc(scullc_cache, GFP_KERNEL);
    if (!dptr->data[s_pos])
        goto nomem;
    memset(dptr->data[s_pos], 0, scullc_quantum);
}
```

Und hier wird der Speicher wieder freigegeben:

```
for (i = 0; i < qset; i++)
    if (dptr->data[i])
        kmem_cache_free(scullc_cache, dptr->data[i]);
kfree(dptr->data);
```

scullc_cache benötigt noch einige weitere Zeilen, die an den entsprechenden Stellen in der Datei eingefügt sind:

```
/* einen Cache-Zeiger deklarieren; wird für alle Geraete verwendet */
kmem_cache_t *scullc_cache;

    /* init_module: einen Cache für unsere Quanten erzeugen */
    scullc_cache =
```

```
    kmem_cache_create("scullc", scullc_quantum,
                      0, SLAB_HWCACHE_ALIGN,
                      NULL, NULL); /* kein Ctor/Dtor */
if (!scullc_cache) {
    result = -ENOMEM;
    goto fail_malloc2;
}

/* cleanup_module: den Cache für unsere Quanta wieder freigeben */
kmem_cache_destroy(scullc_cache);
```

Die wichtigsten Unterschiede zwischen *scull* und *scullc* sind eine geringfügige Verbesserung der Geschwindigkeit und eine bessere Ausnutzung des Speichers. Weil die Quanta aus einem Pool von Speicher-Fragmenten mit genau der richtigen Größe alloziert werden, liegen sie so dicht wie es nur geht im Speicher, im Gegensatz zu den Quanten in *scull*, die eine unvorhersagbare Fragmentierung des Speichers mit sich bringen können.

get_ free_ page und Freunde

Wenn ein Modul große Speicherblocks allozieren muß, ist es besser, eine seitenorientierte Technik zu verwenden. Das hat auch noch weitere Vorteile, die in »Die Geräteoperation mmap« in Kapitel 13 eingeführt werden.

Die folgenden Funktionen stehen zur Allokation von Seiten zur Verfügung:

`get_zeroed_page`
: Gibt einen Zeiger auf eine neue Seite zurück und füllt diese Seite mit Nullen.

`__get_free_page`
: Entspricht *get_zeroed_page*, füllt die Seite aber nicht mit Nullen auf.

`__get_free_pages`
: Alloziert und gibt einen Zeiger auf das erste Byte eines physikalisch zusammenhängenden Speicherbereichs zurück, der mehrere Seiten lang ist. Der Bereich wird nicht mit Nullen gefüllt.

`__get_dma_pages`
: Ähnelt *get_free_pages*, garantiert aber, daß der allozierte Speicher DMA-fähig ist. Wenn Sie Version 2.2 oder neuer verwenden, können Sie einfach *__get_free_pages* verwenden und das Flag `__GFP_DMA` übergeben. Wenn Sie abwärtskompatibel mit 2.0 sein wollen, müssen Sie statt dessen diese Funktion aufrufen.

Die Prototypen für die Funktionen sind folgendermaßen definiert:

```
unsigned long get_zeroed_page(int flags);
unsigned long __get_free_page(int flags);
unsigned long __get_free_pages(int flags,
                               unsigned long order);
unsigned long __get_dma_pages(int flags,
                              unsigned long order);
```

Das Argument `flags` in den Allokationsfunktionen hat die gleiche Bedeutung wie bei *kmalloc*. Normalerweise wird entweder `GFP_KERNEL` oder `GFP_ATOMIC` verwendet, möglicherweise unter Hinzufügung von `__GFP_DMA` (für Speicher, auf den mit DMA-Operationen zugegriffen werden soll) oder `__GFP_HIGHMEM` für die Verwendung des oberen Speicherbereichs. `order` ist die Zweierpotenz der Anzahl der Seiten, die Sie anfordern oder freigeben wollen (also $\log_2 N$). Beispielsweise nutzen Sie `order` `0`, wenn Sie nur eine Seite haben wollen, oder `3` für acht Seiten. Wenn `order` zu groß ist, da kein zusammenhängender Speicherbereich der angegebenen Größe vorhanden ist, schlägt die Allokation fehl. In Linux 2.0 war der größte Wert für `order` 5 (entsprechend 32 Seiten) und in neueren Versionen 9 (entsprechend 512 Seiten, 2 MByte auf den meisten Plattformen). Natürlich ist es um so wahrscheinlicher, daß die Allokation fehlschlägt, je größer `order` ist.

Wenn ein Programm die Seiten nicht mehr benötigt, kann es sie mit einer der folgenden Funktionen zurückgeben. Die erste ist ein Makro, das die zweite verwendet:

```
void free_page(unsigned long addr);
void free_pages(unsigned long addr, unsigned long order);
```

Wenn Sie versuchen, eine andere Zahl von Seiten freizugeben, als Sie alloziert haben, dann kommt die Speichertabelle durcheinander, und das System wird später in Schwierigkeiten geraten.

Es muß betont werden, daß *get_free_pages* und die anderen Funktionen jederzeit aufgerufen werden können, natürlich mit den gleichen Einschränkungen wie bei *kmalloc*. Es kann in gewissen Situationen passieren, daß kein Speicher alloziert werden kann; insbesondere dann, wenn die Priorität `GFP_ATOMIC` ist. Programme, die diese Allokationsfunktionen verwenden, müssen also in der Lage sein, Allokationsfehler behandeln zu können.

Es ist behauptet worden, daß Sie – wenn Sie das Risiko lieben – annehmen können, daß weder *kmalloc* noch das zugrundeliegende *get_free_pages* jemals fehlschlägt, wenn es mit der Priorität `GFP_KERNEL` verwendet wird. Das ist *beinahe* wahr, aber nicht ganz: Kleine Systeme mit wenig Speicher können immer noch in Schwierigkeiten geraten. Treiber-Autoren ignorieren die Gefahr des Fehlschlagens der Allokation auf eigene Gefahr (und auf Gefahr der Anwender).

Obwohl `kmalloc(GFP_KERNEL)` manchmal fehlschlägt, wenn kein Speicher zur Verfügung steht, versucht der Kernel doch sein Bestes, um Allokationsanforderungen zu erfüllen. Daher ist es ziemlich einfach, das Antwortverhalten durch das Anfordern von zuviel Speicher herabzusetzen. Beispielsweise können Sie den Computer in die Knie zwingen, wenn Sie zu viele Daten in ein *scull*-Gerät schreiben. Das System wird nur noch kriechen, wenn es versucht, so viele Seiten wie möglich auszulagern, um die Anforderung von *kmalloc* zu erfüllen. Da jede Ressource von dem wachsenden Gerät aufgesaugt wird, ist der Computer bald unbenutzbar. Das geht so weit, daß Sie irgendwann keinen neuen Prozeß von Ihrer Shell starten können. Wir gehen darauf in *scull* nicht ein, da es sich nur um ein Beispiel-Modul und nicht um ein echtes

Werkzeug in einem Multiuser-System handelt. Als Programmierer müssen Sie trotzdem vorsichtig sein, weil ein Modul privilegierter Code ist und neue Sicherheitslöcher in das System reißen kann (das wahrscheinlichste dieser Löcher ist ein »Denial-of-service«-Loch, wie jenes, das wir gerade beschrieben haben).

Ein scull, das ganze Seiten verwendet: scullp

Um die Allokation der Testseiten im Ernstfall testen zu können, haben wir das Modul *scullp* geschrieben. Es ist wie das oben eingeführte *scullc* ein eingeschränktes *scull*.

Die von *scullp* allozierten Speicher-Quanta sind ganze Seiten oder Seitenmengen: Die Variable `scullp_order` hat den Defaultwert 0 und kann entweder beim Kompilieren oder beim Laden angegeben werden.

Die folgenden Zeilen zeigen, wie die Allokation vor sich geht:

```
/* Hier wird ein Quantum alloziert */
if (!dptr->data[s_pos]) {
    dptr->data[s_pos] =
      (void *)__get_free_pages(GFP_KERNEL, dptr->order);
    if (!dptr->data[s_pos])
        goto nomem;
    memset(dptr->data[s_pos], 0, PAGE_SIZE << dptr->order);
}
```

Der Code zum Deallozieren von Speicher in *scullp* sieht dagegen so aus:

```
/* Gibt eine ganze Quanten-Menge frei */
for (i = 0; i < qset; i++)
    if (dptr->data[i])
        free_pages((unsigned long)(dptr->data[i]),
                   dptr->order);
```

Als Benutzer kann man hauptsächlich einen Geschwindigkeitsgewinn und eine bessere Speicherverwendung feststellen, weil es keine interne Fragmentierung des Speichers gibt. Wir haben einige Tests laufen lassen, bei denen erst 4 Megabyte von *scull0* nach *scull1* und dann von *scullp0* nach *scullp1* kopiert wurden; dabei verringerte sich die Last des Prozessors im Kernel-Space leicht.

Der Performance-Gewinn ist nicht so dramatisch, weil *kmalloc* schon so entworfen wurde, daß es schnell ist. Der Hauptvorteil der Allokation auf Seitenebene ist nicht die Geschwindigkeit, sondern die effizientere Verwendung des Speichers. Werden ganze Seiten alloziert, wird dabei kein Speicher verschwendet, während *kmalloc* aufgrund der Allokations-Granularität eine nicht vorhersagbare Menge an Speicher verschwendet.

Der größte Vorteil von *__get_free_page* ist aber, daß Ihnen die Seite ganz allein gehört; Sie könnten theoretisch sogar die Seiten durch Manipulieren der Seitentabellen in einen linearen Speicherbereich bringen. Damit kann ein Benutzer-Prozeß Speicherbereiche, die als einzelne, nicht zusammenhängende Seiten angefordert wurden, mit *mmap* einblenden. Wir werden darauf in »Die Geräteoperation mmap« in Kapitel 13 eingehen, wo wir Ihnen zeigen werden, wie *scullp* das Abbilden von Speicher ermöglicht – etwas, was *scull* nicht kann.

vmalloc und Freunde

Die nächste Funktion zur Allokation von Speicher, die wir Ihnen vorführen werden, ist *vmalloc*. Sie alloziert einen zusammenhängenden Speicherbereich im *virtuellen* Adreßraum. Obwohl die Seiten im physikalischen Speicher nicht notwendigerweise zusammenhängend sind (jede Seite wird mit einem neuen Aufruf von *__get_free_page* angefordert), sieht der Speicherbereich für den Kernel wie ein zusammenhängender Adreßbereich aus. *vmalloc* gibt 0 zurück, wenn ein Fehler aufgetreten ist, ansonsten einen Zeiger auf einen linearen Speicherbereich von mindestens der Größe `size`.

Die Prototypen dieser Funktion und ihrer Verwandten (*ioremap*, die aber streng genommen keine Allokationsfunktion ist, wird später behandelt) sehen folgendermaßen aus:

```
#include <linux/vmalloc.h>

void * vmalloc(unsigned long size);
void vfree(void * addr);
void *ioremap(unsigned long offset, unsigned long size);
void iounmap(void * addr);
```

Man sollte hier betonen, daß die von *kmalloc* und *get_free_pages* zurückgegebenen Adressen ebenfalls virtuelle Adressen sind. Die Werte werden noch einmal von der MMU (der Speicherverwaltungseinheit, die normalerweise ein Bestandteil der CPU ist) durchgeknetet.[2] *vmalloc* unterscheidet sich nicht dadurch, wie die Hardware alloziert wird, sondern dadurch, wie der Kernel die Allokation durchführt.

Der von *kmalloc* und *get_free_pages* verwendete (virtuelle) Adreßbereich enthält eine Eins-zu-Eins-Abbildung auf den physikalischen Speicher, möglicherweise um den konstanten Wert `PAGE_OFFSET` verschoben; die Funktionen müssen die Seitentabellen für diesen Adreßbereich nicht modifizieren. Der von *vmalloc* und *ioremap* verwendete Adreßbereich ist dagegen vollkommen synthetisch, und jede Allokation baut den (virtuellen) Speicherbereich auf, indem sie die Seitentabellen passend einrichtet.

Sie können diesen Unterschied beobachten, wenn Sie die Zeiger vergleichen, die von den Allokationsfunktionen zurückgegeben werden. Auf manchen Plattformen (wie etwa x86) sind die von *vmalloc* zurückgegebenen Adressen einfach höher als die von *kmalloc* zurückgegebenen. Auf anderen Plattformen (wie MIPS und IA-64) gehören sie zu einem vollständig anderen Adreßbereich. Die für *vmalloc* zur Verfügung stehenden Adressen

2 Einige Architekturen reservieren Bereiche von »virtuellen« Adressen für den Zugriff auf den physikalischen Speicher. Wenn dies passiert, macht der Linux-Kernel davon Gebrauch, und die Adressen des Kernels und von *get_free_pages* liegen in einem dieser Speicherbereiche. Der Unterschied ist für Gerätetreiber und anderen Code, der nicht direkt am Speicherverwaltungssubsystem des Kernels beteiligt ist, transparent.

liegen im Bereich von `VMALLOC_START` bis `VMALLOC_END`. Beide Symbole sind in `<asm/pgtable.h>` definiert.

Adressen, die von *vmalloc* alloziert wurden, können nicht außerhalb des Mikroprozessors verwendet werden, weil sie nur im Zusammenhang mit der MMU des Prozessors einen Sinn ergeben. Wenn ein Treiber eine echte physikalische Adresse benötigt (wie eine DMA-Adresse, die von Peripherie-Geräten verwendet wird, um den System-Bus zu steuern), können Sie *vmalloc* nicht ohne weiteres verwenden. *vmalloc* ist dann die richtige Wahl, wenn Sie Speicher für einen großen sequentiellen Puffer allozieren wollen, der nur in der Software existiert. Es ist wichtig zu wissen, daß *vmalloc* mehr Verwaltungsaufwand als *__get_free_pages* bedeutet, weil es sowohl den Speicher besorgen als auch die Seitentabellen aufbauen muß. Deswegen ist es nicht sinnvoll, *vmalloc* aufzurufen, wenn man nur eine Seite benötigt.

Der Systemaufruf *create_module* ist ein Beispiel für eine Funktion, die *vmalloc* verwendet; hier wird mit *vmalloc* Speicher für das zu erzeugende Modul angefordert. Code und Daten des Moduls werden später mit *copy_from_user* in den allozierten Speicherbereich kopiert, nachdem *insmod* den Code reloziert hat. Damit sieht es so aus, als ob das Modul in zusammenhängenden Speicher geladen worden ist. Indem Sie in */proc/ksyms* nachschauen, können Sie überprüfen, daß die von Modulen exportierten Kernel-Symbole in einem anderen Speicherbereich liegen als die vom Kernel selbst exportierten Symbole.

Speicher, der mit *vmalloc* alloziert wurde, wird mit *vfree* wieder freigegeben, genau wie *kfree* mit *kmalloc* allozierten Speicher wieder freigibt.

Wie *vmalloc* baut *ioremap* neue Seitentabellen auf, alloziert aber im Gegensatz zu *vmalloc* keinen Speicher. Der Rückgabewert von *ioremap* ist eine virtuelle Adresse, die verwendet werden kann, um auf den angegebenen physikalischen Adreßbereich zuzugreifen; die angeforderte virtuelle Adresse wird schließlich von *iounmap* wieder freigegeben. Beachten Sie, daß der Rückgabewert von *ioremap* nicht auf allen Plattformen sicher dereferenziert werden kann; statt dessen sollten Funktionen wie *readb* verwendet werden. In »Direkt abgebildeter Speicher« in Kapitel 8 finden Sie die Details dazu.

ioremap ist besonders nützlich, wenn die (physikalische) Adresse eines PCI-Puffers in den (virtuellen) Kernel Space abgebildet werden soll. Beispielsweise kann die Funktion für den Zugriff auf den Frame-Buffer eines Videogeräts verwendet werden. Solche Puffer werden normalerweise an hohen physikalischen Adressen abgebildet, die außerhalb des Adreßbereichs liegen, für den der Kernel beim Booten Seitentabellen aufbaut. Wir gehen in »Die PCI-Schnittstelle« in Kapitel 15 näher auf PCI-Fragen ein.

Wenn Ihr Treiber über verschiedene Architekturen hinweg portabel sein soll, dann sollten Sie von *ioremap* zurückgegebene Adressen nicht direkt dereferenzieren, sondern immer *readb* und die anderen in »I/O-Speicher verwenden« in Kapitel 8 eingeführten I/O-Funktionen verwenden. Das liegt daran, daß manche Plattformen wie die Alpha-

Plattform PCI-Speicherbereiche nicht direkt in den Adreßbereich abbilden können, weil es Unterschiede zwischen der PCI-Spezifikation und den Alpha-Prozessoren hinsichtlich des Datentransports gibt.

Es gibt fast keine Einschränkung, wieviel Speicher *vmalloc* allozieren und *ioremap* verfügbar machen kann, auch wenn *vmalloc* sich weigert, mehr Speicher zu allozieren, als physikalisch verfügbar ist, um typische Fehler oder Tippfehler von Programmierern aufzudecken. Sie sollten aber nicht vergessen, daß das Anfordern von zuviel Speicher mit *vmalloc* zu den gleichen Problemen führt wie mit *kmalloc*.

Sowohl *ioremap* als auch *vmalloc* sind seitenorientiert (sie arbeiten mit Modifikationen der Seitentabellen), weswegen die relozierte oder allozierte Größe auf die nächste Seitengrenze aufgerundet wird. Außerdem fängt die Linux 2.0-Implementierung von *ioremap* gar nicht erst an, eine physikalische Adresse abzubilden, die nicht auf einer Seitengrenze liegt. Neuere Kernel erlauben dies durch das »Abrunden« der abzubildenden Adresse und geben einen Offset auf die erste abgebildete Seite zurück.

vmalloc kann leider nicht zur Interrupt-Zeit verwendet werden, weil es intern `kmalloc(GFP_KERNEL)` verwendet, um Speicherplatz für die Seitentabellen anzufordern, und deswegen schlafen gehen kann. Das sollte aber kein Problem sein – wenn die Verwendung von *__get_free_page* für einen Interrupt-Handler nicht gut genug ist, dann liegt vermutlich etwas beim Design im Argen.

Ein scull mit virtuellen Adressen: scullv

Im Modul *scullv* finden Sie Beispiel-Code zur Verwendung von *vmalloc*. Wie *scullp* ist auch dieses Modul eine zusammengestrichene Version von *scull*, die eine andere Allokationsfunktion verwendet, um für das Gerät Platz zum Speichern von Daten zu schaffen.

Das Modul alloziert Speicher in Blocks à 16 Seiten. Diese Allokation wird in größeren Blocks durchgeführt, um eine bessere Performance als mit *scullp* zu erzielen und vorzuführen, daß etwas, das bei den anderen Allokationstechniken zu lange dauert, doch noch durchführbar ist. Das Allozieren von mehr als einer Seite mit *__get_free_pages* birgt die Gefahr des Scheiterns, und selbst wenn es gelingt, wird es wahrscheinlich langsam sein. Wie wir schon gesehen haben, ist *vmalloc* schneller als andere Funktionen, wenn es darum geht, mehrere Seiten anzufordern, aber langsamer, wenn nur eine Seite benötigt wird, weil zusätzlich noch die Seitentabellen aufgebaut werden müssen. *scullv* hat genau das gleiche Design wie *scullp*. `order` gibt die *Größenordnung* jeder Allokation an und hat einen Default von 4. Der einzige Unterschied zwischen *scullv* und *scullp* liegt in der Allokationsverwaltung. Diese Zeilen verwenden *vmalloc*, um neuen Speicher zu holen:

```
/* Ein Quantum mit virtuellen Adressen allozieren */
if (!dptr->data[s_pos]) {
    dptr->data[s_pos] =
        (void *)vmalloc(PAGE_SIZE << dptr->order);
    if (!dptr->data[s_pos])
```

```
        goto nomem;
    memset(dptr->data[s_pos], 0, PAGE_SIZE << dptr->order);
}
```

Und diese geben ihn wieder frei:

```
/* Quantum-Menge freigeben */
for (i = 0; i < qset; i++)
    if (dptr->data[i])
        vfree(dptr->data[i]);
```

Wenn Sie beide Module mit eingeschalteten Debugging-Informationen kompilieren, können Sie das Allozieren beobachten, indem Sie die in */proc* erzeugten Dateien auslesen. Die folgenden Momentaufnahmen stammen von zwei verschiedenen Systemen:

```
salma% cat /tmp/bigfile > /dev/scullp0; head -5 /proc/scullpmem

Device 0: qset 500, order 0, sz 1048576
  item at e00000003e641b40, qset at e000000025c60000
       0:e00000003007c000
       1:e000000024778000
salma% cat /tmp/bigfile > /dev/scullv0; head -5 /proc/scullvmem

Device 0: qset 500, order 4, sz 1048576
  item at e0000000303699c0, qset at e000000025c87000
       0:a000000000034000
       1:a000000000078000
salma% uname -m
ia64

rudo% cat /tmp/bigfile > /dev/scullp0; head -5 /proc/scullpmem

Device 0: qset 500, order 0, sz 1048576
  item at c4184780, qset at c71c4800
       0:c262b000
       1:c2193000
rudo%  cat /tmp/bigfile > /dev/scullv0; head -5 /proc/scullvmem

Device 0: qset 500, order 4, sz 1048576
  item at c4184b80, qset at c71c4000
       0:c881a000
       1:c882b000
rudo% uname -m
i686
```

Die Werte zeigen zwei verschiedene Verhaltensweisen. Auf IA-64 werden physikalische und virtuelle Adressen auf vollständig unterschiedliche Adreßbereiche (0xE und 0xA) abgebildet, während *vmalloc* auf x86-Computern virtuelle Adressen direkt über der für physikalischen Speicher verwendeten Abbildung zurückgibt.

Allozierung während des Bootens

Wenn Sie wirklich einen riesigen Puffer physikalisch zusammenhängenden Speichers benötigen, dann müssen Sie diesen allozieren, indem Sie den Speicher bereits während des Bootens anfordern. Diese Technik ist unelegant und unflexibel, gelingt aber auch am sichersten. Natürlich ist es Modulen nicht möglich, Speicher während des Bootens zu allozieren; nur Treiber, die direkt in den Kernel gelinkt sind, können das.

Die Allokation während des Bootens ist die einzige Möglichkeit, zusammenhängende Speicherseiten zu bekommen und dabei die Begrenzungen von *get_free_pages* hinsichtlich der Puffer-Größe – sowohl hinsichtlich der maximal zulässigen Größe als auch hinsichtlich der eingeschränkten Größenauswahl – zu umgehen. Speicher beim Booten zu allozieren ist eine »unsaubere Technik«, weil dabei sämtliche Speicherverwaltungsregelungen durch das Reservieren eines privaten Speicher-Pools umgangen werden.

Ein spürbares Problem mit der Allokation beim Booten besteht darin, daß es für normale Benutzer kaum möglich ist: Die Technik steht nur für Code zur Verfügung, der in das Kernel-Image eingelinkt ist; ein Gerätetreiber, der diese Art von Allokationstechnik verwendet, kann nur durch das erneute Kompilieren des Kernels und Rebooten des Computers installiert oder ersetzt werden. Glücklicherweise gibt es einige Workarounds für dieses Problem, die wir uns in Kürze anschauen werden.

Obwohl wir Ihnen hier nicht raten wollen, Ihren Speicher beim Booten zu allozieren, ist es doch erwähnenswert, daß dies in den ersten Linux-Versionen (bevor `__GFP_DMA` eingeführt wurde) die einzige Möglichkeit war, einen DMA-fähigen Puffer zu bekommen.

Einen dedizierten Puffer beim Booten bekommen

Wenn der Kernel gebootet wird, steht ihm der gesamte im System vorhandene physikalische Speicher zur Verfügung. Er initialisiert dann seine Subsysteme durch das Aufrufen der jeweiligen Initialisierungsfunktion, wobei der Initialisierungscode einen Speicher-Puffer zur privaten Verwendung allozieren kann, was die RAM-Menge für den normalen Systembetrieb entsprechend reduziert.

In der Version 2.4 des Kernels wird diese Art von Allokation durch eine der folgenden Funktionen durchgeführt:

```
#include <linux/bootmem.h>
void *alloc_bootmem(unsigned long size);
void *alloc_bootmem_low(unsigned long size);
void *alloc_bootmem_pages(unsigned long size);
void *alloc_bootmem_low_pages(unsigned long size);
```

Die Funktionen allozieren entweder ganze Seiten (wenn sie auf _pages enden) oder nicht auf Seitengrenzen ausgerichtete Speicherbereiche. Sie allozieren entweder unteren oder normalen Speicher (siehe die Behandlung von Speicherzonen weiter oben in diesem Kapitel). Eine normale Allokation gibt Speicheradressen oberhalb von `MAX_DMA_ADDRESS` zurück, unterer Speicher liegt an Adressen unter diesem Wert.

Dieses Interface wurde in der Version 2.3.23 des Kernels eingeführt. Frühere Versionen benutzten ein weniger ausgeklügeltes Interface, ähnlich dem, das in Unix-Büchern beschrieben wird. Im wesentlichen erwarteten die Initialisierungsfunktionen mehrerer Kernel-Subsysteme zwei `unsigned long`-Argumente, die die aktuellen Grenzen des freien Speicherbereiches repräsentierten. Jede dieser Funktionen konnte dann einen Teil von diesem Bereich abschneiden und die neue untere Grenze zurückgeben. Ein Treiber, der Speicher beim Booten allozierte, konnte also zusammenhängenden Speicher aus dem linearen Array des verfügbaren RAMs entnehmen.

Das Hauptproblem mit diesem älteren Mechanismus zur Bearbeitung von Allokationsanforderungen beim Booten bestand darin, daß nicht alle Initialisierungsfunktionen die untere Speichergrenze ändern konnten, so daß das Schreiben eines Treibers, der eine solche Allokation benötigte, normalerweise mit dem Liefern eines Kernel-Patches einherging. Andererseits kann *alloc_bootmem* von der Initialisierungsfunktion eines beliebigen Kernel-Subsystems aufgerufen werden, sofern dies während des Bootens geschieht.

Diese Art, Speicher zu allozieren, hat mehrere Nachteile, darunter den, daß die Puffer nie wieder freigegeben werden können. Nachdem sich ein Treiber den Speicher geholt hat, gibt es keine Möglichkeit, diesen wieder in den Pool freier Seiten zurückzugeben; dieser Pool wird erzeugt, nachdem alle physikalischen Allokationen abgeschlossen sind. Wir empfehlen nicht, an den internen Datenstrukturen der Speicherverwaltung herumzuhacken. Ein Vorteil dieser Technik besteht aber darin, daß ein zusammenhängender physikalischer Speicherbereich bereitgestellt wird, der DMA-geeignet ist. Dies ist derzeit die einzige sichere Möglichkeit, in einem Standard-Kernel einen Puffer von mehr als 32 aufeinanderfolgenden Seiten zu allozieren, weil der maximale Wert von `order`, den *get_free_pages* akzeptiert, bei 5 liegt. Wenn Sie aber viele Seiten brauchen und diese nicht zusammenhängen müssen, dann ist *vmalloc* mit Abstand die beste Funktion für diesen Zweck.

Wenn Sie sich dazu entschließen sollten, Speicher beim Booten zu allozieren, dann müssen Sie *init/main.c* in den Kernel-Quellen ändern. Mehr zu *main.c* finden Sie in Kapitel 16.

Beachten Sie, daß diese »Allokation« nur in Mehrfachen der Seitengröße geschehen kann, auch wenn die Anzahl der Seiten keine Zweierpotenz sein muß.

Der bigphysarea-Patch

Ein anderer Ansatz, große, zusammenhängende Speicherbereiche für Treiber zur Verfügung zu stellen, besteht im Anwenden des *bigphysarea*-Patch. Dieser inoffizielle Patch ist schon seit einigen Jahren im Netz zu finden. Er hat einen so guten Ruf und ist so nützlich, daß einige Distributionen ihn defaultmäßig auf die installierten Kernel-Images anwenden. Der Patch alloziert den Speicher beim Booten und stellt ihn den Gerätetreibern zur Laufzeit zur Verfügung. Sie müssen dann eine Kommandozeilenoption an den Kernel übergeben, mit der Sie angeben, wieviel Speicher tatsächlich beim Booten reserviert werden soll.

Der Patch wird derzeit an der Adresse *http://www.polyware.nl/~middelink/En/hob-v4l.html* gepflegt. Hier finden Sie auch die dazugehörige Dokumentation, die die Allokations-Schnittstelle für Gerätetreiber beschreibt. Der Zoran 36120-Framegrabber-Treiber im 2.4-Kernel (in *drivers/char/zr36120.c*) verwendet die *bigphysarea*-Erweiterung, wenn diese verfügbar ist, und ist damit ein gutes Beispiel, wie diese Schnittstelle benutzt wird.

Reservieren von hohen RAM-Adressen

Die letzte (und möglicherweise einfachste) Option zum Allozieren zusammenhängender Speicherbereiche besteht darin, einen Speicherbereich am *Ende* des physikalischen Speichers zu reservieren (*bigphysarea* macht das dagegen am Anfang des physikalischen Speichers). Dazu müssen Sie dem Kernel eine Kommandozeilenoption übergeben, mit der die Menge des zu verwaltenden Speichers begrenzt wird. Beispielsweise verwendet einer der Autoren `mem=126M`, um zwei Megabytes in einem System zu reservieren, das in Wirklichkeit 128 MByte RAM hat. Zur Laufzeit kann dieser Speicher dann alloziert und von Gerätetreibern verwendet werden.

Das *allocator*-Modul, das Sie im Beispiel-Code auf der O'Reilly-FTP-Site finden, enthält eine Allokations-Schnittstelle, mit der nicht vom Linux-Kernel verwendeter hoher Speicher verwaltet werden kann. Das Modul wird detailliert in »Selbstgemachte Allokation« in Kapitel 13 beschrieben.

Der Vorteil von *allocator* gegenüber dem *bigphysarea*-Patch besteht darin, daß es nicht notwendig ist, die offiziellen Kernel-Quellen zu ändern. Der Nachteil ist die Notwendigkeit einer Kommandozeilenoption, mit der Sie die erreichbare Menge an RAM im System verändern. Außerdem ist *allocator* in Situationen ungeeignet, in denen hoher Speicher nicht verwendet werden kann, etwa als DMA-Puffer für ISA-Geräte.

Abwärtskompatibilität

Das Speicherverwaltungs-Subsystem in Linux hat sich seit der Version 2.0 drastisch verändert. Glücklicherweise sind die Änderungen an der Programmierschnittstelle aber deutlich kleiner und leichter zu berücksichtigen.

kmalloc und *kfree* haben sich zwischen Linux 2.0 und Linux 2.4 kaum verändert. Der Zugriff auf den hohen Speicher und damit das Flag `__GFP_HIGHMEM` wurde im Kernel 2.3. 23 hinzugefügt; *sysdep.h* füllt die Lücken und ermöglicht die 2.4-Semantik auch in 2.2 und 2.0.

Die Lookaside-Cache-Funktionen wurden in Linux 2.1.23 eingeführt und standen im 2.0-Kernel einfach nicht zur Verfügung. Code, der portabel mit 2.0-Kerneln sein muß, sollte sich einfach auf *kmalloc* und *kfree* beschränken. Außerdem wurde *kmem_destroy_cache* während der 2.3-Entwicklung eingeführt und ist erst in der Version 2.2.18 in die 2.2-Serie zurückportiert worden. Aus diesem Grund kann *scullc* nicht mit einem älteren 2.2-Kernel kompiliert werden.

__get_free_pages hatte in Linux 2.0 ein drittes Integer-Argument namens `dma`, das die gleiche Funktion wie das Flag `__GFP_DMA` in modernen Kerneln erfüllte, aber nicht mit dem `flags`-Argument zusammengefaßt war. Um dieses Problem zu umgehen, übergibt *sysdep.h* 0 als dritten Parameter an die 2.0-Funktion. Wenn Sie DMA-Seiten anfordern wollen und abwärtskompatibel mit 2.0 sein müssen, dann müssen Sie *get_dma_pages* aufrufen, anstatt `__GFP_DMA` zu verwenden.

vmalloc und *vfree* sind in allen 2.*x*-Kerneln unverändert geblieben. Die Funktion *ioremap* hieß aber zu 2.0-Zeiten *vremap*, und es gab noch kein *iounmap*. Statt dessen wurden mit *vremap* angeforderte I/O-Abbildungen mit *vfree* wieder freigegeben. Außerdem gab es die Header-Datei *linux/vmalloc.h* in 2.0 noch nicht; die Funktionen waren statt dessen in *linux/mm.h* deklariert. Wie üblich sorgt *sysdep.h* dafür, daß 2.4-Code auch mit früheren Kerneln funktioniert; außerdem wird *linux/vmalloc.h* eingebunden, wenn *linux/mm.h* ebenfalls eingebunden wird, so daß auch dieser Unterschied nicht sichtbar ist.

Schnellreferenz

Die folgenden Funktionen und Symbole gehören zum Bereich der Allokation von Speicher:

```
#include <linux/malloc.h>
void *kmalloc(size_t size, int flags);
void kfree(void *obj);
```

Die am häufigsten verwendeten Funktionen zum Allozieren von Speicher.

```
#include <linux/mm.h>
GFP_KERNEL
GFP_ATOMIC
__GFP_DMA
__GFP_HIGHMEM
```

`__GFP_DMA` und `__GFP_HIGHMEM` sind *kmalloc*-Flags, die entweder mit `GFP_KERNEL` oder mit `GFP_ATOMIC` ODER-verknüpft werden.

```
#include <linux/malloc.h>
kmem_cache_t *kmem_cache_create(char *name, size_t size, size_t offset,
    unsigned long flags, constructor(), destructor());
int kmem_cache_destroy(kmem_cache_t *cache);
```

Dienen zum Erzeugen bzw. Zerstören eines Slab-Caches. Der Cache kann zur Allokation mehrerer Objekte der gleichen Größe verwendet werden.

```
SLAB_NO_REAP
SLAB_HWCACHE_ALIGN
SLAB_CACHE_DMA
```

Flags, die beim Erzeugen eines Caches angegeben werden können.

```
SLAB_CTOR_ATOMIC
SLAB_CTOR_CONSTRUCTOR
```

Flags, die der Allokator an die Konstruktor- und Destruktor-Funktionen übergeben kann.

```
void *kmem_cache_alloc(kmem_cache_t *cache, int flags);
void kmem_cache_free(kmem_cache_t *cache, const void *obj);
```

Dienen zum Allozieren und Freigeben eines einzelnen Objekts im Cache.

```
unsigned long get_zeroed_page(int flags);
unsigned long __get_free_page(int flags);
unsigned long __get_free_pages(int flags, unsigned long order);
unsigned long __get_dma_pages(int flags, unsigned long order);
```

Die seitenorientierten Allokationsfunktionen. *get_zeroed_page* gibt eine mit Nullen gefüllte Seite zurück. Alle anderen Versionen initialisieren den Inhalt der zurückgegebenen Seite(n) nicht. *__get_dma_pages* ist ab Linux 2.2 nur ein Kompatibilitätsmakro (Sie können statt dessen `__GFP_DMA` verwenden).

```
void free_page(unsigned long addr);
void free_pages(unsigned long addr, unsigned long order);
```

Diese Funktionen geben seitenorientierte Allokationen frei.

```
#include <linux/vmalloc.h>
void * vmalloc(unsigned long size);
void vfree(void * addr);
#include <asm/io.h>
void * ioremap(unsigned long offset, unsigned long size);
void iounmap(void *addr);
```

Diese Funktionen allozieren zusammenhängenden *virtuellen* Adreßraum oder geben ihn wieder frei. *ioremap* greift auf physikalischen Speicher über virtuelle Adressen zu, während *vmalloc* freie Seiten alloziert. Mit *ioremap* abgebildete Bereiche werden mit *iounmap* freigegeben, während mit *vmalloc* geholte Seiten mit *vfree* freigegeben werden.

```
#include <linux/bootmem.h>
void *alloc_bootmem(unsigned long size);
void *alloc_bootmem_low(unsigned long size);
void *alloc_bootmem_pages(unsigned long size);
void *alloc_bootmem_low_pages(unsigned long size);
```

Erst ab Version 2.4 des Kernels. Speicher kann mit diesen Funktionen bereits beim Booten alloziert werden. Dies kann nur von Treibern verwendet werden, die direkt in das Kernel-Image gelinkt sind.

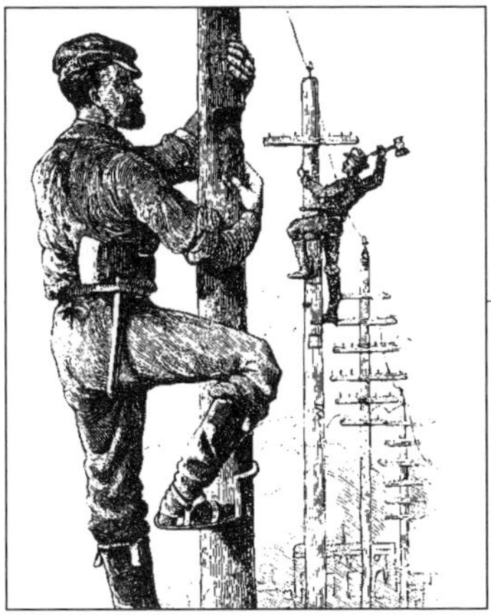

KAPITEL 8
Hardware-Verwaltung

Obwohl das Spielen mit *scull* und ähnlichen Spielzeugen eine gute Einführung in die Software-Schnittstellen eines Linux-Gerätetreibers ist, erfordert das Implementieren eines *echten* Treibers Hardware. Der Treiber ist die Abstraktionsschicht zwischen Software-Konzepten und Hardware-Schaltkreisen und muß deswegen mit beiden Seiten kommunizieren. Wir haben uns bisher die Interna der Software-Konzepte angeschaut; in diesem Kapitel vervollständigen wir das Bild, indem wir Ihnen zeigen, wie ein Treiber auf I/O-Ports und I/O-Speicher zugreifen kann und trotzdem noch portabel über Linux-Plattformen hinweg bleibt.

Dieses Kapitel setzt die Tradition fort, so unabhängig von der Hardware wie möglich zu bleiben. Wenn wir aber bestimmte Beispiele benötigen, verwenden wir einfache digitale I/O-Ports (wie den Standard-Parallel-Port in PCs), um die I/O-Anweisungen vorzuführen, sowie normalen Framebuffer-basierten Videospeicher, um I/O mit Memory-Mapping zu demonstrieren.

Wir verwenden einfache digitale I/O-Ports, weil dies die einfachste Form von Eingabe-/Ausgabe-Ports sind. Außerdem implementiert der Centronics-Parallel-Port rohe I/O und steht in den meisten Computern zur Verfügung: Datenbits, die an das Gerät geschickt werden, erscheinen direkt an den Ausgabe-Pins, und Spannungsniveaus an den Eingabe-Pins können vom Prozessor direkt abgefragt werden. In der Praxis müssen Sie LEDs an den Port anschließen, um die Ergebnisse einer digitalen I/O-Operation tatsächlich sehen zu können, aber die zugrundeliegende Hardware ist extrem einfach zu benutzen.

I/O-Ports und I/O-Speicher

Jedes Peripherie-Gerät wird durch das Beschreiben und Auslesen seiner Register gesteuert. Die meisten Geräte haben mehrere Register, auf die als aufeinanderfolgende Adressen entweder im Speicher-Adreßraum oder im I/O-Adreßraum zugegriffen wird.

Auf Hardware-Ebene gibt es keinen konzeptionellen Unterschied zwischen Speicherbereichen und I/O-Bereichen: Der Zugriff auf beide erfolgt dadurch, daß man elektrische Signale auf den Adreßbus und den Steuerbus legt (d. h. die *read*- und *write*-Signale)[1] bzw. vom Datenbus liest bzw. auf ihn schreibt.

Während manche CPU-Hersteller einen einzigen Adreßraum in ihren Chips implementieren, meinen andere, daß Peripherie-Geräte sich von Speicher unterscheiden und deswegen einen separaten Adreßraum verdient haben. Manche Prozessoren (vor allem die x86-Familie) haben separate elektrische *read*- und *write*-Leitungen für I/O-Ports sowie spezielle CPU-Anweisungen, um auf diese Ports zuzugreifen.

Da Peripherie-Geräte so gebaut werden, daß sie an einem bestimmten Peripherie-Bus verwendet werden können, und weil die beliebtesten I/O-Busse auf dem PC implementiert sind, müssen selbst Prozessoren, die keinen separaten Adreßraum für I/O-Ports haben, das Lesen und Schreiben von I/O-Ports vortäuschen, wenn sie auf bestimmte Peripherie-Geräte zugreifen wollen; dies geschieht normalerweise durch externe Chipsätze oder zusätzliche Schaltkreise im CPU-Kern. Die zweite Lösung findet man hauptsächlich bei winzigen Prozessoren für eingebettete Geräte.

Aus dem gleichen Grund implementiert Linux das Konzept der I/O-Ports auf allen unterstützten Computer-Plattformen – selbst auf Plattformen, auf denen die CPU einen einzigen Adreßraum unterstützt. Die Implementation des Port-Zugriffs hängt manchmal von dem Hersteller und dem Modell des Host-Computers ab (weil verschiedene Modelle auch verschiedene Chipsätze verwenden, um Bus-Transaktionen in den Speicher-Adreßraum abzubilden).

Selbst wenn der Peripherie-Bus einen separaten Adreßraum für I/O-Ports hat, bilden trotzdem nicht alle Geräte ihre Register auf I/O-Ports ab. Die Verwendung von I/O-Ports kommt üblicherweise auf ISA-Peripherie-Karten vor; die meisten PCI-Geräte bilden Register in einen Speicher-Adreßbereich ab. Dieser I/O-Speicher-Ansatz ist im allgemeinen vorzuziehen, weil keine speziellen Prozessor-Anweisungen notwendig sind; der CPU-Kern kann auf Speicher sehr viel effizienter zugreifen, und der Compiler hat größere Freiheiten bei der Register-Zuweisung und bei der Auswahl des Adressierungsmodus, wenn er auf Speicher zugreift.

1 Nicht alle Computer-Plattformen verwenden ein *read*- und ein *write*-Signal; manche haben andere Verfahren, um auf externe Schaltkreise zuzugreifen. Der Unterschied ist auf Software-Ebene aber irrelevant; wir nehmen hier immer *read* und *write* an, um die Diskussion zu vereinfachen.

I/O-Register und konventioneller Speicher

Trotz der großen Ähnlichkeit zwischen Hardware-Registern und Speicher muß ein Programmierer, der auf I/O-Register zugreift, vorsichtig sein, um nicht von CPU- oder Compiler-Optimierungen ausgetrickst zu werden, die das erwartete I/O-Verhalten verändern können.

Der Hauptunterschied zwischen I/O-Registern und RAM besteht darin, daß I/O-Operationen Nebeneffekte haben, Speicheroperationen aber nicht: Der einzige Effekt des Schreibens in eine Speicherzelle besteht darin, einen Wert an dieser Stelle zu speichern; das Auslesen einer Speicherzelle gibt den letzten dort gespeicherten Wert zurück. Weil die Geschwindigkeit beim Speicherzugriff so entscheidend für die CPU-Performance ist, ist das Nicht-Vorhandensein von Nebeneffekten auf verschiedene Weise optimiert worden: Werte werden zwischengespeichert und Lese-/Schreiboperationen umgestellt.

Der Compiler kann Datenwerte in CPU-Registern zwischenspeichern, ohne sie in den Speicher zu schreiben; und selbst wenn die Werte gespeichert werden, können sowohl Schreib- als auch Lese-Operationen auf Cache-Speicher ablaufen, ohne jemals im physikalischen RAM anzukommen. Auch das Umstellen von Operationen kann sowohl auf Compiler- als auch auf Hardware-Ebene vorkommen: Oft kann eine Folge von Anweisungen schneller ausgeführt werden, wenn sie in einer anderen Reihenfolge als im Programmtext vorgenommen wird – beispielsweise um Verklemmungen in der RISC-Pipeline zu vermeiden. Auf CISC-Prozessoren können Operationen, die längere Zeit andauern, gleichzeitig mit anderen, schnelleren, durchgeführt werden.

Diese Optimierungen sind transparent und gutartig, wenn sie auf konventionellen Speicher angewendet werden (zumindest auf Einzelprozessor-Systemen), können aber fatal sein, wenn es um I/O-Operationen geht, weil sie dann mit den »Nebeneffekten« ins Gehege kommen, die der Hauptgrund sind, weshalb ein Treiber überhaupt auf I/O-Register zugreift. Der Prozessor kann eine Situation nicht abschätzen, in der ein anderer Prozeß (der auf einem anderen Prozessor oder gar in einem I/O-Controller läuft) von der Reihenfolge des Speicherzugriffs abhängt. Treiber müssen daher sicherstellen, daß kein Caching verwendet wird und Lese- und Schreiboperationen nicht umgestellt werden, wenn es um den Zugriff auf Register geht: Der Compiler oder die CPU könnten sonst versuchen, schlauer als Sie zu sein, und die angeforderten Operationen umstellen. Das Ergebnis können merkwürdige Fehler sein, die sehr schwer zu debuggen sind.

Das Problem der Hardware-Caches ist am einfachsten zu lösen: Die zugrundeliegende Hardware ist bereits (entweder automatisch oder durch den Initialisierungscode in Linux) so konfiguriert, daß Hardware-Caches beim Zugriff auf I/O-Bereiche (Speicher- oder Port-Bereiche) abgeschaltet werden.

Die Lösung für die Compiler-Optimierung und das Umstellen durch die Hardware besteht darin, daß zwischen Operationen, die für Hardware (oder einen anderen Prozessor) in einer bestimmten Reihenfolge sichtbar sein müssen, eine *Speicherbarriere* gesetzt wird. Es gibt in Linux vier Makros für alle denkbaren Notwendigkeiten der Sortierung:

```
#include <linux/kernel.h>
void barrier(void)
```

Diese Funktion weist den Compiler an, eine Speicherbarriere einzusetzen, hat aber keinen Einfluß auf die Hardware. Kompilierter Code wird alle derzeit geänderten und in CPU-Registern befindlichen Werte im Speicher ablegen und später bei Bedarf zurücklesen.

```
#include <asm/system.h>
void rmb(void);
void wmb(void);
void mb(void);
```

Diese Funktionen fügen Hardware-Speicherbarrieren in den kompilierten Instruktionsfluß ein; die eigentliche Instantiierung ist plattformabhängig. Ein *rmb* (read memory barrier) garantiert, daß alle Lesevorgänge vor der Barriere abgeschlossen sind, bevor weitere Lesevorgänge ausgeführt werden. *wmb* garantiert die Reihenfolge der Schreiboperationen, und *mb* garantiert beides. Jede dieser Funktionen ist eine Obermenge von *barrier*.

Ein typischer Anwendungsfall für Speicherbarrieren in einem Gerätetreiber kann die folgende Form haben:

```
writel(dev->registers.addr, io_destination_address);
writel(dev->registers.size, io_size);
writel(dev->registers.operation, DEV_READ);
wmb();
writel(dev->registers.control, DEV_GO);
```

In diesem Fall ist es wichtig sicherzustellen, daß alle Geräteregister, die eine bestimmte Operation steuern, ordnungsgemäß eingestellt sind, bevor die Ausführung der Operation angefordert wird. Die Speicherbarriere stellt sicher, daß die Schreiboperationen in der notwendigen Reihenfolge abgeschlossen werden.

Da Speicherbarrieren die Performance beeinflussen, sollten sie nur wo unbedingt nötig verwendet werden. Die verschiedenen Barrieren können auch verschiedene Performance-Eigenschaften haben, weswegen es sinnvoll ist, immer den spezifischsten Typ zu verwenden. Auf der x86-Architektur macht *wmb()* derzeit beispielsweise nichts, weil Schreiboperationen außerhalb des Prozessors ohnehin nicht umgestellt werden. Leseoperationen werden aber umgestellt, weswegen *mb()* langsamer als *wmb()* ist.

Beachten Sie auch, daß die meisten anderen Kernelprimitive, die zur Synchronisation dienen, etwa `spinlock`- und `atomic_t`-Operationen, ebenfalls als Speicherbarrieren fungieren.

Manche Architekturen erlauben die effiziente Kombination einer Zuweisung und einer Speicherbarriere. Version 2.4 des Kernels stellt einige Makros bereit, die diese Kombination durchführen; im Default-Fall sind sie folgendermaßen definiert:

```
#define set_mb(var, value)  do {var = value; mb();}  while 0
#define set_wmb(var, value) do {var = value; wmb();} while 0
#define set_rmb(var, value) do {var = value; rmb();} while 0
```

Wo es möglich ist, definiert `<asm/system.h>` diese Makros so um, daß sie architekturspezifische Instruktionen verwenden, die die Aufgabe schneller erledigen.

Die Header-Datei *sysdep.h* definiert die in diesem Abschnitt beschriebenen Makros für die Plattformen und Kernel-Versionen, in denen sie nicht vorhanden sind.

I/O-Ports benutzen

Über I/O-Ports kommunizieren Treiber mit vielen Geräten – zumindest zeitweise. In diesem Abschnitt behandeln wir die diversen Funktionen, mit denen man I/O-Ports verwenden kann, und behandeln auch einige Portabilitätsprobleme.

Denken Sie zunächst daran, daß I/O-Ports alloziert werden müssen, bevor sie von Ihrem Treiber verwendet werden können. Wie in »I/O-Ports und I/O-Speicher« in Kapitel 2 besprochen, gibt es folgende Funktionen zum Allozieren und Freigeben von Ports:

```
#include <linux/ioport.h>
int check_region(unsigned long start, unsigned long len);
struct resource *request_region(unsigned long start,
       unsigned long len, char *name);
void release_region(unsigned long start, unsigned long len);
```

Nachdem ein Treiber einen Bereich von I/O-Ports angefordert hat, den er für seine Aufgaben benötigt, muß er diese Ports lesen oder beschreiben. Dazu unterscheiden die meisten Architekturen zwischen 8-Bit-, 16-Bit- und 32-Bit-Ports. Normalerweise können Sie diese nicht miteinander vermischen, wie das bei normalem Systemspeicher möglich ist.[2]

Ein C-Programm muß daher verschiedene Funktionen aufrufen, um auf Ports verschiedener Größe zuzugreifen. Wie im vorigen Abschnitt bereits erwähnt wurde, täuschen Computer-Architekturen, die nur in den Speicher abgebildete I/O-Register unterstützen, die Port-I/O vor, indem sie Port-Adressen auf Speicheradressen abbilden; der Kernel versteckt die Details vor dem Treiber, um die Portabilität zu verbessern. Die Linux-Kernel-Header-Dateien (genauer gesagt, die architekturabhängige Header-Datei `<asm/io.h>`) definieren die unten aufgeführten Inline-Funktionen, um auf I/O-Ports zuzugreifen:

2 Übrigens sind I/O-Ports manchmal tatsächlich wie Speicher angeordnet, und Sie können beispielsweise zwei 8-Bit-Schreiboperationen zu einer 16-Bit-Operation kombinieren. Das gilt zum Beispiel für PC-Grafikkarten, aber Sie können sich nicht generell darauf verlassen.

> Von nun an meint `unsigned` ohne weitere Typangaben eine architekturabhängige Definition, auf deren genaue Art es nicht ankommt. Diese Funktionen sind fast immer portabel, weil der Compiler die Werte automatisch während der Zuweisung mit dem Cast-Operator umwandelt. Sie sind `unsigned`, um Compiler-Warnungen zu vermeiden. Bei diesen Cast-Operationen geht keine Information verloren, solange der Programmierer sinnvolle Werte verwendet, um Überläufe zu vermeiden. Wir werden für den Rest des Kapitels bei dieser Konvention der »unvollständigen Typisierung« bleiben.

`unsigned inb(unsigned port);`
`void outb(unsigned char byte, unsigned port);`
: Byte-Ports (8 Bit breit) lesen oder schreiben. Das Argument `port` ist auf manchen Plattformen als `unsigned long` und auf anderen als `unsigned short` definiert. Der Rückgabewert von *inb* unterscheidet sich auch auf den einzelnen Architekturen.

`unsigned inw(unsigned port);`
`void outw(unsigned short word, unsigned port);`
: Diese Funktionen greifen auf 16-Bit-Ports (»Wort-breit«) zu; sie stehen nicht in der M68k- und der S390-Version von Linux zur Verfügung, die nur Byte-I/O unterstützen.

`unsigned inl(unsigned port);`
`void outl(unsigned longword, unsigned port);`
: Diese Funktionen greifen auf 32-Bit-Ports zu. `longword` ist je nach Plattform entweder als `unsigned long` oder als `unsigned int` definiert. Wie auch die 16 Bit breite I/O ist auch diese nicht auf M68k- und S390-Systemen verfügbar.

Beachten Sie, daß keine 64-Bit-I/O-Operationen definiert sind. Selbst auf 64-Bit-Architekturen verwenden I/O-Ports nur 32 Bit breite Datenpfade.

Die oben genannten Funktionen sind hauptsächlich für die Verwendung in Gerätetreibern gedacht, können aber auch vom User-Space aus aufgerufen werden – zumindest auf PC-artigen Computern. Die GNU-C-Bibliothek definiert diese Funktionen in `<sys/io.h>`. Damit *inb* und Kollegen in User-Space-Code verwendet werden können, müssen aber die folgenden Bedingungen erfüllt sein:

- Das Programm muß mit der Option *–O* kompiliert werden, um die Expansion der Inline-Funktionen zu erzwingen.
- Mit *ioperm* und *iopl* muß die Erlaubnis beantragt werden, I/O-Operationen auf Ports benutzen zu dürfen. *ioperm* holt sich diese Erlaubnis für spezielle Ports, während *iopl* das für den gesamten I/O-Adreßraum tut. Beide Funktionen sind Intel-spezifisch.

- Das Programm muß als Superuser laufen, um *ioperm* oder *iopl*[3] aufrufen zu dürfen. Alternativ dazu kann auch einer der Vorfahren die Erlaubnis zum Port-Zugriff erhalten haben.

Wenn die Systemaufrufe *ioperm* und *iopl* auf der Host-Plattform nicht zur Verfügung stehen, kann man vom User-Space aus trotzdem noch auf die I/O-Ports zugreifen, indem man die Gerätedatei */dev/port* verwendet. Beachten Sie aber, daß die Bedeutung dieser Datei sehr plattformabhängig ist und die Datei vermutlich außerhalb der PC-Plattform nicht sinnvoll verwendet werden kann.

Die Beispielprogramme *misc-progs/inp.c* und *misc-progs/outp.c* sind ein minimales Werkzeug für das Lesen und Schreiben von Ports von der Kommandozeile im User-Space aus. Sie erwarten, unter verschiedenen Namen (*inpb*, *inpw*, *inpl* usw.) installiert zu werden, und arbeiten dann auf 8, 16 oder 32 Bit breiten Ports, je nachdem, unter welchem Namen sie aufgerufen worden sind. Wenn *ioperm* nicht zur Verfügung steht, verwenden sie */dev/port*.

Den Programmen kann das `setuid` `root`-Bit gesetzt werden, wenn Sie gerne gefährlich leben und mit Ihrer Hardware spielen möchten, ohne explizite Zugriffsrechte zu erwerben.

String-Operationen

Neben den einzelnen Eingabe- und Ausgabe-Operationen implementieren manche Prozessoren spezielle Anweisungen, um eine Folge von Bytes, Wörtern oder Langwörtern in einen oder aus einem I/O-Port der gleichen Größe zu übertragen. Diese Anweisungen heißen *String-Anweisungen* und erledigen diese Aufgabe schneller, als das eine in C programmierte Schleife könnte. Die folgenden Makros implementieren das Konzept der String-I/O, indem sie entweder eine einzelne Maschinenanweisung verwenden oder eine kurze Schleife ausführen, wenn der Ziel-Prozessor keine Anweisung für String-I/O hat. Die Makros sind überhaupt nicht definiert, wenn für M68k- und S390-Plattformen kompiliert werden soll. Dies sollte kein Portabilitätsproblem sein, da Treiber für diese Plattformen normalerweise ohnehin nicht auf anderen Plattformen verwendet werden; die Peripherie-Busse sind zu unterschiedlich.

Die Prototypen der String-Funktionen sehen folgendermaßen aus:

`void insb(unsigned port, void *addr, unsigned long count);`
`void outsb(unsigned port, void *addr, unsigned long count);`
: Lesen oder Schreiben von `count` Bytes ab der Speicheradresse `addr`. Daten werden aus dem einzelnen Port `port` gelesen oder auf ihn geschrieben.

3 Technisch gesehen muß die Fähigkeit `CAP_SYS_RAWIO` vorhanden sein, das ist aber auf aktuellen Systemen das gleiche, wie Superuser zu sein.

```
void insw(unsigned port, void *addr, unsigned long count);
void outsw(unsigned port, void *addr, unsigned long count);
```

Lesen oder Schreiben von 16-Bit-Werten aus einem bzw. auf einen 16-Bit-Port.

```
void insl(unsigned port, void *addr, unsigned long count);
void outsl(unsigned port, void *addr, unsigned long count);
```

Lesen oder Schreiben von 32-Bit-Werten aus einem bzw. auf einen 32-Bit-Port.

Wartende I/O

Einige Plattformen – besonders i386 – können Probleme bekommen, wenn der Prozessor versucht, Daten zu schnell von oder zum Bus zu transportieren. Diese Probleme können auftreten, wenn der Prozessor im Verhältnis zum ISA-Bus zu schnell getaktet ist, und zeigen sich, wenn das Gerät zu langsam ist. Eine Lösung für dieses Problem besteht darin, eine kurze Pause nach einer I/O-Anweisung einzufügen, wenn eine weitere solche Anweisung folgt. Wenn Ihr Gerät Daten übersieht, oder Sie auch nur befürchten, daß das passieren könnte, dann können Sie die wartenden Funktionen anstelle der normalen verwenden. Die wartenden Funktionen sind die gleichen wie die oben aufgeführten, haben aber Namen, die auf _p enden; sie heißen *inb_p*, *outb_p* usw. Die Funktionen sind auf den meisten unterstützten Architekturen nicht definiert, werden aber oft zum gleichen Code wie nicht-wartende I/O expandiert, weil es keinen Grund dafür gibt, extra zu warten, wenn die Architektur keinen veralteten Peripherie-Bus verwendet.

Plattformabhängigkeiten

I/O-Anweisungen sind von Natur aus stark prozessorabhängig. Da Sie die Details nutzen, mit denen der Prozessor Daten transportiert, ist es sehr schwer, die Unterschiede zwischen den Plattformen zu verbergen. Als Folge davon ist ein großer Teil des Port-I/O-Codes plattformabhängig.

Ein Beispiel für solche Inkompatibilitäten, nämlich bei den Datentypen, können Sie sehen, wenn Sie sich die Liste der Funktionen ansehen, in der die Argumente je nach Architektur-Unterschieden zwischen den Plattformen unterschiedliche Typen haben. Beispielsweise ist ein Port auf der x86-Plattform (auf der der Prozessor einen I/O-Raum von 64 KByte unterstützt) ein `unsigned short`. Auf anderen Plattformen aber, auf denen Ports nur spezielle Plätze im gleichen Adreßraum sind, ist er ein `unsigned long`.

Andere Plattformabhängigkeiten entstehen aus den grundlegenden strukturellen Unterschieden in den Prozessoren und können daher nicht vermieden werden. Wir werden hier nicht detailliert auf die Unterschiede eingehen, da wir annehmen, daß Sie keinen Gerätetreiber für ein bestimmtes System schreiben werden, ohne die zugrundeliegende Hardware zu verstehen. Statt dessen folgt hier ein Überblick über die Fähigkeiten der in der Kernel-Version 2.4 unterstützten Architekturen:

IA-32 (x86)

Die Architektur unterstützt alle Funktionen, die in diesem Kapitel beschrieben werden. Port-Nummern haben den Typ `unsigned short`.

IA-64 (Itanium)

Alle Funktionen werden unterstützt; Ports sind `unsigned long` (und werden in den Speicher abgebildet). String-Funktionen sind in C implementiert.

Alpha

Alle Funktionen werden unterstützt, Ports werden in den Speicher abgebildet. Die Implementation der Port-I/O unterscheidet sich in den verschiedenen Alpha-Plattformen je nach verwendetem Chipsatz. String-Funktionen sind in C implementiert und werden in *arch/alpha/lib/io.c* definiert. Ports sind `unsigned long`.

ARM

Ports werden in den Speicher abgebildet; alle Funktionen werden unterstützt. String-Funktionen sind in C implementiert. Ports haben den Typ `unsigned int`.

M68k

Ports werden in den Speicher abgebildet; nur Byte-Funktionen werden unterstützt. String-Funktionen werden nicht unterstützt; der Port-Typ ist `unsigned char*`.

MIPS
MIPS64

Die MIPS-Portierung unterstützt alle Funktionen. String-Operationen sind mit kleinen Assembler-Schleifen implementiert, weil der Prozessor keine String-I/O auf Maschinenebene kennt. Ports werden in den Speicher abgebildet und sind `unsigned int` auf 32-Bit-Prozessoren sowie `unsigned long` auf 64-Bit-Prozessoren.

PowerPC

Alle Funktionen werden unterstützt; Ports haben den Typ `unsigned char*`.

S390

Ähnlich M68k, die Header-Datei für diese Plattform unterstützt nur Byte-breite Port-I/O ohne String-Operationen. Ports sind `char`-Zeiger und werden in den Speicher abgebildet.

Super-H

Ports sind `unsigned int` (und werden in den Speicher abgebildet). Alle Funktionen werden unterstützt.

SPARC
SPARC64

Auch hier wird der I/O-Raum in den Speicher abgebildet. Die Versionen der Port-Funktionen arbeiten mit `unsigned long`-Ports.

Neugierige Leser können weitere Informationen in den Dateien *io.h* finden, die manchmal noch einige zusätzliche architekturspezifische Funktionen außer den in diesem Kapitel angegebenen definieren. Beachten Sie aber, daß diese Dateien recht schwer zu lesen sind.

Es ist interessant, daß kein Prozessor außer den Prozessoren der x86-Familie getrennte Adreßräume für Ports hat, auch wenn mehrere der unterstützten Familien mit ISA- und/oder PCI-Steckplätzen ausgeliefert werden (und beide Busse unterschiedliche I/O- und Speicher-Adreßräume definieren).

Außerdem fehlen manchen Prozessoren (vor allem frühen Alphas) Anweisungen, mit denen ein oder zwei Bytes gleichzeitig verschoben werden können.[4] Daher simulieren deren Peripherie-Chipsätze 8-Bit- und 16-Bit-I/O-Zugriffe durch Abbilden auf spezielle Adreßbereiche im Speicher-Adreßraum. Eine *inb*- und eine *inw*-Anweisung, die auf dem gleichen Port arbeiten, sind also als zwei 32-Bit-Leseoperationen implementiert, die auf verschiedenen Adressen arbeiten. Glücklicherweise bleibt all dies durch die in diesem Abschnitt beschriebenen Makros vor dem Autor eines Gerätetreibers verborgen, aber wir halten es doch für interessant genug, um es zu erwähnen. Wenn Sie sich weiter informieren wollen, dann schauen Sie in *include/asm-alpha/core_lca.h*.

Wie I/O-Operationen auf den einzelnen Plattformen ausgeführt werden, ist im Programmierhandbuch der jeweiligen Plattform gut beschrieben; diese Handbücher sind normalerweise als PDF-Dateien im Web erhältlich.

Digitale I/O-Ports verwenden

Der Beispiel-Code, mit dem wir zeigen werden, wie man Port-I/O von einem Gerät aus durchführt, arbeitet auf allgemeinen digitalen I/O-Ports; solche Ports gibt es in den meisten Computersystemen.

Ein digitaler I/O-Port ist in den meisten Fällen eine ein Byte breite I/O-Position, die entweder in den Speicher oder als Port abgebildet wird. Wenn Sie einen Wert an diese Stelle schreiben, wird das elektrische Signal an den Ausgabe-Pins entsprechend den geschriebenen Bits geändert. Wenn Sie einen Wert aus der Eingabe-Position auslesen, wird das aktuelle logische Niveau an den Eingabe-Pins als individuelle Bit-Werte zurückgegeben.

Die aktuelle Implementation und die Softwareschnittstelle solcher I/O-Ports unterscheidet sich von System zu System. Meistens werden I/O-Pins von zwei I/O-Positionen gesteuert: Eine erlaubt die Auswahl, welche Pins für Eingaben und welche für Ausgaben verwendet werden, und eine dient dem eigentlichen Lesen oder Schreiben der Daten. Manchmal ist die Sache aber noch einfacher, und die Bits sind entweder als Eingabe oder als Ausgabe fest verdrahtet (in diesem Fall kann man aber nicht mehr von »Universal-I/O« sprechen. So ein Fall ist der Parallel-Port, den es in allen PCs gibt. Auf jeden Fall sind die I/O-Pins aber mit dem gleich gezeigten Beispiel-Code verwendbar.

---

4 I/O mit einzelnen Bytes ist nicht so wichtig, wie Sie vielleicht denken, denn diese Operation wird nur selten gebraucht. Um ein einzelnes Byte aus einem beliebigen Adreßraum zu lesen oder in ihn zu schreiben, müssen Sie einen Datenpfad implementieren, der die unteren Bits des Datenbus zum Setzen der Register mit Byte-Positionen im externen Datenbus verbindet. Diese Datenpfade erfordern zusätzliche Logik-Gatter, die bei jeder Datenübertragung im Weg sind. Das Weglassen von Byte-breiten Lade- und Speicheroperationen kann die gesamte Systemperformance verbessern.

Grundlagen des Parallel-Ports

Da wir davon ausgehen, daß die meisten Leser eine x86-Plattform in Form eines »Personal-Computers« verwenden, lohnt es sich, kurz zu beschreiben, wie der PC-Parallel-Port aufgebaut ist. Der Parallel-Port ist eine sehr geeignete Peripherie-Schnittstelle, wenn es um Beispiel-Code für digitale I/O auf einem PC geht. Die meisten Leser werden wahrscheinlich die Spezifikationen des Parallel-Ports vorliegen haben, aber wir fassen sie hier trotzdem noch einmal zusammen.

Der Parallel-Port besteht in seiner minimalen Konfiguration (wir werden hier nicht auf die ECP- und EPP-Modi eingehen) aus drei 8-Bit-Ports. Im PC-Standard fangen die I/O-Ports der ersten parallelen Schnittstelle bei `0x378` an, die der zweiten bei `0x278`. Der erste Port ist ein bidirektionales Datenregister, das direkt mit den Pins 2 bis 9 der physikalischen Schnittstelle selbst verbunden ist. Der zweite Port ist ein nur lesbares Statusregister. Wenn der Parallel-Port als Druckeranschluß verwendet wird, können aus diesem Register Aspekte des Druckerstatus wie etwa *online*, *fehlendes Papier*, *beschäftigt* usw. ausgelesen werden. Der dritte Port ist ein nur beschreibbares Register, mit dem unter anderem gesteuert wird, ob Interrupts erlaubt sind.

Die Signalniveaus, die in der parallelen Kommunikation verwendet werden, sind die Standard-Transistor-Transistor-Logik-(TTL-)Niveaus: 0 und 5; die Schwelle liegt bei etwa 1,2 Volt; Sie können sich darauf verlassen, daß die Ports zumindest die Standard-TTL-LS-Anforderung erfüllen[5], auch wenn die meisten modernen Parallel-Ports sowohl bei der Stromstärke als auch bei der Spannung besser sind.

> Der parallele Steckverbinder ist nicht von den internen Schaltkreisen des Computers isoliert, was nützlich ist, wenn Sie logische Gatter direkt mit dem Port verbinden wollen. Aber Sie müssen darauf achten, die Verkabelung korrekt vorzunehmen; es ist leicht, den Parallel-Port zu beschädigen, wenn Sie eigene Schaltkreise aufstecken (sofern Sie keine Opto-Isolatoren in Ihrem Schaltkreis verwenden). Sie können auch Parallel-Ports auf Steckkarten verwenden, wenn Sie Angst haben, Ihre Hauptplatine zu beschädigen.

Die Bit-Spezifikationen sind in Abbildung 8-1 wiedergegeben. Sie können auf zwölf Ausgabebits und fünf Eingabebits zugreifen, von denen einige auf ihrem Signalpfad invertiert werden. Das einzige Bit ohne zugeordneten Signal-Pin ist Bit 4 (0x10) an Port 2, mit dem Interrupts vom Parallel-Port eingeschaltet werden. Wir werden dieses Bit in Kapitel 9 verwenden.

5 Low-Power-Schottky-TTL-Glieder (TTL-LS) nehmen nur ein Fünftel der Leistung eines Standard-TTL-Glieds auf.

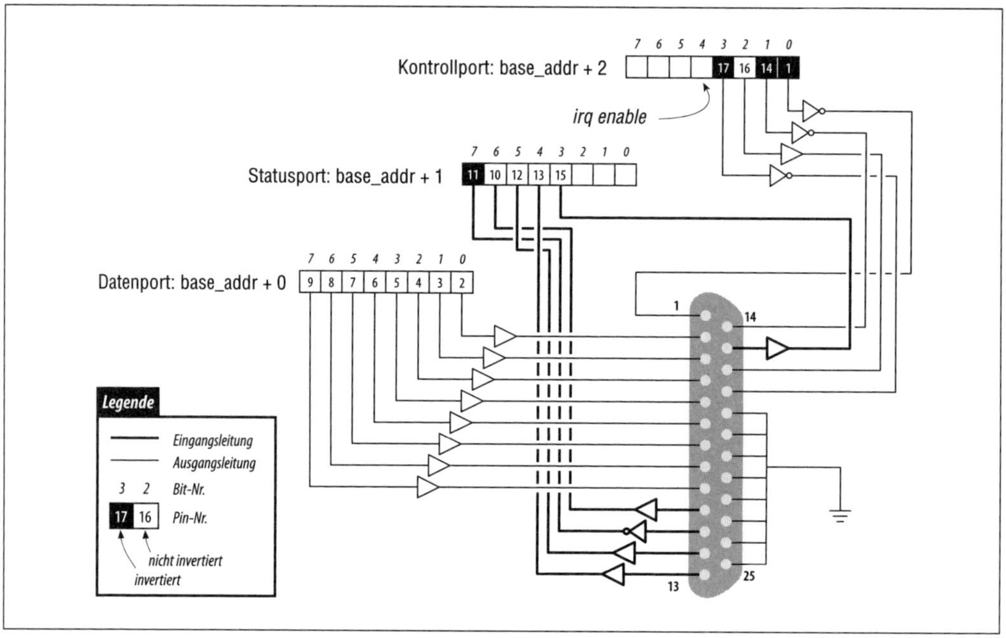

Abbildung 8-1: Die Pinbelegung des Parallel-Ports

Ein Beispiel-Treiber

Der Treiber, den wir hier einführen werden, heißt *short* (Simple Hardware Operations and Raw Tests). Er liest und schreibt lediglich auf ein paar 8-Bit-Ports, beginnend bei dem, der beim Laden angegeben wurde. Defaultmäßig verwendet er den Port-Bereich der parallelen Schnittstelle des PCs. Jede Geräteknoten (mit einer eindeutigen Minor-Nummer) greift auf einen anderen Port zu. Der *short*-Treiber macht nichts Nützliches; er kapselt nur zur weiteren Verwendung eine einzige Anweisung, die auf einem Port arbeitet. Wenn Sie sich mit Port-I/O nicht auskennen, dann können Sie *short* verwenden, um sich damit vertraut zu machen; beispielsweise können Sie die Zeit messen, die es dauert, Daten durch einen Port zu transportieren, oder andere nette Dinge tun.

Damit *short* auf Ihrem System funktioniert, muß der Treiber freien Zugriff auf die zugrundeliegende Hardware (per Default die parallele Schnittstelle) haben; deswegen darf kein anderer Treiber die Hardware verwenden. Die meisten modernen Distributionen richten die Parallel-Port-Treiber als Module ein, die nur bei Bedarf geladen werden, so daß es normalerweise nicht zu einem Kampf um die I/O-Adressen kommen sollte. Wenn Sie aber die Fehlermeldung »can't get I/O address« von *short* bekommen (auf der Konsole oder im Systemprotokoll), dann hat sich wahrscheinlich ein anderer Treiber den Port geholt. Ein kurzer Blick in */proc/ioports* sagt Ihnen normalerweise, welcher Treiber da im Wege ist. Das gleiche gilt auch für die anderen I/O-Geräte, wenn Sie die parallele Schnittstelle nicht verwenden.

Wir werden ab jetzt der Einfachheit halber immer von »der parallelen Schnittstelle« sprechen. Sie können aber den Modulparameter `base` beim Laden setzen, um *short* auf andere I/O-Geräte umzuleiten. Mit diesem Feature kann der Beispiel-Code auf jeder Linux-Plattform laufen, auf der Sie eine digitale I/O-Schnittstelle haben, auf die via *outb* und *inb* zugegriffen werden kann (selbst wenn die eigentliche Hardware auf allen Plattformen außer x86 in den Speicher abgebildet wird). Weiter unten, in »I/O-Speicher verwenden« werden wir Ihnen zeigen, wie man auch generische, in den Speicher abgebildete digitale I/O verwenden kann.

Um zu beobachten, was auf der parallelen Schnittstelle passiert (und wenn Sie daran interessiert sind, ein wenig mit Hardware zu arbeiten), sollten Sie jetzt ein paar LEDs an die Ausgabepins löten. Jede LED sollte mit einem 1KΩ-Widerstand, der auf den Masseanschluß führt, in Serie geschaltet sein (sofern der Widerstand nicht schon in Ihre LEDs eingebaut ist). Wenn Sie einen Ausgabepin mit einem Eingabepin verbinden, können Sie eigene Eingaben erzeugen, die vom Eingabeport gelesen werden können.

Beachten Sie, daß Sie nicht einfach einen Drucker an den Parallelport anschließen und die an *short* geschickten Daten beobachten können. Dieser Treiber implementiert einen einfachen Zugriff auf die I/O-Ports und führt keinen Handshake durch, den Drucker benötigen, um mit den Daten zu arbeiten.

Wenn Sie parallele Daten visualisieren wollen, indem Sie LEDs an einen D-Stecker löten, würden wir vorschlagen, daß Sie Pin 9 und 10 zunächst frei lassen, weil wir diese später verbinden werden, um den Beispiel-Code aus Kapitel 9 auszuprobieren.

Was *short* angeht, so schreibt und liest */dev/short0* den 8-Bit-Port an der Position `base` (0x378 ist der Default). */dev/short1* schreibt auf den 8-Bit-Port an der Position `base + 1` und so weiter bis `base + 7`.

Das von *short* bereitgestellte Gerät */dev/short0* schreibt Daten mit einer kurzen Schleife, die Byte für Byte Benutzerdaten mittels *outb* auf den Ausgabe-Port kopiert. Eine Speicherbarriere wird verwendet, um sicherzustellen, daß die Ausgabeoperation auch wirklich stattfindet und nicht wegoptimiert wird:

```
while (count--) {
    outb(*(ptr++), address);
    wmb();
}
```

Sie können mit dem folgenden Programm Ihre LEDs zum Leuchten bringen:

```
echo -n "beliebiger String" > /dev/short0
```

Jede LED überwacht ein einzelnes Bit des Ausgabe-Ports. Denken Sie daran, daß nur das letzte Zeichen so lange auf dem Ausgabepin bleibt, daß Sie es überhaupt mit den Augen wahrnehmen können. Aus diesem Grund ist es ratsam, das automatische Einfügen eines Zeilenumbruchs durch die Option *–n* von *echo* zu unterdrücken.

Das Lesen wird durch eine ähnliche Funktion erledigt, die um *inb* anstelle von *outb* herumprogrammiert ist. Um »aussagefähige« Werte vom Parallel-Port zu bekommen, müssen Sie Hardware an die Eingabepins anschließen, die Signale erzeugt. Wenn kein Signal vorliegt, lesen Sie einen endlosen Strom identischer Bytes. Wenn Sie von einem Ausgabe-Port lesen, bekommen Sie höchstwahrscheinlich den letzten auf den Port geschriebenen Wert zurück (dies gilt für die parallele Schnittstelle und die meisten anderen digitalen I/O-Schaltkreise, die allgemein verwendet werden). Diejenigen von Ihnen, die davor zurückschrecken, den Lötkolben hervorzuholen, können den aktuellen Ausgabewert an Port 0x378 auch mit folgendem Befehl lesen:

```
dd if=/dev/short0 bs=1 count=1 | od -t x1
```

Um Ein- und Ausgabe vollständig abzuhandeln, gibt es drei Variationen jedes *short*-Gerätes: */dev/short0* vollführt die gerade gezeigte Schleife, */dev/short0p* benutzt *outb_p* und *inb_p* anstelle der »schnellen« Funktionen, und */dev/short0s* benutzt die String-Anweisungen. Es gibt jeweils acht dieser Geräte, *short0* bis *short7*. Die PC-Schnittstelle hat zwar nur drei Ports, aber Sie brauchen möglicherweise mehr, wenn Sie Ihre Tests mit einem anderen Gerät durchführen.

Der *short*-Treiber führt nur ein absolutes Mindestmaß an Hardware-Steuerung durch, ist aber trotzdem schon ausreichend, um vorzuführen, wie I/O-Port-Anweisungen verwendet werden. Interessierte Leser können sich den Quellcode der Module *parport* und *parport_pc* anschauen, um zu sehen, wie kompliziert dieses Gerät im wirklichen Leben werden kann, wenn es darum geht, unterschiedliche Geräte (Drucker, Bandlaufwerke, Netzwerkkarten) an der parallelen Schnittstelle unterstützen.

I/O-Speicher verwenden

Trotz der Beliebtheit von I/O-Ports in der x86-Welt läuft der wichtigste Mechanismus zur Kommunikation mit Geräten immer noch über in den Speicher abgebildete Register und Gerätespeicher. Beide werden *I/O-Speicher* genannt, weil die Software den Unterschied zwischen Registern und Speichern nicht sehen kann.

I/O-Speicher ist einfach ein Bereich von RAM-artigen Speicherstellen, die das Gerät dem Prozessor über den Bus verfügbar macht. Dieser Speicher kann für diverse Zwecke wie das Speichern von Videodaten oder Ethernet-Paketen verwendet werden, aber auch Geräteregister implementieren, die sich wie I/O-Ports verhalten (d. h. sie haben Nebeneffekte beim Lesen und Schreiben).

Wie auf den I/O-Speicher zugegriffen wird, ist von der Computer-Architektur, dem Bus und dem Gerät abhängig, auch wenn die Prinzipien überall gleich sind. Wir werden in diesem Kapitel hauptsächlich auf ISA- und PCI-Speicher eingehen, aber auch allgemeine Informationen liefern. Der Zugriff auf PCI-Speicher wird hier zwar eingeführt, PCI wird aber gründlich erst in Kapitel 15 behandelt.

Je nach Computer-Plattform und verwendetem Bus kann auf I/O-Speicher über Seitentabellen zugegriffen werden oder nicht. Wenn der Zugriff über Seitentabellen erfolgt, muß der Kernel zunächst dafür sorgen, daß die physikalische Adresse von Ihrem Treiber aus sichtbar ist (dazu muß üblicherweise vor allen I/O-Operationen *ioremap* aufgerufen werden). Wenn keine Seitentabellen verwendet werden, sehen die I/O-Speicherstellen I/O-Ports ziemlich ähnlich, und Sie können mit den passenden Wrapper-Funktionen einfach darauf schreiben und daraus lesen.

Die direkte Verwendung von Zeigern auf I/O-Speicher ist nicht ratsam, unabhängig davon, ob *ioremap* für den Zugriff auf I/O-Speicher notwendig ist oder nicht. Auch wenn I/O-Speicher (wie in »I/O-Ports und I/O-Speicher« besprochen) auf Hardware-Ebene wie normales RAM angesprochen wird, legt die in »I/O-Register und konventioneller Speicher« empfohlene besondere Vorsicht nahe, normale Zeiger zu vermeiden. Die Wrapper-Funktionen für den Zugriff auf I/O-Speicher sind sowohl auf allen Plattformen sicher als auch wegoptimiert, wenn das direkte Dereferenzieren eines Zeigers die Operation durchführen könnte.

Selbst wenn das Dereferenzieren eines Zeigers (zur Zeit) auf der x86-Plattform möglich ist, machen Sie Ihren Treiber schlechter lesbar und unportabel, wenn Sie nicht die vorgesehenen Makros verwenden.

In Kapitel 2 hatten wir bereits erwähnt, daß Gerätespeicherbereiche vor der Verwendung alloziert werden müssen. Das funktioniert ähnlich wie das Registrieren von I/O-Ports und wird durch die folgenden Funktionen erledigt:

```
int check_mem_region(unsigned long start, unsigned long len);
void request_mem_region(unsigned long start, unsigned long len,
char *name);
void release_mem_region(unsigned long start, unsigned long len);
```

Das Argument `start` ist die physikalische Adresse des Speicherbereichs vor jeder Abbildung. Die Funktionen werden normalerweise etwa so verwendet:

```
if (check_mem_region(mem_addr, mem_size)) {
    printk("drivername: memory already in use\n");
    return -EBUSY;
}
    request_mem_region(mem_addr, mem_size, "drivername");

    [...]

    release_mem_region(mem_addr, mem_size);
```

Direkt abgebildeter Speicher

Einige Computer-Plattformen reservieren einen Teil ihres Speicher-Adreßraumes für I/O-Speicherstellen und schalten die Speicherverwaltung für (virtuelle) Adressen in diesem Speicherbereich automatisch ab.

Die in PDAs verwendeten MIPS-Prozessoren machen dies auf sehr interessante Weise. Zwei Adressbereiche mit je 512 MByte werden direkt auf physikalische Adressen abgebildet. Jeder Speicherzugriff auf einen dieser Adreßbereiche geht an der MMU wie auch am Cache vorbei. Ein Abschnitt von diesen 512 Megabytes ist für Peripherie-Geräte reserviert; Treiber können auf ihren I/O-Speicher direkt durch Verwendung des nicht gecachten Adreßbereichs zugreifen.

Andere Plattformen haben andere Möglichkeiten, um direkt abgebildete Adreßbereiche zur Verfügung zu stellen: Manche haben spezielle Adreßräume, um physikalische Adressen zu dereferenzieren (beispielsweise verwendet SPARC64 zu diesem Zweck einen besonderen »address space identifier«), andere verwenden virtuelle Adressen, die so eingerichtet sind, daß sie die Prozessor-Caches umgehen.

Auch wenn Sie auf einen direkt abgebildeten I/O-Speicherbereich zugreifen müssen, sollten Sie trotzdem nicht Ihre I/O-Zeiger dereferenzieren, auch wenn Sie damit auf manchen Architekturen vielleicht durchkommen. Um Code zu schreiben, der auf verschiedenen Systemen und in verschiedenen Kernel-Versionen funktioniert, müssen Sie direkte Zugriffe vermeiden und statt dessen die folgenden Funktionen verwenden:

`unsigned readb(address);`
`unsigned readw(address);`
`unsigned readl(address);`
: Diese Makros holen 8 Bit, 16 Bit und 32 Bit breite Datenwerte aus dem I/O-Speicher. Der Vorteil der Verwendung von Makros liegt in der Typenlosigkeit des Arguments: `address` wird vor der Verwendung gecastet, denn der Wert »ist nicht eindeutig ein Integer oder ein Zeiger, und wir akzeptieren beides« (übersetzt aus *asm-alpha/io.h*). Weder die Funktionen zum Lesen noch die zum Schreiben überprüfen die Gültigkeit von `adresse`, weil sie genauso schnell wie das Dereferenzieren von Zeigern sein sollten (und, wie wir inzwischen wissen, manchmal genau dazu expandieren).

`void writeb(unsigned value, address);`
`void writew(unsigned value, address);`
`void writel(unsigned value, address);`
: Entsprechend dienen diese Funktionen (Makros) dazu, 8-Bit-, 16-Bit- und 32-Bit-Datenelemente zu schreiben.

`memset_io(address, value, count);`
: Wenn Sie *memset* auf I/O-Speicher benötigen, dann können Sie diese Funktion verwenden, die die Semantik des originalen *memset* beibehält.

`memcpy_fromio(dest, source, num);`
`memcpy_toio(dest, source, num);`
: Diese Funktionen verschieben Datenblocks in den und aus dem I/O-Speicher und verhalten sich wie die C-Bibliotheksroutine *memcpy*.

In modernen Versionen des Kernels sind diese Funktionen auf allen Architekturen vorhanden. Die Implementation unterscheidet sich aber; auf manchen sind sie Makros, die zu Zeiger-Operationen expandieren, auf anderen sind sie richtige Funktionen. Als Treiber-Autor müssen Sie sich darüber aber keine Gedanken machen, solange Sie sie verwenden.

Manche 64-Bit-Plattformen verfügen auch über *readq* und *writeq* für acht Byte (Quad-Wort) breite Speicheroperationen auf dem PCI-Bus. Die *Quad-Wort*-Bezeichnung ist ein historisches Überbleibsel aus der Zeit, als alle richtigen Prozessoren 16 Bit breite Worte hatten. Das *L* für 32-Bit-Werte ist inzwischen eigentlich auch nicht mehr korrekt, aber wenn man alle die Funktionen umbenennen würde, würde das nur noch mehr Verwirrung stiften.

short für I/O-Speicher verwenden

Das Beispiel-Modul *short*, das wir weiter oben eingeführt hatten, um auf I/O-Ports zuzugreifen, kann auch für I/O-Speicher verwendet werden. Zu diesem Zweck müssen Sie beim Laden angeben, daß Sie I/O-Speicher verwenden wollen, und Sie müssen auch die Basisadresse ändern, um sie auf Ihren I/O-Bereich zeigen zu lassen.

So haben wir beispielsweise *short* verwendet, um die Debug-LEDs auf einem MIPS-Entwicklungssystem aufleuchten zu lassen:

```
mips.root# ./short_load use_mem=1 base=0xb7ffffc0
mips.root# echo -n 7 > /dev/short0
```

short wird für I/O-Speicher genauso wie für I/O-Ports verwendet, aber weil es für I/O-Speicher keine wartenden oder String-Anweisungen gibt, passiert beim Zugriff auf */dev/short0p* und */dev/short0s* genau das gleiche wie bei */dev/short0*.

Das folgende Fragment zeigt die Schleife, die *short* verwendet, um in einen Speicherbereich zu schreiben:

```
while (count--) {
    writeb(*(ptr++), address);
    wmb();
}
```

Beachten Sie die Verwendung einer Schreib-Speicherbarriere. Weil *writeb* auf vielen Architekturen vermutlich eine direkte Zuweisung ist, muß die Speicherbarriere verwendet werden, um sicherzustellen, daß die Schreiboperationen in der erwarteten Reihenfolge erfolgen.

Von der Software abgebildeter I/O-Speicher

Von der MIPS-Prozessorklasse einmal abgesehen, ist das direkte Abbilden von I/O-Speicher noch ziemlich selten; insbesondere, wenn ein Peripherie-Bus verwendet wird (was meistens der Fall ist).

Die gängigste Hardware- und Software-Anordnung für I/O-Speicher sieht folgendermaßen aus: Geräte befinden sich an wohlbekannten physikalischen Adressen, aber die CPU hat keine vordefinierte virtuelle Adresse, um auf die Geräte zuzugreifen. Die wohlbekannte physikalische Adresse kann entweder im Gerät fest verdrahtet sein oder von der System-Firmware beim Booten zugewiesen werden. Ersteres ist beispielsweise bei ISA-Geräten der Fall, deren Adressen entweder in die Schaltkreise des Gerätes eingebrannt sind, im lokalen Gerätespeicher statisch zugewiesen werden oder mittels physikalischer Jumper gesetzt werden. Letzteres ist bei PCI-Geräten der Fall, deren Adressen von der System-Software zugewiesen und in den Gerätespeicher geschrieben werden, wo sie nur so lange vorhanden sind, wie das Gerät eingeschaltet ist.

Auf jeden Fall muß es eine Möglichkeit geben, einem Gerät eine virtuelle Adresse zuzuweisen, damit Software auf den I/O-Speicher zugreifen kann. Dies ist die Aufgabe der Funktion *ioremap*, die in »vmalloc und Freunde« eingeführt wurde. Diese Funktion, die im vorigen Kapitel behandelt wurde, weil es bei ihr um die Speicherverwaltung geht, ist speziell dazu gedacht, I/O-Speicherbereichen virtuelle Adressen zuzuweisen. Außerdem haben die Kernel-Entwickler *ioremap* so implementiert, daß die Funktion nichts macht, wenn sie auf direkt abgebildete I/O-Adressen angewendet wird.

Mit *ioremap* (und *iounmap*) kann ein Gerätetreiber auf beliebige I/O-Speicheradressen zugreifen, egal, ob diese nun direkt in den virtuellen Adreßraum abgebildet werden oder nicht. Denken Sie aber daran, daß diese Adressen nicht direkt referenziert werden sollten; benutzen Sie statt dessen Funktionen wie *readb*. Wir könnten *short* so schreiben, daß der Treiber sowohl mit MIPS-I/O-Speicher als auch mit dem gängigeren ISA/PCI-x86-Speicher arbeitet, indem wir das Modul mit *ioremap* und *iounmap* ausstatten, wenn der Parameter `use_mem` verwendet wird.

Bevor wir Ihnen zeigen, wie *short* die Funktionen aufruft, werfen wir lieber noch einen Blick auf die Prototypen der Funktionen und führen einige Details ein, die wir im letzten Kapitel übergangen haben.

Die Funktionen haben folgende Definition:

```
#include <asm/io.h>
void *ioremap(unsigned long phys_addr, unsigned long size);
void *ioremap_nocache(unsigned long phys_addr, unsigned long size);
void iounmap(void * addr);
```

Zunächst einmal wird Ihnen vielleicht die neue Funktion *ioremap_nocache* auffallen. Wir haben diese in Kapitel 7 nicht behandelt, weil sie eindeutig Hardware-bezogen ist. Um aus einer der Kernel-Header-Dateien zu übersetzen: »(Die Funktion) ist nützlich, wenn einige Kontrollregister sich in einem solchen Bereich befinden und das Kombinieren von Schreiboperationen oder das Cachen von Leseoperationen nicht erwünscht sind.« Auf den meisten Computer-Plattformen ist die Implementation dieser Funktion in den Situationen identisch mit *ioremap*, in denen der gesamte I/O-Speicher bereits über

Adressen sichtbar ist, die nicht gecacht werden können – es gibt in diesem Fall keinen Grund, eine Spezialversion von *ioremap* zu implementieren.

Ein weiteres wichtiges Merkmal von *ioremap* ist das unterschiedliche Verhalten in Version 2.0 und späteren Versionen. In Linux 2.0 (die Funktion hieß damals *vremap*) weigerte sich die Funktion, Speicherbereiche abzubilden, die nicht an Seitengrenzen ausgerichtet waren. Das war auch sinnvoll so, weil auf CPU-Ebene alles in Einheiten von ganzen Seiten passiert. Manchmal müssen Sie aber kleine Bereiche von I/O-Registern abbilden, deren (physikalische) Adressen nicht an Seitengrenzen ausgerichtet sind. Um dieses neue Bedürfnis befriedigen zu können, sind Kernel ab der Version 2.1.131 auch in der Lage, nicht ausgerichtete Adressen abzubilden.

Unser Modul *short* benutzt nicht *ioremap* direkt, sondern verwendet den folgenden Code, um abwärtsportabel mit 2.0-Kerneln zu sein und trotzdem auf Register zugreifen zu können, die nicht an Seitengrenzen liegen:

```
/* Einen nicht (notwendigerweise) ausgerichteten Port-Bereich abbilden */
void *short_remap(unsigned long phys_addr)
{
    /* Der Code stammt hauptsaechlich aus arch/any/mm/ioremap.c */
    unsigned long offset, last_addr, size;

    last_addr = phys_addr + SHORT_NR_PORTS - 1;
    offset = phys_addr & ~PAGE_MASK;

    /* Anfang und Ende auf eine volle Seite ausrichten */
    phys_addr &= PAGE_MASK;
    size = PAGE_ALIGN(last_addr) - phys_addr;
    return ioremap(phys_addr, size) + offset;
}

/* Einen mit short_remap geholten Bereich wieder ausblenden */
void short_unmap(void *virt_add)
{
    iounmap((void *)((unsigned long)virt_add & PAGE_MASK));
}
```

ISA-Speicher unter 1 MByte

Einer der bekanntesten I/O-Speicherbereiche ist der ISA-Bereich auf PCs. Dies ist der Speicherbereich zwischen 640 KByte (0x0A0000) und 1 MByte (0x100000). Der Bereich erscheint also mitten im normalen System-RAM. Diese Positionierung scheint vielleicht etwas merkwürdig zu sein, ist aber eine Folge einer in den frühen achtziger Jahren getroffenen Entscheidung, als 640 KByte Speicher mehr zu sein schien, als jemals irgendjemand benutzen würde.

Dieser Speicherbereich gehört zur Klasse des nicht direkt abgebildeten Speichers.[6] Sie können mit dem *short*-Modul wie oben beschrieben ein paar Bytes in diesen Speicherbereich schreiben, wenn Sie `use_mem` beim Laden setzen.

Obwohl es ISA-I/O-Speicher nur in x86-Computern gibt, halten wir es dennoch für sinnvoll, einige Worte und einen Beispiel-Treiber darauf zu verwenden.

Wir werden in diesem Kapitel nicht über PCI-Speicher sprechen, weil das die sauberste Form von I/O-Speicher ist: Sobald Sie die physikalische Adresse kennen, können Sie diese einfach abbilden und darauf zugreifen. Das »Problem« mit PCI-I/O-Speicher besteht vielmehr darin, daß wir nicht so einfach ein funktionierendes Beispiel für dieses Kapitel konstruieren können, weil wir nicht im voraus wissen können, auf welche physikalischen Adressen Ihr PCI-Speicher abgebildet wird oder wann man gefahrlos auf diese Bereiche zugreifen kann. Wir beschreiben hier den ISA-Speicherbereich, da er sowohl weniger sauber ist als auch besser dafür geeignet, funktionierenden Beispiel-Code vorzuführen.

Um den Zugriff auf ISA-Speicher zu zeigen, benutzen wir noch ein weiteres albernes kleines Modul (das ebenfalls in den Beispiel-Quellen enthalten ist). Dieses heißt einfach *silly* als Akronym für »Simple Tool for Unloading and Printing ISA Data« (oder so ähnlich).

Das Modul ergänzt die Funktionalität von *short*, indem es Zugriff auf den gesamten 384 KByte großen Speicherbereichs gewährt und alle I/O-Funktionen vorführt. Es enthält vier Geräteknoten, die die gleiche Aufgabe mit verschiedenen Datenübertragungsfunktionen durchführen. Die `silly`-Geräte dienen ähnlich wie */dev/mem* als Fenster auf den I/O-Speicher. Sie können Daten lesen und schreiben und mit *lseek* auf eine beliebige I/O-Speicheradresse springen.

Weil *silly* den Zugriff auf ISA-Speicher ermöglicht, müssen als erstes die physikalischen ISA-Adressen auf virtuelle Kernel-Adressen abgebildet werden. In den frühen Tagen des Linux-Kernels konnte man einfach einem Zeiger eine ISA-Adresse zuweisen und ihn dann direkt dereferenzieren. In der modernen Welt müssen wir aber mit dem virtuellen Speichersystem arbeiten und zuerst den Speicherbereich abbilden. Dies geschieht, wie oben bei *short* beschrieben, mit *ioremap*:

```
#define ISA_BASE    0xA0000
#define ISA_MAX     0x100000  /* allgemeiner Speicherzugriff */

    /* diese Zeile steht in silly_init */
    io_base = ioremap(ISA_BASE, ISA_MAX - ISA_BASE);
```

ioremap gibt einen Zeigerwert zurück, der von *readb* und den anderen in »Direkt abgebildeter Speicher« beschriebenen Funktionen verwendet werden kann.

6 Das stimmt eigentlich nicht ganz. Der Speicherbereich ist so klein und wird so oft verwendet, daß der Kernel beim Booten Seitentabellen für den Zugriff auf diese Adressen aufbaut. Die virtuellen Adressen für den Zugriff sind aber nicht die gleichen wie die des physikalischen Speichers, weswegen *ioremap* trotzdem benötigt wird. Außerdem war dieser Bereich in der Version 2.0 des Kernels direkt abgebildet; siehe dazu »Abwärtskompatibilität«.

Werfen wir noch einen Blick auf unser Beispiel-Modul, um zu sehen, wie diese Funktionen verwendet werden können. */dev/sillyb* mit der Minor-Nummer 0 greift auf den I/O-Speicher mit *readb* und *writeb* zu. Der folgende Code zeigt die Implementation für *read*, mit der der Adreßbereich 0xA0000-0xFFFFF als virtuelle Datei im Bereich 0-0x5FFFF zur Verfügung gestellt wird. Die Funktion *read* ist als switch-Anweisung über die verschiedenen Zugriffsmodi strukturiert; hier sehen Sie den Fall *sillyb*:

```
case M_8:
  while (count) {
      *ptr = readb(add);
      add++; count--; ptr++;
  }
  break;
```

Die nächsten beiden Geräte sind */dev/sillyw* (Minor-Nummer 1) und */dev/sillyl* (Minor-Nummer 2). Sie arbeiten wie */dev/sillyb*, verwenden aber 16-Bit- bzw. 32-Bit-Funktionen. Hier folgt die *write*-Implementation von *sillyl*, die ebenfalls Bestandteil einer switch-Anweisung ist:

```
case M_32:
  while (count >= 4) {
      writel(*(u32 *)ptr, add);
      add+=4; count-=4; ptr+=4;
  }
  break;
```

Das letzte Gerät ist */dev/sillycp* (Minor-Nummer 3), das die *memcpy_*io*-Funktionen verwendet, um die gleiche Aufgabe zu erledigen. Der Kern der *read*-Implementation sieht wie folgt aus:

```
case M_memcpy:
  memcpy_fromio(ptr, add, count);
  break;
```

Weil *ioremap* dazu verwendet wird, auf den ISA-Speicherbereich zuzugreifen, muß *silly iounmap* aufrufen, wenn das Modul entladen wird:

```
iounmap(io_base);
```

isa_readb und verwandte Funktionen

Ein Blick in die Kernel-Quellen offenbart noch einen weiteren Satz von Routinen mit Namen wie *isa_readb*. Tatsächlich hat jede der gerade beschriebenen Funktionen ein *isa_*-Äquivalent. Diese Funktionen ermöglichen den Zugriff auf den ISA-Speicher, ohne vorher *ioremap* aufrufen zu müssen. Die Kernel-Entwickler haben allerdings verlauten lassen, daß diese Treiber nicht mehr als vorübergehende Hilfen für das Portieren von Treibern sind und in der Zukunft verschwinden könnten. Sie sollten daher nicht verwendet werden.

Nach ISA-Speicher suchen

Auch wenn die meisten modernen Geräte bessere I/O-Bus-Architekturen wie PCI verwenden, muß man sich als Programmierer mitunter dennoch mit ISA-Geräten und deren I/O-Speicher auseinandersetzen, weswegen wir hier eine Seite mit diesem Thema zubringen. Wir sprechen hier nicht über den hohen ISA-Speicher (das sogenannte Speicherloch im physikalischen Adreßbereich von 15 MByte bis 16 MByte), weil diese Art von I/O-Speicher heutzutage äußerst selten ist und von den meisten modernen Hauptplatinen und Kerneln nicht unterstützt wird. Um auf diesen Bereich des I/O-Speichers zuzugreifen, müssen Sie den Initialisierungscode des Kernels verändern, und das wollen wir hier lieber nicht behandeln.

Bei der Verwendung von in den Speicher abgebildeten ISA-Geräten ignoriert der Treiber-Autor oft, wo im physikalischen Adreßraum sich der relevante I/O-Speicher befindet, weil die eigentliche Adresse oft vom Benutzer aus einer Reihe von möglichen Alternativen ausgewählt wird. Es kann aber auch einfach notwendig sein festzustellen, ob es an einer bestimmten Adresse ein Gerät gibt oder nicht.

Das Speicherverwaltungssystem kann beim Suchen hilfreich sein, denn es kann die Speicherbereiche identifizieren, die bereits von einem anderen Treiber mit Beschlag belegt worden sind. Der Speicherverwalter kann Ihnen aber nichts über Geräte sagen, deren Treiber nicht geladen sind, oder ob ein bestimmter Bereich das Gerät enthält, an dem Sie interessiert sind. Daher kann es trotzdem noch notwendig sein, den Speicher zu testen, um zu sehen, was sich dort befindet. Sie werden dabei auf einen von drei verschiedenen Fällen stoßen: an der Adresse ist RAM abgebildet, es ist dort ROM abgebildet (etwa das VGA-BIOS) oder der Bereich ist frei.

Der Beispiel-Code von *skull* zeigt eine Möglichkeit, mit solchem Speicher umzugehen, da aber *skull* keinem physikalischen Gerät zugehörig ist, gibt dieser Treiber einfach Informationen über den Speicherbereich von 640 KByte bis 1 MByte aus und beendet sich dann. Der Code zum Analysieren des Speichers verdient aber trotzdem eine Beschreibung, damit Sie sehen können, wie man Speicher absuchen kann.

Der Code zur Suche nach RAM-Segmenten verwendet *cli*, um Interrupts abzuschalten, da diese Segmente nur durch physikalisches Schreiben und erneutes Lesen der Daten getestet werden können und echtes RAM von einem Interrupt-Handler mitten in unseren Tests verändert werden könnte. Der folgende Code ist nicht vollständig narrensicher, weil er RAM-Speicher auf Karten zur Datenerfassung für leere Bereiche halten könnte, wenn das Gerät aktiv versucht, den eigenen Speicher zu beschreiben, während unser Code diesen Bereich absucht. Diese Situation ist aber recht unwahrscheinlich.

```
unsigned char oldval, newval; /* Werte, die aus dem Speicher gelesen werden */
unsigned long flags;          /* speichert System-Flags */
unsigned long add, i;
void *base;
```

```
/* Mit ioremap bekommen wir einen Handle auf unseren Bereich */
base = ioremap(ISA_REGION_BEGIN, ISA_REGION_END - ISA_REGION_BEGIN);
base -= ISA_REGION_BEGIN;  /* Einmal versetzen */

/* Das gesamte Speicherloch in 2-KByte-Schritten absuchen */
for (add = ISA_REGION_BEGIN; add < ISA_REGION_END; add += STEP) {
   /*
    * Bereits alloziert?
    */
   if (check_mem_region (add, 2048)) {
          printk(KERN_INFO "%lx: Allocated\n", add);
          continue;
   }
   /*
    * Am Anfang des Bereichs lesen und schreiben und abwarten, was passiert.
    */
   save_flags(flags);
   cli();
   oldval = readb (base + add);  /* Ein Byte lesen */
   writeb (oldval^0xff, base + add);
   mb();
   newval = readb (base + add);
   writeb (oldval, base + add);
   restore_flags(flags);

   if ((oldval^newval) == 0xff) {  /* unsere Aenderung ist noch da: das ist RAM */
       printk(KERN_INFO "%lx: RAM\n", add);
       continue;
   }
   if ((oldval^newval) != 0) {  /* Zufaellige Bits haben sich veraendert: leer */
       printk(KERN_INFO "%lx: empty\n", add);
       continue;
   }

   /*
    * Erweiterungs-ROM (das beim Booten vom BIOS ausgeführt wird) hat
    * eine Signatur, bei der das erste Byte 0x55 und das zweite 0xaa ist
    * und das dritte Byte die Groesse des Speichers angibt.
    */
   if ( (oldval == 0x55) && (readb (base + add + 1) == 0xaa)) {
       int size = 512 * readb (base + add + 2);
       printk(KERN_INFO "%lx: Expansion ROM, %i bytes\n",
              add, size);
       add += (size & ~2048) - 2048; /* skip it */
       continue;
   }

   /*
    * Wenn die obigen Tests fehlgeschlagen sind, wissen wir immer noch
    * nicht, ob es sich um ROM handelt oder ob der Bereich leer ist. Weil
    * leerer Speicher als 0x00, 0xff oder als unteres Adreßbyte erscheinen
    * kann, muessen wir mehrere Bytes ausprobieren: Wenn wenigstens eines
    * davon unterschiedlich von diesen drei Werten ist, dann ist dies ROM
    * (allerdings kein Boot-ROM).
    */
   printk(KERN_INFO "%lx: ", add);
   for (i=0; i<5; i++) {
       unsigned long radd = add + 57*(i+1);  /* ein "zufaelliger" Wert */
```

```
            unsigned char val = readb (base + radd);
            if (val && val != 0xFF && val != ((unsigned long) radd&0xFF))
               break;
        }
        printk("%s\n", i==5 ? "empty" : "ROM");
    }
```

Die Erkennung von Speicher verursacht keine Kollisionen mit anderen Geräten, solange Sie während der Suche alle veränderten Bytes wieder in den Ursprungszustand zurücksetzen. Allerdings kann das Schreiben in den Speicher eines anderen Geräts immer unerwünschte Konsequenzen haben. Daher sollte ein solches Absuchen des Speichers vermieden werden, was aber nicht immer möglich ist, wenn man es mit älterer Hardware zu tun hat.

Abwärtskompatibilität

Glücklicherweise hat sich im Bereich des grundlegenden Hardware-Zugriffs wenig geändert. Es gibt nur einige wenige Dinge, die Sie beachten müssen, wenn Sie abwärtskompatible Treiber schreiben.

Hardware-Speicherbarrieren existierten in der Version 2.0 des Kernels noch nicht. Auf den damals unterstützten Plattformen waren solche Anweisungen nicht notwendig. Wenn Sie *sysdep.h* in Ihrem Treiber einbinden, erledigt sich das Problem dadurch, daß die Hardware-Barrieren als synonym mit den Software-Barrieren definiert werden.

Gleichermaßen wurden nicht alle Port-Zugriffsfunktionen (wie *inb*) auf allen Architekturen in älteren Kerneln unterstützt. Insbesondere die String-Funktionen waren oft nicht vorhanden. Wir liefern die fehlenden Funktionen in *sysdep.h* nicht nach: Es wäre nicht besonders einfach, das sauber durchzuführen, und es ist höchstwahrscheinlich auch nicht die Mühe wert, wenn man bedenkt, wie Hardware-abhängig diese Funktionen sind.

In Linux 2.0 hießen *ioremap* und *iounmap* *vremap* und *vfree*. Die Parameter und die Funktionalität waren gleich. Daher reichen oft einige Definitionen, die die Funktionsnamen auf ihre älteren Gegenstücke abbilden.

Unglücklicherweise funktionierte *vremap* zwar beim Zugriff auf »hohen« Speicher (wie auf PCI-Karten) wie *ioremap*, weigerte sich aber, die ISA-Speicherbereiche abzubilden. Damals wurde auf diesen Speicher direkt über Zeiger zugegriffen, so daß es nicht notwendig war, den Adreßraum abzubilden. Eine vollständigere Lösung, um *ioremap* für Linux 2.0 auf der x86-Plattform nachzubilden, sieht also folgendermaßen aus:

```
extern inline void *ioremap(unsigned long phys_addr, unsigned long size)
{
    if (phys_addr >= 0xA0000 && phys_addr + size <= 0x100000)
        return (void *)phys_addr;
    return vremap(phys_addr, size);
}
```

```
extern inline void iounmap(void *addr)
{
    if ((unsigned long)addr >= 0xA0000
            && (unsigned long)addr < 0x100000)
        return;
    vfree(addr);
}
```

Wenn Sie *sysdep.h* in Ihren Treibern verwenden, können Sie *ioremap* selbst beim Zugriff auf ISA-Speicher problemlos verwenden.

Die Allokation von Speicherregionen (mit *check_mem_region* und verwandten Funktionen) wurde im Kernel 2.3.17 eingeführt. In den 2.0- und 2.2-Kerneln gab es keine zentrale Möglichkeit, Speicher-Ressourcen zu allozieren. Sie können die Makros bei Verwendung von *sysdep.h* aber trotzdem einsetzen, weil sie die drei Makros unter 2.0 und 2.2 leer definieren.

Schnellreferenz

In diesem Kapitel wurden die folgenden Symbole aus dem Bereich der Hardware-Verwaltung eingeführt:

`#include <linux/kernel.h>`
`void barrier(void)`
: Diese »Software«-Speicherbarriere fordert den Compiler auf, während dieser Anweisung allen Speicher als flüchtig zu betrachten.

`#include <asm/system.h>`
`void rmb(void);`
`void wmb(void);`
`void mb(void);`
: Dies sind Hardware-Speicherbarrieren. Sie fordern die CPU (und den Compiler) auf, an dieser Stelle alle Lese- und Schreibzugriffe auf den Speicher abzuschließen, bevor neue anfangen.

`#include <asm/io.h>`
`unsigned inb(unsigned port);`
`void outb(unsigned char byte, unsigned port);`
`unsigned inw(unsigned port);`
`void outw(unsigned short word, unsigned port);`
`unsigned inl(unsigned port);`
`void outl(unsigned doubleword, unsigned port);`
: Diese Funktionen werden verwendet, um auf I/O-Ports zu schreiben bzw. von diesen zu lesen. Sie können auch von Programmen aus dem User-Space aufgerufen werden, sofern diese Zugriffsrechte auf die Ports haben.

```
unsigned inb_p(unsigned port);
...
```

Die Anweisung `SLOW_DOWN_IO` wird manchmal benötigt, um auf der x86-Plattform mit langsamen ISA-Karten klarzukommen. Wenn nach einer I/O_-Operation eine kleine Pause benötigt wird, können Sie die sechs wartenden Gegenstücke zu den oben genannten Funktionen verwenden, deren Namen auf _p enden.

```
void insb(unsigned port, void *addr, unsigned long count);
void outsb(unsigned port, void *addr, unsigned long count);
void insw(unsigned port, void *addr, unsigned long count);
void outsw(unsigned port, void *addr, unsigned long count);
void insl(unsigned port, void *addr, unsigned long count);
void outsl(unsigned port, void *addr, unsigned long count);
```

Die »String-Funktionen« sind optimiert, um Daten von einem Eingabe-Port in einen Speicherbereich oder in die andere Richtung zu transportieren. Solche Übertragungen werden implementiert, indem ein und derselbe Port so oft ausgelesen oder beschrieben wird, wie in `count` angegeben ist.

```
#include <linux/ioport.h>
int check_region(unsigned long start, unsigned long len);
void request_region(unsigned long start, unsigned long len, char *name);
void release_region(unsigned long start, unsigned long len);
```

Ressourcen-Allokatoren für I/O-Ports. Die *check*-Funktion gibt 0 im Erfolgsfall und einen Wert kleiner 0 im Fehlerfall zurück.

```
int check_mem_region(unsigned long start, unsigned long len);
void request_mem_region(unsigned long start, unsigned long len, char *name);
void release_mem_region(unsigned long start, unsigned long len);
```

Diese Funktionen erledigen die Ressourcen-Allokation von Speicherbereichen.

```
#include <asm/io.h>
void *ioremap(unsigned long phys_addr, unsigned long size);
void *ioremap_nocache(unsigned long phys_addr, unsigned long size);
void iounmap(void *virt_addr);
```

ioremap bildet einen physikalischen Adreßbereich in den virtuellen Adreßraum des Prozessors ab und macht ihn so für den Kernel verfügbar. *iounmap* gibt die Abbildung wieder frei, wenn sie nicht mehr benötigt wird.

```
#include <linux/io.h>
unsigned readb(address);
unsigned readw(address);
unsigned readl(address);
void writeb(unsigned value, address);
void writew(unsigned value, address);
void writel(unsigned value, address);
```

```
memset_io(address, value, count);
memcpy_fromio(dest, source, nbytes);
memcpy_toio(dest, source, nbytes);
```

Alle diese Funktionen werden verwendet, um auf I/O-Speicherbereiche zuzugreifen; entweder auf unteren ISA-Speicher oder auf obere PCI-Puffer.

KAPITEL 9

Interrupt-Handler

Obwohl manche Geräte ausschließlich über ihre I/O-Bereiche gesteuert werden können, sind die meisten Geräte doch etwas komplizierter. Sie müssen mit der Welt da draußen interagieren, wobei es sich oft um sich drehende Platten, bewegende Bänder, Drähte an entfernte Plätze und so weiter handelt. Vieles muß in Zeiträumen erledigt werden, die anders sind und länger dauern als die des Prozessors. Da es fast immer unschön ist, den Prozessor auf externe Ereignisse warten zu lassen, muß es eine Möglichkeit geben, mit der ein Gerät dem Prozessor mitteilen kann, daß etwas passiert ist.

Diese Möglichkeit ist natürlich durch Interrupts gegeben. Ein *Interrupt* ist einfach ein Signal, das die Hardware schicken kann, wenn sie die Aufmerksamkeit des Prozessors erheischen will. Meistens muß ein Treiber nur einen Handler für die Interrupts seines Geräts registrieren und diese korrekt verarbeiten, wenn sie eintreffen. Unter dieser einfachen Oberfläche liegt natürlich einiges an Komplexität. Insbesondere sind Interrupt-Handler aufgrund der Art und Weise, wie sie ausgeführt werden, etwas eingeschränkt in den ihnen möglichen Aktionen.

Es ist schwierig, die Verwendung von Interrupts zu demonstrieren, ohne ein echtes Hardware-Gerät zur Verfügung zu haben, um sie zu erzeugen. Daher verwendet der Beispiel-Code in diesem Kapitel den Parallel-Port. Wir arbeiten am *short*-Modul weiter, das wir im vorigen Kapitel eingeführt haben; mit einigen kleinen Erweiterungen kann es Interrupts vom Parallel-Port erzeugen und bearbeiten. Der Name des Moduls *short* steht eigentlich für *short int* (schließlich arbeiten wir in C, nicht wahr?), um uns daran zu erinnern, daß wir mit *Int*errupts arbeiten.

Überblick über die Interrupt-Steuerung

Aufgrund von Änderungen im Design und in der verwendeten Hardware hat sich die Interrupt-Verarbeitung von Linux über die Jahre ziemlich geändert. Das Interrupt-Bild der PCs der frühen Tage war ziemlich einfach; es gab einfach nur sechzehn Interrupt-Leitungen und einen Prozessor, der sich darum kümmerte. Moderne Hardware kann weitaus mehr Interrupts und auch einen fortgeschrittenen Advanced Programmable Interrupt Controller (APIC) haben, der Interrupts auf intelligente (und programmierbare) Weise auf mehrere Prozessoren verteilen kann.

Glücklicherweise hat Linux all diese Änderungen mit relativ wenigen Inkompatibilitäten auf der Gerätetreiber-Ebene bewältigen können. Daher funktioniert die in diesem Kapitel beschriebene Schnittstelle mit wenigen Änderungen auf vielen verschiedenen Kernel-Versionen. Manchmal geht es eben doch gut.

Unix-artige Systeme haben seit vielen Jahren die Funktionen *cli* und *sti* verwendet, um Interrupts aus- und einzuschalten. Auf modernen Linux-Systemen sollte man diese allerdings nicht direkt verwenden. Es wird immer schwieriger zu wissen, ob Interrupts gerade eingeschaltet sind; deswegen gilt es als schlechter Stil, einfach die Interrupts mit *sti* einzuschalten, bevor man aus einer Routine zurückspringt. Ihre Funktion könnte in eine Funktion zurückspringen, die erwartet, daß die Interrupts immer noch abgeschaltet sind.

Wenn Sie Interrupts abschalten müssen, ist es daher besser, die folgenden Aufrufe zu verwenden:

```
unsigned long flags;

    save_flags(flags);
    cli();

    /* Dieser Code wird mit abgeschalteten Interrupts ausgefuehrt */

    restore_flags(flags);
```

Beachten Sie, daß *save_flags* ein Makro ist und daß die Variable, die die Flags aufnimmt, direkt und ohne &-Operator übergeben wird. Es gibt auch eine wichtige Einschränkung hinsichtlich der Verwendung dieser Makros: *save_flags* und *restore_flags* müssen aus der gleichen Funktion aufgerufen werden. Sie können also `flags` nicht an eine andere Funktion übergeben, sofern diese nicht inline ist. Code, der diese Einschränkung nicht beachtet, wird auf manchen Architekturen funktionieren, auf anderen aber nicht.

In zunehmendem Maße wird aber sogar von der Verwendung von Code wie dem eben gezeigten abgeraten. In einem Multiprozessor-System kann kritischer Code nicht einfach durch das Abschalten der Interrupts geschützt werden; man braucht irgendeinen Sperrmechanismus. Funktionen wie *spin_lock_irqsave* (siehe »Spinlocks verwenden« weiter hinten in diesem Kapitel) kombinieren Sperren und Interrupt-Steuerung; diese Funktionen sind die einzige sichere Möglichkeit, in Gegenwart von Interrupts Nebenläufigkeit zu steuern.

cli schaltet dagegen die Interrupts auf *allen* Prozessoren des Systems ab und kann daher die gesamte Systemperformance negativ beeinflussen.[1]

Daher verschwinden explizite Aufrufe von *cli* und verwandten Funktionen langsam aus großen Teilen des Kernels. Es gibt Gelegenheiten, bei denen man diese in einem Gerätetreiber braucht, aber diese sind selten. Bevor Sie *cli* aufrufen, überlegen Sie, ob Sie *wirklich* alle Interrupts auf dem System abschalten müssen.

Den Parallel-Port vorbereiten

Obwohl die parallele Schnittstelle einfach ist, kann sie Interrupts auslösen. Diese Fähigkeit wird vom Drucker benutzt, um dem *lp*-Treiber mitzuteilen, daß er bereit ist, das nächste Zeichen aus dem Puffer entgegenzunehmen.

Wie die meisten Geräte generiert auch der Parallel-Port keine Interrupts, solange er nicht dazu aufgefordert wird. Der Standard schreibt vor, daß das Setzen von Bit 4 im Port 3 (`0x37a`, `0x27a` oder was auch immer) Interrupts einschaltet. Die einfache *outb*-Anweisung, die dieses Bit setzt, wird von *short* während der Initialisierung des Moduls durchgeführt.

Nach dem Einschalten der Interrupts erzeugt die parallele Schnittstelle immer dann einen Interrupt, wenn das elektrische Signal an Pin 10 (das sogenannte »ACK«-Bit) von niedrig auf hoch wechselt. Die einfachste Möglichkeit, die Schnittstelle zum Generieren von Interrupts zu bringen (abgesehen von der Möglichkeit, einen Drucker anzuschliessen), besteht darin, die Pins 9 und 10 der parallelen Schnittstelle zu verbinden. Ein kurzes Stückchen Draht in den passenden Löchern der Parallel-Port-Buchse hinten an Ihrem Computer erzeugt eine solche Verbindung. Die Pin-Belegung des Parallel-Ports ist in Abbildung 8-1 zu sehen.

Pin 9 ist das höchstwertige Bit des parallelen Datenbytes. Wenn Sie Binärdaten auf */dev/short0* schreiben, erzeugen Sie mehrere Interrupts. Das Schreiben von ASCII-Text auf den Port erzeugt jedoch keine Interrupts, da das höchstwertige Bit nicht gesetzt wird.

Wenn Sie lieber nicht zum Lötkolben greifen möchten, aber einen Drucker zur Hand haben, dann können Sie den Beispiel-Interrupt-Handler auch mit einem Drucker verwenden, wie später gezeigt wird. Die Suchfunktionen, die wir einführen werden, brauchen aber auf jeden Fall die Überbrückung zwischen Pin 9 und 10.

---

1 Die Wahrheit ist noch etwas komplizierter. Wenn Sie schon einen Interrupt bearbeiten, schaltet *cli* nur die Interrupts der aktuellen CPU ab.

Einen Interrupt-Handler installieren

Wenn Sie die erzeugten Interrupts wirklich »sehen« wollen, reicht es nicht, auf das Hardware-Gerät zu schreiben. Ein Software-Handler muß her. Wenn dem Linux-Kernel nicht mitgeteilt wird, daß Interrupts zu erwarten sind, bestätigt dieser die Interrupts lediglich und ignoriert sie ansonsten.

Interrupt-Leitungen sind eine wertvolle und oft knappe Ressource, insbesondere dort, wo es nur 15 oder 16 davon gibt. Der Kernel verwaltet eine Liste der Interrupt-Leitungen, ähnlich wie die Liste der I/O-Ports. Ein Modul darf einen Interrupt-Kanal (auch IRQ für Interrupt ReQuest genannt) erst nach der Anforderung verwenden und muß ihn wieder freigeben, wenn es damit fertig ist. In vielen Situationen wird auch erwartet, daß Module Interrupt-Leitungen teilen, wie wir noch sehen werden. Die folgenden Funktionen, die in `<linux/sched.h>` deklariert sind, implementieren die Schnittstelle:

```
int request_irq(unsigned int irq,
                void (*handler)(int, void *, struct pt_regs *),
                unsigned long flags,
                const char *dev_name,
                void *dev_id);

void free_irq(unsigned int irq, void *dev_id);
```

Der Rückgabewert von *request_irq* ist 0 im Erfolgsfall und ein negativer Fehlercode im Fehlerfall, ganz wie gewohnt. Es ist nicht ungewöhnlich, daß die Funktion `-EBUSY` zurückgibt, um mitzuteilen, daß ein anderer Treiber bereits die gewünschte Interrupt-Leitung belegt. Die Argumente haben die folgenden Bedeutungen:

`unsigned int irq`
: Dies ist die angeforderte Interrupt-Nummer.

`void (*handler)(int, void *, struct pt_regs *)`
: Ein Zeiger auf die zu installierende Handler-Funktion. Wir besprechen die Argumente dieser Funktion später noch.

`unsigned long flags`
: Wie Sie sich sicherlich schon gedacht haben, eine Bitmaske von Optionen (siehe unten) aus dem Bereich der Interrupt-Verwaltung.

`const char *dev_name`
: Der an *request_irq* übergebene String wird in */proc/interrupts* verwendet, um den Eigentümer des Interrupts anzuzeigen (siehe den nächsten Abschnitt).

`void *dev_id`
: Dieser Zeiger wird für gemeinsam genutzte Interrupt-Leitungen verwendet. Es handelt sich dabei um einen eindeutigen Bezeichner, der verwendet wird, wenn die Interrupt-Leitung freigegeben wird, und auch vom Treiber verwendet werden kann, um auf den eigenen privaten Datenbereich zu verweisen (um festzustellen, welches Gerät den Interrupt ausgelöst hat). Wenn keine gemeinsame Nutzung von Interrupts

vorliegt, kann `dev_id` auf `NULL` gesetzt werden, aber es ist auf jeden Fall sinnvoll, mit diesem Element auf eine Gerätestruktur zu verweisen. Wir werden weiter unten in diesem Kapitel noch ein praktisches Beispiel für die Verwendung von `dev_id` sehen.

Folgende Bits können in `flags` gesetzt werden:

`SA_INTERRUPT`
: Dieser Schalter markiert einen »schnellen« Interrupt-Handler. Schnelle Handler werden ausgeführt, wenn Interrupts abgeschaltet sind (dieses Thema wird genauer in »Schnelle und langsame Handler« behandelt.

`SA_SHIRQ`
: Dieser Schalter kennzeichnet einen Interrupt, den mehrere Geräte teilen können. Das Konzept der gemeinsamen Benutzung von Interrupts wird in »Gemeinsames Nutzen von Interrupts« beschrieben.

`SA_SAMPLE_RANDOM`
: Dieses Bit tut kund, daß die generierten Interrupts zu dem von */dev/random* und */dev/urandom* benutzten Pool beitragen können. Diese Geräte geben beim Lesen echte Zufallszahlen zurück und sind dafür gedacht, einer Verschlüsselungssoftware bei der Generierung sicherer Schlüssel zu helfen. Diese Zufallszahlen werden aus einem Pool entnommen, der von verschiedenen zufälligen Ereignissen gespeist wird. Wenn Ihr Gerät Interrupts wirklich zu zufälligen Zeitpunkten erzeugt, dann sollten Sie diesen Schalter setzen. Wenn Ihre Interrupts dagegen vorhersagbar sind (wie beispielsweise die vertikale Austastlücke eines Framegrabbers), dann sollte dieser Schalter nicht gesetzt werden, es würde ohnehin nicht zur Systementropie beitragen. Auf Geräten, die von Angreifern beeinträchtigt werden könnten, sollten Sie dieses Flag nicht setzen; beispielsweise könnten Netzwerktreiber durch vorhersagbares Paket-Timing von außen beeinflußt werden und sollten daher nicht zum Entropie-Pool beitragen. Weitere Informationen dazu finden Sie in den Kommentaren in *drivers/char/random.c*.

Der Interrupt-Handler kann entweder bei der Initialisierung des Treibers installiert werden oder wenn das Gerät zum erstenmal geöffnet wird. Zwar mag es als gute Idee erscheinen, den Interrupt-Handler in der Initialisierungsfunktion des Moduls zu installieren, das ist aber nicht der Fall. Weil die Anzahl der Interrupt-Leitungen begrenzt ist, sollten Sie keine davon verschwenden. Es passiert leicht, daß man in seinem Rechner mehr Geräte als Interrupts hat. Wenn ein Modul bei der Initialisierung einen IRQ anfordert, dann hindert es damit alle anderen Treiber, diesen Interrupt zu benutzen, selbst wenn das Gerät den Interrupt nie verwendet. Wenn der Interrupt dagegen beim Öffnen des Geräts angefordert wird, ist eine gemeinsame Nutzung in gewissen Grenzen möglich.

Es ist beispielsweise möglich, einen Framegrabber auf demselben Interrupt wie ein Modem zu betreiben, solange Sie die beiden Geräte nicht gleichzeitig benutzen. Oft werden Module für spezielle Geräte beim Booten des Systems geladen, auch wenn sie dann nie benutzt werden. Eine spezielle Hardware zur Datenerfassung könnte den gleichen

Interrupt wie der zweite serielle Port benutzen. Es ist zwar nicht zuviel verlangt, keine Internet-Verbindung aufzubauen, während eine Datenerfassung läuft, aber ein Entladen des Moduls, nur um das Modem benutzen zu können, wäre wirklich unangenehm.

request_irq muß aufgerufen werden, wenn das Gerät zum erstenmal geöffnet wird, aber *bevor* die Hardware aufgefordert wird, Interrupts zu erzeugen. Der richtige Moment für *free_irq* ist das letzte Mal, an dem das Gerät geschlossen wird, und *nachdem* die Hardware angewiesen wurde, keine Interrupts mehr zu senden. Ein kleiner Nachteil ist, daß Sie sich je Gerät merken müssen, wie oft es geöffnet wurde. Es reicht nicht, den Verwendungszähler des Moduls zu benutzen, wenn ein und dasselbe Modul zwei oder mehr Geräte steuert.

Im Gegensatz zu dem, was wir gerade gesagt haben, fordert *short* seine Interrupt-Leitung zur Ladezeit an. Wir haben das gemacht, damit Sie Testprogramme verwenden können, ohne einen gesonderten Prozeß laufen lassen zu müssen, der das Gerät offenhält. Daher fordert *short* einen Interrupt in seiner Initialisierungsfunktion (*short_init*) an, anstatt das in *short_open* zu tun, wie es ein echtes Gerät machen würde.

Der vom folgenden Code angeforderte Interrupt ist `short_irq`. Die Zuweisung dieser Variablen (also die Ermittlung, welcher IRQ verwendet werden soll) werden wir später betrachten, weil das für diese Erläuterung nicht weiter interessant ist. `short_base` ist die Basis-I/O-Adresse der verwendeten parallelen Schnittstelle. Um das Melden von Interrupts einzuschalten, wird das Register 2 der Schnittstelle beschrieben.

```
if (short_irq >= 0) {
    result = request_irq(short_irq, short_interrupt,
                         SA_INTERRUPT, "short", NULL);
    if (result) {
        printk(KERN_INFO "short: can't get assigned irq %i\n",
               short_irq);
        short_irq = -1;
    }
    else { /* jetzt einschalten -- annehmen, dass das hier der Parallel-Port ist */
        outb(0x10,short_base+2);
    }
}
```

Der Code zeigt, daß der Handler als schneller Handler installiert wird (`SA_INTERRUPT`), keine gemeinsame Nutzung von Interrupts unterstützt (`SA_SHIRQ` ist nicht angegeben) und nicht zum Zufallszahlen-Pool beiträgt (`SA_SAMPLE_RANDOM` ist ebenfalls nicht angegeben). Der *outb*-Aufruf schaltet dann das Melden von Interrupts für den Parallel-Port ein.

Die /proc-Schnittstelle

Immer wenn ein Hardware-Interrupt beim Prozessor eintrifft, wird ein interner Zähler inkrementiert, wodurch festgestellt werden kann, ob ein Gerät wie erwartet arbeitet. Die eingetroffenen Interrupts werden in */proc/interrupts* angezeigt. Die folgende Ausgabe stammt von einem Zwei-Prozessor-Pentium-System nach mehreren Tagen Systemlaufzeit:

```
           CPU0       CPU1
  0:   34584323   34936135    IO-APIC-edge  timer
  1:     224407     226473    IO-APIC-edge  keyboard
  2:          0          0          XT-PIC  cascade
  5:    5636751    5636666   IO-APIC-level  eth0
  9:          0          0   IO-APIC-level  acpi
 10:     565910     565269   IO-APIC-level  aic7xxx
 12:     889091     884276    IO-APIC-edge  PS/2 Mouse
 13:          1          0          XT-PIC  fpu
 15:    1759669    1734520    IO-APIC-edge  ide1
NMI:   69520392   69520392
LOC:   69513717   69513716
ERR:          0
```

Die erste Spalte enthält die IRQ-Nummer. Sie können sehen, daß IRQs fehlen. Das liegt daran, daß in dieser Datei nur Interrupts angezeigt werden, für die Handler installiert sind. Beispielsweise ist die erste serielle Schnittstelle (IRQ 4) nicht enthalten, weil das Modem nicht benutzt wird. Selbst wenn wir das Modem vorher benutzt hätten, aber nicht zum jetzigen Zeitpunkt benutzen, würde dieser Interrupt nicht in der Datei auftauchen; die seriellen Schnittstellen können sich benehmen und geben ihre Interrupt-Handler wieder frei, wenn das Gerät geschlossen wird.

Die Anzeige in */proc/interrupts* gibt an, wie viele Interrupts an welche CPU geliefert worden sind. Wie Sie sehen können, versucht der Linux-Kernel ziemlich erfolgreich, die Interrupts gleichmäßig auf die Prozessoren zu verteilen. Die letzten Spalten enthalten Informationen über den programmierbaren Interrupt-Controller, der den Interrupt bearbeitet (und um den sich Treiber-Autoren nicht kümmern müssen), sowie den oder die Namen des oder der Geräte, die Handler für den Interrupt registriert haben (ausgegeben wird das `dev_name`-Argument von *request_irq*).

Im */proc*-Dateisystem gibt es noch eine weitere Datei zum Thema Interrupts. Sie heißt */proc/stat*. Manchmal ist die eine nützlicher, manchmal die andere. */proc/stat* enthält einige Low-Level-Statistiken über die Systemaktivität. Dazu gehört unter anderem die Anzahl der Interrupts, die seit dem Hochfahren des Systems angezeigt wurden. Jede Zeile in *stat* fängt mit einem Textstring an, der der Schlüssel der Zeile ist. Wir suchen hier nach `intr`. Das folgende Bild (verkürzt und umbrochen) ergab sich kurz nach dem vorigen:

```
intr 884865 695557 4527 0 3109 4907 112759 3 0 0 0 11314
     0 17747 1 0 34941 0 0 0 0 0 0 0
```

Die erste Zahl ist die Gesamtsumme aller Interrupts, während die anderen Zahlen jeweils für eine IRQ_Leitung stehen, beginnend mit Interrupt 0. Diese Anzeige zeigt, daß der Interrupt Nummer 4 4907mal ausgelöst wurde, auch wenn *derzeit* kein Handler installiert ist. Wenn der Treiber, den Sie testen, Interrupts bei jedem *open* bzw. *close* anfordert respektive wieder freigibt, dann ist */proc/stat* für Sie vermutlich nützlicher als */proc/interrupts*.

Ein weiterer Unterschied zwischen den Dateien ist, daß *interrupts* nicht von der Architektur abhängig ist, *stat* hingegen schon: Die Anzahl der Felder hängt von der Hardware ab. Die Menge der verfügbaren Interrupts variiert von nur 15 auf Sparc-Systemen bis zu 256 auf dem IA-64 und einigen anderen Systemen. Interessanterweise ist die Anzahl der auf dem x86 definierten Interrupts derzeit nicht etwa 16, sondern 224; dies wird in *include/asm-i386/irq.h* erklärt und beruht darauf, daß Linux die Architektur-Begrenzung und nicht eine implementationsspezifische Begrenzung (wie die 16 Interrupt-Quellen des altmodischen PC-Interrupt-Controllers) verwendet.

Hier folgt eine Momentaufnahme von */proc/interrupts* auf einem IA-64-System. Wie Sie sehen, gibt es hier außer unterschiedlichem Hardware-Routing gängiger Interrupt-Quellen keine Plattformabhängigkeit.

```
           CPU0       CPU1
 27:       1705      34141  IO-SAPIC-level  qla1280
 40:          0          0           SAPIC  perfmon
 43:        913       6960  IO-SAPIC-level  eth0
 47:      26722        146  IO-SAPIC-level  usb-uhci
 64:          3          6   IO-SAPIC-edge  ide0
 80:          4          2   IO-SAPIC-edge  keyboard
 89:          0          0   IO-SAPIC-edge  PS/2 Mouse
239:    5606341    5606052           SAPIC  timer
254:      67575      52815           SAPIC  IPI
NMI:          0          0
ERR:          0
```

Automatische Erkennung der IRQ-Nummer

Die Bestimmung der IRQ-Leitung, die ein Gerät verwendet, ist eines der größten Probleme beim Initialisieren eines Treibers. Der Treiber muß sie kennen, um den Handler richtig installieren zu können. Auch wenn ein Programmierer vom Benutzer verlangen könnte, die Interrupt-Nummer beim Laden des Moduls anzugeben, ist das schlechter Stil, weil der Benutzer diese Nummer meistens nicht kennt – entweder weil er die Jumper auf dem Gerät nicht selbst konfiguriert hat oder weil das Gerät gar keine Jumper verwendet. Die automatische Erkennung der Interrupt-Nummer gehört daher zur Basisfunktionalität eines guten Treibers.

Manchmal hängt die automatische Erkennung von dem Wissen ab, daß manche Geräte ein Default-Verhalten haben, das sich – wenn überhaupt – nur selten ändert. In diesem Fall könnte der Treiber annehmen, daß die Default-Werte gelten. Genau das macht *short* mit dem Parallel-Port. Die Implementation ist einfach, wie in diesem Beispiel aus *short* zu sehen ist:

```
if (short_irq < 0) /* noch nicht angegeben, den Default annehmen */
    switch(short_base) {
      case 0x378: short_irq = 7; break;
      case 0x278: short_irq = 2; break;
      case 0x3bc: short_irq = 5; break;
    }
```

Der Code weist die Interrupt-Nummer anhand der gewählten I/O-Basisadresse aus, wobei der Benutzer den Default beim Laden durch Aufruf von z.B.

```
insmod ./short.o short_irq=x.
```

überschreiben kann. `short_base` verwendet `0x378` als Default, so daß der Default von `short_irq` 7 ist.

Manche Geräte haben ein etwas fortgeschritteneres Design und »teilen mit«, welchen Interrupt sie verwenden. In diesem Fall kann der Treiber die Interrupt-Nummer bestimmen, indem er ein Statusbyte in einem der I/O-Ports der Geräte oder in der PCI-Konfiguration liest. Wenn das gesuchte Gerät über die Fähigkeit verfügt, dem Treiber mitzuteilen, welcher Interrupt verwendet wird, dann beschränkt sich die Erkennung des Interrupts auf das Befragen des Gerätes.

Es ist interessant, daß moderne Geräte ihre Interrupt-Konfiguration bereitstellen. Der PCI-Standard fordert von den Peripherie-Geräten, daß sie die von ihnen verwendeten Interrupt-Leitungen mitteilen. Wir werden in Kapitel 15 über den PCI-Standard sprechen.

Leider ist nicht jedes Gerät programmiererfreundlich, so daß die automatische Erkennung auf ein wenig Ausprobieren zurückgreifen muß. Die Technik ist ziemlich einfach: Der Treiber fordert das Gerät auf, Interrupts zu generieren, und beobachtet, was passiert. Wenn alles gutgeht, dann wird nur eine Interrupt-Leitung aktiviert.

Obwohl dieses Ausprobieren theoretisch einfach ist, kann die tatsächliche Implementation nicht ganz leicht sein. Wir werden uns zwei verschiedene Möglichkeiten anschauen: vom Kernel bereitgestellte Hilfsfunktionen und die Implementierung einer eigenen Version.

Ausprobieren mit Kernel-Hilfe

Der Linux-Kernel enthält eine Hilfe zum Ausprobieren von Interrupt-Nummern. Diese funktioniert nur bei nicht gemeinsam genutzten Interrupts, aber die meiste Hardware, die mit gemeinsam genutzten Interrupts arbeiten kann, hat eh bessere Möglichkeiten, die konfigurierte IRQ-Nummer herauszufinden. Diese Funktionalität ist in `<linux/interrupt.h>` definiert (wo auch der zugehörige Probier-Mechanismus beschrieben wird):

`unsigned long probe_irq_on(void);`
: Diese Funktion gibt eine Bitmaske nicht zugewiesener Interrupts zurück. Der Treiber muß sich diese Bitmaske merken und später an *probe_irq_off* weitergeben. Nach diesem Aufruf sollte der Treiber veranlassen, daß sein Gerät mindestens einen Interrupt erzeugt.

`int probe_irq_off(unsigned long);`
: Nachdem das Gerät einen Interrupt angefordert hat, ruft der Treiber diese Funktion auf und übergibt ihr als Argument die Bitmaske, die er vorher von *probe_irq_on* bekommen hat. *probe_irq_off* gibt die Nummer des Interrupts zurück, der nach dem *probe_irq_on* hinzugekommen ist. Wenn keine Interrupts aufgetreten sind, dann

wird 0 zurückgegeben (es ist also nicht möglich, IRQ 0 auszuprobieren, aber es ist ohnehin in keiner unterstützten Architektur möglich, daß ein eigenes Gerät diesen Interrupt verwendet). Wenn mehr als ein Interrupt aufgetreten ist (mehrdeutige Erkennung), dann gibt *probe_irq_off* einen negativen Wert zurück.

Der Programmierer sollte sorgfältig darauf achten, die Interrupts auf dem Gerät *nach* dem Aufruf von *probe_irq_on* einzuschalten und *vor* dem Aufruf von *probe_irq_off* abzuschalten. Außerdem dürfen Sie nicht vergessen, den ausstehenden Interrupt nach dem *probe_irq_off* in Ihrem Gerät zu bedienen.

Das Modul *short* führt vor, wie dieses Ausprobieren genutzt wird. Wenn Sie das Modul mit `probe=1` laden, dann wird der folgende Code ausgeführt, der die Interrupt-Leitung erkennt, sofern die Pins 9 und 10 der parallelen Schnittstelle miteinander verbunden sind:

```
int count = 0;
do {
    unsigned long mask;

    mask = probe_irq_on();
    outb_p(0x10,short_base+2); /* Interrupts ausschalten von Interrupts */
    outb_p(0x00,short_base);   /* Bit loeschen */
    outb_p(0xFF,short_base);   /* Bit setzen: Interrupt! */
    outb_p(0x00,short_base+2); /* Interrupts abschalten */
    udelay(5);                 /* ein wenig Zeit lassen */
    short_irq = probe_irq_off(mask);

    if (short_irq == 0) { /* keiner? */
        printk(KERN_INFO "short: probe meldete keinen IRQ\n");
        short_irq = -1;
    }
    /*
     * Wenn mehr als eine Zeile aktiviert worden ist, dann ist das
     * Ergebnis negativ. Wir sollten den Interrupt bedienen (beim
     * lpt-Port nicht notwendig) und es noch einmal probieren. Nach fuenf
     * vergeblichen Versuchen geben wir auf. */
     */
} while (short_irq < 0 && count++ < 5);
if (short_irq < 0)
     printk("short: probe scheiterte %i mal, ich gebe auf\n", count);
```

Beachten Sie den Aufruf von *udelay* vor dem Aufruf von *probe_irq_off*. Je nach Prozessor-Geschwindigkeit muß man dem Interrupt ein wenig Zeit lassen, bis er ankommt.

Wenn Sie die Kernel-Quellen durchlesen, stoßen Sie vermutlich noch auf ein anderes Paar von Funktionen:

`void autoirq_setup(int waittime);`
: Richtet das Ausprobieren von IRQs ein. Das Argument `waittime` wird nicht verwendet.

`int autoirq_report(int waittime);`
: Wartet das (in jiffies) angegebene Intervall ab und gibt dann die Nummer des Interrupts zurück, der seit dem Aufruf von *autoirq_setup* eingetroffen ist.

Diese Funktionen werden aus historischen Gründen vor allem im Netzwerktreiber-Code verwendet. Sie sind derzeit mit Hilfe von *probe_irq_on* und *probe_irq_off* implementiert; es gibt normalerweise keinen Grund, die *autoirq_*-Funktionen den *probe_irq_*-Funktionen vorzuziehen.

Das Ausprobieren kann lange dauern. Das trifft zwar nicht auf *short* zu, aber bei beispielsweise einem Framegrabber ist eine Verzögerung von mindestens 20 Millisekunden (was für den Prozessor Jahrhunderte sind) notwendig. Bei anderen Geräten kann es sogar noch länger dauern. Daher ist es am besten, nur einmal, bei der Initialisierung des Moduls, nach der Interrupt-Leitung zu suchen – unabhängig davon, ob Sie den Handler beim Öffnen des Gerätes (was Sie tun sollten) oder in der Initialisierungsfunktion (was Sie ohnehin nicht tun sollten) installieren.

Interessanterweise ist auf manchen Plattformen (PowerPC, M68k, den meisten MIPS-Implementationen und auf beiden SPARC-Plattformen) kein Ausprobieren nötig und daher sind die früheren Funktionen auch nur als leere Platzhalter (die mitunter »nutzloser ISA-Unsinn« genannt werden) implementiert. Auf anderen Plattformen ist das Ausprobieren nur für ISA-Geräte implementiert. Die meisten Architekturen definieren die Funktionen aber (auch wenn sie leer sind), um das Portieren existierender Gerätetreiber zu erleichtern.

Das Ausprobieren von IRQs ist – ganz allgemein gesagt – ein Hack, und ausgereifte Architekturen wie der PCI-Bus liefern alle notwendigen Informationen auch so.

Ausprobieren im Eigenbau

Das Ausprobieren kann auch ohne große Schwierigkeiten im Treiber selbst implementiert werden. *short* übernimmt die Erkennung der IRQ-Leitung selbst, wenn es mit `probe=2` geladen wird.

Der Mechanismus ist nicht anders als der oben beschriebene: alle ungenutzten Interrupts ausschalten von Interrupts, dann abwarten und schauen, was passiert. Wir können in diesem Fall jedoch unser Wissen über das Gerät ausnutzen. Oft kann ein Gerät nur auf eine IRQ-Nummer aus drei oder vier möglichen eingestellt werden; damit reicht es, diese wenigen IRQs auszuprobieren, um den richtigen zu finden, ohne daß alle möglichen IRQs ausprobiert werden müßten.

Die Implementation von *short* nimmt an, daß die möglichen IRQ-Werte 3, 5, 7 und 9 sind. Diese Nummern sind übrigens genau die Werte, die Sie bei manchen parallelen Geräten auswählen können.

Der untenstehende Code testet alle »möglichen« Interrupts und schaut, was passiert. Das Array `trials` enthält die auszuprobierenden IRQs und hat eine 0 als Endmarkierung. Das Array `tried` wird benutzt, um zu protokollieren, welche Handler von diesem Treiber bereits registriert worden sind.

```
int trials[] = {3, 5, 7, 9, 0};
int tried[]  = {0, 0, 0, 0, 0};
int i, count = 0;

/*
 * Den Test-Handler für alle in Frage kommenden Leitungen
 * installieren. Das Ergebnis (0 bei Erfolg, ansonsten -EBUSY) wird
 * abgespeichert, damit nur erfolgreich angeforderte Interrupts auch
 * wieder freigegeben werden
 */
for (i=0; trials[i]; i++)
    tried[i] = request_irq(trials[i], short_probing,
                           SA_INTERRUPT, "short probe", NULL);

do {
    short_irq = 0; /* bisher noch keiner */
    outb_p(0x10,short_base+2); /* ausschalten von Interrupts */
    outb_p(0x00,short_base);
    outb_p(0xFF,short_base); /* Bit aendern */
    outb_p(0x00,short_base+2); /* abschalten */
    udelay(5);  /* ein wenig warten */

    /* dieser Wert ist vom Handler gesetzt worden */
    if (short_irq == 0) { /* keiner davon? */
        printk(KERN_INFO "short: probe meldete keinen IRQ\n");
    }
    /*
     * Wenn mehr als eine Leitung aktiviert worden ist, ist das
     * Ergebnis negativ. Wir sollten den Interrupt bedienen (der
     * lpt-Port braucht das aber nicht) und machen einen neuen
     * Schleifendurchlauf (maximal 5).
     */
} while (short_irq <=0 && count++ < 5);

/* Schleifenende, Handler deinstallieren */
for (i=0; trials[i]; i++)
    if (tried[i] == 0)
        free_irq(trials[i], NULL);

if (short_irq < 0)
    printk("short: probe scheiterte %i times, gibt auf\n", count);
```

Möglicherweise kennen Sie die »möglichen« IRQ-Werte nicht im voraus. In diesem Fall müssen Sie alle freien Interrupts ausprobieren, anstatt sich auf die wenigen in `trials[]` zu beschränken. Um alle Interrupts auszuprobieren, müssen Sie sie von IRQ 0 bis IRQ `NR_IRQS-1` durchprobieren, wobei `NR_IRQS` in `<asm/irq.h>` definiert ist und von der jeweiligen Plattform abhängt.

Jetzt fehlt uns nur noch der Handler zum Ausprobieren selbst. Dieser hat die Aufgabe, `short_irq` danach zu aktualisieren, welche Interrupts empfangen werden. Ein Wert von

Null in short_irq bedeutet, daß noch nichts gefunden wurde, während ein negativer Wert »mehrdeutig« bedeutet. Wir haben diese Werte so gewählt, daß sie konsistent mit *irq_probe_off* sind. Damit kann *short.c* den gleichen Code zum Ausprobieren verwenden.

```
void short_probing(int irq, void *dev_id, struct pt_regs *regs)
{
    if (short_irq == 0) short_irq = irq;    /* gefunden */
    if (short_irq != irq) short_irq = -irq; /* mehrdeutig */
}
```

Die Argumente des Handlers werden später beschrieben. Im Moment reicht es zu wissen, daß irq der Interrupt ist, der behandelt werden soll.

Schnelle und langsame Handler

Ältere Versionen des Linux-Kernels haben großen Aufwand getrieben, um zwischen »schnellen« und »langsamen« Interrupts zu unterscheiden. Schnelle Interrupts konnten schnell abgearbeitet werden, während die Bearbeitung langsamer Interrupts bedeutend länger dauerte. Langsame Interrupts konnten so viel Prozessor-Leistung verlangen, daß es sich lohnte, die Interrupts während ihrer Abarbeitung wieder einzuschalten. Ansonsten wären Aufgaben, die eine schnelle Bearbeitung erforderten, zu lange verzögert worden.

In modernen Kerneln sind die meisten Unterschiede zwischen schnellen und langsamen Interrupts verschwunden. Es bleibt nur noch einer: Schnelle Interrupts (also solche, die mit dem Flag SA_INTERRUPT angefordert werden) werden ausgeführt, während alle anderen Interrupts auf dem aktuellen Prozessor abgeschaltet sind. Beachten Sie, daß andere Prozessoren trotzdem noch Interrupts verarbeiten können, auch wenn nie zwei Prozessoren gleichzeitig den gleichen IRQ bearbeiten.

Um die langsamen und schnellen Ausführungsumgebungen zusammenzufassen:

- Bei einem schnellen Handler ist das Melden der Interrupts im Mikroprozessor abgeschaltet und der gerade bediente Interrupt ist im Interrupt Controller abgeschaltet. Der Handler kann das Melden allerdings im Prozessor durch Aufruf von *sti* wieder ausschalten von Interrupts.
- Ein langsamer Handler läuft bei eingeschalteter Interrupt-Meldung im Prozessor; der gerade bediente Interrupt ist im Interrupt-Controller abgeschaltet.

Welche Art von Interrupt sollten Sie also für Ihren Treiber verwenden? Auf modernen Systemen braucht man SA_INTERRUPT nur für einige wenige bestimmte Situationen (wie Timer-Interrupts). Wenn es nicht sehr gute Gründe dafür gibt, daß die anderen Interrupts abgeschaltet werden müssen, während Ihr Interrupt-Handler läuft, sollten Sie SA_INTERRUPT nicht verwenden.

Diese Beschreibung sollte die meisten Leser zufriedenstellen, auch wenn jemand mit Vorliebe für Hardware und ein wenig Erfahrung mit seinem oder ihrem Computer vielleicht an tiefergehenden Informationen interessiert sein könnte. Wenn Sie sich nicht für die Interna interessieren, können Sie den nächsten Abschnitt überspringen.

Interna der Interrupt-Verarbeitung auf der x86-Architektur

Diese Beschreibung wurde aus *arch/i386/kernel/irq.c*, *arch/i386/kernel/i8259.c* und *include/asm-i386/hw_irq.h*, wie sie in den 2.4.*x*-Kerneln stehen, extrapoliert. Die allgemeinen Konzepte bleiben gleich, aber die Hardware unterscheidet sich auf anderen Plattformen doch.

Die niedrigste Ebene der Interrupt-Verarbeitung ist als Assembler-Code-Makros vorhanden, die in *hw_irq.h* deklariert und in *i8259.c* expandiert werden. Jeder Interrupt ist mit der Funktion *do_IRQ* in *irq.c* verbunden.

Als erstes bestätigt *do_IRQ* den Interrupt, so daß der Interrupt Controller mit anderen Dingen weitermachen kann. Dann holt sich die Funktion ein Spinlock für die angegebene IRQ-Nummer und verhindert damit, daß andere CPUs diesen IRQ bearbeiten. Eine Reihe von Status-Bits wird gelöscht (einschließlich `IRQ_WAITING`, das wir uns gleich anschauen werden), und dann wird der Handler für diesen IRQ ermittelt. Wenn es keinen gibt, gibt es nichts weiter zu tun; das Spinlock wird freigegeben, ausstehende Tasklets und untere Hälften werden ausgeführt, und *do_IRQ* kehrt zurück.

Wenn ein Gerät einen Interrupt auslöst, gibt es aber normalerweise auch einen Handler. Die Funktion *handle_IRQ_event* wird aufgerufen, um die Handler selbst aufzurufen. Dies geschieht durch Abfragen des globalen Interrupt-Sperr-Bits. Wenn dieses Bit gesetzt ist, dann wartet der Prozessor in einer Schleife, bis es gelöscht ist. Der Aufruf von *cli* löscht dieses Bit und blockiert damit die Bearbeitung von Interrupts; der normale Mechanismus zur Bearbeitung von Interrupts setzt dieses Bit nicht und erlaubt daher die weitere Interrupt-Verarbeitung. Wenn es sich um einen langsamen Handler handelt, werden die Interrupts in der Hardware wieder eingeschaltet und der Handler wird aufgerufen. Dann muß nur noch aufgeräumt, Tasklets und untere Hälften ausgeführt und mit der normalen Arbeit weitergemacht werden. Die »normale Arbeit« kann sich als Folge des Interrupts durchaus geändert haben (so könnte der Handler beispielsweise einen Prozeß mit *wake_up* aufgeweckt haben), so daß das letzte, was beim Rücksprung passiert, ein mögliches Rescheduling des Prozessors ist.

Das Suchen nach IRQs geschieht durch Setzen des Status-Bits `IRQ_WAITING` für alle IRQs, die derzeit keinen Handler haben. Wenn der Interrupt eintrifft, löscht *do_IRQ* dieses Bit und springt dann zurück, weil kein Handler registriert ist. Wenn *probe_irq_off* von einem Treiber aufgerufen wird, muß die Funktion nur nach dem IRQ suchen, bei dem `IRQ_WAITING` nicht mehr gesetzt ist.

Einen Handler implementieren

Bisher haben Sie gelernt, wie man einen Interrupt-Handler registriert, aber nicht, wie man einen schreibt. Es ist auch gar nichts Besonderes dabei – es handelt sich um ganz gewöhnlichen C-Code.

Die einzige Besonderheit besteht darin, daß ein Handler zur Interrupt-Zeit läuft und seine Fähigkeiten daher einigen Einschränkungen unterliegen. Diese Einschränkungen sind die gleichen wie bei Task-Schlangen. Ein Handler kann keine Daten von und in den User-Space transportieren, weil er nicht im Kontext eines Prozesses ausgeführt wird. Handler dürfen auch nichts machen, was schlafen könnte (etwa *sleep_on* aufrufen, Speicher mit anderen Flags als `GFP_ATOMIC` allozieren oder ein Semaphor sperren). Weiterhin dürfen Handler auch nicht *schedule* aufrufen.

Die Aufgabe eines Interrupt-Handlers ist es, den Empfang eines Interrupts an das Gerät zurückzumelden und Daten zu lesen und zu schreiben – je nach Bedeutung des zu bedienenden Interrupts. Der erste Schritt besteht normalerweise darin, ein Bit in der Schnittstellenkarte zu löschen; die meisten Hardware-Geräte werden keine weiteren Interrupts mehr generieren, bis ihr Bit für »ausstehende Interrupts« gelöscht worden ist. In manchen Geräten ist dieser Schritt nicht notwendig, weil sie kein solches Bit haben, aber diese Geräte sind in der Minderheit – wenn auch der Parallel-Port eines davon ist. Aus diesem Grunde muß *short* so ein Bit nicht löschen.

Eine häufige Aufgabe des Interrupt-Handlers besteht darin, schlafende Prozesse aufzuwecken, wenn der Interrupt das Ereignis mitteilt, auf das die Prozesse warten – beispielsweise die Ankunft neuer Daten.

Um beim Beispiel des Framegrabbers zu bleiben, könnte ein Prozeß eine Folge von Bildern einlesen, indem er kontinuierlich vom Gerät liest. Der *read*-Aufruf blockiert vor dem Lesen jedes Frames, und der Interrupt-Handler weckt den Prozeß wieder, sobald ein neues Signal eintrifft. Dabei wird davon ausgegangen, daß der Grabber dem Prozessor einen Interrupt mitteilt, um die erfolgreiche Ankunft eines neuen Frame anzukündigen.

Programmierer sollten sorgfältig darauf achten, eine Routine zu schreiben, die so schnell wie möglich abläuft, egal ob es sich um einen schnellen oder einen langsamen Handler handelt. Wenn eine lange Berechnung durchgeführt werden muß, dann ist es am besten, diese Berechnung mit einer Task-Schlange oder einem Tasklet für einen sichereren Zeitpunkt vorzumerken (siehe »Task-Schlangen« in Kapitel 6).

Unser Beispiel-Code in *short* verwendet Interrupts, um *do_gettimeofday* aufzurufen und die aktuelle Uhrzeit in einen seitengroßen Ring-Puffer auszugeben. Dann weckt er alle lesenden Prozesse, weil jetzt lesbare Daten vorliegen.

```
void short_interrupt(int irq, void *dev_id, struct pt_regs *regs)
{
    struct timeval tv;
    int written;

    do_gettimeofday(&tv);

    /* Einen 16-Byte-Datensatz schreiben. PAGE_SIZE wird als
       Vielfaches von 16 angenommen */
    written = sprintf((char *)short_head,"%08u.%06u\n",
                      (int)(tv.tv_sec % 100000000), (int)(tv.tv_usec));
    short_incr_bp(&short_head, written);
    wake_up_interruptible(&short_queue); /* lesende Prozesse aufwecken */
}
```

Dieser Code ist zwar einfach, stellt aber die typische Aufgabe eines Interrupt-Handlers dar. Es ruft wiederum *short_incr_bp* auf, was folgendermaßen definiert ist:

```
static inline void short_incr_bp(volatile unsigned long *index,
                                 int delta)
{
    unsigned long new = *index + delta;
    barrier ();  /* Diese beiden nicht zusammenoptimieren */
    *index = (new >= (short_buffer + PAGE_SIZE)) ? short_buffer : new;
}
```

Diese Funktion wurde sorgfältig so geschrieben, daß sie einen Zeiger auf einen Ring-Puffer ändert, ohne jemals auf einen falschen Wert zu verweisen. Durch Zuweisen des letzten Wertes und Einsetzen einer Sperre, die den Compiler am Optimieren hindert, ist es möglich, Ring-Puffer-Zeiger ohne Sperren sicher zu manipulieren.

Die Gerätedatei, die in diesem Beispiel verwendet wird, um den Puffer zur Interrupt-Zeit zu füllen, ist */dev/shortint*. Sie ist neben */dev/shortprint* die einzige Gerätedatei von *short*, die in Kapitel 8 nicht eingeführt wurde, da sie nur für die Interrupt-Bearbeitung verwendet wird. */dev/shortint* ist speziell darauf ausgelegt, Interrupts zu generieren und zu melden. Das Schreiben auf das Gerät erzeugt bei jedem zweiten Byte einen Interrupt; beim Lesen wird bei jedem Interrupt die Uhrzeit gemeldet.

Wenn Sie die Pins 9 und 10 der parallelen Schnittstelle miteinander verbinden, dann können Sie Interrupts erzeugen, indem Sie das höchstwertige Bit des parallelen Datenbytes setzen. Das erreichen Sie, indem Sie binäre Daten auf */dev/short0* oder etwas Beliebiges auf */dev/shortint*[2] schreiben.

Der folgende Code implementiert *read* und *write* für */dev/shortint*:

```
ssize_t short_i_read (struct file *filp, char *buf, size_t count,
                      loff_t *f_pos)
{
    int count0;

    while (short_head == short_tail) {
        interruptible_sleep_on(&short_queue);
```

2 Das Gerät *shortint* macht das, indem abwechselnd 0x00 und 0xff auf den Parallel-Port geschrieben werden.

```
            if (signal_pending (current))  /* ein Signal ist eingetroffen */
              return -ERESTARTSYS; /* FS-Schicht soll es abarbeiten */
            /* ansonsten in der Schleife bleiben */
        }
        /* count0 ist die Anzahl der lesbaren Datenbytes */
        count0 = short_head - short_tail;
        if (count0 < 0) /* Umbruch */
            count0 = short_buffer + PAGE_SIZE - short_tail;
        if (count0 < count) count = count0;

        if (copy_to_user(buf, (char *)short_tail, count))
            return -EFAULT;
        short_incr_bp (&short_tail, count);
        return count;
    }

    ssize_t short_i_write (struct file *filp, const char *buf, size_t count,
                    loff_t *f_pos)
    {
        int written = 0, odd = *f_pos & 1;
        unsigned long address = short_base; /* Ausgabe auf den Parallel-Port */

        if (use_mem) {
            while (written < count)
                writeb(0xff * ((++written + odd) & 1), address);
        } else {
            while (written < count)
                outb(0xff * ((++written + odd) & 1), address);
        }

        *f_pos += count;
        return written;
    }
```

Die andere spezielle Gerätedatei, */dev/shortprint*, verwendet den Parallel-Port, um einen Drucker zu anzusprechen; Sie können sie verwenden, wenn Sie keinen Draht zwischen den Pins 9 und 10 an einen D-25-Stecker löten wollen. Die *write*-Implementation von *shortprint* verwendet einen Ring-Puffer, um die zu druckenden Daten zu speichern, während die *read*-Implementation die gleiche wie oben ist (so daß Sie ablesen können, wie lange es für Ihren Drucker dauert, ein Zeichen zu verarbeiten).

Um den Druckerbetrieb zu unterstützen, mußte der Interrupt-Handler gegenüber den gerade gezeigten etwas verändert werden; unter anderem wird das nächste Datenbyte an den Drucker geschickt, wenn es ein solches gibt.

Argumente verwenden

Obwohl *short* sich nicht darum kümmert, werden doch drei Argumente an jeden Interrupt-Handler übergeben: `irq`, `dev_id` und `regs`. Wir schauen uns diese jetzt im einzelnen an.

Die Interrupt-Nummer (`int irq`) ist als Information nützlich, die man in Ihren Protokollmeldungen ausgeben kann. Obwohl dies in Kerneln vor 2.0 wichtig war, als es `dev_id` noch nicht gab, ist man heute mit `dev_id` besser bedient.

Das zweite Argument, `void *dev_id`, ist eine Art Client-Daten-Argument; ein `void *`-Argument, das an *request_irq* übergeben wird und dann genauso wieder an den Handler weitergereicht wird, wenn der Interrupt eintritt.

Normalerweise übergeben Sie einen Zeiger auf Ihre Gerätedatenstruktur in `dev_id`, so daß ein Treiber, der mehrere Instanzen des gleichen Geräts verwaltet, keinen zusätzlichen Code im Interrupt-Handler benötigt, um herauszufinden, welches Gerät für den aktuellen Interrupt zuständig ist. Das Argument wird in einem Interrupt-Handler typischerweise so verwendet:

```
static void sample_interrupt(int irq, void *dev_id, struct pt_regs
                             *regs)
{
    struct sample_dev *dev = dev_id;

    /* `dev' zeigt jetzt auf das richtige Hardware-Element */
    /* .... */
}
```

Der typische *open*-Code, der zu diesem Handler gehört, sieht folgendermaßen aus:

```
static void sample_open(struct inode *inode, struct file *filp)
{
    struct sample_dev *dev = hwinfo + MINOR(inode->i_rdev);
    request_irq(dev->irq, sample_interrupt,
    0 /* Flags */, "sample", dev /* dev_id */);
    /*....*/
    return 0;
}
```

Das letzte Argument, `struct pt_regs *regs`, wird selten verwendet. Es enthält einen Snapshot des Kontexts des Prozessors, bevor dieser in den Interrupt-Code eintrat. Die Register können zur Überwachung und zum Debuggen verwendet werden, für normale Aufgaben eines Gerätetreibers braucht man sie nicht.

Interrupts ein- und ausschalten

Wir haben bereits die Funktionen *sti* und *cli* gesehen, die alle Interrupts ein- und ausschalten können. Manchmal ist es aber nützlich, wenn ein Treiber das Melden von Interrupts nur auf seiner eigenen Leitung ein- und ausschalten kann. Der Kernel stellt zu diesem Zweck drei Funktionen bereit, die alle in `<asm/irq.h>` deklariert sind:

```
void disable_irq(int irq);
void disable_irq_nosync(int irq);
void enable_irq(int irq);
```

Der Aufruf einer dieser Funktionen aktualisiert die Maske des angegebenen IRQs im Programmable Interrupt Controller (PIC), was die IRQs über alle Prozessoren hinweg ein- oder ausschaltet. Aufrufe dieser Funktionen können geschachtelt werden; wenn *disable_irq* zweimal in Folge aufgerufen wird, sind auch zwei Aufrufe von *enable_irq* notwendig, um den IRQ wirklich wieder einzuschalten. Es ist möglich, diese Funktionen aus einem Interrupt-Handler aufzurufen, aber das Einschalten Ihres eigenen IRQs während der Bearbeitung ist normalerweise nicht so besonders gut.

disable_irq schaltet nicht nur den angegebenen Interrupt ab, sondern wartet auch auf eventuell gerade ausgeführte Interrupt-Handler. *disable_irq_nosync* kehrt dagegen sofort zurück und ist daher etwas schneller, kann aber zu Race Conditions führen.

Aber warum sollte man einen Interrupt abschalten? Bleiben wir beim Parallel-Port, und schauen wir uns die Netzwerk-Schnittstelle *plip* an. Ein *plip*-Gerät benutzt den rohen Parallel-Port, um Daten zu transportieren. Da vom parallelen Anschluß nur fünf Bits gelesen werden können, werden sie als vier Datenbits und als Takt/Handshake-Signal interpretiert. Wenn die ersten Bits eines Pakets vom Ausgangspunkt (der Schnittstelle, die das Paket schickt) abgeschickt werden, wird die Taktleitung auf hohes Potential gelegt, worauf die empfangende Schnittstelle den Prozessor unterbricht. Darauf wird der *plip*-Handler aufgerufen, um die neu eingetroffenen Daten entgegenzunehmen.

Nachdem das Gerät benachrichtigt worden ist, beginnt die Datenübertragung, wobei die Handshake-Leitung verwendet wird, um der empfangenen Schnittstelle den Takt der eintreffenden neuen Daten mitzuteilen (das ist vielleicht nicht die beste Implementation, aber nötig, um mit anderen Pakettreibern, die den Parallel-Port verwenden, kompatibel zu sein). Daher schaltet der Treiber den Interrupt ab, während er ein Paket empfängt; statt dessen wird eine Poll-/Verzögerungsschleife verwendet, um die Daten zu empfangen.

Da die Handshake-Leitung vom Empfänger zum Sender verwendet wird, um den Empfang der Daten zu bestätigen, schaltet auch die sendende Schnittstelle ihre IRQ-Leitung ab, während Pakete übertragen werden.

Schließlich sollte noch erwähnt werden, daß die SPARC- und M68k-Implementationen die Symbole *disable_irq* und *enable_irq* als Zeiger und nicht als Funktionen implementieren. Mit diesem Trick kann der Kernel die Zeiger zur Boot-Zeit zuweisen, nachdem er ermittelt hat, auf welcher Plattform er läuft. Die C-Semantik zur Verwendung dieser Funktionen ist aber auf allen Linux-Systemen die gleiche, unabhängig davon, ob dieser Trick verwendet wird. Damit können einige unangenehme bedingte Ausdrücke vermieden werden.

Tasklets und untere Hälften

Eines der Hauptprobleme bei der Verarbeitung von Interrupts ist die Ausführung längerer Aufgaben aus einem Handler heraus. Oft muß als Reaktion auf einen Geräte-Interrupt ziemlich viel Arbeit geleistet werden; auf der anderen Seite müssen Interrupt-Handler aber schnell fertig werden und dürfen die Interrupts nicht zu lange blockieren. Diese beiden Anforderungen (Arbeit und Geschwindigkeit) stehen miteinander in Konflikt, was ein Problem für den Treiber-Autor ist.

Unter Linux (wie auch vielen anderen Systemen) wird dieses Problem gelöst, indem der Interrupt-Handler in zwei Hälften aufgeteilt wird: die sogenannte »obere Hälfte« (*Top Half*) ist die Routine, die Sie mit *request_irq* registrieren und die auf den Interrupt reagiert. Die »untere Hälfte« (*Bottom Half*) ist eine Routine, die von der oberen Hälfte zur Ausführung zu einem späteren, sicheren Zeitpunkt vorgemerkt wird. Die Verwendung des Ausdrucks »untere Hälfte« im 2.4-Kernel kann etwas verwirrend sein, weil damit sowohl die zweite Hälfte eines Interrupt-Handlers als auch einer der Mechanismen, mit denen diese implementiert wird, oder beides gemeint sein kann. Wenn wir von einer *unteren Hälfte* sprechen, meinen wir untere Hälften im allgemeinen; die alte Linux-Implementation der unteren Hälften wird explizit mit der Abkürzung BH für Bottom Half bezeichnet.

Aber wozu ist so eine untere Hälfte gut?

Der große Unterschied zwischen einer oberen Hälfte und einer unteren Hälfte ist der, daß während der Ausführung der unteren Hälfte alle Interrupts eingeschaltet sind; deswegen läuft diese zu einem sichereren Zeitpunkt. In einem typischen Szenario speichert die obere Hälfte die Daten vom Gerät möglichst schnell in einen gerätespezifischen Puffer, trägt ihre untere Hälfte in den Scheduler ein und endet. Das geht sehr schnell. Die untere Hälfte erledigt dann, was noch an Arbeit übrig ist (etwa Prozesse aufwecken, andere I/O-Operationen einleiten usw.). Diese Konfiguration erlaubt es der oberen Hälfte, einen neuen Interrupt zu bedienen, während die untere Hälfte noch läuft.

Jeder ernsthafte Interrupt-Handler ist auf diese Art und Weise aufgeteilt. Wenn beispielsweise eine Netzwerkschnittstelle die Ankunft eines neuen Pakets meldet, dann holt der Handler nur die Daten und reicht sie an die Protokollschicht hinauf. Die eigentliche Verarbeitung des Pakets geschieht dann in der unteren Hälfte.

Man sollte bei der Verarbeitung unterer Hälften nicht vergessen, daß alle Einschränkungen, die für Interrupt-Handler gelten, auch für untere Hälften gelten. Diese dürfen also nicht schlafen, nicht auf den User-Space zugreifen und nicht den Scheduler aufrufen.

Der Linux-Kernel enthält zwei verschiedene Mechanismen, die dazu verwendet werden können, um die Verarbeitung von unteren Hälften zu implementieren. Tasklets wurden spät während der 2.3-Entwicklung eingeführt und sind jetzt das Mittel der Wahl für untere Hälften, dafür aber nicht portabel auf ältere Kernel-Versionen. Die ältere Implementation unterer Hälften (BH) existiert selbst in ganz alten Kerneln, wenn sie auch im 2.4-Kernel mit Tasklets implementiert ist. Wir schauen uns hier weitere Mechanismen an. Treiber-Autoren, die neuen Code schreiben, sollten, wo immer es möglich ist, Tasklets für untere Hälften verwenden; auch wenn Portabilitätsüberlegungen mitunter zur Wahl der BHs führen werden.

Auch die folgenden Informationen basieren auf dem *short*-Treiber. Wenn dieser mit einer Modul-Option geladen wird, kann man ihn auffordern, die Interrupts in obere und untere Hälften getrennt zu bearbeiten, wobei entweder ein Tasklet oder eine BH verwendet wird. In diesem Fall wird die obere Hälfte schnell ausgeführt; sie merkt sich die aktuelle Uhrzeit und merkt die Ausführung der unteren Hälfte vor. Diese hat dann die Aufgabe, das Format der gespeicherten Zeit umzuwandeln und Benutzerprozesse aufzuwekken, die eventuell auf die Daten warten.

Tasklets

Wir haben Sie bereits kurz in Kapitel 6 das Thema Tasklets eingeführt; eine kurze Zusammenfassung sollte hier also reichen. Erinnern Sie sich, daß Tasklets spezielle Funktionen sind, die zur Ausführung im Interrupt-Kontext an einem vom System bestimmten sicheren Zeitpunkt vorgemerkt werden. Sie können mehrfach vorgemerkt werden, werden aber nur einmal ausgeführt. Kein Tasklet läuft jemals parallel mit sich selbst, weil sie nur einmal ausgeführt werden; aber Tasklets können auf SMP-Systemen parallel mit anderen Tasklets laufen. Wenn Ihr Treiber also mehrere Tasklets enthält, müssen diese Sperren verwenden, um sich nicht gegenseitig ins Gehege zu kommen.

Es wird auch garantiert, daß Tasklets auf der CPU ausgeführt werden, auf der sie zuerst vorgemerkt worden sind. Ein Interrupt-Handler kann also davon ausgehen, daß ein Tasklet nicht ausgeführt wird, bevor nicht der Handler abgeschlossen wurde. Ein anderer Interrupt kann aber natürlich eintreffen, während das Tasklet läuft, weswegen man möglicherweise immer noch Sperren zwischen dem Tasklet und dem Interrupt-Handler benötigt.

Tasklets müssen mit dem `DECLARE_TASKLET`-Makro deklariert werden:

```
DECLARE_TASKLET(name, function, data);
```

`name` ist der Name des Tasklets, `function` die auszuführende Funktion (die ein `unsigned long`-Argument erwartet und `void` zurückgibt), und `data` ist ein `unsigned long`-Wert, der an die Tasklet-Funktion übergeben wird.

Der *short*-Treiber deklariert sein Tasklet folgendermaßen:

```
void short_do_tasklet (unsigned long);
DECLARE_TASKLET (short_tasklet, short_do_tasklet, 0);
```

Die Funktion *tasklet_schedule* dient dazu, ein Tasklet zur Ausführung vorzumerken. Wenn *short* mit `tasklet=1` geladen wird, installiert es einen gesonderten Interrupt-Handler, der die Daten speichert und das Tasklet folgendermaßen vormerkt:

```
void short_tl_interrupt(int irq, void *dev_id, struct pt_regs *regs)
{
    do_gettimeofday((struct timeval *) tv_head); /* cast, um die
                                  'volatile'-Warnung zu vermeiden */
    short_incr_tv(&tv_head);
    tasklet_schedule(&short_tasklet);
    short_bh_count++; /* aufzeichnen, daß ein Interrupt eingetroffen ist */
}
```

Die eigentliche Tasklet-Routine, *short_do_tasklet*, wird kurz danach ausgeführt, wenn es dem System paßt. Wie bereits erwähnt, führt diese Methode den größten Teil der Arbeit in der Interrupt-Behandlung aus und sieht folgendermaßen aus:

```
void short_do_tasklet (unsigned long unused)
{
    int savecount = short_bh_count, written;
    short_bh_count = 0; /* wir sind schon aus der Schlange entfernt worden */
    /*
     * Die untere Haelfte liest das Array tv, das von der oberen Haelfte
     * gefuellt worden ist, und gibt es in den Ring-Text-Puffer aus,
     * der dann vom lesenden Prozeß verbraucht wird.
     */

    /* Zuerst die Nummer des Interrupts schreiben, der vor dieser BH
       aufgetreten ist. */

    written = sprintf((char *)short_head,"bh after %6i\n",savecount);
    short_incr_bp(&short_head, written);

    /*
     * Dann die Zeit-Werte schreiben, genau 16 Byte auf einmal, damit
     * dies mit PAGE_SIZE zusammenpaßt.
     */

    do {
        written = sprintf((char *)short_head,"%08u.%06u\n",
                         (int)(tv_tail->tv_sec % 100000000),
                         (int)(tv_tail->tv_usec));
        short_incr_bp(&short_head, written);
        short_incr_tv(&tv_tail);
    } while (tv_tail != tv_head);

    wake_up_interruptible(&short_queue); /* schlafende Prozesse aufwecken */
}
```

Unter anderem merkt sich dieses Tasklet, wie viele Interrupts seit dem letzten Aufruf eingetroffen sind. Ein Gerät wie *short* kann ziemlich viele Interrupts in ziemlich kurzer Zeit erzeugen, so daß es nicht ungewöhnlich ist, daß mehrere eingetroffen sind, bevor die untere Hälfte ausgeführt worden ist. Treiber müssen immer auf diese Möglichkeit vorbereitet und in der Lage sein, anhand der von der oberen Hälfte hinterlassenen Informationen zu bestimmen, wieviel noch zu tun ist.

Das Design der unteren Hälften

Im Gegensatz zu Tasklets gibt es die alten BHs schon fast so lange wie den Linux-Kernel selbst. Das sieht man an einer Reihe von Dingen. Beispielsweise sind alle unteren Hälften im Kernel vordefiniert, und es kann nur maximal 32 davon geben. Weil sie vordefiniert sind, können sie auch nicht direkt von Modulen verwendet werden, aber das ist kein Problem, wie wir noch sehen werden.

Immer wenn Code eine untere Hälfte zur Ausführung vormerken will, ruft er *mark_bh* auf. In der älteren BH-Implementation setzte *mark_bh* ein Bit in einer Bit-Maske, was es ermöglichte, den dazugehörenden Handler zur Laufzeit schnell zu finden. In modernen Kerneln wird einfach *tasklet_schedule* aufgerufen, um die Routine für die untere Hälfte zur Ausführung vorzumerken.

Das Markieren unterer Hälften ist in `<linux/interrupt.h>` als

```
void mark_bh(int nr);
```

definiert. `nr` ist dabei die »Nummer« der zu aktivierenden BH. Die Nummer ist eine symbolische Konstante, die in `<linux/interrupt.h>` definiert ist und das Bit kennzeichnet, das gesetzt werden soll. Die Funktion, die zu jeder unteren Hälfte gehört, wird vom Treiber bereitgestellt, dem die untere Hälfte gehört. Wenn beispielsweise `mark_bh(SCSI_BH)` aufgerufen wird, dann ist die vorgemerkte Funktion *scsi_bottom_half_handler*, ein Bestandteil des SCSI-Treibers.

Wie bereits erwähnt wurde, sind untere Hälften statische Objekte, weswegen ein modularisierter Treiber keine *eigenen* unteren Hälften registrieren kann. Es gibt keine dynamische Allokation unterer Hälften, und dabei wird es wahrscheinlich auch bleiben. Glücklicherweise kann statt dessen die *immediate*-Task-Schlange verwendet werden.

Im Rest dieses Abschnitts werden die interessantesten unteren Hälften aufgelistet. Anschließend folgt eine Beschreibung, wie der Kernel eine untere Hälfte ausführt. Sie sollten das verstehen, um untere Hälften korrekt verwenden zu können.

Eine Reihe von im Kernel deklarierten unteren Hälften ist interessant, und einige wenige können sogar, wie oben erläutert, von einem Treiber verwendet werden. Die interessantesten unteren Hälften sind:

`IMMEDIATE_BH`
: Dies ist die wichtigste untere Hälfte für Treiber-Programmierer. Die vorgemerkte Funktion führt (mit *run_task_queue*) eine Task-Schlange, `tq_immediate`, aus. Ein Treiber (wie beispielsweise ein benutzerdefiniertes Modul), der keine eigene untere Hälfte hat, kann die *immediate*-Schlange verwenden, als wäre es seine eigene untere Hälfte. Nachdem ein Task in der Schlange registriert worden ist, muß der Treiber die untere Hälfte markieren, damit der Code auch tatsächlich ausgeführt wird. Wie man das macht, wurde in »Die unmittelbare Schlange« in Kapitel 6 erklärt.

`TQUEUE_BH`
: Diese untere Hälfte wird bei jedem Timer-Tick aktiviert, wenn ein Task in `tq_timer` aktiviert ist. In der Praxis kann ein Treiber seine eigene untere Hälfte unter Verwendung von `tq_timer` implementieren. Die in Kapitel 6 (im Abschnitt »Die Timer-Schlange«) eingeführte *timer*-Schlange ist eine untere Hälfte. Es ist hier nicht notwendig, *mark_bh* aufzurufen.

`TIMER_BH`
: Diese untere Hälfte wird von *do_timer* markiert, der Funktion, die für den Clock-Tick zuständig ist. Die von dieser unteren Hälfte aufgerufene Funktion ist diejenige, die die Timer im Kernel steuert. Ein Treiber kann diese Möglichkeit ausschließlich über *add_timer* nutzen.

Die verbleibenden unteren Hälften werden von Kernel-spezifischen Treibern verwendet. Es gibt in ihnen keine Einsprungpunkte für Module, weil das auch keinen Sinn ergeben würde. Die Menge dieser anderen unteren Hälften nimmt stetig ab, weil immer mehr Treiber unter Verwendung von Tasklets umgeschrieben werden.

Sobald eine untere Hälfte markiert worden ist, wird diese aufgerufen, wenn *bh_action* (in *kernel/softirq.c*) aufgerufen wird. Das passiert, wenn Tasklets ausgeführt werden. Dies wiederum geschieht immer dann, wenn ein Prozeß aus einem Systemaufruf zurückkehrt oder wenn ein Interrupt-Handler beendet wird. Tasklets werden immer als Bestandteil des Timer-Interrupts ausgeführt, weswegen ein Treiber normalerweise erwarten kann, daß eine BH-Routine spätestens zehn Millisekunden nach der Vormerkung ausgeführt wird.

Eine untere Hälfte (BH) schreiben

Aus der Liste verfügbarer unterer Hälften in »Das Design der unteren Hälften« wird klar, daß ein neuer Treiber eine eigene untere Hälfte an `IMMEDIATE_BH` anhängen sollte, indem er die *immediate*-Schlange verwendet.

Wenn `IMMEDIATE_BH` markiert wird, arbeitet die zuständige Funktion nur die *immediate*-Schlange ab. Wenn Ihr Interrupt-Handler seinen Handler für die untere Hälfte in `tq_immediate` einstellt und die untere Hälfte markiert, dann wird der eingestellte Task genau zur richtigen Zeit aufgerufen. Weil Sie in allen Kerneln den gleichen Task mehrfach eintragen können, ohne die Task-Schlange zu beschädigen, können Sie Ihre untere Hälfte jedesmal einstellen, wenn der Handler der oberen Hälfte läuft. Ein Beispiel für dieses Verhalten folgt in Kürze.

Treiber mit exotischen Konfigurationen – beispielsweise mit mehreren unteren Hälften o. ä. –, die nicht einfach mit `tq_immediate` erschlagen werden können, benötigen möglicherweise eine benutzerdefinierte Task-Schlange. Der Interrupt-Handler stellt dann seine Tasks in diese Schlange und fügt eine einfache Funktion zum Abarbeiten dieser Schlange in die *immediate*-Schlange ein, wenn es dazu Zeit ist. Details hierzu finden Sie in »Eigene Task-Schlangen anlegen« in Kapitel 6.

Schauen wir uns jetzt die BH-Implementation von *short* an. Wenn das Modul mit `bh=1` geladen wird, dann installiert das Modul einen Interrupt-Handler, der eine untere Hälfte benutzt:

```
void short_bh_interrupt(int irq, void *dev_id, struct pt_regs *regs)
{
    /* Cast, um 'volatile'-Warnung zu vermeiden */
    do_gettimeofday((struct timeval *) tv_head);
    short_incr_tv(&tv_head);

    /* BH vormerken. Mehrfaches Vormerken nicht beruecksichtigen. */
    queue_task(&short_task, &tq_immediate);
    mark_bh(IMMEDIATE_BH);

    short_bh_count++; /* Aufzeichnen, daß ein Interrupt eingetroffen ist */
}
```

Wie erwartet ruft dieser Code *queue_task* auf, ohne zu überprüfen, ob der Task schon in der Schlange steht.

Die untere Hälfte macht dann den Rest der Arbeit. Sie unterscheidet sich tatsächlich nicht vom vorher gezeigten *short_do_tasklet*.

Hier ein Beispiel einer Ausgabe, wenn Sie *short* mit bh=1 laden:

```
morgana% echo 1122334455 > /dev/shortint ; cat /dev/shortint
bh after       5
50588804.876653
50588804.876693
50588804.876720
50588804.876747
50588804.876774
```

Welches Timing Sie zu sehen bekommen, hängt natürlich stark von Ihrem jeweiligen System ab.

Gemeinsames Nutzen von Interrupts

Der Begriff eines IRQ-Konflikts ist fast schon synonym mit der PC-Architektur. Im allgemeinen konnten IRQ-Leitungen auf PCs nicht mehr als ein Gerät bedienen, und es gab nie genug davon. Als Folge davon haben frustrierte Benutzer viel Zeit mit geöffneten Computergehäusen zugebracht und versucht herauszufinden, wie sie all ihre Hardware zur Zusammenarbeit bewegen konnten.

Es liegt aber nicht am Design der Hardware selbst, daß Interrupt-Leitungen nicht gemeinsam genutzt werden können. Das Problem liegt auf seiten der Software. Seit es den PCI-Bus gibt, müssen sich die Autoren von Systemsoftware etwas mehr anstrengen, da alle PCI-Interrupts explizit gemeinsam genutzt werden können. Linux unterstützt also gemeinsam genutzte Interrupts – und das auf allen Bus-Systemen, auf denen das sinnvoll ist, nicht nur auf dem PCI-Bus. Entsprechend geschriebene Treiber für ISA-Geräte können also eine IRQ-Leitung gemeinsam nutzen.

Die Frage der gemeinsamen Nutzung von Interrupts auf dem ISA-Bus wirft auch den Unterschied zwischen Level-getriggerten und Edge-getriggerten Interrupt-Leitungen auf. Obwohl die erste Möglichkeit, Interrupts zu melden, in Hinblick auf eine gemeinsame

Nutzung sicher ist, kann sie zum Blockieren der Software führen, wenn sie nicht richtig gehandhabt wird. Edge-getriggerte Interrupts sind dagegen nicht sicher gemeinsam zu nutzen. ISA ist Edge-getriggert, weil diese Signalisierung auf Hardware-Ebene leichter zu implementieren ist, und deswegen in den achtziger Jahren des vorigen Jahrhunderts das Mittel der Wahl war. Diese Frage hat nichts mit den elektrischen Signalpegeln zu tun. Um die gemeinsame Nutzung zu unterstützen, muß die Leitung von mehreren Quellen aktiv geschaltet werden können, unabhängig davon, ob sie Level-getriggert oder Edge-getriggert ist.

Mit einer Level-getriggerten Interrupt-Leitung markiert das Peripherie-Gerät das IRQ-Signal, bis die Software den wartenden Interrupt löscht (normalerweise durch Schreiben in ein Geräte-Register). Wenn mehrere Geräte die Leitung aktiv schalten, meldet die CPU daher einen Interrupt, sobald der IRQ eingeschaltet ist, bis alle Treiber ihre Geräte bedient haben. Dieses Verhalten ist hinsichtlich der gemeinsamen Nutzung sicher, kann aber zu Blockaden führen, wenn ein Treiber es versäumt, seine Interrupt-Quelle freizugeben.

Wenn Edge-getriggerte Interrupts verwendet werden, können Interrupts dagegen verlorengehen: Falls ein Gerät die Leitung zu lange aktiv schaltet, wird keine Flanke erzeugt, wenn ein anderes Gerät die Leitung ebenfalls aktiv schaltet, und der Prozessor ignoriert die zweite Anfrage. Ein Handler für gemeinsam genutzte Interrupts sieht den Interrupt einfach nicht, und wenn dessen Hardware die IRQ-Leitung nicht wieder herunterschaltet, wird für keines der Geräte ein Interrupt mehr gemeldet.

Aus diesem Grunde kann die gemeinsame Nutzung von Interrupts auf ISA-Bussen manchmal nicht funktionieren, selbst wenn sie grundsätzlich funktionieren kann; manche Geräte halten die IRQ-Leitung genau einen Taktzyklus aktiv, aber andere sind nicht so wohlerzogen und können Treiber-Autoren, die versuchen, IRQs gemeinsam zu nutzen, große Kopfschmerzen bereiten. Wir werden hier darauf nicht näher eingehen; im Rest dieses Abschnitts gehen wir davon aus, daß entweder der Host-Bus die gemeinsame Nutzung von sich aus unterstützt oder daß Sie wissen, was Sie tun.

Um einen Treiber entwickeln zu können, der eine gemeinsam genutzte Interrupt-Leitung verwaltet, müssen einige Details beachtet werden. Wie unten noch besprochen wird, sind einige der in diesem Kapitel genannten Features nicht für Geräte mit gemeinsamer Nutzung von Interrupts verfügbar. Wann immer es möglich ist, ist es aber besser, das gemeinsame Nutzen zu unterstützen, weil das für den Endanwender weniger Probleme mit sich bringt. In einigen Fällen (z.B. auf dem PCI-Bus) ist die gemeinsame Nutzung zwingend vorgeschrieben.

Einen gemeinsam genutzten Handler installieren

Gemeinsam genutzte Interrupts werden genau wie normale Interrupts von *request_irq* installiert, allerdings gibt es zwei Unterschiede:

- Das Bit `SA_SHIRQ` muß im `flags`-Argument gesetzt sein, wenn der Interrupt angefordert wird.
- Das Argument `dev_id` muß eindeutig sein. Ein beliebiger Zeiger in den Adreßraum des Moduls ist in Ordnung, aber `NULL` ist definitiv nicht erlaubt.

Der Kernel verwaltet eine Liste von gemeinsam genutzten Handlern zu einem Interrupt (wie eine Treiber-Signatur). Zwischen diesen wird mit `dev_id` unterschieden. Wenn zwei Treiber `NULL` als ihre Signatur auf ein- und demselben Interrupt registrieren würden, dann würde spätestens beim Entladen einiges durcheinanderkommen und der Kernel beim Eintreffen eines Interrupts eine Oops-Meldung ausgeben. Aus diesem Grund beschweren sich moderne Kernel lautstark, wenn `NULL` als `dev_id` bei gemeinsam genutzten Interrupts übergeben wird.

Wenn ein gemeinsam genutzter Interrupt angefordert wird, ist *request_irq* erfolgreich, wenn emtweder die Interrupt-Leitung frei ist, oder wenn die bereits für diese Leitung registrierten Handler diese ebenfalls für eine gemeinsame Nutzung angefordert haben. In 2.0-Kerneln war es außerdem notwendig, daß die Handler eines gemeinsam genutzten Interrupts entweder alle langsam oder alle schnell waren; die beiden Modi konnten nicht gemischt werden.

Wenn zwei oder mehr Treiber eine Interrupt-Leitung teilen und die Hardware den Prozessor auf dieser Leitung unterbricht, dann ruft der Kernel jeden für diesen Interrupt registrierten Handler auf und übergibt dabei jeweils dessen `dev_id`. Daher muß ein gemeinsam genutzter Handler in der Lage sein, seine eigenen Interrupts zu erkennen, und sollte sich schnell beenden, wenn es nicht das eigene Gerät war, das den Interrupt auslöste.

Wenn Sie nach einem Gerät suchen müssen, bevor Sie die IRQ-Leitung anfordern, kann der Kernel Ihnen nicht helfen. Es gibt keine Funktion zum Ausprobieren für gemeinsam genutzte Handler. Der normale Probiermechanismus funktioniert, wenn die verwendete Leitung frei ist; wenn sie nun schon von einem anderen Handler genutzt wird, der aber zu teilen bereit ist, schlägt das Ausprobieren fehl, auch wenn der Treiber perfekt arbeiten würde.

Die einzige Möglichkeit, gemeinsam genutzte Leitungen zu erkennen, ist also die Handarbeit. Der Treiber sollte jede mögliche IRQ-Leitung als gemeinsam genutzter Handler anfordern und feststellen, ob Interrupts gemeldet werden. Der Unterschied zwischen diesem Verfahren und »Ausprobieren im Eigenbau« besteht darin, daß der probierende Handler beim Gerät überprüfen muß, ob der Interrupt wirklich aufgetreten ist, denn dieser könnte ja auch als Antwort auf ein anderes Gerät, das auf einer gemeinsam genutzten Leitung liegt, aufgerufen worden sein.

Das Freigeben eines Handlers geschieht wie gewohnt mit *release_irq*. Das Argument dev_id wird hier verwendet, um den richtigen Handler zu bestimmen, der aus der Liste der gemeinsam genutzten Handler für diesen Interrupt entfernt werden soll. Das ist auch der Grund, warum der Zeiger dev_id eindeutig sein muß.

Ein Treiber, der einen gemeinsam genutzten Handler verwendet, muß noch auf eine weitere Sache achten: Er kann nicht einfach *enable_irq* und *disable_irq* benutzen. Wenn er das doch tut, dann könnte alles mögliche bei den anderen Geräten auf dieser Leitung schiefgehen. Der Programmierer muß sich immer der Tatsache bewußt sein, daß sein Treiber nicht der einzige ist, der mit diesem IRQ arbeitet, und daß er sich »sozialer« als sonst verhalten muß.

Aufrufen des Handlers

Wie schon erwähnt wurde, werden alle registrierten Handler aufgerufen, wenn der Kernel einen Interrupt empfängt. Ein gemeinsam genutzter Handler muß in der Lage sein, zwischen Interrupts, die er bedienen muß, und solchen, die von anderen Geräten erzeugt worden sind, zu unterscheiden.

Wenn *short* mit der Option shared=1 geladen wird, dann wird der folgende Handler anstelle des normalen installiert:

```
void short_sh_interrupt(int irq, void *dev_id, struct pt_regs *regs)
{
    int value, written;
    struct timeval tv;

    /* Wenn das nicht short war, sofort zurueckspringen */
    value = inb(short_base);
    if (!(value & 0x80)) return;

    /* Interrupt-Bit zuruecksetzen */
    outb(value & 0x7F, short_base);

    /* Der Rest ist unveraendert. */

    do_gettimeofday(&tv);
    written = sprintf((char *)short_head,"%08u.%06u\n",
                      (int)(tv.tv_sec % 100000000), (int)(tv.tv_usec));
    short_incr_bp(&short_head, written);
    wake_up_interruptible(&short_queue); /* alle lesenden Prozesse aufwecken */
}
```

Hier ist sicherlich eine Erklärung nötig. Weil der Parallel-Port kein Bit hat, das »ausstehende Interrupts« meldet, verwendet der Handler das ACK-Bit für diesen Zweck. Wenn das Bit gesetzt ist, ist der gemeldete Interrupt für *short*, und der Handler löscht das Bit.

Der Handler setzt das Bit zurück, indem er das höchstwertige Bit des Daten-Ports der parallelen Schnittstelle auf 0 setzt. *short* weiß, daß die Pins 9 und 10 miteinander verbunden sind. Wenn eines der anderen Geräte, die den IRQ mit *short* teilen, einen Interrupt erzeugt, sieht *short*, daß seine eigene Leitung inaktiv ist, und macht nichts.

Ein vollständiger Treiber teilt seine Arbeit wahrscheinlich auch zwischen oberen und unteren Hälften auf, aber es ist leicht, das hinzuzufügen, und hat auch nichts mit dem Code zu tun, der das Sharing implementiert. Ein richtiger Treiber würde wahrscheinlich auch das `dev_id`-Argument verwenden, um zu bestimmen, welches von möglicherweise vielen Geräten den Interrupt ausgelöst hat.

Wenn Sie einen Drucker (anstelle der Drahtbrücke) verwenden, um die Interrupt-Verwaltung mit *short* zu testen, funktioniert dieser gemeinsam genutzte Handler nicht wie hier beschrieben, weil das Drucker-Protokoll keine gemeinsame Nutzung erlaubt und der Treiber nicht wissen kann, ob der Interrupt von einem Drucker kam oder nicht.

Die /proc-Schnittstelle

Das Installieren gemeinsam genutzter Handler im System hat keinen Einfluß auf */proc/stat* (das ohnehin nichts von Handlern weiß). In */proc/interrupts* verändert sich hingegen etwas.

Alle Handler, die für die gleiche Interrupt-Nummer installiert worden sind, erscheinen in derselben Zeile von */proc/interrupts*. Die folgende Ausgabe zeigt, wie gemeinsam genutzte Interrupt-Handler angezeigt werden:

```
           CPU0       CPU1
  0:   22114216   22002860    IO-APIC-edge  timer
  1:     135401     136582    IO-APIC-edge  keyboard
  2:          0          0          XT-PIC  cascade
  5:    5162076    5160039   IO-APIC-level  eth0
  9:          0          0   IO-APIC-level  acpi, es1370
 10:     310450     312222   IO-APIC-level  aic7xxx
 12:     460372     471747    IO-APIC-edge  PS/2 Mouse
 13:          1          0          XT-PIC  fpu
 15:    1367555    1322398    IO-APIC-edge  ide1
NMI:   44117004   44117004
LOC:   44116987   44116986
ERR:          0
```

Die gemeinsam genutzte Interrupt-Leitung hier ist IRQ 9. Die aktiven Handler werden in einer Zeile durch Kommata getrennt angezeigt. Hier nutzt das Subsystem zum Power Management (»acpi«) den IRQ gemeinsam mit der Soundkarte (»es1370«). Der Kernel kann Interrupts von diesen beiden Quellen nicht unterscheiden und ruft bei jedem Interrupt beide Interrupt-Handler in den Treibern auf.

Interrupt-gesteuerte I/O

Immer wenn ein Datentransfer zur oder von der verwalteten Hardware aus irgendwelchen Gründen verzögert werden könnte, sollte der Treiberprogrammierer ein Zwischenspeichern implementieren. Datenpuffer helfen dabei, die Datenübertragung und -entgegennahme von den Systemaufrufen *read* und *write* zu entkoppeln, und verbessern so die Gesamt-Performance des Systems.

Ein guter Puffer-Mechanismus verwendet »Interrupt-gesteuerte I/O«, bei der ein Eingabe-Puffer zur Interrupt-Zeit gefüllt und von Prozessen, die von dem Gerät lesen, geleert wird. Entsprechend wird ein Ausgabe-Puffer von den auf das Gerät schreibenden Prozessen gefüllt und zur Interrupt-Zeit geleert. Ein Beispiel für die Interrupt-gesteuerte Ausgabe ist die Implementation von */dev/shortint*.

Damit die Interrupt-gesteuerte Datenübertragung funktioniert, muß die Hardware in der Lage sein, Interrupts mit der folgenden Semantik zu generieren:

- Bei Eingaben unterbricht das Gerät den Prozessor, wenn neue Daten eingetroffen sind und vom Systemprozessor abgeholt werden können. Wie das passiert, hängt davon ab, ob das Gerät I/O-Ports, das Abbilden in den Speicher (Memory Mapping) oder DMA verwendet.
- Bei Ausgaben meldet das Gerät einen Interrupt, wenn es entweder in der Lage ist, neue Daten entgegenzunehmen, oder wenn es eine erfolgreiche Übertragung bestätigen will. Geräte, die in den Speicher abgebildet werden können oder DMA-fähig sind, erzeugen meistens Interrupts, um dem System mitzuteilen, daß sie mit dem Puffer fertig sind.

Die Zusammenhänge im Timing zwischen *read* oder *write* einerseits und dem tatsächlichen Eintreffen der Daten andererseits wurden in »Blockierende und nicht-blockierende Operationen« in Kapitel 5 eingeführt. Interrupt-gesteuerte I/O bringt noch das zusätzliche Problem mit sich, daß beim nebenläufigen Zugriff auf gemeinsam genutzte Datenelemente Race Conditions auftreten können und deswegen Synchronisationsmechanismen vorgesehen werden müssen. Im nächsten Abschnitt wird dieses verwandte Thema detaillierter besprochen.

Race Conditions

Schon in den vorangegangenen Kapiteln sind uns Race Conditions einige Male begegnet. Diese können auf SMP-Systemen jederzeit auftreten, auf Einzelprozessor-Systemen kommen sie dagegen bisher eher selten vor.[3] Interrupts können aber einen völlig neuen Satz an Race Conditions mit sich bringen, selbst auf Einzelprozessor-Systemen. Weil ein

3 Beachten Sie aber, daß die Kernel-Entwickler ernsthaft erwägen, *sämtlichen* Kernel-Code zu fast jedem Zeitpunkt unterbrechbar zu machen, was die Verwendung von Sperren auch auf Einzelprozessor-Systemen obligatorisch machen würde.

Interrupt jederzeit auftreten kann, kann er auch mitten in beliebigem Treiber-Code ausgeführt werden. Jeder Gerätetreiber, der mit Interrupts arbeitet – und das sind fast alle – muß sich daher mit Race Conditions befassen. Aus diesem Grund schauen wir uns in diesem Kapitel Race Conditions und deren Verhinderung etwas genauer an.

Das Behandeln von Race Conditions ist einer der schwierigsten Aspekte der Programmierung, weil die damit verbundenen Fehler subtil und schwer zu reproduzieren sind. Es ist sehr schwierig festzustellen, ob es eine Race Condition zwischen Interrupt-Code und den Methoden des Treibers gibt. Der Programmierer muß große Sorgfalt walten lassen, um eine Zerstörung von Daten oder Metadaten zu vermeiden.

Es gibt verschiedene Techniken, die Beschädigung von Daten zu vermeiden. Wir werden hier die gängigsten vorstellen. Dabei werden wir keinen vollständigen Code zeigen, weil der beste Code für eine gegebene Situation vom Betriebsmodus des Gerätes und vom Geschmack des Programmierers abhängt. Alle Treiber in diesem Buch schützen sich aber vor Race Conditions, so daß Sie im Code zu diesem Buch Beispiele finden können.

Die am häufigsten verwendeten Möglichkeiten, um Daten vor nebenläufigem Zugriff zu schützen, sind:

- das Verwenden eines Ring-Puffers und das Vermeiden gemeinsam genutzter Variablen
- das Verwenden von Spinlocks, um gegenseitigen Ausschluß zu erzwingen
- das Verwenden von Sperrvariablen, die automatisch inkrementiert und dekrementiert werden

Beachten Sie, daß Semaphore hier nicht mit aufgeführt sind. Weil das Sperren eines Semaphors den Prozeß schlafen legen kann, dürfen Semaphore in Interrupt-Handlern nicht verwendet werden.

Welchen Ansatz Sie auch verwenden werden, Sie müssen sich immer noch entscheiden, was Sie tun wollen, wenn Sie auf eine Variable zugreifen, die zur Interrupt-Zeit verändert werden kann. Solche Variablen können in einfachen Fällen als `volatile` deklariert werden, damit der Compiler den Zugriff auf diese Variable nicht optimiert (beispielsweise wird damit verhindert, daß der Compiler die Variable für die gesamte Laufzeit der Funktion in einem Register hält). Allerdings erzeugt der Compiler suboptimalen Code, wenn `volatile` im Spiel ist, so daß Sie vielleicht besser auf eine Art von Sperren ausweichen sollten. In komplizierteren Situationen gibt es ohnehin keine andere Wahl.

Ring-Puffer verwenden

Die Verwendung eines Ring-Puffers ist eine effektive Möglichkeit, Probleme des nebenläufigen Zugriffs zu umgehen: Es ist immer noch am besten, überhaupt keinen nebenläufigen Zugriff durchzuführen.

Der Ring-Puffer verwendet einen Algorithmus namens »Produzent und Verbraucher« – einer der Beteiligten schiebt Daten in den Puffer hinein, und der andere holt Daten heraus. Es gibt keinen nebenläufigen Zugriff, wenn es genau einen Produzenten und genau einen Verbraucher gibt. Im Modul *short* gibt es zwei Beispiele von Produzenten und Verbrauchern. Im ersten Fall wartet der lesende Prozeß darauf, daß er Daten verbrauchen kann, die zur Interrupt-Zeit produziert werden, und im zweiten Fall verbraucht die untere Hälfte Daten, die von der oberen produziert worden sind.

Ein Ring-Puffer wird über zwei Zeiger angesprochen: `head` und `tail`. `head` ist die Stelle, an der Daten geschrieben werden, und wird nur vom Produzenten verändert. Das Lesen der Daten geschieht von `tail`, was wiederum nur vom Verbraucher verändert wird. Wie wir schon gesagt haben, müssen Sie vorsichtig sein, wenn Sie mehrfach auf `head` zugreifen wollen, wenn Daten zur Interrupt-Zeit geschrieben werden. Sie sollten diese Variable dann entweder als `volatile` deklarieren oder irgendeine Art von Sperren verwenden.

Der Ring-Puffer läuft so lange glatt, bis er voll ist. Wenn das passiert, wird es knifflig. Sie haben dann verschiedene Möglichkeiten: Die Implementation von *short* verliert einfach die Daten; oder es gibt keine Überlaufprüfung, und wenn `head` hinter `tail` läuft, dann ist ein voller Puffer an Daten verloren. Alternativen sind das Verwerfen des letzten Datenelements, das Überschreiben des Puffer-Endes, wie es *printk* tut (siehe »Wie Meldungen protokolliert werden« in Kapitel 4), das Anhalten des Produzenten, wie es *scullpipe* macht, oder das Allozieren eines vorübergehenden zusätzlichen Puffers, der für den Haupt-Puffer einspringt. Was die beste Lösung ist, hängt davon ab, wie wichtig Ihre Daten sind (und von anderen situationsabhängigen Fragen), weswegen wir hier darauf nicht näher eingehen werden.

Obwohl der Ring-Puffer das Problem des nebenläufigen Zugriffs zu lösen scheint, gibt es immer noch die Möglichkeit, daß eine Race Condition auftritt, wenn die Funktion *read* schlafen geht. Der folgende Code zeigt, wo das Problem in *short* auftritt:

```
while (short_head == short_tail) {
    interruptible_sleep_on(&short_queue);
    /* ... */
}
```

Wenn diese Anweisung ausgeführt wird, kann es passieren, daß neue Daten eintreffen, *nachdem* die `while`-Bedingung als wahr ausgewertet wurde und *bevor* der Prozeß schlafen geht. Informationen, die mit dem Interrupt eingetroffen sind, werden vom Prozeß nicht mehr gelesen, der schlafen geht, obwohl `head != tail` ist, und der Prozeß wird nicht mehr aufgeweckt, bis das nächste Datenelement eintrifft.

Wir haben in *short* keine korrekten Sperren implementiert, weil die Quellen von *short_read* in »Ein Beispiel-Treiber« in Kapitel 8 stehen und es sich an dieser Stelle nicht lohnte. Auch lohnen die betroffenen Daten den Aufwand nicht.

Obwohl die Daten, die *short* liest, nicht lebensnotwendig sind und die Wahrscheinlichkeit eines Interrupts im Zeitraum zwischen den beiden aufeinanderfolgenden Anweisungen oft vernachlässigbar gering ist, können Sie es sich manchmal nicht leisten, schlafen zu gehen, wenn noch Daten ausstehen. Das Problem ist so allgegenwärtig, daß es sich lohnt, es gesondert zu behandeln; wir werden das in »Schlafen gehen ohne Race Conditions« später in diesem Kapitel detailliert tun.

Es ist interessant, daß nur Produzent-Verbraucher-Szenarien mit Ring-Puffern behandelt werden können. Oft sind aber komplexere Datenstrukturen notwendig, um das Problem des nebenläufigen Zugriffs zu lösen. Die Situation mit einem Produzenten und einem Verbraucher ist nur die einfachste Klasse dieser Probleme; andere Strukturen wie verkettete Listen sind für eine Implementation mit Ring-Puffern einfach nicht geeignet.

Spinlocks verwenden

Wir haben Spinlocks schon unter anderem im *scull*-Treiber gesehen. Bisher haben wir uns aber auf einige wenige Anwendungsfälle beschränkt; in diesem Abschnitt behandeln wir sie detaillierter.

Wie Sie sich erinnern werden, arbeitet ein Spinlock mit einer gemeinsam genutzten Variable. Eine Funktion kann die Sperre holen, indem sie die Variable auf einen bestimmten Wert setzt. Andere Funktionen, die die Sperre benötigen, können diese erfragen und begeben sich dann, wenn sie merken, daß die Sperre nicht verfügbar ist, in eine Busy-Wait-Schleife, bis die Sperre wieder zur Verfügung steht. Eine Funktion, die ein Spinlock zu lange hält, kann viel Zeit verschwenden, weil andere CPUs zum Warten gezwungen werden.

Spinlocks werden durch den Typ `spinlock_t` repräsentiert, der zusammen mit den diversen Spinlock-Funktionen in `<asm/spinlock.h>` deklariert ist. Normalerweise wird ein Spinlock mit etwa folgender Zeile deklariert und im ungesperrten Zustand initialisiert:

```
spinlock_t my_lock = SPIN_LOCK_UNLOCKED;
```

Wenn es notwendig sein sollte, ein Spinlock zur Laufzeit zu initialisieren, verwenden Sie *spin_lock_init*:

```
spin_lock_init(&my_lock);
```

Es gibt eine Reihe von Funktionen (oder genauer Makros), die auf Spinlocks arbeiten:

`spin_lock(spinlock_t *lock);`
: Holt die angegebene Sperre und läuft in der Warteschleife, wenn diese nicht sofort zur Verfügung steht. Nach Rückkehr von *spin_lock* gehört der aufrufenden Funktion die Sperre.

`spin_lock_irqsave(spinlock_t *lock, unsigned long flags);`
: Diese Version holt ebenfalls die Sperre, schaltet aber zusätzlich die Interrupts im lokalen Prozessor ab und speichert den aktuellen Interrupt-Zustand in `flags`. Beachten Sie, daß alle Spinlock-Primitive als Makros definiert sind und daß das `flags`-Argument direkt und nicht als Zeiger übergeben wird.

`spin_lock_irq(spinlock_t *lock);`
: Diese Funktion arbeitet wie *spin_lock_irqsave*, speichert aber den aktuellen Interrupt-Zustand nicht ab. Sie ist etwas effizienter als *spin_lock_irqsave*, sollte aber nur in Situationen verwendet werden, in denen Sie sicher sind, daß die Interrupts noch nicht abgeschaltet sind.

`spin_lock_bh(spinlock_t *lock);`
: Holt die angegebene Sperre und verhindert die Ausführung unterer Hälften.

`spin_unlock(spinlock_t *lock);`
`spin_unlock_irqrestore(spinlock_t *lock, unsigned long flags);`
`spin_unlock_irq(spinlock_t *lock);`
`spin_unlock_bh(spinlock_t *lock);`
: Diese Funktionen sind die Gegenstücke zu den diversen Sperrprimitiven, die wir gerade besprochen haben. *spin_unlock* entsperrt lediglich die angegebene Sperre. *spin_unlock_irqrestore* schaltet die Interrupts möglicherweise wieder ein – je nach dem Wert von `flags` (der aus *spin_lock_irqsave* stammen sollte). *spin_unlock_irq* schaltet Interrupts bedingungslos wieder ein, und `spin_unlock_bh` schaltet die Verarbeitung unterer Hälften wieder ein. In jedem Fall sollte Ihre Funktion die Sperre besitzen, bevor sie eine dieser entsperrenden Primitive aufruft, weil es sonst zu schwerwiegenden Problemen kommt.

`spin_is_locked(spinlock_t *lock);`
`spin_trylock(spinlock_t *lock)`
`spin_unlock_wait(spinlock_t *lock);`
: *spin_is_locked* fragt den Zustand eines Spinlocks ab, ohne dieses zu ändern. Der Rückgabewert ist von 0 verschieden, wenn die Sperre gerade belegt ist. Um zu versuchen, eine Sperre zu bekommen, ohne zu warten, können Sie *spin_trylock* verwenden, was einen von 0 verschiedenen Wert zurückgibt, wenn die Operation fehlgeschlagen ist (die Sperre also belegt war). *spin_unlock_wait* wartet, bis die Sperre frei ist, holt sie sich aber dann nicht.

Viele Benutzer von Spinlocks beschränken sich auf *spin_lock* und *spin_unlock*. Wenn Sie Spinlocks in Interrupt-Handlern verwenden, müssen Sie aber die IRQ-abschaltenden Versionen (normalerweise *spin_lock_irqsave* und *spin_unlock_irqsave*) im Nicht-Interrupt-Code benutzen. Alles andere kann zu einem Deadlock führen.

Ein Beispiel ist hier sicherlich angebracht. Nehmen Sie an, Ihr Treiber führt seine *read*-Methode aus und holt sich mit *spin_lock* eine Sperre. Während die *read*-Methode die Sperre hält, löst Ihr Gerät einen Interrupt aus, und Ihr Interrupt-Handler wird auf dem gleichen Prozessor ausgeführt. Wenn dieser versucht, die gleiche Sperre zu bekommen, tritt er in die Busy-Wait-Schleife ein, weil die *read*-Methode bereits die Sperre hält. Da aber die Interrupt-Routine die Methode in der Benutzung des Prozessors abgelöst hat, wird die Sperre nie freigegeben, und der Prozessor ist in einem Deadlock, was Sie vermutlich nicht unbedingt wollen.

Dieses Problem kann man durch die Verwendung von *spin_lock_irqsave* vermeiden, womit die Interrupts auf dem lokalen Prozessor, auf dem die Sperre gehalten wird, abgeschaltet werden. Wenn Sie sich unsicher sind, dann sollten Sie immer die *_irqsave*-Versionen der Primitive verwenden, damit Sie sich keine Sorgen über Deadlocks machen müssen. Denken Sie aber daran, daß der `flags`-Wert von *spin_lock_irqsave* nicht an andere Funktionen übergeben werden darf.

Reguläre Spinlocks funktionieren in den meisten Situationen, mit denen Treiber-Autoren konfrontiert werden, gut. In manchen Fällen gibt es aber ein spezielles Muster des Zugriffs auf kritische Daten, das es verdient, hier gesondert behandelt zu werden. Wenn Sie eine Situation haben, in der mehrere Threads (Prozesse, Interrupt-Handler, untere Hälften-Routinen) nur lesenden Zugriff auf kritische Daten benötigen, dann machen Sie sich vielleicht über den Overhead durch die Spinlocks Gedanken. Mehrere Leser können sich nicht gegenseitig stören; nur ein Schreiber kann zu Problemen führen. In solchen Situationen ist es sehr viel effizienter, alle Leser gleichzeitig auf die Daten zugreifen zu lassen.

Linux kennt für diesen Fall noch einen anderen Typ von Spinlocks, die sogenannten *Leser-Schreiber-Spinlocks*. Diese Sperren haben den Typ `rwlock_t` und sollten mit `RW_LOCK_UNLOCKED` initialisiert werden. Beliebig viele Threads gleichzeitig können eine solche Sperre zum Lesen halten. Wenn aber ein Schreiber ankommt, muß dieser warten, bis er alleinigen Zugriff bekommt.

Die Funktionen für Leser-Schreiber-Sperren lauten:

```
read_lock(rwlock_t *lock);
read_lock_irqsave(rwlock_t *lock, unsigned long flags);
read_lock_irq(rwlock_t *lock);
read_lock_bh(rwlock_t *lock);
```

Diese Lesefunktionen funktionieren genauso wie bei normalen Spinlocks.

```
read_unlock(rwlock_t *lock);
read_unlock_irqrestore(rwlock_t *lock, unsigned long flags);
read_unlock_irq(rwlock_t *lock);
read_unlock_bh(rwlock_t *lock);
```

Diverse Varianten zum Freigeben einer Lesesperre.

```
write_lock(rwlock_t *lock);
write_lock_irqsave(rwlock_t *lock, unsigned long flags);
write_lock_irq(rwlock_t *lock);
write_lock_bh(rwlock_t *lock);
```

Eine Sperre als Schreiber holen.

```
write_unlock(rwlock_t *lock);
write_unlock_irqrestore(rwlock_t *lock, unsigned long flags);
write_unlock_irq(rwlock_t *lock);
write_unlock_bh(rwlock_t *lock);
```

Eine Sperre, die von einem Schreiber gehalten wurde, freigeben.

Wenn Ihr Interrupt-Handler nur lesende Sperren hält, dann kann Ihr gesamter Code lesende Sperren mit *read_lock* holen und muß die Interrupts nicht abschalten. Schreibende Sperren müssen aber weiterhin mit *write_lock_irqsave* geholt werden, um Deadlocks zu vermeiden.

In Kerneln, die für Einzelprozessor-Systeme gebaut worden sind, expandieren die Spinlock-Funktionen zu nichts. Sie haben also auf diesen Systemen, auf denen sie nicht gebraucht werden, keinen Overhead (außer daß sie eventuell die Interrupts abschalten).

Sperrvariablen verwenden

Der Kernel stellt eine Reihe von Funktionen bereit, die für den atomaren Zugriff auf Variablen verwendet werden können. Die Verwendung dieser Funktionen kann manchmal kompliziertere Sperrsysteme unnötig machen, wenn die durchzuführenden Operationen einfach sind. Die atomaren Operationen können auch dazu verwendet werden, eine Art »Spinlock des armen Mannes« zu implementieren, indem die Variablen manuell abgefragt und die Schleifen manuell implementiert werden. Normalerweise ist es aber besser, Spinlocks direkt zu verwenden, weil diese für diesen Zweck optimiert worden sind.

Der Linux-Kernel exportiert zwei Funktionsbündel, die auf Sperren arbeiten: Bitoperationen und den Zugriff auf den Datentyp »atomic«.

Bitoperationen

Oft hat man Ein-Bit-Sperrvariablen oder man aktualisiert Statusvariablen des Gerätes zur Interrupt-Zeit, während ein Prozeß ebenfalls darauf zugreifen könnte. Der Kernel stellt eine Menge von Funktionen bereit, die Bits atomar modifizieren oder abfragen. Weil die gesamte Operation in einem einzigen Schritt geschieht, kann kein Interrupt (und kein anderer Prozessor) dazwischenkommen.

Atomare Bitoperationen sind sehr schnell, weil sie normalerweise mit einer einzigen Maschinenanweisung erledigt werden können und die Interrupts dazu nicht abgeschaltet werden müssen (sofern die zugrundeliegende Plattform das unterstützt). Die Funktionen sind architekturabhängig und in `<asm/bitops.h>` deklariert. Sie sind selbst auf SMP-Rechnern atomar und daher das empfohlene Mittel, um die Kohärenz zwischen mehreren Prozessoren zu sichern.

Unglücklicherweise sind die Datentypen in diesen Funktionen ebenfalls architekturabhängig. Das Argument `nr` ist meistens als `int` definiert, auf einigen wenigen Architekturen aber als `unsigned long`. Ab Kernel 2.1.37 gibt es folgende Bitoperationen:

`void set_bit(nr, void *addr);`
: Diese Funktion setzt das Bit Nummer `bnr` im Datenelement, auf das mit `addr` verwiesen wird. Diese Funktion arbeitet auf einem `unsigned long`, auch wenn `addr` ein `void*` ist.

`void clear_bit(nr, void *addr);`
: Diese Funktion löscht das angegebene Bit im `unsigned long`-Datum an der Adresse `addr`. Die Semantik ist die gleiche wie bei *set_bit*.

`void change_bit(nr, void *addr);`
: Diese Funktion wechselt den Wert des Bits.

`void test_bit(nr, void *addr);`
: Diese Funktion ist die einzige Bitoperation, die nicht atomar sein muß; sie gibt lediglich den aktuellen Wert des Bits zurück.

`int test_and_set_bit(nr, void *addr);`
`int test_and_clear_bit(nr, void *addr);`
`int test_and_change_bit(nr, void *addr);`
: Diese Funktionen verhalten sich wie die oben genannten, geben aber auch den vorherigen Wert des Bits zurück.

Wenn diese Funktionen verwendet werden, um auf einen gemeinsam genutzten Schalter zuzugreifen und diesen zu modifizieren, müssen Sie nichts weiter tun, als die Funktionen aufzurufen. Die Verwendung von Bitoperationen zur Verwaltung einer Sperrvariablen, die den Zugriff auf eine gemeinsam genutzte Variable kontrolliert, ist schwieriger und hat ein Beispiel verdient. Moderner Code wird normalerweise keine Bitoperationen auf diese Weise verwenden, aber es gibt immer noch solchen Code im Kernel.

Ein Code-Abschnitt, der auf ein gemeinsam genutztes Datenelement zugreifen muß, versucht, eine Sperre atomar mit *test_and_set_bit* oder *test_and_clear_bit* zu bekommen. Die übliche Implementation ist unten zu sehen; sie geht davon aus, daß die Sperre das Bit `nr` an der Adresse `addr` ist. Außerdem wird vorausgesetzt, daß das Bit 0 ist, wenn die Sperre frei ist, und 1, wenn sie belegt ist.

```
/* versuche, Sperre zu setzen */
while (test_and_set_bit(nr, addr) != 0)
    wait_for_a_while();

/* Arbeit erledigen */

/* Sperre freigeben und ueberpruefen... */
if (test_and_clear_bit(nr, addr) == 0)
    something_went_wrong(); /* schon freigegeben: Fehler */
```

Wenn Sie in den Kernel-Quellen lesen, werden Sie Code finden, der wie dieses Beispiel arbeitet. Wie bereits erwähnt, ist es besser, in neuem Code Spinlocks zu verwenden, sofern Sie nicht sinnvolle Arbeit erledigen müssen, während Sie auf die Freigabe der Sperre warten (wie etwa in der `wait_for_a_while()`-Anweisung in diesem Listing).

Atomare Integer-Operationen

Kernel-Programmierer benötigen oft von Interrupt-Handlern und anderen Funktionen gemeinsam genutzte Integer-Variablen. Es gibt einen weiteren Satz von Funktionen, der diese gemeinsame Nutzung erleichtert; definiert ist er in `<asm/atomic.h>`.

Die in *atomic.h* gebotenen Möglichkeiten gehen deutlich über die gerade beschriebenen Bitoperationen hinaus. *atomic.h* definiert einen neuen Datentyp namens `atomic_t`, auf den nur über atomare Operationen zugegriffen werden kann. Ein `atomic_t` nimmt auf allen unterstützten Architekturen einen `int`-Wert auf. Aufgrund der Arbeitsweise dieses Typs auf manchen Prozessoren steht aber nicht immer der volle Integer-Bereich zur Verfügung; Sie sollten sich also nicht auf mehr als 24 Bits verlassen. Die folgenden Operationen sind für den Typ definiert und sind hinsichtlich aller Prozessoren auf einem SMP-System garantiert atomar. Sie sind sehr schnell, da sie, wo immer es möglich ist, zu einer einzigen Maschinenanweisung kompiliert werden.

`void atomic_set(atomic_t *v, int i);`
: Setzt die atomare Variable `v` auf den Integer-Wert `i`.

`int atomic_read(atomic_t *v);`
: Gibt den aktuellen Wert von `v` zurück.

`void atomic_add(atomic_t i, atomic_t *v);`
: Fügt zu der atomaren Variablen, auf die `v` verweist, den Wert `i` hinzu. Der Rückgabewert ist `void`, weil es sich meistens nicht lohnt, den neuen Wert zu erfahren. Diese Funktion wird vom Netzwerk-Code verwendet, um die Statistiken über den Speicherverbrauch in Sockets zu aktualisieren.

`void atomic_sub(atomic_t i, atomic_t *v);`
: Zieht von der atomaren Variablen `*v` den Wert `i` ab.

`void atomic_inc(atomic_t *v);`
`void atomic_dec(atomic_t *v);`
: Eine atomare Variable inkrementieren oder dekrementieren.

`int atomic_inc_and_test(atomic_t *v);`
`int atomic_dec_and_test(atomic_t *v);`
`int atomic_add_and_test(int i, atomic_t *v);`
`int atomic_sub_and_test(int i, atomic_t *v);`
: Diese Funktionen verhalten sich wie die obigen Gegenstücke, geben aber auch den vorherigen Wert der atomaren Variablen zurück.

Wie bereits erwähnt wurde, darf man auf Daten des Typs `atomic_t` nur über diese Funktionen zugreifen. Wenn Sie eine atomare Variable an eine Funktion übergeben, die ein Integer-Argument erwartet, bekommen Sie einen Compiler-Fehler.

Schlafen gehen ohne Race Conditions

Eine Race Condition haben wir in dieser Betrachtung bisher ausgelassen: das Schlafengehen. Ganz allgemein können diverse Dinge zwischen dem Moment geschehen, in dem Ihr Treiber sich entschließt, schlafen zu gehen, und dem Moment, in dem *sleep_on* tatsächlich aufgerufen wird. Mitunter endet die Bedingung, wegen der Sie schlafen wollen, unmittelbar vor dem eigentlichen Schlafengehen, was zu einem längeren Schlafen als erwartet führt. Dieses Problem ist sehr viel allgemeiner als das der Interrupt-gesteuerten I/O; für eine effiziente Lösung braucht man etwas Wissen um die Interna von sleep_on.

Schauen wir uns als Beispiel wieder einmal Code aus dem *short*-Treiber an:

```
while (short_head == short_tail) {
    interruptible_sleep_on(&short_queue);
    /* ... */
}
```

In diesem Fall könnte sich der Wert von short_head zwischen der Abfrage in der while-Anweisung und dem Aufruf von *interruptible_sleep_on* ändern. In diesem Fall würde der Treiber schlafen, obwohl neue Daten vorhanden sind. So etwas führt bestenfalls zu Verzögerungen und schlimmstenfalls zu einem Blockieren des Geräts.

Dieses Problem löst man, indem man halb vor dem Test schlafen geht. Die Idee besteht darin, daß sich ein Prozeß in die Warteschlange stellt, sich selbst als schlafend erklärt und *dann* seine Tests ausführt. Dies ist die typische Implementation:

```
wait_queue_t wait;
init_waitqueue_entry(&wait, current);

add_wait_queue(&short_queue, &wait);
while (1) {
    set_current_state(TASK_INTERRUPTIBLE);
    if (short_head != short_tail) /* was immer Ihr Treiber braucht */
    break;
    schedule();
}
set_current_state(TASK_RUNNING);
remove_wait_queue(&short_queue, &wait);
```

Dieser Code verwendet quasi einen Teil der Interna von *sleep_on*; wir besprechen ihn hier Schritt für Schritt.

Der Code deklariert zunächst eine wait_queue_t-Variable, initialisiert sie und fügt sich selbst zur Warteschlange des Treibers hinzu (die, wie Sie sich vielleicht erinnern, vom Typ wait_queue_head_t ist). Nach dem Ausführen dieser Schritte führt ein Aufruf von *wake_up* auf short_queue zum Aufwachen dieses Prozesses.

Der Prozeß schläft aber noch nicht. Mit dem Aufruf von *set_current_state* kommt er diesem Zustand näher; hier wird der Zustand des Prozesses auf TASK_INTERRUPTIBLE gesetzt. Der Rest des Systems hält den Prozeß jetzt für schlafend, und der Scheduler versucht nicht, ihn auszuführen. Dies ist ein wichtiger Schritt beim »Schlafengehen«, aber wir sind noch nicht fertig.

Der Code fragt jetzt nämlich die Bedingung ab, auf die er wartet, genauer gesagt, ob Daten im Puffer sind. Wenn das nicht der Fall ist, ruft er *schedule* auf, übergibt damit den Staffelstab an einen anderen Prozeß und legt sich selbst schlafen. Wenn der Prozeß aufgeweckt worden ist, fragt er die Bedingung erneut ab und beendet möglicherweise die Schleife.

Nach der Schleife muß nur ein wenig aufgeräumt werden. Der aktuelle Zustand wird auf `TASK_RUNNING` gesetzt, um anzuzeigen, daß der Prozeß nicht mehr schläft; dies ist notwendig, denn wenn wir die Schleife beenden, ohne jemals geschlafen zu haben, könnte der Zustand immer noch `TASK_INTERRUPTIBLE` sein. Dann wird *remove_wait_queue* verwendet, um den Prozeß aus der Warteschlange zu nehmen.

Warum hat dieser Code also keine Race Conditions? Wenn neue Daten eintreffen, ruft der Interrupt-Handler *wake_up* an der `short_queue` auf, was dazu führt, daß der Zustand jedes in der Warteschlange schlafenden Prozesses auf `TASK_RUNNING` gesetzt wird. Wenn *wake_up* aufgerufen wird, nachdem der Puffer überprüft worden ist, wird der Zustand des Tasks geändert, und *schedule* führt dazu, daß der aktuelle Prozeß nach einer kurzen Pause weiterläuft (wenn nicht sogar sofort).

Dieses »im Halbschlaf testen« ist im Kernel so gängig, daß in der 2.1-Entwicklung sogar ein Paar von Makros eingeführt wurde, um sich das Leben einfacher zu machen:

`wait_event(wq, condition);`
`wait_event_interruptible(wq, condition);`
: Beide Makros implementieren den gerade besprochenen Code und fragen `condition` »während des Schlafengehens« ab (was, weil es sich um ein Makro handelt, bei jedem Schleifendurchlauf passiert).

Abwärtskompatibilität

Wie am Anfang des Kapitels bereits erwähnt wurde, bringt die Interrupt-Verarbeitung in Linux relativ wenig Inkompatibilitäten mit älteren Kernel mit sich. Es gibt aber doch einige Probleme, die wir hier besprechen wollen. Die meisten Änderungen sind zwischen den Kernel-Versionen 2.0 und 2.2 geschehen, seitdem ist das Interrupt-Handling auffällig stabil.

Unterschiede im 2.2-Kernel

Die größte Änderung seit der 2.2-Reihe war das Hinzufügen von Tasklets im Kernel 2.3.43. Vor dieser Änderung war der BH-Mechanismus die einzige Möglichkeit für Interrupt-Handler, Aufgaben zu einem späteren Zeitpunkt abarbeiten zu lassen.

Die Funktion *set_current_state* gab es in Linux 2.2 noch nicht (*sysdep.h* implementiert sie aber). Um den aktuellen Prozeßzustand zu ändern, mußte man die Task-Struktur direkt manipulieren, wie in:

```
current->state = TASK_INTERRUPTIBLE;
```

Weitere Unterschiede im 2.0-Kernel

In Linux 2.0 gab es sehr viel mehr Unterschiede zwischen schnellen und langsamen Handlern. Langsame Handler waren wegen des zusätzlichen Organisationsaufwandes im Kernel schon vor der Ausführung langsamer. Schnellere Handler waren nicht nur dadurch schneller, daß die Interrupts abgeschaltet blieben, sondern auch dadurch, daß vor dem Rücksprung aus dem Interrupt nicht nach unteren Hälften gesucht wurde. Die Verzögerung vor der Ausführung einer unteren Hälfte, die in einem Interrupt-Handler vorgemerkt wurde, konnte daher im 2.0-Kernel länger sein. Und schließlich mußten im 2.0-Kernel alle registrierten Handler entweder langsam oder schnell sein, wenn eine IRQ-Leitung gemeinsam genutzt werden sollte; die beiden Modi konnten nicht gemischt werden.

Die meisten SMP-Probleme existierten in 2.0 natürlich nicht. Interrupt-Handler konnten nur jeweils auf einer CPU ausgeführt werden, so daß es keinen Unterschied zwischen dem lokalen und dem globalen Abschalten von Interrupts gab.

Die Funktion *disable_irq_nosync* gab es in 2.0 noch nicht; außerdem durften die Aufrufe von *disable_irq* und *enable_irq* nicht verschachtelt werden.

Die atomaren Operationen waren in 2.0 anders. Die Funktionen *test_and_set_bit*, *test_and_clear_bit* und *test_and_change_bit* gab es gar nicht; statt dessen gaben *set_bit*, *clear_bit* und *change_bit* einen Wert zurück und funktionierten wie die modernen *test_and_*-Versionen. Für die Integer-Versionen war `atomic_t` einfach ein `typedef` auf `int`; und Variablen des Typs `atomic_t` konnten wie `int`s verarbeitet werden. Die Funktionen *atomic_set* und *atomic_read* gab es gar nicht.

Die Makros *wait_event* und *wait_event_interruptible* gab es in Linux 2.0 noch nicht.

Schnellreferenz

Die folgenden Symbole aus dem Bereich der Interrupt-Verwaltung wurden in diesem Kapitel eingeführt:

```
#include <linux/sched.h>
int request_irq(unsigned int irq, void (*handler)(), unsigned long flags,
                const char *dev_name, void *dev_id);
void free_irq(unsigned int irq, void *dev_id);
```

Diese Aufrufe werden verwendet, um einen Interrupt-Handler zu registrieren und abzumelden.

`SA_INTERRUPT`
`SA_SHIRQ`
`SA_SAMPLE_RANDOM`

Flags für *request_irq*. `SA_INTERRUPT` fordert die Installation eines schnellen Handlers (im Gegensatz zu einem langsamen). `SA_SHIRQ` installiert einen gemeinsam genutzten

Handler, und das dritte Flag zeigt an, daß Interrupt-Zeitstempel zur Erzeugung der System-Entropie verwendet werden können.

`/proc/interrupts`
`/proc/stat`
: Diese Dateisystem-Einträge werden verwendet, um Informationen über Hardware-Interrupts und installierte Handler zu melden.

`unsigned long probe_irq_on(void);`
`int probe_irq_off(unsigned long);`
: Diese Funktion gibt eine Bitmaske nicht zugewiesener Interrupts zurück. Der Treiber muß sich diese Bitmaske merken und später an *probe_irq_off* weitergeben. Nach diesem Aufruf sollte der Treiber veranlassen, daß sein Gerät mindestens einen Interrupt erzeugt. Der Rückgabewert von *probe_irq_off* ist der gefundene Interrupt-Wert.

`void disable_irq(int irq);`
`void disable_irq_nosync(int irq);`
`void enable_irq(int irq);`
: Ein Treiber kann das Melden von Interrupts ein- und ausschalten. Wenn die Hardware versucht, einen Interrupt auszulösen, während die Interrupts abgeschaltet sind, dann ist der Interrupt für immer verloren. Ein Treiber, der einen gemeinsam genutzten Handler verwendet, darf diese Funktionen nicht benutzen.

`DECLARE_TASKLET(name, function, arg);`
`tasklet_schedule(struct tasklet_struct *);`
: Hilfsfunktionen für die Arbeit mit Tasklets. *DECLARE_TASKLETS* deklariert ein Tasklet mit dem Namen `name`; bei der Ausführung wird die angegebene `function` mit `arg` aufgerufen. Mit *tasklet_schedule* wird ein Tasklet zur Ausführung vorgemerkt.

`#include <linux/interrupt.h>`
`void mark_bh(int nr);`
: Diese Funktion merkt eine untere Hälfte zur Ausführung vor.

```
#include <linux/spinlock.h>
spinlock_t my_lock = SPINLOCK_UNLOCKED;
spin_lock_init(spinlock_t *lock);
spin_lock(spinlock_t *lock);
spin_lock_irqsave(spinlock_t *lock, unsigned long flags);
spin_lock_irq(spinlock_t *lock);
spin_lock_bh(spinlock_t *lock);
spin_unlock(spinlock_t *lock);
spin_unlock_irqrestore(spinlock_t *lock, unsigned long flags);
spin_unlock_irq(spinlock_t *lock);
spin_unlock_bh(spinlock_t *lock);
spin_is_locked(spinlock_t *lock);
```

```
spin_trylock(spinlock_t *lock)
spin_unlock_wait(spinlock_t *lock);
```

Diverse Funktionen und Symbole für die Arbeit mit Spinlocks.

```
rwlock_t my_lock = RW_LOCK_UNLOCKED;
read_lock(rwlock_t *lock);
read_lock_irqsave(rwlock_t *lock, unsigned long flags);
read_lock_irq(rwlock_t *lock);
read_lock_bh(rwlock_t *lock);
read_unlock(rwlock_t *lock);
read_unlock_irqrestore(rwlock_t *lock, unsigned long flags);
read_unlock_irq(rwlock_t *lock);
read_unlock_bh(rwlock_t *lock);
write_lock(rwlock_t *lock);
write_lock_irqsave(rwlock_t *lock, unsigned long flags);
write_lock_irq(rwlock_t *lock);
write_lock_bh(rwlock_t *lock);
write_unlock(rwlock_t *lock);
write_unlock_irqrestore(rwlock_t *lock, unsigned long flags);
write_unlock_irq(rwlock_t *lock);
write_unlock_bh(rwlock_t *lock);
```

Verschiedene Möglichkeiten zum Sperren und Entsperren bei Leser-Schreiber-Spinlocks.

```
#include <asm/bitops.h>
void set_bit(nr, void *addr);
void clear_bit(nr, void *addr);
void change_bit(nr, void *addr);
test_bit(nr, void *addr);
int test_and_set_bit(nr, void *addr);
int test_and_clear_bit(nr, void *addr);
int test_and_change_bit(nr, void *addr);
```

Diese Funktionen greifen atomar auf Bit-Werte zu; sie können für Flags oder Sperr-Variablen verwendet werden. Die Verwendung dieser Funktionen verhindert Race Conditions im nebenläufigen Zugriff auf das Bit.

```
#include <asm/atomic.h>
void atomic_add(atomic_t i, atomic_t *v);
void atomic_sub(atomic_t i, atomic_t *v);
void atomic_inc(atomic_t *v);
void atomic_dec(atomic_t *v);
int atomic_dec_and_test(atomic_t *v);
```

Diese Funktionen greifen atomar auf Integer-Variablen zu. Damit sauber kompiliert werden kann, darf nur über diese Funktionen auf atomic_t-Variablen zugegriffen werden.

```
#include <linux/sched.h>
TASK_RUNNING
TASK_INTERRUPTIBLE
TASK_UNINTERRUPTIBLE
```

Die am häufigsten verwendeten Werte für den Zustand des aktuellen Tasks. Diese werden als Hinweise für *schedule* verwendet.

```
set_current_state(int state);
```

Setzt den Zustand des aktuellen Tasks auf den angegebenen Wert.

```
void add_wait_queue(struct wait_queue ** p, struct wait_queue * wait)
void remove_wait_queue(struct wait_queue ** p, struct wait_queue * wait)
void __add_wait_queue(struct wait_queue ** p, struct wait_queue * wait)
void __remove_wait_queue(struct wait_queue ** p, struct wait_queue * wait)
```

Die Funktionen niederster Ebene, die Warteschlangen verwenden. Die führenden Unterstriche weisen auf eine Funktionalität niederer Ebene hin. In diesem Fall muß die Meldung von Interrupts bereits im Prozessor abgeschaltet sein.

```
wait_event(wait_queue_head_t queue, condition);
wait_event_interruptible(wait_queue_head_t queue, condition);
```

Diese Makros warten in der angegebenen Warteschlange, bis die angegebene Bedingung wahr ist.

KAPITEL 10

Überlegte Verwendung von Datentypen

Bevor wir zu den fortgeschritteneren Themen kommen, müssen wir uns noch kurz mit einigen Portabilitätsfragen befassen. Moderne Versionen des Linux-Kernels sind hochportabel und laufen auf mehreren sehr verschiedenen Architekturen. In Anbetracht dieser Multiplattform-Eigenschaft von Linux sollten auch Treiber für den ernsthaften Einsatz portabel sein.

Ein Kern-Problem beim Schreiben von Kernel-Code besteht aber darin, daß man sowohl auf Datenelemente bekannter Länge zugreifen möchte (beispielsweise auf Dateisystem-Datenstrukturen oder auf Register auf Hardware-Karten), aber andererseits auch die Fähigkeiten der einzelnen Prozessoren (32-Bit- und 64-Bit-Architekturen und möglichst auch 16-Bit-Architekturen) ausnutzen möchte.

Mehrere Probleme, auf die die Kernel-Entwickler beim Portieren des x86-Codes auf neue Architekturen gestoßen sind, haben mit inkorrekten Datentypen zu tun. Die meisten Fehler können durch striktes Typisieren und Kompilieren mit den Schaltern *–Wall –Wstrict-prototypes* vermieden werden.

Die vom Kernel verwendeten Datentypen können in drei Klassen eingeteilt werden: Standard-C-Typen wie `int`, Typen mit expliziten Größen wie `u32` und Kernel-Objekt-spezifische Typen wie `pid_t`. Wir werden noch sehen, wann und wie jede der drei Klassen verwendet werden sollte. Die letzten Abschnitte dieses Kapitels beschreiben dann einige weitere typische Probleme, auf die Sie stoßen könnten, wenn Sie einen Treiber von x86 auf andere Plattformen portieren möchten, und führen die verallgemeinerte Unterstützung für verkettete Listen ein, die von neueren Kernel-Header-Dateien bereitgestellt wird.

Wenn Sie den hier gegebenen Ratschlägen folgen, dann kompiliert und läuft Ihr Treiber auch auf Plattformen, auf denen Sie ihn gar nicht testen können.

Verwendung der Standard-C-Typen

Während die meisten Programmierer daran gewöhnt sind, beliebig Standardtypen wie `int` oder `long` zu verwenden, müssen beim Programmieren von Gerätetreibern einige Vorsichtsmaßnahmen beachtet werden, um Typisierungskonflikte und obskure Fehler zu vermeiden.

Die Standard-Datentypen können aber nicht verwendet werden, wenn Sie »zwei Füllbytes« oder »etwas, was einen 4-Byte-String repräsentiert« benötigen, weil die normalen C-Datentypen nicht auf allen Architekturen die gleiche Größe haben. Um Ihnen die Größe der diversen C-Typen zu zeigen, haben wir in die Beispielprogramme auf dem O'Reilly-FTP-Server das Programm *datasize* im Verzeichnis *misc-progs* mit aufgenommen. Hier ist eine Beispielausgabe von einem PC (die letzten vier Typen werden im nächsten Abschnitt eingeführt):

```
morgana% misc-progs/datasize
arch   Size:  char  shor   int  long   ptr long-long  u8 u16 u32 u64
i686             1     2     4     4     4     8       1   2   4   8
```

Das Programm zeigt unter anderem, daß `long`-Werte und Zeiger auf 64-Bit-Plattformen eine andere Größe haben, wenn man es auf verschiedenen Linux-Computern ausführt:

```
arch   Size:  char  shor   int  long   ptr long-long  u8 u16 u32 u64
i386             1     2     4     4     4     8       1   2   4   8
alpha            1     2     4     8     8     8       1   2   4   8
armv4l           1     2     4     4     4     8       1   2   4   8
ia64             1     2     4     8     8     8       1   2   4   8
m68k             1     2     4     4     4     8       1   2   4   8
mips             1     2     4     4     4     8       1   2   4   8
ppc              1     2     4     4     4     8       1   2   4   8
sparc            1     2     4     4     4     8       1   2   4   8
sparc64          1     2     4     4     4     8       1   2   4   8
```

Interessanterweise verwendet der User-Space der *Linux-sparc64*-Plattform 32-Bit-Code, weswegen Zeiger im User-Space 32 Bit breit sind, obwohl sie im Kernel ganze 64 Bit breit sind. Man kann dies durch Laden des Moduls *kdatasize* (auch dieses finden Sie bei den Beispieldateien im Verzeichnis *misc-modules*) verifizieren. Das Modul meldet die Größen mittels *printk* beim Laden und löst dann einen Fehler aus (damit man es nicht extra entladen muß):

```
kernel: arch   Size:  char short int long  ptr long-long u8 u16 u32 u64
kernel: sparc64         1    2    4    8    8     8       1   2   4   8
```

Sie müssen zwar beim Mischen von `int` und `long` vorsichtig vorgehen, aber es gibt dafür auch manchmal gute Gründe. Ein solches Beispiel sind Speicheradressen, die für den Kernel eine Sonderbedeutung haben. Obwohl Adressen konzeptionell Zeiger sind, funktioniert die Speicherverwaltung besser, wenn Integer-Datentypen verwendet werden. Der Kernel behandelt den physikalischen Speicher wie ein riesiges Array, und eine Speicheradresse ist lediglich ein Index in dieses Array. Außerdem kann ein Zeiger leicht dereferenziert werden; wenn Sie aber direkt mit Speicheradressen arbeiten, wollen Sie diese fast nie auf diese Weise dereferenzieren. Die Verwendung eines Integer-Typs verhindert diese Dereferenzierung und vermeidet damit Fehler. Deswegen sind Adressen im Kernel `unsigned long`. Damit wird die Tatsache ausgenutzt, daß Zeiger und lange Integer immer die gleiche Größe haben, zumindest aber auf allen Plattformen, die derzeit von Linux unterstützt werden.

Der C99-Standard definiert die Typen `intptr_t` und `uintptr_t` für Integer-Variablen, die einen Zeigerwert aufnehmen können. Diese Typen werden im 2.4-Kernel fast gar nicht verwendet, aber es würde uns nicht wundern, wenn sie im Rahmen der weiteren Entwicklung öfter auftauchen würden.

Datenelementen eine explizite Größe zuweisen

Manchmal ist es im Kernel-Code notwendig, daß Datenelemente eine spezifische Größe haben, entweder um zu vordefinierten binären Strukturen zu passen[1] oder um Daten in Strukturen durch Einfügen von »Füllfeldern« auszurichten (aber lesen Sie auch »Datenausrichtung« weiter hinten in diesem Kapitel, um Informationen über Probleme der Ausrichtung zu bekommen).

Der Kernel stellt zu diesem Zweck die folgenden Datentypen bereit, die Sie verwenden können, wenn Sie wissen müssen, wie groß Ihre Daten sind. Alle diese Typen werden in `<asm/types.h>` deklariert, was wiederum von `<linux/types.h>` eingebunden wird:

```
u8;   /* vorzeichenloses Byte (8 Bits) */
u16;  /* vorzeichenloses Wort (16 Bits) */
u32;  /* vorzeichenloser 32-Bit-Wert */
u64;  /* vorzeichenloser 64-Bit-Wert */
```

Diese Datentypen stehen nur für Kernel-Code zur Verfügung (d.h. `__KERNEL__` muß definiert werden, bevor `<linux/types.h>` eingebunden wird). Es gibt auch die zugehörigen vorzeichenbehafteten Typen, die aber selten benötigt werden. Ersetzen Sie einfach das `u` im Namen durch `s`, wenn Sie doch einen benötigen.

Wenn ein Programm im User-Space diese Typen benötigt, kann es ihren Namen einen doppelten Unterstrich voranstellen: `__u8` und die anderen Typen sind unabhängig von `__KERNEL__` definiert. Wenn ein Treiber beispielsweise binäre Strukturen mit einem Programm im User-Space über *ioctl* austauschen muß, dann sollten die Header-Dateien die 32-Bit-Felder in den Strukturen als `__u32` deklarieren.

Man darf nicht vergessen, daß diese Typen Linux-spezifisch sind; ihre Verwendung steht einer Portierung auf andere Unix-Systeme im Wege. Systeme mit neueren Compilern unterstützen die C99-Standardtypen wie `uint8_t` und `uint32_t`; nach Möglichkeit sollten diese Typen anstelle der Linux-spezifischen Varianten verwendet werden. Wenn Ihr

1 Das passiert zum Beispiel beim Lesen von Partitionstabellen, beim Ausführen von Binärdateien oder beim Decodieren eines Netzwerk-Paketes.

Code aber auch mit 2.0-Kerneln funktionieren muß, dann ist die Verwendung dieser Typen nicht möglich (nur ältere Compiler funktionieren mit 2.0-Kerneln).

Vielleicht ist Ihnen aufgefallen, daß im Kernel manchmal auch konventionelle Typen wie `unsigned int` verwendet werden, wenn die Größe der Elemente architekturunabhängig ist. Das wird hauptsächlich wegen der Rückwärtskompatibilität gemacht. Als `u32` und verwandte Typen in Version 1.1.67 eingeführt wurden, konnten die Entwickler die existierenden Datenstrukturen nicht verändern, weil der Compiler jedesmal eine Warnung ausgibt, wenn es eine Nichtübereinstimmung zwischen dem Feld einer Struktur und dem zugewiesenen Wert gibt.[2] Linus hat nicht damit gerechnet, daß das Betriebssystem, das er einmal für sich selbst geschrieben hatte, auf andere Plattformen portiert werden würde; deswegen haben ältere Strukturen manchmal nur schwache Typen.

Schnittstellenspezifische Typen

Für die am häufigsten benutzten Datentypen im Kernel gibt es eigene `typedef`-Anweisungen, um Portabilitätsprobleme zu vermeiden. Beispielsweise ist die Prozeß-ID (PID) normalerweise ein `pid_t` anstelle eines `int`. Die Verwendung von `pid_t` versteckt mögliche Unterschiede in den tatsächlichen Datentypen. Wir verwenden den Ausdruck *schnittstellenspezifisch* für einen Typ, der von einer Bibliothek definiert wird, um eine Schnittstelle zu einer spezifischen Datenstruktur bereitzustellen.

Selbst wenn kein schnittstellenspezifischer Typ definiert ist, ist es immer wichtig, den passenden Datentyp auf eine Weise zu verwenden, die mit dem Rest des Kernels konsistent ist. Ein Jiffy-Zähler ist immer `unsigned long`, unabhängig von seiner tatsächlichen Größe. Aber möchten Sie immer `jiffy_t` schreiben? Wir konzentrieren uns hier auf die erste Klasse der schnittstellenspezifischen Typen: auf diejenigen, deren Namen auf `_t` enden.

Die vollständige Liste aller `_t`-Typen steht in `<linux/types.h>`, nützt einem aber selten. Wenn Sie einen bestimmten Typ benötigen, finden Sie ihn im Prototyp der Funktionen, die Sie aufrufen müssen, oder in den Datenstrukturen, die Sie verwenden.

Wenn Ihr Treiber Funktionen verwendet, die solche »speziellen« Typen erwarten und der Konvention nicht folgen, wird der Compiler eine Warnung melden. Wenn Sie den Compiler-Schalter *–Wall* verwenden und sorgfältig alle Warnungen beseitigen, können Sie ziemlich sicher sein, daß Ihr Code portabel ist.

Das Hauptproblem bei den `_t`-Datenelementen ist, daß Sie sie nicht so einfach ausgeben können, weil es nicht so leicht ist, das richtige Ausgabeformat für *printk* oder *printf* zu finden; Warnungen, die Sie auf einer Architektur beseitigt haben, treten auf einer ande-

---

2 Der Compiler meldet sogar Typen-Nichtübereinstimmungen, wenn zwei Typen nur verschiedene Namen für ein- und dasselbe Objekt sind, wie beispielsweise `unsigned long` und `u32` auf PCs.

ren wieder auf. Wie wollen Sie beispielsweise einen Wert des Typs `size_t` ausgeben, wo `size_t` auf manchen Plattformen `unsigned long`, auf anderen aber `unsigned int` ist?

Wenn Sie schnittstellenspezifische Daten ausgeben wollen, ist es am besten, wenn Sie den Wert per Cast-Operation auf den größtmöglichen Typ (normalerweise `long` oder `unsigned long`) umwandeln und dann mit dem entsprechenden Format ausgeben. Damit werden keine Warnungen oder Fehler gemeldet, weil das Format zum Typ paßt, und Sie verlieren auch keine Datenbits, weil die Cast-Operation entweder keine Wirkung hat oder das Element zu einem größeren Datentyp erweitert.

In der Praxis sind die Datentypen, über die wir hier reden, aber gar nicht dazu gedacht, ausgegeben zu werden, so daß dieses Problem ohnehin nur bei Debugging-Meldungen auftritt. Meistens muß der Code die Interface-spezifischen Typen nur speichern und vergleichen, sowie sie als Argumente von Bibliotheks- oder Kernel-Funktionen weiterreichen.

Obwohl die `_t`-Typen in den meisten Fällen die richtige Lösung sind, gibt es manchmal nicht den richtigen Typ. Das ist zum Beispiel bei alten Schnittstellen der Fall, die noch nicht aufgeräumt worden sind.

Wir haben in den Header-Dateien des Kernels eine einzige mehrdeutige Stelle gefunden, und zwar in den nur lose definierten Datentypen von I/O-Funktionen (siehe dazu den Abschnitt »Plattformabhängigkeiten« in Kapitel 8). Das liegt hauptsächlich an historischen Gründen, kann aber beim Programmieren zu Problemen führen. Beispielsweise kann man in Schwierigkeiten geraten, wenn man die Argumente von Funktionen wie *outb* vertauscht; wenn es einen Typ `port_b` gäbe, würde der Compiler solche Fehler finden.

Andere Portabilitätsfragen

Außer den Datentypen gibt es noch einige andere Punkte, die Sie im Hinterkopf behalten sollten, wenn Sie einen Treiber schreiben, der portabel über die Linux-Plattformen sein soll.

Eine allgemeine Regel lautet, daß man bei expliziten konstanten Werten mißtrauisch sein sollte. Normalerweise ist der Code mit Präprozessor-Makros parametrisiert worden. Dieser Abschnitt nennt die wichtigsten Portabilitätsprobleme. Immer wenn Sie auf andere Werte stoßen, die parametrisiert worden sind, können Sie Hinweise in den Header-Dateien und den mit dem offiziellen Kernel ausgelieferten Gerätetreibern finden.

Zeit-Intervalle

Gehen Sie nicht davon aus, daß immer 100 Jiffies in einer Sekunde sind. Obwohl das derzeit für Linux-x86 gilt, läuft nicht jede andere Linux-Plattform mit 100 Hz (im 2.4-Kernel finden sich Werte zwischen 20 und 1200; 20 wird aber nur im IA64-Simulator verwendet). Selbst unter x86 kann diese Annahme falsch sein, wenn Sie den Wert von `HZ` ändern (wie manche Leute das tun). Und was in zukünftigen Kerneln passiert, weiß ohnehin keiner. Wann immer Sie Zeit-Intervalle mit Jiffies berechnen, sollten Sie die Zeiten mit HZ (der Anzahl der Timer-Interrupts pro Sekunde) skalieren. Wenn Sie beispielsweise einen Timeout von einer halben Sekunde überprüfen wollen, dann vergleichen Sie die verstrichene Zeit mit HZ/2. Allgemein gesagt liegen in msec Millisekunden immer msec*HZ/1000 Jiffies. Dieses Problem mußte in vielen Netzwerktreibern behoben werden, als sie auf die Alpha-Plattform portiert wurden; manche Treiber funktionierten auf dieser Plattform nicht, weil sie erwarteten, daß HZ 100 ist.

Seitengröße

Wenn Sie mit dem Speicher herumspielen, dann denken Sie daran, daß eine Speicherseite eine Größe von PAGE_SIZE Bytes und nicht von 4 KByte hat. Es ist ein typischer Fehler von PC-Programmierern anzunehmen, daß die Seitengröße 4 KByte beträgt, und diesen Wert hart zu codieren – die Seitengröße schwankt auf den unterstützten Plattformen zwischen 4 KByte und 64 KByte; manchmal gibt es sogar Unterschiede zwischen unterschiedlichen Implementierungen auf der gleichen Plattform. Die relevanten Makros sind PAGE_SIZE und PAGE_SHIFT. Das zweite Makro enthält die Anzahl von Bits, mit der eine Adresse verschoben werden muß, um die Seitennummer zu ermitteln. Derzeit sind das 12 oder mehr für 4 KByte- oder größere Seiten. Diese Makros sind in <asm/page.h> definiert; User Space-Programme können *getpagesize* verwenden, falls sie diese Information jemals benötigen sollten.

Schauen wir uns eine nicht-triviale Situation an. Wenn ein Treiber 16 KByte für temporäre Daten benötigt, dann sollte bei *get_free_pages* kein order-Wert von 2 verwendet werden. Sie brauchen eine portable Lösung. Die Verwendung von diversen #ifdef-Ausdrücken mag zwar derzeit funktionieren, hilft aber nur bei Plattformen, an die Sie gerade denken, und kommt nicht mehr hin, wenn weitere Plattformen unterstützt werden. Daher sollten Sie besser diesen Code verwenden:

```
int order = (14 - PAGE_SHIFT > 0) ? 14 - PAGE_SHIFT : 0;
buf = get_free_pages(GFP_KERNEL, order, 0 /*dma*/);
```

Diese Lösung basiert darauf, daß 16 KByte gleich 1<<14 ist. Der Quotient zweier Zahlen ist die Differenz ihrer Logarithmen (Potenzen), und sowohl 14 als auch PAGE_SHIFT sind ja Potenzen. Der Wert von order wird zur Kompilierzeit ohne weiteren Verwaltungsaufwand berechnet. Diese Implementation ist eine sichere Möglichkeit, Speicher für eine beliebige Zweierpotenz zu allozieren, unabhängig davon, welchen Wert PAGE_SIZE hat.

Byte-Reihenfolge

Achten Sie darauf, keine Annahmen über die Byte-Reihenfolge zu machen. PCs speichern aus mehreren Bytes bestehende Werte mit dem niedrigerwertigen Byte zuerst (Little-Endian), die meisten leistungsfähigeren Plattformen arbeiten andersherum (Big-Endian). Moderne Prozessoren können in beiden Modi arbeiten, aber die meisten ziehen es vor, im Big-Endian-Modus zu arbeiten; die Unterstützung für Little-Endian-Speicherzugriff wurde hinzufügt, um mit PC-Daten umgehen zu können. Linux arbeitet aber normalerweise im nativen Modus des Prozessors. Ihr Code sollte nach Möglichkeit so geschrieben sein, daß er sich nicht um die Byte-Reihenfolge der manipulierten Daten kümmert. Manchmal muß ein Treiber aber eine Integer-Zahl aus einzelnen Bytes zusammensetzen (oder das Gegenteil tun).

Sie müssen sich beispielsweise mit der Endian-Eigenschaft auseinandersetzen, wenn Sie Header in Netzwerk-Paketen ausfüllen oder wenn Sie es mit einem Peripherie-Gerät zu tun haben, das mit einer bestimmten Byte-Reihenfolge arbeitet. In diesem Fall sollte der Code <asm/byteorder.h> enthalten und abfragen, ob diese Header-Datei __BIG_ENDIAN oder __LITTLE_ENDIAN definiert.

Sie könnten eine Reihe von #ifdef __LITTLE_ENDIAN-Ausdrücken verwenden, aber es gibt auch noch eine bessere Möglichkeit. Der Linux-Kernel definiert einen Satz Makros, die Konvertierungen zwischen der Byte-Reihenfolge des Prozessors und der Byte-Reihenfolge der Daten durchführen, wenn Sie die Daten in einer bestimmten Reihenfolge laden oder speichern müssen. Ein Beispiel:

```
u32 __cpu_to_le32 (u32);
u32 __le32_to_cpu (u32);
```

Diese beiden Makros konvertieren einen Wert von der Darstellung, die die CPU verwendet, in einen vorzeichenlosen, 32 Bit breiten Little-Endian-Wert und zurück. Dieses funktioniert unabhängig davon, ob die CPU Little-Endian oder Big-Endian ist, und auch unabhängig davon, ob es sich um einen 32-Bit-Prozessor oder nicht handelt. Die Makros geben ihr Argument unverändert zurück, wenn nichts zu tun ist. Mit diesen Makros ist es einfach, portablen Code zu schreiben, ohne besonders viele bedingte Kompilierungsanweisungen zu verwenden.

Es gibt Dutzende solcher Routinen; die vollständige Liste finden Sie in <linux/byteorder/big_endian.h> und <linux/byteorder/little_endian.h>. Nach einer Weile erschließt sich das Muster leicht. *__be64_to_cpu* konvertiert einen vorzeichenlosen, 64 Bit breiten Big-Endian-Wert in die interne CPU-Repräsentation. *__le16_to_cpus* dagegen kümmert sich um vorzeichenbehaftete, 16 Bit breite Little-Endian-Werte. Wenn Sie es mit Zeigern zu tun haben, können Sie ebenfalls Funktionen wie *__cpu_to_le32p* verwenden, die einen Zeiger auf den zu konvertierenden Wert anstelle des Wertes selbst erwarten. Die Header-Datei enthält alle weiteren Informationen.

Nicht alle Linux-Versionen definieren alle Makros, die mit der Byte-Reihenfolge zu tun haben. Insbesondere erschien das Verzeichnis *linux/byteorder* in der Version 2.1.72, um Ordnung in die diversen <asm/byteorder.h>-Dateien zu bringen und doppelte Definitionen zu entfernen. Wenn Sie unsere Header-Datei *sysdep.h* verwenden, dann können Sie alle in Linux 2.4 vorhandenen Makros auch mit den 2.0- und 2.2-Kerneln verwenden.

Datenausrichtung

Das letzte Problem, um das wir uns beim Schreiben von portablem Code kümmern müssen, ist der Zugriff auf nicht ausgerichtete Daten, also beispielsweise, wie man einen 4-Byte-Wert an einer Adresse speichert, die kein Vielfaches von 4 ist. PC-Benutzer greifen oft auf nicht-ausgerichtete Datenelemente zu, aber nur wenige Architekturen erlauben das. Die meisten modernen Architekturen erzeugen jedesmal eine Ausnahme, wenn das Programm nicht ausgerichtete Datenübertragungen ausführen will; die Datenübertragung wird dann unter großem Performance-Verlust von der Ausnahmebehandlungsroutine erledigt. Wenn Sie auf nicht-ausgerichtete Daten zugreifen müssen, sollten Sie die folgenden Makros verwenden:

```
#include <asm/unaligned.h>
get_unaligned(ptr);
put_unaligned(val, ptr);
```

Diese Makros sind typenlos und funktionieren mit jedem Datenelement, egal ob es 1, 2, 4 oder 8 Byte lang ist. Diese Makros sind in allen Kernel-Versionen vorhanden.

Bei der Ausrichtung spielt auch die Portabilität von Datenstrukturen über Plattformen hinweg eine Rolle. Die gleiche Datenstruktur (wie sie in einer C-Quelldatei definiert ist) kann auf unterschiedlichen Plattformen unterschiedlich kompiliert werden. Der Compiler ordnet die Felder der Struktur so an, daß sie entsprechend den Konventionen der jeweiligen Plattform ausgerichtet sind. Theoretisch kann der Compiler sogar die Reihenfolge der Felder einer Struktur umstellen, um den Speicherverbrauch zu optimieren.[3]

Um Datenstrukturen für Datenelemente entwickeln zu können, die portabel über Architekturen hinweg sind, sollten Sie immer die natürliche Ausrichtung der Datenelemente erzwingen (neben der Standardisierung auf eine bestimmte Endian-Eigenschaft). *Natürliche Ausrichtung* nennt man das Speichern der Datenelemente an einer Adresse, die ein Vielfaches ihrer Größe beträgt (8 Byte große Elemente gehören also an eine Adresse, die ein Vielfaches von 8 ist). Um die natürliche Ausrichtung zu erzwingen und den Compiler daran zu hindern, Felder umherzuschieben, sollten Sie Füllfelder verwenden, die es vermeiden, Löcher in der Datenstruktur zu lassen.

Um Ihnen zu zeigen, wie der Compiler die Ausrichtung erzwingt, finden Sie im Verzeichnis *misc-progs* im Beispiel-Code das Programm *dataalign* sowie das äquivalente Modul *kdataalign*. Hier sehen sie die Ausgabe des Programms auf mehreren Plattformen sowie die Ausgabe des Moduls auf SPARC64:

```
arch  Align:  char  short  int  long   ptr long-long  u8 u16 u32 u64
i386            1     2     4     4     4     4        1   2   4   4
i686            1     2     4     4     4     4        1   2   4   4
alpha           1     2     4     8     8     8        1   2   4   8
```

3 Das Umstellen von Feldern geschieht auf den derzeit unterstützten Architekturen nicht, weil es die Interoperabilität mit existierendem Code zerstören könnte; eine neue Architektur könnte aber durch aus Umstellregeln für Strukturen vorsehen, die dann auch Löcher aufgrund von Ausrichtungsanforderungen enthalten könnten.

```
armv4l        1    2    4    4    4    4       1  2  4  4
ia64          1    2    4    8    8    8       1  2  4  8
mips          1    2    4    4    4    8       1  2  4  8
ppc           1    2    4    4    4    8       1  2  4  8
sparc         1    2    4    4    4    8       1  2  4  8
sparc64       1    2    4    4    4    8       1  2  4  8

kernel: arch  Align: char short int long  ptr long-long u8 u16 u32 u64
kernel: sparc64         1    2    4    8    8    8       1   2   4   8
```

Interessanterweise richten nicht alle Plattformen 64-Bit-Werte an durch 64 teilbaren Adressen aus, so daß Sie Füllfelder brauchen, um die Ausrichtung zu erzwingen und die Portabilität sicherzustellen.

Verkettete Listen

Betriebssystem-Kernel benötigen wie viele andere Programme oft Listen von Datenstrukturen. Im Linux-Kernel hat es manchmal mehrere Implementationen verketteter Listen gegeben. Um die Menge doppelten Codes zu reduzieren, haben sich die Kernel-Entwickler auf eine Standardimplementation ringförmiger, doppelt verketteter Listen geeignet; alle, die Listen verarbeiten müssen, sollten diese Funktionalität verwenden, die mit dem Kernel 2.1.45 eingeführt wurde.

Um diesen Listenmechanismus zu verwenden, muß Ihr Treiber die Datei `<linux/list.h>` einbinden. Diese Datei definiert eine einfache Datenstruktur des Typs `list_head`:

```
struct list_head {
    struct list_head *next, *prev;
};
```

In richtigem Code verwendete verkettete Listen bestehen fast immer aus irgendeiner Struktur, die jeweils einen Eintrag in der Liste beschreibt. Um die Listen-Funktionalität in Linux in Ihrem Code zu verwenden, müssen Sie nur einen `list_head` in den Strukturen einbauen, aus denen die Liste besteht. Wenn Ihr Treiber etwa eine Liste zu erledigender Dinge verwaltet, dann könnte die Deklaration folgendermaßen aussehen:

```
struct todo_struct {
    struct list_head list;
    int priority; /* treiberspezifisch */
    /* ... andere treiberspezifische Felder */
};
```

Der Kopf der Liste muß eine alleinstehende `list_head`-Struktur sein. Listen-Köpfe müssen vor der Verwendung mit dem Makro `INIT_LIST_HEAD` initialisiert werden. Der Kopf einer »Todo-Liste« könnte wie folgt deklariert und initialisiert werden:

```
struct list_head todo_list;

INIT_LIST_HEAD(&todo_list);
```

Alternativ dazu können Listen auch zur Kompilierzeit initialisiert werden:

```
LIST_HEAD(todo_list);
```

In `<linux/list.h>` sind mehrere Funktionen definiert, die auf Listen arbeiten:

`list_add(struct list_head *new, struct list_head *head);`
: Diese Funktion fügt den Eintrag `new` unmittelbar nach dem Listenkopf ein – normalerweise am Anfang der Liste. Auf diese Weise können Stacks aufgebaut werden. Beachten Sie aber, daß `head` nicht der nominelle Kopf der Liste sein muß. Wenn Sie eine `list_head`-Struktur übergeben, die sich zufällig irgendwo mitten in der Liste befindet, dann gelangt der neue Eintrag unmittelbar dahinter. Weil Linux-Listen zirkulär sind, unterscheidet sich der Kopf der Liste nicht weiter von anderen Einträgen.

`list_add_tail(struct list_head *new, struct list_head *head);`
: Fügt einen neuen Eintrag unmittelbar vor dem angegebenen Listenkopf ein – also am Ende der Liste. *list_add_tail* kann also zum Aufbau von FIFOs verwendet werden.

`list_del(struct list_head *entry);`
: Der angegebene Eintrag wird aus der Liste entfernt.

`list_empty(struct list_head *head);`
: Gibt einen von Null verschiedenen Wert zurück, wenn die Liste nicht leer ist.

`list_splice(struct list_head *list, struct list_head *head);`
: Diese Funktion verknüpft zwei Listen durch Einfügen von `list` unmittelbar hinter `head`.

Die `list_head`-Strukturen sind für die Implementierung einer Liste von gleichartigen Strukturen geeignet, aber das aufrufende Programm ist oft mehr an den größeren Strukturen interessiert, die die Liste insgesamt ausmachen. Es gibt ein Makro namens `list_entry`, das einen Zeiger auf eine `list_head`-Struktur auf einen Zeiger auf die enthaltene Struktur abbildet. Dieses Makro wird folgendermaßen aufgerufen:

```
list_entry(struct list_head *ptr, type_of_struct, field_name);
```

wobei `ptr` ein Zeiger auf die verwendete `struct list_head` ist. `type_of_struct` ist der Typ der Struktur, die den `ptr` enthält, und `field_name` ist der Name des Listenfeldes in der Struktur. In unserer `todo_struct`-Struktur würde das Listenfeld einfach `list` heißen. Wir würden also einen Listeneintrag mit folgender Zeile in seine enthaltene Struktur konvertieren:

```
struct todo_struct *todo_ptr =
    list_entry(listptr, struct todo_struct, list);
```

An das Makro *list_entry* muß man sich erst gewöhnen, aber so schwierig zu verwenden ist es gar nicht.

Die Traversierung verketteter Listen ist einfach: Man muß einfach nur den Zeigern `prev` und `next` folgen. Nehmen wir als Beispiel an, daß wir die Liste der `todo_struct`-Elemente in der Reihenfolge absteigender Wichtigkeit sortieren wollen. Eine Funktion zum Einfügen eines neuen Eintrags würde dann etwa so aussehen:

```
void todo_add_entry(struct todo_struct *new)
{
    struct list_head *ptr;
    struct todo_struct *entry;

    for (ptr = todo_list.next; ptr != &todo_list; ptr = ptr->next) {
        entry = list_entry(ptr, struct todo_struct, list);
        if (entry->priority < new->priority) {
            list_add_tail(&new->list, ptr);
            return;
        }
    }
    list_add_tail(&new->list, &todo_struct)
}
```

Die Datei `<linux/list.h>` definiert auch ein Makro namens *list_for_each*, das zu der `for`-Schleife expandiert, die in diesem Code verwendet wurde. Sie können sich wahrscheinlich schon denken, daß Sie vorsichtig mit dem Verändern der Liste während der Traversierung sein müssen.

Abbildung 10-1 zeigt, wie die einfache `struct list_head` zur Verwaltung der Liste von Datenstrukturen verwendet wird.

Weil nicht alle Features, die *list.h* in Linux 2.4 bereitstellt, auch in älteren Kerneln zur Verfügung stehen, füllt *sysdep.h* die Lücke, indem es Makros und Funktionen zur Verwendung in älteren Kerneln deklariert.

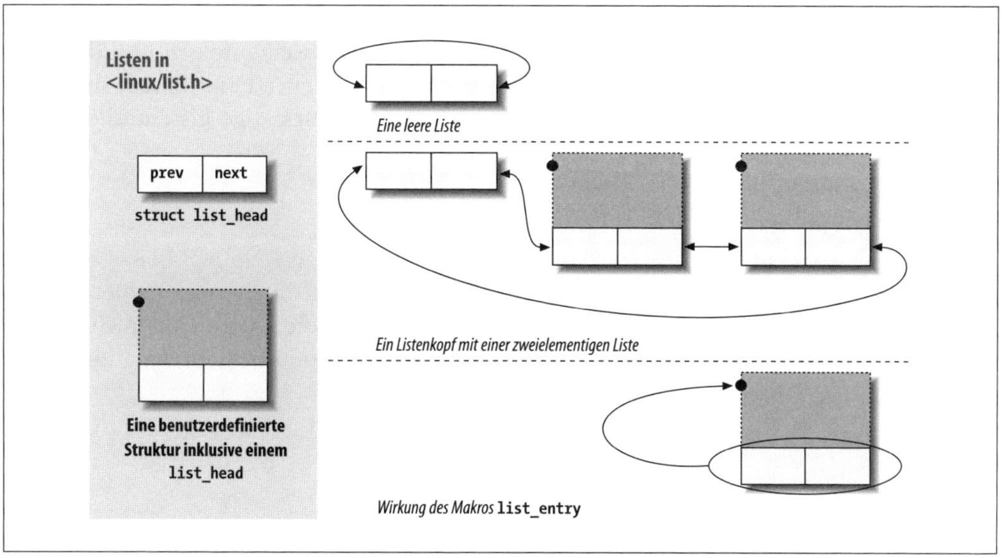

Abbildung 10-1: Die Datenstruktur list_head

Schnellreferenz

In diesem Kapitel wurden die folgenden Symbole eingeführt:

#include <linux/types.h>
typedef u8;
typedef u16;
typedef u32;
typedef u64;

Diese Typen sind vorzeichenlose Integer-Werte mit einer garantierten Größe von 8, 16, 32 und 64 Bit. Es gibt auch die zugehörigen vorzeichenbehafteten Typen. Im User-Space können Sie auf diese Typen als __u8, __u16 usw. zugreifen.

#include <asm/page.h>
PAGE_SIZE
PAGE_SHIFT

Diese Symbole definieren die Anzahl der Bytes pro Seite in der jeweiligen Architektur und die Anzahl der Bits im Seiten-Offset (12 bei 4 KByte-Seiten und 13 bei 8 KByte-Seiten).

#include <asm/byteorder.h>
__LITTLE_ENDIAN
__BIG_ENDIAN

Nur eines dieser beiden Symbole ist – je nach Architektur – definiert.

#include <asm/byteorder.h>
u32 __cpu_to_le32 (u32);
u32 __le32_to_cpu (u32);

Funktionen zum Konvertieren zwischen bekannten Byte-Reihenfolgen und der Byte-Reihenfolge des Prozessors. Es gibt mehr als sechzig solcher Funktionen; die diversen Dateien in *include/linux/byteorder/* enthalten die vollständige Liste und die Definitionen dieser Funktionen.

#include <asm/unaligned.h>
get_unaligned(ptr);
put_unaligned(val, ptr);

Manche Architekturen benötigen diese Makros, um auf nicht-ausgerichtete Daten zuzugreifen. Diese Makros werden auf Architekturen, die Zugriff auf nicht-ausgerichtete Daten erlauben, zur einfachen Dereferenzierung von Zeigern expandiert.

```
#include <linux/list.h>
list_add(struct list_head *new, struct list_head *head);
list_add_tail(struct list_head *new, struct list_head *head);
list_del(struct list_head *entry);
list_empty(struct list_head *head);
list_entry(entry, type, member);
list_splice(struct list_head *list, struct list_head *head);
```

Funktionen zum Manipulieren zirkulärer, doppelt verketteter Listen.

KAPITEL 11

kmod und fortgeschrittene Modularisierung

In diesem zweiten Teil des Buches werden wir fortgeschrittenere Themen als bisher besprechen. Wieder fangen wir mit der Modularisierung an.

Die Einführung in die Modularisierung in Kapitel 2 war nur die halbe Wahrheit; der Kernel und das *modutils*-Paket unterstützen einige fortgeschrittene Funktionen, die komplexer sind als das, was wir bisher benötigt haben, um einen grundlegenden Treiber zum Laufen zu bringen. Dazu gehören das Programm *kmod* und die Versionsunterstützung in Modulen (womit Sie es vermeiden können, Ihre Module jedesmal neu zu kompilieren, wenn Sie eine neue Kernel-Version einspielen). Außerdem behandeln wir das Ausführen von Hilfsprogrammen im User-Space vom Kernel-Code aus.

Die Implementation des Ladens von Kernel-Modulen bei Bedarf hat sich mit der Zeit deutlich geändert. Dieses Kapitel behandelt wie üblich die Implementation im 2.4-Kernel. Der Beispiel-Code funktioniert aber soweit möglich auch mit 2.0- und 2.2-Kerneln; wir behandeln die Unterschiede am Ende dieses Kapitels.

Module bei Bedarf laden

Linux unterstützt das automatische Laden und Entladen von Modulen. Damit wird folgendes erreicht:

- Für den Benutzer ist das Laden und Entladen der Module leichter.
- Es wird kein Kernel-Speicher durch Treiber verschwendet, die gerade nicht benutzt werden.
- Es können »generische« Kernel erzeugt werden, die eine Vielzahl unterschiedlicher Hardware unterstützen.

Um dieses Feature auszunutzen, müssen Sie die Unterstützung für den *kmod* ausschalten von Interrupts, wenn Sie Ihren Kernel konfigurieren; Kernel von Distributoren haben diese Fähigkeit normalerweise von Haus aus. Die Fähigkeit, zusätzliche Module bei Bedarf anzufordern, ist besonders nützlich bei Treibern, die voneinander abhängige Module verwenden.

Die Idee hinter *kmod* ist einfach, aber effektiv. Wenn der Kernel versucht, auf bestimmte Arten von Ressourcen zuzugreifen, diese aber nicht zur Verfügung stehen, ruft er eine spezielle Funktion im *kmod*-Subsystem auf, anstatt einfach einen Fehler zurückzugeben. Wenn es *kmod* gelingt, die Ressource durch Laden eines oder mehrerer Module verfügbar zu machen, arbeitet der Kernel wie gewünscht weiter, ansonsten gibt er den Fehler zurück. Fast alle Ressourcen können auf diese Weise angefordert werden: Zeichen- und Block-Treiber, Dateisysteme, Line Disciplines (auf einer seriellen Leitung verwendete Parameter), Netzwerk-Protokolle usw.

Ein Beispiel für einen Treiber, der davon Gebrauch macht, sind die Advanced Linux Sound Architecture (ALSA)-Soundtreiber, die eines Tages die aktuelle Sound-Implementation (Open Sound System, OSS) im Linux-Kernel ersetzen sollen.[1] ALSA ist in viele Teile aufgeteilt. Zuerst wird der Kern-Code geladen, den jedes System braucht. Zusätzliche Bestandteile werden dann je nach vorhandener Hardware (der jeweiligen Soundkarte) und der gewünschten Funktionalität (MIDI-Sequencer, Synthesizer, Mixer, OSS-Kompatibilität) geladen. Ein großes und kompliziertes System kann so also in seine Bestandteile aufgeteilt werden, wobei nur die jeweils benötigten Teile im laufenden System vorhanden sein müssen.

Eine andere gängige Verwendung des automatischen Ladens von Modulen ist das Bauen von Kerneln, die für alle Lagen passen und die von Distributionen verwendet werden. Distributoren wollen, daß ihre Kernel auf so viel Hardware wie möglich läuft. Es ist aber nicht möglich, einfach jeden denkbaren Treiber in den Kernel zu konfigurieren: Der resultierende Kernel wäre zu groß zum Laden (und würde viele System-Ressourcen verschwenden); außerdem fordert man geradezu Konflikte und Verwirrung heraus, wenn man so viele Treiber nach Hardware suchen läßt. Dank des automatischen Ladens kann sich der Kernel selbst an die auf dem jeweiligen System vorgefundene Hardware anpassen.

Module im Kernel anfordern

Sämtlicher Code im Kernel-Space kann das Laden eines Moduls durch Verwendung von *kmod* anfordern. *kmod* wurde ursprünglich als separater, freistehender Kernel-Prozeß implementiert, der Anfragen nach zu ladenden Modulen erledigte, ist aber schon vor längerer Zeit so vereinfacht worden, daß er keinen eigenen Prozeß-Kontext mehr braucht. Um *kmod* zu verwenden, müssen Sie `<linux/kmod.>` in Ihre Treiber-Quellen einbinden.

Um das Laden eines Moduls anzufordern, rufen Sie *request_module* auf:

```
int request_module(const char *module_name);
```

1 Die ALSA-Treiber finden Sie unter *www.alsa-project.org*.

Der `module_name` kann entweder der Name einer bestimmten Moduldatei oder der Name einer generischeren Fähigkeit sein; wir schauen uns die Modulnamen im nächsten Abschnitt noch genauer an. Der Rückgabewert von *request_module* ist entweder 0 oder einer der üblichen Fehler-Codes, wenn etwas schiefgeht.

Beachten Sie, daß *request_module* synchron ist – die Funktion schläft, bis der Versuch, das Modul zu laden, vollständig abgearbeitet ist. Das bedeutet natürlich auch, daß *request_module* nicht im Interrupt-Kontext aufgerufen werden darf. Beachten Sie auch, daß ein erfolgreicher Rücksprung aus *request_module* nicht garantiert, daß die gewünschte Fähigkeit jetzt zur Verfügung steht. Der Rückgabewert zeigt an, daß *request_module modprobe* erfolgreich ausführen konnte, sagt aber nichts über den Rückgabewert von *modprobe* selbst aus. Eine Vielzahl von Problemen oder fehlerhaften Konfigurationen kann dazu führen, daß *request_module* eine erfolgreiche Ausführung meldet, obwohl das gewünschte Modul nicht geladen worden ist.

Die korrekte Anwendung von *request_module* setzt also normalerweise das zweimalige Abfragen der gewünschten Fähigkeit voraus:

```
if ( (ptr = look_for_feature()) == NULL) {
    /* wenn das Feature fehlt, einen Anfrage-String erzeugen */
    sprintf(modname, "fmt-for-feature-%i\n", featureid);
    request_module(modname); /* und versuchen, es zu laden */
}
/* Noch einmal nach dem Feature suchen; Fehler melden, falls nicht vorhanden */
if ( (ptr = look_for_feature()) == NULL)
    return -ENODEV;
```

Die erste Abfrage vermeidet überflüssige Aufrufe von *request_module*. Wenn das Feature im laufenden Kernel nicht vorhanden ist, wird ein Anfrage-String erzeugt und mit *request_module* danach gesucht. Die zweite Abfrage stellt sicher, daß das gewünschte Feature verfügbar geworden ist.

Die Seite des User-Space

Das Laden eines Moduls benötigt Hilfe vom User Space, weil es deutlich einfacher ist, die benötigte Konfigurierbarkeit und Flexibilität in diesem Kontext zu implementieren. Wenn der Kernel-Code *request_module* aufruft, wird ein neuer »Kernel-Thread«-Prozeß gestartet, der ein Hilfsprogramm im User-Space ausführt. Dieses Programm heißt *modprobe*, wir sind ihm schon weiter vorn in diesem Buch kurz begegnet.

modprobe kann vieles. Im einfachsten Fall ruft es einfach *insmod* mit dem an *request_module* übergebenen Modulnamen auf. Kernel-Code wird *request_module* aber oft mit einem abstrakteren Namen wie *scsi_hostadapter* aufrufen; *modprobe* sucht und lädt dann das passende Modul. *modprobe* kann außerdem mit Modulabhängigkeiten umgehen. Wenn ein angefordertes Modul ein weiteres Modul benötigt, lädt *modprobe* beide, sofern *depmod -a* nach der Installation der Module aufgerufen worden ist.[2]

Das Hilfsprogramm *modprobe* wird durch die Datei */etc/modules.conf* konfiguriert.[3] Die Man-Page zu *modules.conf* enthält eine vollständige Liste aller Einträge, die in dieser Datei stehen dürfen. Die gängigsten Einträge sind:

`path[misc]=`*`directory`*
: Diese Anweisung teilt *modprobe* mit, daß die diversen Module im Unterverzeichnis *misc* unter dem angegebenen Verzeichnis *`directory`* zu finden sind. Weitere Pfade, die Sie eventuell setzen möchten, sind `boot`, der auf ein Verzeichnis von Modulen verweist, die beim Booten geladen werden sollen, sowie `toplevel`, der ein Toplevel-Verzeichnis angibt, unter dem ein Baum mit Modul-Unterverzeichnissen zu finden ist. Vermutlich wollen Sie auch eine separate `keep`-Anweisung haben.

`keep`
: Normalerweise führt eine `path`-Anweisung dazu, daß *modprobe* alle andere Pfade (einschließlich der Defaults) verwirft, die es eventuell kennt. Durch Verwenden von `keep` *vor* `path` fügt *modprobe* die neuen Pfade zur Liste hinzu, anstatt sie zu löschen.

`alias` *`alias_name real_name`*
: Veranlaßt *modprobe*, das Modul *`real_name`* zu laden, wenn es um das Laden von `alias_name` gebeten wird. Der Aliasname bezeichnet normalerweise eine bestimmte Fähigkeit wie `scsi_hostadapter`, `eth0` oder `sound`. So werden generische Anforderungen (»ein Treiber für die erste Ethernet-Karte«) auf bestimmte Module abgebildet. Alias-Zeilen werden normalerweise während der Systeminstallation erzeugt; wenn einmal ermittelt worden ist, welche Hardware in einem bestimmten System vorhanden ist, werden die passenden `alias`-Einträge erzeugt, damit die richtigen Treiber geladen werden.

`options [-k]` *`module opts`*
: Definiert einen Satz von Optionen (*`opts`*) für das angegebene Modul *`module`*, die beim Laden verwendet werden. Wenn das Flag *-k* angegeben wird, wird das Modul durch ein *modprobe -r* nicht automatisch entfernt.

`pre-install` *`module command`*
`post-install` *`module command`*
`pre-remove` *`module command`*
`post-remove` *`module command`*
: Die ersten beiden Anweisungen geben einen Befehl *`command`* an, der entweder vor oder nach der Installation des angegebenen Moduls ausgeführt werden soll; die letz-

2 Die meisten Distributionen führen *depmod -a* automatisch beim Booten aus, so daß Sie sich darüber keine Gedanken machen müssen, sofern Sie nicht Ihr neues Modul nach dem Rebooten installiert haben. Nähere Details finden Sie in der Dokumentation zu *modprobe*.

3 Auf älteren Systemen heißt diese Datei oft */etc/conf.modules*. Dieser Name funktioniert immer noch, sollte aber nicht mehr verwendet werden.

ten beiden Anweisungen führen den Befehl vor oder nach dem Entfernen des Moduls aus. Diese Anweisungen sind nützlich, wenn eine zusätzliche Verarbeitung im User-Space notwendig ist oder wenn ein notwendiger Daemon-Prozeß gestartet werden soll. Der Befehl sollte mit seinem vollständigen Pfad angegeben werden, um mögliche Probleme zu vermeiden.

Beachten Sie, daß das Modul mit *modprobe* entfernt werden muß, damit die Anweisungen zum Entfernen ausgeführt werden; dies geschieht nicht, wenn das Modul mit *rmmod* entfernt wird oder das System (absichtlich oder unabsichtlich) heruntergefahren wird.

modprobe unterstützt deutlich mehr Anweisungen als hier genannt sind, die anderen werden aber nur in komplizierten Situationen benötigt.

Eine typische */etc/modules.conf*-Datei sieht so aus:

```
alias scsi_hostadapter aic7xxx
alias eth0 eepro100
pre-install pcmcia_core /etc/rc.d/init.d/pcmcia start
options short irq=1
alias sound es1370
```

Diese Datei teilt *modprobe* mit, welche Treiber zu laden sind, damit das SCSI-System, das Ethernet und die Soundkarten funktionieren. Es stellt außerdem sicher, daß, wenn die PCMCIA-Treiber geladen werden, ein Startup-Skript ausgeführt wird, das den Card Services-Daemon startet. Schließlich wird eine Option angegeben, die an den *short*-Treiber übergeben wird.

Sicherheitsfragen beim Laden von Modulen

Das Laden eines Moduls in den Kernel hat offensichtliche Auswirkungen auf die Sicherheit, weil der geladene Code mit höchsten Rechten läuft. Aus diesem Grund muß man bei der Arbeit mit dem Modul-Ladesystem sorgfältig vorgehen.

Beim Editieren der Datei *modules.conf* sollten Sie immer daran denken, daß jeder, der Kernel-Module laden kann, die vollständige Kontrolle über das System hat. Deswegen sollten alle Verzeichnisse, die zum Ladepfad hinzugefügt werden, sorgfältig geschützt werden, desgleichen die Datei *modules.conf* selbst.

Beachten Sie, daß sich *insmod* normalerweise weigert, Module zu laden, die nicht dem Benutzer root gehören; dieses Verhalten ist eine Vorsichtsmaßnahme gegen Angreifer, die sich Schreibrechte auf ein Modulverzeichnis verschaffen. Sie können diese Abfrage mit einer Option von *insmod* (oder einer Zeile in *modules.conf*) abschalten, das vermindert aber die Sicherheit Ihres Systems.

Sie sollten nicht vergessen, daß der Modulnamen-Parameter, den Sie an *request_module* übergeben, am Ende in der Kommandozeile von *modprobe* landet. Wenn dieser Modulname von irgendeinem User-Space-Programm kommt, muß er sehr sorgfältig überprüft werden, bevor er an *request_module* übergeben wird. Denken Sie beispielsweise an einen Systemaufruf, der Netzwerk-Schnittstellen konfiguriert. Als Antwort auf einen Aufruf von *ifconfig* fordert dieser Systemaufruf *request_module* auf, den Treiber der (vom Benutzer angegebenen) Schnittstelle zu laden. Ein feindlich gesinnter Benutzer könnte einen fiktiven Schnittstellennamen wählen, der *modprobe* veranlaßt, etwas Unpassendes zu tun. Dies ist eine echte Verletzlichkeit, die spät im 2.4.0-test-Entwicklungszyklus entdeckt wurde; die schlimmsten Probleme sind beseitigt worden, aber das System ist immer noch anfällig für böswillige Modulnamen.

Ein Beispiel für das Laden von Modulen

Schauen wir uns jetzt an, wie das Laden von Modulen bei Bedarf in der Praxis funktioniert. Dazu verwenden wir die beiden Module *master* und *slave*, die Sie im Verzeichnis *misc-modules* in den Quelldateien des O'Reilly-FTP-Servers finden.

Um diesen Test-Code auszuführen, ohne die Module im Default-Suchpfad für Module zu installieren, können Sie etwa folgende Zeilen zu Ihrer */etc/modules.conf* hinzufügen:

```
keep
path[misc]=~rubini/driverBook/src/misc-modules
```

Das Slave-Modul erfüllt keine Aufgabe; es verbraucht nur Platz, bis es entfernt wird. Das Master-Modul sieht dagegen folgendermaßen aus:

```
#include <linux/kmod.h>
#include "sysdep.h"


int master_init_module(void)
{
    int r[2]; /* Ergebnisse */

    r[0]=request_module("slave");
    r[1]=request_module("nonexistent");
    printk(KERN_INFO "master: loading results are %i, %i\n", r[0],r[1]);
    return 0; /* Erfolg */
}

void master_cleanup_module(void)
{ }
```

Beim Laden versucht *master*, zwei Module zu laden: das Modul *slave* sowie eines, das nicht existiert. Die *printk*-Meldungen gelangen in Ihr System-Protokoll und möglicherweise auf die Konsole. Folgendes passiert auf einem System mit *kmod*-Unterstützung, wenn der Daemon aktiv ist und die Befehle auf der Text-Konsole eingegeben werden:

```
morgana.root# depmod -a
morgana.root# insmod ./master.o
master: loading results are 0, 0
```

```
morgana.root# cat /proc/modules
slave                     248   0  (autoclean)
master                    740   0  (unused)
es1370                  34832   1
```

Sowohl der Rückgabewert aus *request_module* als auch die Datei */proc/modules* (beschrieben in »Initialisierung und Beendigung« in Kapitel 2) zeigen, daß das Modul *slave* korrekt geladen worden ist. Beachten Sie aber, daß auch der Versuch, `nonexistent` zu laden, einen erfolgreichen Rückgabewert zeigt. Weil *modprobe* ausgeführt wurde, meldet *request_module* eine erfolgreiche Ausführung, unabhängig davon, was in *modprobe* passiert ist.

Das darauffolgende Entfernen von *master* führt zu folgendem Ergebnis:

```
morgana.root# rmmod master
morgana.root# cat /proc/modules
slave                     248   0  (autoclean)
es1370                  34832   1
```

Das Modul *slave* bleibt im Kernel zurück, bis das nächste Aufräumen von Modulen erfolgt (was auf modernen Systemen auch nie der Fall sein könnte).

User Mode-Hilfsprogramme ausführen

Wie wir bereits gesehen haben, führt die Funktion *request_module* ein Programm im User Mode (also als separaten Prozeß, in einem unprivilegierten Prozessormodus und im User-Space) aus, um seine Aufgabe zu erledigen. In der 2.3-Entwicklungsserie machten die Kernel-Entwickler die Fähigkeit, ein User Mode-Hilfsprogramm auszuführen, auch für den Rest des Kernels verfügbar. Sollte Ihr Treiber ein User Mode-Programm ausführen müssen, um seine Aufgabe durchzuführen, geschieht das mit diesem Mechanismus. Weil dies ein Bestandteil der *kmod*-Implementation ist, schauen wir uns diese hier an. Bei Interesse sollten Sie auch *kernel/kmod.c* anschauen; das ist nicht besonders viel Code, zeigt aber nett, wie man User Mode-Hilfsprogramme verwendet.

Das Interface zum Ausführen von Hilfsprogrammen ist recht einfach. Ab Kernel 2.4.0-test9 gibt es eine Funktion namens *call_usermodehelper*; diese wird vor allem vom Hot Plug-Subsystem (für USB-Geräte und ähnliche) ausgeführt, um das Laden von Modulen sowie Konfigurationsaufgaben beim Anschließen eines neuen Geräts zu unterstützen. Der Prototyp lautet:

```
int call_usermodehelper(char *path, char **argv, char **envp);
```

Die Argumente werden Ihnen bekannt vorkommen: Sie sind der Name des ausführbaren Programms, die an dieses zu übergebenden Argumente (`argv[0]` ist konventionsgemäß der Name des Programms selbst) sowie die Werte eventueller Umgebungsvariablen. Beide Arrays müssen mit `NULL`-Werten terminiert werden, genau wie beim Systemaufruf *execve*. *call_usermodehelper* schläft, bis das Programm gestartet ist, und gibt dann den Status dieser Operation zurück.

In diesem Modus ausgeführte Hilfsprogramme werden übrigens als Kinder eines Kernel-Threads namens *keventd* ausgeführt. Eine wichtige Folge dieses Designs ist, daß es für Ihren Code keine Möglichkeit gibt festzustellen, ob das Hilfsprogramm seine Ausführung beendet hat oder welchen Rückgabewert es hatte. Die Ausführung von Hilfsprogrammen ist daher auch ein wenig Glückssache.

Wir möchten hier noch darauf hinweisen, daß es nur wenige gute Gründe für User Mode-Hilfsprogramme gibt. Meistens ist es besser, ein Skript zu schreiben, das während der Installation des Moduls ausgeführt wird und die gesamte Arbeit während des Ladens des Moduls erledigt, anstatt Aufrufe von User Mode-Programmen im Kernel-Code zu verdrahten. So etwas sollte nach Möglichkeit dem Benutzer überlassen werden.

Kommunikation zwischen Modulen

Sehr spät in der Pre-2.4.0-Entwicklungsserie haben die Kernel-Entwickler noch eine neue Schnittstelle hinzugefügt, die eine eingeschränkte Kommunikation zwischen Modulen ermöglicht. Diese Schnittstelle erlaubt es Modulen, Strings zu registrieren, die auf interessante Daten verweisen und dann von anderen Modulen abgefragt werden können. Wir schauen uns diese Schnittstelle anhand einer Variante unserer Module *master* und *slave* kurz an.

Wir verwenden das gleiche *master*-Modul, führen aber ein neues *slave*-Modul namens *inter* ein. Alles, was *inter* macht, ist einen String und eine Funktion unter dem Namen `ime_string` verfügbar zu machen (`ime` steht dabei für »intermodule example«). Das gesamte Modul sieht folgendermaßen aus:

```
static char *string = "inter says 'Hello World'";

void ime_function(const char *who)
{
    printk(KERN_INFO "inter: ime_function called by %s\n", who);
}

int ime_init(void)
{
    inter_module_register("ime_string", THIS_MODULE, string);
    inter_module_register("ime_function", THIS_MODULE, ime_function);
    return 0;
}

void ime_cleanup(void)
{
    inter_module_unregister("ime_string");
    inter_module_unregister("ime_function");
}
```

Dieser Code verwendet die Funktion *inter_module_register*, die folgenden Prototyp hat:

```
void inter_module_register(const char *string, struct module *module,
                           const void *data);
```

`string` ist der String, den andere Module verwenden, um die Daten zu finden; `module` ist ein Zeiger auf das Modul, dem die Daten gehören; dies wird fast immer `THIS_MODULE` sein. `data` ist schließlich ein Zeiger auf die Daten, die bereitgestellt werden sollen. Beachten Sie die Verwendung eines `const`-Zeigers für die Daten; es wird hier angenommen, daß er nur zum Lesen exportiert wird. *inter_module_register* beschwert sich (über *printk*), wenn der angegebene `string` bereits registriert ist.

Wenn die Daten nicht mehr gemeinsam genutzt werden müssen, sollte das Modul zum Aufräumen *inter_module_unregister* aufrufen:

```
void inter_module_unregister(const char *string);
```

Es werden zwei Funktionen exportiert, mit denen auf via *inter_module_register* bereitgestellte Daten zugegriffen werden kann:

`const void *inter_module_get(const char *string);`
: Diese Funktion sucht den angegebenen `string` und gibt den zugehörigen Datenzeiger zurück. Wenn der String nicht registriert worden ist, wird `NULL` zurückgegeben.

`const void *inter_module_get_request(const char *string, const char *module);`
: Diese Funktion verhält sich wie *inter_module_get*, ruft aber zusätzlich *request_module* mit dem angegebenen `module`-Namen auf und versucht es dann noch einmal.

Beide Funktionen inkrementieren darüber hinaus auch den Verwendungszähler des Moduls, das die Daten registriert hat. Ein mit *inter_module_get* oder *inter_module_get_request* geholter Zeiger bleibt also gültig, bis der explizit freigegeben wird. Zumindest wird das Modul, das den Zeiger erzeugt hat, nicht entladen; es kann natürlich immer noch selbst etwas machen, was den Zeiger ungültig werden läßt.

Wenn Sie den Zeiger nicht mehr benötigen, müssen Sie ihn freigeben, damit der Verwendungszähler des anderen Moduls korrekt dekrementiert wird. Ein einfacher Aufruf von

```
void inter_module_put(const char *string);
```

gibt den Zeiger frei, der danach nicht mehr verwendet werden sollte.

In unserem Beispiel-Modul *master* rufen wir *inter_module_get_request* auf, damit das Modul *inter* geladen wird, und holen uns die zwei Zeiger. Der String wird einfach ausgegeben, und der Funktionszeiger wird dazu verwendet, einen Funktionsaufruf von *master* nach *inter* auszuführen. Der zusätzliche Code in *master* sieht folgendermaßen aus:

```
static const char *ime_string = NULL;
static void master_test_inter();

void master_test_inter()
{
    void (*ime_func)();
```

```
        ime_string = inter_module_get_request("ime_string", "inter");
        if (ime_string)
            printk(KERN_INFO "master: got ime_string '%s'\n", ime_string);
        else
            printk(KERN_INFO "master: inter_module_get failed");
        ime_func = inter_module_get("ime_function");
        if (ime_func) {
            (*ime_func)("master");
            inter_module_put("ime_function");
        }
    }

    void master_cleanup_module(void)
    {
        if (ime_string)
            inter_module_put("ime_string");
    }
```

Beachten Sie, daß die Aufrufe von *inter_module_put* bis zum Abräumen des Moduls zurückgestellt werden. Damit bleibt der Verwendungszähler von *inter* (mindestens) 1, bis *master* entladen wird.

Es gibt einige weitere wissenswerte Details zur Verwendung der Funktionen zur Kommunikation zwischen Modulen. Zunächst einmal stehen diese auch in Kerneln zur Verfügung, die nicht für ladbare Module konfiguriert worden sind, so daß kein Haufen von `#ifdef`-Zeilen notwendig ist, um diesen Fall abzufangen. Der von diesen Funktionen aufgespannte Namensraum ist global; die Namen sollten also sorgfältig gewählt werden, um Konflikte zu vermeiden. Schließlich werden gemeinsam genutzte Daten in einer einfachen verketteten Liste gespeichert; die Performance wird in Mitleidenschaft gezogen, wenn viele Abfragen gestartet oder viele Strings gespeichert werden. Diese Funktion ist für eine gelegentliche Verwendung gedacht, nicht als allgemeines Verzeichnis-Subsystem.

Versionskontrolle in Modulen

Eines der Hauptprobleme beim Arbeiten mit Modulen ist ihre Versionsabhängigkeit, die wir bereits in »Versionsabhängigkeit« in Kapitel 2 erwähnt haben. Es kann mühsam werden, die Module gegen die Header-Datei jeder verwendeten Version kompilieren zu müssen, wenn Sie mehrere eigene Module verwenden; und wenn Sie ein in binärer Form ausgeliefertes kommerzielles Modul verwenden, ist das Neukompilieren überhaupt nicht möglich.

Glücklicherweise haben die Kernel-Entwickler eine flexible Möglichkeit gefunden, um mit Versionsproblemen umzugehen. Der Grundgedanke ist, daß ein Modul nur dann inkompatibel mit einer anderen Kernel-Version ist, wenn sich die Software-Schnittstelle des Kernels verändert hat. Die Software-Schnittstelle kann also durch einen Funktionsprototyp und die exakte Definition aller im Funktionsaufruf verwendeten Datenstrukturen repräsentiert werden. Ein CRC-Algorithmus[4] dient dazu, alle Informationen über die Software-Schnittstelle auf eine 32 Bit-Zahl abzubilden.

Das Problem der Versionsabhängigkeit wird also dadurch beseitigt, daß jedes vom Kernel exportierte Symbol mit einer Prüfsumme kombiniert wird. Diese Information wird durch das Parsen der Header-Dateien und das Extrahieren der in ihnen stehenden Informationen ermittelt. Dieses Verfahren ist optional und kann zur Kompilationszeit eingeschaltet werden. In modularen Kerneln, die von Linux-Distributoren geliefert werden, ist die Versionsunterstützung normalerweise eingeschaltet.

Beispielsweise wird das Symbol `printk` an Module als so etwas wie `printk_R12345678` exportiert, wenn die Versionsunterstützung eingeschaltet ist, wobei `12345678` eine hexadezimale Repräsentation der Prüfsumme der von der Funktion verwendeten Software-Schnittstelle ist. Wenn ein Modul in den Kernel geladen wird, kann *insmod* (oder *modprobe*) seine Arbeit nur durchführen, wenn die zu jedem Symbol im Kernel hinzugefügte Prüfsumme zu dem jeweiligen Symbol im Modul paßt.

Dieses Verfahren hat einige Einschränkungen. Das Laden eines für SMP-Systeme kompilierten Moduls in einen Einzelprozessor-Kernel oder umgekehrt sorgt häufig für Überraschungen. Weil diverse Inline-Funktionen (wie etwa Spinlock-Operationen) und Symbole in SMP-Kerneln anders definiert sind, ist es wichtig, daß sich die Module und der Kernel darüber einig sind, ob sie für SMP gebaut worden sind oder nicht. Die Version 2. 4 und neuere 2.2-Kernel ergänzen jedes Symbol um `smp_`, wenn für SMP kompiliert wird, um diesen Sonderfall abzudecken. Es gibt aber trotzdem noch Fallgruben. Module und der Kernel können sich in der verwendeten Compiler-Version unterscheiden, darin wie sie den Speicher organisieren, für welche Prozessorversion sie kompiliert worden sind und in vielem mehr. Die Versionsunterstützung kann die gängigsten Probleme abfangen, aber man sollte trotzdem vorsichtig sein.

Schauen wir uns an, was im Kernel und im Modul passiert, wenn die Versionsunterstützung eingeschaltet ist:

- Im Kernel selbst wird das Symbol nicht modifiziert. Das Linken geschieht wie immer, und die Symboltabelle in der Datei *vmlinux* sieht aus wie immer.
- Die öffentliche Symboltabelle wird mit den Namen mit Versionsinformationen zusammengestellt. Diese erscheinen auch in */proc/ksyms*.
- Das Modul muß mit den veränderten Namen kompiliert werden, die in den Objektdateien als undefinierte Symbole stehen.
- Das Ladeprogramm (*insmod*) vergleicht die undefinierten Symbole im Modul mit den öffentlichen Symbolen im Kernel, verwendet also die Versionsinformation.

4 CRC bedeutet »cyclic redundancy check«, ein Verfahren, um kurze, eindeutige Zahlen aus beliebigen Datenmengen zu erzeugen.

Beachten Sie, daß der Kernel und das Modul sich einig darüber sein müssen, ob die Versionsunterstützung verwendet werden soll oder nicht. Wenn einer von beiden Symbole mit Versionsinformationen verwendet und der andere nicht, lehnt *insmod* das Laden des Moduls ab.

Versionsunterstützung in Modulen verwenden

Treiber-Autoren müssen einiges an expliziter Unterstützung in ihre Module einbauen, damit diese mit Versionskontrolle funktionieren. Dies kann an einer von zwei Stellen geschehen: im Makefile oder in der Quelle selbst. Weil die Dokumentation des Pakets *modutils* beschreibt, wie man das im *Makefile* macht, zeigen wir Ihnen hier, wie es in den C-Quellen geschieht. Wir verwenden das *master*-Modul, um zu zeigen, wie *kmod* mit Versionsinformationen behaftete Symbole unterstützt. Diese Fähigkeit wird automatisch eingeschaltet, wenn der Kernel, mit dem die Module kompiliert wurden, Versionsunterstützung beinhaltet.

Der wichtigste Bestandteil zum Hinzufügen von Versionsinformationen zu Symbolnamen ist die Header-Datei `<linux/modversions.h>`, die Präprozessordefinitionen für alle öffentlichen Kernel-Symbole enthält. Diese Datei wird während der Kompilation des Kernels (genauer gesagt, im »make depend«-Schritt) erzeugt. Wenn Ihr Kernel noch nie oder bisher ohne Versionsinformationen gebaut worden ist, wird da nicht viel Interessantes drinstehen. `<linux/modversions.h>` muß vor allen anderen Header-Dateien eingebunden werden; stellen Sie sie also in Ihren Treiber-Quellen an den Anfang. Die übliche Technik ist aber, *gcc* mitzuteilen, die Datei direkt einzubinden:

```
gcc -DMODVERSIONS -include /usr/src/linux/include/linux/modversions.h...
```

Nach dem Einbinden des Headers sieht der Compiler immer die mit Versionsinformationen ergänzte Version, wenn das Modul ein Kernel-Symbol verwendet.

Um die Versionsinformationen im Modul einzuschalten, wenn sie bereits im Kernel aktiviert worden sind, müssen wir sichergehen, daß `CONFIG_MODVERSIONS` bereits in `<linux/autoconf.h>` definiert worden ist. Diese Header-Datei gibt an, welche Funktionalität im aktuellen Kernel aktiviert (also hineinkompiliert) worden ist. Jedes definierte `CONFIG_` Makro gibt an, daß die zugehörige Option aktiviert ist.[5]

master.c beginnt daher mit den folgenden Zeilen:

```
#include <linux/config.h> /* CONFIG_*-Makros holen */
#if defined(CONFIG_MODVERSIONS) && !defined(MODVERSIONS)
#   define MODVERSIONS /* erzwingen */
#endif
```

5 Die `CONFIG_`-Makros sind in `<linux/autoconf.h>` definiert. Sie sollten statt dessen aber `<linux/config.h>` einbinden, weil letztere Datei vor doppeltem Einbinden geschützt ist und `<linux/autoconf.h>` intern einbindet.

```
#ifdef MODVERSIONS
#  include <linux/modversions.h>
#endif
```

Wenn diese Datei gegen einen Kernel mit Versionsinformationen kompiliert wird, bezieht sich die Symboltabelle im Objekt auf die Symbolnamen mit Versionsinformationen, die zu denen passen, die der Kernel selbst exportiert. Der folgende Auszug zeigt die Symbolnamen in *master.o*. In der Ausgabe von *nm* bedeutet »T« »Text«, »D« »Daten« und »U« »undefiniert«. »Undefiniert« kennzeichnet Symbole, die von der Objektdatei referenziert, aber nicht definiert werden.

```
00000034 T cleanup_module
00000000 t gcc2_compiled.
00000000 T init_module
00000034 T master_cleanup_module
00000000 T master_init_module
         U printk_Rsmp_1b7d4074
         U request_module_Rsmp_27e4dc04
morgana% fgrep 'printk' /proc/ksyms
c011b8b0 printk_Rsmp_1b7d4074
```

Weil die Prüfsummen, die den Symbolnamen in *master.o* hinzugefügt worden sind, die gesamte Schnittstelle von *printk* und *request_module* beinhalten, ist das Modul kompatibel mit einer großen Anzahl von Kernel-Versionen. Wenn aber die Datenstrukturen, die von einer der beiden Funktionen benutzt werden, verändert werden, wird *insmod* das Modul wegen der Inkompatibilität mit dem Kernel nicht laden.

Exportieren von Symbolen mit Versionsinformationen

Eine Situation wurde bisher noch nicht besprochen: Was passiert, wenn ein Modul Symbole exportiert, die von anderen Modulen verwendet werden sollen? Wenn wir uns auf die Versionsinformationen verlassen, um die Portabilität des Moduls sicherzustellen, dann würden wir auch unseren eigenen Symbolen gern einen CRC-Code hinzufügen. Dieser Bereich ist etwas kniffliger als das bloße Hinzulinken zum Kernel, weil wir die modifizierten Symbolnamen an die anderen Module exportieren müssen; wir müssen also einen Weg finden, die Prüfsummen zu erzeugen.

Das Programm *genksyms* ist dafür zuständig, die Header-Dateien zu parsen und die Prüfsummen zu erzeugen. Es stammt aus dem *modules*-Paket. Das Programm erwartet die Ausgabe des C-Präprozessors auf seiner Standardeingabe und gibt eine neue Header-Datei auf der Standardausgabe aus. Diese enthält Namen mit Prüfsummen für jedes Symbol, das von der ursprünglichen Quelldatei exportiert wird. Die Ausgabe von *genksyms* wird meistens mit dem Suffix *.ver* abgespeichert. Wir werden hier dieser Praxis folgen.

Um Ihnen zu zeigen, wie Symbole exportiert werden, haben wir zwei Testmodule namens *export.c* und *import.c* geschrieben. *export* exportiert eine einfache Funktion namens *export_function*, die vom zweiten Modul, *import.c*, importiert wird. Diese Funktion erwartet zwei Integer-Argumente und gibt deren Summe zurück. Wir sind hier aber nicht an der Funktion selbst, sondern am Link-Vorgang interessiert.

Das *Makefile* im Verzeichnis *misc-modules* enthält eine Regel, um die Datei *export.ver* aus *export.c* zu erzeugen, so daß im Modul *import* das mit einer Prüfsumme versehene Symbol für *export_function* verwendet werden kann:

```
ifdef CONFIG_MODVERSIONS
export.o import.o: export.ver
endif

export.ver: export.c
	$(CC) -I$(INCLUDEDIR) $(CFLAGS) -E -D__GENKSYMS__ $^ | \
		$(GENKSYMS) -k 2.4.0 > $@
```

Diese Zeilen führen vor, wie *export.ver* Fehler im Original: master.ver statt export.ver erzeugt wird, und fügen diese Datei zu den Abhängigkeiten der beiden Objektdateien hinzu; allerdings nur, wenn `MODVERSIONS` definiert ist. Einige wenige zusätzliche Zeilen in *Makefile* sorgen dafür, daß `MODVERSIONS` definiert ist, wenn die Versionsunterstützung im Kernel aktiviert ist, aber es lohnt sich nicht, diese hier zu zeigen. Die Option *-k* muß verwendet werden, um *genksyms* mitzuteilen, mit welcher Kernel-Version Sie arbeiten. Damit wird nur das Format der Ausgabedatei bestimmt; die verwendete Kernel-Version muß nicht hundertprozentig stimmen.

Die Definition des Symbols `GKSMP` ist jedoch interessant. Wie bereits erwähnt, wird jeder Prüfsumme ein Präfix (`-p smp_`) vorangestellt, wenn der Kernel für SMP-Systeme gebaut wird. Das Hilfsprogramm *genksyms* fügt dieses Präfix nicht von selbst hinzu, sondern muß darauf hingewiesen werden. Der folgende Makefile-Ausschnitt sorgt dafür, daß alles korrekt zugeht:

```
ifdef CONFIG_SMP
	GENKSYMS += -p smp_
endif
```

Die Quelldatei muß also die richtigen Präprozessor-Symbole für jeden denkbaren Präprozessor-Lauf deklarieren: die Eingabe von *genksyms* und die eigentliche Kompilierung, beide mit und ohne Versionsunterstützung. Außerdem sollte *export.c* in der Lage sein, eine Versionsunterstützung im Kernel automatisch zu erkennen, genau wie *master.c*. Das gelingt mit den folgenden Zeilen:

```
#include <linux/config.h> /* CONFIG_*-Makros holen*/
#if defined(CONFIG_MODVERSIONS) && !defined(MODVERSIONS)
#   define MODVERSIONS
#endif

/*
 * Die Definitionen mit Versionssymbolen fuer sowohl
 * die  Kernelsymbole als auch unser Symbol holen, *sofern*
 * wir  keine Pruefsummen erzeugen. (__GENKSYMS__ defined) */
#if defined(MODVERSIONS) && !defined(__GENKSYMS__)
#    include <linux/modversions.h>
```

```
#    include "export.ver" /* "export_function" umdefinieren, so  dass CRC-Pruefsummen
                             gebildet werden */
#endif
```

Der Code ist zwar schwierig, hat aber den Vorteil, das *Makefile* in einem sauberen Zustand zu lassen. Wenn wir die richtigen Schalter von *make* aus übergeben wollten, müßten wir für die verschiedenen Fälle lange Kommandozeilen schreiben, wozu wir hier keine Lust haben.

Das einfache Modul *import* ruft *export_function* auf und übergibt dabei die Zahlen 2 und 2 als Argumente; das erwartete Resultat ist also 4. Das folgende Beispiel zeigt, daß *import* tatsächlich die Symbole mit Versionsinformationen von *export* verwendet und die Funktion aufruft. Die Symbole mit Versionsinformationen erscheinen auch in */proc/ksyms*.

```
morgana.root# insmod ./export.o
morgana.root# grep export /proc/ksyms
c883605c export_function_Rsmp_888cb211  [export]
morgana.root# insmod ./import.o
import: my mate tells that 2+2 = 4
morgana.root# cat /proc/modules
import                    312   0  (unused)
export                    620   0  [import]
```

Abwärtskompatibilität

Das Laden bei Bedarf wurde in der 2.1-Entwicklungsserie vollständig neu implementiert. Glücklicherweise bekommen das nur sehr wenige Module zu spüren. Der Vollständigkeit halber beschreiben wir die alte Implementation hier aber trotzdem.

Beim 2.0-Kernel wurde das Laden bei Bedarf von einem separaten Daemon-Prozeß im User-Space (namens *kerneld*) erledigt. Dieser Prozeß war an den Kernel über eine spezielle Schnittstelle angebunden und empfing Anfragen zum Laden (und Entladen) von Modulen vom Kernel-Code. Das hatte eine Vielzahl von Nachteilen, darunter auch den, daß Module nicht geladen werden konnten, bis die System-Initialisierung weit genug fortgeschritten war, um *kerneld* zu starten.

Die Funktion *request_module* blieb dagegen unverändert, wie auch die Module selbst. Allerdings mußte damals `<linux/kerneld.h>` anstelle von `<linux/kmod.h>` eingebunden werden.

Die Versionssymbole im 2.0-Kernel verwendeten das Präfix `smp_` auf SMP-Systemen nicht. Deswegen lud *insmod* ohne zu klagen ein SMP-Modul in einen Einzelprozessor-Kernel und umgekehrt. Das Ergebnis einer solchen mangelnden Übereinstimmung war normalerweise extremes Chaos.

User Mode-Hilfsprogramme und der Mechanismus zur Kommunikation zwischen Modulen stehen erst seit Linux 2.4 zur Verfügung.

Schnellreferenz

In diesem Kapitel wurden die folgenden Kernel-Symbole eingeführt:

/etc/modules.conf
: Die Konfigurationsdatei für *modprobe* und *depmod*. Sie wird verwendet, um das bedarfsgestützte Laden zu konfigurieren, und wird in der Man-Page für die beiden Programme beschrieben.

#include <linux/kmod.h>
int request_module(const char *name);
: Diese Funktion führt das Laden von Modulen bei Bedarf durch.

void inter_module_register(const char *string, struct module *module, const void *data);
void inter_module_unregister(const char *);
: *inter_module_register* stellt Daten anderen Modulen über das Kommunikationssystem zwischen Modulen zur Verfügung. Wenn die Daten nicht länger gemeinsam genutzt werden sollen, kann die Verfügbarkeit mit *inter_module_unregister* aufgehoben werden.

const void *inter_module_get(const char *string);
const void *inter_module_get_request(const char *string, const char *module);
void inter_module_put(const char *string);
: Die ersten beiden Funktionen suchen einen String im Kommunikationssystem zwischen Modulen; *inter_module_get_request* versucht darüber hinaus, das angegebene Modul zu laden, wenn der String nicht gefunden wird. Beide inkrementieren den Verwendungszähler des Moduls, das den String exportiert hat. *inter_module_put* sollte aufgerufen werden, um den Verwendungszähler zu dekrementieren, wenn der Datenzeiger nicht länger benötigt wird.

#include <linux/config.h>
CONFIG_MODVERSIONS
: Dieses Makro ist nur dann definiert, wenn der Kernel mit Versionsunterstützung kompiliert worden ist.

#ifdef MODVERSIONS
#include <linux/modversions.h>
: Diese Header-Datei existiert nur, wenn CONFIG_MODVERSIONS definiert ist, und enthält dann die Namen mit Versionsnummern aller vom Kernel exportierten Symbole.

__GENKSYMS__
: Dieses Makro wird von *make* definiert, wenn Dateien durch den Präprozessor laufen, die von *genksyms* gelesen werden, um neue Versionscodes zu erzeugen. Es wird verwendet, um die Einbindung von <linux/modversions.h> zu verhindern, wenn neue Prüfsummen erzeugt werden.

int call_usermodehelper(char *path, char *argv[], char *envp[]);
: Diese Funktion führt ein User Mode-Programm im Prozeß-Kontext von *keventd* aus.

KAPITEL 12

Das Laden von Block-Treibern

Bisher haben wir nur über Zeichen-Treiber gesprochen. Wie wir bereits erwähnt haben, sind diese aber nicht die einzige Art von Treibern in einem Linux-System. Wir wenden unsere Aufmerksamkeit jetzt Block-Treibern zu. Block-Treiber ermöglichen den Zugriff auf blockorientierte Geräte, also solche Geräte, die Daten in Blocks fester Größe transportieren, auf die nach Belieben zugegriffen werden kann. Das klassische Block-Gerät ist natürlich das Festplattenlaufwerk, aber es gibt auch andere.

Die Zeichen-Treiber-Schnittstelle ist relativ sauber und einfach zu verwenden, aber die Block-Schnittstelle ist leider etwas unsortierter. Kernel-Entwickler lieben es, sich darüber zu beklagen. Für diese Situation gibt es zwei Gründe. Der eine ist historisch bedingt – die Block-Schnittstelle ist in jeder Linux-Version seit der allerersten vorhanden gewesen und es hat sich herausgestellt, daß sie schwer zu verändern ist. Der andere Grund ist die Performance. Ein langsamer Zeichen-Treiber ist nicht schön, aber ein langsamer Block-Treiber zieht das ganze System hinab. Daher ist das Design der Block-Schnittstelle oft mehr von der Geschwindigkeit als von etwas anderem beeinflußt worden.

Die Block-Treiber-Schnittstelle hat sich mit der Zeit verändert. Wie im Rest dieses Buches behandeln wir in diesem Kapitel die Schnittstelle aus dem Kernel 2.4 und gehen am Ende auf die Änderungen ein. Die Beispiel-Treiber funktionieren aber mit allen Kerneln von 2.0 bis 2.4.

In diesem Kapitel führen wir für unsere Entdeckungsreise durch die Block-Treiber zwei neue Beispiele ein. Das erste, *sbull* (Simple Block Utility for Loading Localities) implementiert ein Block-Gerät im Systemspeicher und ist damit im wesentlichen eine RAM-Disk. Später schauen wir uns noch eine Variante namens *spull* an, an der wir lernen, wie man mit Partitionstabellen umgeht.

Wie immer gehen diese Beispiel-Treiber über viele der Probleme in echten Block-Treibern großzügig hinweg; sie sollen die Schnittstelle demonstrieren, mit der solche Treiber arbeiten müssen. Echte Treiber müssen mit der Hardware umgehen, weswegen das in Kapitel 8 und Kapitel 9 behandelte Material hier ebenfalls nützlich ist.

Noch eine kurze Anmerkung zur Terminologie: Das Wort *Block* bezeichnet in diesem Buch einen vom Kernel definierten Datenblock. Die Größe von Blocks kann auf verschiedenen Festplatten unterschiedlich sein, ist aber immer eine Zweierpotenz. Ein *Sektor* ist eine Dateneinheit fester Größe, die von der zugrundeliegenden Hardware bestimmt wird. Sektoren sind fast immer 512 Bytes lang.

Den Treiber registrieren

Wie Zeichen-Treiber werden auch Block-Treiber im Kernel durch Major-Nummern identifiziert. Die Major-Nummern von Block-Treibern sind aber völlig von denen von Zeichen-Treibern getrennt. Ein Block-Gerät mit der Major-Nummer 32 kann problemlos mit einem Zeichen-Gerät mit derselben Nummer koexistieren, weil die beiden Bereiche getrennt sind.

Mit den folgenden Funktionen werden Block-Treiber registriert und deregistriert:

```
#include <linux/fs.h>
int register_blkdev(unsigned int major, const char *name,
                    struct block_device_operations *bdops);
int unregister_blkdev(unsigned int major, const char *name);
```

Die Argumente haben die gleiche Bedeutung wie bei Zeichen-Treibern; auch die dynamische Zuweisung von Major-Nummern funktioniert genauso. Daher registriert sich *sbull* fast genau so wie *scull*:

```
result = register_blkdev(sbull_major, "sbull", &sbull_fops);
if (result < 0) {
    printk(KERN_WARNING "sbull: kann keine Major-Nummer bekommen %d\n",sbull_major);
    return result;
}
if (sbull_major == 0) sbull_major = result; /* dynamisch */
major = sbull_major; /* major wird spaeter noch verwendet */
```

Hier enden die Ähnlichkeiten aber auch schon. Ein Unterschied ist bereits offensichtlich: *register_chrdev* erwartete einen Zeiger auf eine `file_operations`-Struktur, während *register_blkdev* eine Struktur des Typs `block_device_operations` verwendet – das ist so seit der Kernel-Version 2.3.38. Die Struktur wird in den Block-Treibern manchmal immer noch mit `fops` bezeichnet; wir werden sie `bdops` nennen, um den Inhalt der Struktur besser wiederzugeben und der vorgeschlagenen Benennung zu folgen. Die Definition dieser Struktur lautet:

```
struct block_device_operations {
    int (*open) (struct inode *inode, struct file *filp);
    int (*release) (struct inode *inode, struct file *filp);
    int (*ioctl) (struct inode *inode, struct file *filp,
                    unsigned command, unsigned long argument);
```

```
    int (*check_media_change) (kdev_t dev);
    int (*revalidate) (kdev_t dev);
};
```

Die hier genannten Methoden *open*, *release* und *ioctl* sind genau die gleichen wie bei Zeichen-Geräten. Die anderen beiden sind blockgerätespezifisch und werden weiter hinten in diesem Kapitel besprochen. Beachten Sie, daß es in dieser Struktur kein `owner`-Feld gibt; Block-Treiber müssen auch im 2.4-Kernel ihren Verwendungszähler manuell pflegen.

Die `bdops`-Struktur von *sbull* sieht folgendermaßen aus:

```
struct block_device_operations sbull_bdops = {
    open:               sbull_open,
    release:            sbull_release,
    ioctl:              sbull_ioctl,
    check_media_change: sbull_check_change,
    revalidate:         sbull_revalidate,
};
```

Beachten Sie, daß es in dieser Struktur keine Lese- oder Schreiboperationen gibt. Alle I/O mit Block-Geräten wird normalerweise vom System gebuffert (die einzige Ausnahme sind »rohe« Geräte, die wir im nächsten Kapitel behandeln); Benutzerprozesse führen keine direkten I/O-Operationen auf diesen Geräten durch. Der User Mode-Zugriff auf Block-Geräte erfolgt normalerweise implizit durch Dateisystem-Operationen, die eindeutig von der I/O-Pufferung profitieren. Aber auch »direkte« I/O mit Block-Geräten, etwa beim Erzeugen von Dateisystemen, geht durch den Buffer-Cache von Linux.[1] Als Folge davon stellt der Kernel einen einzigen Satz von Lese- und Schreibfunktionen für Block-Geräte bereit, um die sich die Treiber nicht kümmern müssen.

Natürlich muß ein Block-Treiber auch irgendwo einen Mechanismus bereitstellen, mit dem am Ende blockorientierte I/O mit dem Gerät durchgeführt wird. Unter Linux heißt die für solche I/O-Operationen verwendete Methode *request* und ist das Gegenstück zur Funktion »strategy«, die man auf vielen Unix-Systemen findet. Die *request*-Methode kümmert sich sowohl um Lese- als auch um Schreiboperationen und kann ziemlich komplex sein. Wir werden uns die Details in Kürze ansehen.

Zur Registration von Block-Geräten müssen wir dem Kernel aber mitteilen, wo sich unsere *request*-Methode befindet. Diese steht aus historischen und Performance-Gründen nicht in der Struktur `block_device_operations`, sondern ist statt dessen der Warteschlange der ausstehenden I/O-Operationen des Geräts zugeordnet. Default-mäßig gibt es eine solche Warteschlange für jede Major-Nummer. Ein Block-Gerät muß diese Warteschlange mit *blk_init_queue* initialisieren. Die Initialisierung und das Aufräumen der Warteschlange ist folgendermaßen definiert:

1 In der 2.3-Entwicklungsserie wurde rohe I/O hinzugefügt, was es Benutzerprozessen ermöglicht, direkt auf Block-Geräte zuzugreifen, ohne über den Buffer-Cache zu gehen. Block-Treiber wissen aber nichts von roher I/O, weswegen wir das bis zum nächsten Kapitel zurückstellen.

```
#include <linux/blkdev.h>
blk_init_queue(request_queue_t *queue, request_fn_proc *request);
blk_cleanup_queue(request_queue_t *queue);
```

Die *init*-Funktion richtet die Warteschlange ein und bindet die *request*-Funktion des Treibers (die als zweiter Parameter übergeben wird) an die Warteschlange. Wenn das Modul abgeräumt wird, muß man *blk_cleanup_queue* aufrufen. Der *sbull*-Treiber initialisiert seine Warteschlange mit folgendem Code:

```
blk_init_queue(BLK_DEFAULT_QUEUE(major), sbull_request);
```

Jedes Gerät hat eine Anfrage-Warteschlange, die es default-mäßig verwendet; das Makro `BLK_DEFAULT_QUEUE(major)` wird dazu verwendet, die Schlange bei Bedarf anzugeben. Dieses Makro schlägt in einem globalen Array von `blk_dev_struct`-Strukturen namens `blk_dev` nach, das vom Kernel verwaltet und mit der Major-Nummer indiziert wird. Die Struktur sieht wie folgt aus:

```
struct blk_dev_struct {
    request_queue_t   request_queue;
    queue_proc        *queue;
    void              *data;
};
```

Das Feld `request_queue` enthält die I/O-Anfrage-Warteschlange, die wir gerade initialisiert haben. Wir schauen uns das Feld `queue` in Kürze an. Das Feld `data` kann vom Treiber für eigene Daten verwendet werden, aber nur wenige Treiber machen davon Gebrauch.

Abbildung 12-1 stellt die Hauptschritte grafisch dar, die ein Treibermodul benutzt, um sich beim Kernel an- und abzumelden. Wenn Sie diese Abbildung mit Abbildung 2-1 vergleichen, sollten die Ähnlichkeiten und Unterschiede klar sein.

Zusätzlich zu `blk_dev` enthalten mehrere andere globale Arrays Informationen über Block-Treiber. Diese werden mit der Major- und manchmal auch mit der Minor-Nummer indiziert. Sie sind in *drivers/block/ll_rw_block.c* deklariert und beschrieben.

`int blk_size[][];`
: Dieses Array wird mit der Major- und der Minor-Nummer indiziert. Es beschreibt die Größe jedes Geräts in Kilobytes. Wenn `blk_size[major]` `NULL` ist, dann wird die Größe des Gerätes nicht überprüft (d. h. der Kernel könnte Datenübertragungen über das Ende des Gerätes hinaus anfordern).

`int blksize_size[][];`
: Die von jedem Gerät verwendete Block-Größe in Bytes. Wie das vorige Array wird auch dieses mit der Major- und der Minor-Nummer indiziert. Wenn `blksize_size[major]` ein Null-Zeiger ist, wird eine Block-Größe von `BLOCK_SIZE` (derzeit 1 KByte) angenommen. Die Block-Größe des Gerätes muß eine Zweierpotenz sein, weil der Kernel Bit-Shift-Operatoren verwendet, um Offsets in Block-Nummern zu konvertieren.

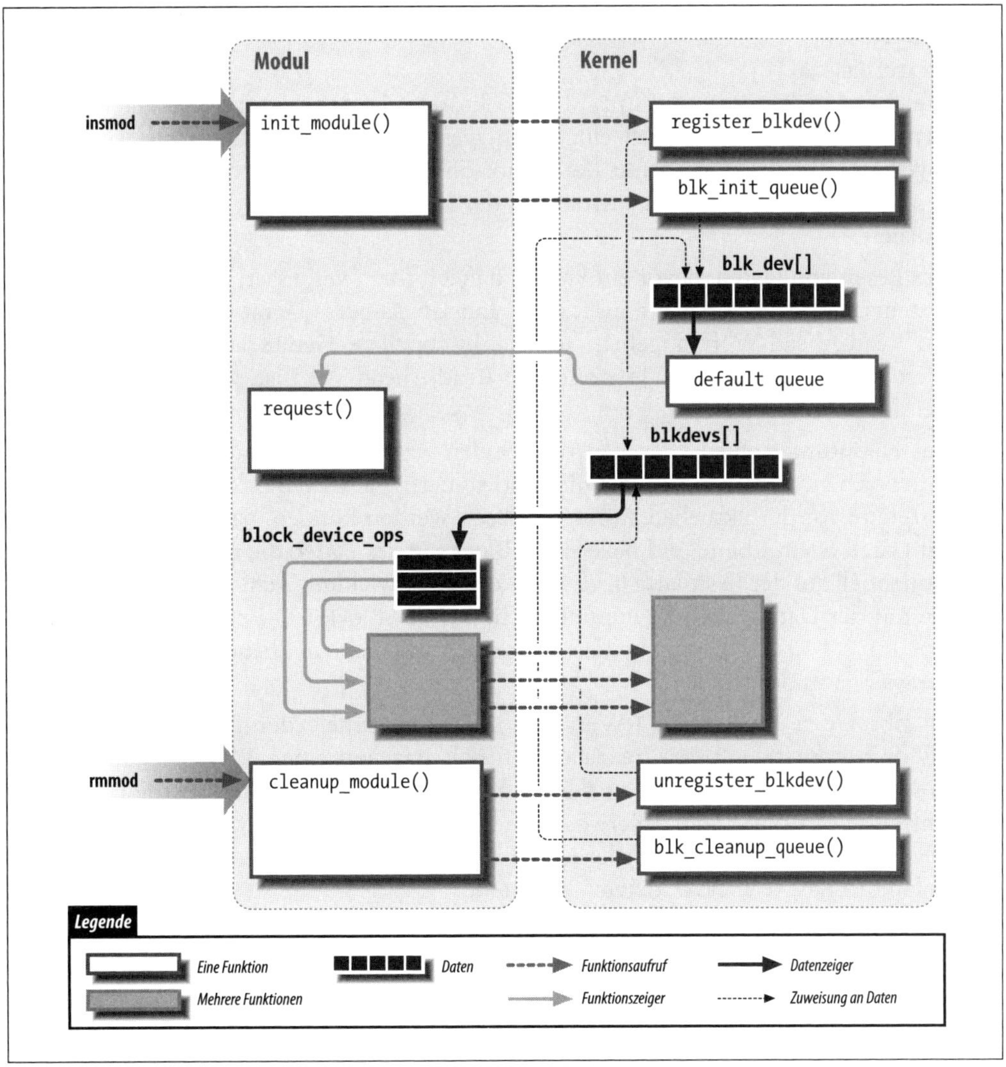

Abbildung 12-1: Registrieren eines Block-Gerätetreibers

`int hardsect_size[][];`

Wie die anderen Strukturen wird auch diese mit der Major- und der Minor-Nummer indiziert. Der Default-Wert der Hardware-Sektorengröße ist 512 Bytes. In den 2.2- und 2.4-Kerneln werden auch andere Sektorgrößen unterstützt, die aber immer eine Zweierpotenz größer oder gleich 512 Bytes sein müssen.

`int read_ahead[];`

`int max_readahead[][];`

Diese Arrays definieren die Anzahl der Sektoren, die der Kernel im voraus lesen soll, wenn eine Daten sequentiell eingelesen wird. `read_ahread` gilt für alle Geräte des jeweiligen Typs und wird mit der Major-Nummer indiziert. `max_readahead` gilt für bestimmte Geräte und wird sowohl mit der Major- als auch mit der Minor-Nummer indiziert.

Das Lesen von Daten, bevor ein Prozeß danach fragt, verbessert die Performance des Systems und den Durchsatz insgesamt. Ein langsameres Gerät könnte einen größeren Read-Ahead-Wert angeben, während schnellere Geräte auch einen kleineren Wert verwenden könnten. Je größer der Read-Ahead-Wert ist, je mehr Speicher verwendet der Buffer-Cache.

Der Hauptunterschied zwischen den beiden Arrays ist folgender: `read_ahead` wird auf der Ebene der Block-I/O benutzt und steuert, wie viele Blocks sequentiell *von der Festplatte* vor der aktuellen Anfrage gelesen werden können. `max_readahead` arbeitet auf Dateisystem-Ebene und bezeichnet Blocks *in der Datei*, die möglicherweise nicht sequentiell auf der Festplatte liegt. Die Kernel-Entwicklung geht dahin, das Vorauslesen auf der Dateisystem-Ebene und nicht auf der Block-I/O-Ebene zu implementieren. Im 2.4-Kernel geschieht das aber noch auf beiden Ebenen, weswegen beide Arrays verwendet werden.

Es gibt einen `read_ahead[]`-Wert pro Major-Nummer, der für alle zugehörigen Minor-Nummern gilt. `max_readahead` enthält dagegen einen Wert für jedes Gerät. Die Werte können über die *ioctl*-Methode des Treibers geändert werden; Festplattentreiber verwenden normalerweise einen *read_ahead*-Wert von acht Sektoren, also 4 KByte. Der Wert `max_readahead` wird dagegen selten von Treibern verändert; der Default ist `MAX_READAHEAD`, derzeit 31 Seiten.

`int max_sectors[][];`

Dieses Array beschränkt die maximale Größe einer einzigen Anfrage. Es sollte normalerweise auf die größte Datenmenge gesetzt werden, mit der Ihre Hardware umgehen kann.

`int max_segments[];`

Dieses Array steuert die Anzahl einzelner Segmente, die in einer Cluster-Anfrage vorkommen können. Es wurde aber kurz vor der Freigabe des 2.4-Kernels entfernt. (Siehe »Cluster-Anfragen« weiter hinten in diesem Kapitel für Informationen über Cluster-Anfragen.)

Das *sbull*-Gerät erlaubt es Ihnen, diese Werte beim Laden zu setzen, woraufhin sie für alle Minor-Nummern im Beispiel-Treiber gelten. Die Variablennamen und deren Default-Werte in *sbull* lauten:

`size=2048` *(Kilobyte)*

Jede von *sbull* erzeugte RAM-Disk belegt 2 MByte RAM.

`blksize=1024` *(Bytes)*
: Der vom Modul verwendete Software-»Block« ist ein KByte groß, wie der System-Default.

`hardsect=512` *(Byte)*
: Die Sektorengröße von *sbull* ist der normale Halb-KByte-Wert.

`rahead=2` *(Sektoren)*
: Weil die RAM-Disk ein schnelles Gerät ist, ist der Default-Vorauslesewert klein.

Das *sbull*-Gerät erlaubt es Ihnen auch, die Anzahl der zu installierenden Geräte auszuwählen. devs, die Anzahl der Geräte hat einen Default von 2, was einen Default-Speicherverbrauch von 4 MByte bedeutet – zwei RAM-Disks mit je 2 MByte.

Die Implementation von *init_module* im *sbull*-Gerät sieht folgendermaßen aus (wobei die Registration der Major-Nummer und die Fehlerbehandlung hier weggelassen ist):

```
read_ahead[major] = sbull_rahead;
result = -ENOMEM; /* fuer moegliche Fehler */

sbull_sizes = kmalloc(sbull_devs * sizeof(int), GFP_KERNEL);
if (!sbull_sizes)
    goto fail_malloc;
for (i=0; i < sbull_devs; i++) /* alle haben die gleiche Groesse */
    sbull_sizes[i] = sbull_size;
blk_size[major]=sbull_sizes;

sbull_blksizes = kmalloc(sbull_devs * sizeof(int), GFP_KERNEL);
if (!sbull_blksizes)
    goto fail_malloc;
for (i=0; i < sbull_devs; i++) /* alle haben die gleiche Blockgroesse */
    sbull_blksizes[i] = sbull_blksize;
blksize_size[major]=sbull_blksizes;

sbull_hardsects = kmalloc(sbull_devs * sizeof(int), GFP_KERNEL);
if (!sbull_hardsects)
    goto fail_malloc;
for (i=0; i < sbull_devs; i++) /* alle haben die gleiche Sektorengroesse */
    sbull_hardsects[i] = sbull_hardsect;
hardsect_size[major]=sbull_hardsects;
```

Aus Platzgründen ist hier der Code zur Fehlerbehandlung (das Ziel des `fail_malloc`-gotos) weggelassen worden; hier wird einfach alles, was bereits erfolgreich alloziert wurde, wieder freigegeben, das Gerät deregistriert und ein Fehler zurückgemeldet.

Schließlich muß noch jedes vom Treiber bereitgestellte »Platten«-Gerät registriert werden. *sbull* ruft dazu die notwendige Funktion (*register_disk*) folgendermaßen auf:

```
for (i = 0; i < sbull_devs; i++)
        register_disk(NULL, MKDEV(major, i), 1, &sbull_bdops,
                      sbull_size << 1);
```

Im 2.4.0-Kernel macht *register_disk* nichts, wenn es so aufgerufen wird. Der Hauptzweck von *register_disk* ist das Einrichten der Partitionstabelle, was von *sbull* nicht unterstützt wird. Alle Block-Treiber rufen aber diese Funktion auf, ob sie nun Partitionen unterstützen oder nicht. Dies deutet darauf hin, daß dieser Aufruf in der Zukunft obligatorisch werden wird. Ein Block-Treiber ohne Partitionen funktioniert in 2.4.0 auch ohne diesen Aufruf, aber es ist sicherer, ihn einzubauen. Wir schauen uns *register_disk* später in diesem Kapitel noch detailliert an, wenn wir Partitionen behandeln.

Die Funktion zum Aufräumen sieht so aus:

```
for (i=0; i<sbull_devs; i++)
    fsync_dev(MKDEV(sbull_major, i)); /* Geraete herausschreiben */
unregister_blkdev(major, "sbull");
/*
 * Abfrage-Schlange zurechtbasteln
 */
blk_cleanup_queue(BLK_DEFAULT_QUEUE(major));

/* Globale Arrays aufraeumen */
read_ahead[major] = 0;
kfree(blk_size[major]);
blk_size[major] = NULL;
kfree(blksize_size[major]);
blksize_size[major] = NULL;
kfree(hardsect_size[major]);
hardsect_size[major] = NULL;
```

Der Aufruf von *fsync_dev* ist notwendig, damit alle Referenzen auf das Gerät in den diversen Caches des Kernel freigegeben werden. *fsync_dev* ist übrigens die Implementation, die die Arbeit hinter *block_fsync* erledigt, der »fsync«-Methode von Block-Geräten.

Die Header-Datei blk.h

Alle Block-Treiber sollten die Header-Datei `<linux/blk.h>` einbinden. Diese Datei definiert einen großen Teil des gemeinsamen Codes, der in Block-Treibern verwendet wird, und stellt die Funktionen zum Bearbeiten der I/O-Anfrage-Warteschlange zur Verfügung.

Die Header-Datei *blk.h* unterscheidet sich von anderen dadurch, daß sie mehrere Symbole auf der Basis des Symbols `MAJOR_NR` definiert, das vom Treiber *vor* dem Einbinden des Headers deklariert werden muß. Diese Konvention stammt aus der Frühzeit von Linux, als alle Block-Geräte von vornherein zugewiesene Major-Nummern hatten und modulare Block-Treiber nicht unterstützt waren.

Wenn Sie sich *blk.h* ansehen, werden Sie feststellen, daß mehrere geräteabhängige Symbole abhängig vom Wert von `MAJOR_NR` deklariert werden, der also im voraus bekannt sein muß. Wenn die Major-Nummer aber dynamisch zugewiesen wird, kann der Treiber die zugewiesene Nummer im voraus nicht kennen und daher `MAJOR_NR` nicht korrekt definieren. Wenn `MAJOR_NR` aber undefiniert ist, kann *blk.h* einige der Makros, die mit der Anfrage-Warteschlange verwendet werden, nicht definieren. Glücklicherweise kann `MAJOR_NR` als Integer-Variable definiert werden, womit alles für zusätzliche Block-Treiber bestens funktioniert.

blk.h verwendet auch einige andere vordefinierte, treiberspezifische Symbole. Die folgende Liste beschreibt die Symbole in `<linux/blk.h>`, die im voraus definiert werden müssen; am Ende der Liste sehen Sie den in *sbull* verwendeten Code.

`MAJOR_NR`
: Dieses Symbol wird für den Zugriff auf einige Arrays, insbesondere `blk_dev` und `blksize_size`, verwendet. Ein benutzerdefinierter Treiber wie *sbull*, der dem Symbol keinen konstanten Wert zuweisen kann, sollte ihm mittels `#define` eine Variable zuweisen, die dann die Major-Nummer enthalten wird. In *sbull* ist das `sbull_major`.

`DEVICE_NAME`
: Der Name des zu erzeugenden Gerätes.

`DEVICE_NR(kdev_t device)`
: Dieses Symbol wird benutzt, um die Ordinalzahl des physikalischen Gerätes aus der Gerätenummer des Typs `kdev_t` zu extrahieren. Das Symbol wird wiederum verwendet, um `CURRENT_DEV` zu deklarieren, das in der *request*-Funktion verwendet werden kann, um herauszufinden, welchem Hardware-Gerät die in einer Übertragungsanfrage vorkommende Minor-Nummer gehört.

  Der Wert dieses Makros kann entweder `MINOR(device)` oder ein anderer Ausdruck sein, je nach der Konvention, mit der Minor-Nummern an Geräte und Partitionen vergeben werden. Das Makro sollte für alle Partitionen auf dem gleichen physikalischen Gerät die gleiche Gerätenummer zurückgeben, `DEVICE_NR` repräsentiert also die Plattennummer und nicht die Partitionsnummer. Partitionierbare Geräte werden im Abschnitt »Partitionierbare Geräte« behandelt.

`DEVICE_INTR`
: Dieses Symbol wird benutzt, um eine Zeiger-Variable zu deklarieren, die auf den aktuellen Handler der unteren Hälfte verweist. Die Variable wird mit den Makros `SET_INTR(intr)` und `CLEAR_INTR` zugewiesen. Die Verwendung mehrerer Handler ist praktisch, wenn das Gerät Interrupts mit verschiedenen Bedeutungen auslösen kann.

`DEVICE_ON(kdev_t device)`
`DEVICE_OFF(kdev_t device)`
: Diese Makros sollten Geräten helfen, die vor oder nach einem Satz von Übertragungen weitere Dinge erledigen müssen; beispielsweise könnte ein Floppy-Treiber den Laufwerksmotor starten, bevor die I/O geschieht, und ihn danach wieder anhalten. Moderne Treiber verwenden diese Makros nicht mehr, und `DEVICE_ON` wird sogar nicht einmal mehr aufgerufen. Portable Treiber sollten sie aber (als leere Symbole) definieren, sonst kommt es zu Kompilationsfehlern in 2.0- und 2.2-Kerneln.

`DEVICE_NO_RANDOM`
: Die Funktion *end_request* trägt defaultmäßig zur System-Entropie bei (also der gesammelten »Zufälligkeiten«) bei, die von */dev/random* benutzt wird. Wenn das

Gerät aber nicht in der Lage ist, hier hinreichend zufällige Werte zu liefern, sollte DEFINE_NO_RANDOM definiert werden. */dev/random* wurde in »Einen Interrupt-Handler installieren« in Kapitel 9 vorgestellt, als das Symbol SA_SAMPLE_RANDOM erklärt wurde.

DEVICE_REQUEST
: Wird dazu verwendet, den Namen der vom Treiber verwendeten *request*-Funktion anzugeben. Die Definition von DEVICE_REQUEST führt nur zu einer Forward-Deklaration der *request*-Funktion; dies ist ein Relikt früherer Zeiten; die meisten (oder alle) Treiber können es weglassen.

Der *sbull*-Treiber deklariert diese Symbole folgendermaßen:

```
#define MAJOR_NR sbull_major /* Definitionen in blk.h ausschalten von Interrupts */
static int sbull_major; /* muss vor der Deklaration von blk.h deklariert werden */

#define DEVICE_NR(device) MINOR(device) /* hat keine Partitions-Bits */
#define DEVICE_NAME "sbull"             /* Name für Meldungen */
#define DEVICE_INTR sbull_intrptr       /* Zeiger auf die untere Haelfte */
#define DEVICE_NO_RANDOM                /* traegt nicht zum Zufallspool bei */
#define DEVICE_REQUEST sbull_request
#define DEVICE_OFF(d) /* tut nichts */

#include <linux/blk.h>

#include "sbull.h"        /* lokale Definitionen */
```

Die Header-Datei *blk.h* verwendet die oben aufgeführten Makros, um einige weitere Makros zu definieren, die auch der Treiber verwenden kann. Wir werden diese Makros in den folgenden Abschnitten beschreiben.

Anfragen bearbeiten: Eine einfache Einführung

Die wichtigste Funktion in einem Block-Treiber ist die Funktion *request*, die die Low-Level-Operationen durchführt, die zum Lesen und Schreiben von Daten benötigt werden. In diesem Abschnitt beschreiben wir das grundlegende Design der *request*-Prozedur.

Die Anfrage-Warteschlange

Wenn der Kernel eine Datenübertragung vorsieht, stellt er eine Anfrage in eine Warteschlange, die so sortiert ist, daß die Performance des Systems maximiert wird. Die Warteschlange mit den Anfragen wird dann an die *request*-Funktion des Treibers übergeben, die folgenden Prototyp hat:

```
void request_fn(request_queue_t *queue);
```

Die *request*-Funktion sollte für jede Anfrage in der Warteschlange die folgenden Aufgaben ausführen:

1. Die Zulässigkeit der Anfrage überprüfen. Dieser Test geschieht durch das in *blk.h* definierte Makro `INIT_REQUEST`; hier wird nach Problemen gesucht, die auf einen Fehler in der Anfrage-Warteschlangen-Verarbeitung des Systems hinweisen könnten.
2. Die Datenübertragung selbst durchführen. Die Variable `CURRENT` (eigentlich ein Makro) liefert die Details der aktuellen Anfrage. `CURRENT` ist ein Zeiger auf eine `struct request`-Struktur, deren Felder im nächsten Abschnitt beschrieben werden.
3. Die gerade bearbeitete Anfrage aufräumen. Diese Operation wurd von *end_request* erledigt. Das ist eine statische Funktion, deren Code in *blk.h* steht. *end_request* kümmert sich um die Abarbeitung der Anfrage-Warteschlange und weckt die Prozesse, die auf I/O-Operationen warten. Außerdem wird hier die Variable `CURRENT` auf die nächste noch nicht erledigte Anfrage umgesetzt. Der Treiber übergibt der Funktion ein Argument: 1 im Erfolgsfall und 0 im Fehlerfall. Wenn *end_request* mit dem Argument 0 aufgerufen wird, wird via *printk* eine »I/O Error«-Meldung in das Systemprotokoll geschrieben.
4. Zurück zum Anfang springen und die nächste Anfrage bearbeiten.

Anhand dieser Beschreibung kann man eine minimale *request*-Funktion schreiben, die noch keine Daten überträgt:

```
void sbull_request(request_queue_t *q)
{
    while(1) {
        INIT_REQUEST;
        printk("<1>request %p: cmd %i sec %li (nr. %li)\n", CURRENT,
               CURRENT->cmd,
               CURRENT->sector,
               CURRENT->current_nr_sectors);
        end_request(1); /* erfolgreich */
    }
}
```

Obwohl dieser Code nichts weiter tut, als Meldungen auszugeben, ermöglicht das Ausführen dieser Funktion einen guten Einblick in das grundlegende Design der Datenübertragung. Außerdem können Sie hier einige der Makros in `<linux/blk.h>` in Aktion sehen. Beachten Sie zunächst, daß die `while`-Schleife aussieht, als würde sie nie beendet werden. In Wirklichkeit enthält aber das `INIT_REQUEST`-Makro eine `return`-Anweisung, die ausgeführt wird, wenn keine weiteren Anfragen vorliegen. Die Schleife iteriert also über die Warteschlange mit den ausstehenden Anfragen und springt dann aus der *request*-Funktion zurück. Zweitens beschreibt das `CURRENT`-Makro immer die zu verarbeitende Anfrage. Wir schauen uns die Details von `CURRENT` im nächsten Abschnitt an.

Ein Block-Treiber, der die gerade gezeigte *request*-Funktion verwendet, wird sogar funktionieren – eine kurze Zeit lang. Es ist möglich, ein Dateisystem auf dem Gerät anzulegen und darauf zuzugreifen, solange die Daten im Buffer-Cache des Systems verbleiben.

Diese leere (aber geschwätzige) Funktion kann auch in *sbull* ausgeführt werden, indem man beim Kompilieren das Symbol `SBULL_EMPTY_REQUEST` angibt. Wenn Sie verstehen wollen, wie der Kernel mit verschiedenen Block-Größen umgeht, können Sie mit dem Parameter `blksize=` auf der Kommandozeile von *insmod* experimentieren. Die leere *request*-Funktion zeigt die interne Verarbeitung des Kernels, indem sie die Details jeder Anfrage ausgibt.

Die *request*-Funktion hat eine wichtige Einschränkung: Sie muß atomar sein. *request* wird normalerweise nicht als direkte Reaktion auf Benutzeranfragen aufgerufen und läuft nicht im Kontext eines bestimmten Prozesses. Sie kann zur Interrupt-Zeit, von Tasklets oder diversen anderen Stellen aufgerufen werden. Daher darf sie bei der Bearbeitung ihrer Aufgaben nicht schlafen.

Die eigentliche Datenübertragung durchführen

Um zu verstehen, wie man eine funktionierende *request*-Funktion für *sbull* schreiben kann, müssen wir uns anschauen, wie der Kernel eine Anfrage in einer `struct request`-Struktur beschreibt. Diese Struktur ist in `<linux/blkdev.h>` definiert. Indem er auf die Felder in dieser Struktur zugreift (was üblicherweise über `CURRENT` geschieht), kann der Treiber alle notwendigen Informationen über die Datenübertragung zwischen dem Buffer-Cache und dem phyiskalischen Block-Gerät bekommen.[2] `CURRENT` ist einfach ein Zeiger auf `blk_dev[MAJOR_NR].request_queue`. Die folgenden Felder einer Anfrage enthalten Informationen, die für die *request*-Funktion nützlich sind:

`kdev_t rq_dev;`
: Das Gerät, auf das von der Anfrage zugegriffen wird. Default-mäßig wird für alle von einem Treiber verwalteten Geräte die gleiche *request*-Funktion verwendet. Eine einzige *request*-Funktion deckt alle Minor-Nummern ab; *rq_dev* kann dazu verwendet werden, das aktuelle Minor-Gerät herauszufinden. Das Makro `CURRENT_DEV` ist einfach als `DEVICE_NR(CURRENT->rq_dev)` definiert.

`int cmd;`
: Dieses Feld beschreibt die durchzuführende Operation; es ist entweder `READ` (vom Gerät) oder `WRITE` (auf das Gerät).

`unsigned long sector;`
: Die Nummer des ersten in dieser Anfrage zu übertragenden Sektors.

`unsigned long current_nr_sectors;`
`unsigned long nr_sectors;`
: Die Anzahl der in der aktuellen Anfrage zu übertragenden Sektoren. Der Treiber sollte `current_nr_sectors` verwenden und `nr_sectors` ignorieren (das wird hier nur

2 Es müssen übrigens nicht alle an einen Block-Treiber übergebenen Blocks im Buffer-Cache liegen; das würde aber über den Umfang dieses Kapitels hinaus führen.

aus Gründen der Vollständigkeit aufgeführt). In »Cluster-Anfragen« weiter hinten in diesem Kapitel finden Sie nähere Informationen zu `nr_sectors`.

`char *buffer;`
: Der Bereich im Buffer-Cache, in den die Daten geschrieben (`cmd==READ`) oder aus dem die Daten gelesen (`cmd==WRITE`) werden sollen.

`struct buffer_head *bh;`
: Die Struktur, die den ersten Puffer in der Liste für diese Anfrage beschreibt. Puffer-Köpfe werden in der Verwaltung des Buffer-Cache verwendet; wir schauen sie uns in »Die request-Struktur und der Buffer-Cache« kurz genauer an.

Es gibt noch andere Felder in der Struktur, die aber hauptsächlich zur internen Verwendung im Kernel gedacht sind; Treiber sollten sie nicht verwenden.

Die Implementation der funktionierenden *request*-Funktion im *sbull*-Gerät folgt hier. In diesem Code hat `Sbull_Dev` die gleiche Aufgabe wie `Scull_Dev`, das in »Die Verwendung von Speicher in scull« in Kapitel 3 eingeführt wurde.

```
void sbull_request(request_queue_t *q)
{
    Sbull_Dev *device;
    int status;

    while(1) {
        INIT_REQUEST;  /* springt zurueck, wenn die Warteschlange leer ist */

        /* Welches "Geraet" verwenden wir? */
        device = sbull_locate_device (CURRENT);
        if (device == NULL) {
            end_request(0);
            continue;
        }

        /* Uebertragung durchfuehren und aufraeumen. */
        spin_lock(&device->lock);
        status = sbull_transfer(device, CURRENT);
        spin_unlock(&device->lock);
        end_request(status);
    }
}
```

Diese Code unterscheidet sich nur wenig von der zuvor gezeigten leeren Version; er beschränkt sich auf die Verwaltung der Anfrage-Warteschlange und delegiert die eigentliche Arbeit an andere Funktionen. Die erste davon, *sbull_locate_device*, schaut sich die Geräte-Nummer in der Anfrage an und sucht dazu die passende `Sbull_Dev`-Struktur heraus:

```
static Sbull_Dev *sbull_locate_device(const struct request *req)
{
    int devno;
    Sbull_Dev *device;

    /* Ueberpruefen, ob die Minor-Nummer gueltig ist */
```

```
        devno = DEVICE_NR(req->rq_dev);
        if (devno >= sbull_devs) {
            static int count = 0;
            if (count++ < 5) /* die Meldung hoechstens fuenfmal ausgeben */
                printk(KERN_WARNING "sbull: request for unknown device\n");
            return NULL;
        }
        device = sbull_devices + devno; /* Aus dem Geraete-Array holen */
        return device;
    }
```

Das einzige »Merkwürdige« an dieser Funktion ist die bedingte Anweisung, die die Anzahl der gemeldeten Fehler auf fünf beschränkt. Dies soll verhindern, daß die Systemprotokolle mit zu vielen Meldungen zugemüllt werden, weil end_request(0) bereits eine »I/O error«-Meldung ausgibt, wenn die Anfrage fehlschlägt. Der static-Zähler ist eine gängige Möglichkeit, um die Anzahl der gemeldeten Fehler zu beschränken, und wird im Kernel mehrfach verwendet.

Die eigentliche I/O der Anfrage wird von *sbull_transfer* erledigt:

```
    static int sbull_transfer(Sbull_Dev *device, const struct request *req)
    {
        int size;
        u8 *ptr;

        ptr = device->data + req->sector * sbull_hardsect;
        size = req->current_nr_sectors * sbull_hardsect;

        /* Sicherstellen, daß die Uebertragung in das Geraet paßt. */
        if (ptr + size > device->data + sbull_blksize*sbull_size) {
            static int count = 0;
            if (count++ < 5)
                printk(KERN_WARNING "sbull: request past end of device\n");
            return 0;
        }

        /* Sieht gut aus, uebertragen. */
        switch(req->cmd) {
            case READ:
                memcpy(req->buffer, ptr, size); /* von sbull in den Puffer */
                return 1;
            case WRITE:
                memcpy(ptr, req->buffer, size); /* aus dem Puffer nach sbull */
                return 1;
            default:
                /* kann nicht vorkommen */
                return 0;
        }
    }
```

Weil *sbull* nur eine RAM-Disk ist, beschränkt sich die »Datenübertragung« auf einen *memcpy*-Aufruf.

Anfragen bearbeiten: Das Ganze noch einmal genauer

Der oben gezeigte *sbull*-Treiber funktioniert sehr gut. In einfachen Situationen (wie im Falle von *sbull*) kann die *request*-Funktion mit den Makros aus `<linux/blk.h>` einfach geschrieben werden und führt zu einem funktionierenden Treiber. Wie bereits erwähnt wurde, sind Block-Treiber aber oft ein Kernel-Bestandteil, dessen Performance entscheidende Bedeutung hat. Auf dem einfachen oben gezeigten Code basierende Treiber werden in vielen Situationen keine besonders gute Performance aufweisen und könnten sogar das System insgesamt verlangsamen. In diesem Abschnitt schauen wir uns die Details der Funktionsweise der I/O-Anfrage-Warteschlange unter dem Gesichtspunkt schnellerer, effizienterer Treiber an.

Die I/O-Anfrage-Warteschlange

Alle Block-Treiber haben mindestens eine I/O-Anfrage-Warteschlange. Diese Warteschlange enthält zu jedem Zeitpunkt alle I/O-Operationen, die der Kernel von den Geräten des Treibers ausgeführt haben möchte. Die Verwaltung dieser Schlange ist kompliziert, und die Performance des Systems hängt davon ab.

Die Schlange wurde im Hinblick auf physikalische Festplattenlaufwerke entwickelt. Bei diesen ist die benötigte Zeit, um einen Datenblock zu übertragen, normalerweise recht klein. Die Zeit, die es kostet, den Lesekopf für die Übertragung zu positionieren (*seek*) kann dagegen sehr groß sein. Daher versucht der Linux-Kernel, die Anzahl und den Umfang der Kopfpositionierungen des Geräts zu minimieren.

Um diese Ziele zu erreichen, werden zwei Dinge getan. Zunächst werden Anfragen nach auf der Festplatte benachbarten Sektoren zusammengefaßt. Die meisten modernen Dateisysteme versuchen, Dateien in zusammenhängenden Sektoren unterzubringen; als Folge davon sind Anfragen nach zusammenhängenden Teilen der Festplatte häufig. Der Kernel verwendet außerdem einen »Fahrstuhl-Algorithmus« (elevator algorithm). Ein Fahrstuhl in einem Wolkenkratzer fährt entweder nach oben oder nach unten; er setzt seine Fahrt in eine dieser Richtungen fort, bis alle »Anfragen« (Ein- oder Aussteigewünsche) erfüllt worden sind. Genauso versucht der Kernel, den Kopf sich so lange wie möglich in die gleiche Richtung bewegen zu lassen; dieser Ansatz pflegt die Positionierungszeiten zu minimieren, trotzdem aber sicherzustellen, daß alle Anfragen mit der Zeit erfüllt werden.

Eine Linux-I/O-Anfrage-Warteschlange wird durch eine Struktur des Typs `request_queue` repräsentiert, die in `<linux/blkdev.h>` deklariert ist. Die `request_queue`-Struktur sieht `file_operations` und anderen solchen Objekten dahingehend ähnlich, als daß sie Zeiger auf eine Reihe von Funktionen enthält, die auf der Warteschlange arbeiten – so ist etwa die *request*-Funktion des Treibers dort gespeichert. Es gibt außerdem einen Warteschlangen-Kopf (unter Verwendung der Funktionen aus `<linux/list.h>`, die in »Verkettete Listen« in Kapitel 10 beschrieben werden), der auf die Liste der für das Gerät ausstehenden Anfragen verweist.

Diese Anfragen sind natürlich vom Typ `struct request`; wir haben uns schon einige der Felder in dieser Struktur angeschaut. In Wirklichkeit ist die *request*-Struktur ist aber ein wenig komplizierter; um sie zu verstehen, müssen wir einen kleinen Exkurs in die Struktur des Buffer-Cache von Linux machen.

Die request-Struktur und der Buffer-Cache

Das Design der `request`-Struktur wird von der Speicherverwaltung in Linux bestimmt. Wie die meisten Unix-artigen Systeme verwaltet Linux einen *Buffer-Cache*, einen Speicherbereich, der Kopien der Blocks auf der Festplatte enthält. Ein Großteil der »Festplatten«-Operationen auf höheren Ebenen des Kernels wie dem Dateisystem-Code wirken in Wirklichkeit nur auf dem Buffer-Cache und erzeugen keine I/O-Operationen. Durch aggressives Cachen kann der Kernel viele Lese-Operationen vermeiden; mehrere Schreiboperationen können oft zu einem einzigen physikalischen Schreiben auf die Festplatte zusammengefaßt werden.

Ein unvermeidbarer Effekt des Buffer-Caches ist aber, daß Blocks, die auf der Festplatte benachbart sind, fast sicher *nicht* nebeneinander im Speicher liegen. Der Buffer-Cache ist dynamisch, und die Blocks liegen weit verteilt. Um alles zu verwalten, pflegt der Kernel den Buffer-Cache über `buffer_head`-Strukturen. Zu jedem Daten-Puffer gehört ein `buffer_head`. Diese Struktur enthält viele Felder, von denen die meisten für Treiberautoren nicht interessant sind. Einige sind aber wichtig, darunter die folgenden:

`char *b_data;`
: Der eigentliche Daten-Block, der zu diesem Puffer-Kopf gehört.

`unsigned long b_size;`
: Die Größe des Blocks, auf die `b_data` zeigt.

`kdev_t b_rdev;`
: Das Gerät, das den Block enthält, der von diesem Buffer-Head repräsentiert wird.

`unsigned long b_rsector;`
: Die Sektornummer, an der sich dieser Block auf der Festplatte befindet.

`struct buffer_head *b_reqnext;`
: Ein Zeiger auf eine verkettete Liste von Puffer-Kopf-Strukturen in der Anfrage-Warteschlange.

`void (*b_end_io)(struct buffer_head *bh, int uptodate);`
: Ein Zeiger auf eine Funktion, die aufgerufen werden soll, wenn die I/O-Operation auf diesem Puffer abgeschlossen ist. `bh` ist der Puffer-Kopf selbst, und `uptodate` ist ungleich 0, wenn die I/O-Operation erfolgreich war.

Jeder Block, der an die *request*-Funktion eines Treibers übergeben wird, befindet sich entweder im Buffer-Cache oder, in seltenen Fällen, an anderer Stelle, sieht aber so aus, als befände er sich im Buffer-Cache.[3] Daher hat es jede an den Treiber übergebene Anfrage mit einer oder mehreren buffer_head-Strukturen zu tun. Die request-Struktur enthält ein Feld (mit dem Namen bh), das auf eine verkettete Liste dieser Strukturen zeigt; um eine Anfrage zu erfüllen, muß die angeforderte I/O-Operation auf jedem Puffer der Liste durchgeführt werden. Abbildung 12-2 zeigt, wie die Anfrage-Warteschlange und die buffer_head-Strukturen zusammenpassen.

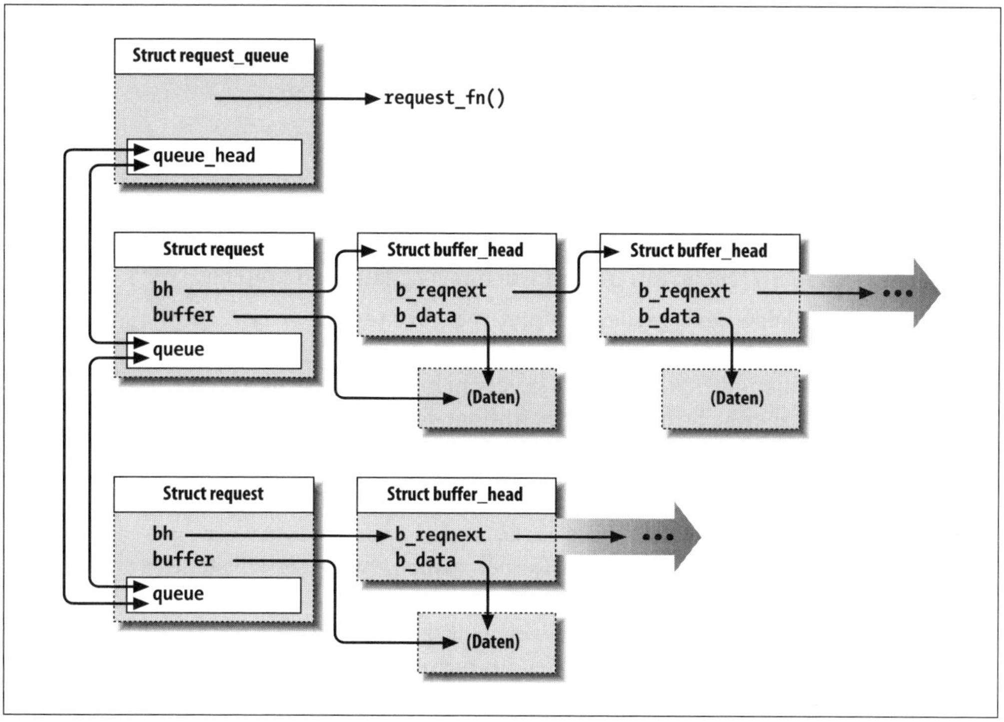

Abbildung 12-2: Puffer in der I/O-Anfrage-Warteschlange

Anfragen bestehen nicht aus zufälligen Listen von Puffern; alle Puffer-Köpfe in einer Anfrage gehören vielmehr zu einer Folge auf der Festplatte benachbarter Blocks. Eine Anfrage ist damit in gewissem Sinne eine einzige Operation, die sich auf eine (möglicher-

3 Der RAM-Disk-Treiber läßt seinen Speicher beispielsweise so aussehen, als befände dieser sich im Buffer-Cache. Weil sich der »Festplatten«-Puffer bereits im System-RAM befindet, es es sinnlos, noch eine Kopie im Buffer-Cache zu halten. Unser Beispiel-Code ist daher deutlich weniger effizient als eine korrekt implementierte RAM-Disk und kümmert sich nicht um RAM-Disk-spezifische Performance-Fragen.

weise lange) Liste von Blocks auf der Festplatte bezieht. Diese Gruppierung von Blocks wird *Clustering* genannt; wir schauen uns dies noch genauer an, nachdem wir die Besprechung der Anfrage-Liste beendet haben.

Manipulation der Anfrage-Warteschlange

Die Header-Datei `<linux/blkdev.h>` definiert eine kleine Anzahl von Funktionen, die die Anfrage-Warteschlangen manipulieren. Die meisten dieser Funktionen sind als Präprozessor-Makros definiert. Nicht alle Treiber müssen auf dieser Ebene mit der Anfrage-Warteschlange arbeiten, aber es kann hilfreich sein, sich damit vertraut zu machen, wie alles zusammenhängt. Die meisten Funktionen, die mit Anfrage-Warteschlangen arbeiten, führen wir ein, wenn wir sie brauchen, aber einige wenige sollen schon hier genannt werden.

`struct request *blkdev_entry_next_request(struct list_head *head);`
: Gibt den nächsten Eintrag in der Anfrage-Liste zurück. Normalerweise ist das `head`-Argument das `queue_head`-Element der `request_queue`-Struktur; in diesem Fall gibt die Funktion den ersten Eintrag in der Warteschlange zurück. Die Funktion verwendet das Makro *list_entry*, um in die Liste hineinschauen zu können.

`struct request *blkdev_next_request(struct request *req);`
`struct request *blkdev_prev_request(struct request *req);`
: Diese Funktionen geben zu einer gegebenen Anfrage-Struktur die nächste beziehungsweise vorherige Struktur in der Anfrage-Warteschlange zurück.

`blkdev_dequeue_request(struct request *req);`
: Entfernt eine Anfrage aus ihrer Anfrage-Warteschlange.

`blkdev_release_request(struct request *req);`
: Gibt eine Anfrage-Struktur an den Kernel zurück, wenn sie vollständig abgearbeitet worden ist. Jede Anfrage-Warteschlange verwaltet eine eigene Liste von Anfrage-Strukturen (genauer gesagt sogar zwei, eine zum Lesen und eine zum Schreiben); diese Funktion stellt die Struktur in die passende Liste zurück. *blkdev_release_request* weckt auch alle Prozesse, die auf eine freie Anfrage-Struktur warten.

Alle diese Funktionen setzen voraus, daß man die `io_request_lock`-Sperre hat, die wir als nächstes besprechen.

Die I/O-Anfrage-Sperre

Die I/O-Anfrage-Warteschlange ist eine komplexe Datenstruktur, auf die an vielen Stellen im Kernel zugegriffen wird. Es ist durchaus möglich, daß der Kernel der Warteschlange weitere Anfragen hinzufügen muß, während Ihr Treiber gleichzeitig welche entnimmt. Daher unterliegt die Warteschlange auch den üblichen Race Conditions und muß entsprechend geschützt werden.

In Linux 2.2 und 2.4 sind alle Anfrage-Warteschlangen mit einem einzigen globalen Spinlock namens `io_request_lock` geschützt. Jeder Code, der Anfrage-Warteschlangen manipuliert, muß sich erst diese Sperre holen *und* Interrupts abschalten. Davon gibt es nur eine kleine Ausnahme: Der allererste Eintrag in der Anfrage-Warteschlange gilt per Default als im Besitzt des Treibers befindlich. Wenn man sich das `io_request_lock` vor der Arbeit mit der Anfrage-Warteschlange nicht holt, kann die Warteschlange beschädigt werden, was kurz danach zu einem Systemabsturz führen wird.

Die einfache *request*-Funktion, die wir oben gezeigt haben, mußte sich nicht um diese Sperre kümmern, weil der Kernel die *request*-Funktion immer mit gehaltener `io_request_lock`-Sperre aufruft. Ein Treiber ist also davor geschützt, die Anfrage-Warteschlange zu beschädigen oder die *request*-Funktion reentrant aufzurufen. Dies wurde so eingeführt, damit nicht-SMP-fähige Treiber auch auf Multiprozessor-Systemen funktionieren.

Beachten Sie aber, daß es teuer ist, die `io_request_lock`-Sperre zu halten. Solange Ihr Treiber diese Sperre hält, können keine anderen Anfragen an irgendeinen Block-Treiber im System vorgemerkt werden und keine anderen *request*-Funktionen aufgerufen werden. Ein Treiber, der diese Sperre zu lange hält, kann das ganze System ausbremsen.

Gut geschriebene Block-Treiber geben diese Sperre daher so schnell wie möglich frei. Wir werden in Kürze ein Beispiel sehen, wie man dies tun kann. Block-Treiber, die die `io_request_lock`-Sperre freigeben, müssen aber unter Berücksichtigung einer Reihe wichtiger Punkte geschrieben werden. Zunächst muß die *request*-Funktion diese Sperre vor dem Zurückkehren immer erneut erwerben, weil der aufrufende Code erwartet, daß die Sperre gehalten wird. Zweitens besteht die Gefahr, daß *request*-Funktion unmittelbar nach Aufgabe der `io_request_lock`-Sperre reentrant aufgerufen wird; die Funktion muß dies berücksichtigen.

Eine Variante des letztgenannten Falles kann auch auftreten, wenn Ihre *request*-Funktion zurückkehrt, während noch eine I/O-Anfrage aktiv ist. Viele Treiber für echte Hardware fangen eine I/O-Operation an und springen dann zurück; die Arbeit wird im Interrupt-Handler des Treibers beendet. Wir werden uns Interrupt-gesteuerte Block-I/O weiter hinten in diesem Kapitel noch detailliert anschauen. Im Moment soll nur erwähnt werden, daß die *request*-Funktion aufgerufen werden kann, während diese Operationen noch laufen.

Manche Treiber berücksichtigen die Reentranz der *request*-Funktion, indem sie eine interne Anfrage-Warteschlange verwalten. Die *request*-Funktion entfernt einfach neue Anfragen aus der I/O-Anfrage-Warteschlange und fügt sie zur internen Warteschlange hinzu. Letztere wird dann durch eine Kombination aus Tasklets und Interrupt-Handlern abgearbeitet.

Die Funktionsweise der Funktionen und Makros in blk.h

In unser zuvor gezeigten einfachen *request*-Funktion haben wir uns nicht um `buffer_head`-Strukturen oder verkettete Listen gekümmert. Die Makros und Funktionen in

<linux/blk.h> verstecken die Struktur der I/O-Anfrage-Warteschlange, um das Schreiben von Block-Treibern zu vereinfachen.In vielen Fällen braucht man aber ein tieferes Verständnis der Funktionsweise der Warteschlange, um leistungsstarke Treiber zu bekommen. In diesem Abschnitt schauen wir uns die Schritte zur Manipulation der Anfrage-Warteschlange an; die folgenden Abschnitte führen dann fortgeschrittene Techniken zum Schreiben von Block-*request*-Funktionen vor.

Die Felder in der request-Struktur, die wir uns bisher angeschaut haben – sector, current_nr_sectors und buffer – sind in Wirklichkeit nur Kopien der entsprechenden Informationen, die in der ersten buffer_head-Struktur der Liste gespeichert sind. Eine *request*-Funktion, die diese Informationen vom CURRENT-Zeiger verwendet, verarbeitet daher nur den ersten von möglicherweise vielen Puffern in der Anfrage. Die Aufgabe, eine Multi-Puffer-Anfrage in mehrere scheinbar unabhängige Einzel-Puffer-Anfragen aufzuteilen, wird durch zwei wichtige Definitionen in <linux/blk.h> erledigt: das Makro INIT_REQUEST und die Funktion *end_request*.

INIT_REQUEST ist die einfachere der beiden; hier werden lediglich ein paar Konsistenzüberprüfungen auf der Anfrage-Warteschlange vorgenommen und es wird aus der *request*-Funktion zurückgesprungen, wenn die Warteschlange noch leer ist. Dieses Makro stellt einfach nur sicher, daß noch Arbeit ansteht.

Der Großteil der Warteschlangen-Verarbeitung geschieht in *end_request*. Wir haben bereits gesagt, daß diese Funktion immer dann aufgerufen wird, wenn der Treiber eine einzelne »Anfrage« (genauer gesagt einen Puffer) verarbeitet hat. Sie hat mehrere Aufgaben:

1. Die I/O-Verarbeitung des aktuellen Puffers abschließen; dazu gehört das Aufrufen der Funktion *b_end_io* mit dem Status der Operation, was alle Prozesse aufweckt, die eventuell auf dem Puffer schlafen.
2. Den Puffer aus der verketteten Liste der Anfrage entfernen. Wenn noch weitere Puffer zu verarbeiten sind, werden die Felder sector, current_nr_sectors und buffer in der Anfrage-Struktur aktualisiert, um den Inhalt der nächsten buffer_head-Struktur in der Liste wiederzugeben. In diesem Fall (es sind noch weitere Puffer zu übertragen) ist *end_request* für diesen Durchgang beendet, und die Schritte 3 bis 5 werden nicht ausgeführt.
3. *add_blkdev_randomness* aufrufen, um den Entropie-Pool zu aktualisieren, sofern nicht DEVICE_NO_RANDOM definiert worden ist (wie das beim *sbull*-Treiber der Fall ist).
4. Die beendete Anfrage durch Aufrufen von *blkdev_dequeue_request* aus der Anfrage-Warteschlange nehmen. Dieser Schritt verändert die Anfrage-Warteschlange und muß daher bei gehaltener io_request_lock-Sperre ausgeführt werden.
5. Die fertig bearbeitete Anfrage an das System zurückgeben; auch hierfür muß die Sperre io_request_lock gehalten werden.

Der Kernel definiert eine Reihe von Hilfsfunktionen, die von *end_request* verwendet werden und den Großteil der Arbeit erledigen. Die erste heißt *end_that_request_first* und erledigt die ersten beiden der gerade beschriebenen Schritte. Ihr Prototyp lautet:

```
int end_that_request_first(struct request *req, int status, char *name);
```

`status` ist der Status der Anfrage, der an *end_request* übergeben wurde; der Parameter `name` ist der Gerätename, der für die Ausgabe von Fehlermeldungen verwendet wird. Der Rückgabewert ist von Null verschieden, wenn in der aktuellen Anfrage noch Puffer zu verarbeiten sind; in diesem Fall ist die Arbeit beendet. Falls nicht, wird die Anfrage mit `end_that_request_last` aus der Warteschlange entfernt und freigegeben:

```
void end_that_request_last(struct request *req);
```

In *end_request* wird dieser Schritt mit folgendem Code erledigt:

```
struct request *req = CURRENT;
blkdev_dequeue_request(req);
end_that_request_last(req);
```

Mehr gibt es zu diesem Thema nicht zu sagen.

Cluster-Anfragen

Es ist jetzt an der Zeit, all dieses Hintergrundwissen anzuwenden, um bessere Block-Treiber zu schreiben. Wir schauen uns als erstes an, wie man mit Cluster-Anfragen umgeht. Clustering ist, wie bereits erwähnt wurde, einfach die Praxis, Anfragen, die auf benachbarten Blocks auf der Festplatte operieren, zusammenzufassen. Dies hat zwei Vorteile: Zunächst einmal wird die Übertragung beschleunigt; es kann aber durch Vermeiden von redundanten `request`-Strukturen auch Speicher im Kernel gespart werden.

Wie Sie bereits gesehen haben müssen sich Block-Treiber gar keine Gedanken um das Clustering machen. `<linux/blk.h>` teilt alle Cluster-Anfragen transparent in ihre Bestandteile auf. In vielen Fällen kann ein Treiber aber eine bessere Performance erreichen, indem er sich explizit um Cluster kümmert. Es ist oft möglich, die I/O-Operationen für mehrere zusammenhängende Blocks gleichzeitig einzurichten, um den Durchsatz zu verbessern. Beispielsweise versucht der Linux-Floppy-Treiber immer, eine vollständige Spur auf einmal auf die Diskette zu schreiben. Die meisten High-Performance-Festplatten-Controller können solche »Scatter/Gather«-I/O ebenfalls durchführen, was große Performance-Verbesserungen mit sich bringt.

Um das Clustering auszunutzen, müssen Block-Treiber die Liste der `buffer_head`-Strukturen einer Anfrage direkt anschauen. Auf diese Liste verweist `CURRENT->bh`; die folgenden Puffer stehen dann in den `b_reqnext`-Zeigern in den einzelnen `buffer_head`-Strukturen. Ein Treiber, der Cluster-I/O verwendet, sollte bei jedem Puffer etwa folgendermaßen vorgehen:

1. Die Übertragung des Datenblocks an der Adresse bh->b_data mit der Größe von bh->b_size Bytes einrichten. Die Richtung der Datenübertragung wird durch CURRENT->cmd vorgegeben (entweder READ oder WRITE).
2. Den nächsten Puffer-Kopf aus der Liste holen: bh->b_reqnext. Dann den gerade übertragenen Puffer aus der Liste entfernen, indem das Feld b_reqnext auf Null gesetzt wird, also den Zeiger auf den gerade geholten neuen Puffer.
3. Die request-Struktur aktualisieren, um die mit dem gerade entfernten Puffer durchgeführte I/O widerzuspiegeln. Sowohl CURRENT->hard_nr_sectors als auch CURRENT->nr_sectors sollten um die Anzahl der aus dem Puffer übertragenen Sektoren (nicht Blocks) dekrementiert werden. Die Sektoren-Nummern CURRENT->hard_sector und CURRENT->sector sollten um den gleichen Betrag inkrementiert werden. Durch diese Strukturen bleibt die request-Struktur konsistent.
4. Zurück an den Anfang springen, um die Übertragung des nächsten benachbarten Blocks einzuleiten.

Wenn die I/O-Operation auf einem Puffer vollständig abgearbeitet ist, sollte der Treiber den Kernel durch Aufruf der I/O-Vervollständigungsroutine des Puffers informieren:

```
bh->b_end_io(bh, status);
```

status ist von Null verschieden, wenn die Operation erfolgreich war. Sie müssen natürlich auch die request-Struktur vollständig abgearbeiteter Operationen aus der Warteschlange entfernen. Die gerade beschriebenen Verarbeitungsschritte können ohne Besitz der Sperre io_request_lock durchgeführt werden, aber um die Warteschlange selbst zu verändern, muß man die Sperre halten.

Ihr Treiber kann beim Beenden der I/O-Operation weiterhin *end_request* verwenden (anstatt die Warteschlange direkt zu manipulieren), sofern er den Zeiger CURRENT->bh korrekt setzt. Dieser Zeiger sollte entweder NULL sein oder auf die letzte übertragene buffer_head-Struktur verweisen. Im letzteren Fall sollte die Funktion *b_end_io* auf diesem letzten Puffer *nicht* aufgerufen worden sein, weil *end_request* das selbst macht.

Eine vollständige Cluster-Implementation können Sie in *drivers/block/floppy.c* sehen, eine Zusammenfassung der in *end_request* benötigten Operationen in *blk.h*. Weder *floppy.c* noch *blk.h* sind einfach zu verstehen, aber *blk.h* ist der bessere Ausgangspunkt.

Der aktive Warteschlangenkopf

Ein weiteres Detail hinsichtlich des Verhaltens der I/O-Anfrage-Warteschlange ist für Block-Treiber, die mit Clustering arbeiten, wichtig. Dies hängt mit dem Kopf der Warteschlange zusammen, also der ersten Anfrage in der Warteschlange. Aus historischen Kompatibilitätsgründen geht der Kernel (fast) immer davon aus, daß ein Block-Treiber den ersten Eintrag in der Anfrage-Warteschlange verarbeitet. Um Schäden durch sich widersprechende Aktivitäten zu vermeiden, wird der Kernel eine Anfrage, die an den

Kopf der Schlange geraten ist, nie verändern. Mit dieser Anfrage erfolgt kein weiteres Clustering, und der Fahrstuhl-Code wird keine weiteren Anfragen davor stellen.

Viele Block-Treiber entfernen Anfragen vollständig aus der Warteschlange, bevor sie die Anfragen bearbeiten. Wenn Ihr Treiber auch so arbeitet, sollte die Anfrage am Kopf der Warteschlange Freiwild für den Kernel sein. In diesem Fall sollte Ihr Treiber den Kernel darüber informieren, daß der Kopf der Warteschlange nicht aktiv ist, indem er `blk_queue_headactive` aufruft:

```
blk_queue_headactive(request_queue_t *queue, int active);
```

Wenn `active` 0 ist, darf der Kernel Änderungen am Kopf der Anfrage-Warteschlange vornehmen.

Block-Treiber mit mehreren Warteschlangen

Wie wir bereits gesehen haben, verwaltet der Kernel default-mäßig eine einzige I/O-Anfrage-Warteschlange je Major-Nummer. Dies funktioniert gut für Geräte wie *sbull*, ist aber in real existierenden Situationen nicht immer optimal.

Stellen Sie sich einen Treiber vor, der es mit echten Festplatten zu tun hat. Jede Festplatte kann unabhängig von den anderen arbeiten, und die Performance des Systems ist sicherlich besser, wenn die Festplatten parallel laufen. Ein einfacher Treiber mit einer einzigen Warteschlange kann das nicht erreichen, er führt immer nur Operationen auf jeweils einem Gerät aus.

Es wäre nicht besonders schwer für einen Treiber, die Anfrage-Warteschlange durchzusehen und Anfragen nach unabhängigen Festplatten zu suchen. Aber der 2.4-Kernel macht das Leben noch einfacher, indem er es dem Treiber ermöglicht, mehrere unabhängige Warteschlangen für jedes Gerät einzurichten. Die meisten High-Performance-Treiber machen davon Gebrauch. Das ist auch nicht schwierig, allerdings muß man sich schon von den einfachen Definitionen in `<linux/blk.h>` wegbewegen.

Der *sbull*-Treiber arbeitet mit mehreren Warteschlangen, wenn das Symbol `SBULL_MULTIQUEUE` beim Kompilieren definiert wird. Dies funktioniert ohne die Makros in `<linux/blk.h>` und führt eine Reihe von Features vor, die wir in diesem Abschnitt beschrieben haben.

Um mit mehreren Warteschlangen zu arbeiten, muß ein Block-Treiber eigene Anfrage-Warteschlangen definieren. *sbull* macht dies, indem er ein `queue`-Felds zur Struktur `Sbull_Dev` hinzufügt:

```
request_queue_t queue;
int busy;
```

Das Flag `busy` wird dazu verwendet, die Funktion *request* vor Reentranz zu schützen; wir schauen uns das noch an.

Anfrage-Warteschlangen müssen natürlich initialisiert werden. *sbull* macht das folgendermaßen:

```
for (i = 0; i < sbull_devs; i++) {
    blk_init_queue(&sbull_devices[i].queue, sbull_request);
    blk_queue_headactive(&sbull_devices[i].queue, 0);
}
blk_dev[major].queue = sbull_find_queue;
```

Der Aufruf von *blk_init_queue* sieht aus wie zuvor, allerdings übergeben wir jetzt die gerätespezifischen Warteschlangen anstelle der Default-Warteschlange für unsere Major-Nummer. Dieser Code gibt auch an, daß die Warteschlangen inaktive Köpfe haben.

Sie fragen sich vielleicht, wie der Kernel die Anfrage-Warteschlangen finden kann, die tief in einer gerätespezifischen, privaten Struktur verborgen sind. Das zentrale Element dazu ist die letzte gerade gezeigte Linie, die das Feld `queue` in der globalen Struktur `blk_dev` setzt. Dieses Feld zeigt auf eine Funktion, deren Aufgabe es ist, die passende Anfrage-Warteschlange für eine bestimmte Gerätenummer zu finden. Geräte, die die Default-Warteschlange verwenden, haben so eine Funktion nicht, aber Geräte mit mehreren Warteschlangen müssen sie implementieren. Die entsprechende Funktion in *sbull* sieht folgendermaßen aus:

```
request_queue_t *sbull_find_queue(kdev_t device)
{
    int devno = DEVICE_NR(device);

    if (devno >= sbull_devs) {
        static int count = 0;
        if (count++ < 5) /* Meldung hoechstens fuenfmal ausgeben */
            printk(KERN_WARNING "sbull: request for unknown device\n");
        return NULL;
    }
    return &sbull_devices[devno].queue;
}
```

Wie die Funktion *request* muß auch *sbull_find_queue* atomar sein (darf also nicht schlafen gehen).

Jede Warteschlange hat ihre eigene *request*-Funktion, obwohl Treiber normalerweise die gleiche Funktion für alle Warteschlangen verwenden. Der Kernel übergibt die jeweilige Anfrage-Warteschlange als Parameter an die *request*-Funktion, weswegen die Funktion immer herausfinden kann, um welches Gerät es gerade geht. Die *request*-Funktion für mehrere Warteschlangen in *sbull* unterscheidet sich etwas von den Funktionen, die wir bisher gesehen haben, weil sie die Anfrage-Warteschlange direkt manipuliert. Sie gibt außerdem die Sperre `io_request_lock` frei, während sie Übertragungen durchführt, um dem Kernel die Ausführung anderer Block-Operationen zu ermöglichen. Schließlich muß der Code zwei weitere Gefahren umschiffen: mehrfache Aufrufe der *request*-Funktion und Konflikte beim Zugriff auf das Gerät selbst.

```
void sbull_request(request_queue_t *q)
{
    Sbull_Dev *device;
    struct request *req;
    int status;

    /* Unser Geraet finden */
    device = sbull_locate_device (blkdev_entry_next_request(&q->queue_head));
    if (device->busy) /* keine Race Condition - wir halten io_request_lock */
        return;
    device->busy = 1;

    /* Anfragen in der Warteschlange verarbeiten */
    while(! list_empty(&q->queue_head)) {

    /* Die naechste Anfrage aus der Liste holen. */
        req = blkdev_entry_next_request(&q->queue_head);
        blkdev_dequeue_request(req);
        spin_unlock_irq (&io_request_lock);
        spin_lock(&device->lock);

    /* Alle Puffer in dieser (moeglicherweise Cluster-) Anfrage verarbeiten. */
        do {
            status = sbull_transfer(device, req);
        } while (end_that_request_first(req, status, DEVICE_NAME));
        spin_unlock(&device->lock);
        spin_lock_irq (&io_request_lock);
        end_that_request_last(req);
    }
    device->busy = 0;
}
```

Anstatt INIT_REQUEST zu verwenden, testet diese Funktion ihre jeweilige Anfrage-Warteschlange mit *list_empty*. Solange noch Anfragen vorliegen, entfernt sie diese eine nach der anderen mit *blkdev_dequeue_request* aus der Warteschlange. Erst dann, wenn das Entfernen abgeschlossen ist, darf die Sperre io_request_lock freigegeben werden und die gerätespezifische Sperre erworben werden. Die eigentliche Übertragung geschieht mit der Funktion *sbull_transfer*, die wir bereits gesehen haben.

Jeder Aufruf von *sbull_transfer* arbeitet genau eine buffer_head-Struktur ab, die zur Anfrage gehört. Die Funktion ruft dann *end_that_request_first* auf, um den Puffer loszuwerden, und macht mit *end_that_request_last* weiter (sofern die Anfrage vollständig abgearbeitet wurde), um die Anfrage insgesamt aufzuräumen.

Es lohnt sich, noch einen Blick auf die Verwaltung der Nebenläufigkeit zu werfen. Das Flag busy verhindert mehrfache Aufrufe von *sbull_request*. Weil *sbull_request* immer mit gehaltener io_request_lock-Sperre aufgerufen wird, kann man das Flag busy ohne zusätzlichen Schutz abfragen und verändern. (Ansonsten hätte man einen atomic_t benutzen können.) Die io_request_lock -Sperre wird freigegeben, bevor die gerätespezifische Sperre geholt wird. Man kann mehrere Sperren halten, ohne ein Deadlock zu riskieren, aber das ist schwieriger. Wenn die Umgebungsbedingungen es erlauben, ist es besser, eine Sperre freizugeben, bevor man die nächste holt.

end_that_request_first wird ohne die Sperre `io_request_lock` aufgerufen. Weil diese Funktion nur auf der angegebenen Anfrage-Struktur arbeitet, ist das gefahrlos möglich – solange sich die Anfrage nicht in der Warteschlange befindet. Um *end_that_request_last* aufzurufen, muß man aber die Sperre haben, weil die Anfrage an die Liste freier Einträge der Anfrage-Warteschlange zurückgegeben wird. Die Funktion springt außerdem immer mit gehaltener `io_request_lock`-Sperre und freigegebener Gerätesperre aus der äußeren Schleife (und der Funktion selbst) zurück.

Treiber mit mehreren Warteschlangen müssen natürlich beim Entfernen des Moduls alle Warteschlangen hinter sich aufräumen:

```
for (i = 0; i < sbull_devs; i++)
        blk_cleanup_queue(&sbull_devices[i].queue);
blk_dev[major].queue = NULL;
```

Man sollte hier noch kurz erwähnen, daß dieser Code effizienter sein könnte. Er alloziert in der Initialisierung einen ganzen Satz von Anfrage-Warteschlangen, obwohl manche davon möglicherweise nie verwendet werden. Eine Anfrage-Warteschlange ist eine große Struktur, weil viele (vielleicht Tausende) von `request`-Strukturen alloziert werden, wenn die Warteschlange initialisiert wird. Eine intelligentere Implementation würde die Anfrage-Warteschlange bei Bedarf entweder in der *open*-Methode oder in der *queue*-Funktion allozieren. Wir haben uns bei *sbull* für die einfachere Implementation entschieden, um den Code nicht zu verkomplizieren.

Damit haben wir die Funktionsweise von Treibern mit mehreren Warteschlangen abgehandelt. Treiber, die es mit richtiger Hardware zu tun haben, haben natürlich auch noch andere Probleme, wie etwa das Serialisieren des Zugriffs auf den Controller. Aber die grundlegende Struktur von Treibern mit mehreren Warteschlangen haben Sie hier gesehen.

Ohne die Anfrage-Warteschlange arbeiten

Diese Darstellung hat sich bisher zum größten Teil mit der Manipulation der I/O-Anfrage-Warteschlange beschäftigt. Die Aufgabe der Anfrage-Warteschlange ist die Performance-Verbesserung, indem sie dem Treiber asynchrones Arbeiten ermöglicht und – vor allem – auf der Festplatte zusammenhängende Operationen zusammenfaßt. Bei normalen Festplatten sind solche Operationen auf zusammenhängenden Blocks gang und gäbe, was diese Optimierung notwendig macht.

Nicht alle Block-Geräte ziehen aber einen Vorteil aus der Anfrage-Warteschlange. *sbull* beispielsweise verarbeitet Anfragen synchron und hat keine Probleme mit Suchzeiten. Für *sbull* wird die Verarbeitung durch die Anfrage-Warteschlange nur langsamer. Auch andere Typen von Block-Geräten sind ohne Anfrage-Warteschlange besser bedient. Dazu gehören beispielsweise RAID-Geräte, die aus mehreren Festplatten bestehen und »zusammenhängende« Blocks oft über mehrere physikalische Geräte verteilen. Block-Geräte, die vom Logical Volume Manager (LVM, ab Kernel 2.4) implementiert werden, haben ebenfalls eine komplexere Implementation als die Block-Schnittstelle, die der Rest des Kernels zu sehen bekommt.

Im 2.4-Kernel werden Block-I/O-Anfragen von der Funktion *__make_request* in die Warteschlange eingestellt. Diese Funktion ist auch für den Aufruf der *request*-Funktion des Treibers verantwortlich. Block-Treiber, die eine genauere Kontrolle über das Einstellen von Anfragen benötigen, können eine eigene »make request«-Funktion implementieren. Die RAID- und LVM-Treiber machen das beispielsweise so; ihre Variante leitet jede I/O-Anfrage (mit unterschiedlichen Block-Nummern) an das oder die passenden Geräte weiter, aus denen sich das Gesamtgerät zusammensetzt. Ein RAM-Disk-Treiber kann dagegen die I/O-Operation direkt ausführen.

Wenn *sbull* auf 2.4-Systemen mit der Option `noqueue=1` gestartet wird, stellt der Treiber eine eigene »make request«-Funktion bereit und arbeitet ohne Anfrage-Warteschlange. Als ersten Schritt dazu wird *__make_request* entfernt. Der »make request«-Funktionszeiger wird in der Anfrage-Warteschlange gespeichert und kann mit *blk_queue_make_request* geändert werden:

```
void blk_queue_make_request(request_queue_t *queue,
make_request_fn *func);
```

Der Typ `make_request_fn` ist wiederum folgendermaßen definiert:

```
typedef int (make_request_fn) (request_queue_t *q, int rw,
             struct buffer_head *bh);
```

Die Funktion »make request« muß die Übertragung des angegebenen Blocks organisieren und dafür sorgen, daß die Funktion *b_end_io* aufgerufen wird, wenn die Übertragung abgeschlossen ist. Der Kernel hält die Sperre `io_request_lock` *nicht*, wenn die *make_request_fn*-Funktion aufgerufen wird; die Funktion muß sich also die Sperre selbst holen, wenn sie vorhat, die Anfrage-Warteschlange zu manipulieren. Wenn die Übertragung eingeleitet worden ist, (sie muß aber nicht unbedingt abgeschlossen worden sein), sollte die Funktion 0 zurückgeben.

Der Ausdruck »die Übertragung organisieren« ist sorgfältig gewählt; oft überträgt eine treiberspezifische »make request«-Funktion die Daten gar nicht. Denken Sie etwa an ein RAID-Gerät. Die Funktion muß die I/O-Operation auf eines der Untergeräte abbilden und dann den Treiber dieses Geräts aufrufen, der dann die Arbeit tut. Diese Abbildung erfolgt dadurch, daß das Feld `b_rdev` in der `buffer_head`-Struktur auf die Nummer des »echten« Geräts gesetzt wird, das die Übertragung vornimmt. Dann wird angezeigt, daß der Block noch geschrieben werden muß, indem ein von Null verschiedener Wert zurückgegeben wird.

Wenn der Kernel einen von Null verschiedenen Rückgabewert der »make request«-Funktion sieht, schließt er daraus, daß die Aufgabe nicht ausgeführt wurde, und probiert es noch einmal. Zunächst aber schlägt er die »make request«-Funktion des Geräts im `b_rdev`-Feld nach. Im Falle von RAID-Geräten wird also die «make request«-Funktion des RAID-Treibers *nicht* noch einmal aufgerufen, sondern der Kernel gibt den Block an die passende Funktion des zugrundeliegenden Geräts weiter.

sbull richtet seine »make request«-Funktion bei der Initialisierung folgendermaßen ein:

```
if (noqueue)
    blk_queue_make_request(BLK_DEFAULT_QUEUE(major), sbull_make_request);
```

In diesem Modus wird *blk_init_queue* nicht aufgerufen, weil die Anfrage-Warteschlange nicht verwendet wird.

Wenn der Kernel eine Anfrage nach einem *sbull*-Gerät erzeugt, ruft er die Funktion *sbull_make_request* auf, die folgendermaßen definiert ist:

```
int sbull_make_request(request_queue_t *queue, int rw,
                       struct buffer_head *bh)
{
    u8 *ptr;

    /* Herausfinden, was wir tun sollen */
    Sbull_Dev *device = sbull_devices + MINOR(bh->b_rdev);
    ptr = device->data + bh->b_rsector * sbull_hardsect;

    /* Paranoide Kontrolle; so etwas kann wirklich passieren */
    if (ptr + bh->b_size > device->data + sbull_blksize*sbull_size) {
        static int count = 0;
        if (count++ < 5)
            printk(KERN_WARNING "sbull: request past end of device\n");
        bh->b_end_io(bh, 0);
        return 0;
    }

    /* Dies koennte ein Puffer im hohen Speicher sein, herunterholen */
#if CONFIG_HIGHMEM
    bh = create_bounce(rw, bh);
#endif

    /* Die Uebertragung durchfuehren */
    switch(rw) {
    case READ:
    case READA:  /* Vorauslesen */
        memcpy(bh->b_data, ptr, bh->b_size); /* von sbull in den Puffer */
        bh->b_end_io(bh, 1);
        break;
    case WRITE:
        refile_buffer(bh);
        memcpy(ptr, bh->b_data, bh->b_size); /* vom Puffer nach sbull */
        mark_buffer_uptodate(bh, 1);
        bh->b_end_io(bh, 1);
        break;
    default:
        /* kann nicht passieren */
        bh->b_end_io(bh, 0);
        break;
    }
```

```
        /* 0 heißt fertig */
        return 0;
    }
```

Dieser Code sollte größtenteils bekannt aussehen. Er enthält die üblichen Berechnungen, um zu bestimmen, wo sich der Block im *sbull*-Gerät befindet, und verwendet *memcpy*, um die Operation durchzuführen. Weil die Operation unmittelbar abgeschlossen ist, kann *bh->b_end_io* aufgerufen werden, um den Abschluß der Operation anzuzeigen. An den Kernel wird 0 zurückgegeben.

Es gibt aber noch ein Detail, um das sich die »make request«-Funktion kümmern muß. Der Puffer, der übertragen werden muß, könnte sich im hohen Speicher befinden, auf den der Kernel nicht direkt zugreifen kann. Hoher Speicher wird detailliert in Kapitel 13 behandelt. Wir wollen das dort Gesagte hier nicht wiederholen; es reicht hier zu sagen, daß eine mögliche Problemlösung darin besteht, einen Puffer im hohen Speicher durch einen im erreichbaren Speicher zu ersetzen. Die Funktion *create_bounce* erledigt das auf für den Treiber transparente Weise. Der Kernel verwendet *create_bounce* normalerweise, bevor er Puffer in die Anfrage-Warteschlange des Treibers stellt, aber wenn der Treiber eine eigene *make_request_fn*-Funktion implementiert, muß er auch diese Aufgabe selbst erledigen.

Wie das Einhängen und Aushängen funktioniert

Block-Geräte können im Gegensatz zu Zeichen-Geräten und normalen Dateien in das Dateisystem des Rechners eingehängt werden. Das Einhängen bringt eine weitere Abstraktionsebene mit sich, die bei Zeichen-Geräten nicht bekannt ist, wo der Zugriff über einen `struct file`-Zeiger erfolgt, der zu einem bestimmten Prozeß gehört. Wenn ein Dateisystem eingehängt ist, gibt es keinen Prozeß, der einen `filp` hält.

Wenn der Kernel ein Gerät in das Dateisystem einhängt, ruft er die normale *open*-Methode auf, um auf den Treiber zuzugreifen. In diesem Fall sind aber sowohl das `filp`-Argument als auch das `inode`-Argument von *open* nur Dummies. In der `file`-Struktur haben nur die Felder `f_mode` und `f_flags` eine Bedeutung; in der `inode`-Struktur darf nur `i_rdev` benutzt werden. Die anderen Felder enthalten zufällige Werte und sollten nicht verwendet werden. Der Wert von `f_mode` teilt dem Treiber mit, ob das Gerät nur zum Lesen (`f_mode == FMODE_READ`) oder zum Lesen und Schreiben (`f_mode == (FMODE_READ|FMODE_WRITE)`) eingehängt werden soll.

Diese Schnittstelle mag etwas merkwürdig aussehen, hat aber zwei Gründe. Zunächst kann die *open*-Methode weiterhin normal von einem Prozeß aufgerufen werden, der direkt auf das Gerät zugreift, wie etwa das Hilfsprogramm *mkfs*. Der andere Grund ist historisch bedingt: Block-Geräte benutzten früher die gleiche `file_operations`-Struktur wie Zeichen-Geräte und mußten daher die gleiche Schnittstelle verwenden.

Abgesehen von den Einschränkungen bezüglich der Argumente der *open*-Methode sieht der Treiber nichts Besonderes, wenn ein Dateisystem eingehängt wird. Das Gerät wird geöffnet, und die *request*-Methode wird aufgerufen, um Blocks hin- und herzutransportieren. Der Treiber kann den Unterschied zwischen Operationen, die als Antwort auf einen individuellen Prozeß (wie etwa *fsck*) gestartet werden, und solchen, die aus den Dateisystem-Schichten des Kernels stammen, nicht erkennen.

umount schreibt lediglich den Buffer-Cache heraus und ruft die *release*-Methode des Treibers auf. Weil es keinen sinnvollen `filp` gibt, den der Kernel an die *release*-Methode übergeben könnte, wird hierfür `NULL` verwendet. Da die *release*-Implementation eines Block-Treibers `filp->private_data` nicht verwenden kann, um auf die Geräte-Informationen zuzugreifen, wird zur Unterscheidung der Geräte `inode->i_rdev` verwendet. Die *release*-Implementation in *sbull* sieht wie folgt aus:

```
int sbull_release (struct inode *inode, struct file *filp)
{
    Sbull_Dev *dev = sbull_devices + MINOR(inode->i_rdev);

    spin_lock(&dev->lock);
    dev->usage--;
    MOD_DEC_USE_COUNT;
    spin_unlock(&dev->lock);
    return 0;
}
```

Andere Treiberfunktionen sind vom `filp`-Problem nicht betroffen, weil sie nichts mit dem Ein- oder Aushängen von Dateisystemen zu tun haben. Beispielsweise wird *ioctl* nur von Prozessen verwendet, die das Gerät explizit mit *open* geöffnet haben.

Die ioctl-Methode

Wie Zeichen-Geräte können auch Block-Geräte mit dem Systemaufruf *ioctl* gesteuert werden. Der einzige Unterschied zwischen Block- und Zeichen-Geräten ist, daß es eine Reihe von gemeinsamen `ioctl`-Befehlen in Block-Geräten gibt, deren Unterstützung von den meisten Treibern erwartet wird.

Block-Treiber bedienen üblicherweise die folgenden in <linux/fs.h> definierten Befehle:

`BLKGETSIZE`
: Gibt die Größe des aktuellen Gerätes in Sektoren zurück. Der Wert von `arg` ist ein Zeiger auf eine `long`-Variable und sollte verwendet werden, um die Größe in den User-Space zu kopieren. Dieser *ioctl*-Befehl wird beispielsweise verwendet, um an *mkfs* die Größe des zu erzeugenden Dateisystems zu übermitteln.

`BLKFLSBUF`
: Dieser Befehl steht wörtlich für »flush buffers«. Die Implementation dieses Befehls ist für alle Geräte gleich und wird später beim Beispiel-Code für die gesamte *ioctl*-Methode gezeigt.

`BLKRRPART`
: Partitionstabelle neu einlesen. Dieser Befehl ist nur bei partitionierbaren Geräten, die später in »Partitionierbare Geräte« eingeführt werden, sinnvoll.

`BLKRAGET`
`BLKRASET`
: Wird verwendet, um den aktuellen Vorauslesewert des Gerätes zu holen oder zu setzen. Für `GET` sollte dieser Wert mit dem in `arg` an *ioctl* übergebenen Zeiger als `long` im User-Space gespeichert werden. Für `SET` wird der neue Wert als Argument übergeben.

`BLKFRAGET`
`BLKFRASET`
: Holt oder setzt den Vorauslesewert auf Dateisystem-Ebene für dieses Gerät (also den Wert, der in `max_readahead` gespeichert ist).

`BLKROSET`
`BLKROGET`
: Diese Befehle werden verwendet, um den Nur-Lesen-Schalter des Geräts zu ändern bzw. abzufragen.

`BLKSECTGET`
`BLKSECTSET`
: Diese Befehle holen oder setzen die maximale Anzahl von Sektoren pro Anfrage (die in `max_sectors` gespeichert ist).

`BLKSSZGET`
: Gibt die Sektorengröße dieses Block-Geräts in der Integer-Variablen zurück, auf die ein Zeiger übergeben wird. Die Größe stammt direkt aus dem Array `hardsect_size`.

`BLKPG`
: Der Befehl `BLKPG` erlaubt es User-Mode-Programmen, Partitionen hinzuzufügen und zu entfernen. Er wird von `blk_ioctl` (siehe unten) implementiert; keiner der Treiber im Haupt-Kernel hat eine eigene Implementation.

`BLKELVGET`
`BLKELVSET`
: Diese Befehle erlauben eine gewisse Steuerung des Fahrstuhl-Algorithmus zur Sortierung der Anfragen. Wie `BLKPG` wird auch dieser Befehl von keinem Treiber direkt implementiert.

`HDIO_GETGEO`
: Wird in `<linux/hdreg.h>` definiert und benutzt, um die Festplattengeometrie zu ermitteln. Die Geometrie sollte in einer `struct hd_geometry`-Struktur in den User-Space kopiert werden. Diese Struktur ist ebenfalls in *hdreg.h* deklariert. *sbull* zeigt, wie dieser Befehl allgemein implementiert wird.

Der Befehl HDIO_GETGEO ist der am häufigsten verwendete aus einer Reihe von HDIO_ Befehlen, die alle in <linux/hdreg.h> definiert sind. Interessierte Leser können in *ide.c* und *hd.c* mehr Informationen über diese Befehle finden.

Fast alle diese *ioctl*-Befehle werden für alle Block-Geräte auf die gleiche Art und Weise implementiert. Im 2.4-Kernel gibt es eine Funktion namens *blk_ioctl*, die die gemeinsamen Befehle implementiert. Sie ist in <linux/blkpg.h> implementiert. Oftmals muß ein Treiber nur BLKGETSIZE und HDIO_GETGEO selbst implementieren und kann die anderen Befehle problemlos an *blk_ioctl* zur Verarbeitung übergeben.

Das Gerät *sbull* unterstützt nur die obigen allgemeinen Befehle, weil die Implementation der gerätespezifischen Befehle genauso wie bei bei den Zeichen-Geräten wäre. Die ioctl-Implementation für *sbull* sieht wie folgt aus:

```
int sbull_ioctl (struct inode *inode, struct file *filp,
                 unsigned int cmd, unsigned long arg)
{
    int err;
    long size;
    struct hd_geometry geo;

    PDEBUG("ioctl 0x%x 0x%lx\n", cmd, arg);
    switch(cmd) {

      case BLKGETSIZE:
        /* Gibt die Geraetegroeße in Sektoren zurueck */
        if (!arg) return -EINVAL; /* NULL-Zeiger: ungueltig */
        err = ! access_ok (VERIFY_WRITE, arg, sizeof(long));
        if (err) return -EFAULT;
        size = blksize*sbull_sizes[MINOR(inode->i_rdev)]
                / sbull_hardsects[MINOR(inode->i_rdev)];
        if (copy_to_user((long *) arg, &size, sizeof (long)))
            return -EFAULT;
        return 0;

      case BLKRRPART: /* Partitionstabelle neu einlesen: koennen wir nicht */
        return -ENOTTY;

      case HDIO_GETGEO:
        /*
         * Geometrie holen: Weil wir ein virtuelles Geraet
         * implementieren, muessen wir uns plausible Werte ueberlegen.
         * Wir geben 16 Sektoren und vier Koepfe an und berechnen
         * die entsprechende Anzahl von Zylindern. Die Daten sollen in
         * Sektor vier starten.
         */
        err = ! access_ok(VERIFY_WRITE, arg, sizeof(geo));
        if (err) return -EFAULT;
        size = sbull_size * blksize / sbull_hardsect;
        geo.cylinders = (size & ~0x3f) >> 6;
        geo.heads = 4;
        geo.sectors = 16;
        geo.start = 4;
```

```
        if (copy_to_user((void *) arg, &geo, sizeof(geo)))
            return -EFAULT;
        return 0;

      default:
        /*
         * ioctls, die wir nicht verstehen, lassen wir von der
         * Block-Schicht abarbeiten.
         */
        return blk_ioctl(inode->i_rdev, cmd, arg);
    }

    return -ENOTTY; /* unbekannter Befehl */
}
```

Die PDEBUG-Anweisung am Anfang der Funktion haben wir im Code gelassen, so daß Sie beim Kompilieren des Moduls das Debuggen ausschalten von Interrupts können, um zu sehen, welche *ioctl*-Befehle am Gerät aufgerufen werden.

Herausnehmbare Geräte

Als wir über Zeichen-Treiber gesprochen haben, haben wir die letzten beiden Datei-Operationen in der block_device_operations-Struktur ignoriert, weil sie nur für herausnehmbare Block-Geräte existieren. Jetzt ist es an der Zeit, sich damit zu beschäftigen. *sbull* ist eigentlich kein herausnehmbares Gerät, tut aber so und implementiert daher diese Methoden.

Die Operationen, über die wir hier reden, sind *check_media_change* und *revalidate*. Erstere wird verwendet, um herauszufinden, ob sich das Gerät seit dem letzten Zugriff geändert hat, letztere reinitialisiert den Zustand des Geräts nach einem Wechsel.

Bei *sbull* wird der Datenbereich des Gerätes eine halbe Minute, nachdem der Verwendungszähler auf 0 gefallen ist, freigegeben. Wenn das Gerät lange genug ausgehängt (oder geschlossen) ist, dann reicht das als Simulation eines Diskettenwechsels, und der nächste Zugriff auf das Gerät alloziert einen neuen Speicherbereich.

Diese »verzögerte Freigabe« wird mit einem Kernel-Timer implementiert.

check_media_change

Diese Funktion hat als einziges Argument ein kdev_t, das das Gerät identifiziert. Der Rückgabewert ist 1, wenn das Medium gewechselt wurde, und 0 sonst. Ein Block-Treiber, der keine herausnehmbaren Geräte unterstützt, muß diese Funktion nicht implementieren, wenn er fops->check_media_change auf NULL setzt.

Wenn es sich um ein Gerät mit herausnehmbaren Medien handelt, aber nicht festgestellt werden kann, ob das Medium gewechselt wurde, dann ist es immer eine sichere Sache, 1 zurückzugeben. Das ist das Verhalten der IDE-Treiber, wenn sie es mit herausnehmbaren Medien zu tun haben.

Die Implementation in *sbull* gibt 1 zurück, wenn das Gerät durch den Ablauf des Timers bereits aus dem Speicher entfernt worden ist, und 0, wenn die Daten noch gültig sind. Wenn das Debugging eingeschaltet ist, wird auch eine Nachricht in die Systemprotokolle ausgegeben; der Benutzer kann also feststellen, wann die Methode vom Kernel aufgerufen worden ist.

```
int sbull_check_change(kdev_t i_rdev)
{
    int minor = MINOR(i_rdev);
    Sbull_Dev *dev = sbull_devices + minor;

    PDEBUG("check_change for dev %i\n",minor);
    if (dev->data)
        return 0; /* noch gueltig */
    return 1; /* nicht mehr gueltig */
}
```

Revalidierung

Die Überprüfungsfunktion wird aufgerufen, wenn ein Medienwechsel festgestellt wurde. Außerdem wird sie auch von den diversen *stat*-Systemaufrufen der Kernel-Version 2.1 aufgerufen. Der Rückgabewert wird derzeit nicht benutzt. Um sicherzugehen, sollte 0 im Erfolgsfall und ein negativer Wert im Fehlerfall zurückgegeben werden.

Die von *revalidate* durchgeführte Operation ist gerätespezifisch, aber normalerweise aktualisiert die Funktion die interne Statusinformation anhand des neuen Mediums.

In *sbull* versucht *revalidate* einen neuen Datenbereich zu allozieren, wenn es noch keinen gibt.

```
int sbull_revalidate(kdev_t i_rdev)
{
    Sbull_Dev *dev = sbull_devices + MINOR(i_rdev);

    PDEBUG("revalidate for dev %i\n",MINOR(i_rdev));
    if (dev->data)
        return 0;
    dev->data = vmalloc(dev->size);
    if (!dev->data)
        return -ENOMEM;
    return 0;
}
```

Zusätzliche Vorsichtsmaßnahmen

Treiber für herausnehmbare Geräte sollten auch überprüfen, ob es einen Medienwechsel gegeben hat, wenn das Gerät geöffnet wird. Der Kernel stellt dafür eine Funktion bereit:

```
int check_disk_change(kdev_t dev);
```

Der Rückgabewert ist von Null verschieden, wenn ein Medienwechsel gefunden wurde. Der Kernel ruft *check_disk_change* automatisch beim *mount*, aber nicht beim *open* auf.

Manche Programme greifen aber direkt auf die Daten zu, ohne das Gerät vorher einzuhängen. Dazu gehören beispielsweise *fsck*, *mcopy* und *fdisk*. Wenn der Treiber Statusinformationen über herausnehmbare Geräte im Speicher hält, sollte er *check_disk_change* aufrufen, wenn das Gerät zum erstenmal geöffnet wird. Die Kernel-Funktion ruft die normalen Treiber-Methoden (*check_media_change* und *revalidate*) auf, so daß in *open* selbst nichts Besonderes implementiert werden muß.

Hier die Implementation von *open* in *sbull*, die sich auch um Medienwechsel kümmert:

```
int sbull_open (struct inode *inode, struct file *filp)
{
    Sbull_Dev *dev; /* Geraeteinformation */
    int num = MINOR(inode->i_rdev);

    if (num >= sbull_devs) return -ENODEV;
    dev = sbull_devices + num;

    spin_lock(&dev->lock);
    /* revalidieren beim ersten open, Fehler, wenn keine Daten da sind */
    if (!dev->usage) {
        check_disk_change(inode->i_rdev);
        if (!dev->data)
        {
            spin_unlock (&dev->lock);
            return -ENOMEM;
        }
    }
    dev->usage++;
    spin_unlock(&dev->lock);
    MOD_INC_USE_COUNT;
    return 0;          /* Erfolg */
}
```

Im Treiber muß für Medienwechsel nichts weiter implementiert werden. Die Daten sind ohnehin beschädigt, wenn ein Medium gewechselt wird, während noch ein Prozeß das Gerät geöffnet hat. Ein Treiber kann solche Datenbeschädigung nur dann verhindern, wenn anhand des Verwendungszählers das Herausnehmen der Medien kontrolliert werden kann. In diesem Fall können *open* und *close* die Sperre entsprechend ausschalten von Interrupts bzw. freigeben.

Partitionierbare Geräte

Die meisten Block-Geräte werden nicht in einem großen Stück verwendet. Statt dessen erwarten Systemadministratoren, das Gerät *partitionieren* zu können, also in mehrere unabhängige Pseudo-Geräte aufteilen zu können. Wenn Sie versuchen, auf *sbull* Partitionen mit *fdisk* zu erzeugen, werden Sie merken, daß nicht alles in Ordnung ist. Das Programm *fdisk* greift auf die Partitionen */dev/sbull01*, */dev/sbull02* usw. zu, aber diese Namen existieren im Dateisystem überhaupt nicht. Oder genauer: Es gibt keinen Mechanismus, um diese Namen an Partitionen auf dem *sbull*-Gerät zu binden. Ein bißchen mehr Arbeit ist notwendig, bevor ein Block-Gerät partitioniert werden kann.

Um die Unterstützung für Partitionen vorzuführen, führen wir ein neues Gerät namens *spull* für »Simple Partitionable Utility« ein. Dieses Gerät ist deutlich einfacher als *sbull*, es hat keine Verwaltung der Anfrage-Warteschlange und ist weniger flexibel (so kann man etwa die Hardware-Sektorgröße nicht verändern). Sie finden das Gerät im Verzeichnis *spull*; es ist vollständig unabhängig von *sbull*, auch wenn die beiden einigen gemeinsamen Code haben.

Um die Partitionierung eines Geräts unterstützen zu können, müssen wir jedem physikalischen Gerät mehrere Minor-Nummern zuweisen. Eine Nummer ist für den Zugriff auf das gesamte Gerät (wie beispielsweise */dev/hda*), die anderen für den Zugriff auf die einzelnen Partitionen (wie */dev/hda1*) zuständig. Weil *fdisk* Partitionsnamen erzeugt, indem es dem Gerätenamen für die gesamte Festplatte ein numerisches Suffix anfügt, folgen wir im *spull*-Treiber der gleichen Namenskonvention.

Die von *spull* implementierten Geräteknoten heißen pd für »partitionable disk«. Die vier Geräte (auch »Einheiten« genannt) sind daher */dev/pda* bis */dev/pdd*, wobei jedes Gerät bis zu 15 Partitionen unterstützt. Die Minor-Nummern haben die folgende Bedeutung: Die niedrigstwertigen vier Bits repräsentieren die Partitionsnummer (wobei 0 für das gesamte Gerät steht), und die höchstwertigen vier Bits stehen für die Einheitennummer. Diese Konvention wird in der Quelldatei durch die folgenden Makros implementiert:

```
#define MAJOR_NR spull_major /* Definitionen in blk.h erzwingen */
int spull_major; /* muß vor blk.h deklariert werden */

#define SPULL_SHIFT 4                        /* max. 16 Partitionen  */
#define SPULL_MAXNRDEV 4                     /* max. 4 Geraeteeinheiten */
#define DEVICE_NR(device) (MINOR(device)>>SPULL_SHIFT)
#define DEVICE_NAME "pd"                     /* Name fuer Meldungen */
```

Der *spull*-Treiber verdrahtet auch die Hardware-Sektorengröße fest, um den Code zu vereinfachen:

```
#define SPULL_HARDSECT 512  /* 512-Byte-Hardware-Sektoren */
```

Die generische Festplatte

Jedes partitionierbare Gerät muß wissen, wie es partitioniert ist. Diese Information steht in der Partitionstabelle. Ein Teil des Initialisierungsprozesses besteht daher auch darin, die Partitionstabelle zu decodieren und die internen Datenstrukturen entsprechend zu aktualisieren.

Diese Decodierung ist nicht einfach, aber der Kernel stellt glücklicherweise eine Unterstützung für »generische Festplatten« bereit, die von allen Block-Treibern verwendet werden kann. Damit wird die Code-Menge, die im Treiber zur Verwaltung der Partitionen benötigt wird, deutlich reduziert. Es ist ein weiterer Vorteil, daß der Treiber-Programmierer nicht verstehen muß, wie die Partitionierung vorgenommen wird, und der Kernel neue Partitionierungsmuster unterstützen kann, ohne daß die Treiber geändert werden müssen.

Ein Block-Treiber, der Partitionen unterstützen will, muß `<linux/genhd.h>` einbinden und eine Struktur des Typs `struct gendisk` deklarieren. Diese Struktur beschreibt das Layout der vom Treiber bereitgestellten Festplatte(n); der Kernel verwaltet eine globale Liste dieser Strukturen, die abgefragt werden kann, um zu sehen, welche Festplatten und Partitionen im System verfügbar sind.

Bevor wir weitermachen, schauen wir uns zunächst die Felder in `struct gendisk` an. Sie müssen sie verstehen, um die generische Festplatten-Unterstützung ausnutzen zu können.

`int major`
: Die Major-Nummer identifiziert den Gerätetreiber, auf den sich diese Struktur bezieht.

`const char *major_name`
: Der Basisname für Geräte, die zu dieser Major-Nummer gehören. Alle Gerätenamen werden gebildet, indem diesem Namen ein Buchstabe für jede Einheit und eine Nummer für jede Partition hinzugefügt wird. Beispielsweise ist »hd« der Basisname, aus dem dann */dev/hda1* und */dev/hdb3* gebildet werden. In modernen Kerneln kann die Gesamtlänge des Namens bis zu 32 Zeichen betragen; im 2.0-Kernel war das eingeschränkter. Treiber, die abwärtskompatibel zu 2.0 sein wollen, sollten das `major_name`-Feld auf fünf Zeichen begrenzen. Der Name für *spull* ist `pd` für »partitionable disk«.

`int minor_shift`
: Die Anzahl der Bit-Shift-Operationen, die benötigt werden, um die Laufwerksnummer aus der Minor-Nummer des Gerätes herauszubekommen. Der Wert in diesem Feld sollte mit der Definition des Makros `DEVICE_NR(device)` (siehe »Die Header-Datei blk.h« weiter vorn in diesem Kapitel) konsistent sein. In *spull* expandiert dieses Makro zu `device>>4`.

`int max_p`
: Die maximale Anzahl an Partitionen. In unserem Beispiel ist `max_p` 16 oder allgemeiner `1 << minor_shift`.

`struct hd_struct *part`
: Die decodierte Partitionstabelle des Gerätes. Der Treiber benutzt dieses Element, um festzustellen, welcher Bereich der Festplattensektoren über welche Minor-Nummer erreichbar ist. Er ist für die Allokation und Freigabe dieses Arrays zuständig. Die meisten Treiber implementieren das Array als statisches Array von `max_nr << minor_shift`- Strukturen. Der Treiber sollte das Array mit Nullen initialisieren, bevor der Kernel die Partitionstabelle decodiert.

`int *sizes`
: Dieses Feld zeigt auf ein Array von Integer-Werten. Es enthält die gleiche Information wie das globale Array `blk_size`; normalerweise sind das sogar die gleichen Arrays. Es ist die Aufgabe des Treibers, den Datenbereich zu allozieren und wieder freizugeben. Beachten Sie, daß während der Partitionsüberprüfung des Gerätes dieser Zeiger nach `blk_size` kopiert wird, so daß ein Treiber, der partitionierbare Geräte unterstützt, das Array `blk_size` nicht allozieren muß.

`int nr_real`
: Die Anzahl der realen Geräte (Einheiten), die existieren.

`void *real_devices`
: Dieser Zeiger wird von jedem Treiber intern genutzt, der zusätzliche private Informationen halten muß.

`void struct gendisk *next`
: Ein Verweis auf die Liste der generischen Festplatten.

`struct block_device_operations *fops;`
: Ein Zeiger auf die Block-Operationen-Struktur dieses Geräts.

Viele der Felder in der gendisk-Struktur werden bei der Initialisierung gefüllt, so daß es relativ einfach ist, sie zur Kompilierzeit einzurichten:

```
struct gendisk spull_gendisk = {
    major:              0,                  /* Spaeter zugewiesene Major-Nummer */
    major_name:         "pd",               /* Name des Major-Geraets */
    minor_shift:        SPULL_SHIFT,        /* Versatz zur Geraetenummer */
    max_p:              1 << SPULL_SHIFT,   /* Anzahl der Partitionen */
    fops:               &spull_bdops,       /* Block-Geraete-Operationen */
/* alles andere ist dynamisch */
};
```

Partitionserkennung

Wenn ein Modul sich selbst initialisiert, muß es alles passend zur Partitionserkennung einrichten. *spull* fängt damit an, das Array `spull_sizes` für die gendisk-Struktur einzurichten (das auch als `blk_size[MAJOR_NR]` und im Feld `sizes` der gendisk-Struktur abgespeichert wird) sowie das Array `spull_partitions`, das die eigentlichen Partitionsinformationen enthält (und im Feld `part` der gendisk-Struktur gespeichert wird). Beide Arrays werden zu diesem Zeitpunkt mit Nullen initialisiert. Der Code sieht folgendermaßen aus:

```
spull_sizes = kmalloc( (spull_devs << SPULL_SHIFT) * sizeof(int),
                      GFP_KERNEL);
if (!spull_sizes)
    goto fail_malloc;

/* Mit Partitionen der Groeße 0 anfangen und den Einheiten korrekte Groeßen geben */
memset(spull_sizes, 0, (spull_devs << SPULL_SHIFT) * sizeof(int));
for (i=0; i< spull_devs; i++)
    spull_sizes[i<<SPULL_SHIFT] = spull_size;
```

```
blk_size[MAJOR_NR] = spull_gendisk.sizes = spull_sizes;

/* Das Partitions-Array allozieren. */
spull_partitions = kmalloc( (spull_devs << SPULL_SHIFT) *
                           sizeof(struct hd_struct), GFP_KERNEL);
if (!spull_partitions)
    goto fail_malloc;

memset(spull_partitions, 0, (spull_devs << SPULL_SHIFT) *
       sizeof(struct hd_struct));
/* Eintraege für die gesamte Festplatte ausfuellen */
for (i=0; i < spull_devs; i++)
    spull_partitions[i << SPULL_SHIFT].nr_sects =
        spull_size*(blksize/SPULL_HARDSECT);
spull_gendisk.part = spull_partitions;
spull_gendisk.nr_real = spull_devs;
```

Der Treiber sollte auch seine gendisk-Struktur in die globale Liste eintragen. Es gibt dafür keine vom Kernel bereitgestellte Funktion; das muß von Hand gemacht werden:

```
spull_gendisk.next = gendisk_head;
gendisk_head = &spull_gendisk;
```

In der Praxis implementiert das System mit dieser Liste nur */proc/partitions*.

Die Funktion *register_disk*, die wir bereits kurz gesehen haben, hat auch die Aufgabe, die Partitionstabelle der Festplatte einzulesen:

```
register_disk(struct gendisk *gd, int drive, unsigned minors,
              struct block_device_operations *ops, long size);
```

Hier ist gd die vorher aufgebaute gendisk-Struktur, drive die Gerätenummer, minors die Anzahl der unterstützten Partitionen, ops die block_device_operations-Struktur des Treibers und size die Größe des Geräts in Sektoren.

Bei Festplatten muß die Partitionstabelle nur während der Initialisierung des Moduls und beim Aufruf von BLKRRPART aufgerufen werden. Treiber für herausnehmbare Laufwerke müssen dies auch in der *revalidate*-Methode machen. Es ist aber in jedem Fall wichtig, sich daran zu erinnern, daß *register_disk* die *request*-Funktion Ihres Treibers aufruft, um die Partitionstabelle einzulesen; der Treiber muß also an dieser Stelle schon hinreichend initialisiert sein, um Anfragen bearbeiten zu können. Sie sollten auch keine Sperren halten, die mit den in der *request*-Funktion erworbenen Sperren in Konflikt stehen könnten. *register_disk* muß für jede im System vorhandene Festplatte aufgerufen werden.

spull richtet die Partitionen in der *revalidate*-Methode ein:

```
int spull_revalidate(kdev_t i_rdev)
{
  /* erste Partition, Anzahl der Partitionen */
  int part1 = (DEVICE_NR(i_rdev) << SPULL_SHIFT) + 1;
  int npart = (1 << SPULL_SHIFT) -1;

  /* zuerst alte Partitionsinformationen loeschen */
  memset(spull_gendisk.sizes+part1, 0, npart*sizeof(int));
```

```
    memset(spull_gendisk.part +part1, 0, npart*sizeof(struct hd_struct));
    spull_gendisk.part[DEVICE_NR(i_rdev) << SPULL_SHIFT].nr_sects =
            spull_size << 1;

    /* dann die neuen Informationen einfuellen */
    printk(KERN_INFO "Spull partition check: (%d) ", DEVICE_NR(i_rdev));
    register_disk(&spull_gendisk, i_rdev, SPULL_MAXNRDEV, &spull_bdops,
                    spull_size << 1);
    return 0;
}
```

Interessanterweise gibt *register_disk* Partitionsinformationen durch wiederholten Aufruf von

```
printk(" %s", disk_name(hd, minor, buf));
```

aus. Deswegen gibt *spull* einen führenden String aus: So bekommt die Information im Systemprotokoll einen Kontext.

Wenn ein partitionierbares Modul entladen wird, sollte der Treiber alle Partitionen herausschreiben, indem für jedes Major/Minor-Paar *fsync_dev* aufgerufen wird. Natürlich sollte auch aller relevanter Speicher freigegeben werden. Die Aufräumfunktion in *spull* sieht folgendermaßen aus:

```
for (i = 0; i < (spull_devs << SPULL_SHIFT); i++)
    fsync_dev(MKDEV(spull_major, i)); /* Geraete herausschreiben */
blk_cleanup_queue(BLK_DEFAULT_QUEUE(major));
read_ahead[major] = 0;
kfree(blk_size[major]); /* ist auch gendisk->sizes */
blk_size[major] = NULL;
kfree(spull_gendisk.part);
kfree(blksize_size[major]);
blksize_size[major] = NULL;
```

Es ist auch notwendig, die gendisk-Struktur aus der globalen Liste zu entfernen. Es gibt keine Funktion dafür, weswegen das von Hand gemacht wird:

```
for (gdp = &gendisk_head; *gdp; gdp = &((*gdp)->next))
    if (*gdp == &spull_gendisk) {
        *gdp = (*gdp)->next;
        break;
    }
```

Beachten Sie, daß es kein Gegenstück *unregister_disk* zu *register_disk* gibt. Alles, was *register_disk* macht, wird in den Arrays des Treibers gespeichert, so daß kein zusätzliches Aufräumen notwendig ist.

Partitionserkennung mit initrd

Wenn Sie Ihr Root-Dateisystem von einem Gerät aus einhängen wollen, dessen Treiber nur in modularisierter Form vorliegt, dann müssen Sie das *initrd*-System verwenden, das in modernen Linux-Kerneln zur Verfügung steht. Wir werden hier nicht beschreiben, wie man *initrd* benutzt; dieser Abschnitt ist für Leser gedacht, die *initrd* kennen und sich fragen, wie es Block-Treiber beeinflußt. Weitere Informationen zu *initrd* finden Sie in der Datei *Documentation/initrd.txt* in den Kernel-Quellen.

Wenn Sie einen Kernel mit *initrd* booten, richtet dieser eine temporäre Laufzeitumgebung ein, bevor er das eigentliche Root-Dateisystem einhängt. Module werden normalerweise aus einer RAM-Disk geladen, die als temporäres Root-Dateisystem benutzt wird.

Weil der *initrd*-Prozeß gestartet wird, nachdem die gesamte Boot-Initialisierung durchgeführt worden ist (aber bevor das eigentliche Root-Dateisystem eingehängt worden ist), gibt es keinen Unterschied zwischen dem Laden eines normalen Moduls und eines solchen, das in der *initrd*-RAM-Disk liegt. Wenn ein Treiber als Modul geladen und verwendet werden kann, dann können alle Linux-Distributionen, auf denen *initrd* zur Verfügung steht, den Treiber auf ihren Installationsdisketten bereitstellen, ohne daß Sie an den Kernel-Quellen herummanipulieren müssen.

Die Geräte-Methoden von spull

Wir haben bereits gesehen, wie man partitionierbare Geräte initialisiert, aber noch nicht, wie man auf die Daten in den Partitionen zugreift. Dazu brauchen wir die Partitionsinformationen, die von *register_disk* im Array `gendisk->part` abgelegt werden. Dieses Array besteht aus `hd_struct`-Strukturen und wird per Minor-Nummer indiziert. `hd_struct` enthält zwei Felder, die für uns interessant sind: `start_sect` gibt an, wo eine bestimmte Partition auf der Festplatte anfängt, und `nr_sects` nennt die Größe dieser Partition.

Wir zeigen Ihnen hier, wie *spull* diese Informationen verwendet. Der folgende Code enthält nur diejenigen Teile von *spull*, die sich von *sbull* unterscheiden, weil der größte Teil des Codes identisch ist.

Zunächst einmal müssen *open* und *close* Verwendungszähler für jedes Gerät führen. Da sich der Verwendungszähler auf das physikalische Gerät bezieht, kann die folgende Zuweisung für die Variable `dev` verwendet werden:

```
Spull_Dev *dev = spull_devices + DEVICE_NR(inode->i_rdev);
```

Das hier verwendete Makro `DEVICE_NR` ist dasjenige, das deklariert werden muß, bevor `<linux/blk.h>` eingebunden wird; es wird zur physikalischen Gerätenummer expandiert, ohne zu berücksichtigen, welche Partition verwendet wird.

Während fast jede Gerätemethode auf dem physikalischen Gerät als Ganzes arbeitet, sollte *ioctl* die partitionsspezifischen Informationen liefern. Beispielsweise möchte *mkfs* die Größe der jeweiligen Partition, auf der es das Dateisystem anlegen will, und nicht die Größe des gesamten Gerätes wissen. Der *ioctl* `BLKGETSIZE` ist von der Änderung von einer Minor-Nummer pro Gerät zu mehreren Minor-Nummern pro Gerät, wie hier gezeigt wird, betroffen. Wie Sie vermutlich schon erwartet haben, wird `spull_gendisk->part` als Quelle für die Partitionsgröße verwendet.

```
case BLKGETSIZE:
  /* Geraetegroeße in Sektoren zurueckgeben */
  err = ! access_ok (VERIFY_WRITE, arg, sizeof(long));
  if (err) return -EFAULT;
  size = spull_gendisk.part[MINOR(inode->i_rdev)].nr_sects;
  if (copy_to_user((long *) arg, &size, sizeof (long)))
  return -EFAULT;
  return 0;
```

Der andere *ioctl*-Befehl, der bei partitionierbaren Geräten anders ist, ist BLKRRPART. Das erneute Einlesen der Partitionstabelle ist bei partitionierbaren Geräten sinnvoll und entspricht dem Revalidieren einer Diskette nach einem Diskettenwechsel:

```
case BLKRRPART: /* Partitionstabelle neu einlesen */
  return spull_revalidate(inode->i_rdev);
```

Der größte Unterschied zwischen *sbull* und *spull* besteht aber in der Anfrage-Funktion. *spull* muß in der Anfrage-Funktion die Partitionsinformation benutzen, um die Daten für die verschiedenen Minor-Nummern korrekt zu übertragen. Das Auffinden der Übertragung geschieht einfach durch Addieren des Startsektors zu dem in der Anfrage angegebenen Sektor; die Partitionsgrößeninformation wird dann dazu verwendet sicherzustellen, daß die Anfrage in die Partition paßt. Wenn das erledigt ist, gibt es keine Implementationsunterschiede zu *sbull* mehr.

Hier sehen Sie die relevanten Zeilen aus *spull_request*:

```
ptr = device->data +
      (spull_partitions[minor].start_sect + req->sector)*SPULL_HARDSECT;
size = req->current_nr_sectors*SPULL_HARDSECT;
/*
 * Sicherstellen, daß die Uebertragung in das Geraet paßt.
 */
if (req->sector + req->current_nr_sectors >
                spull_partitions[minor].nr_sects) {
    static int count = 0;
    if (count++ < 5)
      printk(KERN_WARNING "spull: request past end of partition\n");
    return 0;
}
```

Die Anzahl der Sektoren wird mit der Hardware-Sektorengröße (die, wie Sie sich erinnern werden, in *spull* hart codiert ist) multipliziert, um an die Größe der Partition in Bytes zu kommen.

Interrupt-gesteuerte Block-Treiber

Wenn ein Treiber ein echtes Hardware-Gerät ansteuert, dann findet der Betrieb normalerweise Interrupt-gesteuert statt. Die Verwendung von Interrupts steigert die System-Performance, weil der Prozessor während der I/O-Operationen freigegeben wird. Damit die Interrupt-gesteuerte I/O funktioniert, muß das angesteuerte Gerät in der Lage sein, Daten asynchron zu übertragen und Interrupts generieren zu können.

Wenn der Treiber Interrupt-gesteuert ist, dann startet die Anfrage-Funktion eine Datenübertragung und kehrt unmittelbar zurück, ohne *end_request* aufzurufen. Der Kernel akzeptiert eine Anfrage aber nicht als erfüllt, bevor nicht *end_request* (oder die Bestandteile dieser Funktion) aufgerufen worden sind. Daher muß die obere oder untere Hälfte des Interrupt-Handlers *end_request* aufrufen, wenn das Gerät meldet, daß die Datenübertragung vollständig abgearbeitet worden ist.

Weder *sbull* noch *spull* können Daten ohne den System-Prozessor übertragen, *spull* kann aber einen Interrupt-gesteuerten Betrieb vortäuschen, indem beim Laden die Option `irq=1` angegeben wird. Wenn `irq` nicht Null ist, dann verwendet der Treiber einen Kernel-Timer, um das vollständige Bearbeiten der aktuellen Anfrage zu verzögern. Die Länge der Verzögerung wird durch den Wert von `irq` angegeben: Je größer der Wert, desto größer die Verzögerung.

Wie auch sonst beginnen Block-Übertragungen, wenn der Kernel die *request*-Funktion des Treibers aufruft. Die *request*-Funktion eines Interrupt-gesteuerten Geräts instruiert die Hardware, die Übertragung auszuführen, und kehrt dann zurück. Sie wartet also nicht darauf, daß die Übertragung beendet wird. Die *request*-Funktion in *spull* unternimmt die üblichen Fehlerkontrollen und ruft dann *spull_transfer* auf, um die Daten zu transportieren (das ist genau die Aufgabe, die ein echter Treiber asynchron durchführt). Dann verzögert sie die Bestätigung bis zur Interrupt-Zeit:

```
void spull_irqdriven_request(request_queue_t *q)
{
    Spull_Dev *device;
    int status;
    long flags;

    /* Wenn wir bereits Anfragen verarbeiten, keine weiteren mehr annehmen. */
    if (spull_busy)
            return;

    while(1) {
        INIT_REQUEST;  /* springt zurueck, wenn die Warteschlange leer ist */

        /* Welches "Geraet" verwenden wir? */
        device = spull_locate_device (CURRENT);
        if (device == NULL) {
            end_request(0);
            continue;
        }
        spin_lock_irqsave(&device->lock, flags);

        /* Uebertragung durchfuehren und aufraeumen. */
        status = spull_transfer(device, CURRENT);
        spin_unlock_irqrestore(&device->lock, flags);
        /* ... und darauf warten, daß der Time ablaeuft -- kein end_request(1) */
        spull_timer.expires = jiffies + spull_irq;
        add_timer(&spull_timer);
        spull_busy = 1;
```

```
            return;
        }
    }
```

Neue Anfragen können sich ansammeln, während das Gerät mit der aktuellen Anfrage beschäftigt ist. Weil reentrante Aufrufe in diesem Szenario fast schon garantiert sind, setzt die *request*-Funktion das Flag `spull_busy`, damit nur jeweils eine Übertragung stattfindet. Weil die gesamte Funktion bei gehaltener `io_request_lock`-Sperre abläuft (erinnern Sie sich, daß der Kernel diese Sperre erwirbt, bevor er die *request*-Funktion aufruft), ist es nicht notwendig, beim Abfragen und Setzen dieses Flags besondere Vorsicht walten zu lassen. Ansonsten hätte ein `atomic_t` anstelle einer `int`-Variable verwendet werden müssen, um Race Conditions zu vermeiden.

Der Interrupt-Handler hat eine Reihe von Aufgaben. Zunächst muß er natürlich den Status der ausstehenden Übertragung abfragen und die Anfrage aufräumen. Wenn dann noch weitere Anfragen anstehen, muß sich der Interrupt-Handler auch darum kümmern, daß die nächste abgearbeitet wird. Um eine Code-Duplikation zu vermeiden, ruft der Handler normalerweise einfach die *request*-Funktion auf, um die nächste Übertragung einzuleiten. Denken Sie daran, daß diese Funktion erwartet, daß die Sperre `io_request_lock` gehalten wird; der Interrupt-Handler muß die Sperre daher erst erwerben. Die Funktion *end_request* benötigt diese Sperre natürlich auch.

In unserem Beispiel-Modul wird die Rolle des Interrupt-Handlers von der Funktion übernommen, die aufgerufen wird, wenn der Timer abläuft. Diese Funktion ruft *end_request* auf und merkt die nächste Datenübertragung durch Aufrufen der *request*-Funktion vor. Im Interesse der Einfachheit des Codes führt der Interrupt-Handler von *spull* all diese Aufgaben zur »Interrupt-Zeit« durch; ein echter Treiber würde ziemlich sicher einen großen Teil dieser Aufgaben verzögern und sie in einer Task-Warteschlange oder einem Tasklet ausführen.

```
/* diese Funktion wird beim Ablauf des Timers aufgerufen */
void spull_interrupt(unsigned long unused)
{
    unsigned long flags

    spin_lock_irqsave(&io_request_lock, flags);
    end_request(1);    /* Anfrage erledigt - immer erfolgreich */

    spull_busy = 0;  /* Wir haben io_request_lock, keine Konflikte moeglich */
    if (! QUEUE_EMPTY) /* noch mehr? */
        spull_irqdriven_request(NULL);  /* Naechste Uebertragung einleiten */
    spin_unlock_irqrestore(&io_request_lock, flags);
}
```

Wenn Sie versuchen, die Interrupt-gesteuerte Variante von *spull* auszuprobieren, werden Sie die zusätzliche Verzögerung kaum bemerken. Das Gerät ist fast genauso schnell wie vorher, weil der Buffer-Cache die meisten Datenübertragungen zwischen dem Speicher und dem physikalischen Gerät vermeidet. Wenn Sie beobachten wollen, wie sich ein langsames Gerät verhält, können Sie beim Laden von *spull* einen größeren Wert für `irq=` angeben.

Abwärtskompatibilität

In der Schicht der Block-Geräte hat sich viel getan, das meiste davon zwischen den stabilen Versionen 2.2 und 2.4. Hier folgt eine kurze Zusammenfassung der Unterschiede. Wie immer können Sie sich die Treiber in dem Beispiel-Code, der unter 2.0, 2.2 und 2.4 funktioniert, anschauen, um zu sehen, wie die Portabilitätsprobleme angegangen wurden.

Die Struktur `block_device_operations` gab es in Linux 2.2 noch nicht. Statt dessen verwendeten Block-Treiber eine `file_operations`-Struktur genau wie Zeichen-Treiber. Die Methoden *check_media_change* und *revalidate* waren ein Teil dieser Struktur. Der Kernel stellte außerdem einen Satz generischer Funktionen – *block_read*, *block_write* und *block_fsync* – zur Verfügung, den die meisten Treiber in ihren `file_operations`-Strukturen verwendeten. Eine typische 2.2- oder 2.0-Initialisierung von `file_operations` sah so aus:

```
struct file_operations sbull_bdops = {
    read:       block_read,
    write:      block_write,
    ioctl:      sbull_ioctl,
    open:       sbull_open,
    release:    sbull_release,
    fsync:      block_fsync,
    check_media_change: sbull_check_change,
    revalidate: sbull_revalidate
};
```

Beachten Sie, daß Block-Treiber bezüglich den Prototypen aus `file_operations` den gleichen Änderungen von Version 2.0 zu 2.2 unterliegen wie Zeichen-Treiber.

In 2.2 und davor wurde die *request*-Funktion im globalen Array `blk_dev` gespeichert. Zur Initialisierung war folgende Zeile erforderlich:

```
blk_dev[major].request_fn = sbull_request;
```

Weil diese Methode nur eine Warteschlange per Major-Nummer erlaubt, unterstützen Kernel vor 2.4 keine mehrfachen Warteschlangen. Da es nur eine Warteschlange gab, brauchte die *request*-Funktion die Warteschlange nicht als Argument, deswegen war es auch nicht vorhanden. Der Prototyp sah folgendermaßen aus:

```
void (*request) (void);
```

Alle Warteschlangen hatten außerdem aktive Köpfe, `blk_queue_headactive` gab es deswegen nicht.

Es gibt in 2.2 und davor keine Funktion `blk_ioctl`. Allerdings gab es ein Makro namens `RO_IOCTLS`, das in einer `switch`-Anweisung eingesetzt werden konnte, um `BLKROSET` und `BLKROGET` zu implementieren. *sysdep.h* in den Beispiel-Quellen enthält eine Implementation von *blk_ioctl*, die `RO_IOCTLS` verwendet und auch einige andere Standard-*ioctl*-Befehle implementiert:

```
#ifdef RO_IOCTLS
static inline int blk_ioctl(kdev_t dev, unsigned int cmd,
                            unsigned long arg)
{
    int err;

    switch (cmd) {
      case BLKRAGET: /* den Vorauslesewert zurueckgeben */
        if (!arg)  return -EINVAL;
        err = ! access_ok(VERIFY_WRITE, arg, sizeof(long));
        if (err) return -EFAULT;
        PUT_USER(read_ahead[MAJOR(dev)],(long *) arg);
        return 0;

      case BLKRASET: /* den Vorauslesewert setzen */
        if (!capable(CAP_SYS_ADMIN)) return -EACCES;
        if (arg > 0xff) return -EINVAL; /* limit it */
        read_ahead[MAJOR(dev)] = arg;
        return 0;

      case BLKFLSBUF: /* herausschreiben */
        if (! capable(CAP_SYS_ADMIN)) return -EACCES; /* nur root */
        fsync_dev(dev);
        invalidate_buffers(dev);
        return 0;

        RO_IOCTLS(dev, arg);
    }
    return -ENOTTY;
}
#endif  /* RO_IOCTLS */
```

Die Befehle BLKFRAGET, BLKFRASET, BLKSECTGET, BLKSECTSET, BLKELVGET und BLKELVSET kamen mit Linux 2.2 hinzu, BLKPG mit Linux 2.4.

Linux 2.0 kannte das Array max_readahead nicht. Das Array max_segments gab es dagegen schon, und es wurde auch in Linux 2.0 und 2.2 verwendet; Gerätetreiber mußten es aber normalerweise nicht füllen.

Schließlich gibt es *register_disk* erst seit Linux 2.4. Statt dessen gab es eine Funktion namens *resetup_one_dev*, die eine ähnliche Aufgabe erfüllte:

```
resetup_one_dev(struct gendisk *gd, int drive);
```

register_disk wird in *sysdep.h* mit folgendem Code implementiert:

```
static inline void register_disk(struct gendisk *gdev, kdev_t dev,
                unsigned minors, struct file_operations *ops, long size)
{
    if (! gdev)
        return;
    resetup_one_dev(gdev, MINOR(dev) >> gdev->minor_shift);
}
```

Linux 2.0 unterschied sich natürlich auch insofern, als daß es keine feine SMP-Fähigkeit gab. Daher gab es auch kein `io_request_lock` und sehr viel weniger Probleme mit dem nebenläufigen Zugriff auf die I/O-Anfrage-Warteschlange.

Noch ein letzte wissenswerte Information: Obwohl niemand wirklich weiß, was in der 2. 5-Entwicklungsserie passieren wird, ist es doch ziemlich sicher, daß die Block-Geräte noch einmal massiv überarbeitet werden. Viele Leute sind mit dem Design dieser Schicht unzufrieden, und es gibt einen hohen Druck, sie neu zu implementieren.

Schnellreferenz

Die wichtigsten Funktionen und Makros, die beim Schreiben von Block-Treibern benutzt werden, sind hier zusammengefaßt. Um Platz zu sparen, führen wir allerdings die Felder von `struct request`, `struct buffer_head` und `struct genhd` nicht auf und lassen auch die vordefinierten *ioctl*-Befehle weg.

```
#include <linux/fs.h>
int register_blkdev(unsigned int major, const char *name,
                    struct block_device_operations *bdops);
int unregister_blkdev(unsigned int major, const char *name);
```

Diese Funktionen übernehmen die Registrierung des Geräts in der Initialisierungsfunktion und die Deregistrierung in der Aufräumfunktion.

```
#include <linux/blkdev.h>
blk_init_queue(request_queue_t *queue, request_fn_proc *request);
blk_cleanup_queue(request_queue_t *queue);
```

Die erste Funktion initialisiert eine Warteschlange und etabliert die *request*-Funktion, die zweite wird zum Aufräumen verwendet.

```
BLK_DEFAULT_QUEUE(major)
```

Dieses Makro gibt die Default-I/O-Anfrage-Warteschlange für eine gegebene Major-Nummer zurück.

```
struct blk_dev_struct blk_dev[MAX_BLKDEV];
```

Dieses Array wird vom Kernel dazu benutzt, die passende Warteschlange für eine bestimmte Anfrage zu finden.

```
int read_ahead[];
int max_readahead[][];
```

read_ahead enthält Vorauslesewerte auf Block-Ebene für jede Major-Nummer. Ein Wert von 8 ist für Geräte wie Festplatten sinnvoll; bei langsameren Medien sollte ein größerer Wert gewählt werden. `max_readahead` enthält Vorauslesewerte für alle Major- und Minornummern auf Dateisystem-Ebene und wird normalerweise gegenüber dem System-Default nicht verändert.

int max_sectors[][];

Dieses Array, das per Major- und Minor-Nummer indiziert wird, enthält die maximale Anzahl von Sektoren, die in einer einzigen I/O-Anfrage zusammengefaßt werden sollten.

int blksize_size[][];
int blk_size[][];
int hardsect_size[][];

Diese zweidimensionalen Arrays werden mit der Major- und Minor-Nummer indiziert. Der Treiber ist dafür zuständig, die zur jeweiligen Major-Nummer gehörende Reihe im Array zu allozieren bzw. zu deallozieren. In den Arrays steht die Größe der Blocks auf dem Gerät (normalerweise 1 KByte), die Größe jedes Minor-Gerätes in KByte (nicht in Blocks) und die Hardware-Sektorengröße in Bytes.

MAJOR_NR
DEVICE_NAME
DEVICE_NR(kdev_t device)
DEVICE_INTR
#include <linux/blk.h>

Diese Makros müssen vom Treiber definiert werden, *bevor* die Header-Datei <linux/blk.h> eingebunden wird, weil sie in dieser Datei verwendet werden. MAJOR_NR ist die Major-Nummer des Geräts, DEVICE_NAME der Name des Geräts, wie er in Fehlermeldungen verwendet wird, DEVICE_NR gibt die Minor-Nummer des *physikalischen* Geräts zurück, auf das die Geräte-Nummer verweist, und DEVICE_INTR ist ein selten verwendetes Symbol, das auf die untere Hälfte des Interrupt-Handlers des Geräts verweist.

spinlock_t io_request_lock;

Das Spinlock muß gehalten werden, wann immer eine I/O-Anfrage-Warteschlange manipuliert wird.

struct request *CURRENT

Dieses Makro zeigt auf die aktuelle Anfrage, wenn die Default-Warteschlange verwendet wird. Die Anfrage-Struktur beschreibt einen Datenblock, der übertragen werden soll, und wird von der *request*-Funktion im Treiber benutzt.

INIT_REQUEST;
end_request(int status);

INIT_REQUEST überprüft die nächste Anfrage in der Warteschlange und springt zurück, wenn keine weiteren Anfragen mehr auszuführen sind. *end_request* wird bei der Beendigung einer Block-Anfrage aufgerufen.

spinlock_t io_request_lock;

Die I/O-Anfrage-Sperre muß zu jedem Zeitpunkt gehalten werden, an dem die Anfrage-Warteschlange manipuliert wird.

```
struct request *blkdev_entry_next_request(struct list_head *head);
struct request *blkdev_next_request(struct request *req);
struct request *blkdev_prev_request(struct request *req);
blkdev_dequeue_request(struct request *req);
blkdev_release_request(struct request *req);
```

Diverse Funktionen zur Arbeit mit der I/O-Anfrage-Warteschlange.

```
blk_queue_headactive(request_queue_t *queue, int active);
```

Gibt an, ob die erste Anfrage in der Warteschlange aktiv vom Treiber bearbeitet wird oder nicht.

```
void blk_queue_make_request(request_queue_t *queue, make_request_fn *func);
```

Stellt eine Funktion bereit, die Block-I/O-Anfragen direkt aus dem Kernel heraus bearbeitet.

```
end_that_request_first(struct request *req, int status, char *name);
end_that_request_last(struct request *req);
```

Erledigen die erforderlichen Schritte, um eine Block-I/O-Anfrage abzuschließen. *end_that_request_last* wird nur dann aufgerufen, wenn alle Puffer in der Anfrage verarbeitet worden sind, also wenn *end_that_request_first* 0 zurückgegeben hat.

```
bh->b_end_io(struct buffer_head *bh, int status);
```

Meldet die Beendigung der I/O auf dem angegebenen Puffer.

```
int blk_ioctl(kdev_t dev, unsigned int cmd, unsigned long arg);
```

Eine Hilfsfunktion, die die meisten der Standard-*ioctl*-Befehle von Block-Geräten implementiert.

```
int check_disk_change(kdev_t dev);
```

Diese Funktion überprüft, ob ein Medienwechsel auf dem angegebenen Gerät erfolgt ist, und ruft, sollte das der Fall sein, die Methode *revalidate* des Treibers auf.

```
#include<linux/gendisk.h>
struct gendisk;
struct gendisk *gendisk_head
```

Mit der generischen Festplatte kann Linux leicht partitionierbare Geräte unterstützen. Die gendisk-Struktur beschreibt eine generische Festplatte; gendisk_head ist der Anfang einer verketteten Liste von Strukturen, die alle Festplatten im System beschreibt.

```
void register_disk(struct gendisk *gd, int drive, unsigned minors,
                   struct block_device_operations *ops, long size);
```

Diese Funktion liest die Partitionstabelle der Festplatte neu ein und überschreibt genhd->part, um die neue Partitionierung wiederzugeben.

KAPITEL 13

mmap und DMA

In diesem Kapitel tauchen wir in die Interna der Speicherverwaltung von Linux ein, wobei wir uns besonders auf die Techniken konzentrieren, die für Autoren von Gerätetreibern interessant sind. Der Stoff in diesem Kapitel ist etwas kompliziert, und nicht jeder muß ihn verstehen. Gleichwohl kann man viele Aufgaben nur erledigen, wenn man tiefer in die Speicherverwaltung einsteigt; außerdem ermöglicht dieses Kapitel einen interessanten Einblick in einen wichtigen Bestandteil des Kernels.

Das Material in diesem Kapitel teilt sich in drei Teile auf. Der erste behandelt die Implementation des Systemaufrufs *mmap*, mit dem man Gerätespeicher direkt in den Adreßraum eines Benutzerprozesses einblenden kann. Anschließend behandeln wir den `kiobuf`-Mechanismus des Kernels, mit dem man aus dem Kernel-Space direkten Zugriff auf den Benutzer-Speicher bekommt. Mit dem `kiobuf`-System kann man für manche Gerätearten »rohe« I/O implementieren. Der letzte Abschnitt behandelt dann I/O-Operationen mit direktem Speicherzugriff (Direct Memory Access, DMA), mit dem Peripheriegeräte direkten Zugriff auf den Systemspeicher bekommen.

Natürlich muß man für alle diese Techniken verstehen, wie die Speicherverwaltung unter Linux funktioniert, weswegen wir mit einem Überblick über dieses Subsystem anfangen.

Speicherverwaltung in Linux

Anstatt hier die Theorie der Speicherverwaltung in Betriebssystemen zu beschreiben, versuchen wir in diesem Abschnitt, die Hauptmerkmale von Linux anzugehen. Obwohl Sie kein Experte in Sachen virtueller Speicher unter Linux sein müssen, um *mmap* zu implementieren, ist ein grundlegender Überblick darüber, wie die Dinge funktionieren, nützlich. Wir beginnen mit einer etwas längeren Beschreibung der Datenstrukturen, die der

Kernel zur Verwaltung des Speichers verwendet. Wenn wir die notwendigen Hintergrundinformationen behandelt haben, können wir anfangen, mit diesen Strukturen zu arbeiten.

Adreßtypen

Linux ist natürlich ein System mit virtuellem Speicher, was bedeutet, daß die Adressen, die Benutzerprogramme zu sehen bekommen, nicht direkt mit den physikalischen Adressen übereinstimmen, die von der Hardware verwendet werden. Virtueller Speicher führt eine zusätzliche Abstraktionsschicht ein, was einige nette Dinge ermöglicht. Mit virtuellem Speicher können Programme im System deutlich mehr Speicher allozieren, als physikalisch verfügbar ist; selbst ein einziger Prozeß kann einen virtuellen Adreßraum haben, der größer ist als der physikalische Speicher des Systems. Mit virtuellem Speicher kann man auch eine Reihe von Tricks mit dem Adreßraum des Prozesses anstellen, darunter das Einblenden von Gerätespeicher.

Bisher haben wir über virtuelle und physikalische Adressen gesprochen, aber eine ganze Reihe von Details unberücksichtigt gelassen. Das Linux-System arbeitet mit verschiedenen Adreßtypen, die alle eine eigene Semantik haben. Leider steht im Kernel-Code nicht immer ausdrücklich, welcher Adreßtyp in einer bestimmten Situation verwendet wird, so daß man als Programmierer vorsichtig sein muß.

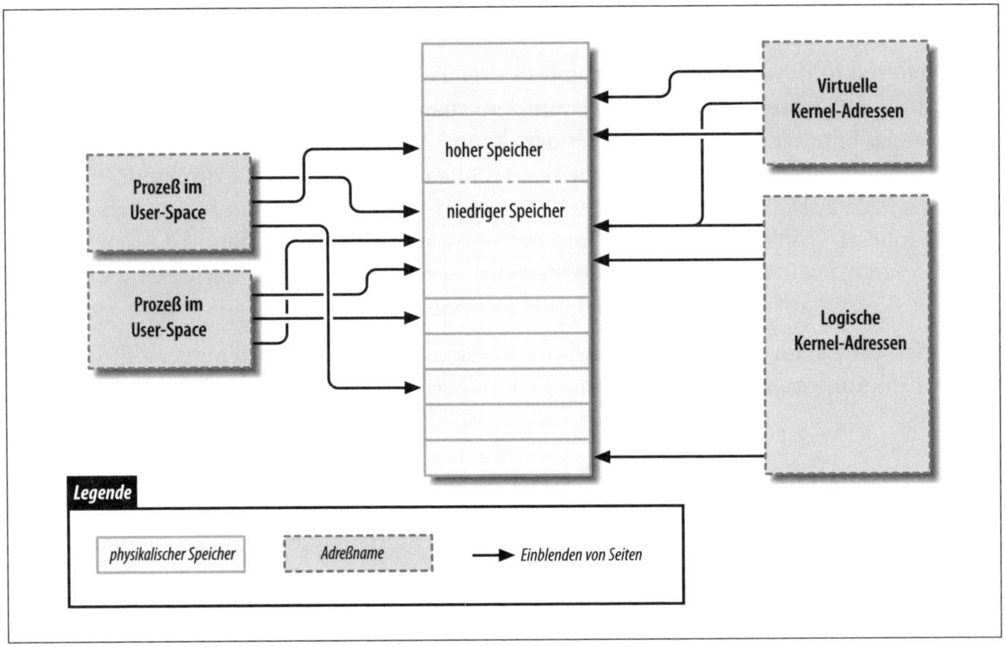

Abbildung 13-1: Adreßtypen in Linux

Hier folgt eine Liste der in Linux verwendeten Adreßtypen. Abbildung 13-1 zeigt, wie sich diese Adreßtypen zum physikalischen Speicher verhalten.

virtuelle User-Adressen
: Dies sind die normalen Adressen, die User-Space-Programme zu sehen bekommen. Diese Adressen sind entweder 32 oder 64 Bit breit, je nach zugrundeliegender Hardware-Architektur. Jeder Prozeß hat einen eigenen virtuellen Adreßraum.

physikalische Adressen
: Die Adressen, die zwischen dem Prozessor und dem Systemspeicher verwendet werden. Physikalische Adressen sind 32 oder 64 Bit breit; selbst 32-Bit-Systeme können in manchen Situationen 64 Bit breite physikalische Adressen verwenden.

Bus-Adressen
: Die Adressen, die zwischen den Peripherie-Bussen und dem Speicher verwendet werden. Oftmals sind dies die gleichen Adressen wie die vom Prozessor verwendeten physikalischen Adressen, aber dies muß nicht so sein. Bus-Adressen sind natürlich stark architekturabhängig.

logische Kernel-Adressen
: Diese bilden den normalen Adreßraum des Kernels. Diese Adressen bilden den größten Teil oder sogar den gesamten Hauptspeicher ab und werden oft wie physikalische Adressen behandelt. Auf den meisten Architekturen sind logische Adressen und die zugehörigen physikalischen Adressen nur um einen konstanten Offset verschieden. Logische Adressen werden normalerweise in Variablen des Typs `unsigned long` oder `void*` gespeichert. Von *kmalloc* zurückgegebener Speicher hat eine logische Adresse.

virtuelle Kernel-Adressen
: Diese Adressen unterscheiden sich von logischen Adressen dadurch, daß sie nicht notwendigerweise eine direkte Abbildung auf physikalische Adressen haben. Alle logischen Adressen sind virtuelle Kernel-Adressen; Speicher, der mit *vmalloc* alloziert wurde, hat ebenfalls eine virtuelle Adresse (aber keine direkte physikalische Abbildung). Die Funktion *kmap*, die wir später in diesem Kapitel beschreiben, gibt ebenfalls virtuelle Adressen zurück. Virtuelle Adressen werden normalerweise in Zeiger-Variablen gespeichert.

Wenn Sie eine logische Adresse haben, dann können Sie mit dem Makro *__pa()* (definiert in `<asm/page.h>`) die zugehörige physikalische Adresse bekommen. Physikalische Adressen können mit *__va()* zurück auf logische Adressen abgebildet werden, aber nur bei Seiten im niedrigen Speicher.

Unterschiedliche Kernel-Funktionen benötigen unterschiedliche Adressen. Es wäre schön, wenn es unterschiedliche C-Typen gäbe, so daß der verlangte Adreßtyp explizit gemacht würde, aber dieses Glück ist uns nicht zuteil geworden. Wir werden es in diesem Kapitel jeweils deutlich machen, welche Adressen wo verwendet werden.

Hoher und niedriger Speicher

Der Unterschied zwischen logischen und virtuellen Kernel-Adressen wird auf 32-Bit-Systemen mit viel Speicher deutlich. Mit 32 Bits kann man bis zu 4 GByte Speicher adressieren. Linux ist aufgrund der Konfiguration des virtuellen Adreßraums bis vor kurzem auf 32-Bit-Systemen auf deutlich weniger Speicher beschränkt gewesen. Das System konnte nicht mehr Speicher verwalten, als es logische Adressen einrichten konnte, weil es direkt eingeblendete Kernel-Adressen für sämtlichen Speicher brauchte.

Jüngere Entwicklungen haben die Begrenzungen beim Speicher beseitigt; 32-Bit-Systeme können nun mit deutlich über 4 GByte Speicher arbeiten (natürlich sofern der Prozessor selbst soviel Speicher adressieren kann). Die Einschränkung, wieviel Speicher direkt mit logischen Adressen eingeblendet werden kann, bleibt aber. Nur der untere Teil des Speichers (bis zu 1 oder 2 GByte, je nach Hardware und Kernel-Konfiguration) hat logische Adressen, der Rest (hoher Speicher) nicht. Hoher Speicher kann 64 Bit breite physikalische Adressen benötigen, weswegen der Kernel explizite virtuelle Adreßeinblendungen einrichten muß, um den hohen Speicher zu manipulieren. Daher funktionieren viele Kernel-Funktionen nur mit niedrigem Speicher; hoher Speicher ist normalerweise für die Seiten von User Space-Prozessen reserviert.

Der Begriff »hoher Speicher« kann für manche Leute verwirrend sein, insbesondere weil er in der PC-Welt auch noch andere Bedeutungen hat. Daher definieren wir die Begriffe hier:

Niedriger Speicher
: Speicher, für den logische Adressen im Kernel-Space existieren. Auf den allermeisten Systemen, mit denen Sie es zu tun haben werden, besteht der gesamte Speicher aus niedrigem Speicher.

Hoher Speicher
: Speicher, für den keine logischen Adressen existieren, weil das System mehr physikalischen Speicher enthält, als mit 32 Bits adressiert werden kann.

Auf i386-Systemen liegt die Grenze zwischen niedrigem und hohen Speicher normalerweise knapp unter 1 GByte. Diese Grenze hat absolut nichts mit der alten 640-KByte-Einschränkung auf dem originalen PC zu tun, sondern ist eine Einschränkung des Kernels selbst, der den 32-Bit-Adreßraum zwischen dem Kernel-Space und dem User-Space aufteilt.

Wir werden Einschränkungen bei der Arbeit mit hohem Speicher an den passenden Stellen in diesem Kapitel erwähnen.

Die Speichertabelle und struct page

Historisch gesehen hat der Kernel logische Adressen verwendet, um auf explizite Seiten im Speicher zu verweisen. Das Hinzufügen der Unterstützung hohen Speichers hat aber ein offensichtliches Problem mit diesem Ansatz freigelegt – logische Adressen stehen für hohen Speicher nicht zur Verfügung. Kernel-Funktionen, die mit Speicher arbeiten, verwenden daher in zunehmendem Maße Zeiger auf `struct page`. Diese Datenstruktur verwaltet so ziemlich alles, was der Kernel über physikalischen Speicher wissen muß; es gibt eine `struct page` für jede physikalische Seite im System. Zu den Feldern dieser Struktur gehören:

`atomic_t count;`
: Die Anzahl der Referenzen auf diese Seite. Wenn der Zähler auf Null fällt, wird die Seite an die Liste der freien Seiten zurückgegeben.

`wait_queue_head_t wait;`
: Eine Liste der Prozesse, die auf diese Seite warten. Prozesse können auf eine Seite warten, wenn eine Kernel-Funktion diese aus irgendeinem Grund gesperrt hat. Treiber müssen sich darüber aber normalerweise keine Gedanken machen.

`void *virtual;`
: Die virtuelle Kernel-Adresse der Seite, sofern diese eingeblendet ist; `NULL` ansonsten. Seiten im niedrigen Speicher sind normalerweise eingeblendet, Seiten im hohen Speicher üblicherweise nicht.

`unsigned long flags;`
: Eine Menge von Bit-Flags, die den Status der Seite beschreiben. Dazu gehören `PG_locked`, das angibt, daß die Seite im Speicher gesperrt ist, und `PG_reserved`, das verhindert, daß das Speicherverwaltungssystem die Seite überhaupt anfaßt.

In `struct page` finden sich viele Informationen, die aber ein Teil der schwarzen Magie der Speicherverwaltung und für Treiber-Autoren nicht relevant sind.

Der Kernel verwaltet ein oder mehrere Arrays von `struct page`-Einträgen, die den gesamten physikalischen Speicher im System beschreiben. Auf den meisten Systemen ist dies ein einziges Array namens `mem_map`. Auf manchen Systemen ist die Situation aber komplizierter. Auf Systemen mit uneinheitlichem Speicherzugriff (»Nonuniform Memory Access«, NUMA) und solchen mit weit auseinandergerissenem physikalischem Speicher kann es mehr als ein Speichertabellen-Array geben. Daher sollte Code, der portabel sein soll, den Zugriff auf dieses Array nach Möglichkeit vermeiden. Glücklicherweise kann man normalerweise einfach mit den `struct page`-Zeigern arbeiten, ohne sich darüber Gedanken machen zu müssen, woher diese kommen.

Manche Funktionen sind für die Konvertierung zwischen `struct page`-Zeigern und virtuellen Adressen gedacht:

`struct page *virt_to_page(void *kaddr);`
: Dieses Makro (definiert in `<asm/page.h>`) erwartet eine logische Kernel-Adresse und gibt den zugehörigen `struct page`-Zeiger zurück. Weil es eine logische Adresse benötigt, funktioniert es nicht mit Speicher von *vmalloc* oder hohem Speicher.

`void *page_address(struct page *page);`
: Gibt die virtuelle Kernel-Adresse dieser Seite zurück, wenn eine solche Adresse existiert. Bei hohem Speicher existiert die Adresse nur, wenn die Seite eingeblendet worden ist.

```
#include <linux/highmem.h>
void *kmap(struct page *page);
void kunmap(struct page *page);
```

kmap gibt eine virtuelle Kernel-Adresse für beliebige Seiten im System zurück. Bei Seiten im niedrigen Speicher ist das einfach die logische Adresse der Seite, bei Seiten im hohen Speicher erzeugt *kmap* eine spezielle Einblendung. Mit *kmap* erzeugte Einblendungen sollten immer mit *kunmap* wieder freigegeben werden. Es steht nur eine begrenzte Anzahl solcher Einblendungen zur Verfügung, so daß man diese nicht zu lange festhalten sollte. *kmap*-Aufrufe sind additiv; wenn also zwei oder mehr Funktionen *kmap* auf der gleichen Seite aufrufen, dann passiert das Richtige. Beachten Sie auch, daß *kmap* schlafen kann, wenn keine Einblendungen zur Verfügung stehen.

Wir werden einige dieser Funktionen noch in Aktionen sehen, wenn wir zum Beispiel-Code kommen.

Seitentabellen

Wenn ein Programm eine virtuelle Adresse nachschlägt, muß die CPU die Adresse in eine physikalische Adresse konvertieren, um auf den physikalischen Speicher zuzugreifen. Dies geschieht normalerweise durch das Aufteilen der Adresse in Bitfelder. Jedes Bitfeld wird als Index in ein Array, die sogenannte *Seitentabelle* verwendet, um entweder die Adresse der nächsten Tabelle oder die Adresse der physikalischen Seite mit der virtuellen Adresse zu bekommen.

Der Linux-Kernel verwaltet drei Ebenen von Seitentabellen, um virtuelle Adressen auf physikalische Adressen einzublenden. Diese mehrfachen Ebenen erlauben es, daß der Speicherbereich nur dünn besetzt ist; moderne Systeme breiten einen Prozeß über einen großen Bereich virtuellen Speichers aus. Das ist auch sinnvoll, weil damit eine große Flexibilität zur Laufzeit besteht.

Beachten Sie, daß Linux auch auf solcher Hardware ein Drei-Ebenen-System verwendet, die nur zwei Ebenen von Seitentabellen unterstützt, desgleichen auf Hardware, die ein anderes Verfahren verwendet, um virtuelle Adressen auf physikalische Adressen abzubilden. Durch die Verwendung dreier Ebenen in einer prozessorunabhängigen Implementation kann Linux sowohl Zwei-Ebenen- als auch Drei-Ebenen-Prozessoren (wie die Alpha-Prozessoren) unterstützen, ohne daß der Code durch zu viele `#ifdef`-Anweisungen verunstaltet wird. Diese konservative Implementation führt nicht zu mehr Verwaltungsaufwand, wenn der Kernel auf Zwei-Ebenen-Prozessoren läuft, weil der Kernel die unbenutzte Ebene ohnehin wegoptimiert.

Schauen wir uns aber nun die Datenstrukturen an, die für das Ein- und Auslagern (Paging) verwendet werden.

Die folgende Liste faßt die Implementation der drei Ebenen in Linux zusammen; in Abbildung 13-2 wird das auch grafisch dargestellt:

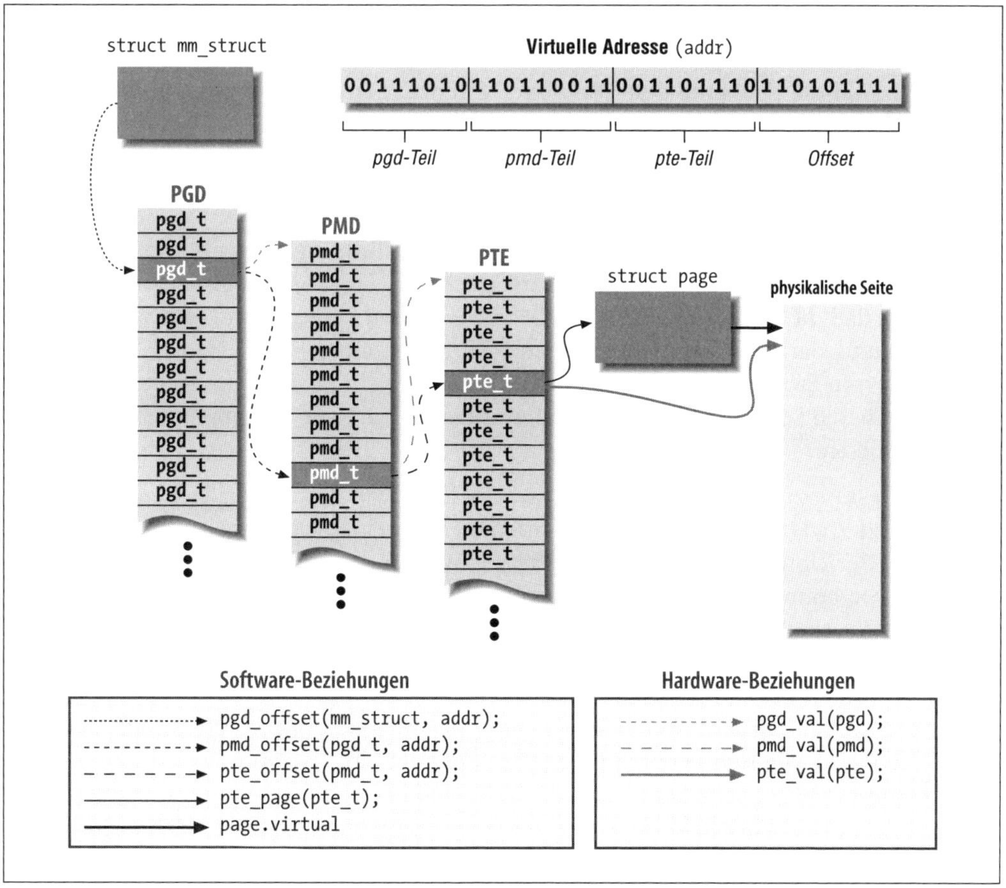

Abbildung 13-2: Die drei Ebenen der Linux-Seitentabellen

Page Directory (PGD)

Die Seitentabelle der obersten Ebene. Es handelt sich dabei um ein Array von `pgd_t`-Elementen, von denen jedes auf eine Seitentabelle der zweiten Ebene zeigt. Jeder Prozeß hat ein eigenes Page Directory, außerdem gibt es eines für den Kernel-Space. Sie können sich das Page Directory als an Seiten ausgerichtetes Array von Daten des Typs `pgd_t` vorstellen.

Page mid-level Directory (PMD)

Die Tabelle auf der zweiten Ebene. Ein PMD ist ein an Seiten ausgerichtetes Array von `pmd_t`-Elementen. Ein `pmd_t` ist dabei ein Zeiger auf die Seitentabelle der dritten Ebene. Zwei-Ebenen-Prozessoren haben keine physikalische PMD; sie deklarieren ihre PMD als Array mit einem einzigen Element, dessen Wert die PMD selbst ist – wir werden uns später noch ansehen, wie das in C gelöst ist und wie der Compiler diese Ebene hinwegoptimiert.

Page Table (Seitentabelle)
: Auch bei der Page Table handelt es sich um ein an Seiten ausgerichtetes Array; dieses Mal haben die Elemente den Typ `pte_t`. Ein `pte_t` enthält die physikalische Adresse der Datenseite.

Die in dieser Liste eingeführten Typen sind in `<asm/page.h>` deklariert. Diese Datei muß in jeder Quelldatei, bei der es um Paging geht, eingebunden werden.

Der Kernel muß während der normalen Programmausführung nichts in den Seitentabellen nachschlagen, weil das in der Hardware geschieht. Trotzdem muß der Kernel alles so einrichten, daß die Hardware ihre Aufgabe auch erfüllen kann. Er muß die Seitentabellen aufbauen und darin nachsehen, wenn der Prozessor einen »Page Fault« meldet, also wenn eine vom Prozessor benötigte virtuelle Adresse nicht im Speicher steht. Auch Gerätetreiber müssen Seitentabellen aufbauen und Faults behandeln können, wenn sie *mmap* implementieren.

Es ist interessant zu sehen, wie die Software-Speicherverwaltung die gleichen Seitentabellen verwendet wie die CPU selbst. Wenn eine CPU keine Seitentabellen implementiert, dann wird der Unterschied in den untersten Schichten des architekturabhängigen Codes versteckt. Sie können daher in der Linux-Speicherverwaltung immer über Drei-Ebenen-Seitentabellen sprechen, unabhängig davon, ob die Hardware Drei-Ebenen-Seitentabellen kennt oder nicht. Ein Beispiel einer CPU-Familie, die keine Seitentabellen verwendet, ist der PowerPC. PowerPC-Designer haben einen Hash-Algorithmus implementiert, der virtuelle Adressen auf eine Seitentabelle mit einer Ebene abbildet. Wenn auf eine Seite zugegriffen wird, die sich bereits im Speicher befindet, aber deren physikalische Adresse nicht mehr im CPU-Cache liegt, muß die CPU den Speicher nur einmal lesen und nicht zwei- oder dreimal wie beim Ansatz mit mehreren Seitentabellen. Der Hash-Algorithmus macht es wie Tabellen auf mehreren Ebenen möglich, die Verwendung des Speichers beim Einblenden virtueller Adressen auf physikalische Adressen zu reduzieren.

Unabhängig von dem von der CPU verwendeten Mechanismus basiert die Linux-Software-Implementation auf Seitentabellen mit drei Ebenen, und die folgenden Symbole werden verwendet, um auf die Seitentabellen zuzugreifen. Sowohl `<asm/page.h>` als auch `<asm/pgtable.h>` müssen eingebunden werden, damit alle zur Verfügung stehen.

`PTRS_PER_PGD`
`PTRS_PER_PMD`
`PTRS_PER_PTE`
: Die Größe jeder Tabelle. Auf Zwei-Ebenen-Prozessoren ist `PTRS_PER_PMD` 1, damit die mittlere Ebene nicht benutzt wird.

`unsigned pgd_val(pgd_t pgd)`
`unsigned pmd_val(pmd_t pmd)`
`unsigned pte_val(pte_t pte)`

Diese drei Makros werden benutzt, um den `unsigned`-Wert aus dem getypten Datenelement herauszuholen. Der tatsächlich verwendete Typ ist von der zugrundeliegenden Architektur und der Kernel-Konfiguration abhängig; normalerweise ist das ein `unsigned long` oder – auf 32-Bit-Prozessoren, die hohen Speicher unterstützen, ein `unsigned long long`. SPARC64-Prozessoren verwenden `unsigned int`. Die Makros helfen dabei, eine strenge Typenprüfung im Quellcode zu verwenden, ohne zusätzlichen Rechenaufwand zu produzieren.

`pgd_t * pgd_offset(struct mm_struct * mm, unsigned long address)`
`pmd_t * pmd_offset(pgd_t * dir, unsigned long address)`
`pte_t * pte_offset(pmd_t * dir, unsigned long address)`

Diese Inline-Funktionen[1] werden dazu benutzt, die zu `address` gehörenden `pgd`-, `pmd`- und `pte` -Einträge nachzuschlagen. Das Nachschlagen von Seitentabellen beginnt mit einem Zeiger auf `struct mm_struct`. Der Zeiger, der zur Speichertabelle des aktuellen Prozesses gehört, steht in `current->mm`. Der Zeiger auf den Kernel-Space ist in `init_mm` enthalten. Zwei-Ebenen-Prozessoren definieren `pmd_offset(dir,add)` als `(pmd_t*)dir`. Funktionen, die Seitentabellen absuchen, sind immer als `inline` deklariert, und der Compiler optimiert jedes Nachschlagen in `pmd` hinweg.

`struct* page pte_page(pte_t pte)`

Diese Funktion gibt einen Zeiger auf den `struct page`-Eintrag der Seite in diesem Seitentabellen-Eintrag zurück. Code, der mit Seitentabellen arbeitet, sollte normalerweise *pte_page* anstelle von *pte_val* verwenden, weil *pte_page* das prozessorabhängige Format des Seitentabellen-Eintrags abdeckt und den `struct page`-Zeiger zurückgibt, den man normalerweise braucht.

`pte_present(pte_t pte)`

Dieses Makro gibt einen Booleschen Wert zurück, der angibt, ob die Seite sich derzeit im Speicher befindet. Dies ist die meistbenutzte der Funktionen, die auf die unteren Bits in `pte` zugreifen – also gerade auf diejenigen Bits, die von *pte_page* verworfen werden. Seiten können natürlich nicht vorhanden sein, wenn der Kernel sie auf die Festplatte ausgelagert hat (oder wenn sie überhaupt noch nicht geladen worden sind). Die Seitentabellen selbst sind jedoch immer da (zumindest in der aktuellen Implementation von Linux). Das macht den Kernel-Code einfacher, weil *pgd_offset* und verwandte Funktionen nie fehlschlagen können; auf der anderen Seite hält selbst ein Prozeß mit einer »residenten Speichergröße« von Null seine Seitentabellen im Speicher und verwendet so Speicher, der anderweitig besser verwendet werden könnte.

---

1 Übrigens sind diese Funktionen auf 32-Bit-SPARC-Prozessoren nicht `inline`, sondern richtige, als `extern` deklarierte Funktionen, die nicht an modularisierten Code exportiert werden. Daher können Sie diese Funktionen nicht in einem Modul auf SPARCs verwenden, werden das aber normalerweise auch nicht tun müssen.

Jeder Prozeß im System hat eine `struct mm_struct`-Struktur, die die Seitentabellen des Prozesses und vieles andere enthält, und außerdem ein Spinlock namens `page_table_lock`, das während des Traversierens oder Veränderns gehalten werden sollte.

Um als Fachmann für die Speicherverwaltungsalgorithmen von Linux zu gelten, müssen Sie aber mehr als nur diese Liste von Funktionen kennen. Echte Speicherverwaltung ist sehr viel komplexer und muß sich auch mit anderen Komplikationen wie der Kohärenz des Caches auseinandersetzen. Die obige Liste sollte aber ausreichend sein, um Ihnen einen Eindruck davon zu geben, wie die Seitenverwaltung implementiert ist; mehr müssen Sie auch als Autor von Gerätetreibern nicht wissen, wenn Sie ab und zu mit Seitentabellen arbeiten wollen. Sie bekommen weitere Informationen aus den Bäumen *include/asm* und *mm* in den Kernel-Quellen.

Virtuelle Speicherbereiche (Virtual Memory Areas)

Das Paging ist die unterste Ebene der Speicherverwaltung, aber es ist noch etwas mehr nötig, um die Ressourcen des Rechners effizient zu nutzen. Der Kernel benötigt einen Mechanismus auf einer höheren Ebene, um zu regeln, wie ein Prozeß seinen Speicher sieht. Dieser Mechanismus wird in Linux als virtuelle Speicherbereiche (Virtual Memory Areas) bezeichnet, die wir im folgenden VMAs oder einfach Bereiche nennen werden.

Ein Bereich ist eine homogene Region im virtuellen Speicher eines Prozesses, ein zusammenhängender Bereich von Adressen, die gleiche Schalter für die Zugriffsrechte haben. Er entspricht damit ungefähr dem Konzept eines Segments, läßt sich aber besser als »Speicherobjekt mit eigenen Eigenschaften« beschreiben. Die Speichertabelle eines Prozesses besteht aus:

- einem Bereich für den ausführbaren Code des Programms (oft Text genannt).
- je einem Bereich für alle Daten, darunter die initialisierten Daten (die zu Beginn der Ausführung einen explizit zugewiesenen Wert haben), uninitialisierte Daten (BSS)[2] und den Stack des Programms
- einem Bereich für alle aktiven Speicher-Einblendungen

Die Speicherbereiche eines Prozesses sind in *proc/pid/maps* zu sehen (wobei Sie *pid* natürlich durch die Prozeß-ID ersetzen müssen). */proc/self* ist ein Sonderfall von */proc/pid*, der immer auf den aktuellen Prozeß verweist. Hier sehen Sie als Beispiel einige Speicher-Tabellen, zu denen wir hinter dem Doppelkreuz einige kurze Kommentare hinzugefügt haben:

```
morgana.root# cat /proc/1/maps    # init ansehen
08048000-0804e000 r-xp 00000000 08:01 51297     /sbin/init  # Text
0804e000-08050000 rw-p 00005000 08:01 51297     /sbin/init  # Daten
```

2 Der Name *BSS* ist ein historisches Überbleibsel, das von einem alten Assembler-Operator namens »Block Started by Symbol« stammt. Das BSS-Segment wird in ausführbaren Dateien nicht auf der Festplatte abgespeichert; der Kernel blendet die Null-Seite auf den Adreßbereich von BSS ein.

```
08050000-08054000 rwxp 00000000 00:00 0         # auf 0 eingeblendetes BSS
40000000-40013000 r-xp 00000000 08:01 39003     /lib/ld-2.1.3.so # Text
40013000-40014000 rw-p 00012000 08:01 39003     /lib/ld-2.1.3.so # Daten
40014000-40015000 rw-p 00000000 00:00 0         # BSS für ld.so
4001b000-40108000 r-xp 00000000 08:01 39006     /lib/libc-2.1.3.so # Text
40108000-4010c000 rw-p 000ec000 08:01 39006     /lib/libc-2.1.3.so # Daten
4010c000-40110000 rw-p 00000000 00:00 0         # BSS für libc.so
bfffe000-c0000000 rwxp fffff000 00:00 0         # auf 0 eingeblendeter Stack

morgana.root# rsh wolf head /proc/self/maps  #### alpha-axp: static ecoff
000000011fffe000-0000000120000000 rwxp 0000000000000000 00:00 0     # Stack
0000000120000000-0000000120014000 r-xp 0000000000000000 08:03 2844  # Text
0000000140000000-0000000140002000 rwxp 0000000000014000 08:03 2844  # Daten
0000000140002000-0000000140008000 rwxp 0000000000000000 00:00 0     # BSS
```

Die Felder in jeder Zeile haben die folgende Bedeutung:

Start-Ende Rechte Offset Major:Minor Inode Image.

Jedes Feld in */proc/*/maps* (mit Ausnahme des Image-Namens) gehört zu einem Feld in `struct vm_area_struct` und wird in der folgenden Liste beschrieben.

`Start`
`Ende`
: Die erste und letzte virtuelle Adresse dieses Speicherbereichs

`Rechte`
: Eine Bitmaske, die die Zugriffsrechte für das Lesen, Schreiben und Ausführen des Speicherbereichs enthält. Mit diesen Rechten wird angegeben, was der Prozeß mit den zu diesem Bereich gehörenden Seiten machen darf. Das letzte Zeichen in diesem Feld ist entweder `p` für »private« oder `s` für »shared«.

`Offset`
: Gibt an, wo der Speicherbereich in der eingeblendeten Datei beginnt. Der Wert 0 bedeutet natürlich, daß die erste Seite des Speicherbereichs der ersten Seite der Datei entspricht.

`Major`
`Minor`
: Die Major- und Minor-Nummern des Geräts, das die eingeblendete Datei enthält. Verwirrenderweise verweisen die Major- und Minor-Nummern bei Geräte-Einblendungen auf die Gerätedatei, die vom Benutzer geöffnet wurde, und nicht auf das Gerät selbst.

`Inode`
: Die Inode-Nummer der eingeblendeten Datei

`Image`
: Der Name der Datei (normalerweise ein ausführbares Image), die eingeblendet worden ist.

Ein Treiber, der die Methode *mmap* implementiert, muß eine VMA-Struktur im Adreßraum des Prozesses ausfüllen, der das Gerät einblendet. Der Treiberprogrammierer sollte daher wenigstens grundlegende Kenntnisse über VMAs besitzen, um diese benutzen zu können.

Schauen wir uns jetzt die wichtigsten Felder in `struct vm_area_struct` (definiert in `<linux/mm.h>`) an. Diese Felder können von Gerätetreibern in ihrer *mmap*-Implementation benutzt werden. Beachten Sie, daß der Kernel Listen und Bäume von VMAs verwaltet, um das Nachschlagen von Bereichen zu optimieren. Mehrere Felder in `vm_area_struct` existieren zur Unterstützung dieser Verwaltung. VMAs können nicht beliebig von Treibern erzeugt werden, weil sonst diese Strukturen nicht mehr korrekt sind. Die wichtigsten Felder von VMAs sehen wie folgt aus (beachten Sie die Ähnlichkeit zwischen diesen Feldern und der */proc*-Ausgabe, die wir gerade gesehen haben):

`unsigned long vm_start;`
`unsigned long vm_end;`
: Der von dieser VMA abgedeckte Adreßbereich. Diese Felder sind die ersten beiden Felder, die in */proc/*/maps* angezeigt werden.

`struct file *vm_file;`
: Ein Zeiger auf die `struct file`-Struktur, die zu diesem Bereich gehört (wenn es eine solche gibt).

`unsigned long vm_pgoff;`
: Der Offset der Area in der Datei in Seiten. Wenn eine Datei oder ein Gerät eingeblendet wird, ist dies die Dateiposition der ersten in diesem Bereich eingeblendeten Seite.

`unsigned long vm_flags;`
: Eine Menge von Flags, die diesen Bereich beschreiben. Für Programmierer von Gerätetreibern sind die Flags `VM_IO` und `VM_RESERVED` am interessantesten. `VM_IO` kennzeichnet einen VMA als einen in den Speicher eingeblendeten I/O-Bereich. Dieses Flag verhindert unter anderem, daß dieser Bereich in Core Dumps des Prozesses enthalten ist. `VM_RESERVED` fordert das Speicherverwaltungssystem auf, diesen VMA nicht auszulagern; dieses Flag sollte in den meisten Geräteeinblendungen gesetzt sein.

`struct vm_operations _struct *vm_ops;`
: Eine Reihe von Funktionen, die der Kernel aufrufen kann, um diesen Speicherbereich zu manipulieren. Das Vorhandensein dieses Feldes deutet darauf hin, daß ein Speicherbereich genau wie die `struct file`, die wir in diesem Buch ständig verwendet haben, ein Kernel-»Objekt« ist.

`void *vm_private_data;`
: Ein Feld, in dem der Treiber seine eigenen Informationen abspeichern kann.

Wie `struct vm_area_struct` ist `vm_operations_struct` in `<linux/mm.h>` definiert und enthält die unten aufgeführten Operationen. Diese Operationen sind die einzigen, die nötig sind, um die Speicherbedürfnisse des Prozesses zu befriedigen. Sie werden in der Reihenfolge aufgeführt, in der sie auch deklariert sind. Weiter unten in diesem Kapitel werden wir einige dieser Funktionen implementieren und sie dabei noch ausführlicher beschreiben.

`void (*open)(struct vm_area_struct *vma);`
: Die *open*-Methode wird vom Kernel aufgerufen, um dem Subsystem, das die VMA implementiert, die Möglichkeit zu geben, den Bereich zu initialisieren, Referenzzähler anzupassen usw. Diese Methode wird jedesmal aufgerufen, wenn eine neue Referenz auf die VMA angelegt wird (etwa wenn ein Prozeß forkt). Die einzige Ausnahme besteht beim ersten Erzeugen der VMA durch *mmap*: In diesem Fall wird die *mmap*-Methode des Treibers anstelle von *open* aufgerufen.

`void (*close)(struct vm_area_struct *vma);`
: Wenn ein Bereich zerstört wird, ruft der Kernel seine *close*-Methode auf. Es gibt übrigens bei VMAs keinen Verwendungszähler; der Bereich wird nur je einmal pro Prozeß geöffnet und geschlossen.

`void (*unmap)(struct vm_area_struct *vma, unsigned long addr, size_t len);`
: Der Kernel ruft diese Methode auf, um die Einblendung eines Teils oder auch des ganzen Bereichs aufzuheben. Wenn der gesamte Bereich betroffen ist, dann ruft der Kernel unmittelbar nach der Rückkehr von *vm_ops->unmap* auch *vm_ops->close* auf.

```
void (*protect)(struct vm_area_struct *vma, unsigned long, size_t,
                unsigned int newprot);
```
: Diese Methode soll den Schutz des Speicherbereiches ändern, wird aber derzeit nicht verwendet. Der Speicherschutz wird von den Seitentabellen erledigt, und der Kernel erzeugt die Einträge in diesen Tabellen separat.

`int (*sync)(struct vm_area_struct *vma, unsigned long, size_t, unsigned int flags);`
: Diese Methode wird vom Systemaufruf *msync* aufgerufen, um einen veränderten Speicherabschnitt auf das Speichermedium zu schreiben. Der Rückgabewert sollte 0 im Erfolgsfall und sonst negativ sein.

```
struct page *(*nopage)(struct vm_area_struct *vma, unsigned long address,
                       int write_access);
```
: Wenn ein Prozeß versucht, auf eine Seite zuzugreifen, die zu einem gültigen VMA gehört, aber derzeit nicht im Speicher ist, dann wird die Methode *nopage* aufgerufen, sofern sie für den entsprechenden Bereich definiert ist. Sie gibt den `struct page`-Zeiger der physikalischen Seite zurück, nachdem diese gegebenenfalls von einem Sekundärspeicher eingelesen worden ist. Wenn die Methode für den Bereich nicht definiert ist, dann alloziert der Kernel eine leere Seite. Das dritte Argument, `write_access`, wird für »keine gemeinsame Nutzung« verwendet. Ein von Null verschiedener Wert bedeutet, daß die Seite dem aktuellen Prozeß gehören muß, während Null angibt, daß eine gemeinsame Nutzung möglich ist.

`struct page *(*wppage)(struct vm_area_struct *vma, unsigned long address, struct page *page);`

Die Methode bearbeitet Seitenfehler bei »schreibgeschützten« Seiten, wird aber derzeit nicht verwendet. Der Kernel behandelt Versuche, auf eine schreibgeschützte Seite zu schreiben, selbst, ohne die bereichsspezifische Funktion aufzurufen. Seitenfehler bei schreibgeschützten Seiten werden dazu verwendet, um copy-on-write zu implementieren. Eine private Seite kann so lange von mehreren Prozessen gemeinsam genutzt werden, bis ein Prozeß darauf schreibt. In diesem Fall wird die Seite kopiert, und der Prozeß schreibt auf seine eigene Kopie der Seite. Wenn der gesamte Bereich als schreibgeschützt gekennzeichnet ist, dann wird dem Prozeß das Signal `SIGSEGV` gesendet und die Copy-on-write-Operation nicht durchgeführt.

`int (*swapout)(struct page *page, struct file *file);`

Diese Methode wird aufgerufen, wenn eine Seite zum Auslagern ausgewählt worden ist. Der Rückgabewert 0 zeigt eine erfolgreiche Ausführung an, jeder andere Wert einen Fehler. Im Fehlerfall bekommt der Prozeß, dem die Seite gehört, ein `SIGBUS`-Signal geschickt. Es ist höchst unwahrscheinlich, daß je ein Treiber *swapout* implementieren muß; Geräte-Einblendungen sind nichts, was der Kernel einfach so auf die Festplatte schreiben könnte.

Damit haben wir unseren Überblick über die Datenstrukturen in der Linux-Speicherverwaltung abgeschlossen. Wir können jetzt mit der Implementation des Systemaufrufs *mmap* weitermachen.

Die Geräteoperation mmap

Das Einblenden von Speicher (*memory mapping*) ist eines der interessantesten Merkmale moderner Unix-Systeme. Bei Treibern kann diese Funktionalität eingesetzt werden, um Anwenderprogrammen direkten Zugriff auf den Gerätespeicher zu geben.

Ein sehr gutes Beispiel für die Verwendung von *mmap* bekommen Sie, wenn Sie sich einen Teil des virtuellen Speicherbereiches des X Window System-Servers anschauen:

```
cat /proc/731/maps
08048000-08327000 r-xp 00000000 08:01 55505     /usr/X11R6/bin/XF86_SVGA
08327000-08369000 rw-p 002de000 08:01 55505     /usr/X11R6/bin/XF86_SVGA
40015000-40019000 rw-s fe2fc000 08:01 10778     /dev/mem
40131000-40141000 rw-s 000a0000 08:01 10778     /dev/mem
40141000-40941000 rw-s f4000000 08:01 10778     /dev/mem
       ...
```

Die vollständige Liste der VMAs des X Servers ist recht lang, aber die meisten Einträge sind hier gar nicht von Interesse. Wir sehen hier aber drei separate Einblendungen von */dev/mem*, die uns einen kleinen Einblick in die Art und Weise gestatten, wie der X Server mit der Grafikkarte zusammenarbeitet. Die erste Einblendung zeigt einen Bereich von 16 KByte, der an der Adresse `fe2fc000` eingeblendet ist. Diese Adresse liegt weit über der höchsten RAM-Adresse des Systems; es handelt sich statt dessen um einen Speicherbereich auf einem PCI-Gerät (der Grafikkarte). Vermutlich ist das ein Steuerbereich für die Karte. Die mittlere Einblendung befindet sich bei a0000, der Standardposition für den Videospeicher im 640-KByte-ISA-Loch. Die letzte */dev/mem*-Einblendung liegt bei f4000000 und ist recht groß; das ist der Videospeicher selbst. Diese Regionen kann man auch in */proc/iomem* sehen:

```
000a0000-000bffff : Video RAM area
f4000000-f4ffffff : Matrox Graphics, Inc. MGA G200 AGP
fe2fc000-fe2fffff : Matrox Graphics, Inc. MGA G200 AGP
```

Das Einblenden eines Gerätes erfolgt dadurch. daß ein Bereich von Adressen im User-Space mit dem Gerätespeicher verknüpft wird. Immer, wenn das Programm in den zugewiesenen Adreßbereich schreibt oder daraus liest, greift es in Wirklichkeit auf das Gerät zu. Im Beispiel mit dem X Server bekommt man durch die Verwendung von *mmap* schnellen und einfachen Zugriff auf den Speicher der Grafikkarte. In einer Performance-kritischen Anwendung wie dieser macht der direkte Zugriff einen großen Unterschied aus.

Wie Sie sich vielleicht schon denken können, ist nicht jedes Gerät für die *mmap*-Abstraktion geeignet; sie ist beispielsweise bei seriellen Ports und anderen datenstrom-orientierten Geräten wenig sinnvoll. Eine weitere Beschränkung von *mmap* besteht darin, daß die Granularität PAGE_SIZE ist. Der Kernel kann virtuelle Adressen nur auf der Ebene der Seitentabellen verteilen, weswegen der eingeblendete Speicherbereich ein Vielfaches von PAGE_SIZE sein muß und im physikalischen Speicher an einer Adresse beginnen muß, die ebenfalls ein Vielfaches von PAGE_SIZE ist. Der Kernel kümmert sich darum, indem er einen Bereich geringfügig größer macht, wenn die Größe kein Vielfaches der Seitengröße ist.

Diese Einschränkungen sind für Treiber nicht besonders unangenehm, weil das Programm, das auf das Gerät zugreift, ohnehin geräteabhängig ist. Es muß wissen, wie es den eingeblendeten Speicherbereich interpretieren soll, so daß die Ausrichtung an PAGE_SIZE kein Problem ist. Wenn Sie ISA-Karten in Nicht-x86-Rechner stecken, gibt es dagegen eine größere Einschränkung, weil die Hardware-Sicht dieser Rechner auf den ISA-Speicher möglicherweise nicht zusammenhängend ist. Beispielsweise sehen manche Alpha-Computer den ISA-Speicher als verstreute Menge von 8-Bit-, 16-Bit- und 32-Bit-Elementen ohne direkte Einblendung. In diesem Fall können Sie *mmap* überhaupt nicht verwenden. Die inkompatiblen Spezifikationen für den Datentransfer auf den beiden Systemen sind der Grund dafür, daß diese Abbildung von ISA-Adressen auf Alpha-Adressen nicht möglich ist. Während frühe Alpha-Systeme nur 32-Bit- und 64-Bit-Speicherzugriffe durchführen konnten, sind auf dem ISA-Bus nur 8-Bit- und 16-Bit-Übertragungen möglich; es gibt keine Möglichkeit, ein Protokoll transparent auf das jeweils andere abzubilden.

Es gibt gute Gründe dafür, *mmap* zu verwenden, wenn das möglich ist. Beispielsweise überträgt ein Programm wie der X Server große Mengen an Daten aus dem Videospeicher. Das Einblenden des Videospeichers in den User Space verbessert den Durchsatz dramatisch im Vergleich zu einer Implementation mit *lseek*/*write*. Ein Programm, das ein PCI-Gerät steuert, ist ein weiteres typisches Beispiel. Die meisten PCI-Peripherie-Geräte bilden ihre Kontrollregister auf eine Speicheradresse ab, und eine anspruchsvolle Anwendung könnte es vorziehen, direkt auf die Register zuzugreifen, anstatt immer wieder *ioctl* aufrufen zu müssen.

Die Methode *mmap* ist ein Teil der Struktur `file_operations` und wird aufgerufen, wenn der Systemaufruf *mmap* ausgeführt wird. Bei *mmap* erledigt der Kernel schon einen großen Teil der Arbeit, bevor die eigentliche Methode aufgerufen wird; daher sieht der Prototyp der Methode ziemlich anders aus als der Systemaufruf. Das ist anders als bei Aufrufen wie *ioctl* und *select*, bei denen der Kernel nicht so besonders viel tut, bevor er die Methode aufruft.

Der Systemaufruf ist folgendermaßen deklariert (und wird in der Man-Page *mmap(2)* beschrieben):

```
mmap (caddr_t addr, size_t len, int prot, int flags, int fd, off_t offset)
```

Die Datei-Operation ist dagegen so deklariert:

```
int (*mmap) (struct file *filp, struct vm_area_struct *vma);
```

Das Argument `filp` in dieser Methode ist das gleiche wie das, das in Kapitel 3 eingeführt wurde, während `vma` Informationen über den virtuellen Adreßbereich enthält, über den auf das Gerät zugegriffen wird. Der Kernel hat bereits einen Großteil der Arbeit erledigt; um *mmap* zu implementieren, muß der Treiber lediglich passende Seitentabellen für den Adreßbereich aufbauen und wenn nötig `vma->vm_ops` durch eine neue Menge an Operationen ersetzen.

Es gibt zwei Möglichkeiten, Seitentabellen aufzubauen: alles auf einmal mit einer Funktion namens *remap_page_range* erledigen oder seitenweise mit dem *nopage*-VMA-Ansatz arbeiten. Beide Methoden haben ihre Vorteile. Wir fangen hier mit der »Alles auf einmal«-Methode an, die einfacher ist. Dann machen wir die Sache komplizierter, um auch die Anforderungen von realen Applikationen zu erfüllen.

remap_page_range verwenden

Das Aufbauen neuer Seitentabellen, um einen Bereich physikalischer Adressen einzublenden, wird durch *remap_page_range* erledigt, das den folgenden Prototyp hat:

```
int remap_page_range(unsigned long virt_add, unsigned long phys_add,
                     unsigned long size, pgprot_t prot);
```

Der Rückgabewert der Funktion ist wie üblich 0 oder ein negativer Fehler-Code. Schauen wir uns die genaue Bedeutung der Argumente der Funktion an:

`virt_add`
: Die virtuelle User-Adresse, an der die Einblendung anfangen soll. Die Funktion baut die Seitentabellen für den virtuellen Adreßbereich zwischen `virt_add` und `virt_add+size` auf.

`phys_add`
: Die physikalische Adresse, an der die virtuelle Adresse eingeblendet werden soll. Die Funktion betrifft physikalische Adressen von `phys_add` bis `phys_add+size`.

`size`
: Die Größe des einzublendenden Bereichs in Bytes.

`prot`
: Der für die neue VMA gewünschte »Schutz«. Treiber können (und sollten) den in `vma->vm_page_prot` stehenden Wert verwenden.

Die Argumente von *remap_page_range* sind ziemlich offensichtlich; die meisten stehen Ihnen bereits in der VMA zur Verfügung, wenn Ihre *mmap*-Methode aufgerufen wird. Kompliziert wird es lediglich, wenn Caching ins Spiel kommt: Referenzen auf Gerätespeicher sollten normalerweise nicht vom Prozessor zwischengespeichert werden. Oft richtet das BIOS des Systems das schon korrekt ein, aber es ist auch möglich, das Caching bestimmter VMAs über das »Schutz«-Feld abzuschalten. Leider ist das Abschalten des Cachings auf dieser Ebene stark prozessorabhängig. Neugierige Leser können einen Blick auf die Funktion *pgprot_noncached* in *drivers/char/mem.c* werfen, um zu sehen, was dazugehört. Wir werden das hier nicht weiter erläutern.

Eine einfache Implementation

Wenn Ihr Treiber eine einfache, lineare Einblendung von Gerätespeicher in den User-Adreßraum benötigt, dann kommen Sie mit *remap_page_range* fast schon vollständig aus. Der folgende Code stammt aus *drivers/char/mem.c* und zeigt Ihnen, wie diese Aufgabe in einem typischen Modul namens *simple* (Simple Implementation Mapping Pages with Little Enthusiasm) erledigt wird:

```
#include <linux/mm.h>

int simple_mmap(struct file *filp, struct vm_area_struct *vma)
{
    unsigned long offset = vma->vm_pgoff << PAGE_SHIFT;

    if (offset >= _ _pa(high_memory) || (filp->f_flags & O_SYNC))
        vma->vm_flags |= VM_IO;
    vma->vm_flags |= VM_RESERVED;

    if (remap_page_range(vma->vm_start, offset,
           vma->vm_end-vma->vm_start, vma->vm_page_prot))
        return -EAGAIN;
    return 0;
}
```

Der */dev/mem*-Code überprüft, ob der gewünschte Offset (der in `vma->vm_pgoff` gespeichert ist), jenseits des physikalischen Speichers liegt; wenn das der Fall ist, wird das VMA-Flag `VM_IO` gesetzt, um den Bereich als I/O-Speicher zu kennzeichnen. Das Flag `VM_RESERVED` wird immer gesetzt, um das System daran zu hindern, diesen Bereich auszulagern. Anschließend muß man einfach nur noch *remap_page_range* aufrufen, um die notwendigen Seitentabellen zu erzeugen.

VMA-Operationen hinzufügen

Wie wir bereits gesehen haben, enthält die Struktur vm_area_struct einen Satz von Operationen, der auf die VMA angewendet werden kann. Wir schauen uns diese Operationen jetzt in vereinfachter Form an; ein detaillierteres Beispiel folgt später.

Wir werden hier *open-* und *close*-Operationen für unsere VMA bereitstellen. Diese Operationen werden immer dann aufgerufen, wenn ein Prozeß die VMA öffnet oder schließt. Insbesondere wird die *open*-Methode jedesmal aufgerufen, wenn ein Prozeß sich mit fork verzweigt und eine neue Referenz auf die VMA erzeugt. Die VMA-Methoden *open* und *close* werden zusätzlich zur Verarbeitung durch den Kernel aufgerufen, müssen also die da bereits getane Arbeit nicht wiederholen. Sie existieren, um dem Treiber die Möglichkeit zu geben, eventuell notwendige zusätzliche Verarbeitungsschritte durchzuführen.

Wir werden diese Methoden verwenden, um den Verwendungszähler des Moduls zu inkrementieren, wenn die VMA geöffnet wird, und ihn zu dekrementieren, wenn sie geschlossen wird. In modernen Kerneln ist das nicht unbedingt notwendig; der Kernel ruft die *release*-Methode des Treibers so lange nicht auf, wie die VMA geöffnet bleibt; der Verwendungszähler des Moduls geht also nicht auf 0, solange nicht alle Referenzen auf die VMA geschlossen sind. Der 2.0-Kernel macht das aber nicht, weswegen portabler Code immer noch den Verwendungszähler pflegen sollte.

Wir überschreiben also den Default-Wert von vma->vm_ops mit Operationen, die den Verwendungszähler pflegen. Der Code ist ziemlich einfach – eine vollständige *mmap*-Implementation für ein modularisiertes */dev/mem* sieht folgendermaßen aus:

```
void simple_vma_open(struct vm_area_struct *vma)
{ MOD_INC_USE_COUNT; }

void simple_vma_close(struct vm_area_struct *vma)
{ MOD_DEC_USE_COUNT; }

static struct vm_operations_struct simple_remap_vm_ops = {
    open:  simple_vma_open,
    close: simple_vma_close,
};

int simple_remap_mmap(struct file *filp, struct vm_area_struct *vma)
{
    unsigned long offset = VMA_OFFSET(vma);

    if (offset >= __pa(high_memory) || (filp->f_flags & O_SYNC))
        vma->vm_flags |= VM_IO;
    vma->vm_flags |= VM_RESERVED;
```

```
    if (remap_page_range(vma->vm_start, offset, vma->vm_end-vma->vm_start,
                vma->vm_page_prot))
        return -EAGAIN;

    vma->vm_ops = &simple_remap_vm_ops;
    simple_vma_open(vma);
    return 0;
}
```

Dieser Code verläßt sich darauf, daß der Kernel das Feld `vm_ops` im neu erzeugten Bereich mit `NULL` initialisiert, bevor er `f_op->mmap` aufruft. Der gerade gezeigte Code überprüft den aktuellen Wert des Zeigers als Sicherheitsmaßnahme, falls sich in zukünftigen Kerneln etwas ändern sollte.

Das merkwürdige Makro `VMA_OFFSET`, das in diesem Code auftaucht, wird dazu verwendet, die Unterschiede in den `vma`-Strukturen einzelner Kernel-Versionen zu verstecken. Weil der Offset in Version 2.4 in Seiten, in 2.2 und früheren Versionen aber in Bytes ausgedrückt wird, deklariert `<sysdep.h>` dieses Makro, um den Unterschied transparent zu machen (das Ergebnis wird dann in Bytes angegeben).

Speicher mit nopage einblenden

Auch wenn *remap_page_range* für viele – wenn nicht für die meisten – *mmap*-Implementationen in Treibern ausreichend ist, braucht man manchmal doch ein wenig mehr Flexibilität. In solchen Situationen kann eine Implementation mit der VMA-Methode *nopage* angebracht sein.

Die Methode *nopage* hat, wie Sie sich vielleicht erinnern werden, den folgenden Prototyp:

```
struct page (*nopage)(struct vm_area_struct *vma,
                      unsigned long address, int write_access);
```

Wenn ein Benutzer versucht, auf eine Seite in einer VMA zuzugreifen, die sich nicht im Speicher befindet, wird die zugehörige *nopage*-Funktion aufgerufen. Der Parameter *address* enthält die virtuelle Adresse, die den Fehler verursacht hat, abgerundet auf den Seitenanfang. Die Funktion *nopage* muß dann den `struct page`-Zeiger, der auf die gewünschte Seite verweist, finden und zurückgeben. Außerdem muß die Funktion den Verwendungszähler der zurückgegebenen Seite durch den Aufruf des Makros *get_page* inkrementieren:

```
get_page(struct page *pageptr);
```

Dieser Schritt ist notwendig, damit die Referenzzähler eingeblendeter Seiten korrekt bleiben. Der Kernel verwaltet diesen Zähler für jede Seite. Wenn der Zähler auf 0 geht, weiß der Kernel, daß die Seite in die Liste der freien Seiten gestellt werden kann. Wenn die Einblendung einer VMA aufgehoben wird, dekrementiert der Kernel den Verwendungszähler für jede Seite im Bereich. Wenn Ihr Treiber den Verwendungszähler beim Hinzufügen einer Seite zum Bereich nicht inkrementiert, fällt der Verwendungszähler zu früh auf 0 und die Integrität des Systems gerät in Gefahr.

Eine Situation, in der der *nopage*-Ansatz nützlich ist, kann durch den Systemaufruf *mremap* hervorgerufen werden, der von Applikationen verwendet wird, um die Grenzadressen eines eingeblendeten Bereichs zu ändern. Wenn der Treiber mit *mremap* umgehen können soll, funktioniert die vorhergehende Implementation nicht korrekt, weil der Treiber nicht wissen kann, daß sich der eingeblendete Bereich geändert hat.

Die Linux-Implementation von *mremap* benachrichtigt den Treiber nicht über Änderungen im eingeblendeten Bereich. Der Treiber wird allerdings durchaus benachrichtigt, wenn die Größe des Bereichs mit der Methode *unmap* reduziert wird, aber es erfolgt keine Benachrichtigung, wenn die Größe ansteigt.

Die grundlegende Idee, warum ein Treiber über eine Verkleinerung benachrichtigt wird, besteht darin, daß der Treiber (oder das Dateisystem, das eine normale Datei in den Speicher einblendet) wissen muß, wenn die Einblendung eines Bereichs aufgehoben wird, um passende Maßnahmen (wie etwa das Herausschreiben von Seiten auf die Festplatte) ergreifen zu können. Das Wachsen des eingeblendeten Bereichs hat dagegen für den Treiber so lange keine Bedeutung, bis das Programm, das *mremap* aufruft, auf die neuen virtuellen Adressen zugreift. Im wirklichen Leben ist es nicht ungewöhnlich, Bereiche einzublenden, die nie verwendet werden (wie etwa unbenutzte Abschnitte im Programm-Code). Der Linux-Kernel benachrichtigt daher den Treiber nicht, wenn der eingeblendete Bereich wächst, weil sich die *nopage*-Methode eine nach der anderen um die Seiten kümmert, wenn auf diese tatsächlich zugegriffen wird.

Der Treiber wird also mit anderen Worten nicht benachrichtigt, wenn eine Einblendung wächst, weil *nopage* das später erledigt, ohne daß der Speicher benutzt werden muß, bevor er wirklich gebraucht wird. Diese Optimierung ist vor allem für normale Dateien gedacht, deren Einblendung echtes RAM verbraucht.

Die Methode *nopage* muß daher implementiert werden, wenn Sie den Systemaufruf *mremap* unterstützen wollen. Aber wenn Sie schon einmal *nopage* haben, dann können sie dies mit einigen Einschränkungen (die wir später beschreiben) auch ausgiebig verwenden. Diese Methode wird im nächsten Code-Fragment gezeigt. In dieser Implementation von *mmap* ersetzt die Gerätemethode nur `vma->vm_ops`. Die Methode *nopage* kümmert sich um das seitenweise erneute Einblenden und gibt die Adresse ihrer `struct page`-Struktur zurück. Weil wir hier nur ein Fenster auf den physikalischen Speicher implementieren, ist der verbleibende Schritt einfach – wir müssen nur einen Zeiger auf die `struct page` für die gewünschte Adresse finden und zurückgeben.

Eine Implementation von */dev/mem*, die *nopage* verwendet, sieht folgendermaßen aus:

```
struct page *simple_vma_nopage(struct vm_area_struct *vma,
                                unsigned long address, int write_access)
{
    struct page *pageptr;
```

```
    unsigned long physaddr = address - vma->vm_start + VMA_OFFSET(vma);
    pageptr = virt_to_page(__va(physaddr));
    get_page(pageptr);
    return pageptr;
}

int simple_nopage_mmap(struct file *filp, struct vm_area_struct *vma)
{
    unsigned long offset = VMA_OFFSET(vma);

    if (offset >= __pa(high_memory) || (filp->f_flags & O_SYNC))
        vma->vm_flags |= VM_IO;
    vma->vm_flags |= VM_RESERVED;

    vma->vm_ops = &simple_nopage_vm_ops;
    simple_vma_open(vma);
    return 0;
}
```

Weil wir wieder einmal einfach Hauptspeicher einblenden, muß die Funktion *nopage* nur die korrekte `struct page` für die nicht vorhandene Adresse suchen und deren Referenzzähler erhöhen. Also muß folgendes erledigt werden: Wir müssen die gewünschte physikalische Adresse berechnen, diese Adresse dann mit `__va` in eine logische Adresse umwandeln und anschließend diese logische Adresse mit `virt_to_page` in eine `struct page` umwandeln. Es wäre auch möglich, direkt von der physikalischen Adresse zur `struct page` zu gelangen, aber der Code dafür wäre nur schwer über verschiedene Architekturen hinweg portabel zu halten. Solcher Code wäre aber notwendig, wenn wir versuchen würden, hohen Speicher einzublenden, der, wie Sie sich erinnern werden, keine logischen Adressen hat. *simple* ist, wie der Name sagt, einfach und kümmert sich deswegen nicht um diese (seltenen) Fälle.

Wenn die Methode *nopage* auf `NULL` belassen wird, blendet der Kernel-Code, der sich um Seitenfehler kümmert, die Zero-Page auf die fehlende virtuelle Adresse ein. Die Zero-Page ist eine Copy-on-write-Seite, die als Null gelesen wird und die beispielsweise verwendet wird, um das BSS-Segment einzublenden. Wenn daher ein Prozeß einen eingeblendeten Bereich durch Aufruf von *mremap* erweitert und der Treiber *nopage* nicht implementiert hat, dann bekommt der Prozeß die Zero-Page anstelle eines Segmentationsfehlers.

Die Methode *nopage* gibt normalerweise einen Zeiger auf eine `struct page` zurück. Wenn aus irgendeinem Grund keine normale Seite zurückgegeben werden kann (etwa weil die angeforderte Adresse jenseits des Speicherbereichs des Geräts liegt), dann kann auch `NOPAGE_SIGBUS` zurückgegeben werden, um den Fehler anzuzeigen. Außerdem kann *nopage* `NOPAGE_OOM` zurückgeben, um Fehler aufgrund mangelnder Ressourcen zu melden.

Beachten Sie, daß diese Implementation für ISA-Speicherbereiche funktioniert, aber nicht für solche auf dem PCI-Bus. PCI-Speicher wird oberhalb der höchsten Adresse des Systemspeichers eingeblendet, und es gibt in der System-Speichertabelle keine Einträge für diese Adressen. Und weil es keine `struct page` gibt, deren Zeiger zurückgegeben werden könnte, kann *nopage* in diesen Situationen nicht verwendet werden; Sie müssen statt dessen *remap_page_range* benutzen.

Umblenden bestimmter I/O-Regionen

Alle Beispiele, die wir bisher gesehen haben, sind Reimplementationen von */dev/mem*; Sie blenden physikalische Adressen erneut in den User-Space ein. Der typische Treiber will dagegen nur einen kleinen Adreßbereich einblenden, der zu seinem Peripherie-Gerät gehört, aber nicht den gesamten Speicher. Um nur eine Teilmenge des gesamten Speicherbereichs auf den User-Space einzublenden, muß der Treiber nur etwas an den Offsets drehen. Die folgenden Zeilen erledigen das für einen Treiber, der einen Bereich von `simple_region_size` Bytes einblendet, welcher bei der physikalischen Adresse `simple_region_start` beginnt (was an einer Seitengrenze liegen sollte).

```
unsigned long off = vma->vm_pgoff << PAGE_SHIFT;
unsigned long physical = simple_region_start + off;
unsigned long vsize = vma->vm_end - vma->vm_start;
unsigned long psize = simple_region_size - off;

if (vsize > psize)
    return -EINVAL; /*  Speicherbereich zu groß */
remap_page_range(vma_>vm_start, physical, vsize, vma->vm_page_prot);
```

Neben dem Berechnen der Offsets überprüft dieser Code, ob das Programm versucht, mehr Speicher einzublenden, als sich im I/O-Bereich des Zielgeräts befindet, und meldet in diesem Fall einen Fehler zurück. `psize` ist in diesem Code die physikalische I/O-Größe, die nach Angabe des Offsets noch übrigbleibt; `vsize` ist die angeforderte Größe des virtuellen Speichers; die Funktion weigert sich, Adressen einzublenden, die außerhalb des erlaubten Speicherbereichs liegen.

Beachten Sie, daß der Benutzer-Prozeß immer *mremap* verwenden kann, um seine Einblendung zu erweitern, möglicherweise sogar über das Ende des physikalischen Geräts hinaus. Wenn Ihr Treiber keine *nopage*-Methode hat, wird er davon nie benachrichtigt, und der zusätzliche Bereich wird auf die Zero-Page eingeblendet. Als Autor vom Gerätetreibern wollen Sie ein solches Verhalten vermutlich vermeiden; das Einblenden der Zero-Page auf das Ende Ihres Bereichs ist nicht nur eindeutig etwas Schlechtes, sondern auch vermutlich nicht das, was der Programmierer wollte.

Am einfachsten kann man ein Erweitern der Einblendung durch das Implementieren einer einfachen *nopage*-Methode verhindern, die dem Prozeß, in dem der Seitenfehler aufgetreten ist, immer ein Bus-Signal schickt. Eine solche Methode würde folgendermaßen aussehen:

```
struct page *simple_nopage(struct vm_area_struct *vma,
                           unsigned long address, int write_access);
{ return NOPAGE_SIGBUS; /* SIGBUS schicken */}
```

RAM umblenden

Eine gründlichere Implementation könnte natürlich kontrollieren, ob sich der gewünschte Bereich im Gerät befindet, und falls dem so ist, das Umblenden durchführen. Aber auch hier funktioniert *nopage* nicht bei PCI-Speicherbereichen, so daß Erweiterungen von PCI-Einblendungen nicht möglich sind. Unter Linux wird eine Seite mit physikalischen Adressen in der Speichertabelle als »reserviert« markiert, um zu kennzeichnen, daß sie für die Speicherverwaltung nicht zur Verfügung steht. Auf dem PC gilt das beispielsweise für den Bereich von 640 KByte bis 1 MByte sowie für die Seiten, die den Kernel-Code selbst enthalten.

Es ist eine interessante Beschränkung von *remap_page_range*, daß mit dieser Funktion nur Zugriff auf reservierte Seiten und physikalische Adressen oberhalb des physikalischen Speichers möglich ist. Reservierte Seiten sind im Speicher gesperrt, und nur diese können sicher in den User-Space eingeblendet werden. Diese Einschränkung ist eine grundlegende Bedingung für die Systemstabilität.

Daher läßt *remap_page_range* es nicht zu, konventionelle Adressen umzublenden – wozu auch diejenigen gehören, die Sie von *get_free_page* bekommen. Statt dessen bekommen Sie die Zero-Page. Gleichwohl macht die Funktion aber alles, was Hardware-Treiber von ihr benötigen, weil sie hohe PCI-Puffer und ISA-Speicher umblenden kann.

Die Einschränkungen von *remap_page_range* kann man mit *mapper* beobachten, einem der Beispiel-Programme auf dem FTP-Server von O'Reilly. *mapper* ist ein einfaches Hilfsprogramm, das verwendet werden kann, um schnell den Systemaufruf *mmap* zu testen. Es blendet nur-lesbare Bereiche einer Datei auf Basis der Kommandozeilenoptionen ein und gibt den eingeblendeten Bereich auf der Standardausgabe aus. Die untenstehende Ausgabe zeigt, daß */dev/mem* die physikalische Seite an der Adresse 64 KByte nicht einblendet – statt dessen sehen wir eine Seite voller Nullen (der verwendete Rechner ist in diesem Beispiel ein PC, aber auf anderen Plattformen wäre das Ergebnis das gleiche):

```
morgana.root# ./mapper /dev/mem 0x10000 0x1000 | od -Ax -t x1
mapped "/dev/mem" from 65536 to 69632
000000 00 00 00 00 00 00 00 00 00 00 00 00 00 00 00 00
*
001000
```

Die Unfähigkeit von *remap_page_range*, mit RAM umzugehen, legt schon nahe, daß ein Gerät wie *scullp mmap* nicht so einfach implementieren kann, weil sein Gerätespeicher im konventionellen RAM und nicht im I/O-Speicher liegt. Glücklicherweise gibt es einen relativ einfachen Ausweg für alle Treiber, die RAM in den User-Space einblenden müssen; dazu wird die *nopage*-Methode verwendet, wie schon gezeigt wurde.

RAM mit der nopage-Methode umblenden

Echtes RAM blendet man in den User-Space durch Verwendung von `vm_ops->nopage` ein, um Seitenfehler einen nach dem anderen zu behandeln. Eine Beispiel-Implementation ist ein Teil des *scullp*-Moduls, das in Kapitel 7 eingeführt wurde.

scullp ist ein seitenorientiertes Zeichen-Gerät. Weil es seitenorientiert ist, kann es *mmap* auf seinem Speicher implementieren. Der Code dafür verwendet einige der Konzepte, die in »Speicherverwaltung in Linux« eingeführt wurden.

Aber bevor wir den Code untersuchen, schauen wir uns die Design-Überlegungen der *mmap*-Implementation von *scullp* an.

- *scullp* gibt den Gerätespeicher nicht frei, solange das Gerät noch eingeblendet ist. Das ist mehr eine Frage der Policy als eine Anforderung. *scullp* unterscheidet sich hier von *scull* und ähnlichen Geräten, die beim Öffnen zum Schreiben auf eine Länge von Null verkürzt werden. Die Weigerung, ein eingeblendetes *scullp*-Gerät freizugeben, ermöglicht es einem Prozeß, Speicherbereiche zu überschreiben, die gerade von einem anderen Prozeß eingeblendet sind, so daß Sie damit testen können, wie Prozesse und Gerätespeicher interagieren. Um ein eingeblendetes Gerät nicht freizugeben, muß der Treiber die aktiven Einblendungen mitzählen. Dafür wird das `vmas`-Feld in der Gerätestruktur benutzt.
- Speichereinblendungen werden nur dann vorgenommen, wenn der Parameter *order* nicht Null ist. Dieser Parameter beeinflußt den Aufruf von *get_free_pages* (siehe den Abschnitt »get_free_page und Freunde« in Kapitel 7). Diese Wahl wird durch die Interna von *get_free_pages*, dem von *scullp* verwendeten Allokationsmechanismus, vorgegeben. Um die Allokations-Performance zu maximieren, verwaltet der Linux-Kernel eine Liste für jede Allokationsgrößenordnung, und nur der Seitenzähler der ersten Seite in einem Bereich wird von *get_free_pages* inkrementiert und von *free_pages* dekrementiert. Die Methode *mmap* wird im *scullp*-Gerät abgeschaltet, wenn die Allokationsgrößenordnung größer als Null ist, weil *nopage* nur mit einzelnen Seiten anstelle von Seiten-Clustern arbeitet. Lesen Sie in »Ein scull, das ganze Seiten verwendet: scullp« in Kapitel 7 nach, wenn Sie sich nicht mehr sicher sind, wie das mit *scullp* und der Allokationsgrößenordnung für den Speicher war.

Diese letzte Entscheidung wurde hauptsächlich deswegen getroffen, um den Code einfach zu halten. Es *ist* möglich, *mmap* auch für Mehrseiten-Allokationen korrekt zu implementieren, indem die Verwendungszähler der Seiten manipuliert werden, aber das würde nur das Beispiel komplexer machen, ohne interessante Informationen einzuführen.

Wenn mit dem Code RAM entsprechend der dargelegten Regeln eingeblendet werden soll, dann müssen die Methoden *open*, *close* und *nopage* implementiert werden; außerdem muß auf die Speichertabelle zugegriffen werden, um die Verwendungszähler der Seiten zu aktualisieren.

Diese Implementation von *scullp_mmap* ist sehr kurz, weil alles Interessante von *nopage* gemacht wird:

```
int scullp_mmap(struct file *filp, struct vm_area_struct *vma)
{
    struct inode *inode = INODE_FROM_F(filp);

    /* Einblendung verweigern, wenn order nicht 0 ist */
    if (scullp_devices[MINOR(inode->i_rdev)].order)
        return -ENODEV;

    /* hier nichts machen, nopage kuemmert sich schon darum */
    vma->vm_ops = &scullp_vm_ops;
    vma->vm_flags |= VM_RESERVED;
    vma->vm_private_data = scullp_devices + MINOR(inode->i_rdev);
    scullp_vma_open(vma);
    return 0;
}
```

Die Bedingungen am Anfang verhindern das Einblenden von Geräten mit einer Allokationsgrößenordnung ungleich 0. Die Operationen von *scullp* werden im `vm_ops`-Feld gespeichert; ein Zeiger auf die Gerätestruktur wird im Feld `vm_private_data` abgelegt. Am Ende wird `vm_ops->open` aufgerufen, um den Verwendungszähler des Moduls und den Zähler für die aktiven Einblendungen des Gerätes zu aktualisieren.

open und *close* kümmern sich lediglich um diese Zähler und sind folgendermaßen definiert:

```
void scullp_vma_open(struct vm_area_struct *vma)
{
    ScullP_Dev *dev = scullp_vma_to_dev(vma);

    dev->vmas++;
    MOD_INC_USE_COUNT;
}

void scullp_vma_close(struct vm_area_struct *vma)
{
    ScullP_Dev *dev = scullp_vma_to_dev(vma);

    dev->vmas--;
    MOD_DEC_USE_COUNT;
}
```

Die Funktion *sculls_vma_to_dev* gibt einfach nur den Inhalt des Feldes `vm_private_data` zurück. Es handelt sich dabei um eine separate Funktion, weil Kernel-Versionen vor 2.4 dieses Feld nicht hatten, weswegen andere Verfahren zum Holen dieses Zeigers notwendig sind. Siehe dazu auch »Abwärtskompatibilität« am Ende dieses Kapitels.

Die Hauptarbeit wird dann von *nopage* erledigt. In der Implementation von *scullp* wird *address* verwendet, um einen Offset in das Gerät zu berechnen. Mit diesem Offset wird dann die korrekte Seite im Speicherbaum von *scullp* nachgeschlagen.

```
struct page *scullp_vma_nopage(struct vm_area_struct *vma,
                               unsigned long address, int write)
{
    unsigned long offset;
    ScullP_Dev *ptr, *dev = scullp_vma_to_dev(vma);
    struct page *page = NOPAGE_SIGBUS;
    void *pageptr = NULL; /* Default ist "fehlt" */

    down(&dev->sem);
    offset = (address - vma->vm_start) + VMA_OFFSET(vma);
    if (offset >= dev->size) goto out; /* Außerhalb des Bereichs */

    /*
     * Jetzt das scullp-Geraet aus der Liste holen, danach die
     * Seite. Wenn das Geraet Loecher hat, dann bekommt der Prozess ein
     * SIGBUS, wenn auf das Loch zugegriffen wird.
     */
    offset >>= PAGE_SHIFT; /* Offset ist eine Anzahl von Seiten */
    for (ptr = dev; ptr && offset >= dev->qset;) {
        ptr = ptr->next;
        offset -= dev->qset;
    }
    if (ptr && ptr->data) pageptr = ptr->data[offset];
    if (!pageptr) goto out; /* Loch oder Dateiende */
    page = virt_to_page(pageptr);

    /* Seite bekommen, Zaehler inkrementieren */
    get_page(page);
out:
    up(&dev->sem);
    return page;
}
```

scullp verwendet mit *get_free_pages* allozierten Speicher. Dieser Speicher wird mit logischen Adressen angesprochen, weswegen *scullp_nopage* lediglich *virt_to_page* aufrufen muß, um einen struct page-Zeiger zu bekommen.

Das Gerät *scullp* funktioniert nun wie erwartet, wie Sie in der folgenden Ausgabe von *mapper* sehen können. Wir zeigen hier eine Verzeichnisausgabe von */dev* (die lang ist) auf das *scullp*-Gerät, sowie anschließend die Verwendung des Hilfsprogramms *mapper*, um uns die Bestandteile dieses Listings mit *mmap* anschauen zu können.

```
morgana% ls -l /dev > /dev/scullp
morgana% ./mapper /dev/scullp 0 140
mapped "/dev/scullp" from 0 to 140
total 77
-rwxr-xr-x    1 root     root        26689 Mar  2  2000 MAKEDEV
crw-rw-rw-    1 root     root      14,  14 Aug 10 20:55 admmidi0
morgana% ./mapper /dev/scullp 8192 200
mapped "/dev/scullp" from 8192 to 8392
0
crw-------    1 root     root     113,   1 Mar 26  1999 cum1
crw-------    1 root     root     113,   2 Mar 26  1999 cum2
crw-------    1 root     root     113,   3 Mar 26  1999 cum3
```

Umblenden virtueller Adressen

Obwohl es selten notwendig ist, ist es doch interessant zu sehen, wie ein Treiber eine virtuelle Adresse mit *mmap* in den User-Space einblenden kann. Unter dem Begriff »virtuelle Adresse« verstehen wir hier eine von Funktionen wie *vmalloc* oder *kmap* zurückgegebene Adresse, also eine Adresse, die auf die Seitentabellen des Kernels eingeblendet wird. Der Code in diesem Abschnitt stammt aus *scullv*, dem Modul, das wie *scullp* arbeitet, seinen Speicher aber über *vmalloc* bezieht.

Der größte Teil der Implementation von *scullv* entspricht der, die wir für *scullp* schon gesehen haben, mit der Ausnahme, daß der `order`-Parameter nicht überprüft werden muß, weil *vmalloc* die Seiten einzeln alloziert, denn Einzelallokationen sind mit sehr viel größerer Wahrscheinlichkeit erfolgreich als Mehrfachallokationen. Daher gibt es bei der Benutzung von *vmalloc* kein Problem mit der Allokationsgrößenordnung.

Der größte Teil der Arbeit von *vmalloc* besteht im Aufbauen der Seitentabellen, über die auf die allozierten Seiten als zusammenhängender Adreßbereich zugegriffen werden kann. Die Methode *nopage* muß dagegen die Seitentabellen wieder auseinandernehmen, um dem Aufrufer einen `struct page`-Zeiger übergeben zu können. Daher muß die *nopage*-Implementation von *scullv* die Seitentabellen absuchen, um die zu einer Seite gehörende physikalische Adresse zu ermitteln.

Die Funktion ähnelt, bis auf das Ende, der von *scullp*. Daher enthält dieser Code-Ausschnitt nur den Teil von *nopage*, der sich von *scullp* unterscheidet.

```
pgd_t *pgd; pmd_t *pmd; pte_t *pte;
unsigned long lpage;

   /*
    * Nach dem Nachschlagen von scullv ist "page" jetzt die Adresse
    * der Seite, die der aktuelle Prozess benoetigt. Weil es sich um
    * eine vmalloc-Adresse handelt, holen wir zuerst den unsigned
    * long-Wert, der in den Seitentabellen nachgeschlagen werden
    * soll.
    */
lpage = VMALLOC_VMADDR(pageptr);
spin_lock(&init_mm.page_table_lock);
pgd = pgd_offset(&init_mm, lpage);
pmd = pmd_offset(pgd, lpage);
pte = pte_offset(pmd, lpage);
page = pte_page(*pte);
spin_unlock(&init_mm.page_table_lock);

/* alles klar, jetzt den Zaehler inkrementieren */
get_page(page);
out:
up(&dev->sem);
return page;
```

Auf die Seitentabellen wird mit den am Anfang dieses Kapitels eingeführten Funktionen zugegriffen. Das zu diesem Zweck verwendete Seitenverzeichnis wird in der Speicherstruktur des Kernel-Space, `init_mm`, abgelegt. Beachten Sie, daß sich *scullv* die `page_table_lock`-Sperre holt, bevor der Treiber die Seitentabellen traversiert. Wenn diese Sperre nicht gehalten werden würde, könnte ein anderer Prozessor die Seitentabelle verändern, während *scullv* gerade mitten beim Nachschlagen wäre, was zu fehlerhaften Ergebnissen führen kann.

Das Makro `VMALLOC_VMADDR(pageptr)` gibt den korrekten `unsigned long`-Wert einer *vmalloc*-Adresse zurück, der zum Nachschlagen in einer Seitentabelle verwendet wird. Beachten Sie, daß ein einfaches Casting des Wertes in älteren Kerneln als 2.1 wegen eines Fehlers in der Speicherverwaltung nicht ausreichen würde. Die Speicherverwaltung der x86-Plattform wurde in der Version 2.1.1 geändert, und `VMALLOC_VMADDR` ist dort nun genauso die Identitätsfunktion, wie es das auf allen Plattformen schon immer gewesen ist. Um den Code portabel zu halten, sollte man dieses aber trotzdem immer noch verwenden.

Analog zu dieser Diskussion wollen Sie vielleicht auch versuchen, die von *ioremap* zurückgegebenen Adressen in den User-Space einzublenden. Das ist ziemlich einfach möglich, weil Sie *remap_page_range* direkt verwenden können, ohne Methoden implementieren zu müssen, die auf virtuelle Speicherbereiche zugreifen. *remap_page_range* kann also mit anderen Worten bereits dafür verwendet werden, um neue Seitentabellen aufzubauen, die I/O-Speicher in den User-Space einblenden; es ist nicht nötig, in den von *vremap* erzeugten Seitentabellen des Kernels nachzuschlagen, wie wir das in *scullv* gemacht haben.

Die kiobuf-Schnittstelle

Ab Version 2.3.12 unterstützt der Linux-Kernel eine I/O-Abstraktion namens *Kernel-I/O-Puffer* oder `kiobuf`. Die kiobuf-Schnittstelle soll einen großen Teil der Komplexität der virtuellen Speicherverwaltung vor den Gerätetreibern (und anderen Teilen im System, die I/O betreiben) verstecken. Es sind noch viele Features für kiobufs geplant, aber der hauptsächliche Verwendungszweck im 2.4-Kernel ist das Erleichtern der Einblendung von User-Space-Buffern in den Kernel.

Die kiobuf-Struktur

Sämtlicher Code, der mit kiobufs arbeitet, muß `<linux/iobuf.h>` einbinden. Diese Datei definiert `struct kiobuf`, das Herzstück der kiobuf-Schnittstelle. Diese Struktur beschreibt ein Array von Seiten, die eine I/O-Operation bilden. Dort finden sich unter anderem folgende Felder:

`int nr_pages;`
: Die Anzahl der Seiten in diesem kiobuf

`int length;`
: Die Anzahl der Datenbytes im Puffer

`int offset;`
: Der Offset bis zum ersten gültigen Byte im Puffer

`struct page **maplist;`
: Ein Array von page-Strukturen; eine je Seite mit Daten im kiobuf

Der Schlüssel zur kiobuf-Schnittstelle ist das Array `maplist`. Funktionen, die auf in einem kiobuf gespeicherten Seiten operieren, arbeiten direkt mit den page-Strukturen – der gesamte Umweg der virtuellen Speicherverwaltung ist aus dem Weg geräumt worden. Diese Implementation erlaubt es Treibern, unabhängig von den Komplexitäten der Speicherverwaltung zu arbeiten, und macht das Leben ganz allgemein deutlich einfacher.

Ein kiobuf muß vor der Verwendung initialisiert werden. Man initialisiert nur selten einen einzelnen kiobuf, aber wenn das notwendig ist, dann kann man das mit *kiobuf_init* machen:

```
void kiobuf_init(struct kiobuf *iobuf);
```

Normalerweise werden kiobufs in Gruppen als Bestandteil eines *Kernel-I/O-Vektors (kiovec)* alloziert. Ein kiovec kann durch Aufruf von *alloc_kiovec* in einem Schritt alloziert und initialisiert werden:

```
int alloc_kiovec(int nr, struct kiobuf **iovec);
```

Der Rückgabewert ist wie üblich 0 oder ein Fehler-Code. Wenn Ihr Code die kiovec-Struktur nicht mehr braucht, sollte er sie natürlich an das System zurückgeben:

```
void free_kiovec(int nr, struct kiobuf **);
```

Der Kernel stellt ein Funktionspaar zum Sperren und Entsperren der in einem kiovec eingeblendeten Seiten bereit:

```
int lock_kiovec(int nr, struct kiobuf *iovec[], int wait);
int unlock_kiovec(int nr, struct kiobuf *iovec[]);
```

Für die meisten Anwendungen von kiobufs in Gerätetreibern ist das Sperren eines kiovecs aber nicht notwendig.

Einblenden von User-Space-Buffern und rohe I/O

Unix-Systeme stellen seit langem eine »rohe« Schnittstelle zu manchen Geräten – insbesondere zu Block-Geräten – bereit, die I/O direkt aus einem User-Space-Buffer durchführt und das Kopieren der Daten durch den Kernel hindurch vermeidet. In manchen Fällen verbessert dies die Performance deutlich, insbesondere wenn die übertragenen Daten in der nahen Zukunft nicht mehr benötigt werden. Beispielsweise lesen Festplatten-Backups einen großen Teil der Daten genau einmal und vergessen sie dann. Backups über eine rohe Schnittstelle füllen den Puffer Cache des Systems nicht mit nutzlosen Daten.

Der Linux-Kernel enthielt traditionell keine rohe Schnittstelle. Dafür gibt es eine Reihe von Gründen. Aber mit zunehmender Beliebtheit von Linux werden immer mehr Applikationen (wie große Datenbanksysteme) portiert, die erwarten, rohe I/O durchführen zu können. Daher ist in der 2.3-Entwicklungsserie endlich rohe I/O hinzugekommen; dieses Bedürfnis war auch die treibende Kraft bei der Entwicklung der kiobuf-Schnittstelle.

Rohe I/O bringt nicht immer die gewaltigen Performance-Gewinne mit sich, die manche Leute erwarten; Autoren von Gerätetreibern sollten jetzt nicht einfach diese Fähigkeit anbieten, nur weil das möglich ist. Es kann kompliziert sein, eine rohe Übertragung einzurichten, und die Vorteile des Pufferns von Daten im Kernel gehen auch verloren. Denken Sie beispielsweise daran, daß rohe I/O-Operationen fast immer synchron sein müssen – der *write*-Systemaufruf darf nicht zurückkehren, bevor die Operation vollständig abgearbeitet ist. Linux hat derzeit keine Mechanismen, die es User-Space-Programmen erlauben würden, eine sichere asynchrone rohe I/O auf einem User-Buffer durchzuführen.

In diesem Beispiel fügen wir rohe I/O zum Beispiel-Treiber *sbull* hinzu. Wenn kiobufs zur Verfügung stehen, registriert *sbull* gleich zwei Geräte. Das Block-Gerät *sbull* haben wir uns in Kapitel 12 genau angeschaut. Was wir dort aber nicht gesehen haben, war ein zweites, zeichenorientiertes Gerät (namens *sbullr*), das rohen Zugriff auf die RAM-Disk ermöglicht. Daher greifen */dev/sbull0* und */dev/sbullr0* auf den gleichen Speicher zu, ersteres über den traditionellen, gepufferten Modus, letzteres mit rohem Zugriff über den kiobuf-Mechanismus.

Man sollte noch erwähnen, daß Block-Treiber auf Linux-Systemen diese Art von Schnittstelle nicht anbieten müssen. Das rohe Gerät in *drivers/char/raw.c* stellt diese Fähigkeit auf eine elegante, allgemeine Art und Weise für alle Block-Geräte bereit. Die Block-Treiber müssen nicht einmal wissen, daß sie rohe I/O betreiben. Der Code für die rohe I/O in *sbull* ist im wesentlichen eine Vereinfachung des rohen Geräte-Codes zu Demonstrationszwecken.

Rohe I/O auf ein Block-Gerät muß immer an Sektorengrenzen ausgerichtet und die Länge ein Vielfaches der Sektorgröße sein. Andere Geräte wie etwa Bandlaufwerke haben diese Einschränkungen möglicherweise nicht. *sbullr* verhält sich wie ein Block-Gerät und erzwingt die Ausrichtungs- und Längenanforderungen. Dazu werden einige Symbole definiert:

```
# define SBULLR_SECTOR 512  /* hierauf bestehen */
# define SBULLR_SECTOR_MASK (SBULLR_SECTOR - 1)
# define SBULLR_SECTOR_SHIFT 9
```

Das rohe Gerät *sbullr* wird nur dann registriert, wenn die Hardware-Sektorengröße gleich `SBULLR_SECTOR` ist. Es gibt keinen Grund, warum man größere Hardware-Sektoren nicht unterstützen sollte, aber das würde den Beispiel-Code nur unnötig verkomplizieren.

Die Implementation von *sbullr* fügt dem existierenden *sbull*-Code nur wenig hinzu. Insbesondere können die *open*- und *close*-Methoden von *sbull* ohne Veränderung übernommen werden. Weil *sbullr* ein Zeichen-Gerät ist, braucht es aber *read*- und *write*-Methoden. Beide verwenden eine einzige Übertragungsfunktion und sind folgendermaßen definiert:

```
ssize_t sbullr_read(struct file *filp, char *buf, size_t size, loff_t *off)
{
    Sbull_Dev *dev = sbull_devices + MINOR(filp->f_dentry->d_inode->i_rdev);
    return sbullr_transfer(dev, buf, size, off, READ);
}

ssize_t sbullr_write(struct file *filp, const char *buf, size_t size, loff_t *off)
{
    Sbull_Dev *dev = sbull_devices + MINOR(filp->f_dentry->d_inode->i_rdev);
    return sbullr_transfer(dev, (char *) buf, size, off, WRITE);
}
```

Die Funktion *sbullr_transfer* kümmert sich um das gesamte Einrichten und Abbauen und läßt die eigentliche Übertragung dann von noch einer weiteren Funktion ausführen. Der Code sieht wie folgt aus:

```
static int sbullr_transfer (Sbull_Dev *dev, char *buf, size_t count,
                            loff_t *offset, int rw)
{
    struct kiobuf *iobuf;
    int result;

    /* Nur Block-Ausrichtung und -Groesse erlaubt */
    if ((*offset & SBULLR_SECTOR_MASK) || (count & SBULLR_SECTOR_MASK))
        return -EINVAL;
    if ((unsigned long) buf & SBULLR_SECTOR_MASK)
        return -EINVAL;

    /* Einen I/O-Vektor allozieren */
    result = alloc_kiovec(1, &iobuf);
    if (result)
        return result;

    /* Den User-I/O-Buffer einblenden und die I/O durchfuehren. */
    result = map_user_kiobuf(rw, iobuf, (unsigned long) buf, count);
    if (result) {
        free_kiovec(1, &iobuf);
        return result;
    }
    spin_lock(&dev->lock);
    result = sbullr_rw_iovec(dev, iobuf, rw,
                             *offset >> SBULLR_SECTOR_SHIFT,
                             count >> SBULLR_SECTOR_SHIFT);
    spin_unlock(&dev->lock);

    /* Aufraeumen und zurueckkehren. */
    unmap_kiobuf(iobuf);
    free_kiovec(1, &iobuf);
    if (result > 0)
        *offset += result << SBULLR_SECTOR_SHIFT;
    return result << SBULLR_SECTOR_SHIFT;
}
```

Nach einigen Sicherheitsüberprüfungen erzeugt der Code mit *alloc_kiovec* einen kiovec (der einen einzelnen kiobuf enthält). Dann wird dieser kiovec verwendet, um den User-Buffer durch Aufruf von *map_user_kiobuf* einzublenden:

```
int map_user_kiobuf(int rw, struct kiobuf *iobuf, unsigned long address, size_t len);
```

Das Ergebnis dieses Aufrufs ist, wenn alles gut geht, daß der Puffer an der angegebenen (User-virtuellen) Adresse `address` mit der Länge `len` in den angegebenen `iobuf` eingeblendet worden ist. Diese Operation kann schlafen, weil es möglich ist, daß der User-Buffer erst in den Speicher geholt werden muß.

Ein auf diese Weise eingeblendeter kiobuf muß irgendwann natürlich auch wieder ausgeblendet werden, damit die Referenzzähler der Seiten korrekt bleiben. Dies geschieht, wie im Code zu sehen ist, durch Übergeben des kiobuf an *unmap_kiobuf*.

Bisher haben wir gesehen, wie man einen kiobuf für I/O vorbereitet, aber nicht, wie man die I/O dann am Ende durchführt. Im letzten Schritt gehen wir alle Seiten im kiobuf durch und führen die gewünschten Datenübertragungen aus; in *sbullr* macht das die Funktion *sbullr_rw_iovec*. Im wesentlichen geht diese Funktion alle Seiten nacheinander durch, zerlegt jede Seite in sektorengroße Stückchen und übergibt diese mittels einer unechten `request`-Struktur an *sbull_transfer*:

```
static int sbullr_rw_iovec(Sbull_Dev *dev, struct kiobuf *iobuf, int rw,
                           int sector, int nsectors)
{
    struct request fakereq;
    struct page *page;
    int offset = iobuf->offset, ndone = 0, pageno, result;

    /* I/O auf jedem Sektor durchfuehren */
    fakereq.sector = sector;
    fakereq.current_nr_sectors = 1;
    fakereq.cmd = rw;

    for (pageno = 0; pageno < iobuf->nr_pages; pageno++) {
        page = iobuf->maplist[pageno];
        while (ndone < nsectors) {
            /* Eine unechte request-Struktur für die Operation zusammenbasteln */
            fakereq.buffer = (void *) (kmap(page) + offset);
            result = sbull_transfer(dev, &fakereq);
            kunmap(page);
            if (result == 0)
                return ndone;
            /* Und zum naechsten */
            ndone++;
            fakereq.sector++;
            offset += SBULLR_SECTOR;
            if (offset >= PAGE_SIZE) {
                offset = 0;
                break;
            }
        }
```

```
        }
        return ndone;
    }
```

Das Feld `nr_pages` der Struktur `kiobuf` teilt uns hier mit, wie viele Seiten übertragen werden müssen. Über das Array `maplist` kommen wir dann an die einzelnen Seiten heran und müssen diese nur noch durchlaufen. Beachten Sie aber, daß *kmap* verwendet wird, um eine Kernel-virtuelle Adresse für jede Seite zu bekommen;. Auf diese Weise funktioniert die Funktion auch dann noch, wenn sich der User-Buffer im hohen Speicher befindet.

Einige schnelle Tests mit dem Kopieren von Daten zeigen, daß eine Kopie von oder aus dem *sbullr*-Gerät etwa zwei Drittel der Systemzeit wie die entsprechende Operation auf dem *sbull*-Gerät benötigt. Diese Einsparung erzielt man durch das Vermeiden der zusätzlichen Kopie durch den Puffer Cache. Wenn die gleichen Daten mehrfach gelesen werden, verschwindet die Ersparnis – insbesondere bei echter Hardware. Roher Gerätezugriff ist oft nicht der beste Ansatz, kann aber für manche Applikationen eine deutliche Verbesserung bedeuten.

Obwohl kiobufs in der Kernel-Entwickler-Gemeinde ein kontroverses Thema bleiben, besteht ein Interesse daran, sie in einem größeren Kontext zu nutzen. Beispielsweise gibt es einen Patch, der Unix-Pipes mit kiobufs implementiert – Daten werden direkt vom Adreßraum eines Prozesses in den Adreßraum eines anderen Prozesses kopiert, ohne daß im Kernel etwas gepuffert wird. Außerdem gibt es einen Patch, mit dem man einen kiobuf leicht dazu verwenden kann, virtuellen Kernel-Speicher in den Adreßraum eines Prozesses einzublenden, was die oben gezeigte *nopage*-Implementation unnötig machen würde.

Direct Memory Access und Bus Mastering

Direct Memory Access oder DMA ist ein fortgeschrittenes Thema, mit dem wir unseren Rundgang durch Speicherfragen beenden. Es handelt sich dabei um den Hardware-Mechanismus, mit dem Peripherie-Geräte ihre I/O-Daten direkt in den oder aus dem Hauptspeicher transportieren können, ohne daß der Systemprozessor an der Übertragung beteiligt sein muß. Die Verwendung dieses Mechanismus kann den Durchsatz vom und zum Gerät deutlich verbessern, weil ein großer Teil des Verarbeitungsaufwandes eliminiert wird.

Um die DMA-Fähigkeiten seiner Hardware ausnutzen zu können, muß der Gerätetreiber in der Lage sein, die DMA-Übertragung korrekt einzurichten und mit der Hardware zu synchronisieren. Wegen seiner Hardware-nahen Natur ist DMA aber leider sehr systemabhängig. Jede Architektur hat ihre eigenen Techniken, um DMA-Übertragungen zu verwalten, und die Programmierschnittstellen sind jedesmal anders. Der Kernel kann keine einheitliche Schnittstelle anbieten, weil ein Treiber nicht genug von der zugrundeliegenden Hardware abstrahieren kann. Einige Schritte in dieser Richtung sind aber in den neuesten Kerneln schon unternommen worden.

Dieses Kapitel konzentriert sich hauptsächlich auf den PCI-Bus, weil er der verbreitetste Peripherie-Bus ist. Viele der Konzepte lassen sich jedoch auch auf andere Bus-Systeme übertragen. Wir werden außerdem kurz behandeln, wie andere Bus-Systeme wie ISA und SBus mit DMA umgehen.

Überblick über eine DMA-Datenübertragung

Bevor wir die Details der Programmierung erklären, schauen wir uns zunächst einmal an, wie eine DMA-Übertragung stattfindet. Dabei beschränken wir uns der Einfachheit halber auf Eingaben.

Datenübertragungen können auf zwei Arten ausgelöst werden: Entweder fragt die Software nach Daten (über eine Funktion wie *read*), oder die Hardware schiebt die Daten asynchron ins System.

Im ersten Fall können die Schritte folgendermaßen zusammengefaßt werden:

- Wenn ein Prozeß *read* aufruft, alloziert der Treiber einen DMA-Puffer und fordert die Hardware auf, ihre Daten zu übertragen. Dann wird der Prozeß schlafen gelegt.
- Die Hardware schreibt die Daten in den DMA-Puffer und löst anschließend einen Interrupt aus.
- Der Interrupt-Handler holt die Daten, bestätigt den Interrupt und weckt den Prozeß auf, der jetzt die Daten lesen kann.

Der zweite Fall tritt ein, wenn DMA asynchron verwendet wird. Das passiert beispielsweise bei Datenerfassungsgeräten, die selbst dann Daten erzeugen, wenn niemand diese liest. In diesem Fall sollte der Treiber einen Puffer verwalten, so daß ein späteres *read* alle angesammelten Daten in den User-Space überträgt. Dabei sind die folgenden Schritte notwendig:

- Die Hardware löst einen Interrupt aus, um das Eintreffen neuer Daten mitzuteilen.
- Der Interrupt-Handler alloziert einen Puffer und teilt der Hardware mit, wohin sie die Daten transportieren soll.
- Das Peripherie-Gerät schreibt die Daten in den Puffer und löst anschließend einen weiteren Interrupt aus.
- Der Handler leitet die neuen Daten weiter, weckt alle in Frage kommenden Prozesse und übernimmt das Aufräumen.

Bei Netzwerkkarten sieht man oft eine Variante des asynchronen Ansatzes. Diese Karten erwarten oft einen Ring-Puffer (den sogenannten *DMA-Ring-Puffer*), der in Speicher untergebracht wird, der zusammen mit dem Prozessor benutzt wird; jedes eingehende Paket wird in den nächsten freien Puffer im Ring gestellt und dann wird ein Interrupt gemeldet. Der Treiber übergibt die Netzwerkpakete dann an den Rest des Kernels und stellt einen neuen DMA-Puffer in den Ring.

Anhand der für beide Fälle erforderlichen Arbeitsschritte sehen Sie schon, daß eine effiziente DMA-Behandlung Interrupts benötigt. Es wäre zwar möglich, DMA mit einem ständig nach Daten fragenden Treiber zu implementieren, würde aber keinen Sinn ergeben, weil ein solcher Treiber die Performance-Gewinne von DMA gegenüber herkömmlicher und einfacherer prozessorgesteuerter I/O wieder verschenken würde.

Ein weiteres wichtiges Element, das hier eingeführt wurde, ist der DMA-Puffer. Um von DMA Gebrauch machen zu können, muß der Treiber einen speziellen Puffer allozieren können, der für DMA geeignet ist. Die meisten Treiber allozieren ihren Puffer übrigens bei der Initialisierung und verwenden ihn bis zum Entladen des Treibers – in der obigen Beschreibung bedeutet *allozieren* also »auf einen schon allozierten Puffer zugreifen«.

Allozieren der DMA-Puffer

Dieser Abschnitt behandelt die Allokation von DMA-Puffern auf einer niedrigen Ebene; wir führen die Schnittstelle auf höherer Ebene in Kürze ein, aber Sie sollten das hier Beschriebene trotzdem wissen.

Es ist das Hauptproblem des DMA-Puffers, daß dieser zusammenhängende Seiten im Speicher belegen muß, wenn er mehr als eine Seite braucht. Die Speicherseiten müssen deswegen nebeneinander liegen, weil das Gerät die Daten über den ISA- oder den PCI-Bus transportiert, die mit der physikalischen Adresse arbeiten. Diese Einschränkung gilt übrigens interessanterweise nicht für den Bus (siehe »SBus« in Kapitel 15), der virtuelle Adressen benutzt. Manche Architekturen *können* auch virtuelle Adressen auf dem PCI-Bus verwenden, aber ein portabler Treiber kann sich darauf nicht verlassen.

DMA-Puffer können entweder beim Hochfahren des Systems oder zur Laufzeit alloziert werden, Module können das nur zur Laufzeit tun. In Kapitel 7 wurden diese Techniken eingeführt: »Allozierung während des Bootens« beschrieb die Allokation zur Boot-Zeit, während »Die ganze Wahrheit über kmalloc« und »get_free_page und Freunde« die Allokation zur Laufzeit erläuterten. Autoren von Gerätetreibern müssen aufpassen, daß sie die richtige Art von Speicher allozieren, wenn der Speicher für DMA-Operationen verwendet werden soll, denn nicht alle Zonen sind geeignet. Insbesondere funktioniert hoher Speicher auf den meisten Systemen nicht für DMA – die Peripherie-Geräte können einfach nicht mit so hohen Adressen umgehen.

Die meisten Geräte auf modernen Bus-Systemen können mit 32-Bit-Adressen umgehen, weswegen normale Speicher-Allokationen dafür problemlos funktionieren. Manche PCI-Geräte implementieren den PCI-Standard aber nicht korrekt oder nicht vollständig und können nicht mit 32-Bit-Adressen arbeiten. Und ISA-Geräte sind natürlich ohnehin auf 16-Bit-Adressen beschränkt.

Für Geräte mit solchen Einschränkungen sollte der Speicher aus der DMA-Zone alloziert werden, indem das Flag `GFP_DMA` an *kmalloc* oder *get_free_pages* übergeben wird. Wenn dieses Flag angegeben wird, wird nur Speicher alloziert, der mit 16 Bit adressiert werden kann.

Selbstgemachte Allokation

Sie haben schon gelernt, daß *get_free_pages* (und damit auch *kmalloc*) nicht mehr als 128 KByte (oder allgemeiner gesprochen 32 Seiten) zusammenhängenden Speichers zurückgeben können. Die Speicheranforderung kann aber auch fehlschlagen, wenn weniger als 128 KByte alloziert werden, weil der Systemspeicher mit der Zeit fragmentiert wird.[3]

Wenn der Kernel nicht die gewünschte Speichermenge zurückgeben kann oder Sie mehr als 128 KByte benötigen (was beispielsweise häufig bei PCI-Framegrabbern der Fall ist), dann kann man auch den Speicher zur Boot-Zeit allozieren oder das obere Ende des physikalischen RAMs für den eigenen Puffer reservieren, anstelle `-ENOMEM` zurückzugeben. Wir haben die Allokation zur Boot-Zeit in »Schmutzige Tricks« in beschrieben, aber Modulen steht diese Technik nicht zur Verfügung. Das Reservieren des oberen RAMs geschieht durch Übergabe des `mem=`-Arguments an den Kernel. Wenn Sie zum Beispiel 32 MByte haben, können Sie den Kernel mit dem Argument `mem=31MB` davon abhalten, das obere MByte zu benutzen. Ihr Modul könnte dann später den folgenden Code verwenden, um auf diesen Speicher zuzugreifen:

```
dmabuf = ioremap( 0x1F00000 /* 31MB */, 0x100000 /* 1MB */);
```

Es gibt auch noch eine andere Möglichkeit, DMA-Speicher zu allozieren: Sie können aggressive Allokationen durchführen, bis Sie genügend zusammenhängende Seiten bekommen haben, um einen Puffer zu bilden. Wir raten von dieser Allokationstechnik aber dringend ab, wenn es noch irgendeine andere Möglichkeit gibt, Ihr Ziel zu erreichen. Die aggressive Allokation führt zu einer hohen Systemlast und möglicherweise zu einem Einfrieren des Systems, wenn der Grad der Aggressivität nicht richtig angepaßt ist. Andererseits gibt es manchmal aber keine andere Möglichkeit.

In der Praxis ruft der Code `kmalloc(GFP_ATOMIC)` auf, bis der Aufruf fehlschlägt. Dann wartet der Code, bis der Kernel einige Seiten freigegeben hat, und alloziert alles noch einmal.

Wenn Sie den Pool allozierter Seiten im Auge behalten, werden Sie feststellen, daß früher oder später Ihr DMA-Puffer mit zusammenhängenden Seiten erschienen ist. Dann können Sie alle Seiten außer dem ausgewählten Puffer wieder freigeben. Dieses Verhalten ist aber etwas riskant, weil es zu einem Deadlock führen kann. Wir empfehlen Ihnen, einen Kernel-Timer zu verwenden, um alle Seiten freizugeben, falls die Allokation vor dem Ablauf eines bestimmten Timeouts nicht erfolgreich war.

Wir zeigen den Code hier nicht; Sie finden ihn aber in *misc-modules/allocator.c*. Der Code ist gründlich kommentiert und dafür gedacht, von anderen Modulen aufgerufen zu werden. Im Gegensatz zu allem anderen Code dieses Buches steht der Allocator unter

3 Der Ausdruck *Fragmentierung* wird normalerweise im Zusammenhang mit Festplatten verwendet und meint dort, daß Dateien nicht in aufeinanderfolgenden Blocks auf dem magnetischen Medium abgelegt werden. Das gleiche Konzept gibt es aber auch im Speicher, wo jeder virtuelle Adreßraum über das gesamte physikalische RAM verteilt werden kann und es schwierig wird, aufeinanderfolgende physikalische Seiten zu bekommen, wenn ein DMA-Puffer angefordert wird.

der GPL. Dazu haben wir uns entschlossen, weil der Code weder besonders schön noch besonders schlau ist, und wenn jemand den Allocator verwenden will, dann sollte der Quelle-Code auf jeden Fall mit dabei sein.

Bus-Adressen

Wenn man mit DMA arbeitet, muß der Gerätetreiber sich mit der an den Bus angeschlossenen Hardware unterhalten, die physikalische Adressen benutzt. Der Programmcode aber verwendet virtuelle Adressen.

Tatsächlich ist die Situation noch ein bißchen komplizierter. DMA-basierte Hardware verwendet keine *physikalischen*, sondern *Bus*-Adressen. Auf dem PC sind zwar ISA- und PCI-Adressen mit den physikalischen Adressen identisch, aber das gilt nicht für jede Plattform. Manchmal ist der Bus über einen Brückenschaltkreis angebunden, der die I/O-Adressen auf verschiedene physikalische Adressen abbildet. Manche Systeme haben sogar ein Seiteneinblendungssystem, bei dem beliebige Seiten auf dem Peripherie-Bus als zusammenhängend erscheinen können.

Auf der niedrigsten Ebene (wir werden uns eine Lösung höherer Ebene in Kürze anschauen), stellt der Linux-Kernel eine portable Lösung durch Exportieren der folgenden in `<asm/io.h>` definierten Funktionen bereit:

```
unsigned long virt_to_bus(volatile void * address);
void * bus_to_virt(unsigned long address);
```

Die *virt_to_bus*-Konvertierung muß verwendet werden, wenn der Treiber eine Adreßinformation an ein I/O-Gerät (wie eine Erweiterungskarte oder den DMA-Controller) schickt, während *bus_to_virt* benutzt werden muß, wenn Adreßinformationen von an den Bus angeschlossener Hardware ausgelesen wird.

DMA auf dem PCI-Bus

Der 2.4-Kernel enthält einen flexiblen Mechanismus, der PCI-DMA (das auch als *Bus Mastering* bezeichnet wird) unterstützt. Dieser kümmert sich um die Details der Puffer-Allokation und kann Bus-Hardware auch für Übertragungen mehrerer Seiten auf einmal einrichten, wenn die Hardware das unterstützt. Dieser Code kümmert sich auch um Situationen, in denen sich ein Puffer in einer nicht-DMA-fähigen Zone des Speichers befindet – wenn auch nur auf manchen Plattformen und mit dem Nachteil zusätzlichen Berechnungsaufwandes (wie wir noch sehen werden).

Die Funktionen in diesem Abschnitt benötigen eine `struct pci_dev`-Struktur für Ihr Gerät. Die Details zur Einrichtung eines PCI-Geräts werden in Kapitel 15 behandelt. Die hier beschriebenen Routinen können aber auch für ISA-Geräte verwendet werden; in diesem Fall sollte der `struct pci_dev`-Zeiger einfach als `NULL` übergeben werden.

Treiber, die die folgenden Funktionen verwenden, sollten `<linux/pci.h>` einbinden.

Mit schwieriger Hardware umgehen

Die erste Frage, die man vor einer DMA-Übertragung beantworten muß, ist die, ob das jeweilige Gerät eine solche Operation auf dem aktuellen Rechner auch unterstützt. Viele PCI-Geräte implementieren den vollständigen 32-Bit-Bus-Adreßraum nicht, oft, weil sie nur modifizierte Versionen alter ISA-Hardware sind. Der Linux-Kernel versucht zwar, mit solchen Geräten zu arbeiten, aber immer ist das nicht möglich.

Die Funktion *pci_dma_supported* sollte bei allen Geräten mit Adreß-Einschränkungen aufgerufen werden:

```
int pci_dma_supported(struct pci_dev *pdev, dma_addr_t mask);
```

`mask` ist hier eine einfache Bitmaske, die beschreibt, welche Adreß-Bits das Gerät benutzen kann. Wenn der Rückgabewert von 0 verschieden ist, dann ist DMA möglich, und Ihr Treiber sollte das `dma_mask`-Feld in der PCI-Gerätestruktur auf den Maskenwert setzen. Bei einem Gerät, das nur mit 16-Bit-Adressen umgehen kann, könnten Sie etwa folgenden Code verwenden:

```
if (pci_dma_supported (pdev, 0xffff))
    pdev->dma_mask = 0xffff;
else {
    card->use_dma = 0;   /* Wir muessen ohne DMA leben */
    printk (KERN_WARN, "mydev: DMA not supported\n");
}
```

Ab Kernel 2.4.3 gibt es eine neue Funktion namens *pci_set_dma_mask*. Diese Funktion hat folgenden Prototyp:

```
int pci_set_dma_mask(struct pci_dev *pdev, dma_addr_t mask);
```

Wenn DMA mit der angegebenen Maske unterstützt werden kann, gibt diese Funktion 0 zurück und setzt das Feld `dma_mask`, ansonsten wird `-EIO` zurückgegeben.

Bei Geräten, die mit 32-Bit-Adressen umgehen können, ist es nicht sinnvoll, *pci_dma_supported* aufzurufen.

DMA-Einblendungen

Eine *DMA-Einblendung* ist eine Kombination aus der Allokation eines DMA-Puffers und dem Erzeugen einer Adresse für diesen Puffer, auf den das Gerät zugreifen kann. In vielen Fällen bekommt man diese Adresse einfach mit *virt_to_bus*, manche Hardware benötigt aber das Einrichten von *Einblendungsregistern* in der Bus-Hardware. Diese Register sind das Peripherie-Äquivalent zu virtuellem Speicher. Auf Systemen, auf denen diese Register verwendet werden, haben die Peripherie-Geräte einen relativ kleinen, reservierten Adreßbereich, in dem sie DMA durchführen können. Diese Adressen werden über die Einblendungsregister auf das System-RAM abgebildet. Einblendungsregister haben einige nette Merkmale; darunter können sie mehrere nicht zusammenhängende Seiten im Adreßraum des Geräts als zusammenhängend erscheinen lassen. Nicht alle Architekturen haben aber Einblendungsregister, insbesondere die beliebte PC-Plattform nicht.

Das Einrichten einer nützlichen Adresse für das Gerät erforert in manchen Fällen auch die Einrichtung eines *Bounce-Buffers*. Bounce-Buffer werden erzeugt, wenn ein Treiber versucht, DMA mit einer Adresse durchzuführen, die für das Peripherie-Gerät nicht erreichbar ist – etwa mit einer Adresse im hohen Speicher. Dann werden Daten nach Bedarf in und aus dem Bounce-Buffer kopiert. Damit der Code korrekt mit Bounce-Buffern zusammenarbeitet, muß man einigen Regeln folgen, wie wir noch sehen werden.

Die DMA-Einblendung führt einen neuen Typ namens `dma_addr_t` ein, um Bus-Adressen zu repräsentieren. Variablen des Typs `dma_addr_t` sollten vom Treiber als opak betrachtet werden; die einzigen zulässigen Operationen sind die Übergabe an die DMA-Hilfsroutinen und das Gerät selbst.

Der PCI-Code unterscheidet zwischen zwei Typen von DMA-Abbildungen, je nachdem, wie lange der DMA-Puffer vorgehalten werden soll:

Konsistente DMA-Einblendungen
: Diese Einblendungen existieren während der Lebenszeit des Treibers. Ein konsistent eingeblendeter Treiber muß gleichzeitig sowohl der CPU als auch dem Peripherie-Gerät zur Verfügung stehen (andere Arten von Abbildungen, die wir später anschauen werden, können nur jeweils einem von beiden zur Verfügung stehen). Der Puffer sollte auch, wenn möglich, keine Caching-Probleme haben, die dazu führen könnten, daß Aktualisierungen der einen Partie von der jeweils anderen nicht gesehen werden können.

Streaming-DMA-Einblendungen
: Diese Einblendungen werden für eine einzelne Operation eingerichtet. Manche Architekturen ermöglichen in diesem Fall nennenswerte Optimierungen, wie wir noch sehen werden, aber diese Einblendungen unterliegen auch strengeren Zugriffsregeln. Die Kernel-Entwickler empfehlen, die Verwendung von Streaming-Einblendungen gegenüber konsistenten Einblendungen zu bevorzugen, wo immer das möglich ist. Dafür gibt es zwei Gründe: Zunächst verwendet jede DMA-Einblendung auf Systemen, die Einblendungsregister unterstützen, eines oder mehrere dieser Register. Konsistente Einblendungen mit ihrer langen Lebensdauer können diese Register lange Zeit belegen, selbst wenn sie diese gerade nicht brauchen. Der zweite Grund besteht darin, daß Streaming-Einblendungen auf mancher Hardware auf eine Weise optimiert werden können, wie das mit konsistenten Einblendungen nicht möglich ist.

Die beiden Einblendungstypen müssen unterschiedlich manipuliert werden; schauen wir uns jetzt die Details an.

Konsistente DMA-Einblendungen einrichten

Ein Treiber kann eine konsistente Einblendung durch Aufrufen von *pci_alloc_consistent* einrichten:

```
void *pci_alloc_consistent(struct pci_dev *pdev, size_t size, dma_addr_t *bus_addr);
```

Diese Funktion erledigt sowohl die Allokation als auch die Einblendung des Puffers. Die ersten beiden Argumente sind unsere PCI-Gerätestruktur und die Größe des benötigten Puffers. Die Funktion gibt das Ergebnis der DMA-Einblendung an zwei Stellen zurück. Der Rückgabewert ist eine virtuelle Kernel-Adresse des Puffers, die vom Treiber verwendet werden kann. Die zugehörige Bus-Adresse wird dagegen in `bus_addr` zurückgegeben. Die Allokation wird in dieser Funktion erledigt, damit der Puffer an einer Stelle eingerichtet wird, die mit DMA funktioniert; normalerweise wird der Speicher einfach mit *get_free_pages* alloziert (beachten Sie aber, daß die Größe in Bytes und nicht in einer Größenordnung (Zweierpotenz) angegeben wird).

Die meisten Architekturen, die PCI unterstützen, führen die Allokation mit der Priorität `GFP_ATOMIC` durch und schlafen daher nicht. Die ARM-Portierung ist die Ausnahme von dieser Regel.

Wenn der Puffer nicht mehr benötigt wird (was normalerweise beim Entladen des Moduls der Fall ist), sollte er mit *pci_free_consistent* an das System zurückgegeben werden:

```
void pci_free_consistent(struct pci_dev *pdev, size_t size,
                         void *cpu_addr, dma_handle_t bus_addr);
```

Beachten Sie, daß diese Funktion sowohl die CPU-Adresse als auch die Bus-Adresse benötigt.

Streaming-DMA-Einblendungen einrichten

Streaming-Einblendungen haben eine kompliziertere Schnittstelle als ihr konsistenes Gegenstück. Dafür gibt es eine Reihe von Gründen. Diese Einblendungen erwarten, es mit einem Puffer zu tun zu haben, der bereits von einem Treiber alloziert worden ist, und haben es daher mit Adressen zu tun, die sie nicht selbst gewählt haben. Auf manchen Architekturen können Streaming-Abbildungen auch mehrere, nicht zusammenhängende Seiten und mehrteilige »Scatter-Gather-Buffer« haben.

Wenn Sie eine Streaming-Einblendung einrichten, müssen Sie dem Kernel mitteilen, in welcher Richtung sich die Daten bewegen sollen. Dafür sind einige Symbole definiert worden:

`PCI_DMA_TODEVICE`
`PCI_DMA_FROMDEVICE`
: Diese beiden Symbole sollten einigermaßen selbsterklärend sein. Wenn Daten an das Gerät geschickt werden (vielleicht als Antwort auf einen *write*-Systemaufruf),

dann sollte PCI_DMA_TODEVICE verwendet werden; bei Daten zur CPU verwenden Sie statt dessen PCI_DMA_FROMDEVICE.

PCI_DMA_BIDIRECTIONAL
: Wenn sich die Daten in beide Richtungen bewegen können, dann verwenden Sie PCI_DMA_BIDIRECTIONAL.

PCI_DMA_NONE
: Dieses Symbol steht nur als Debugging-Hilfe zur Verfügung. Wenn man versucht, Puffer mit dieser »Richtung« anzulegen, bekommt man eine Kernel-Panik.

Aus einer Reihe von Gründen, die wir gleich kurz ansprechen werden, ist es wichtig, den richtigen Wert für die Richtung einer Streaming-DMA-Einblendung zu wählen. Es kann verlockend sein, immer einfach PCI_DMA_BIDIRECTIONAL zu wählen, aber auf manchen Plattformen wird diese Wahl mit einem Performance-Verlust bestraft.

Wenn Sie nur einen einzigen Puffer übertragen wollen, dann blenden Sie diesen mit *pci_map_single* ein:

```
dma_addr_t pci_map_single(struct pci_dev *pdev, void *buffer,
                          size_t size, int direction);
```

Der Rückgabewert ist die Bus-Adresse, die Sie an das Gerät übergeben können, oder NULL, wenn etwas schiefgegangen ist.

Wenn die Übertragung abgeschlossen ist, sollte die Einblendung mit *pci_unmap_single* wieder gelöscht werden:

```
void pci_unmap_single(struct pci_dev *pdev, dma_addr_t bus_addr,
                      size_t size, int direction);
```

Die Argumente size und direction müssen identisch mit den zuvor bei *pci_map_single* verwendeten sein.

Bei der Verwendung von Streaming-DMA-Einblendungen gelten die folgenden wichtigen Regeln:

- Der Puffer darf nur für Übertragungen verwendet werden, die mit der bei der Einblendung angegebenen Richtung übereinstimmen.
- Wenn ein Puffer eingeblendet worden ist, gehört er dem Gerät, nicht dem Prozessor. Bis der Puffer wieder ausgeblendet worden ist, sollte der Treiber den Inhalt in keiner Weise anfassen. Erst nach dem Aufruf von *pci_unmap_single* kann der Treiber gefahrlos auf den Inhalt des Puffers zugreifen (mit einer Ausnahme, die wir gleich sehen werden). Diese Regel impliziert unter anderem, daß ein Puffer, der auf das Gerät geschrieben wird, nicht eingeblendet werden kann, bevor nicht alle zu schreibenden Daten vorliegen.
- Der Puffer darf nicht ausgeblendet werden, solange die DMA-Übertragung noch in Gang ist, ansonsten ist eine ernsthafte Systeminstabilität geradezu garantiert.

Sie fragen sich vielleicht, warum der Treiber nicht mehr mit dem Puffer arbeiten darf, nachdem dieser eingeblendet worden ist. Dafür gibt es sogar zwei Gründe: Zunächst einmal muß der Kernel sicherstellen, daß alle Daten in diesem Puffer wirklich in den Speicher geschrieben worden sind, wenn ein Puffer für DMA eingeblendet wird. Es ist wahrscheinlich, daß noch Daten im Cache des Prozessors stehen und explizit herausgeschrieben werden müssen. Daten, die vom Prozessor nach dem Herausschreiben in den Puffer geschrieben werden, sind für das Gerät möglicherweise nicht sichtbar.

Zweitens sollten Sie sich überlegen, was passiert, wenn sich der einzublendende Puffer in einem Speicherbereich befindet, der für das Gerät nicht erreichbar ist. Manche Architekturen geben in diesem Fall einfach auf, andere erzeugen aber einen Bounce-Buffer. Der Bounce-Buffer ist einfach ein separater Speicherbereich, der für das Gerät garantiert erreichbar ist. Wenn ein Puffer mit der Richtung `PCI_DMA_TODEVICE` eingeblendet wird und ein Bounce-Buffer notwendig ist, dann wird der Inhalt des ursprünglichen Puffers als Teil der Einblendung kopiert. Natürlich sind Änderungen am ursprünglichen Puffer nach dem Kopieren nicht für das Gerät sichtbar. Entsprechend werden `PCI_DMA_FROMDEVICE`-Bounce-Buffer von *pci_unmap_single* in den ursprünglichen Puffer zurückkopiert; die Daten vom Gerät stehen nicht zur Verfügung, bevor diese Operation nicht abgeschlossen ist.

Bounce-Buffer sind einer der Gründe, warum es wichtig ist, die richtige Richtung zu wählen. `PCI_DMA_BIDIRECTIONAL`-Bounce-Buffer werden vor und nach der Operation kopiert, was oft eine Verschwendung von CPU-Taktzyklen ist.

Manchmal braucht ein Treiber Zugriff auf den Inhalt eines Streaming-DMA-Puffers, ohne diesen ausblenden zu wollen. Dafür steht eine Funktion bereit:

```
void pci_sync_single(struct pci_dev *pdev, dma_handle_t bus_addr,
                     size_t size, int direction);
```

Diese Funktion sollte aufgerufen werden, *bevor* der Prozessor auf einen `PCI_DMA_FROMDEVICE`-Buffer zugreift sowie *nach* einem Zugriff auf einen `PCI_DMA_TODEVICE`-Buffer.

Scatter-Gather-Einblendungen

Scatter-Gather-Einblendungen sind ein Sonderfall vom Streaming-DMA-Einblendungen. Angenommen, Sie haben mehrere Puffer, die alle zum oder vom Gerät transportiert werden müssen. Dies kann aus verschiedenen Gründen der Fall sein, etwa als Folge eines *readv*- oder *writev*-Systemaufrufs, einer Cluster-I/O-Anfrage oder einer Liste von Seiten in einem eingeblendeten Kernel-I/O-Puffer. Sie könnten natürlich einen Puffer nach dem anderen einblenden und die gewünschte Operation ausführen, aber es hat seine Vorteile, die gesamte Liste auf einmal einzublenden.

Manche schlauen Geräte können eine *Scatter-Liste* von Array-Zeigern und -Längen entgegennehmen und alle in einer einzigen DMA-Operation übertragen; »kopierlose« Netzwerkfunktionen sind beispielsweise einfacher, wenn Pakete aus mehreren Stücken zusammengebaut werden können. Linux wird von solchen Geräten in der Zukunft wahrscheinlich viel besser Gebrauch machen. Ein weiterer Grund dafür, Scatter-Listen als Ganzes einzublenden, besteht darin, daß man Systeme besser ausnutzen kann, die Einblendungsregister in der Bus-Hardware haben. Auf solchen Systemen können physikalisch nicht zusammenhängende Seiten aus Sicht des Geräts zu einem einzigen zusammenhängenden Array zusammengebaut werden. Diese Technik funktioniert nur dann, wenn die Länge der Einträge in der Scatter-Liste gleich der Seitengröße ist (mit Ausnahme der ersten und letzten Seite), aber wenn das der Fall ist, dann können mehrere Operationen zu einer einzigen DMA-Operation zusammengefaßt und die Übertragung so deutlich beschleunigt werden.

Wenn schließlich ein Bounce-Buffer verwendet werden muß, dann macht es Sinn, die ganze Liste in einen einzigen Puffer zu zwingen (weil sie ohnehin kopiert wird).

Sie sind jetzt sicherlich überzeugt, daß das Einblenden von Scatter-Listen in manchen Situationen die Mühe lohnt. Der erste Schritt dazu besteht darin, ein Array von `struct scatterlist`-Strukturen zu erzeugen und aufzufüllen. Dieses Array beschreibt die zu übertragenden Puffer. Diese Struktur ist architekturabhängig und wird in `<linux/scatterlist.h>` beschrieben. Sie enthält aber immer die beiden folgenden Felder:

`char *address;`
: Die Adresse eines Puffers, der in der Scatter-Gather-Operation verwendet wird

`unsigned int length;`
: Die Länge dieses Puffers

Um eine Scatter-Gather-DMA-Operation einzublenden, sollte Ihr Treiber für jeden zu übertragenden Puffer die Felder `address` und `length` in einem `struct scatterlist`-Eintrag füllen und dann folgende Funktion aufrufen:

```
int pci_map_sg(struct pci_dev *pdev, struct scatterlist *list,
               int nents, int direction);
```

Der Rückgabewert ist die Anzahl der zu übertragenden DMA-Puffer. Dies kann weniger als `nents`, die Anzahl der übergebenen Scatter-List-Einträge sein.

Ihr Treiber sollte jeden von *pci_map_sg* zurückgegebenen Puffer übertragen. Die Bus-Adresse und die Länge werden in den `struct scatterlist`-Einträgen gespeichert, aber deren Lage in der Struktur unterscheidet sich von einer Architektur zur nächsten. Zwei Makros sind definiert worden, um portablen Code schreiben zu können:

`dma_addr_t sg_dma_address(struct scatterlist *sg);`
: Gibt die Bus-(DMA-)Adresse dieses Scatter-Listen-Eintrags zurück.

`unsigned int sg_dma_len(struct scatterlist *sg);`
: Gibt die Länge dieses Puffers zurück.

Denken Sie wieder daran, daß sich die Adressen und Längen der zu übertragenden Puffer von denen unterscheiden können, die an *pci_map_sg* übergeben wurde.

Wenn die Übertragung abgeschlossen ist, wird eine Scatter-Gather-Einblendung durch Aufruf von *pci_unmap_sg* ausgeblendet:

```
void pci_unmap_sg(struct pci_dev *pdev, struct scatterlist *list,
                  int nents, int direction);
```

Beachten Sie, daß `nents` die Anzahl der ursprünglich an *pci_map_sg* übergebenen Einträge und nicht die Anzahl der von dieser Funktion zurückgegebenen DMA-Puffer sein muß.

Scatter-Gather-Abbildungen sind Streaming-DMA-Abbildungen, und es gelten auch die gleichen Zugriffsregeln. Wenn Sie auf eine eingeblendete Scatter-Gather-Liste zugreifen müssen, müssen Sie diese zunächst synchronisieren:

```
void pci_dma_sync_sg(struct pci_dev *pdev, struct scatterlist *sg,
                     int nents, int direction);
```

So unterstützen die einzelnen Architekturen PCI-DMA

Wie wir bereits zu Beginn dieses Abschnitts erwähnt haben, ist DMA eine sehr Hardware-spezifische Operation. Die PCI-DMA-Schnittstelle, die wir gerade beschrieben haben, versucht, so viele Hardware-Abhängigkeiten wie möglich zu verstecken. Es scheint aber immer noch einiges hindurch.

M68K
S/390
Super-H
: Diese Architekturen unterstützen den PCI-Bus in Version 2.4.0 nicht.

IA-32 (x86)
MIPS
PowerPC
ARM
: Diese Plattformen unterstützen die PCI-DMA-Schnittstelle, aber dies ist hauptsächlich Fassade. Es gibt keine Einblendungsregister in der Bus-Schnittstelle, weswegen keine Scatter-Listen kombiniert und keine virtuellen Adressen verwendet werden können. Es gibt keine Unterstützung für Bounce-Buffer, weswegen keine Adressen im hohen Speicher eingeblendet werden können. Die Einblendungsfunktionen der ARM-Architektur können schlafen, die der anderen Plattformen nicht.

IA-64
: Auch die Itanium-Architektur hat keine Einblendungsregister. Diese 64-Bit-Architektur kann aber einfach Adressen erzeugen, auf die PCI-Peripherie-Geräte nicht zugreifen können. Daher implementiert die PCI-Schnittstelle auf dieser Plattform Bounce-Buffer und erlaubt damit, (scheinbar) jede Adresse für DMA-Operationen zu verwenden.

Alpha
MIPS64
SPARC
: Diese Architekturen unterstützen eine I/O-Speicherverwaltungseinheit. In der Kernel-Version 2.4.0 verwendet die MIPS64-Portierung diese Fähigkeit nicht, weswegen die PCI-DMA-Implementation hier wie auf IA-32 aussieht. Die Alpha- und SPARC-Portierungen können aber Puffer vollständig ein- und ausblenden und unterstützen Scatter-Gather-Einblendungen vollständig.

Die hier genannten Unterschiede sind für die meisten Treiber-Autoren kein Problem, solange die Schnittstellen-Richtlinien befolgt werden.

Ein einfaches PCI-DMA-Beispiel

Die eigentliche Form der DMA-Operationen auf dem PCI-Bus hängt stark vom jeweils angesteuerten Gerät ab. Daher geht es in diesem Beispiel nicht um ein tatsächlich existierendes Gerät. Es handelt sich vielmehr um einen Bestandteil eines hypothetischen Treibers namens *dad* (DMA Acquisition Device). Ein Treiber für dieses Gerät könnte folgende Übertragungsfunktion definieren:

```
int dad_transfer(struct dad_dev *dev, int write, void *buffer, size_t count)
{
    dma_addr_t bus_addr;
    unsigned long flags;

    /* Den Puffer für DMA einblenden */
    dev->dma_dir = (write ? PCI_DMA_TODEVICE : PCI_DMA_FROMDEVICE);
    dev->dma_size = count;
    bus_addr = pci_map_single(dev->pci_dev, buffer, count, dev->dma_dir);
    dev->dma_addr = bus_addr;

    /* Das Geraet einrichten */
    writeb(dev->registers.command, DAD_CMD_DISABLEDMA);
    writeb(dev->registers.command, write ? DAD_CMD_WR : DAD_CMD_RD);
    writel(dev->registers.addr, cpu_to_le32(bus_addr));
    writel(dev->registers.len, cpu_to_le32(count));

    /* Die Operation beginnen */
    writeb(dev->registers.command, DAD_CMD_ENABLEDMA);
    return 0;
}
```

Diese Funktion blendet den zu übertragenden Puffer ein und beginnt die Geräteoperation. Die andere Hälfte der Arbeit muß in der Interrupt-Routine erledigt werden, die etwa so aussehen würde:

```
void dad_interrupt(int irq, void *dev_id, struct pt_regs *regs)
{
    struct dad_dev *dev = (struct dad_dev *) dev_id;
```

```
    /* Sicherstellen, dass der Interrupt wirklich von unserem Geraet kommt */

    /* Den DMA-Puffer ausblenden */
    pci_unmap_single(dev->pci_dev, dev->dma_addr, dev->dma_size,
                     dev->dma_dir);

    /* Erst jetzt ist es sicher, auf den Puffer zuzugreifen, ihn in
       den User-Space zu kopieren usw. */
    ...
}
```

Natürlich haben wir hier viele Details weggelassen, darunter auch, wie Sie verhindern, daß mehrere simultane DMA-Operationen ausgelöst werden.

Kleiner SBus-Exkurs

SPARC-basierte Systeme enthalten traditionell einen von Sun entworfenen Bus namens SBus. Die Behandlung dieses Bus-Systems würde den Rahmen dieses Kapitels sprengen, aber es lohnt sich, ihn kurz zu erwähnen. Es gibt eine Reihe von in `<asm/sbus.h>` deklarierten Funktionen für DMA-Einblendungen auf dem SBus; diese haben Namen wie *sbus_alloc_consistent* und *sbus_map_sg*. Die SBus-DMA-API sieht also mit anderen Worten der PCI-Schnittstelle sehr ähnlich. Bevor Sie anfangen, mit DMA auf dem SBus zu arbeiten, müssen Sie sich die Funktionsdefinitionen genau anschauen, aber die Konzepte entsprechen den hier zum PCI-Bus genannten.

DMA bei ISA-Geräten

Der ISA-Bus kennt zwei Arten von DMA-Übertragungen: native DMA und ISA-Busmaster-DMA. Native DMA verwendet den Standard-DMA-Controller-Schaltkreis auf der Hauptplatine, um die Signalleitungen des ISA-Busses anzusteuern. ISA-Busmaster-DMA wird dagegen vollständig vom Peripherie-Gerät gesteuert. Diese Art von DMA wird selten verwendet und ist es nicht wert, hier besprochen zu werden, weil sie der DMA von PCI-Geräten sehr ähnlich ist, zumindest aus Sicht des Treibers. Ein Beispiel eines ISA-Busmasters ist der 1542-SCSI-Controller, dessen Treiber als *drivers/scsi/aha1542.c* in den Kernel-Quellen steht.

Bei nativer DMA sind drei Dinge an einer DMA-Übertragung auf dem ISA-Bus beteiligt:

Der 8237-DMA-Controller (DMAC)
: Der Controller verwaltet die Informationen über die DMA-Übertragung, also beispielsweise die Richtung, die Speicheradresse und die Größe der übertragenen Daten. Außerdem enthält er einen Zähler, in dem der Zustand der gerade laufenden Übertragung mitgeführt wird. Wenn der Controller ein DMA-Anforderungssignal bekommt, fordert er die Kontrolle über den Bus an und steuert die Signalleitungen, so daß das Gerät seine Daten lesen oder schreiben kann.

Das Peripheriegerät

Das Gerät muß das DMA-Anforderungssignal aktivieren, wenn es bereit ist, Daten zu übertragen. Die eigentliche Übertragung wird vom DMAC gesteuert; das Hardware-Gerät liest oder schreibt Daten sequentiell vom oder auf den Bus, wenn der Controller dem Gerät Bescheid gibt. Es wird üblicherweise einen Interrupt auslösen, wenn die Übertragung beendet ist.

Der Gerätetreiber

Der Treiber hat nur wenig zu tun: Er teilt dem DMA-Controller die Richtung, die Bus-Adresse und die Größe der zu übertragenden Daten mit. Außerdem kommuniziert er mit seinem Peripherie-Gerät, um es für die Übertragung der Daten vorzubereiten, und beantwortet den Interrupt, wenn die DMA-Übertragung beendet ist.

Der ursprünglich im PC verwendete DMA-Controller konnte vier »Kanäle« verwalten. Zu jedem Kanal gehört ein Satz DMA-Register, so daß vier Geräte ihre DMA-Information gleichzeitig im Controller ablegen können. Neuere PCs enthalten das Äquivalent zu zwei DMAC-Geräten:[4] Der zweite Controller (der Master) ist mit dem Systemprozessor verbunden, der erste (der Slave) mit dem Kanal 0 des zweiten Controllers.[5]

Die Kanäle sind von 0 bis 7 durchnumeriert; der Kanal 4 steht ISA-Geräten nicht zur Verfügung, weil er intern verwendet wird, um den Slave-Controller mit dem Master-Controller zu kaskadieren. Damit stehen die 8-Bit-Kanäle 0-3 (auf dem Slave) und die 16-Bit-Kanäle 5-7 auf dem Master zur Verfügung. Die Größe einer DMA-Übertragung wird im Controller als 16-Bit-Wert abgelegt und gibt die Anzahl der Bus-Zyklen an. Die maximale Transfergröße beträgt also 64 KByte beim Slave-Controller und 128 KByte beim Master.

Weil der DMA-Controller eine systemweite Ressource ist, übernimmt der Kernel die Verwaltung. Er verwendet eine DMA-Registratur, um einen Mechanismus zum Anfordern und Freigeben von DMA-Kanälen sowie eine Menge von Funktionen zur Konfiguration der Kanal-Informationen im DMA-Controller bereitstellen zu können.

DMA-Kanäle registrieren

Sie sollten Kernel-Registraturen inzwischen kennen – wir haben sie schon bei I/O-Ports und Interrupt-Leitungen gesehen. Die Registratur für DMA-Kanäle ist den anderen ähnlich. Nach dem Einbinden von `<asm/dma.h>` stehen die beiden folgenden Funktionen zur Verfügung, mit denen die Zuweisung eines DMA-Kanals angefordert und der Kanal später wieder freigegeben werden kann:

```
int request_dma(unsigned int channel, const char *name);
void free_dma(unsigned int channel);
```

---

4 Die Schaltkreise sind heute ein Teil des Chipsatzes auf der Hauptplatine, aber noch vor ein paar Jahren waren das zwei separate 8237-Chips.

5 Die ursprünglichen PCs hatten nur einen Controller, der zweite wurde in den Rechnern hinzugefügt, die mit einem 286er Prozessor arbeiten. Dieser zweite Controller ist aber als Master verdrahtet, weil er die 16-Bit-Übertragungen erledigt, während der erste nur 8 Bit auf einmal überträgt und vor allem für die Abwärtskompatibilität da ist.

Das Argument `channel` ist eine Zahl zwischen 0 und 7, oder genauer gesagt eine positive ganze Zahl, die kleiner als `MAX_DMA_CHANNELS` ist. Auf dem PC ist `MAX_DMA_CHANNELS` als 8 definiert, damit es zur Hardware paßt. Das Argument `name` ist ein String, der das Gerät identifiziert. Dieser Name erscheint in */proc/dma* und kann dort von Anwenderprogrammen ausgelesen werden.

Der Rückgabewert von *request_dma* ist 0 im Erfolgsfall und `-EINVAL` oder `-EBUSY`, wenn ein Fehler aufgetreten ist. Der erste Fehlercode bedeutet, daß der angeforderte Kanal außerhalb des zulässigen Bereichs ist, der zweite, daß bereits ein anderes Gerät den Kanal verwendet.

Wir empfehlen Ihnen, bei DMA-Kanälen die gleiche Vorsicht wie bei I/O-Ports und Interrupt-Leitungen walten zu lassen. Es ist sehr viel besser, den Kanal beim *open* anzufordern, als ihn schon in der Initialisierungsfunktion zu blockieren. Durch das Verzögern der Anforderung ist eine gewisse gemeinsame Nutzung der DMA-Kanäle möglich; so können sich Ihre Soundkarte und Ihre analoge I/O-Schnittstelle einen DMA-Kanal teilen, solange sie ihn nicht zur gleichen Zeit benutzen wollen.

Außerdem sollten Sie den DMA-Kanal anfordern, *nachdem* Sie die Interrupt-Leitung angefordert haben, und ihn wieder freigeben, *bevor* Sie die Interrupt-Leitung freigeben. Dies ist die gewöhnliche Reihenfolge für das Anfordern der beiden Ressourcen; wenn Sie dieser Konvention folgen, vermeiden Sie Deadlocks. Beachten Sie, daß jedes Gerät, das DMA verwendet, auch eine IRQ-Leitung benötigt, weil es sonst nicht den Abschluß der Datenübertragung melden könnte.

Typischerweise sieht der Code von *open* etwa wie der folgende aus, der sich auf ein hypothetisches Modul `dad` (DMA Acquisition Device) bezieht. Das gezeigte `dad`-Gerät verwendet einen schnellen Interrupt-Handler, der keine gemeinsam genutzten IRQ-Leitungen unterstützt.

```
int dad_open (struct inode *inode, struct file *filp)
{
    struct dad_device *my_device;

    /* ... */
    if ( (error = request_irq(my_device.irq, dad_interrupt,
                              SA_INTERRUPT, "dad", NULL)) )
        return error; /* oder blockierendes open implementieren */

    if ( (error = request_dma(my_device.dma, "dad")) ) {
        free_irq(my_device.irq, NULL);
        return error; /* oder blockierendes open implementieren */
    }
    /* ... */
    return 0;
}
```

Die dazu passende Implementation von *close* sieht folgendermaßen aus:

```
void dad_close (struct inode *inode, struct file *filp)
{
    struct dad_device *my_device;
```

```
        /* ... */
        free_dma(my_device.dma);
        free_irq(my_device.irq, NULL);
        /* ... */
    }
```

/proc/dma sieht in einem System mit einer installierten Soundkarte so aus:

```
merlino% cat /proc/dma
 1: Sound Blaster8
 4: cascade
```

Interessanterweise bekommt der Default-Soundtreiber den DMA-Kanal beim Hochfahren und gibt ihn nie wieder frei. Der Eintrag *cascade* ist ein Platzhalter und zeigt an, daß der Kanal 4 wie erläutert Treibern nicht zur Verfügung steht.

Mit dem DMA-Controller kommunizieren

Nach der Registrierung ist es die Hauptaufgabe des Treibers, den DMA-Controller entsprechend zu konfigurieren. Diese Aufgabe ist nicht trivial, aber glücklicherweise exportiert der Kernel alle Funktionen, die ein typischer Treiber benötigt.

Der Treiber muß den DMA-Controller konfigurieren, wenn entweder *read* oder *write* aufgerufen wird oder wenn asynchrone Übertragungen vorbereitet werden. Das geschieht entweder beim *open* oder als Antwort auf einen `ioctl`-Befehl, je nach Treiber und der von ihm implementierten Policy. Der hier gezeigte Code wird typischerweise von *read*- und *write*-Gerätemethoden verwendet.

Dieser Abschnitt enthält einen schnellen Überblick über die Interna des DMA-Controllers, damit Sie den hier eingeführten Code verstehen können. Wenn Sie mehr wissen wollen, sollten Sie `<asm/dma.h>` und Literatur über PC-Hardware lesen. Insbesondere gehen wir hier nicht auf den Unterschied zwischen 8-Bit- und 16-Bit-Übertragungen ein. Wenn Sie einen Gerätetreiber für ISA-Karten schreiben, werden Sie die relevante Information in den Hardware-Handbüchern des Gerätes finden.

Der DMA-Controller ist eine gemeinsam genutzte Ressource, weswegen es zu Verwirrung kommen könnte, wenn mehr als ein Prozessor gleichzeitig versuchen würde, diesen zu programmieren. Aus diesem Grund ist der Controller mit einem Spinlock namens `dma_spin_lock` geschützt. Treiber sollten diese Sperre aber nicht direkt manipulieren; dafür gibt es zwei Funktionen:

`unsigned long claim_dma_lock();`
: Holt die DMA-Sperre. Diese Funktion sperrt außerdem die Interrupts auf dem lokalen Prozessor, weswegen der Rückgabewert die üblichen »Flags« sind, die zum Wiederausschalten von Interrupts der Interrupts verwendet werden müssen.

`void release_dma_lock(unsigned long flags);`
: Gibt das DMA-Spinlock zurück und restauriert den vorherigen Interrupt-Status.

Das Spinlock sollte gehalten werden, wenn die im Folgenden beschriebenen Funktionen verwendet werden, aber *nicht* während der eigentlichen I/O-Operation selbst. Ein Treiber sollte nie schlafen, während er ein Spinlock hält.

Die Information, die in den Controller geladen werden muß, besteht aus drei Teilen: der RAM-Adresse, der Anzahl der atomaren Elemente, die übertragen werden sollen (in Bytes oder Worten), und der Richtung der Übertragung. Dazu werden von `<asm/dma.h>` die folgenden Funktionen exportiert:

`void set_dma_mode(unsigned int channel, char mode);`
: Gibt an, ob der Kanal vom Gerät lesen (`DMA_MODE_READ`) oder darauf schreiben (`DMA_MODE_WRITE`) soll. Es gibt noch einen dritten Modus namens `DMA_MODE_CASCADE`, der verwendet wird, um die Kontrolle über den Bus aufzugeben. Über Kaskadierung ist der erste Controller mit dem zweiten verbunden; diese Technik kann aber auch von echten ISA-Busmaster-Geräten verwendet werden. Wir werden hier nicht auf das Busmastering eingehen.

`void set_dma_addr(unsigned int channel, unsigned int addr);`
: Weist die Adresse des DMA-Puffers zu. Diese Funktion speichert die 24 niedrigstwertigen Bits von `addr` im Controller. Das Argument `addr` muß eine *Bus*-Adresse sein (siehe »Bus-Adressen«).

`void set_dma_count(unsigned int channel, unsigned int count);`
: Legt die Anzahl der zu übertragenden Daten fest. Das Argument `count` bezeichnet auch bei 16-Bit-Kanälen Bytes; in diesem Fall *muß* der Wert gerade sein.

Außer diesen drei Funktionen gibt es eine Reihe von Verwaltungsfunktionen, die bei der Verwendung von DMA-Geräten eingesetzt werden müssen:

`void disable_dma(unsigned int channel);`
: Ein DMA-Kanal kann im Controller abgeschaltet werden. Das sollte geschehen, bevor der Kanal konfiguriert wird, um einen unzulässigen Betrieb zu verhindern (der Controller wird über 8-Bit-Datenübertragungen programmiert, daher wird keine der obigen Funktionen atomar ausgeführt).

`void enable_dma(unsigned int channel);`
: Diese Funktion teilt dem Controller mit, daß der DMA-Kanal gültige Daten enthält.

`int get_dma_residue(unsigned int channel);`
: Der Treiber muß manchmal wissen, ob eine DMA-Übertragung schon beendet ist. Diese Funktion gibt die Anzahl der Bytes zurück, die noch übertragen werden müssen. Der Rückgabewert nach einer erfolgreichen Übertragung ist 0, und er ist nicht vorhersagbar (aber sicher nicht 0), wenn der Controller noch arbeitet. Diese Nichtvorhersagbarkeit resultiert daraus, daß die verbleibende Anzahl von Bytes ein 16-Bit-Wert ist, der aus zwei 8-Bit-Werten zusammengesetzt wird.

`void clear_dma_ff(unsigned int channel)`

Diese Funktion setzt das DMA-Flip-Flop zurück. Mit dem Flip-Flop wird der Zugriff auf die 16-Bit-Register gesteuert. Auf die Register wird mit zwei aufeinanderfolgenden 8-Bit-Operationen zugegriffen, und mit dem Flip-Flop wird das niedrigstwertige Byte (bei nicht gesetztem Flip-Flop) beziehungsweise das höchstwertige Byte (bei gesetztem Flip-Flop) ausgewählt. Das Flip-Flop wechselt seinen Zustand automatisch nach einer Übertragung von 8 Bits; der Programmierer muß es nur einmal vor dem Zugriff auf die DMA-Register zurücksetzen.

Mit diesen Funktionen kann ein Treiber die folgende Funktion implementieren, mit der eine DMA-Übertragung vorbereitet wird:

```
int dad_dma_prepare(int channel, int mode, unsigned int buf, unsigned int count)
{
    unsigned long flags;

    flags = claim_dma_lock();
    disable_dma(channel);
    clear_dma_ff(channel);
    set_dma_mode(channel, mode);
    set_dma_addr(channel, virt_to_bus(buf));
    set_dma_count(channel, count);
    enable_dma(channel);
    release_dma_lock(flags);

    return 0;
```

Mit der folgenden Funktion kann dann abgefragt werden, ob die DMA-Übertragung erfolgreich beendet wurde:

```
int dad_dma_isdone(int channel)
{
    int residue;
    unsigned long flags = claim_dma_lock ();
    residue = get_dma_residue(channel);
    release_dma_lock(flags);
    return (residue == 0);
}
```

Damit muß nur noch die Gerätekarte selbst konfiguriert werden. Diese gerätespezifische Aufgabe wird meistens durch Lesen oder Schreiben einiger weniger I/O-Ports erledigt. Die Geräte unterscheiden sich dabei ziemlich. Beispielsweise erwarten manche Geräte, daß der Programmierer ihnen mitteilt, wie groß der DMA-Puffer ist. Bei anderen wiederum muß der Treiber einen im Gerät fest verdrahteten Wert auslesen. Das Hardware-Handbuch ist beim Konfigurieren des Geräts Ihr einziger Freund.

Abwärtskompatibilität

Wie die anderen Kernel-Bestandteile haben sich auch das Einblenden von Speicher und DMA über die Jahre verändert. Dieser Abschnitt beschreibt, was ein Autor von Gerätetreibern beachten muß, um portablen Code zu schreiben.

Änderungen in der Speicherverwaltung

In der 2.3-Entwicklungsserie wurden massive Veränderungen an der Speicherverwaltung vorgenommen. Der 2.2-Kernel war hinsichtlich der Menge verwendbaren Speichers sehr eingeschränkt, insbesondere auf 32-Bit-Prozessoren. In 2.4 sind diese Einschränkungen aufgehoben worden; Linux kann nun sämtlichen Speicher ansprechen, den der Prozessor adressieren kann. Manches mußte verändert werden, um dies möglich zu machen; insgesamt gesehen ist die Anzahl der Änderungen auf API-Ebene aber überraschend klein.

Wie Sie gesehen haben, macht der 2.4-Kernel intensiven Gebrauch von Zeigern auf `struct page`, um auf bestimmte Seiten im Speicher zu verweisen. Diese Struktur hat es in Linux schon lange gegeben, aber bisher ist sie nicht dazu verwendet worden, um auf die Seiten selbst zu verweisen; der Kernel verwendete vielmehr logische Adressen.

Daher gab etwa *pte_page* einen `unsigned long`-Wert anstelle eines `struct page *` zurück. Das Makro *virt_to_page* existierte überhaupt nicht; wenn Sie den `struct page`-Eintrag herausfinden mußten, mußten Sie sich diesen direkt aus der Speichertabelle holen. Das Makro `MAP_NR` wandelte eine logische Adresse in einen Eintrag in `mem_map` um. Daher könnte das aktuelle Makro *virt_to_page* folgendermaßen definiert werden (und in *sysdep.h* im Beispiel-Code wird es auch so definiert):

```
#ifdef MAP_NR
#define virt_to_page(page) (mem_map + MAP_NR(page))
#endif
```

Das Makro `MAP_NR` verschwand, als *virt_to_page* eingeführt wurde. *get_page* existierte vor 2.4 nicht, weswegen *sysdep.h* es folgendermaßen definiert:

```
#ifndef get_page
#  define get_page(p) atomic_inc(&(p)->count)
#endif
```

`struct page` hat sich also mit der Zeit geändert, insbesondere gibt es das Feld `virtual` erst ab Linux 2.4.

`page_table_lock` wurde in 2.3.10 eingeführt. Davor holte sich der Code die »große Kernel-Sperre« (durch Aufrufen von *lock_kernel* und *unlock_kernel*), bevor Seitentabellen traversiert wurden.

Die vm_area_struct erfuhr in der 2.3-Entwicklungsserie eine Reihe von Änderungen und in 2.1 sogar noch mehr. Dazu gehören:

- Das Feld vm_pgoff hieß in 2.2 und davor vm_offset und war ein Offset in Bytes, nicht in Seiten.
- Das Feld vm_private_data existierte in Linux 2.2 noch nicht, so daß Treiber keine Möglichkeiten hatten, ihre eigenen Informationen in der VMA unterzubringen. Einige taten das trotzdem und verwendeten dafür das Feld vm_pte, aber es wäre sicherer gewesen, sich die Minor-Nummer aus vm_file zu holen und anhand dieser die gewünschte Information aufzufinden.
- Der 2.4-Kernel initialisiert den vm_file-Zeiger vor dem Aufruf der Methode *mmap*. In 2.2 mußten Treiber diesen Wert unter Verwendung der als Argument übergebenen file-Struktur selbst zuweisen.
- Der Zeiger vm_file existierte in den 2.0-Kerneln überhaupt nicht; statt dessen gab es einen vm_inode-Zeiger, der auf eine inode-Struktur verwies. Dieses Feld mußte vom Treiber zugewiesen werden; es war außerdem notwendig, inode->i_count in *mmap* zu inkrementieren.
- Das Flag VM_RESERVED wurde im Kernel 2.4.0-test10 hinzugefügt.

Es hat auch Änderungen an den diversen in der VMA gespeicherten vm_ops-Methoden gegeben:

- 2.2 und frühere Kernel hatten eine Methode namens *advise*, die nie vom Kernel verwendet wurde. Außerdem gab es eine Methode namens *swapin*, mit der Speicher aus der Auslagerung zurückgeholt wurde; diese war für Treiber-Autoren nicht interessant.
- Die Methoden *nopage* und *wppage* gaben in 2.2 unsigned long (also eine logische Adresse) anstelle von struct page * zurück.
- Die Rückgabe-Codes NOPAGE_SIGBUS und NOPAGE_OOM von *nopage* existierten nicht. *nopage* gab einfach 0 zurück, um ein Problem anzuzeigen und ein Bus-Signal an den betroffenen Prozeß zu schicken.

Weil *nopage* unsigned long zurückzugeben pflegte, wurde die logische Adresse der betroffenen Seite anstelle von deren mem_map-Eintrag zurückgegeben.

Natürlich gab es in älteren Kerneln keine Unterstützung für hohen Speicher. Sämtlicher Speicher hatte logische Adressen, und die Funktionen *kmap* und *kunmap* gab es nicht.

Im 2.0-Kernel wurde die Struktur init_mm nicht an Module exportiert. Daher mußte ein Modul, das auf init_mm zugreifen wollte, die Task-Tabelle durchsuchen, um die Struktur zu finden (als Bestandteil des *init*-Prozesses). Auf einem 2.0-Kernel findet *scullp* init_mm mit folgendem Stückchen Code:

```
static struct mm_struct *init_mm_ptr;
#define init_mm (*init_mm_ptr) /* spaetere ifdefs vermeiden */
```

```
static void retrieve_init_mm_ptr(void)
{
    struct task_struct *p;

    for (p = current ; (p = p->next_task) != current ; )
        if (p->pid == 0)
            break;

    init_mm_ptr = p->mm;
}
```

Die 2.0-Kernel unterschieden nicht zwischen logischen und physikalischen Adressen, weswegen es die Makros *__va* und *__pa* nicht gab – man brauchte sie damals einfach nicht.

Die 2.0-Kernel pflegten auch den Verwendungszähler von Modulen im Zusammenhang mit in den Speicher eingeblendeten Bereichen nicht. Treiber, die *mmap* unter 2.0 implementierten, mußten *open*- und *close*-VMA-Operationen implementieren, um den Verwendungszähler selbst anzupassen. Die Beispiel-Module, die *mmap* implementieren, stellen diese Operationen bereit.

Schließlich hatte die Methode *mmap* in den 2.0-Versionen wie die meisten anderen ein `struct inode`-Argument und damit folgenden Prototyp:

```
int (*mmap)(struct inode *inode, struct file *filp, struct vm_area_struct *vma);
```

DMA-Änderungen

Die oben beschriebene PCI-DMA-Schnittstelle gibt es erst seit Kernel 2.3.41. Vorher wurde DMA direkter und damit auch systemabhängiger durchgeführt. Puffer wurden durch Aufruf von *virt_to_bus* »eingeblendet«; es gab keine allgemeine Schnittstelle für Bus-Einblendungsregister.

Für diejenigen von Ihnen, die portable PCI-Treiber schreiben müssen, enthält *sysdep.h* im Beispiel-Code eine einfache Implementation der 2.4-DMA-Schnittstelle, die auf älteren Kerneln verwendet werden kann.

Die ISA-Schnittstelle ist dagegen seit Linux 2.0 fast unverändert geblieben. ISA ist schließlich eine alte Architektur, bei der es nicht viele Änderungen mehr gegeben hat, um die man sich hätte kümmern müssen. Die einzige Änderung war das DMA-Spinlock in 2.2; vorher gab es keine Möglichkeit, sich gegen nebenläufige Zugriffe auf den DMA-Controller zu schützen. Versionen dieser Funktionen sind in *sysdep.h* definiert; sie schalten Interrupts ein und aus, machen aber nichts anderes.

Schnellreferenz

In diesem Kapitel wurden die folgenden Symbole aus dem Bereich der Speicherverwaltung eingeführt. Die Liste enthält nicht die Symbole, die im ersten Abschnitt eingeführt wurden, weil dieser Abschnitt schon selbst eine große Liste ist und die dort genannten Symbole selten für Gerätetreiber nützlich sind.

#include <linux/mm.h>
: In dieser Header-Datei sind alle Funktionen und Strukturen aus dem Bereich der Speicherverwaltung definiert.

int remap_page_range(unsigned long virt_add, unsigned long phys_add, unsigned long size, pgprot_t prot);
: Diese Funktion ist der Kern von *mmap*. Sie bildet *size* Bytes einer physikalischen Adresse, die bei phys_addr beginnt, auf die virtuelle Adresse virt_addr ab. Die Zugriffsbits für den virtuellen Adreßraum werden in prot angegeben.

struct page *virt_to_page(void *kaddr);
void *page_address(struct page *page);
: Diese Makros konvertieren zwischen logischen Kernel-Adressen und deeren zugehörigen Speichertabellen-Einträgen. *page_address* funktioniert nur auf Seiten im niedrigen Speicher sowie auf Seiten im hohen Speicher, die explizit eingeblendet worden sind.

void *__va(unsigned long physaddr);
unsigned long __pa(void *kaddr);
: Diese Makros konvertieren zwischen logischen Kernel-Adressen und physikalischen Adressen.

unsigned long kmap(struct page *page);
void kunmap(struct page *page);
: *kmap* gibt eine virtuelle Kernel-Adresse zurück, die auf die angegebene Seite eingeblendet ist. Dabei wird die Einblendung bei Bedarf erzeugt. *kunmap* löscht die Einblendung für die angegebene Seite.

#include <linux/iobuf.h>
void kiobuf_init(struct kiobuf *iobuf);
int alloc_kiovec(int number, struct kiobuf **iobuf);
void free_kiovec(int number, struct kiobuf **iobuf);
: Diese Funktionen erledigen die Allokation, Initialisierung und Freigabe von Kernel-I/O-Puffern. *kiobuf_init* initialisiert einen einzelnen kiobuf, wird aber nur selten verwendet. *alloc_kiovec* wird meistens statt dessen verwendet und alloziert und initialisiert einen Vektor von kiobufs. Ein solcher Vektor von kiobufs wird mit *free_kiovec* wieder freigegeben.

int lock_kiovec(int nr, struct kiobuf *iovec[], int wait);
int unlock_kiovec(int nr, struct kiobuf *iovec[]);

Diese Funktionen sperren einen kiovec im Speicher und geben ihn wieder frei. Sie sind nicht notwendig, wenn kiobufs für I/O in User Space-Speicher verwendet werden.

int map_user_kiobuf(int rw, struct kiobuf *iobuf, unsigned long address, size_t len);
void unmap_kiobuf(struct kiobuf *iobuf);

map_user_kiobuf blendet einen Puffer im User Space in den angegebenen Kernel-I/O-Puffer ein; *unmap_kiobuf* hebt diese Einblendung wieder auf.

#include <asm/io.h>
unsigned long virt_to_bus(volatile void * address);
void * bus_to_virt(unsigned long address);

Diese Funktionen konvertieren zwischen virtuellen Kernel-Adressen und Bus-Adressen. Bus-Adressen müssen für die Kommunikation mit Peripherie-Geräten verwendet werden.

#include <linux/pci.h>

Die Header-Datei, die die folgenden Funktionen definiert.

int pci_dma_supported(struct pci_dev *pdev, dma_addr_t mask);

Für Peripherie-Geräte, die den vollen 32-Bit-Bereich nicht adressieren können, bestimmt diese Funktion, ob DMA überhaupt auf dem Host-System unterstützt wird.

void *pci_alloc_consistent(struct pci_dev *pdev, size_t size, dma_addr_t *bus_addr)
void pci_free_consistent(struct pci_dev *pdev, size_t size, void *cpuaddr, dma_handle_t bus_addr);

Diese Funktionen allozieren konsistente DMA-Einblendungen für einen Puffer, der während der gesamten Lebensdauer des Treibers existiert, und geben sie wieder frei.

PCI_DMA_TODEVICE
PCI_DMA_FROMDEVICE
PCI_DMA_BIDIRECTIONAL
PCI_DMA_NONE

Diese Symbole werden dazu verwendet, den Funktionen für Streaming-Einblendungen mitzuteilen, in welche Richtung Daten vom oder zum Puffer transportiert werden.

dma_addr_t pci_map_single(struct pci_dev *pdev, void *buffer, size_t size, int direction);
void pci_unmap_single(struct pci_dev *pdev, dma_addr_t bus_addr, size_t size, int direction);

Erzeugen und zerstören eine Streaming-DMA-Einblendung zur einmaligen Verwendung.

`void pci_sync_single(struct pci_dev *pdev, dma_handle_t bus_addr, size_t size, int direction)`
: Synchronisieren einen Puffer, der eine Streaming-Einblendung hat. Diese Funktion muß verwendet werden, wenn der Prozessor auf einen Puffer zugreifen muß, während die Streaming-Einblendung noch besteht (also während der Puffer dem Gerät gehört).

`struct scatterlist { /* ... */ };`
`dma_addr_t sg_dma_address(struct scatterlist *sg);`
`unsigned int sg_dma_len(struct scatterlist *sg);`
: Die Struktur scatterlist beschreibt eine I/O-Operation, die mehr als einen Puffer betrifft. Die Makros *sg_dma_address* und *sg_dma_len* können dazu verwendet werden, bei der Implementierung von Scatter-Gather-Operationen Bus-Adressen und Puffer-Längen zu extrahieren, die dann an das Gerät übergeben werden.

`pci_map_sg(struct pci_dev *pdev, struct scatterlist *list, int nents, int direction);`
`pci_unmap_sg(struct pci_dev *pdev, struct scatterlist *list, int nents, int direction);`
`pci_dma_sync_sg(struct pci_dev *pdev, struct scatterlist *sg, int nents, int direction)`
: *pci_map_sg* blendet eine Scatter-Gather-Operation ein und *pci_unmap_sg* hebt diese Einblendung wieder auf. Wenn auf die Puffer zugegriffen werden muß, während die Einblendung noch aktiv ist, kann *pci_dma_sync_sg* zum Synchronisieren verwendet werden.

`/proc/dma`
: Diese Daten enthält einen textuellen Snapshot der allozierten Kanäle in den DMA-Controllern. PCI-basierte DmA wird hier nicht gezeigt, weil jede Karte unabhängig von den anderen arbeitet, ohne einen Kanal im DMA-Controller allozieren zu müssen.

`#include <asm/dma.h>`
: Diese Header-Datei definiert oder deklariert alle Funktionen und Makros aus dem DMA-Bereich. Sie muß vor der Verwendung eines der folgenden Symbole eingebunden werden.

`int request_dma(unsigned int channel, const char *name);`
`void free_dma(unsigned int channel);`
: Diese Funktionen greifen auf die DMA-Registry zu. Die Registrierung muß vor der Verwendung der ISA-DMA-Kanäle erfolgen.

`unsigned long claim_dma_lock();`
`void release_dma_lock(unsigned long flags);`
: Diese Funktionen holen das DMA-Spinlock und geben es wieder frei. Dieses Spinlock muß gehalten werden, bevor eine der anderen ISA-DMA-Funktionen, die unten in dieser Liste beschrieben werden, aufgerufen wird. Sie schalten auch die Interrupts im lokalen Prozessor aus und wieder ein.

`void set_dma_mode(unsigned int channel, char mode);`
`void set_dma_addr(unsigned int channel, unsigned int addr);`
`void set_dma_count(unsigned int channel, unsigned int count);`

Diese Funktionen dienen zum Programmieren von DMA-Informationen im DMA-Controller. `addr` ist eine Bus-Adresse.

`void disable_dma(unsigned int channel);`
`void enable_dma(unsigned int channel);`

Ein DMA-Kanal muß während der Konfiguration abgeschaltet sein. Diese Funktionen ändern den Status des DMA-Kanals.

`int get_dma_residue(unsigned int channel);`

Wenn der Treiber wissen muß, wie eine DMA-Übertragung fortschreitet, kann er diese Funktion aufrufen, die die Anzahl der noch ausstehenden Datenübertragungen zurückgibt. Nach erfolgreichem Abschluß der DMA-Übertragung gibt die Funktion 0 zurück; während der Übertragung von Daten ist der Wert nicht vorhersagbar.

`void clear_dma_ff(unsigned int channel)`

Das DMA-Flip-Flop wird vom Controller verwendet, um 16-Bit-Werte mit Hilfe zweier 8-Bit-Operationen zu übertragen. Es muß zurückgesetzt werden, bevor irgendwelche Daten an den Controller geschickt werden.

KAPITEL 14
Netzwerk-Treiber

Wir lassen jetzt die Zeichen- und Block-Treiber hinter uns und begeben uns in die faszinierende Welt der Netzwerke. Netzwerk-Schnittstellen sind die dritte Standardklasse von Linux-Geräten, und in diesem Kapitel wird beschrieben, wie sie mit dem Rest des Kernels zusammenarbeiten.

Die Rolle einer Netzwerk-Schnittstelle im System ähnelt der eines eingehängten Block-Geräts. Ein Block-Gerät registriert seine Fähigkeiten im Array `blk_dev` und in anderen Kernel-Strukturen. Danach »überträgt« und »empfängt« es auf Anfrage Blocks mit seiner *request*-Funktion. Analog dazu muß sich auch eine Netzwerk-Schnittstelle in bestimmten Datenstrukturen registrieren, damit sie aufgerufen wird, wenn Pakete mit der Außenwelt ausgetauscht werden sollen.

Es gibt einige wichtige Unterschiede zwischen eingehängten Festplatten und Schnittstellen zur Paket-Übertragung. Zunächst einmal wird eine Festplatte durch eine Gerätedatei im Verzeichnis */dev* repräsentiert, während eine Netzwerk-Schnittstelle keine solche Einsprungstelle hat. Die normalen Datei-Operationen (Lesen, Schreiben usw.) sind bei Netzwerk-Schnittstellen nicht sinnvoll, weswegen man hier nicht den üblichen Unix-Ansatz »alles ist eine Datei« anwenden kann. Daher existieren Netzwerk-Schnittstellen in einem eigenen Namensraum und exportieren einen eigenen Satz von Operationen.

Sie mögen vielleicht einwerfen, daß Applikationen die Systemaufrufe *read* und *write* verwenden, wenn sie Sockets benutzen, aber diese arbeiten auf einer Art Software-Objekt, das nicht die Schnittstelle selbst ist. Mehrere hundert Sockets können gleichzeitig auf der gleichen physikalischen Schnittstelle arbeiten.

Der wichtigste Unterschied ist aber, daß Block-Treiber nur auf Anforderung durch den Kernel arbeiten, wohingegen Netzwerk-Treiber auch asynchron Pakete von außen empfangen. Während also ein Block-Treiber *gebeten* wird, einen Puffer an den Kernel zu schicken, *bittet* das Netzwerk-Gerät darum, eingehende Pakete an den Kernel weiterreichen zu dürfen. Die Kernel-Schnittstelle für Netzwerk-Treiber ist auf diese andere Betriebsart ausgerichtet.

Netzwerk-Treiber müssen auch darauf eingestellt sein, eine Reihe von administrativen Aufgaben wie das Setzen von Adressen, das Ändern von Übertragungsparametern und die Pflege von Statistiken über übertragene Daten und Fehler zu unterstützen. Die API für Netzwerk-Treiber spiegelt diese Bedürfnisse wider und sieht daher etwas anders aus als die Schnittstellen, die wir bisher kennengelernt haben.

Das Netzwerk-Subsystem des Linux-Kernels ist vollständig protokollunabhängig entworfen worden. Das gilt sowohl für Netzwerk-Protokolle (IP, IPX oder andere Protokolle) als auch für Hardware-Protokolle (Ethernet, Token Ring und andere). Die Interaktion zwischen dem Netzwerk-Treiber und dem eigentlichen Kernel geschieht paketweise. Damit können Protokoll-Fragen vor dem Treiber und die physikalische Übertragung vor dem Protokoll versteckt werden.

In diesem Kapitel wird beschrieben, wie die Netzwerk-Schnittstellen in den Rest des Linux-Kernels passen, und eine speicherbasierte modularisierte Netzwerk-Schnittstelle namens – Sie werden es sich gedacht haben – *snull* vorgeführt. Um die Diskussion zu vereinfachen, benutzt die Schnittstelle das Ethernet-Hardware-Protokoll und überträgt IP-Pakete. Das Wissen, das Sie anhand von *snull* erwerben, kann leicht auf andere Protokolle als IP angewendet werden, und das Schreiben von Nicht-Ethernet-Treibern unterscheidet sich nur durch kleine Details, die für das jeweilige Protokoll spezifisch sind.

Wir sprechen in diesem Kapitel nicht über IP-Nummern-Vergabe, Netzwerkprotokolle oder andere allgemeine Netzwerkkonzepte. Solche Themen betreffen Treiber-Autoren (normalerweise) nicht, und es wäre ohnehin unmöglich, in weniger als einigen hundert Seiten einen befriedigenden Überblick über diese Themen zu geben.

Das Netzwerk-Subsystem ist in den letzten Jahren mehrfach verändert worden, weil die Kernel-Entwickler versucht haben, die bestmögliche Performance herauszuholen. Der Großteil dieses Kapitels behandelt Netzwerk-Treiber für den 2.4-Kernel, aber die Code-Beispiele funktionieren wieder einmal auch für 2.0- und 2.2-Kernel. Wir behandeln die Unterschiede zwischen den Kernel-Versionen am Ende des Kapitels.

Eine Anmerkung zur Terminologie, bevor wir in die Welt der Netzwerk-Geräte einsteigen: In der Netzwerk-Welt verwendet man den Begriff *Oktett* für eine Gruppe von acht Bits. Dies ist im allgemeinen die kleinste Einheit, die Netzwerk-Geräte und Protokolle kennen. Der Begriff Byte wird in diesem Kontext fast nie verwendet. Wir werden hier daher auch von Oktetten sprechen.

Das Design von snull

In diesem Abschnitt werden die Design-Überlegungen beschrieben, die beim Entwurf von *snull* erfolgten. Auch wenn diese Informationen vielleicht zunächst nur marginal nützlich erscheinen, könnten Sie beim Spielen mit dem Beispiel-Code auf Probleme stoßen, wenn Sie diese Überlegungen nicht verstehen.

Die erste und wichtigste Entwurfsentscheidung ist die, daß Beispiel-Schnittstellen nicht an real existierende Hardware gebunden sein sollten – genau wie der gesamte Beispiel-Code dieses Buches. Aus dieser Einschränkung ist etwas hervorgegangen, das der Loopback-Schnittstelle ähnelt. *snull* ist aber keine Loopback-Schnittstelle, sondern simuliert Konversationen zwischen echten entfernten Hosts, um das Schreiben von Netzwerk-Treibern besser zu demonstrieren. Der Linux-Loopback-Treiber ist sehr einfach; Sie finden ihn in *drivers/net/loopback.c*.

Ein weiteres wichtiges Merkmal von *snull* ist die Funktion als IP-Schnittstelle. Das ist eine Folge der internen Verarbeitungsvorgänge in der Schnittstelle – *snull* muß sich die Pakete anschauen und interpretieren, um ein Paar von Hardware-Schnittstellen korrekt emulieren zu können. Echte Schnittstellen sind unabhängig vom übertragenen Protokoll, und diese Einschränkung von *snull* hat auch keinen Einfluß auf den Beispiel-Code in diesem Kapitel, der protokollunabhängig ist.

Zuweisen von IP-Nummern

Das Modul *snull* erzeugt zwei Schnittstellen. Diese unterscheiden sich von einer einfachen Loopback-Schnittstelle dadurch, daß alles, was über die eine Schnittstelle übertragen wird, auf der anderen ankommt, und nicht auf sich selbst. Es wirkt so, als hätten Sie zwei Verbindungen nach außen, aber in Wirklichkeit antwortet Ihr Computer nur sich selbst.

Leider kann dieser Effekt nicht allein durch Zuweisung von IP-Nummern erreicht werden, weil der Kernel kein Paket über die Schnittstelle A schicken würde, das an seine eigene Schnittstelle B gerichtet ist. Statt dessen würde es den Loopback-Kanal verwenden, ohne die Daten durch *snull* zu schicken. Um trotzdem eine Kommunikation über die *snull*-Schnittstellen zu bekommen, müssen die Quell- und Zieladressen während der Übertragung modifiziert werden. Pakete, die durch eine der Schnittstellen geschickt werden, sollten also von der anderen empfangen werden, der Empfänger des ausgehenden Paketes sollte aber nicht als der lokale Rechner erkannt werden. Das gleiche gilt für die Quelladresse der empfangenen Pakete.

Um dieses »versteckte Loopback« zu erreichen, schaltet die *snull*-Schnittstelle das niedrigstwertige Bit des dritten Oktetts der Quell- und Zieladressen um. Es wird also sowohl die Netzwerk-Nummer als auch die Host-Nummer von Klasse-C-IP-Nummern geändert. Dadurch erscheinen Pakete, die an das Netzwerk A (das mit `sn0`, der ersten Schnittstelle, verbunden ist) gerichtet sind, auf der Schnittstelle `sn1` als Pakete an das Netzwerk B.

Um hier nicht mit zu vielen Nummern hantieren zu müssen, geben wir den verwendeten IP-Nummern symbolische Namen:

- `snullnet0` ist das Klasse-C-Netzwerk, das mit der Schnittstelle `sn0` verbunden ist. Entsprechend ist `snullnet1` das Netzwerk von `sn1`. Die Adressen dieser Netzwerke sollten sich nur im niedrigstwertigen Bit des dritten Oktetts unterscheiden.
- `local0` ist die IP-Adresse von `sn0`, sie liegt in `snullnet0`. Die Adresse von `sn1` ist `local1`. `local0` und `local1` müssen sich im rechts stehenden Bit sowohl im dritten als auch im vierten Oktett unterscheiden.
- `remote0` ist ein Host in `snullnet0`, dessen viertes Oktett gleich dem von `local1` ist. Jedes Paket, das an `remote0` geschickt wird, kommt an `local1` an, nachdem seine Klasse-C-Adresse vom Schnittstellen-Code modifiziert worden ist. Der Host `remote1` gehört zu `snullnet1`, und sein viertes Oktett ist identisch mit dem von `local0`.

Die Arbeit der *snull*-Schnittstellen ist in Abbildung 14-1 dargestellt, wobei die Hostnamen, die zu jeder Schnittstelle gehören, neben dem Namen der Schnittstellen angegeben sind.

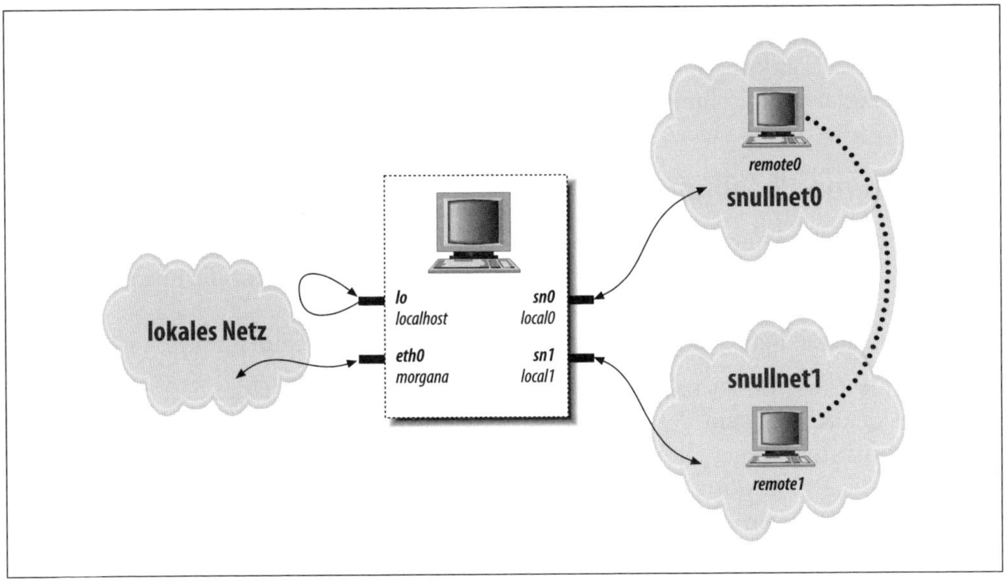

Abbildung 14-1: Wie ein Host seine Schnittstellen sieht

Hier folgen einige mögliche Werte für die Netzwerk-Nummern. Wenn Sie diese Zeilen in */etc/networks* ergänzen, können Sie die Netzwerke auch namentlich angeben. Die Werte wurden aus dem Nummernbereich genommen, der für die private Nutzung reserviert ist.

```
snullnet0       192.168.0.0
snullnet1       192.168.1.0
```

Die folgenden Nummern sind mögliche Host-Nummern, die Sie in */etc/hosts* eintragen können:

```
192.168.0.88   local0
192.168.0.99   remote0
192.168.1.99   local1
192.168.1.88   remote1
```

Das Wichtige an diesen Nummern ist, daß der Host-Anteil von `local0` gleich dem Host-Anteil von `remote1` und der Host-Anteil von `local1` gleich dem Host-Anteil von `remote0` ist. Sie können völlig andere Nummern verwenden, solange diese Beziehung erhalten bleibt.

Seien Sie aber vorsichtig, wenn Ihr Rechner bereits mit einem Netzwerk verbunden ist. Die von Ihnen gewählten Nummern könnten echte Internet- oder Intranet-Adressen sein, und die Zuweisung an Ihre Schnittstellen würde eine Kommunikation mit den eigentlichen Adressen-Inhabern verhindern. Und auch wenn die oben gezeigten Nummern keine weiterleitbaren Internet-Nummern sind, könnten sie bereits von Ihrem privaten Netzwerk verwendet werden, falls dieses hinter einer Firewall liegt.

Welche Nummern Sie auch wählen, Sie können die Schnittstellen durch Eingabe der folgenden Befehle einrichten:

```
ifconfig sn0 local0
ifconfig sn1 local1
case "`uname -r`" in 2.0.*)
    route add -net snullnet0 dev sn0
    route add -net snullnet1 dev sn1
esac
```

Ab Kernel 2.2 ist es nicht notwendig, *route* aufzurufen, weil dies automatisch geschieht. Wenn der gewählte Adreßbereich nicht im Klasse-C-Bereich liegt, müssen Sie `netmask 255.255.255.0` hinzufügen.

An dieser Stelle kann das »entfernte« Ende der Schnittstelle bereits erreicht werden. Der Bildschirmauszug zeigt, wie mein Rechner `remote0` und `remote1` über `snull` erreicht:

```
morgana% ping -c 2 remote0
64 bytes from 192.168.0.99: icmp_seq=0 ttl=64 time=1.6 ms
64 bytes from 192.168.0.99: icmp_seq=1 ttl=64 time=0.9 ms
2 packets transmitted, 2 packets received, 0% packet loss

morgana% ping -c 2 remote1
64 bytes from 192.168.1.88: icmp_seq=0 ttl=64 time=1.8 ms
64 bytes from 192.168.1.88: icmp_seq=1 ttl=64 time=0.9 ms
2 packets transmitted, 2 packets received, 0% packet loss
```

Beachten Sie, daß Sie keinen anderen Host in den beiden Netzwerken erreichen können, weil das Paket von Ihrem Rechner verworfen wird, nachdem die Adresse modifiziert und das Paket empfangen wurde. Ein Paket für 192.168.0.32 verläßt den Rechner beispielsweise durch `sn0` und erscheint wieder bei `sn1` mit der Ziel-Adresse 192.168.1.32, also keiner lokalen Adresse des Host-Rechners.

Die physikalische Übertragung der Pakete

Was die Datenübertragung angeht, gehören die *snull*-Schnittstellen zur Klasse der Ethernet-Schnittstellen.

snull emuliert Ethernet, weil die überwältigende Mehrheit der existierenden Netzwerke – zumindest die Segmente, mit denen eine Workstation verbunden ist, auf der Ethernet-Technologie basieren, sei es nun 10Base2, 10BaseT oder 100BaseT. Außerdem stellt der Kernel bereits eine verallgemeinerte Unterstützung für Ethernet-Geräte bereit, und es gibt keinen Grund, diese nicht zu verwenden. Der Vorteil eines Ethernet-Gerätes ist so offensichtlich, daß selbst die *plip*-Schnittstelle (die Schnittstelle, die den Drucker-Port verwendet), sich selbst als Ethernet-Gerät deklariert.

Es gibt noch einen letzten Vorteil der Verwendung von Ethernet in *snull*: Sie können die Schnittstelle mit *tcpdump* überprüfen, um die vorbeilaufenden Pakete im zu beobachten. Das Beobachten von Schnittstellen mit *tcpdump* ist eine hilfreiche Möglichkeit, um zu sehen, wie die beiden Schnittstellen arbeiten. (Beachten Sie, daß *tcpdump* auf 2.0-Kerneln nicht richtig funktioniert, falls die Schnittstellen von *snull* nicht als `eth`*`x`* erscheinen. Laden Sie den Treiber mit der Option `eth=1`, um die normalen Ethernet-Namen anstelle der Default `snx`-Namen zu verwenden.)

Wie bereits erwähnt, arbeitet *snull* nur mit IP-Paketen. Diese Beschränkung ist eine Folge der Tatsache, daß *snull* in den Paketen herumschnüffelt und diese sogar modifiziert, damit der Code funktioniert. Der Code verändert die Quelle, das Ziel, und die Prüfsumme im IP-Kopf jedes Pakets, ohne zu überprüfen, ob das Paket eigentlich wirklich IP-Informationen enthält. Diese Datenmodifikation auf die Schnelle zerstört Nicht-IP-Pakete. Wenn Sie andere Protokolle über *snull* übertragen wollen, müssen Sie den Code des Moduls entsprechend anpassen.

Mit dem Kernel verbinden

Wir schauen uns die Struktur von Netzwerk-Treibern an, indem wir zunächst den Quellcode von *snull* untersuchen. Es wird Ihnen helfen, die folgende Beschreibung zu verstehen und zu sehen, wie echte Linux-Netzwerk-Treiber funktionieren, wenn Sie den Quellcode einiger Treiber parat haben. Wir würden die Dateien *loopback.c*, *plip.c* und *3c509.c* vorschlagen, deren Komplexität in dieser Reihenfolge zunimmt. Auch *skeleton.c* könnte nützlich sein, wenn dieser Beispiel-Treiber auch nicht wirklich funktioniert. All diese Dateien stehen in *drivers/net* in den Kernel-Quellen.

Module laden

Wenn ein Treiber-Modul in den laufenden Kernel geladen wird, fordert es Ressourcen und bietet Fähigkeiten an. Soweit ist das nichts Neues. Ebenfalls nichts Neues ist die Art und Weise, wie Ressourcen geladen werden. Der Treiber sollte nach seinem Gerät und den Hardware-Adressen (I/O-Ports und IRQ-Leitungen) suchen – diese aber nicht registrieren –, wie es in »Einen Interrupt-Handler installieren« in Kapitel 9 beschrieben wurde. Ein Netzwerk-Treiber wird in der Modul-Initialisierungsfunktion anders registriert als Zeichen- und Block-Treiber. Weil es kein Gegenstück zu Major- und Minor-Nummern bei Netzwerk-Schnittstellen gibt, fordert ein Netzwerk-Treiber auch keine solche Nummer an. Statt dessen fügt der Treiber für jede erkannte Schnittstelle eine Datenstruktur in die globale Liste der Netzwerk-Geräte ein.

Jede Schnittstelle wird durch ein `struct net_device`-Datenelement beschrieben. Die beiden Strukturen für `sn0` und `sn1`, die *snull*-Schnittstellen, sind folgendermaßen deklariert:

```
struct net_device snull_devs[2] = {
    { init: snull_init, },  /* init, weiter nichts */
    { init: snull_init, }
};
```

Die Initialisierung sieht ziemlich einfach aus, es wird nur ein Feld gesetzt. Tatsächlich ist die `net_device`-Struktur riesig, und wir werden in der Folge noch weitere Felder füllen. Aber es ergibt keinen Sinn, jetzt schon die gesamte Struktur zu behandeln; wir werden statt dessen jedes Feld bei Bedarf erklären. Die Definition der Struktur finden Sie in `<linux/netdevice.h>`, falls Sie sich eingehender dafür interessieren.

Das erste Feld in `struct net_device`, das wir uns anschauen werden, ist `name`, das den Namen der Schnittstelle (also den String, der die Schnittstelle identifiziert) enthält. Der Treiber kann einen Namen für die Schnittstelle hart codieren oder eine dynamische Zuweisung erlauben, die folgendermaßen funktioniert: Wenn der Name einen `%d`-Format-String enthält, wird der erste verfügbare Name verwendet, der nach dem Ersetzen des Strings durch eine kleine ganze Zahl gefunden wurde. `eth%d` wird also zum ersten verfügbaren eth*n*-Namen; die erste Ethernet-Schnittstelle heißt `eth0`, die weiteren folgen in numerischer Reihenfolge. Die *snull*-Schnittstellen werden defaultmäßig `sn0` und `sn1` genannt. Wenn aber beim Laden `eth=1` angegeben wird (was dazu führt, daß die Integer-Variable `snull_eth` den Wert 1 enthält), dann verwendet *snull_init* eine dynamische Zuweisung, wie hier gezeigt wird:

```
if (!snull_eth) { /* "sn0" und "sn1" zuweisen */
    strcpy(snull_devs[0].name, "sn0");
    strcpy(snull_devs[1].name, "sn1");
} else { /* automatische Zuweisung verwenden */
    strcpy(snull_devs[0].name, "eth%d");
    strcpy(snull_devs[1].name, "eth%d");
}
```

Das andere initialisierte Feld heißt `init` und ist ein Funktionszeiger. Immer, wenn Sie ein Gerät registrieren, fordert der Kernel den Treiber auf, sich zu registrieren. Die Initialisierung besteht aus dem Ermitteln der physikalischen Schnittstelle und dem Ausfüllen der `net_device`-Struktur, wie im nächsten Abschnitt beschrieben wird. Wenn die Initialisierung fehlschlägt, wird die Struktur nicht in die globale Liste der Netzwerk-Geräte eingetragen. Dieses ungewöhnliche Verfahren ist besonders beim Hochfahren des Systems nützlich; jeder Treiber versucht, seine eigenen Geräte zu registrieren, aber nur Geräte, die wirklich existieren, werden in die Liste aufgenommen.

Weil die eigentliche Initialisierung an anderer Stelle stattfindet, hat die Initialisierungsfunktion wenig zu tun, so daß eine einzige Anweisung ausreicht:

```
for (i=0; i<2;  i++)
    if ( (result = register_netdev(snull_devs + i)) )
        printk("snull: Fehler %i beim Registrieren von Gerät \"%s\"\n",
               result, snull_devs[i].name);
    else device_present++;
```

Jedes Gerät initialisieren

Das Suchen des Gerätes sollte in der `init`-Funktion der Schnittstelle vorgenommen werden, die oft auch die »Such«-Funktion genannt wird. Das Argument von `init` ist ein Zeiger auf das initialisierte Gerät. Der Rückgabewert der Funktion ist entweder 0 oder ein negativer Fehlercode, normalerweise `-ENODEV`.

Bei der *snull*-Schnittstelle ist natürlich kein echtes Suchen notwendig, weil es keine zugehörige Hardware gibt. Wenn Sie einen echten Treiber für echte Hardware schreiben, dann gelten die üblichen Regeln wie beim Suchen von Zeichen-Geräten: Überprüfen Sie die I/O-Ports, bevor Sie sie benutzen, und schreiben Sie während des Suchens nicht darauf. Außerdem sollten Sie es vermeiden, an dieser Stelle I/O-Ports und Interrupt-Leitungen zu registrieren. Die eigentliche Registrierung sollte zurückgehalten werden, bis das Gerät geöffnet wird. Das ist besonders wichtig, wenn Interrupt-Leitungen mit anderen Geräten gemeinsam genutzt werden. Sie wollen ja schließlich nicht, daß Ihre Schnittstelle jedesmal aufgerufen wird, wenn ein anderes Gerät eine IRQ-Leitung aktiviert, nur um dann zu antworten: »Nein, das ist nicht für mich.«

Die Hauptaufgabe der Initialisierungsroutine ist das Füllen der `dev`-Struktur für dieses Gerät. Beachten Sie, daß diese Struktur bei Netzwerk-Geräten immer zur Laufzeit zusammengesetzt wird. Aufgrund der Art und Weise, wie Netzwerk-Geräten gesucht werden, kann die `dev`-Struktur nicht wie die Strukturen `file_operations` oder `block_device_operations` zur Laufzeit eingerichtet werden. Beim Beenden von `dev->init` sollte die `dev`-Struktur daher mit korrekten Werten gefüllt sein. Glücklicherweise kümmert sich der Kernel durch die Funktion *ether_setup*, die mehrere Felder in `struct net_device` füllt, um Ethernet-weite Defaults.

Der Kern von *snull_init* sieht folgendermaßen aus:

```
ether_setup(dev); /* einige Felder zuweisen */

dev->open            = snull_open;
dev->stop            = snull_release;
dev->set_config      = snull_config;
dev->hard_start_xmit = snull_tx;
dev->do_ioctl        = snull_ioctl;
```

```
dev->get_stats        = snull_stats;
dev->rebuild_header   = snull_rebuild_header;
dev->hard_header      = snull_header;
#ifdef HAVE_TX_TIMEOUT
dev->tx_timeout      = snull_tx_timeout;
dev->watchdog_timeo = timeout;
#endif
/* Default-Flags beibehalten, lediglich NOARP hinzufuegen */
dev->flags            |= IFF_NOARP;
dev->hard_header_cache = NULL;      /* Caching deaktivieren */
SET_MODULE_OWNER(dev);
```

Das einzig Ungewöhnliche an diesem Code ist das Setzen des Flags `IFF_NOARP`. Damit wird festgelegt, daß diese Schnittstelle ARP, das »Address Resolution Protocol«, nicht benutzen soll. ARP ist ein Ethernet-Protokoll auf einer sehr niedrigen Ebene, das die Aufgabe hat, IP-Adressen in Ethernet Medium Access Control (MAC)-Adressen umzuwandeln. Weil die von *snull* simulierten »entfernten« Systeme nicht wirklich existieren, gibt es auch niemanden, der für sie ARP-Anfragen beantworten kann. Anstatt *snull* durch das Hinzufügen einer ARP-Implementation zu verkomplizieren, haben wir uns entschieden, die Schnittstelle als nicht-ARP-fähig zu markieren. Die Zuweisung von `hard_header_cache` erfolgt aus einem ähnlichen Grund: Damit wird das Caching (nicht-existenter) ARP-Antworten auf dieser Schnittstelle abgeschaltet. Dies wird detailliert im Abschnitt »MAC-Adreßauflösung« in diesem Kapitel erläutert.

Der Initialisierungscode belegt auch einige Felder (`tx_timeout` und `watchdog_timeo`), die mit dem Umgang mit Übertragungs-Timeouts zu tun haben. Wir behandeln diesen Punkt gründlich im Abschnitt »Übertragungs-Timeouts« in diesem Kapitel.

Schließlich ruft dieser Code `SET_MODULE_OWNER` auf, um das `owner`-Feld der `net_device`-Struktur mit einem Zeiger auf das Modul selbst zu füllen. Der Kernel verwendet diese Information genau wie das `owner`-Feld der `file_operations`-Struktur, um den Verwendungszähler des Moduls zu pflegen.

Wir werden jetzt ein weiteres Feld aus `struct net_device` einführen, und zwar `priv`. Es hat eine ähnliche Aufgabe wie der Zeiger `private_data`, den wir bei Zeichen-Geräten benutzt haben. Im Gegensatz zu `fops->private_data` wird dieser Zeiger bei der Initialisierung und nicht beim Öffnen alloziert, weil das Datenelement, auf das `priv` verweist, die statistischen Daten über die Schnittstellen-Aktivität enthält. Es ist wichtig, daß diese statistische Information immer zur Verfügung steht – auch dann, wenn die Schnittstelle deaktiviert ist, weil der Benutzer diese Statistik jederzeit mit *ifconfig* abrufen kann. Die Speicherverwendung durch das Allozieren von `priv` bei der Initialisierung statt beim Öffnen ist nicht weiter relevant, weil die meisten vorhandenen Schnittstellen im System fast immer aktiviert sind. Das Modul *snull* deklariert eine Daten-Struktur namens `snull_priv`, die für `priv` benutzt werden soll:

```
struct snull_priv {
    struct net_device_stats stats;
    int status;
    int rx_packetlen;
```

```
        u8 *rx_packetdata;
        int tx_packetlen;
        u8 *tx_packetdata;
        struct sk_buff *skb;
        spinlock_t lock;
    };
```

Die Struktur enthält eine Instanz von struct net_device_stats, dem normalen Aufbewahrungsort für Schnittstellen-Statistiken. Die folgenden Zeilen in snull_init allozieren dev->priv:

```
    dev->priv = kmalloc(sizeof(struct snull_priv), GFP_KERNEL);
    if (dev->priv == NULL)
        return -ENOMEM;
    memset(dev->priv, 0, sizeof(struct snull_priv));
    spin_lock_init(& ((struct snull_priv *) dev->priv)->lock);
```

Entladen von Modulen

Beim Entladen des Moduls passiert nichts Besonderes. Die Aufräumfunktion deregistriert einfach die Schnittstelle aus der Liste, nachdem sie den Speicher aus der privaten Struktur freigegeben hat:

```
    void snull_cleanup(void)
    {
        int i;

        for (i=0; i<2;  i++) {
            kfree(snull_devs[i].priv);
            unregister_netdev(snull_devs + i);
        }
        return;
    }
```

Modularisierte und nicht-modularisierte Treiber

Bei Block- und Zeichen-Treibern gibt es keinen großen Unterschied zwischen modularisierten und nicht-modularisierten Treibern, aber bei Netzwerk-Treibern ist die Lage anders.

Wenn ein Treiber als Teil des Standard-Linux-Kernels ausgeliefert wird, deklariert er keine eigenen net_device-Strukturen, sondern verwendet statt dessen die in *drivers/net/Space.c* deklarierten. *Space.c* deklariert eine verkettete Liste aller Netzwerk-Geräte, sowohl treiberspezifische Strukturen wie plip1 als auch allgemein verwendete Strukturen. Diese eth-Gerätestrukturen deklarieren *ethif_probe* als ihre init-Funktion. Ein Programmierer, der dem Standard-Kernel eine neue Ethernet-Schnittstelle hinzufügt, muß lediglich in *ethif_probe* einen Aufruf seiner Treiber-Initialisierungsfunktion hinzufügen. Programmierer von Nicht-eth-Treibern fügen ihre Strukturen dagegen in *Space.c* ein. In beiden Fällen muß nur die Quelldatei *Space.c* modifiziert werden, wenn der Treiber in den Kernel selbst gelinkt werden soll.

Beim Hochfahren des Systems durchläuft der Code zur Initialisierung des Netzwerk-Subsystems alle net_device-Strukturen und ruft ihre Such-Funktionen (dev->init) auf, indem er diesen einen Zeiger auf das Gerät selbst übergibt. Wenn ein Netzwerk-Gerät gefunden wurde, initialisiert der Kernel die nächste verfügbare net_device-Struktur zur Verwendung mit dieser Schnittstelle. Auf diese Art und Weise können den Geräten inkrementell Namen wie eth0, eth1 usw. zugewiesen werden, ohne jedesmal das name-Feld ändern zu müssen.

Wenn ein modularisierter Treiber geladen wird, dann muß er dagegen (wie wir in diesem Kapitel schon gesehen haben) seine eigenen net_device-Strukturen deklarieren, selbst wenn die angesteuerte Schnittstelle eine Ethernet-Schnittstelle ist.

Neugierige Leser können durch das Studium von *Space.c* und *net_init.c* mehr über die Initialisierung von Schnittstellen erfahren.

Die Struktur net_device im Detail

Die net_device-Struktur ist der innerste Kern der Netzwerk-Treiber-Schicht und verdient es daher, vollständig beschrieben zu werden. Beim ersten Lesen können Sie diesen Abschnitt allerdings überspringen, weil Sie die Struktur nicht vollständig verstehen müssen, um loslegen zu können. In dieser Liste werden alle Felder beschrieben, aber mehr in der Absicht, eine Referenz zu bieten, als daß die Felder auswendig gelernt werden sollten. Der Rest des Kapitels beschreibt kurz jedes Feld, sobald es im Beispiel-Code vorkommt, so daß Sie nicht jedesmal zu diesem Abschnitt hier zurückspringen müssen.

struct net_device kann vollständig in zwei Teile aufgeteilt werden, den »sichtbaren« und den »unsichtbaren«. Der sichtbare Teil der Struktur besteht aus den Feldern wie den beiden in *snull* oben gezeigten, die in statischen net_device-Strukturen explizit zugewiesen werden. Alle Strukturen in *drivers/net/Space.c* werden so initialisiert, ohne Verwendung der Tag-Syntax zur Initialisierung von Strukturen. Die verbleibenden Felder werden intern vom Netzwerk-Code verwendet und normalerweise nicht während des Kompilierens initialisiert, nicht einmal mit der Tag-Syntax. Manche der Felder werden von Treibern verwendet (etwa solche, die zur Initialisierung zugewiesen werden), während andere nicht angefaßt werden sollten.

Der sichtbare Anfang

Der erste Teil von struct net_device besteht aus den folgenden Feldern in der angegebenen Reihenfolge:

char name[IFNAMSIZ];
: Der Name des Geräts. Wenn der Name einen %d-Format-String enthält, dann wird der erste verfügbare Geräte-Name mit der angegebenen Basis verwendet; die zugewiesenen Nummern fangen mit 0 an.

`unsigned long rmem_end;`
`unsigned long rmem_start;`
`unsigned long mem_end;`
`unsigned long mem_start;`

Geräte-Speicher-Informationen. Diese Felder enthalten die Anfangs- und Endadressen des vom Gerät gemeinsam genutzten Speichers. Wenn das Gerät unterschiedliche Speicherbereiche zum Senden und Empfangen verwendet, dann enthalten die `mem`-Felder den Bereich zum Senden und die `rmem`-Felder den zum Empfangen. `mem_start` und `mem_end` können beim Hochfahren des Systems auf der Kommandozeile des Kernels angegeben und mit *ifconfig* abgefragt werden. Die Felder `rmem` werden nie außerhalb des Treibers verwendet. Per Konvention werden die `end`-Felder so belegt, daß `end - start` die Menge des verfügbaren Speichers auf der Karte angibt.

`unsigned long base_addr;`

Die I/O-Basisadresse der Netzwerk-Schnittstelle. Dieses Feld wird wie die vorigen beim Suchen des Gerätes belegt. Mit *ifconfig* kann der aktuelle Wert angezeigt und verändert werden. `base_addr` kann auf der Kommandozeile des Kernels beim Booten oder beim Laden des Moduls explizit angegeben werden. Das Feld wird wie die oben genannten Speicherfelder nicht vom Kernel verwendet.

`unsigned char irq;`

Die zugewiesene Interrupt-Nummer. Der Wert von `dev->irq` wird von *ifconfig* ausgegeben, wenn die Schnittstellen aufgeführt werden. Dieser Wert kann üblicherweise beim Hochfahren oder Laden gesetzt und später mit *ifconfig* modifiziert werden.

`unsigned char if_port;`

Gibt an welcher Port auf Geräten mit mehreren Ports verwendet wird. Dieses Feld wird beispielsweise bei Geräten verwendet, die sowohl Koax- (`IF_PORT_10BASE2`-) als auch Twisted-Pair-Ethernet-(`IF_PORT_10BASET`)- Verbindungen unterstützen. Die bekannten Port-Typen sind in `<linux/netdevice.h>` definiert.

`unsigned char dma;`

Der vom Gerät allozierte DMA-Kanal. Das Feld ist nur bei einigen Peripherie-Bus-Systemen wie ISA sinnvoll. Es wird außerhalb des Gerätetreibers selbst nur zu Informationszwecken (in *ifconfig*) verwendet.

`unsigned long state;`

Der Gerätezustand. Dieses Feld enthält mehrere Flags. Treiber manipulieren diese Flags normalerweise nicht direkt, sondern verwenden statt dessen eine Reihe von Hilfsfunktionen. Wir sprechen über diese Funktionen weiter unten, wenn wir auf den Treiber-Betrieb eingehen.

`struct net_device *next;`

Ein Zeiger auf das nächste Gerät in der globalen verketteten Liste; der Treiber sollte dieses Feld nicht benutzen.

`int (*init)(struct net_device *dev);`

Die weiter oben beschriebene Initialisierungsfunktion.

Die versteckten Felder

Die Struktur net_device enthält mehrere zusätzliche Felder, die normalerweise bei der Initialisierung des Geräts zugewiesen werden. Einige dieser Felder enthalten Informationen über die Schnittstelle, während andere nur für den Treiber existieren (d. h., sie werden nicht vom Kernel verwendet). Es gibt auch noch weitere Felder, vor allem die Geräte-Methoden, die ein Bestandteil der Schnittstelle zwischen Kernel und Treiber sind.

Wir werden hier die drei Gruppen separat aufführen und dabei die eigentliche Reihenfolge der Felder, die nicht relevant ist, außer acht lassen.

Schnittstellen-Informationen

Die größte Teil der Informationen über die Schnittstelle wird schon von *ether_setup* korrekt ausgefüllt. Ethernet-Karten können sich bei den meisten Feldern auf diese allgemein verwendbare Funktion verlassen, aber die Felder flags und dev_addr sind gerätespezifisch und müssen bei der Initialisierung explizit zugewiesen werden.

Auch einige Nicht-Ethernet-Schnittstellen können auf ähnliche Hilfsfunktionen wie *ether_setup* zurückgreifen. *driver/net/net_init.c* exportiert eine Reihe solcher Funktionen, darunter:

void ltalk_setup(struct net_device *dev);
: Richtet die Felder für ein LocalTalk-Gerät ein.

void fc_setup(struct net_device *dev);
: Initialisierung für Fiber Channel-Geräte.

void fddi_setup(struct net_device *dev);
: Konfiguriert eine Schnittstelle für ein Fiber Distributed Data Interface-(FDDI)Netzwerk.

void hippi_setup(struct net_device *dev);
: Bereitet die Felder für einen Treiber für den High-Performance Parallel Interface-(HIPPI)Standard vor.

void tr_configure(struct net_device *dev);
: Erledigt das Einrichten von Token Ring-Netzwerk-Schnittstellen. Beachten Sie, daß es im 2.4-Kernel auch eine Funktion *tr_setup* gibt, die interessanterweise gar nichts macht.

Die meisten Geräte werden in einer dieser Klassen enthalten sein. Wenn Ihres radikal neu und anders ist, müssen Sie aber alle Felder von Hand belegen.

unsigned short hard_header_len;
: Die Hardware-Header-Länge ist die Anzahl der Oktetts, die im übertragenen Paket vor dem IP-Header oder anderen Protokoll-Informationen stehen. Bei Ethernet-Schnittstellen ist dieser Wert 14 (ETH_HLEN).

`unsigned short mtu;`

Die Maximum Transfer Unit. Dieses Feld wird von der Netzwerk-Schicht während der Paket-Übertragung verwendet. Ethernet hat eine MTU von 1500 Oktetten (`ETH_DATA_LEN`).

`unsigned long tx_queue_len;`

Die maximale Anzahl der Frames, die in der Übertragungswarteschlange des Geräts abgelegt werden können. Dieser Wert wird von *ether_setup* auf 100 gesetzt, kann aber von Ihnen geändert werden. *plip* verwendet beispielsweise 10, um die Verschwendung von Systemspeicher zu vermeiden (*plip* hat einen geringeren Durchsatz als eine echte Ethernet-Schnittstelle).

`unsigned short type;`

Der Hardware-Typ der Schnittstelle. Dieses Feld wird von ARP benutzt, um festzustellen, welche Art von Hardware-Adressen die Schnittstelle unterstützt. Der korrekte Wert für Ethernet-Schnittstellen ist `ARPHRD_ETHER`, was auch von *ether_setup* gesetzt wird. Die bekannten Typen sind in `<linux/if_arp.h>` definiert.

`unsigned char addr_len;`
`unsigned char broadcast[MAX_ADDR_LEN];`
`unsigned char dev_addr[MAX_ADDR_LEN];`

Hardware-(MAC-)Adreßlänge und Geräte-Hardware-Adressen. Die Ethernet-Adreßlänge beträgt sechs Oktetts (hier geht es um die Hardware-ID der Schnittstellen-Karte), und die Broadcast-Adresse besteht aus sechs `0xff`- Oktetten. *ether_setup* initialisiert diese Werte korrekt. Die Geräte-Adresse muß dagegen aus der Schnittstellen-Karte ausgelesen und nach `dev_addr` geschrieben werden. Das Auslesen ist gerätespezifisch. Die Hardware-Adresse wird verwendet, um korrekte Ethernet-Header zusammenzustellen, bevor das Paket an den Treiber zur Übertragung übergeben wird. *snull* verwendet keine physikalische Schnittstelle und denkt sich daher eine eigene Hardware-Adresse aus.

`unsigned short flags;`

Flags für das Interface; werden gleich ausführlich besprochen.

Das Feld `flags` ist eine Bitmaske, die sich unter anderem aus den im Folgenden aufgeführten Bit-Werten zusammensetzt. Das Präfix `IFF_` steht dabei für »InterFace Flags«. Einige Flags werden vom Kernel verwaltet, andere werden von der Schnittstelle bei der Initialisierung gesetzt, um diverse Capabilities (und andere Merkmale) der Schnittstelle bekanntzugeben. Die zulässigen Flags sind in `<linux/if.h>` definiert und lauten:

`IFF_UP`

Der Treiber kann dieses Flag nur lesen. Der Kernel setzt es, wenn die Schnittstelle aktiv ist und Pakete übertragen kann.

`IFF_BROADCAST`

Dieses Flag teilt mit, daß die Schnittstelle das Broadcasting zuläßt. Ethernet-Karten unterstützen das Broadcasting.

`IFF_DEBUG`
: Debug-Modus. Dieses Flag kann gesetzt werden, um die Ausführlichkeit Ihrer *printk*-Ausgaben zu steuern oder andere Debugging-Möglichkeiten einzuschalten. Auch wenn derzeit kein offizieller Treiber dieses Flag unterstützt, kann es doch von Benutzerprogrammen via *ioctl* gesetzt und gelesen und von Ihrem Treiber verwendet werden. Mit dem Programm *misc-progs/netifdebug* kann dieses Flag ein- und ausgeschaltet werden.

`IFF_LOOPBACK`
: Dieses Flag sollte nur in Loopback-Schnittstellen gesetzt werden. Der Kernel überprüft dieses Flag anstelle des hartcodierten Namens `lo`.

`IFF_POINTOPOINT`
: Dieses Flag kennzeichnet, daß die Schnittstelle mit einer Punkt-zu-Punkt-Verbindung verbunden ist. Es wird von *ifconfig* gesetzt, beispielsweise bei *plip* und dem PPP-Treiber.

`IFF_NOARP`
: Dieses Flag besagt, daß die Schnittstelle kein ARP beherrscht. Beispielsweise verwenden Point-to-Point-Schnittstellen kein ARP, weil das nur zu zusätzlichem Datenverkehr führen würde, ohne nützliche Informationen zu bringen. *snull* hat keine ARP-Fähigkeiten, setzt also dieses Flag.

`IFF_PROMISC`
: Dieses Flag wird gesetzt, um den sogenannten »Promiscuous«-Modus zu aktivieren. Default-mäßig verwenden Ethernet-Schnittstellen einen Hardware-Filter, der sicherstellt, daß sie nur Broadcast- und an sie selbst gerichtete Pakete empfangen. Paket-Überwachungsprogramme wie *tcpdump* schalten den »Promiscuous«-Modus ein, um alle Pakete zu bekommen, die über das Übertragungsmedium der Schnittstelle übertragen werden.

`IFF_MULTICAST`
: Dieses Flag wird von solchen Schnittstellen gesetzt, die Multicast-Übertragungen beherrschen. *ether_setup* setzt dieses Flag default-mäßig; wenn Ihr Treiber also kein Multicasting unterstützt, dann müssen Sie bei der Initialisierung dieses Flag löschen.

`IFF_ALLMULTI`
: Dieses Flag weist der Schnittstelle an, alle Multicast-Pakete zu empfangen. Der Kernel setzt es, wenn der Host ein Multicast-Routing durchführt, aber nur dann, wenn `IFF_MULTICAST` gesetzt ist. `IFF_ALLMULTI` kann von der Schnittstelle nur gelesen werden. Wir werden das im Abschnitt »Multicasting« weiter hinten in diesem Kapitel noch zeigen.

`IFF_MASTER`
`IFF_SLAVE`
: Diese Flags werden vom Lastausgleichscode verwendet. Der Schnittstellen-Treiber muß sie nicht benutzen.

`IFF_PORTSEL`

`IFF_AUTOMEDIA`
: Diese Flags signalisieren, daß das Gerät zwischen verschiedenen Medientypen wie etwa ungeschütztem Twisted Pair (UTP) und koaxialen Ethernet-Kabeln wechseln kann. Wenn `IFF_AUTOMEDIA` gesetzt ist, wählt das Gerät das korrekte Medium automatisch aus.

`IFF_DYNAMIC`
: Dieses Flag zeigt an, daß sich die Adresse dieser Schnittstelle ändern kann; es wird bei Dialup-Geräten benutzt.

`IFF_RUNNING`
: Dieses Flag zeigt an, daß die Schnittstelle betriebsbereit ist. Es existiert hauptsächlich für die BSD-Kompatibilität; der Kernel benutzt es kaum. Die meisten Netzwerk-Treiber müssen sich über `IFF_RUNNING` keine Gedanken machen.

`IFF_NOTRAILERS`
: Dieses Flag wird unter Linux nicht verwendet und ist nur für die BSD-Kompatibilität vorhanden.

Wenn ein Programm `IFF_UP` ändert, wird die Gerätemethode *open* oder *stop* aufgerufen. Wird `IFF_UP` oder irgendein anderes Flag geändert, dann wird die Methode *set_multicast_list* aufgerufen. Wenn der Treiber bei der Modifikation eines der Flags bestimmte Aufgaben durchführen muß, dann muß er dies in *set_multicast_list* tun. Beispielsweise muß der Hardware-Filter auf der Karte informiert werden, wenn `IFF_PROMISC` gesetzt oder zurückgesetzt wird. Die Aufgaben dieser Gerätemethode werden später im Abschnitt »Multicasting« beschrieben.

Die Gerätemethoden

Wie auch die Zeichen- und Block-Treiber deklariert jedes Netzwerk-Gerät die Funktionen, die auf ihm arbeiten. Die unten stehende Liste enthält die Operationen, die auf Netzwerk-Geräten definiert sind. Einige der Operationen können auch auf `NULL` gelassen werden, andere wiederum werden normalerweise nicht angefaßt, weil *ether_setup* bereits passende Methoden bereitstellt.

Die Gerätemethoden einer Netzwerk-Schnittstelle können in zwei Gruppen eingeteilt werden: fundamentale Methoden und optionale Methoden. Die fundamentalen Methoden sind diejenigen, die gebraucht werden, um die Schnittstelle zu benutzen; optionale Methoden implementieren fortgeschrittenere Funktionalitäten, die streng genommen nicht benötigt werden. Die folgenden Methoden sind fundamental:

`int (*open)(struct net_device *dev);`
: Öffnen der Schnittstelle. Eine Schnittstelle wird geöffnet, wenn sie von *ifconfig* aktiviert wird. Die Methode `open` sollte alle benötigten Systemressourcen (I/O-Ports, IRQ, DMA usw.) registrieren, die Hardware aktivieren und den Verwendungszähler des Moduls inkrementieren.

`int (*stop)(struct net_device *dev);`
: Hält die Schnittstelle an. Das geschieht, wenn die Schnittstelle deaktiviert wird. Hier sollten alle beim Öffnen vorgenommenen Operationen rückgängig gemacht werden.

`int (*hard_start_xmit) (struct sk_buff *skb, struct net_device *dev);`
: Diese Methode fordert die Übertragung eines Pakets an. Das vollständige Paket (mit Headern und allem) ist in einer Socket-Buffer- (`sk_buff`-)Struktur enthalten. Socket-Buffer werden weiter unten eingeführt.

`int (*hard_header) (struct sk_buff *skb, struct net_device *dev, unsigned short type,`
`void *daddr, void *saddr, unsigned len);`
: Diese Funktion baut den Hardware-Header aus den vorher geholten Quell- und Ziel-Hardware-Adressen auf. Sie hat die Aufgabe, die in den Argumenten übergebene Information in Form eines passenden, gerätespezifischen Hardware-Headers aufzubereiten. In Ethernet-ähnlichen Schnittstellen wird *eth_header* default-mäßig verwendet und von *ether_setup* entsprechend hier eingetragen.

`int (*rebuild_header) (struct sk_buff *skb);`
: Diese Funktion wird verwendet, um den Hardware-Header neu aufzubauen, bevor ein Paket übertragen wird. Die Default-Funktion, die in Ethernet-Geräten benutzt wird, verwendet ARP, um die fehlende Information einzutragen. Die Methode *rebuild_header* wird im 2.4-Kernel selten verwendet, statt dessen wird *hard_header* benutzt.

`void (*tx_timeout)(struct net_device *dev);`
: Diese Methode wird aufgerufen, wenn eine Paket-Übertragung innerhalb einer angemessenen Periode nicht durchgeführt werden kann. Dabei wird angenommen, daß ein Interrupt verpaßt wurde oder die Schnittstelle blockiert ist. Die Methode sollte das Problem beheben und die Paket-Übertragung fortsetzen.

`struct net_device_stats* (*get_stats)(struct net_device *dev);`
: Immer wenn eine Applikation Statistiken über eine Schnittstelle benötigt, wird diese Methode aufgerufen. Das geschieht beispielsweise beim Aufruf von *ifconfig* und *netstat –i*. Eine Beispiel-Implementation für *snull* finden Sie weiter unten in »Statistische Informationen«.

`int (*set_config)(struct net_device *dev, struct ifmap *map);`
: Ändert die Konfigurationsinformation. Diese Methode ist der Einsprungpunkt für die Konfiguration des Treibers. Die I/O-Adresse und die Interrupt-Nummer eines Geräts können zur Laufzeit mit *set_config* geändert werden. Diese Fähigkeit wird vom Systemadministrator verwendet, wenn das Gerät vom Treiber sonst nicht gefunden wird. Treiber für moderne Hardware müssen diese Methode normalerweise nicht implementieren.

Es verbleiben noch die Geräte-Operationen, die wir für optional halten:

`int (*do_ioctl) (struct net_device *dev, struct ifreq *ifr, int cmd);`
: Führt schnittstellenspezifische *ioctl*-Befehle aus. Die Implementation dieser Befehle wird weiter unten in »Eigene ioctl-Befehle« beschrieben. Das entsprechende Feld in `struct net_device` kann auf `NULL` gelassen werden, wenn die Schnittstelle keine schnittstellenspezifischen Befehle kennt.

`void (*set_multicast_list)(struct net_device *dev);`
: Diese Methode wird aufgerufen, wenn sich die Multicast-Liste des Geräts ändert oder die Flags sich ändern. In »Multicasting« finden Sie nähere Beispiele und eine Implementation.

`int (*set_mac_address)(struct net_device *dev, void *addr);`
: Diese Funktion kann implementiert werden, wenn die Schnittstelle in der Lage ist, ihre Hardware-Adresse zu ändern. Viele Schnittstellen können das nicht. Andere verwenden die Default-Implementation *eth_mac_addr* (aus *drivers/net/net_init.c*). *eth_mac_addr* kopiert nur die neue Adresse nach `dev->dev_addr`, und das auch nur, wenn die Schnittstelle nicht in Betrieb ist. Treiber, die *eth_mac_addr* verwenden, sollten die Hardware-MAC-Adresse bei der Konfiguration anhand von `dev->dev_addr` setzen.

`int (*change_mtu)(struct net_device *dev, int new_mtu);`
: Diese Funktion erledigt alles Notwendige, wenn sich die MTU (Maximum Transfer Unit) des Gerätes ändert. Falls der Treiber etwas Besonderes machen muß, wenn die MTU verändert wird, sollte er eine eigene Funktion deklarieren, ansonsten macht die Default-Version das Richtige. Wenn es Sie interessiert, können Sie ein Muster für diese Funktion in *snull* finden.

`int (*header_cache) (struct neighbour *neigh, struct hh_cache *hh);`
: *header_cache* wird aufgerufen, um die `hh_cache`-Struktur mit dem Ergebnis einer ARP-Anfrage zu füllen. Fast alle Treiber können die Default-Implementation *eth_header_cache* verwenden.

`int (*header_cache_update) (struct hh_cache *hh, struct net_device *dev, unsigned char *haddr);`
: Diese Methode aktualisiert nach einer Änderung die Zieladresse in der Struktur `hh_cache`. Ethernet-Geräte verwenden *eth_header_cache_update*.

`int (*hard_header_parse) (struct sk_buff *skb, unsigned char *haddr);`
: Die Methode *hard_header_parse* extrahiert die Quell-Adresse des in `skb` enthaltenen Pakets und kopiert sie in einen Puffer ab `haddr`. Der Rückgabewert der Funktion ist die Länge dieser Adresse. Ethernet-Geräte verwenden normalerweise *eth_header_parse*.

Hilfsfelder

Die Datenfelder, die in *struct net_device* noch übrig sind, werden von der Schnittstelle zum Abspeichern von Status-Informationen verwendet. Einige dieser Felder werden von *ifconfig* und *netstat* verwendet, um dem Benutzer Informationen über die aktuelle Konfiguration zu liefern. Eine Schnittstelle sollte daher diesen Feldern passende Werte zuweisen.

`unsigned long trans_start;`
`unsigned long last_rx;`
: Diese beiden Felder sollten einen Jiffy-Wert enthalten. Der Treiber muß diese Werte beim Start einer Übertragung und beim Empfang eines Paketes aktualisieren. Das Feld `trans_start` kann darüber hinaus vom Netzwerk-Subsystem verwendet werden, um Blockaden des Transmitters zu entdecken. `last_rx` wird derzeit nicht verwendet, der Treiber sollte dieses Feld aber trotzdem pflegen, um auf zukünftige Versionen vorbereitet zu sein.

`int watchdog_timeo;`
: Die Minimumzeit (in Jiffies), die vergehen sollte, bevor die Netzwerk-Schicht entscheidet, daß ein Übertragungs-Timeout aufgetreten ist und die *tx_timeout*-Funktion des Treibers aufruft.

`void *priv;`
: Das Äquivalent von `filp->private_data`. Der Treiber kann über diesen Zeiger nach Belieben verfügen. Üblicherweise enthält die private Datenstruktur ein `struct net_device_stats`-Element. Das Feld wird weiter unten in »Jedes Gerät initialisieren« beschrieben.

`struct dev_mc_list *mc_list;`
`int mc_count;`
: Diese beiden Felder werden in Multicast-Übertragungen benutzt. `mc_count` enthält die Anzahl der Elemente in `mc_list`. Ausführliche Informationen finden Sie in »Multicasting«.

`spinlock_t xmit_lock;`
`int xmit_lock_owner;`
: Das `xmit_lock` wird verwendet, um mehrfache gleichzeitige Aufrufe der Funktion *hard_start_xmit* des Treibers zu verhindern. `xmit_lock_owner` ist die Nummer der CPU, die die Sperre `xmit_lock` hält. Der Treiber sollte diese Felder nicht verändern.

`struct module *owner;`
: Das Modul, das diese Geräte-Struktur »besitzt«. Dieses Feld wird verwendet, um den Verwendungszähler des Moduls zu pflegen.

Es gibt noch weitere Felder in `struct net_device`, die aber nicht von Treibern verwendet werden.

Öffnen und Schließen

Unser Treiber kann eine Schnittstelle beim Laden des Moduls oder beim Hochfahren des Kernels suchen. Bevor die Schnittstelle Pakete transportieren kann, muß der Kernel sie aber öffnen und ihr eine Adresse zuweisen. Dies geschieht als Reaktion auf einen *ifconfig*-Aufruf.

Wenn *ifconfig* verwendet wird, um einer Schnittstelle eine Adresse zuzuweisen, erledigt es zwei Aufgaben. Zunächst weist es die Adresse der Schnittstelle mit Hilfe des `ioctl`-Befehls `SIOCSIFADDR` (Socket I/O Control Set Interface ADDRess) zu und dann setzt es das `IFF_UP`-Bit in `dev->flag` durch den `ioctl`-Befehl `SIOCSIFFLAGS` (Socket I/O Control Set Interface FLAGS), um die Schnittstelle zu aktivieren.

Was das Gerät angeht, macht `ioctl(SIOCSIFADDR)` nichts. Es wird keine Treiberfunktion aufgerufen – die Aufgabe ist geräteunabhängig und wird vom Kernel erledigt. Der zweite `ioctl`-Befehl (`SIOCSIFFLAGS`) ruft dann allerdings die *open*-Methode für das Gerät auf.

Entsprechend ruft *ifconfig* beim Herunterfahren einer Schnittstelle `ioctl(SIOCSIFFLAGS)` auf, um das Flag `IFF_UP` zu löschen. Anschließend wird die *stop*-Methode aufgerufen.

Beide Gerätemethoden geben im Erfolgsfall 0 und den üblichen negativen Wert bei Fehlern zurück.

Was den eigentlichen Code angeht, muß der Treiber in vielerlei Hinsicht das gleiche machen, wie auch bei Zeichen- und Block-Treibern. *open* fordert alle benötigten Systemressourcen an und teilt der Schnittstelle mit, jetzt aktiv zu sein; *stop* fährt die Schnittstelle herunter und gibt die Systemressourcen frei. Es sind allerdings noch eine Reihe weiterer Schritte durchzuführen.

Zunächst muß die Hardware-Adresse aus dem Hardware-Gerät nach `dev->dev_addr` kopiert werden, bevor die Schnittstelle mit der Außenwelt kommunizieren kann. Die Hardware-Adresse kann je nach Geschmack des Treibers beim Suchen nach dem Gerät oder beim Öffnen zugewiesen werden. Die Software-Schnittstelle *snull* macht das in *open*; hier wird einfach eine Hardware-Nummer vorgetäuscht, indem ein ASCII-String der Länge `ETH_ALEN` verwendet wird (also der Länge von Ethernet-Hardware-Adressen).

Die Methode *open* sollte auch die Übertragungswarteschlange der Schnittstelle starten (und damit Pakete zur Übertragung akzeptieren), sobald die Schnittstelle zum Senden von Daten bereit ist. Der Kernel stellt dafür eine Funktion bereit:

```
void netif_start_queue(struct net_device *dev);
```

Der Code von *open* in *snull* sieht so aus:

```
int snull_open(struct net_device *dev)
{
    MOD_INC_USE_COUNT;

    /* request_region(), request_irq(), .... (wie fops->open) */
```

```
        /*
         * Die Hardware-Adresse der Karte zuweisen: Wir verwenden
         * "\0SNULx", wobei x 0 oder 1 ist. Das erste Byte ist '\0', um
         * Multicast-Adressen zu vermeiden (das erste Byte in
         * Multicast-Adressen ist ungerade).
         */
        memcpy(dev->dev_addr, "\0SNUL0", ETH_ALEN);
        dev->dev_addr[ETH_ALEN-1] += (dev - snull_devs); /* die Nummer */

        netif_start_queue(dev);
        return 0;
    }
```

Wie Sie sehen, muß man bei Abwesenheit echter Hardware in der *open*-Methode nur wenig tun. Das gleiche gilt auch für die *stop*-Methode; diese macht nur die Operationen von *open* rückgängig. Aus diesem Grund wird die Funktion, die *stop* implementiert, oft *close* oder *release* genannt.

```
    int snull_release(struct net_device *dev)
    {
        /* Ports, IRQ usw. freigeben -- wie fops->close */

        netif_stop_queue(dev); /* keine Uebertragung mehr moeglich */
        MOD_DEC_USE_COUNT;
        return 0;
    }
```

Die Funktion

```
    void netif_stop_queue(struct net_device *dev);
```

ist das Gegenstück zu *netif_start_queue*; sie markiert das Gerät als nicht mehr übertragungsfähig. Diese Funktion muß aufgerufen werden, wenn die Schnittstelle geschlossen wird (was in der Methode *stop* geschieht), kann aber auch dazu verwendet werden, die Übertragung vorübergehend anzuhalten, was im nächsten Abschnitt erläutert wird.

Paket-Übertragung

Die wichtigsten Aufgaben einer Netzwerk-Schnittstelle sind die Übertragung und der Empfang von Daten. Wir fangen hier mit der Übertragung an, weil sie etwas einfacher zu verstehen ist.

Immer wenn der Kernel ein Datenpaket übertragen will, ruft er die Methode *hard_start_transmit* auf, um die Daten in die ausgehende Warteschlange zu stellen. Jedes Paket, das vom Kernel verarbeitet wird, ist in einer Socket-Buffer-Struktur (`struct sk_buff`) enthalten. Die Definition dieser Struktur steht in `<linux/skbuff.h>`. Der Name dieser Struktur stammt aus der Unix-Abstraktion, mit der eine Netzwerk-Verbindung repräsentiert wird, dem *Socket*. Selbst, wenn die Schnittstelle nichts mit Sockets zu tun hat, gehört doch jedes Netzwerk-Paket zu einem Socket in den höheren Netzwerk-Schichten, und die Eingabe-/Ausgabe-Puffer jedes Sockets sind Listen mit `struct sk_buff`-Strukturen.

Die gleiche sk_buff-Struktur wird auch verwendet, um Netzwerkdaten überall in den Netzwerk-Subsystemen von Linux zu speichern. Für die Schnittstelle ist ein Socket-Buffer aber nichts weiter als ein Paket.

Ein Zeiger auf sk_buff wird normalerweise skb genannt. Wir folgen dieser Konvention sowohl im Beispiel-Code als auch im Text.

Der Socket-Buffer ist eine komplexe Struktur, weswegen der Kernel eine Reihe von Funktionen bereitstellt, die darauf operieren. Diese werden später in »Die Socket-Buffer« beschrieben; im Moment reichen uns einige Grundlagen über sk_buff, um einen funktionierenden Treiber schreiben zu können.

Der Socket-Buffer, der an *hard_start_xmit* übergeben wird, enthält das physikalische Paket, wie es auf dem Medium erscheinen soll, mit den Headern für die Übertragung. Die Schnittstelle muß die zu übertragenden Daten nicht modifizieren. skb->data zeigt auf das zu übertragende Paket, und skb->len ist dessen Länge in Oktetten.

Der Paket-Übertragungscode von *snull* ist unten angeführt, wobei der Mechanismus zur physikalischen Übertragung in einer anderen Funktion isoliert worden ist, weil jeder Treiber das passend für die angesteuerte Hardware implementieren muß.

```
int snull_tx(struct sk_buff *skb, struct net_device *dev)
{
    int len;
    char *data;
    struct snull_priv *priv = (struct snull_priv *) dev->priv;
    len = skb->len < ETH_ZLEN ? ETH_ZLEN : skb->len;
    data = skb->data;
    dev->trans_start = jiffies; /* Zeitstempel speichern */

    /* skb merken, damit wir ihn zur Interrupt-Zeit freigeben koennen */
    priv->skb = skb;

    /* die eigentliche Datenuebertragung ist geraetespezifisch und wird
       hier nicht gezeigt */
    snull_hw_tx(data, len, dev);

    return 0; /* Unser Geraet gelingt immer und klebt nicht */
}
```

Die Übertragungsfunktion führt also nur einige Konsistenzüberprüfungen auf dem Paket durch und überträgt die Daten dann mittels der Hardware-abhängigen Funktion. Diese Funktion (*snull_hw_tx*) wird hier nicht gezeigt, weil sie sich ausschließlich mit der Implementation der Tricks im *snull*-Gerät (einschließlich der Manipulation der Quell- und Ziel-Adressen) beschäftigt und für Autoren echter Netzwerk-Treiber wenig interessant ist. Natürlich finden Sie den Code aber in den Beispiel-Programmen, wenn Sie daran interessiert sind.

Steuerung der Nebenläufigkeit von Übertragungen

Die Funktion *hard_start_xmit* wird vor nebenläufigen Aufrufen durch ein Spinlock (`xmit_lock`) in der Struktur `net_device` geschützt. Sobald die Funktion zurückkehrt, kann sie aber wieder aufgerufen werden. Die Funktion kehrt zurück, wenn die Software damit fertig ist, der Hardware Anweisungen zur Paket-Übertragung zu geben; die Hardware wird aber wahrscheinlich noch nicht fertig sein. Bei *snull*, wo alle Arbeit in der CPU geschieht, ist das kein Problem, so daß die Paket-Übertragung beendet ist, bevor die Übertragungsfunktion zurückkehrt.

Echte Hardware-Schnittstellen übertragen ihre Pakete dagegen asynchron und haben nur eine begrenzte Menge von Speicher zur Verfügung, in dem sie ausgehende Pakete speichern können. Wenn dieser Speicher voll ist (was bei mancher Hardware schon bei einem einzigen zur Übertragung ausstehenden Paket der Fall sein kann), muß der Treiber das Netzwerk-System anweisen, keine weiteren Übertragungen zu starten, bis die Hardware bereit ist, neue Daten zu schicken.

Diese Benachrichtigung geschieht durch das Aufrufen von *netif_stop_queue*, der Funktion, die wir schon oben zum Anhalten der Warteschlange eingeführt hatten. Wenn Ihr Treiber seine Warteschlange angehalten hat, *muß* er das Neustarten der Warteschlange irgendwann in der Zukunft organisieren, nämlich dann, wenn wieder Pakete zur Übertragung angenommen werden können. Dazu wird folgende Funktion aufgerufen:

```
void netif_wake_queue(struct net_device *dev);
```

Diese Funktion macht das gleiche wie *netif_start_queue*, stubst aber auch das Netzwerk-System an, damit dieses wieder Pakete überträgt.

Die meisten modernen Netzwerk-Schnittstellen unterhalten eine interne Warteschlange mit mehreren zu übertragenden Paketen; auf diese Art und Weise können sie die beste Performance aus dem Netzwerk herausholen. Netzwerk-Treiber für diese Geräte unterstützen mehrere ausstehende Übertragungen zu einem beliebigen Zeitpunkt, aber der Geräte-Speicher kann voll werden, ob die Hardware nun mehrere ausstehende Übertragungen unterstützt oder nicht. Immer wenn der Gerätespeicher so weit gefüllt ist, daß das größtmögliche Paket nicht mehr hineinpaßt, sollte der Treiber die Warteschlange anhalten, bis wieder Platz ist.

Übertragungs-Timeouts

Die meisten Treiber, die es mit richtiger Hardware zu tun haben, müssen darauf vorbereitet sein, daß die Hardware gelegentlich versagt. Schnittstelle können vergessen, was sie gerade machen, oder das System kann einen Interrupt verlieren. Diese Art von Problemen tritt bei manchen Geräten für Personal Computer besonders häufig auf.

Viele Treiber behandeln dieses Problem durch Timer. Wenn die Operation in einem gewissen Zeitraum nicht abgeschlossen worden ist, ist etwas falsch. Das Netzwerk-

System ist übrigens im wesentlichen eine komplizierte Ansammlung von Zustandsmaschinen, die von einer Unmenge von Timern kontrolliert wird. Als solche kann der Netzwerk-Code gut Übertragungs-Timeouts automatisch entdecken.

Netzwerk-Treiber müssen sich daher keine Gedanken über das Entdecken solcher Probleme machen. Statt dessen legen sie lediglich einen Timeout-Zeitraum fest, der in das Feld `watchdog_timeo` der Struktur `net_device` geschrieben wird. Dieser Zeitraum, der in Jiffies angegeben wird, sollte lang genug sein, um normale Verzögerungen bei der Übertragung (wie Kollisionen, die durch Verstopfungen des Netzwerk-Mediums hervorgerufen werden) zu berücksichtigen.

Wenn die aktuelle Systemzeit die `trans_start`-Zeit des Geräts um wenigstens den Timeout-Zeitraum überschreitet, wird die Netzwerk-Schicht irgendwann die Methode *tx_timeout* des Treibers aufrufen. Die Aufgabe dieser Methode ist es, alles zu tun, was notwendig ist, um das Problem zu beheben und die ordnungsgemäße Beendigung noch ausstehender Übertragungen zu gewährleisten. Es ist besonders wichtig, daß der Treiber keine Socket-Buffer verliert, die ihm vom Netzwerk-Code anvertraut worden sind.

snull kann Übertragungsblockaden simulieren; dies geschieht durch zwei Lade-Parameter:

```
static int lockup = 0;
MODULE_PARM(lockup, "i");

#ifdef HAVE_TX_TIMEOUT
static int timeout = SNULL_TIMEOUT;
MODULE_PARM(timeout, "i");
#endif
```

Wenn der Treiber mit dem Parameter `lockup=n` geladen wird, dann wird alle `n` übertragenen Pakete eine Blockade simuliert, und das Feld `watchdog_timeo` wird auf den `timeout`-Wert gesetzt. Beim Simulieren von Blockaden ruft *snull* auch *netif_stop_queue* auf, um andere Übertragungsversuche zu verhindern.

Der Timeout-Handler von *snull* sieht folgendermaßen aus:

```
void snull_tx_timeout (struct net_device *dev)
{
    struct snull_priv *priv = (struct snull_priv *) dev->priv;

    PDEBUG("Übertragung-Timeout bei %ld, latency %ld\n", jiffies,
                   jiffies - dev->trans_start);
    priv->status = SNULL_TX_INTR;
    snull_interrupt(0, dev, NULL);
    priv->stats.tx_errors++;
    netif_wake_queue(dev);
    return;
}
```

Wenn ein Übertragungs-Timeout geschieht, muß der Treiber den Fehler in der Schnittstellenstatistik markieren und dafür sorgen, daß das Gerät auf einen sinnvollen Zustand zurückgesetzt wird, in dem neue Pakete übertragen werden können. Wenn ein Timeout in *snull* auftritt, ruft der Treiber *snull_interrupt* auf, um den »fehlenden« Interrupt zu ergänzen und die Übertragungs-Warteschlange mit *netif_wake_queue* neu zu starten.

Paket-Empfang

Das Empfangen von Daten aus dem Netzwerk ist schwieriger als die Übertragung, weil ein `sk_buff` im Interrupt-Handler alloziert und an die oberen Schichten hochgereicht werden muß, denn die beste Möglichkeit, ein Paket zu empfangen, ist in einem Interrupt-Handler – es sei denn, es handelt sich um eine reine Software-Schnittstelle wie *snull* oder *loopback*. Es ist zwar möglich, einen Treiber zu schreiben, der immer wieder fragt, ob Daten vorliegen, und es gibt auch einige davon im offiziellen Kernel, aber eine Interrupt-gesteuerte Operation ist viel besser, weil sie höhere Datendurchsätze erreicht und die CPU weniger belastet. Da die meisten Netzwerk-Schnittstellen Interrupt-gesteuert arbeitet, werden wir hier nicht auf die andere Implementation eingehen, die einfach nur Kernel-Timer benutzt.

Die Implementation von *snull* trennt die Hardware-Details von der geräteunabhängigen Verwaltung. Daher wird die Funktion *snull_rx* aufgerufen, nachdem die Hardware ein Paket empfangen hat und wenn sich dieses Paket bereits im Speicher des Computers befindet. *snull_rx* bekommt daher einen Zeiger auf die Daten sowie die Länge der Daten übergeben. Diese Funktion hat nur die eine Aufgabe, das Paket zusammen mit einigen zusätzlichen Informationen an die oberen Schichten des Netzwerk-Codes weiterzuleiten. Der Code ist unabhängig davon, wie man an den Zeiger auf die Daten und deren Länge herankommt.

```
void snull_rx(struct net_device *dev, int len, unsigned char *buf)
{
    struct sk_buff *skb;
    struct snull_priv *priv = (struct snull_priv *) dev->priv;

    /*
     * Das Paket wurde vom Uebertragungsmedium entgegengenommen. Einen
     * skb dazu aufbauen, damit die oberen Schichten etwas damit
     * anzufangen wissen.
     */
    skb = dev_alloc_skb(len+2);
    if (!skb) {
        printk("snull rx: low on mem - packet dropped\n");
        priv->stats.rx_dropped++;
        return;
    }
    memcpy(skb_put(skb, len), buf, len);

    /* Metadaten schreiben und an die empfangende Ebene uebergeben */
    skb->dev = dev;
    skb->protocol = eth_type_trans(skb, dev);
    skb->ip_summed = CHECKSUM_UNNECESSARY; /* keine Pruefsumme */
    priv->stats.rx_packets++;
    priv->stats.rx_bytes += len;
```

```
        netif_rx(skb);
        return;
    }
```

Diese Funktion ist allgemein genug, um als Vorlage für jeden Netzwerk-Treiber dienen zu können, aber trotzdem müssen wir einiges erklären, bevor Sie dieses Code-Fragment sicher verwenden können.

Als erstes muß ein Puffer für das Paket alloziert werden. Beachten Sie, daß die Funktion zum Allozieren des Puffers (*dev_alloc_skb*) die Datenlänge wissen möchte. Diese Information wird von der Funktion verwendet, um Platz für den Puffer zu allozieren. Die Allokationsfunktion *kmalloc* wird von *dev_alloc_skb* mit atomarer Priorität aufgerufen und kann daher sicher zur Interrupt-Zeit benutzt werden. Der Kernel bietet auch noch andere Schnittstellen zur Allokation von Socket-Buffern an, aber es lohnt sich nicht, diese hier einzuführen; wir erklären Socket-Buffer detaillierter in »Die Socket-Buffer« weiter unten in diesem Kapitel.

Wenn wir einmal einen gültigen `skb`-Zeiger haben, werden die Paketdaten mit *memcpy* in den Puffer kopiert; dabei aktualisiert die Funktion *skb_put* den Datenende-Zeiger im Puffer und gibt einen Zeiger auf den neu erzeugten Platz zurück.

Wenn Sie einen hochleistungsfähigen Treiber für eine Schnittstelle schreiben, die vollständig Busmastering-fähig ist, gibt es eine mögliche Optimierung, die sich anzuschauen lohnt. Manche Treiber allozieren Socket-Buffer für eingehende Pakete vor dem Empfang und weisen dann die Schnittstelle an, die Paketdaten direkt in den Platz des Socket-Buffers zu schreiben. Die Netzwerk-Schicht kooperiert mit dieser Strategie, indem sie alle Socket-Buffer in DMA-fähigem Speicher alloziert. Dadurch wird eine separate Kopieroperation zum Füllen des Socket-Buffers vermieden, aber man muß vorsichtig mit den Puffer-Größen sein, weil man nicht im voraus weiß, wie groß das eingehende Paket ist. Die Implementation einer *change_mtu*-Methode ist in dieser Situation ebenfalls wichtig, weil sie dem Treiber erlaubt, auf die Änderung der maximalen Paketgröße zu reagieren.

Die Netzwerk-Schicht muß einige Informationen haben, bevor sie mit dem Paket etwas anfangen kann. Die Felder `dev` und `protocol` müssen daher gefüllt werden, bevor der Puffer nach oben weitergereicht wird. Anschließend müssen wir angeben, ob und wie Prüfsummen über das Paket gebildet werden sollen (`snull` benutzt keine Prüfsummen). Die möglichen Werte für `skb->ip_summed` sind:

`CHECKSUM_HW`
: Die Netzwerkkarte berechnet die Prüfsumme in der Hardware. Ein Beispiel wäre die HME-Schnittstelle auf SPARCs.

`CHECKSUM_NONE`
: Prüfsummen müssen noch überprüft werden, dies ist die Aufgabe der System-Software. Dies ist der Default in neu allozierten Puffern.

`CHECKSUM_UNNECESSARY`
: Keine Prüfsummen berechnen. Dies ist die Policy bei `snull` und *loopback*.

Schließlich aktualisiert der Treiber seine Statistik-Zähler, um festzuhalten, daß ein Paket empfangen worden ist. Die Statistik-Struktur besteht aus mehreren Feldern, deren wichtigste `rx_packets`, `rx_bytes`, `tx_packets` und `tx_bytes` sind. Diese Felder enthalten die Anzahl der empfangenen beziehungsweise versendeten Pakete und die Gesamtanzahl der übertragenen Oktette. Alle Felder werden noch ausführlich im Abschnitt »Statistische Informationen« beschrieben.

Der letzte Schritt beim Empfangen eines Paketes ist der Aufruf von *netif_rx*, mit dem der Socket-Buffer an die oberen Schichten übergeben wird.

Der Interrupt-Handler

Die meisten Hardware-Schnittstellen werden mit Hilfe eines Interrupt-Handlers gesteuert. Die Schnittstelle unterbricht den Prozessor, um eines von zwei möglichen Ereignissen mitzuteilen: Entweder ist ein neues Paket angekommen, oder die Übertragung eines ausgehenden Paketes wurde abgeschlossen. Diese Generalisierung ist nicht immer ganz richtig, trifft aber bei allen Problemen der asynchronen Paket-Übertragung zu. Das Parallel Line Internet Protocol (PLIP) und das Point-to-Point Protocol (PPP) sind Beispiele für Schnittstellen, die nicht in diese Generalisierung passen. Sie haben es mit den gleichen Ereignissen zu tun, aber die Interrupt-Verarbeitung auf der unteren Ebene ist geringfügig anders.

Die normale Interrupt-Routine kann den Unterschied zwischen einem Interrupt wegen eines neu eingetroffenen Paketes und einem Interrupt wegen einer vollständig durchgeführten Übertragung anhand eines Status-Registers auf dem physikalischen Gerät selbst feststellen. *snull* arbeitet ähnlich, wenn auch dieser Zustandswert in der Software implementiert wird und in `dev->priv` steht. Der Interrupt-Handler für eine Netzwerk-Schnittstelle sieht folgendermaßen aus:

```
void snull_interrupt(int irq, void *dev_id, struct pt_regs *regs)
{
    int statusword;
    struct snull_priv *priv;
    /*
     * Wie ueblich den "Geraete"-Zeiger auf gemeinsam genutzte Handler
     * ueberpruefen, dann "struct net_device* dev" zuweisen.
     */
    struct net_device *dev = (struct net_device *)dev_id;
    /* ... und bei der Hardware ueberpruefen, ob das unser Geraet ist */

    if (!dev /*paranoid*/ ) return;

    /* Das Geraet sperren */
    priv = (struct snull_priv *) dev->priv;
    spin_lock(&priv->lock);

    /* Statuswert holen: richtige Geraete verwenden I/O-Anweisungen */
    statusword = priv->status;
    if (statusword & SNULL_RX_INTR) {
```

```
            /* an snull_rx zur Bearbeitung senden */
            snull_rx(dev, priv->rx_packetlen, priv->rx_packetdata);
        }
        if (statusword & SNULL_TX_INTR) {
            /* eine Uebertragung ist erledigt: den skb freigeben */
            priv->stats.tx_packets++;
            priv->stats.tx_bytes += priv->tx_packetlen;
            dev_kfree_skb(priv->skb);
        }

        /* Das Geraet freigeben und fertig */
        spin_unlock(&priv->lock);
        return;
    }
```

Die erste Aufgabe des Handlers ist es, den Zeiger auf die richtige `net_device`-Struktur zu finden. Dieser Zeiger stammt normalerweise aus dem Zeiger `dev_id`, der als Argument übergeben wird.

Der interessante Teil des Handlers behandelt abgeschlossene Übertragungen. In diesem Fall wird die Statistik aktualisiert und *dev_kfree_skb* aufgerufen, um den (nicht mehr benötigten) Socket-Buffer an das System zurückzugeben. Wenn Ihr Treiber die Übertragungswarteschlange vorübergehend angehalten hat, ist dies auch die richtige Stelle, um sie mit *netif_wake_queue* wieder in Gang zu bringen.

Zum Empfangen der Pakete ist dagegen keine besondere Interrupt-Behandlung notwendig. Es muß lediglich *snull_rx* aufgerufen werden.

Änderungen im Verbindungszustand

Netzwerkverbindungen haben es von Haus aus mit der Welt außerhalb des lokalen Systems zu tun. Sie sind daher auch oft durch äußere Ereignisse betroffen und bestehen eventuell nur vorübergehend. Das Netzwerk-Subsystem muß Bescheid wissen, wenn Netzwerkverbindungen entstehen und verschwinden, und stellt einige Funktionen zur Verfügung, die der Treiber verwenden kann, um diese Informationen zu melden.

Die meisten Netzwerktechnologien, bei denen es eine tatsächliche physikalische Verbindung gibt, liefern einen *Carrier*-Zustand; die Anwesenheit des Carriers bedeutet, daß die Hardware vorhanden und betriebsbereit ist. Ethernet-Karten können das Carrier-Signal beispielsweise auf der Leitung feststellen; wenn ein Benutzer über das Kabel stolpert, verschwindet der Carrier und die Verbindung damit ebenfalls. Default-mäßig wird angenommen, daß Netzwerk-Geräte ein Carrier-Signal haben. Der Treiber kann diesen Zustand aber mit den folgenden Funktionen explizit verändern:

```
void netif_carrier_off(struct net_device *dev);
void netif_carrier_on(struct net_device *dev);
```

Wenn Ihr Treiber feststellt, daß der Carrier auf einem der Geräte fehlt, sollte er *netif_carrier_off* aufrufen, um den Kernel davon zu informieren. Wenn der Carrier wiederkommt, sollte *netif_carrier_on* aufgerufen werden. Manche Treiber rufen auch *netif_carrier_off* auf, wenn größere Konfigurationsänderungen (wie etwa des Medientyps) vorgenommen werden; wenn die Karte mit den Änderungen ist fertig, wird der neue Carrier vorgefunden, und die Übertragung kann fortgesetzt werden.

Es gibt auch eine Integer-Funktion:

```
int netif_carrier_ok(struct net_device *dev);
```

Sie kann verwendet werden, um den aktuellen Carrier-Zustand (wie er in der Geräte-Struktur steht) abzufragen.

Die Socket-Buffer

Wir haben jetzt den größten Teil der Themen aus dem Bereich der Netzwerk-Schnittstellen erläutert. In den nächsten Abschnitten folgt noch eine detaillierte Erklärung, wie die `sk_buff`-Struktur aufgebaut ist. Diese Struktur befindet sich im Kern des Netzwerk-Subsystems des Linux-Kernels, und wir führen hier sowohl die wichtigsten Felder der Struktur als auch die darauf operierenden Funktionen ein.

Obwohl es streng genommen nicht nötig ist, die Interna von `sk_buff` zu verstehen, kann es bei der Fehlersuche und der Code-Optimierung hilfreich sein, wenn man in der Lage ist, den Inhalt zu analysieren. Wenn Sie beispielsweise einen Blick in *loopback.c* werfen, werden Sie eine Optimierung finden, die auf Wissen über die Interna von `sk_buff` basiert. Auch hier gilt die übliche Warnung: Wenn Sie Code schreiben, der sich interne Details der Struktur `sk_buff` zunutze macht, dann sollten Sie darauf vorbereitet sein, daß der Code mit zukünftigen Kernel-Versionen nicht mehr funktioniert. Manchmal rechtfertigen die Performance-Vorteile aber den zusätzlichen Pflegeaufwand.

Wir werden hier nicht die gesamte Struktur beschreiben, sondern uns auf die Felder beschränken, die von einem Treiber verwendet werden können. Wenn Sie alle Felder sehen möchten, sollten Sie sich `<linux/skbuff.h>` anschauen, wo die Struktur definiert ist und die Prototypen der Funktionen stehen.

Die wichtigen Felder

Mit »Die wichtigen Felder« sind hier diejenigen Felder in der Struktur gemeint, die für einen Treiberprogrammierer nützlich sein können. Die folgende Liste hat keine bestimmte Reihenfolge:

`struct net_device *rx_dev;`
`struct net_device *dev;`
: Die Geräte, die diesen Puffer senden oder empfangen.

`union { /* ... */ } h;`
`union { /* ... */ } nh;`
`union { /*... */} mac;`

Zeiger auf die verschiedenen Ebenen von Headern im Paket. Jedes Feld der Unions ist ein Zeiger auf einen anderen Typ von Datenstruktur. `h` enthält Zeiger auf Header der Transport-Schicht (beispielsweise `struct tcphdr *th`), `nh` enthält Header der Netzwerk-Schicht (wie `struct iphdr *iph`), und `mac` enthält Zeiger auf Header der Verbindungsschicht (wie `struct ethdr *ethernet`).

Wenn Ihr Treiber die Quell- und Ziel-Adresse eines TCP-Pakets anschauen muß, dann kann er diese Adressen in `skb->h.th` finden. Sehen Sie sich dazu die Header-Datei an, in der alle Header-Typen stehen, auf die auf diese Weise zugegriffen werden kann.

Beachten Sie, daß Netzwerk-Treiber für das Setzen des `mac`-Zeigers bei eingehenden Paketen verantwortlich sind. Diese Aufgabe wird normalerweise von *ether_type_trans* erledigt, aber Nicht-Ethernet-Treiber müssen `skb->mac.raw` direkt setzen, wie in »Nicht-Ethernet-Header« noch gezeigt wird.

`unsigned char *head;`
`unsigned char *data;`
`unsigned char *tail;`
`unsigned char *end;`

Mit diesen Zeigern werden die Daten im Paket adressiert. `head` zeigt auf den Anfang des allozierten Bereichs, `data` ist der Anfang der gültigen Oktetts (und damit meistens etwas größer als `head`), `tail` ist das Ende der gültigen Oktetts, und `end` zeigt auf die maximal für `tail` zulässige Adresse. Man kann es sich auch so vorstellen, daß der verfügbare Platz eine Größe von `skb->end - skb->head` und der *aktuell belegte* Platz eine Größe von `skb->tail - skb->data` hat.

`unsigned long len;`

Die Länge der Daten selbst (`skb->tail - skb->head`).

`unsigned char ip_summed;`

Dieses Feld wird vom Treiber bei eingehenden Paketen gefüllt und wird bei der Bildung der TCP/UDP-Prüfsummen verwendet. Es wurde bereits weiter vorn in »Paket-Empfang« beschrieben.

`unsigned char pkt_type;`

Für die Auslieferung verwendete Paket-Klassifizierung. Dieses Feld wird intern für die Auslieferung eingehender Pakete verwendet. Der Treiber muß dieses Feld auf `PACKET_HOST` (»dieses Paket ist für mich«), `PACKET_BROADCAST`, `PACKET_MULTICAST` oder `PACKET_OTHERHOST` (»nein, dieses Paket ist nicht für mich«) setzen. Ethernet-Treiber modifizieren `pkt_type` nicht explizit, weil *eth_type_trans* das schon für sie macht.

Die verbleibenden Felder der Struktur sind nicht besonders interessant. Sie werden hauptsächlich dazu benutzt, Puffer-Listen und den Speicher, der zum Socket gehört, zu verwalten usw.

Funktionen, die auf Socket-Buffern operieren

Netzwerk-Geräte, die einen `sock_buff` verwenden, greifen darauf mittels der offiziellen Funktionen zu. Es gibt viele Funktionen, die auf Socket-Buffern operieren, aber die folgenden sind die interessantesten:

`struct sk_buff *alloc_skb(unsigned int len, int priority);`
`struct sk_buff *dev_alloc_skb(unsigned int len);`
: Einen Puffer allozieren. Die Funktion *alloc_skb* alloziert einen Puffer und initialisiert `skb->data` und `skb->tail` mit `skb->head`. Die Funktion *dev_alloc_skb* ist eine Bequemlichkeitsfunktion, die *alloc_skb* mit der Priorität `GFP_ATOMIC` aufruft und etwas Platz zwischen `skb->head` und `skb->data` reserviert. Dieser Datenbereich wird für Optimierungen in der Netzwerk-Schicht verwendet und sollte vom Treiber nicht angefaßt werden.

`void kfree_skb(struct sk_buff *skb);`
`void dev_kfree_skb(struct sk_buff *skb);`
: Einen Puffer freigeben. *kfree_skb* wird intern vom Kernel verwendet. Treiber sollten *dev_kfree_skb* verwenden, was im Treiber-Kontext sicher aufgerufen werden kann.

`unsigned char *skb_put(struct sk_buff *skb, int len);`
`unsigned char *__skb_put(struct sk_buff *skb, int len);`
: Diese Funktionen aktualisieren die Felder `tail` und `len` der `sk_buff`-Struktur und werden dazu benutzt, Daten am Ende des Puffers anzuhängen. Der Rückgabewert jeder Funktion ist der vorherige Wert von `skb->tail` (zeigt also auf den neu erzeugten Datenbereich). Manche Treiber verwenden den Rückgabewert, indem Sie `ins(ioaddr, skb_put(...))` oder `memcpy(skb_put(...),data,len)` aufrufen. Der Unterschied zwischen den beiden Funktionen besteht darin, daß *skb_put* sicherstellt, daß die Daten in den Puffer passen, während *__skb_put* diese Kontrolle wegläßt.

`unsigned char *skb_push(struct sk_buff *skb, int len);`
`unsigned char *__skb_push(struct sk_buff *skb, int len);`
: Diese Funktionen dekrementieren `skb->data` und inkrementieren `skb->len`. Sie ähneln damit `skb_put`, außer daß die Daten am Anfang des Pakets anstatt am Ende angefügt werden. Der Rückgabewert zeigt auf den gerade neu erzeugten Datenbereich. Die Funktionen werden verwendet, um einen Hardware-Header vor der Übertragung eines Pakets hinzuzufügen. Auch hier unterscheidet sich *__skb_push* dadurch von der anderen Funktion, daß sie nicht prüft, ob genug Platz zur Verfügung steht.

`int skb_tailroom(struct sk_buff *skb);`
: Diese Funktion gibt die Menge des Speichers zurück, die für die Ablage von Daten im Puffer noch zur Verfügung steht. Wenn ein Treiber mehr Daten in einen Puffer schreibt, als hineinpassen, dann kommt es zu einer System-Panik. Sie werden jetzt vielleicht einwenden, daß ein *printk* schon ausreichend wäre, um auf den Fehler hinzuweisen, aber die Beschädigung des Speichers ist so schwerwiegend für das gesamte

System, daß die Entwickler sich entschlossen haben, hier konsequent zu sein. In der Praxis sollte es nicht notwendig sein, den verfügbaren Platz zu überprüfen, wenn der Puffer korrekt alloziert worden ist. Weil die Treiber normalerweise die Paketgröße wissen, bevor sie den Puffer allozieren, wird nur ein sehr fehlerhafter Treiber zu viele Daten in den Puffer schreiben, und dann ist eine Panik auch eine angemessene Bestrafung.

`int skb_headroom(struct sk_buff *skb);`
: Gibt die Menge des Speichers zurück, der vor `data` noch zur Verfügung steht, gibt also an, wie viele Oktette noch mit `skb_push` in den Puffer gestellt werden können.

`void skb_reserve(struct sk_buff *skb, int len);`
: Diese Funktion inkrementiert sowohl `data` als auch `tail`. Sie kann verwendet werden, um Platz zu reservieren, bevor der Puffer gefüllt wird. Die meisten Ethernet-Schnittstellen reservieren vor dem Paket zwei Bytes, so daß der IP-Header nach dem 14 Byte großen Ethernet-Header an einer 16-Byte-Grenze steht. *snull* macht das auch so, auch wenn der Aufruf dieser Funktion in »Paket-Empfang« nicht zu sehen war, weil wir das Einführen zu vieler Konzepte zu diesem Zeitpunkt vermeiden wollten.

`unsigned char * skb_pull(struct sk_buff *skb, int len);`
: Daten vom Anfang des Pakets entfernen. Ein Treiber benötigt diese Funktion nicht, aber wir haben sie der Vollständigkeit halber hier aufgeführt. Die Funktion dekrementiert `skb->len` und inkrementiert skb->data. Auf diese Art und Weise wird der Ethernet-Header am Anfang eingehender Pakete abgeschnitten.

Der Kernel definiert noch eine Reihe weiterer Funktionen, die auf Socket-Buffern operieren, aber diese sind für die oberen Schichten des Netzwerk-Codes gedacht; Treiber benötigen sie nicht.

MAC-Adreßauflösung

Eine interessante Frage bei der Ethernet-Kommunikation ist die Verbindung von MAC-Adressen (der eindeutigen Hardware-ID der Schnittstelle) und IP-Nummern. Die meisten Protokolle stehen vor einem ähnlichen Problem, aber wir gehen hier nur auf den Ethernet-Fall ein. Wir versuchen hier, dieses Thema vollständig zu beschreiben, weswegen wir drei Situationen demonstrieren werden: ARP, Ethernet-Header ohne ARP (wie bei *plip*) und Nicht-Ethernet-Header.

ARP mit Ethernet verwenden

Normalerweise wird die Adreßauflösung mittels ARP, dem Address Resolution Protocol, durchgeführt. Glücklicherweise kümmert sich der Kernel um ARP, und eine Ethernet-Schnittstelle muß nichts Besonderes dafür tun. Solange `dev->addr` und `dev->addr_len` beim Öffnen korrekt zugewiesen werden, muß sich der Treiber nicht um das Auflösen der IP-Nummern in physikalische Adressen kümmern. *ether_setup* weist die richtigen Gerätemethoden an `dev->hard_header` und `dev->rebuild_header` zu.

Obwohl der Kernel normalerweise die Details der Adreßauflösung (und das Zwischenspeichern der Ergebnisse) erledigt, ruft er den Treiber auf, um Hilfe beim Zusammenbauen des Pakets zu bekommen, denn es ist ja schließlich der Treiber, der die Details des Headers der physikalischen Schicht kennt, während die Autoren des Netzwerk-Codes versucht haben, den Rest des Kernels von diesem Wissen zu isolieren. Dazu ruft der Kernel die Methode *hard_header* des Treibers auf, um das Paket mit den Ergebnissen der ARP-Anfrage aufzubauen. Normalerweise müssen Ethernet-Treiber über diesen Vorgang nichts wissen – der gemeinsame Ethernet-Code erledigt alles.

Überschreiben von ARP

Einfache Punkt-zu-Punkt-Schnittstellen wie *plip* können zwar von Ethernet-Headern profitieren, wollen aber den Aufwand des Hin- und Hersendens von ARP-Paketen einsparen. Der Code von *snull* gehört in diese Klasse der Netzwerk-Geräte. *snull* kann kein ARP verwenden, weil der Treiber die IP-Adressen der übertragenen Pakete verändert und ARP-Pakete ebenfalls IP-Adressen austauschen. Obwohl wir ohne größere Probleme einen einfachen ARP-Antwortgenerator hätten implementieren können, ist es interessanter zu zeigen, wie man mit Headern der physikalischen Schicht direkt umgeht.

Wenn Ihr Gerät die üblichen Hardware-Header verwenden will, ohne ARP zu benutzen, müssen Sie die Methode `dev->hard_header` überschreiben. So macht *snull* das auch, und die neue Funktion ist recht kurz:

```
int snull_header(struct sk_buff *skb, struct net_device *dev,
                unsigned short type, void *daddr, void *saddr,
                unsigned int len)
{
    struct ethhdr *eth = (struct ethhdr *)skb_push(skb,ETH_HLEN);

    eth->h_proto = htons(type);
    memcpy(eth->h_source, saddr ? saddr : dev->dev_addr, dev->addr_len);
    memcpy(eth->h_dest,   daddr ? daddr : dev->dev_addr, dev->addr_len);
    eth->h_dest[ETH_ALEN-1]   ^= 0x01;   /* dest sind wir xor 1 */
    return (dev->hard_header_len);
}
```

Die Funktion holt sich einfach nur die vom Kernel gelieferte Information und formatiert sie in einen Standard-Ethernet-Header. Sie setzt außerdem aus Gründen, die weiter unten beschrieben werden, ein Bit in der Ziel-Ethernet-Adresse um.

Wenn ein Paket von der Schnittstelle empfangen wird, wird der Hardware-Header auf verschiedene Weise von *eth_type_trans* benutzt. Wie haben den entsprechenden Aufruf schon in *snull_rx* gesehen:

```
skb->protocol = eth_type_trans(skb, dev);
```

Diese Funktion extrahiert den Protokoll-Identifikator (ETH_P_IP in diesem Fall) aus dem Ethernet-Header, weist einen Wert an skb->mac.raw zu, entfernt den Hardware-Header aus den Paketdaten (mit *skb_pull*) und setzt einen Wert für skb->pkt_type. Dieses letzte Feld hat beim Erzeugen eines skb den Wert PACKET_HOST (was bedeutet, daß das Paket zu diesem Rechner gehen soll), und *eth_type_trans* ändert den Wert auf die Ethernet-Ziel-Adresse. Wenn diese Adresse nicht mit der Adresse der Schnittstelle übereinstimmt, die das Paket empfangen soll, dann wird das Feld pkt_type auf PACKET_OTHERHOST gesetzt. Als Folge daraus verwirft *netif_rx* alle Pakete des Typs PACKET_OTHERHOST, sofern sich die Schnittstelle nicht im Promiscuous-Modus befindet. Aus diesem Grunde paßt *snull_header* auf, daß die Ziel-Hardware-Adresse zu der »empfangenden« Schnittstelle paßt.

Wenn Ihre Schnittstelle eine Punkt-zu-Punkt-Verbindung ist, dann werden Sie an unerwarteten Multicast-Paketen wenig Spaß haben. Um dieses Problem zu verhindern, müssen Sie daran denken, daß eine Ziel-Adresse, deren erstes Oktett im niedrigstwertigen Bit eine 0 hat, an einen einzelnen Rechner gerichtet ist (d. h. der Typ ist PACKET_HOST oder PACKET_OTHERHOST). Der *plip*-Treiber verwendet 0xfc als erstes Oktett seiner Hardware-Adresse, *snull* dagegen verwendet 0x00. Beide Adressen führen aber zu einer funktionierenden, Ethernet-artigen Punkt-zu-Punkt-Verbindung.

Nicht-Ethernet-Header

Wir haben gerade gesehen, daß der Hardware-Header einige Informationen über die Ziel-Adresse hinaus enthält. Die wichtigste davon ist das Kommunikationsprotokoll. Als nächstes beschreiben wir, wie Hardware-Header verwendet werden können, um wichtige Informationen einzukapseln. Wenn Sie nähere Details wissen möchten, können Sie in den Kernel-Quellen oder in der technischen Dokumentation des jeweiligen Übertragungsmediums nachschlagen. Die meisten Treiber-Autoren können diese Erläuterungen überspringen und einfach nur die Ethernet-Implementation verwenden.

Es muß jedoch nicht jedes Protokoll alle Informationen bereitstellen. Eine Punkt-zu-Punkt-Verbindung wie *plip* oder *snull* muß nicht unbedingt ganze Ethernet-Header transportieren, ist deswegen aber nicht weniger allgemein. Die Gerätemethode *hard_header*, deren Implementation wir oben in Form von *snull_header* gesehen haben), bekommt die Zustellungsinformationen – sowohl auf Protokoll-Ebene als auch die Hardware-Adresse – vom Kernel. Dazu kommt die 16 Bit große Protokoll-Nummer. IP hat beispielsweise den Wert ETH_P_IP. Vom Treiber wird erwartet, daß er sowohl die Paketdaten als auch die Protokoll-Nummer korrekt an den Zielrechner überträgt. In einer Punkt-zu-Punkt-Verbindung könnten die Adressen im Hardware-Header weggelassen und statt dessen nur die Protokoll-Nummer übertragen werden, weil die Zustellung auch ohne Quell- und Ziel-Adresse funktioniert. Eine reine IP-Verbindung bräuchte sogar gar keinen Hardware-Header zu senden.

Wenn das Paket am anderen Ende der Verbindung entgegengenommen wird, dann muß die Empfangsfunktion skb->protocol, skb->pkt_type und skb->mac.raw korrekt setzen.

`skb->mac.raw` ist ein char-Zeiger, der vom Adreßauflösungsmechanismus verwendet wird, der in den höheren Schichten des Netzwerk-Codes (z. B. *net/ipv4/arp.c*) implementiert ist. Er muß auf eine Rechneradresse zeigen, die zu `dev->type` paßt. Die möglichen Werte für den Gerätetyp sind in `linux/if_arp.h` definiert. Ethernet-Schnittstellen verwenden beispielsweise `AARPHRD_ETHER`. *eth_type_trans* bearbeitet den Ethernet-Header empfangener Pakete folgendermaßen:

```
skb->mac.raw = skb->data;
skb_pull(skb, dev->hard_header_len);
```

Im einfachsten Fall (eine Punkt-zu-Punkt-Verbindung ohne Header) kann `skb->mac.raw` auf einen statischen Puffer zeigen, der die Hardware-Adresse dieser Schnittstelle enthält; `protocol` kann auf `ETH_P_IP` gesetzt werden, und `packet-type` behält den Default-Wert `PACKET_HOST`.

Weil jeder Hardware-Typ seine Eigenheiten hat, ist es schwierig, weitere und nähere Ratschläge als das, was wir hier schon geschrieben haben, zu geben. Der Kernel ist aber voll von Beispielen. Schauen Sie sich zum Beispiel den AppleTalk-Treiber (*drivers/net/appletalk/cops.c*), die Infrarot-Treiber (wie *drivers/net/irda/smc_ircc.c*) oder den PPP-Treiber (*drivers/net/ppp_generic.c*) an.

Eigene ioctl-Befehle

Wir haben schon gesehen, daß der Systemaufruf *ioctl* für Sockets implementiert wird. Beispiele von Socket-*ioctl*-Befehlen sind `SIOCSIFADDR` und `SIOCSIFMAP`. Schauen wir uns jetzt an, wie das dritte Argument des Systemaufrufs vom Netzwerk-Code verwendet wird.

Wenn der Systemaufruf *ioctl* an einem Socket aufgerufen wird, dann ist die Befehlsnummer eines der in `<linux/sockios.h>` definierten Symbole, und die Funktion *sock_ioctl* ruft direkt eine protokollspezifische Funktion auf (wobei sich der Begriff »Protokoll« hier auf das verwendete Netzwerk-Protokoll wie IP oder AppleTalk bezieht).

Jeder *ioctl*-Befehl, der von der Protokoll-Schicht nicht erkannt wird, wird an die Geräteschicht weitergereicht. Diese gerätebezogenen *ioctl*-Befehle akzeptieren ein drittes Argument aus dem User-Space, das den Typ `struct ifreq *` hat. Diese Struktur ist in `<linux/if.h>` definiert. Auch die Befehle `SIOCSIFADDR` und `SIOCSIFMAP` arbeiten mit dieser Struktur. Das zusätzliche Argument von `SIOCSIFMAP` ist einfach nur ein Feld von `ifreq`, auch wenn es als `ifmap` definiert ist.

Außer den standardisierten Befehlen kann jede Schnittstelle eigene *ioctl*-Befehle definieren. Die Schnittstelle *plip* ermöglicht beispielsweise das Einstellen der internen Timeout-Werte über *ioctl*. Die *ioctl*-Implementation für Sockets erkennt 16 zusätzliche Befehle, die schnittstellenspezifisch sind: `SIOCDEVPRIVATE` bis `SIOCDEVPRIVATE+15`.

Wenn einer dieser Befehle erkannt wird, dann wird `dev->do_ioctl` im zugehörigen Schnittstellen-Treiber aufgerufen. Diese Funktion bekommt den gleichen `struct ifreq *`-Zeiger wie die allgemeine *ioctl*-Funktion:

```
int (*do_ioctl)(struct net_device *dev, struct ifreq *ifr, int cmd);
```

Der Zeiger `ifr` zeigt auf eine Adresse im Kernel Space, die eine Kopie der vom Benutzer übergebenen Struktur enthält. Nach dem Rücksprung von *do_ioctl* wird diese Struktur in den User-Space zurückkopiert. Der Treiber kann daher die privaten Befehle sowohl zum Empfangen wie auch zur Herausgabe von Daten verwenden.

Die treiberspezifischen Befehle können die Felder in `struct ifreq` verwenden, aber diese haben bereits eine standardisierte Bedeutung, und es ist unwahrscheinlich, daß der Treiber die Struktur für seine Zwecke umfunktionieren kann. Das Feld `ifr_data` ist ein Element des Typs `caddr_t` (ein Zeiger), das für gerätespezifische Bedürfnisse verwendet werden kann. Der Treiber und die Programme, die die *ioctl*-Befehle des Treibers aufrufen, sollten sich über die Benutzung von `ifr_data` einig sein. Beispielsweise verwendet *pppstats* gerätespezifische Befehle, um Informationen vom *ppp*-Schnittstellentreiber zu bekommen.

Es lohnt sich nicht, hier eine Implementation von *do_ioctl* zu zeigen, aber mit den Informationen in diesem Kapitel und den Kernel-Beispielen sollten Sie in der Lage sein, eine Implementation zu schreiben, wenn Sie eine benötigen. Beachten Sie jedoch, daß die Implementation von *plip* `ifr_data` falsch verwendet und daher nicht als Beispiel für eine *ioctl*-Implementation herangezogen werden sollte.

Statistische Informationen

Die letzte Methode, die ein Treiber benötigt, ist *get_stats*. Diese Methode gibt einen Zeiger auf Statistik-Daten über das Gerät zurück. Die Implementation ist ziemlich einfach; die hier gezeigte Implementation funktioniert selbst dann, wenn mehrere Schnittstellen von einem Treiber verwaltet werden, weil die Statistiken in der Geräte-Datenstruktur stecken.

```
struct net_device_stats *snull_stats(struct net_device *dev)
{
    struct snull_priv *priv = (struct snull_priv *)dev->priv;
    return &priv->stats;
}
```

Die eigentliche Arbeit, aussagekräftige Statistiken zurückzuliefern, ist über den ganzen Treiber verteilt und an den Stellen zu finden, wo die diversen Felder aktualisiert werden. Die folgende Liste enthält die interessantesten Felder in `struct net_device_stats`.

`unsigned long rx_packets;`
`unsigned long tx_packets;`
: Diese Felder enthalten die Gesamtzahl der erfolgreich eingegangenen respektive übertragenen Pakete dieser Schnittstelle.

`unsigned long rx_bytes;`
`unsigned long tx_bytes;`
: Die Anzahl der von der Schnittstelle empfangenen und übertragenen Bytes. Diese Felder kamen mit dem 2.2-Kernel hinzu.

`unsigned long rx_errors;`
`unsigned long tx_errors;`
: Die Anzahl der fehlerhaften Empfangsvorgänge und Übertragungen. Es gibt eine Unmenge von Dingen, die bei der Übertragung von Paketen schiefgehen können; die Struktur `net_device_stats` enthält sechs Zähler für bestimmte Empfangsfehler und fünf für Sendefehler. In `<linux/netdevice.h>` finden Sie die vollständige Liste. Wenn möglich sollte Ihr Treiber detaillierte Fehlerstatistiken pflegen, weil diese für Systemadministratoren bei der Problemsuche sehr hilfreich sein können.

`unsigned long rx_dropped;`
`unsigned long tx_dropped;`
: Die Anzahl der Pakete, die während des Empfangs oder der Übertragung verworfen worden sind. Pakete werden verworfen, wenn für die Paketdaten kein Speicher mehr zur Verfügung steht. `tx_dropped` wird selten verwendet.

`unsigned long collisions;`
: Die Anzahl der Kollisionen aufgrund von Überlastung des Mediums.

`unsigned long multicast;`
: Die Anzahl empfangener Multicast-Pakete.

Es soll hier noch einmal wiederholt werden, daß die Methode *get_stats* zu beliebigen Zeitpunkten aufgerufen werden kann – auch wenn die Schnittstelle nicht in Betrieb ist –, so daß der Treiber auch nach dem Ausführen der *stop*-Methode die Statistikinformationen vorhalten sollte.

Multicasting

Ein »Multicast«-Paket ist ein Netzwerk-Paket, das an mehr als einen, aber nicht alle Rechner im Netzwerk geschickt werden soll. Diese Funktionalität wird dadurch erreicht, daß spezielle Hardware-Adressen an Rechnergruppen zugewiesen werden. Pakete, die an eine dieser besonderen Adressen geschickt werden, sollten von allen Rechnern in der Gruppe empfangen werden. Bei Ethernet ist in Multicast-Adressen das niedrigstwertige Bit des ersten Adressen-Oktetts in der Zieladresse gesetzt, während dieses Bit bei keiner Karte in der Hardware-Adresse gesetzt ist.

Der schwierige Teil des Umgangs mit Rechnergruppen und Hardware-Adressen wird von den Applikationen und dem Kernel übernommen; der Treiber selbst muß sich nicht um diese Probleme kümmern.

Die Übertragung von Multicast-Paketen ist einfach, weil sie genau wie jedes andere Paket aussehen. Die Schnittstelle überträgt die Pakete über das Kommunikationsmedium, ohne sich die Ziel-Adresse anzusehen. Es ist die Aufgabe des Kernels, eine korrekte Hardware-Ziel-Adresse zuzuweisen; die Gerätemethode *hard_header* muß sich, wenn sie überhaupt existiert, die Daten, nicht ansehen, die sie verarbeiten soll.

Der Kernel verfolgt, welche Multicast-Adressen zu einem gegebenen Zeitpunkt interessant sind. Diese Liste kann sich häufig ändern, weil sie eine Funktion der zu einem gegebenen Zeitpunkt laufenden Applikationen und des Benutzerinteresses ist. Die Aufgabe des Treibers ist es, die Liste interessanter Multicast-Adressen entgegenzunehmen und dem Kernel die an diese Adressen geschickten Pakete zu übergeben. Wie der Treiber die Multicast-Liste implementiert, ist etwas davon abhängig, wie die zugrundeliegende Hardware funktioniert. Normalerweise gehört die Hardware, was das Multicasting angeht, zu einer von drei Klassen:

- Schnittstellen, die kein Multicasting kennen. Diese Schnittstellen empfangen entweder Pakete, die exakt an ihre Hardware-Adresse gerichtet sind (und natürlich Broadcast-Pakete), oder sie empfangen jedes einzelne Paket. Sie können Multicast-Pakete nur empfangen, indem sie jedes Paket entgegennehmen und damit auch das Betriebssystem mit einer riesigen Anzahl »uninteressanter« Pakete belasten. Diese Schnittstellen gelten üblicherweise nicht als Multicasting-fähig, und der Treiber wird daher auch `IFF_MULTICAST` in `dev->flags` nicht setzen.

  Punkt-zu-Punkt-Schnittstellen sind ein Sonderfall, weil sie immer jedes Paket ohne Hardware-Filterung empfangen.

- Schnittstellen, die Multicast-Pakete von anderen Paketen (Rechner-zu-Rechner- oder Broadcast-Pakete) unterscheiden können. Diese Schnittstellen können angewiesen werden, jedes Multicast-Paket zu empfangen und die Software entscheiden zu lassen, ob der Rechner ein gültiger Empfänger ist. Die dadurch zusätzlich entstehende Last ist noch akzeptabel, weil es normalerweise nur wenige Multicast-Pakete in einem Netzwerk gibt.
- Schnittstellen, die Multicast-Adressen in der Hardware erkennen können. Diesen Schnittstellen kann eine Liste von Multicast-Adressen übergeben werden, für die Pakete empfangen werden sollen. Alle anderen Multicast-Pakete werden dann ignoriert. Das ist natürlich für den Kernel die optimale Lösung, weil er keine Prozessorzeit damit verschwenden muß, »uninteressante« Pakete, die von der Schnittstelle hereinkommen, zu verwerfen.

Der Kernel versucht, die Fähigkeiten von guten Schnittstellen auszunutzen und die dritte Klasse, die die flexibelste ist, so gut es geht zu unterstützen. Daher benachrichtigt der Kernel auch den Treiber, wenn sich die Liste der gültigen Multicast-Adressen geändert hat, und übergibt diese Liste an den Treiber, damit dieser dem Hardware-Filter die neue Information zur Verfügung stellen kann.

Kernel-Unterstützung für Multicasting

Im Folgenden finden Sie eine Zusammenfassung der Datenstrukturen und Funktionen aus dem Bereich des Multicasting:

`void (*dev->set_multicast_list)(struct net_device *dev);`
: Diese Gerätemethode wird immer dann aufgerufen, wenn sich die Liste der Maschinenadressen des Gerätes ändert, außerdem aber auch, wenn `dev->flags` geändert worden ist, weil manche der Flags (z. B. `IFF_PROMISC`) auch eine Neuprogrammierung der Hardware-Filter verlangen. Die Methode bekommt einen Zeiger auf eine `struct net_device` als Argument und gibt `void` zurück. Ein Treiber, der an der Implementation dieser Methode nicht interessiert ist, kann das Feld auf `NULL` setzen.

`struct dev_mc_list *dev->mc_list;`
: Dies ist eine verkettete Liste aller Multicast-Adressen, die zu diesem Gerät gehören. Die Definition dieser Struktur steht am Ende dieses Abschnittes.

`int dev->mc_count;`
: Die Anzahl der Elemente in der verketteten Liste. Diese Information ist etwas redundant, aber es ist schneller, `mc_count` auf 0 zu prüfen, als die Liste abzusuchen.

`IFF_MULTICAST`
: Wenn der Treiber diese Option in `dev->flags` nicht setzt, dann wird die Schnittstelle nicht um die Verarbeitung von Multicast-Paketen gebeten. Gleichwohl wird aber immer noch die Methode *set_multicast_list* aufgerufen, wenn sich `dev->flags` ändert, weil die Multicast-Liste auch geändert werden kann, während die Schnittstelle nicht aktiv ist.

`IFF_ALLMULTI`
: Dieses Flag wird von der Netzwerk-Software in `dev->flags` gesetzt, um dem Treiber mitzuteilen, daß er alle Multicast-Pakete aus dem Netzwerk entgegennehmen soll. Das ist der Fall, wenn Multicast-Routing eingeschaltet wird. Wenn dieses Flag gesetzt ist, dann sollte `dev->mc_list` nicht zur Filterung von Multicast-Paketen verwendet werden.

`IFF_PROMISC`
: Dieses Flag wird in `dev->flags` gesetzt, wenn die Schnittstelle in den »Promiscuous-Modus« versetzt wird. In diesem Fall soll die Schnittstelle jedes Paket entgegennehmen, unabhängig von `dev->mc_list`.

Schließlich benötigen Treiber-Programmierer als letzte Information noch die Definition von struct dev_mc_list, die in <linux/netdevice.h> steht:

```
struct dev_mc_list {
    struct dev_mc_list   *next;           /* Naechste Adresse in der Liste */
    __u8                 dmi_addr[MAX_ADDR_LEN]; /* Hardware-Adresse */
    unsigned char        dmi_addrlen;     /* Adressenlaenge */
    int                  dmi_users;       /* Zahl der Benutzer */
    int                  dmi_gusers;      /* Zahl der Gruppen */
};
```

Weil Multicasting und Hardware-Adressen unabhängig von der eigentlichen Übertragung der Pakete sind, ist diese Struktur portabel über die verschiedenen Netzwerk-Implementierungen, denn jede Adresse wird durch einen String von Oktetten und eine Länge identifiziert, genau wie dev->dev_addr.

Eine typische Implementierung

Am besten läßt sich *set_multicast_list* durch ein wenig Pseudocode verstehen.

Die folgende Funktion ist eine typische Implementation von *set_multicast_list* in einem vollständigen Treiber (full-featured driver). Der Treiber ist insofern full-featured (ff) oder vollständig, als die Schnittstelle, die er ansteuert, einen komplexen Hardware-Paketfilter hat, der eine Tabelle von Multicast-Adressen verwaltet, die von diesem Rechner empfangen werden sollen. Die Maximalgröße dieser Tabelle ist FF_TABLE_SIZE.

Alle Funktionen, die das Präfix ff_ haben, sind Platzhalter für Hardware-spezifische Operationen.

```
void ff_set_multicast_list(struct net_device *dev)
{
    struct dev_mc_list *mcptr;

    if (dev->flags & IFF_PROMISC) {
        ff_get_all_packets();
        return;
    }
    /* Wenn wir mit mehr als einer Adresse umgehen koennen, holen wir uns alle
       Multicast-Pakete und sortieren die in der Software.*/

    if (dev->flags & IFF_ALLMULTI || dev->mc_count > FF_TABLE_SIZE) {
        ff_get_all_multicast_packets();
        return;
    }
    /* Kein Multicast? Dann holen wir uns nur unseren eigenen Kram. */
    if (dev->mc_count == 0) {
        ff_get_only_own_packets();
        return;
    }
    /* Alle Multicast-Adressen im Hardware-Filter speichern */
    ff_clear_mc_list();
```

```
        for (mc_ptr = dev->mc_list; mc_ptr; mc_ptr = mc_ptr->next)
            ff_store_mc_address(mc_ptr->dmi_addr);
        ff_get_packets_in_multicast_list();
    }
}
```

Diese Implementation kann vereinfacht werden, wenn die Schnittstelle keine Multicast-Tabelle für eingehende Pakete im Hardware-Filter ablegen kann. In diesem Fall hat `FF_TABLE_SIZE` den Wert 0, und die letzten vier Codezeilen werden nicht benötigt.

Wie wir bereits angedeutet haben, müssen auch Schnittstellen, die mit Multicast-Paketen nichts anfangen können, *set_multicast_list* implementieren, um über Veränderungen in `dev->flags` informiert zu werden. Wir bezeichnen so etwas als eine »unvollständige« (nonfeatured, `nf`) Implementation. Diese Implementation ist sehr einfach, wie der folgende Code zeigt:

```
void nf_set_multicast_list(struct net_device *dev)
{
    if (dev->flags & IFF_PROMISC)
        nf_get_all_packets();
    else
        nf_get_only_own_packets();
}
```

Es ist wichtig, `IFF_PROMISC` zu behandeln, weil der Benutzer sonst *tcpdump* oder andere Netzwerk-Analyse-Programme nicht benutzen kann. Wenn die Schnittstelle eine Punkt-zu-Punkt-Verbindung bedient, ist es dagegen nicht notwendig, *set_multicast_list* zu implementieren, weil sie ohnehin jedes Paket bekommt.

Abwärtskompatibilität

In der Version 2.3.43 des Kernels wurde das Netzwerk-Subsystem umfassend renoviert. Die neue »softnet«-Implementation war hinsichtlich Performance und sauberem Design eine große Verbesserung. Natürlich brachte dieser Umbau auch Änderungen an der Schnittstelle für Netzwerk-Treiber mit sich, aber weniger, als man vielleicht erwarten könnte.

Unterschiede in Linux 2.2

Zunächst einmal wurde in Linux 2.3.14 die Netzwerk-Geräte-Struktur, die früher immer `struct device` hieß, in `struct net_device` umbenannt. Der neue Name paßt natürlich besser, weil die Struktur nie Geräte im allgemeinen beschreiben sollte.

Vor Version 2.3.43 gab es die Funktionen *netif_start_queue*, *netif_stop_queue* und *netif_wake_queue* nicht. Die Übertragung von Paketen wurde statt dessen durch drei Felder in der Struktur `device` gesteuert. *sysdep.h* implementiert die drei Funktionen unter Verwendung der drei Felder, wenn für 2.2 oder 2.0 kompiliert wird.

`unsigned char start;`
: Diese Variable zeigte an, daß die Schnittstelle betriebsbereit ist; sie wurde normalerweise in der *open*-Methode des Treibers auf 1 gesetzt. In der aktuellen Implementation wird statt dessen `netif_start_queue` aufgerufen.

`unsigned long interrupt;`
: `interrupt` wurde verwendet, um anzuzeigen, daß das Gerät einen Interrupt bediente, und wurde daher zu Beginn eines Interrupt-Handlers auf 1 und vor dem Rücksprung auf 0 gesetzt. Dies war nie ein hinreichender Ersatz für korrektes Sperren und wurde daher durch interne Spinlocks ersetzt.

`unsigned long tbusy;`
: Wenn diese Variable einen von Null verschiedenen Wert hatte, wurde damit angezeigt, daß das Gerät keine weiteren ausgehenden Pakete entgegennehmen konnte. Wo ein 2.4-Treiber *netif_stop_queue* aufruft, setzten ältere Treiber `tbusy` auf 1. Zum Neustarten der Warteschlange wurde `tbusy` zurück auf 0 gesetzt und `mark_bh(NET_BH)` aufgerufen.

Normalerweise war das Setzen von `tbusy` ausreichend, um sicherzustellen, daß die Methode *hard_start_xmit* des Treibers nicht aufgerufen wurde. Wenn das Netzwerk-System aber der Meinung war, daß eine Transmitter-Blockade eingetreten sein mußte, dann rief es diese Methode trotzdem auf. Es gab vor softnet keine *tx_timeout*-Methode. Daher mußten ältere Treiber explizit überprüfen, ob *hard_start_xmit* aufgerufen worden war, während `tbusy` gesetzt war, und sich entsprechend verhalten.

Der Typ des Feldes `name` in `struct device` war auch anders. In Version 2.2 war dies einfach:

```
char *name;
```

Der Speicherplatz für den Namen der Schnittstelle mußte also separat alloziert werden, und `name` mußte auf diesen Speicherplatz verweisen. Der Gerätename stand normalerweise in einer statischen Variable im Treiber. Die `%d`-Notation für dynamisch zugewiesene Schnittstellennamen gab es in 2.2 auch nicht. Statt dessen allozierte der Kernel den nächsten `eth`-Namen, wenn der Name mit einem Null-Byte oder einem Leerzeichen begann. Der 2.4-Kernel implementiert dieses Verhalten noch; es sollte aber nicht mehr genutzt werden. Ab 2.5 wird voraussichtlich nur noch das `%d`-Format unterstützt.

Das Feld `owner` (und das Makro `SET_MODULE_OWNER`) wurden im Kernel 2.4.0-test11, kurz vor dem offiziellen stabilen Release hinzugefügt. Davor mußten Netzwerktreiber-Module ihre Verwendungszähler selbst pflegen. *sysdep.h* definiert ein leeres `SET_MODULE_OWNER` für Kernel, die dieses Makro nicht haben; portabler Code sollte seinen Verwendungszähler weiterhin manuell pflegen (und das Netzwerk-System dieses auch tun lassen).

Die Verbindungszustandsfunktionen (*netif_carrier_on* und *netif_carrier_off*) gab es in 2.2 noch nicht. Der Kernel kam damals einfach ohne diese Informationen aus.

Weitere Unterschiede in Linux 2.0

Auch in der 2.1-Entwicklungsserie gab es eine Reihe von Änderungen an der Schnittstelle für Netzwerk-Treiber. Die meisten waren kleine Änderungen an Funktionsprototypen und nicht umfassende Änderungen des Netzwerk-Codes insgesamt.

Die Schnittstellen-Statistiken standen in einer Struktur namens `struct enet_statistics`, die in `<linux/if_ether.h>` definiert war. Selbst Nicht-Ethernet-Treiber verwendeten diese Struktur. Die Feldnamen waren die gleichen wie in der heutigen `struct net_device_stats`, die Felder `rx_bytes` und `tx_bytes` gab es aber noch nicht.

Der 2.0-Kernel behandelte Transmitter-Blockaden genauso wie der 2.2-Kernel. Es gab aber noch eine zusätzliche Funktion:

```
void dev_tint(struct device *dev);
```

Diese Funktion wurde vom Treiber aufgerufen, nachdem eine Blockade beseitigt worden war, und startete die Übertragung von Paketen neu.

Eine Reihe von Funktionen hatten andere Prototypen. *dev_kfree_skb* hatte ein zweites, ein Integer-Argument, das entweder `FREE_READ` für eingehende Pakete (also vom Treiber allozierte skbs) oder `FREE_WRITE` für ausgehende Pakete (also vom Netzwerk-Code allozierte skbs) war. Fast alle Aufrufe von *dev_kfree_skb* im Netzwerk-Treiber-Code verwendeten `FREE_WRITE`. Die nicht überprüfenden Versionen der skb-Funktionen (wie *__skb_push*) gab es noch nicht; *sysdep.h* im Beispiel-Code emuliert diese Funktionen unter 2.0.

Die Methode *rebuild_header* hatte andere Argumente:

```
int (*rebuild_header) (void *eth, struct device *dev,
                       unsigned long raddr, struct sk_buff *skb);
```

Der Linux-Kernel verwendete auch *rebuild_header* deutlich mehr; diese Funktion leistete einen Großteil der Arbeit, die *hard_header* heute erledigt. Wenn *snull* unter Linux 2.0 kompiliert wird, dann baut es die Hardware-Header folgendermaßen auf:

```
int snull_rebuild_header(void *buff, struct net_device *dev, unsigned long dst,
                         struct sk_buff *skb)
{
    struct ethhdr *eth = (struct ethhdr *)buff;

    memcpy(eth->h_source, dev->dev_addr, dev->addr_len);
    memcpy(eth->h_dest, dev->dev_addr, dev->addr_len);
    eth->h_dest[ETH_ALEN-1]   ^= 0x01;   /* dest sind wir xor 1 */
    return 0;
}
```

Die Gerätemethoden zum Cachen von Headern sahen in diesem Kernel auch deutlich anders aus. Wenn Ihr Treiber diese Funktionen direkt implementieren muß (das trifft nur auf wenige zu) und auch unter Linux 2.0 funktionieren soll, dann können Sie sich die Definitionen in `<linux/netdevice.h>` anschauen, um zu sehen, wie man das damals machte.

Suchen und HAVE_DEVLIST

Wenn Sie sich den Quellcode so ziemlich jedes Netzwerk-Treibers im Kernel anschauen, dann finden Sie ein Code-Muster, das etwa so aussieht:

```
#ifdef HAVE_DEVLIST
/*
 * Unterstuetzung fuer einen alternativen Such-Manager,
 * mit dem wir den Muster-Code unten loswerden.
 */
struct netdev_entry netcard_drv =
{cardname, netcard_probe1, NETCARD_IO_EXTENT, netcard_portlist};
#else
/* Hier kommt die normale Suchroutine hin */
```

Diesen Code gibt es interessanterweise seit der 1.1-Entwicklungsserie, aber wir warten immer noch auf den alternativen Such-Manager. Man kann wahrscheinlich getrost davon ausgehen, daß man sich auf diese großartige Änderung nicht besonders vorbereiten muß, insbesondere weil die Ideen, wie das implementiert werden sollte, sich sicherlich inzwischen geändert haben.

Schnellreferenz

Dieser Abschnitt enthält eine Referenz der Konzepte, die in diesem Kapitel eingeführt wurden. Er erläutert darüber hinaus die Bedeutung jeder Header-Datei, die ein Treiber einbinden muß. Die Liste der Felder in `net_device` und `sk_buff` wird dagegen nicht wiederholt.

`#include <linux/netdevice.h>`
: Diese Header-Datei enthält die Definitionen von `struct net_device` und `struct net_device_stats` und bindet einige zusätzliche Header-Dateien ein, die von Netzwerk-Treibern benötigt werden.

`int register_netdev(struct net_device *dev);`
`void unregister_netdev(struct net_device *dev);`
: Registrieren und deregistrieren eines Netzwerk-Geräts.

`SET_MODULE_OWNER(struct net_device *dev);`
: Dieses Makro speichert einen Zeiger auf das aktuelle Modul in der Geräte-Struktur (oder übrigens auch in jeder anderen Struktur mit einem `owner`-Feld). Damit kann das Netzwerk-Subsystem den Verwendungszähler des Moduls pflegen.

`netif_start_queue(struct net_device *dev);`
`netif_stop_queue(struct net_device *dev);`
`netif_wake_queue(struct net_device *dev);`
: Diese Funktionen steuern die Übergabe von zu übertragenden Paketen an den Treiber. Es werden keine Pakete übertragen, solange nicht *netif_start_queue* aufgerufen worden ist. *netif_stop_queue* hält die Übertragung an und *netif_wake_queue* startet die Warteschlange wieder und stubst die Netzwerk-Schicht an, damit diese wieder Pakete überträgt.

`void netif_rx(struct sk_buff *skb);`

Diese Funktion kann zur Interrupt-Zeit aufgerufen werden, um dem Kernel mitzuteilen, daß ein Paket empfangen und in einem Socket-Buffer gekapselt wurde.

`#include <linux/if.h>`

Wird von *netdevice.h* eingebunden und deklariert die Schnittstellen-Flags (die `IFF_` Makros) sowie `struct ifmap`, das eine bedeutende Rolle in der *ioctl*-Implementation von Netzwerk-Treibern spielt.

`void netif_carrier_off(struct net_device *dev);`
`void netif_carrier_on(struct net_device *dev);`
`int netif_carrier_ok(struct net_device *dev);`

Die ersten beiden Funktionen können dazu verwendet werden, dem Kernel mitzuteilen, ob eine bestimmte Schnittstelle gerade ein Carrier-Signal hat. *netif_carrier_ok* fragt den Carrier-Zustand ab, wie er in der Gerätestruktur steht.

`#include <linux/if_ether.h>`
`ETH_ALEN`
`ETH_P_IP`
`struct ethhdr;`

Wird von *netdevice.h* eingebunden und definiert alle `ETH_`-Makros, mit denen Oktett-Längen (wie die Adreßlänge) und Netzwerk-Protokolle (wie IP) repräsentiert werden. Außerdem wird in dieser Datei die Struktur `ethhdr` definiert.

`#include <linux/skbuff.h>`

Enthält die Definition von `struct sk_buff` und verwandten Strukturen sowie mehrere Inline-Funktionen, die auf diesen Puffern operieren. Diese Header-Datei wird auch von *netdevice.h* eingebunden.

`struct sk_buff *alloc_skb(unsigned int len, int priority);`
`struct sk_buff *dev_alloc_skb(unsigned int len);`
`void kfree_skb(struct sk_buff *skb);`
`void dev_kfree_skb(struct sk_buff *skb);`

Diese Funktionen kümmern sich um das Allozieren und Freigeben von Socket-Buffern. Treiber sollten normalerweise die für diesen Zweck vorgesehenen `dev_`-Varianten verwenden.

`unsigned char *skb_put(struct sk_buff *skb, int len);`
`unsigned char *__skb_put(struct sk_buff *skb, int len);`
`unsigned char *skb_push(struct sk_buff *skb, int len);`
`unsigned char *__skb_push(struct sk_buff *skb, int len);`

Diese Funktionen fügen einem `skb` Daten hinzu; *skb_put* stellt die Daten an das Ende des `skb`, *skb_push* dagegen an den Anfang. Die normalen Versionen überprüfen, ob hinreichend Platz zur Verfügung steht, die Versionen mit den führenden Unterstrichen tun das nicht.

`int skb_headroom(struct sk_buff *skb);`
`int skb_tailroom(struct sk_buff *skb);`
`void skb_reserve(struct sk_buff *skb, int len);`
: Diese Funktionen verwalten Platz in einem `skb`. *skb_headroom* und *skb_tailroom* geben zurück, wieviel Platz am Anfang beziehungsweise am Ende eines `skb` zur Verfügung steht. *skb_reserve* kann verwendet werden, um Platz am Anfang eines `skb` zu reservieren, der leer sein muß.

`unsigned char *skb_pull(struct sk_buff *skb, int len);`
: *skb_pull* »entfernt« Daten aus einem `skb` durch Anpassen der internen Zeiger.

`#include <linux/etherdevice.h>`
`void ether_setup(struct net_device *dev);`
: Diese Funktion setzt die Zeiger der meisten Gerätemethoden auf die allgemein verwendbaren Implementationen für Ethernet-Treiber. Außerdem wird hier `dev->flags` gesetzt und der nächste verfügbare `eth`*x*-Name an `dev->name` zugewiesen, wenn das erste Zeichen im Namen ein Leer- oder Nullzeichen ist.

`unsigned short eth_type_trans(struct sk_buff *skb, struct net_device *dev);`
: Wenn eine Ethernet-Schnittstelle ein Paket empfängt, dann kann diese Funktion aufgerufen werden, um `skb->pkt_type` zu setzen. Der Rückgabewert ist eine Protokoll-Nummer, die normalerweise in `skb->protocol` abgelegt wird.

`#include <linux/sockios.h>`
`SIOCDEVPRIVATE`
: Der erste der 16 *ioctl*-Befehle, die von jedem Treiber zur privaten Verwendung implementiert werden können. Alle Netzwerk-*ioctl*-Befehle sind in *sockios.h* definiert.

KAPITEL 15

Ein Überblick über die Peripherie-Busse

Während Kapitel 8 die unterste Ebene der Hardware-Ansteuerung beschrieb, gibt dieses Kapitel einen Überblick über die Bus-Architekturen höherer Ebenen. Ein Bus besteht sowohl aus einer elektrischen Schnittstelle als auch aus einer Programmierschnittstelle. In diesem Kapitel gehen wir auf die Programmierschnittstelle ein.

Dieses Kapitel behandelt eine Reihe von Bus-Architekturen. Der Schwerpunkt wird aber auf denjenigen Kernel-Funktionen liegen, die auf PCI-Peripherie-Geräte zugreifen, weil heutzutage der PCI-Bus der auf Desktop-Systemen und größeren Computern am häufigsten verwendete und auch der vom Kernel am besten unterstützte Bus ist. ISA ist für Elektronikbastler immer noch eine gängige Wahl und wird später näher beschrieben, auch wenn dieser Bus ziemlich einfach gestrickt ist und es über ihn nicht viel mehr als das zu sagen gibt, was wir bereits in Kapitel 8 und Kapitel 9 geschrieben haben.

Die PCI-Schnittstelle

Obwohl viele Computerbenutzer PCI (Peripheral Component Interconnect) für ein Verfahren halten, elektrische Drähte zu organisieren, ist es eigentlich ein vollständiger Satz von Spezifikationen, der bestimmt, wie die einzelnen Teile eines Computers interagieren sollten.

Die PCI-Spezifikation behandelt die meisten Fragen aus dem Bereich der Computer-Schnittstellen. Wir werden hier nicht auf alle eingehen, sondern uns hauptsächlich darauf konzentrieren, wie ein PCI-Treiber seine Hardware finden und darauf Zugriff bekommen kann. Die in »Automatische und manuelle Konfiguration« in Kapitel 2 und in »Automatische Erkennung der IRQ-Nummer« in Kapitel 9 behandelten Suchtechniken können auch bei PCI-Geräten verwendet werden, aber die Spezifikation bietet auch noch eine Alternative zum Suchen.

Die PCI-Architektur wurde als ein Ersatz für den ISA-Standard entworfen und hatte drei Entwurfsziele: eine bessere Performance bei der Übertragung von Daten zwischen dem Computer und Peripherie-Geräten, größtmögliche Plattformunabhängigkeit und ein einfaches Hinzufügen und Entfernen von Peripherie-Geräten.

Der PCI-Bus erreicht seine bessere Performance durch Verwendung einer höheren Taktrate als ISA; diese beträgt 25 oder 33 MHz (der tatsächliche Wert ist ein Teiler des Systemtakts); 66-MHz- und sogar 133-MHz-Implementationen sind ebenfalls bereits verfügbar. Außerdem ist der Datenbus 32 Bit breit, eine 64 Bit-Erweiterung ist in die Spezifikation mit aufgenommen worden (auch wenn nur 64-Bit-Plattformen das implementieren). Plattformunabhängigkeit ist oft ein Ziel bei der Entwicklung von Computer-Bussen und ein besonders wichtiges Merkmal von PCI, weil die PC-Welt immer von prozessorspezifischen Schnittstellenstandards dominiert worden ist. PCI wird derzeit umfassend auf IA-32, Alpha, PowerPC, SPARC64 und IA-64-Systemen sowie einigen anderen Plattformen verwendet.

Für den Programmierer eines Treibers ist jedoch die Unterstützung der Autoerkennung von Karten am wichtigsten. PCI-Geräte haben im Gegensatz zu den meisten ISA-Peripherie-Geräten keine Jumper und werden beim Booten automatisch konfiguriert. Der Treiber-Programmierer muß also in der Lage sein, auf die Konfigurationsinformationen des Gerätes zuzugreifen, um die Initialisierung vervollständigen zu können. Das geschieht, ohne daß nach dem Gerät gesucht werden muß.

PCI-Adressierung

Jedes PCI-Peripherie-Gerät wird durch eine *Bus-Nummer*, eine *Gerätenummer* und eine *Funktionsnummer* identifiziert. Die PCI-Spezifikation erlaubt bis zu 256 Busse in einem System. Jeder Bus kann bis zu 32 Geräte enthalten, und jedes Gerät kann eine Multifunktionskarte (wie eine Soundkarte mit eingebautem CD-ROM-Anschluß) mit maximal acht Funktionen sein. Jede Funktion kann also auf Hardware-Ebene durch eine 16-Bit-Adresse (Schlüssel) identifiziert werden. Gerätetreiber für Linux müssen sich aber nicht mit diesen Binäradressen beschäftigen, weil sie eine bestimmte Datenstruktur namens `pci_dev` verwenden, um auf den Geräten zu arbeiten. (Das ist natürlich genau die `struct pci_dev`, die wir schon in Kapitel 13 kennengelernt haben.

Die meisten neueren Workstations enthalten mindestens zwei PCI-Busse. Bei mehreren Bussen in einem System werden sogenannte *Brücken* (*bridges*) verwendet, spezielle PCI-Peripherie-Geräte, deren Aufgabe es ist, die Busse zu verbinden. Das gesamte Layout eines PCI-Systems ist als Baum organisiert, in dem jeder Bus bis herauf zum Bus 0 mit einem Bus der nächsthöheren Schicht verbunden ist. Das CardBus PC-Karten-System wird ebenfalls über Brücken an das PCI-System angebunden. Ein typisches PCI-System ist in Abbildung 15-1 zu sehen, wo die diversen Brücken hervorgehoben sind.

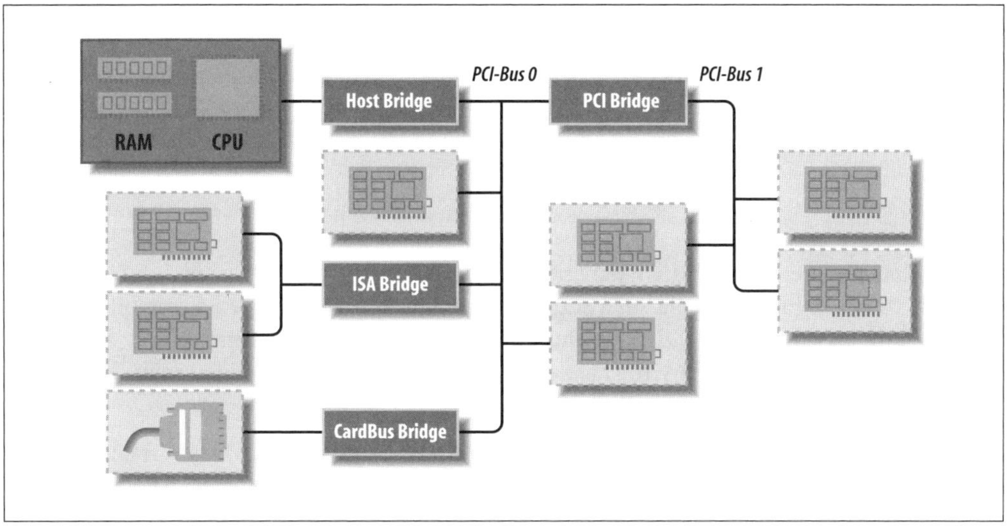

Abbildung 15-1: Layout eines typischen PCI-Systems

Die 16-Bit-Hardware-Adressen von PCI-Peripherie-Geräten sind zwar meistens im `struct pci_dev`-Objekt versteckt, aber trotzdem gelegentlich sichtbar, besonders wenn es um Listen von Geräten geht. Eine solche Situation ist die Ausgabe von *lspci* (einem Bestandteil des *pciutils*-Pakets, das in den meisten Distributionen enthalten ist) und das Informationslayout in */proc/pci* und */proc/bus/pci*.[1] Wenn die Hardware-Adresse angezeigt wird, kann dies entweder als 16-Bit Wert, als zwei Werte (eine 8-Bit-Zahl und eine 8-Bit-Geräte- und Funktionsnummer) geschehen; alle Werte werden normalerweise als hexadezimale Zahlen dargestellt.

Beispielsweise verwendet */proc/bus/pci/devices* ein einziges 16-Bit-Feld (um das Parsen und Sortieren zu vereinfachen), während */proc/bus/busnummer* die Adressen in drei Felder aufteilt. Hier können Sie sehen, wie diese Adressen erscheinen, wobei jeweils nur der Anfang der ausgegebenen Zeilen dargestellt ist:

```
rudo% lspci | cut -d: -f1-2
00:00.0 Host bridge
00:01.0 PCI bridge
00:07.0 ISA bridge
00:07.1 IDE interface
00:07.3 Bridge
00:07.4 USB Controller
00:09.0 SCSI storage controller
00:0b.0 Multimedia video controller
01:05.0 VGA compatible controller
rudo% cat /proc/bus/pci/devices | cut -d\        -f1,3
```

1 Bitte beachten Sie, daß das hier Gesagte wie üblich auf der Version 2.4 des Kernels basiert und wir die Fragen der Abwärtskompatibilität am Ende des Kapitels behandeln werden.

```
0000    0
0008    0
0038    0
0039    0
003b    0
003c    b
0048    a
0058    b
0128    a
```

Die beiden Gerätelisten sind in der gleichen Reihenfolge sortiert, weil *lspci* die */proc*-Dateien als Informationsquelle verwendet. Wenn wir den VGA-Video-Controller als Beispiel nehmen, bedeutet 0x128 nach der Aufteilung in Bus (acht Bits), Gerät (fünf Bits) und Funktion (drei Bits) `01:05.0`. Das zweite Feld in den beiden Listings zeigt die Geräteklasse beziehungsweise die Interrupt-Nummer.

Die Hardware-Schaltkreise auf jeder Peripherie-Karte beantworten Fragen nach den drei Adreßräumen: Speicheradressen, I/O-Ports und Konfigurationsregister. Die ersten beiden Adreßräume werden von allen Geräten auf einem PCI-Bus gemeinsam genutzt (d. h. wenn Sie auf eine Speicheradresse zugreifen, dann sehen alle Geräte den Bus-Zyklus zum selben Zeitpunkt). Der Konfigurationsraum benutzt dagegen *eine geographische Adressierung*. Konfigurationstransaktionen (also Bus-Adressen im Konfigurationsraum) betreffen nur jeweils einen Steckplatz. Daher gibt es beim Zugriff auf Konfigurationsinformationen überhaupt keine Kollisionen.

Was den Treiber angeht, wird auf Speicher- und I/O-Bereiche wie sonst auch mit *inb*, *readb* usw. zugegriffen. Konfigurationstransaktionen werden dagegen durch Aufruf bestimmter Kernel-Funktionen ausgeführt, um auf die Konfigurationsregister zuzugreifen. Im Hinblick auf Interrupts hat jeder PCI-Steckplatz vier Interrupt-Pins, und jede Gerätefunktion kann einen davon verwenden, ohne sich darum kümmern zu müssen, wie diese Pins dann mit der CPU verbunden sind. Das liegt in der Verantwortung der jeweiligen Plattform und wird außerhalb des PCI-Busses implementiert. Weil die PCI-Spezifikation erwartet, daß Interrupt-Leitungen gemeinsam genutzt werden können, kann selbst ein Prozessor mit einer beschränkten Anzahl von IRQ-Leitungen wie die x86-Plattform viele PCI-Karten enthalten (die alle vier Interrupt-Pins haben).

Der I/O-Adreßraum in einem PCI-Bus verwendet einen 32-Bit-Adreß-Bus (und kann damit 4 GByte I/O-Ports adressieren), während der Speicherraum entweder mit 32-Bit- oder 64-Bit-Adressen angesprochen werden kann. 64-Bit-Adressen werden aber nur auf einigen wenigen Plattformen unterstützt. Die Adressen müssen eindeutig zu einem Gerät zugeordnet sein, aber es kann passieren, daß die Software zwei Geräte fälschlicherweise auf die gleiche Adresse abbildet, so daß auf keines von beiden zugegriffen werden kann. Dies passiert aber nur, wenn ein Treiber absichtlich mit Registern herumspielt, die ihn nichts angehen. Glücklicherweise kann jeder Speicher- und I/O-Adreßbereich auf der Karte mit Hilfe von Konfigurationsvorgängen umgeblendet werden. Die Firmware initialisiert also die PCI-Hardware beim Booten des Systems und bildet jeden Bereich auf eine andere Adresse ab, um Kollisionen zu vermeiden.[2] Die Adressen, auf die diese Bereiche derzeit abgebildet werden, können aus dem Konfigurationsraum ausgelesen werden, so daß ein Linux-Treiber darauf ohne Suchen zugreifen kann. Nachdem die Konfigurationsregister einmal ausgelesen worden sind, kann der Treiber gefahrlos auf seine Hardware zugreifen.

Der PCI-Konfigurationsraum besteht aus 256 Bytes je Gerätefunktion, das Layout der Konfigurationsregister ist standardisiert. Vier Bytes des Konfigurationsraumes enthalten eine eindeutige Geräte-ID, so daß der Treiber sein Gerät durch einen Vergleich mit der spezifischen ID des Gerätes erkennen kann.[3] Um es zusammenzufassen: Jede Karte wird also geographisch adressiert, um an ihre Konfigurationsregister heranzukommen. Diese Information kann dann verwendet werden, um normale I/O durchzuführen, ohne weiter eine geographische Adressierung verwenden zu müssen.

Es sollte aus dieser Beschreibung klargeworden sein, daß die wichtigste Verbesserung des PCI-Standards gegenüber ISA der Konfigurationsadreßraum ist. Daher muß ein PCI-Treiber neben dem üblichen Treiber-Code auch auf den Konfigurationsraum zugreifen können, um sich selbst riskantes Ausprobieren zu ersparen.

Im Rest dieses Kapitels werden wir das Wort »Gerät« für eine Gerätefunktion verwenden, weil jede Funktion auf einer Multifunktionskarte sich wie eine unabhängige Einheit verhält. Wenn wir also von einem Gerät sprechen, meinen wir das Tupel aus Bus-Nummer, Gerätenummer und Funktionsnummer, das durch eine 16-Bit-Zahl oder zwei 8-Bit-Zahlen (die normalerweise `bus` und `devfn` heißen) repräsentiert wird.

Hochfahren des Systems

Schauen wir uns an, wie PCI funktioniert, und beginnen wir dabei mit dem Hochfahren des Systems, denn an dieser Stelle werden die Geräte konfiguriert.

Wenn Spannung an einem PCI-Gerät angelegt wird, bleibt die Hardware inaktiv. Mit anderen Worten: Das Gerät antwortet nur auf Konfigurationsvorgänge. Beim Einschalten bildet das Gerät keinen Speicher und keine I/O-Ports in den Adreßraum des Computers ab; alle anderen gerätespezifischen Merkmale wie das Melden von Interrupts sind ebenfalls abgeschaltet.

Glücklicherweise verfügt jede PCI-Hauptplatine über PCI-fähige Firmware, die je nach Plattform BIOS, NVRAM oder PROM heißt. Mit der Firmware kann durch das Lesen und Schreiben von Registern im PCI-Controller auf den Konfigurationsadreßraum des Gerätes zugegriffen werden.

---

2 Die Konfiguration ist übrigens nicht auf das Booten des Systems begrenzt; sogenannte »Hot-pluggable-Geräte« stehen beispielsweise nicht beim Booten zur Verfügung, sondern erscheinen erst später. Bei diesen Geräten müssen die Gerätetreiber die Adressen von I/O- und Speicherbereichen nicht ändern.

3 Die ID eines jeden Gerätes sollte im Handbuch zur Hardware stehen. In der Datei pci.ids im Package pciutils sowie in den Kernelquellen finden Sie ebenfalls eine Liste. Diese behauptet gar nicht erst, vollständig zu sein, enthält aber die bekanntesten Hersteller und Geräte.

Beim Hochfahren des Systems führt die Firmware (oder der Linux-Kernel, wenn er dafür konfiguriert ist) Konfigurationsvorgänge mit jedem PCI-Peripherie-Gerät durch, um für jeden Adreßbereich des Geräts einen sicheren Platz zu finden. Wenn der Gerätetreiber auf das Gerät zugreift, sind dessen Speicher und I/O-Bereiche bereits in den Adreßraum des Prozessors abgebildet worden. Der Treiber kann diese Default-Zuweisung ändern, wird das aber nie tun müssen.

Wie bereits erwähnt wurde, kann der Benutzer unter Linux die Liste der PCI-Geräte und die Konfigurationsregister des Gerätes in den Dateien */proc/bus/pci/devices* und */proc/bus/pci/*/** einsehen. Erstere ist eine Textdatei mit hexadezimaler Geräteinformation, letzteres sind Binärdateien, die einen Schnappschuß der Konfigurationsregister mit einer Datei pro Gerät melden.

Konfigurationsregister und Initialisierung

Es wurde bereits gesagt, daß das Layout des Konfigurationsraumes geräteunabhängig ist. In diesem Abschnitt werden wir uns die Konfigurationsregister anschauen, mit denen die Peripherie-Geräte konfiguriert werden.

PCI-Geräte haben einen 256-Byte-Adreßraum. Die ersten 64 Bytes sind standardisiert, der Rest ist geräteabhängig. Abbildung 15-2 zeigt das Layout des geräteunabhängigen Konfigurationsraumes.

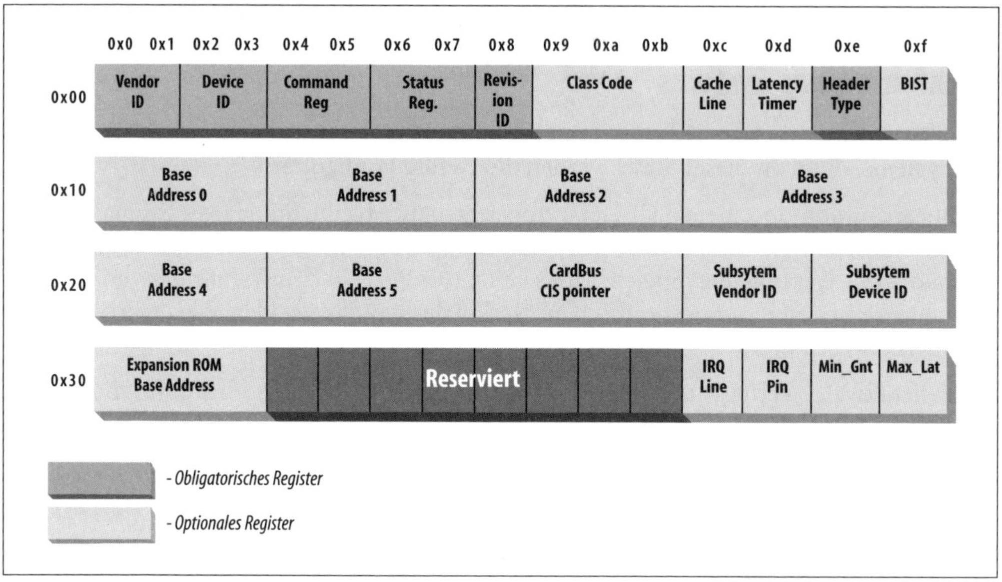

Abbildung 15-2: Die standardisierten PCI-Konfigurationsregister

Wie die Abbildung zeigt, sind einige der Konfigurationsregister obligatorisch und andere optional. Jedes PCI-Gerät muß in den obligatorischen Registern sinnvolle Werte enthalten, während der Inhalt der optionalen Register von den jeweiligen Fähigkeiten des Gerätes abhängig ist. Die optionalen Felder werden nur dann verwendet, wenn der Inhalt der obligatorischen Felder angibt, daß sie gültig sind. Die obligatorischen Felder bezeichnen also die Fähigkeiten der Karte: darunter auch, ob die anderen Felder verwendbar sind oder nicht.

Interessanterweise sind PCI-Register immer Little-Endian. Obwohl der Standard architekturunabhängig sein soll, tendieren die PCI-Entwickler manchmal ein wenig zur PC-Umgebung. Der Treiber-Programmierer muß daher vorsichtig mit der Byte-Reihenfolge sein, wenn auf mehr-bytige Konfigurationsregister zugegriffen wird. Code, der auf dem PC funktioniert, funktioniert auf anderen Plattformen möglicherweise nicht. Die Linux-Entwickler haben sich dieses Problems angenommen (siehe den nächsten Abschnitt »Zugriff auf den Konfigurationsraum«), es darf aber trotzdem nicht vergessen werden. Wenn Sie jemals Daten von der Host-Reihenfolge in die PCI-Reihenfolge oder umgekehrt konvertieren müssen, können Sie die in `<asm/byteorder.h>` definierten Funktionen verwenden, die in Kapitel 10 eingeführt wurden, weil Sie wissen, daß die PCI-Byte-Reihenfolge Little Endian ist.

Die Beschreibung aller Konfigurationselemente geht weit über den Umfang dieses Buches hinaus. Üblicherweise beschreibt die technische Dokumentation jedes Gerätes, welche Register unterstützt werden. Wir interessieren uns hier dafür, wie ein Treiber sein Gerät finden und auf dessen Konfigurationsraum zugreifen kann.

Ein Gerät wird durch drei oder fünf PCI-Register identifiziert: `vendorID`, `deviceID` und `class` werden immer verwendet. Jeder PCI-Hersteller weist diesen Registern nur lesbare Werte zu, und Treiber können sie verwenden, um nach einem Gerät zu suchen. Außerdem verwenden manche Hersteller die Felder `subsystem vendorID` und `subsystem deviceID`, um ähnliche Geräte voneinander zu unterscheiden.

Schauen wir uns diese Register etwas detaillierter an:

`vendorID`
: Dieses 16-Bit-Register gibt den Hardware-Hersteller an. Beispielsweise hat jedes Intel-Gerät die gleiche *vendor*-Nummer, nämlich `0x8086` (ob das nur Zufall ist?). Es gibt eine globale Liste dieser Nummern, bei der sich Hersteller eine eindeutige Nummer zuweisen lassen müssen.

`deviceID`
: Ein weiteres 16-Bit-Register, das der Hersteller auswählen kann. Für *deviceID* ist keine offizielle Registrierung notwendig. Diese ID wird normalerweise mit der Hersteller-ID zu einem eindeutigen 32-Bit-Identifikator für ein Gerät kombiniert. Wir verwenden im Folgenden den Begriff *Signatur* für das Paar aus vendorID und de-

viceID. Ein Gerätetreiber verläßt sich normalerweise auf die Signatur, um ein Gerät zu identifizieren; der Treiber-Programmierer weiß aus der Hardware-Dokumentation, nach welchem Wert er suchen muß.

`class`
: Jedes Peripherie-Gerät gehört zu einer *Klasse*. Das `class`-Register ist ein 16-Bit-Wert, dessen obere acht Bits die »Basisklasse« (oder *Gruppe*) bezeichnen. Beispielsweise sind »Ethernet« und »Token Ring« zwei Klassen, die zur »Netzwerk«-Gruppe gehören, während die Klassen »seriell« und »parallel« zur Gruppe »Kommunikation« gehören. Manche Treiber können mehrere ähnliche Geräte unterstützen, die alle eine unterschiedliche Signatur haben, aber zur gleichen Klasse gehören. Diese Treiber können das *class*-Register verwenden, um (wie unten gezeigt wird) ihre Peripherie-Geräte zu identifizieren.

`subsystem vendorID`
`subsystem deviceID`
: Diese Felder können zur weiteren Identifikation eines Geräts verwendet werden. Wenn der Chip selbst ein generischer Schnittstellen-Chip für einen lokalen Bus ist, dann wird dieser oft in völlig unterschiedlichen Rollen verwendet, und der Treiber muß herausfinden, mit welcher Hardware er eigentlich redet. Die Subsystem-Bezeichner sind dafür gedacht.

Mit diesen Bezeichnern können Sie Ihr Gerät finden. In der Kernel-Version 2.4 sind das Konzept eines *PCI-Treibers* und eine spezialisierte Initialisierungsschnittstelle eingeführt worden. Während diese Schnittstelle die bevorzugte für neue Treiber ist, steht sie für ältere Kernel-Versionen nicht zur Verfügung. Als Alternative zur PCI-Treiber-Schnittstelle können die folgenden Header-Dateien, Makros und Funktionen in PCI-Modulen verwendet werden, um nach Hardware-Geräten zu suchen. Wir haben uns dazu entschieden, diese abwärtskompatible Schnittstelle zuerst einzuführen, weil sie portabel über alle in diesem Buch behandelten Kernel-Versionen ist. Außerdem ist sie etwas zugänglicher, weil sie weniger stark von der direkten Hardware-Verwaltung abstrahiert.

`#include <linux/config.h>`
: Der Treiber muß wissen, welche PCI-Funktionen im Kernel zur Verfügung stehen. Indem er diese Header-Datei einbindet, bekommt er Zugriff auf die `CONFIG_`-Makros einschließlich `CONFIG_PCI`, das unten beschrieben wird. Beachten Sie aber, daß jede Quelldatei, die `<linux/module.h>` einbindet, diese Header-Datei automatisch mit importiert.

`CONFIG_PCI`
: Dieses Makro ist definiert, wenn der Kernel PCI-Aufrufe unterstützt. Nicht jeder Computer verfügt über einen PCI-Bus, weswegen die Kernel-Entwickler sich entschieden haben, PCI zu einer zur Kompilierzeit auswählbaren Option zu machen, um Speicher zu sparen, wenn Linux auf Nicht-PCI-Computern läuft. Wenn `CONFIG_PCI` nicht eingeschaltet ist, dann sind alle PCI-Funktionsaufrufe so definiert, daß sie einen Fehler zurückmelden. Auf diese Weise kann der Treiber Präprozessor-Anwei-

sungen verwenden, um die PCI-Unterstützung herauszunehmen, muß das aber nicht tun. Wenn der Treiber nur mit PCI-Geräten (und nicht mit anderen) umgeht, dann sollte er einen Compile-Fehler erzeugen, wenn dieses Makro nicht definiert ist.

`#include <linux/pci.h>`
: Diese Header-Datei deklariert alle in diesem Abschnitt eingeführten Prototypen sowie die zu PCI-Registern und -Bits gehörenden symbolischen Namen. Sie sollte immer eingebunden werden und definiert auch symbolische Werte für von den Funktionen zurückgegebene Fehler-Codes.

`int pci_present(void);`
: Weil die PCI-Funktionen auf Nicht-PCI-Computern keinen Sinn ergeben, teilt die Funktion *pci_present* dem Treiber mit, ob der Rechner PCI unterstützt. Dieser Aufruf sollte in 2.4 nicht mehr verwendet werden, weil er nur noch überprüft, ob sich überhaupt ein PCI-Gerät finden läßt. In 2.0 mußten Treiber aber diese Funktion aufrufen, um unangenehme Fehler beim Suchen nach Geräten zu vermeiden. Neuere Kernel melden einfach, daß es kein Gerät gibt. Die Funktion gibt den Booleschen Wert `true` zurück, wenn der Host PCI-fähig ist.

`struct pci_dev;`
: Diese Datenstruktur wird als Software-Objekt verwendet, das ein PCI-Gerät repräsentiert. Sie liegt jeder PCI-Operation im System zugrunde.

```
struct pci_dev *pci_find_device (unsigned int vendor, unsigned int device,
                                 const struct pci_dev *from);
```
: Wenn `CONFIG_PCI` definiert und *pci_present* `true` ist, wird diese Funktion verwendet, um die Liste der installierten Geräte nach einem Gerät mit einer bestimmten Signatur zu durchsuchen. Das Argument `from` wird verwendet, um mehrere Geräte mit der gleichen Signatur zu finden; dieses Argument sollte auf das letzte gefundene Gerät verweisen, so daß die Suche dort fortgesetzt werden kann, anstatt wieder am Anfang der Liste anzufangen. Um das erste Gerät zu finden, wird `from` als `NULL` angegeben. Wenn kein (weiteres) Gerät gefunden wird, wird `NULL` zurückgegeben.

`struct pci_dev *pci_find_class (unsigned int class, const struct pci_dev *from);`
: Diese Funktion ähnelt der letzten, sucht aber nach Geräten einer bestimmten Klasse (die in 16 Bit angegeben wird, sowohl mit der Basisklasse als auch mit der Subklasse). Dies wird heutzutage außer in PCI-Treibern sehr niedriger Ebene selten verwendet. Das `from`-Argument wird genau wie bei *pci_find_device* verwendet.

`int pci_enable_device(struct pci_dev *dev);`
: Diese Funktion schaltet das Gerät erst ein. Sie weckt das Gerät und weist in manchen Fällen auch eine Interrupt-Leitung und I/O-Bereiche zu. Dies passiert beispielsweise bei CardBus-Geräten (die auf Treiber-Ebene vollständig äquivalent mit PCI sind).

`struct pci_dev *pci_find_slot (unsigned int bus, unsigned int devfn);`
: Diese Funktion gibt eine PCI-Gerätestruktur anhand eines Bus/Geräte-Paares zurück. Das Argument `devfn` repräsentiert sowohl das Gerät als auch die Funktion.

Dies wird nur sehr selten verwendet (Treiber sollten sich nicht dafür interessieren, in welchem Steckplatz ihr Gerät sitzt) und ist hier nur der Vollständigkeit halber aufgeführt.

Auf der Basis dieser Informationen sieht die Initialisierung eines typischen Gerätetreibers, der nur einen Gerätetyp unterstützt, wie im folgenden Code aus. Der Code ist für ein hypothetisches Gerät namens *jail* geschrieben, was für Just Another Instruction List steht:

```
#ifndef CONFIG_PCI
#  error "This driver needs PCI support to be available"
#endif

int jail_find_all_devices(void)
{
    struct pci_dev *dev = NULL;
    int found;

    if (!pci_present())
    return -ENODEV;

    for (found=0; found < JAIL_MAX_DEV;) {
        dev = pci_find_device(JAIL_VENDOR, JAIL_ID, dev);
        if (!dev) /* keine weiteren Geraete */
            break;
        /* geraetespezifische Aktionen ausfuehren, Geraet zaehlen */
        found += jail_init_one(dev);
    }
    return  (index == 0) ? -ENODEV : 0;
}
```

Die Aufgabe von *jail_init_one* ist sehr gerätespezifisch, weswegen diese Funktion hier nicht gezeigt wird. Es gibt aber einiges, das man im Kopf behalten sollte, wenn man diese Funktion schreibt:

- Die Funktion muß möglicherweise zusätzliche Überprüfungen vornehmen, um sicherzustellen, daß das Gerät wirklich eines der unterstützten Geräte ist. Manche PCI-Peripherie-Geräte enthalten einen allgemein verwendbaren PCI-Schnittstellen-Chip und gerätespezifische Schaltkreise. Jedes Peripherie-Gerät, das den gleichen Schnittstellen-Chip verwendet, hat die gleiche Signatur. Weitere Überprüfungen können entweder durch Auslesen der Subsystem-Bezeichner oder durch Auslesen spezifischer Geräteregister (in den später beschriebenen Geräte-I/O-Regionen) vorgenommen werden.
- Bevor man auf Geräteressourcen (I/O-Bereiche oder Interrupts) zugreift, muß der Treiber *pci_enable_device* aufrufen. Wenn bei den gerade besprochenen zusätzlichen Überprüfungen auf Gerätespeicher oder I/O-Bereiche zugegriffen werden muß, muß die Funktion vorher aufgerufen werden.
- Ein Netzwerk-Treiber sollte sicherstellen, daß `dev->driver_data` auf die zu dieser Schnittstelle gehörende `struct net_device` zeigt.

Die im obenstehenden Code gezeigte Funktion gibt 0 zurück, wenn das Gerät nicht unterstützt wird, und 1, wenn es akzeptiert wird (möglicherweise auf Basis weiterer Überprüfungen, wie gerade beschrieben).

Der gezeigte Code-Schnipsel ist korrekt, wenn der Treiber es nur mit einer Art von PCI-Gerät zu tun hat, die durch `JAIL_VENDOR` und `JAIL_ID` identifiziert wird. Wenn Sie weitere Hersteller/Geräte-Paare unterstützen müssen, dann sollten Sie am besten die später in »Hardware-Abstraktionen« beschriebene Technik verwenden, sofern Sie keine älteren Kernel unterstützen müssen: In diesem Fall wäre *pci_find_class* die Funktion der Wahl.

Die Verwendung von *pci_find_class* verlangt, daß *jail_find_all_devices* etwas mehr Arbeit als im Beispiel gezeigt leistet. Die Funktion sollte das frisch vorgefundene Gerät mit einer Liste von Hersteller/Geräte-Paaren vergleichen, möglicherweise anhand von `dev->vendor` und `dev->device`. Das könnte so aussehen:

```
struct devid {unsigned short vendor, device} devlist[] = {
    {JAIL_VENDOR1, JAIL_DEVICE1},
    {JAIL_VENDOR2, JAIL_DEVICE2},
    /* ... */
    { 0, 0 }
};

    /* ... */

    for (found=0; found < JAIL_MAX_DEV;) {
        struct devid *idptr;
        dev = pci_find_class(JAIL_CLASS, dev);
        if (!dev) /* keine weiteren Geraete */
            break;
        for (idptr = devlist; idptr->vendor; idptr++) {
           if (dev->vendor != idptr->vendor) continue;
           if (dev->device != idptr->device) continue;
           break;
        }
        if (!idptr->vendor) continue; /* keines von unseren */
        jail_init_one(dev); /* geraetespezifische Initialisierung */
        found++;
    }
```

Zugriff auf den Konfigurationsraum

Nachdem der Treiber das Gerät entdeckt hat, muß er normalerweise drei Adreßräume auslesen bzw. diese beschreiben: den Speicher, den Port und die Konfiguration. Insbesondere der Zugriff auf den Konfigurationsraum ist für den Treiber sehr wichtig, weil er nur so herausfinden kann, wo das Gerät in den Speicher und in den I/O-Raum eingeblendet wird.

Weil der Mikroprozessor keine Möglichkeit hat, direkt auf den Konfigurationsraum zuzugreifen, muß der Computer-Hersteller dafür eine Möglichkeit bereitstellen. Um auf den Konfigurationsraum zuzugreifen, muß die CPU Register im PCI-Controller lesen und schreiben. Die genaue Implementation dafür ist herstellerabhängig und hier nicht relevant, weil Linux eine Standardschnittstelle für den Zugriff auf den Konfigurationsraum enthält.

Was den Treiber angeht, kann auf den Konfigurationsraum mit 8-Bit-, 16-Bit- und 32-Bit-Datenübertragungen zugegriffen werden. Die Prototypen der relevanten Funktionen stehen in `<linux/pci.h>`:

`int pci_read_config_byte(struct pci_dev *dev, int where, u8 *ptr);`
`int pci_read_config_word(struct pci_dev *dev, int where, u16 *ptr);`
`int pci_read_config_dword(struct pci_dev *dev, int where, u32 *ptr);`

Eines, zwei oder vier Bytes aus dem Konfigurationsraum des durch `dev` bezeichneten Geräts auslesen. Das Argument `where` ist der Byte-Offset vom Anfang des Konfigurationsraums. Der aus dem Konfigurationsraum geholte Wert wird über `ptr` zurückgegeben; der Rückgabewert dieser Funktionen ist ein Fehler-Code. Die *word*- und *dword*-Funktionen konvertieren den gerade gelesenen Wert aus der Little-Endian-Byte-Reihenfolge in die native Byte-Reihenfolge des Prozessors, damit Sie sich nicht darum kümmern brauchen.

`int pci_write_config_byte (struct pci_dev *dev, int where, u8 val);`
`int pci_write_config_word (struct pci_dev *dev, int where, u16 val);`
`int pci_write_config_dword (struct pci_dev *dev, int where, u32 val);`

Ein, zwei oder vier Bytes in den Konfigurationsraum schreiben. Wie immer bezeichnet `dev` das Gerät, und der zu schreibende Wert wird in `val` übergeben. Die *word*- und *dword*-Funktionen wandeln diesen Wert erst in Little-Endian um, bevor sie ihn auf das Peripheriegerät rausschreiben.

Der bevorzugte Weg zum Lesen der benötigten Konfigurationsvariablen führt über die Felder in der `struct pci_dev` Ihres Geräts. Gleichwohl brauchen Sie aber die gerade genannten Funktionen, wenn Sie eine Konfigurationsvariable schreiben und zurücklesen müssen. Außerdem brauchen Sie die *pci_read_*-Funktionen für die Abwärtskompatibilität mit Kerneln vor 2.4.[4]

Die beste Möglichkeit, mit den *pci_read_*-Funktionen auf die Konfigurationsvariablen zuzugreifen, ist die Verwendung der symbolischen Namen, die in `<linux/pci.h>` definiert sind. Beispielsweise holt der folgende Zweizeiler die Revisions-ID eines Gerätes, indem er den symbolischen Namen im Argument `where` von *pci_read_config_byte* übergibt.

```
unsigned char jail_get_revision(unsigned char bus, unsigned char fn)
{
    unsigned char *revision;

    pci_read_config_byte(bus, fn, PCI_REVISION_ID, &revision);
    return revision;
}
```

4 Die Feldnamen in `struct pci_dev` wurden zwischen 2.2 und 2.4 geändert, weil sich das erste Layout als nicht ganz optimal herausgestellt hatte. In 2.0 gab es keine `pci_dev`-Struktur; die Struktur, die Sie dann verwenden, ist eine einfache Emulation aus der Header-Datei *pci-compat.h*.

Wenn Sie auf Mehr-Byte-Werte zugreifen, müssen Sie wie bereits erwähnt daran denken, auf Probleme mit der Byte-Reihenfolge zu achten.

Einen Konfigurations-Snapshot ansehen

Wenn Sie den Konfigurationsraum der PCI-Geräte auf Ihrem System durchsuchen wollen, können Sie auf zweierlei Art und Weise vorgehen. Einfacher ist es, die Ressourcen zu verwenden, die Linux bereits in */proc/bus/pci* bereitstellt, auch wenn diese in der Kernel-Version 2.0 noch nicht zur Verfügung standen. Die Alternative, die wir hier verfolgen, ist statt dessen das Schreiben eigenen Codes; dieser Code ist portabel über alle bekannten 2.*x*-Kernel-Versionen und eine gute Möglichkeit, die Werkzeuge in Aktion zu sehen. Die Quelldatei *pci/pcidata.c* finden Sie im Beispiel-Code auf dem FTP-Server von O'Reilly.

Dieses Modul erzeugt eine dynamische Datei namens */proc/pcidata*, die einen binären Snapshot des Konfigurationsraumes Ihrer PCI-Geräte enthält. Dieser Snapshot wird jedesmal aktualisiert, wenn aus dieser Datei gelesen wird. Die Größe von */proc/pcidata* ist auf `PAGE_SIZE` Bytes beschränkt (eine Einschränkung, die aus den dynamischen */proc*-Dateien, die in »Das /proc-Dateisystem verwenden« in Kapitel 4 eingeführt wurden, herrührt). Daher wird nur der Konfigurationsspeicher für die ersten `PAGE_SIZE/256` Geräte ausgegeben, also je nach verwendeter Plattform für 16 oder 32 Geräte. Wir haben uns dazu entschlossen, */proc/pcidata* binär zu halten, anstatt daraus eine Textdatei wie die anderen */proc*-Dateien zu machen. Beachten Sie, daß auch die Dateien in */proc/bus/pci* binär sind.

Eine weitere Beschränkung von *pcidata* besteht darin, daß das Programm nur den ersten PCI-Bus im System absucht. Wenn Ihr Computer Brücken zu anderen PCI-Bussen enthält, werden diese von *pcidata* ignoriert. Dies sollte kein Problem in Beispiel-Code sein, der nicht für eine echte Verwendung gedacht ist.

Geräte stehen in */proc/pcidata* in der gleichen Reihenfolge wie in */proc/bus/pci/devices* (aber in umgekehrter Reihenfolge als in der Reihenfolge, die im 2.0-Kernel in */proc/pci* verwendet wird).

Beispielsweise erscheint unser Framegrabber zweimal in */proc/pcidata* und hat (derzeit) die folgenden Konfigurationsregister:

```
morgana% dd bs=256 skip=1 count=1 if=/proc/pcidata | od -Ax -t x1
1+0 records in
1+0 records out
000000 86 80 23 12 06 00 00 02 00 00 00 04 00 20 00 00
000010 00 00 00 f1 00 00 00 00 00 00 00 00 00 00 00 00
000020 00 00 00 00 00 00 00 00 00 00 00 00 00 00 00 00
000030 00 00 00 00 00 00 00 00 00 00 00 00 0a 01 00 00
000040 00 00 00 00 00 00 00 00 00 00 00 00 00 00 00 00
*
000100
```

Die Zahlen in diesem Auszug repräsentieren die PCI-Register. Anhand von Abbildung 15-2 können Sie die Zahlen entschlüsseln. Alternativ können Sie auch das Programm *pcidump*, das Sie ebenfalls auf dem FTP-Server finden, verwenden, das die Ausgabe formatiert und beschriftet.

Es lohnt sich nicht, den Code von *pcidump* hier anzugeben, weil das Programm nur aus einer langen Tabelle sowie zehn Codezeilen besteht, die die Tabelle durchsuchen. Schauen wir uns statt dessen einige ausgewählte Ausgabezeilen an:

```
morgana% dd bs=256 skip=1 count=1 if=/proc/pcidata | ./pcidump
1+0 records in
1+0 records out
        Compulsory registers:
Vendor id: 8086
Device id: 1223
I/O space enabled: n
Memory enabled: y
Master enabled: y
Revision id (decimal): 0
Programmer Interface: 00
Class of device: 0400
Header type: 00
Multi function device: n
        Optional registers:
Base Address 0: f1000000
Base Address 0 Is I/O: n
Base Address 0 is 64-bits: n
Base Address 0 is below-1M: n
Base Address 0 is prefetchable: n
Does generate interrupts: y
Interrupt line (decimal): 10
Interrupt pin (decimal): 1
```

pcidata und *pcidump* können zusammen mit *grep* hilfreiche Werkzeuge zum Debuggen des Initialisierungscodes eines Treibers sein, selbst wenn ihre Aufgabe bereits durch das in allen neueren Linux-Distributionen enthaltene Paket *pciutils* übernommen wird. Beachten Sie aber, daß das Modul *pcidata.c* im Gegensatz zum sonstigen Code in diesem Buch der GPL unterliegt, weil wir die Suchschleife nach PCI-Geräten aus den Kernel-Quellen entnommen haben. Das sollte Sie als Treiber-Programmierer aber nicht stören, weil wir das Modul in den Quellen nur als Hilfsprogramm aufgenommen haben, nicht als einen Programmcode, der in neuen Treibern weiterverwendet werden soll.

Zugriff auf die I/O- und Speicherräume

Ein PCI-Peripherie-Gerät implementiert bis zu sechs Adreßregionen. Jede Region besteht entweder aus Speicher- oder I/O-Bereichen. Die meisten Geräte implementieren ihre I/O-Register in Speicherbereiche, weil das generell sinnvoller ist (wie in »I/O-Ports und I/O-Speicher« in Kapitel 8 erläutert wird). Im Gegensatz zu normalem Speicher sollten aber I/O-Register nicht von der CPU zwischengespeichert werden, weil jeder Zugriff

Nebeneffekte haben kann. PCI-Geräte, die I/O-Register als Speicherbereiche implementieren, kennzeichnen den Unterschied dadurch, daß sie ein »memory-is-prefetchable«-Bit in ihrem Konfigurationsregister setzen.[5] Wenn der Speicherbereich so markiert ist, kann die CPU den Inhalt zwischenspeichern und beliebig optimieren, ansonsten darf der Zugriff nicht optimiert werden, weil jeder Zugriff Nebeneffekte haben kann, genau wie das normalerweise bei I/O-Ports der Fall ist. Peripherie-Geräte, die ihre Kontrollregister auf einen Adreßbereich im Speicher abbilden, deklarieren diesen Speicherbereich als »non-prefetchable«, während so etwas wie der Videospeicher auf PCI-Karten »prefetchable« ist. In diesem Abschnitt verwenden wir den Begriff »Region«, um uns damit auf einen PCI-Adreßbereich zu beziehen – unabhängig davon, ob es sich um Speicher oder I/O handelt.

Eine Schnittstellen-Karte meldet die Größe und aktuelle Lage ihrer Regionen mittels Konfigurationsregistern, genauer gesagt durch die sechs 32-Bit-Register, die in Abbildung 15-2 zu sehen sind und deren symbolische Namen `PCI_BASE_ADDRESS_0` bis `PCI_BASE_ADDRESS_5` lauten. Weil der von PCI definierte I/O-Raum ein 32-Bit-Adreßraum ist, ist es sinnvoll, die gleiche Konfigurationsschnittstelle für Speicher und I/O zu verwenden. Wenn das Gerät einen 64-Bit-Adreß-Bus benutzt, kann es Regionen im 64-Bit-Speicherraum deklarieren, indem es für jede Region zwei aufeinanderfolgende `PCI_BASE_ADDRESS`-Register verwendet. Ein Gerät kann sowohl 32-Bit- als auch 64-Bit-Regionen anbieten.

PCI-I/O-Ressourcen in Linux 2.4

In Linux 2.4 sind die I/O-Bereiche von PCI-Geräten in die allgemeine Ressourcen-Verwaltung integriert worden. Aus diesem Grund müssen Sie nicht mehr auf die Konfigurationsvariablen zugreifen, um zu wissen, wohin in den Speicher oder I/O-Bereich Ihr Gerät eingeblendet worden ist. Die bevorzugte Schnittstelle für das Erfragen von Bereichsinformationen besteht aus den folgenden Funktionen:

`unsigned long pci_resource_start(struct pci_dev *dev, int bar);`
: Diese Funktion gibt die erste Adresse (Speicheradresse oder I/O-Port-Nummer) zurück, die zu einem der sechs PCI-I/O-Bereiche gehört. Der Bereich wird durch den Integer-Wert `bar` (Base Address Register) ausgewählt und kann zwischen 0 und 5 (einschließlich) liegen.

`unsigned long pci_resource_end(struct pci_dev *dev, int bar);`
: Diese Funktion gibt die letzte Adresse zurück, die zum I/O-Bereich `bar` gehört. Beachten Sie, daß dies die letzte verwendbare Adresse ist, nicht die erste Adresse nach dem Bereich.

`unsigned long pci_resource_flags(struct pci_dev *dev, int bar);`
: Diese Funktion gibt die zu dieser Ressource gehörenden Flags zurück.

5 Diese Information steckt in den niedrigwertigen Bits der Basisadressen-PCI-Register. Die Bits sind in `<linux/pci.h>` definiert.

Ressourcen-Flags werden verwendet, um einige Merkmale der einzelnen Ressourcen zu definieren. Für PCI-Ressourcen, die zu PCI-I/O-Speicherbereichen gehören, wird die Information aus den Basis-Adreßregistern extrahiert, sie kann aber für andere Ressourcen auch aus anderen Quellen stammen.

Alle Ressourcen-Flags sind in `<linux/ioport.h>` definiert. Wir nennen hier nur die wichtigsten:

`IORESOURCE_IO`
`IORESOURCE_MEM`
: Wenn der zugehörige I/O-Bereich existiert, wird genau eines dieser Flags gesetzt.

`IORESOURCE_PREFETCH`
`IORESOURCE_READONLY`
: Diese Flags sagen aus, ob ein Speicher-Bereich prefetchable und/oder schreibgeschützt ist. Das zweite Flag wird für PCI-Ressourcen nie gesetzt.

Durch Verwendung der *pci_resource_*-Funktionen kann ein Gerätetreiber die zugrundeliegenden PCI-Register vollständig ignorieren, weil das System diese bereits zur Strukturierung der Ressourcen-Informationen verwendet hat.

Ein Blick auf die Basis-Adreßregister

Wenn Sie den direkten Zugriff auf die PCI-Register vermeiden, bekommen Sie eine bessere Hardware-Abstraktion und Aufwärtskompatibilität, aber keine Abwärtskompatibilität. Wenn Ihr Gerätetreiber mit älteren Linux-Versionen als 2.4 arbeiten soll, können Sie diese schöne Schnittstelle nicht verwenden, sondern müssen direkt mit den PCI-Registern arbeiten.

In diesem Abschnitt schauen wir uns an, wie sich Basis-Adreßregister verhalten und wie man darauf zugreifen kann. All dies ist natürlich überflüssig, wenn Sie die oben gezeigte Ressourcen-Verwaltung verwenden können.

Wir werden hier nicht zu sehr auf die Details der Basis-Adreßregister eingehen, denn wenn Sie einen PCI-Treiber schreiben wollen, dann brauchen Sie das Hardware-Handbuch für das Gerät sowieso. Insbesondere werden wir hier weder das Prefetchable-Bit verwenden noch die beiden »Typ«-Bits der Register, und wir werden uns in der Diskussion auch auf 32-Bit-Peripherie-Geräte beschränken. Trotzdem ist es interessant zu sehen, wie solche Sachen im allgemeinen Fall implementiert werden und wie die Linux-Treiber mit PCI-Speicher umgehen.

Die PCI-Spezifikation legt fest, daß die Hersteller jede implementierte Region auf eine konfigurierbare Adresse abbilden müssen. Das bedeutet, daß das Gerät für jede implementierte Region einen programmierbaren 32-Bit-Adreßdecoder haben muß und daß es außerdem auf jedem Gerät, das die 64-Bit-PCI-Erweiterung verwendet, einen programmierbaren 64-Bit-Adreßdecoder geben muß.

Die eigentliche Implementation und die Verwendung eines programmierbaren Decoders werden dadurch erleichtert, daß die Anzahl der Bytes in einer Region normalerweise eine Zweierpotenz ist, also zum Beispiel 32 Bytes, 4 KBytes oder 2 MBytes. Außerdem wäre es nicht sehr sinnvoll, eine Region an eine nicht ausgerichtete Adresse abzubilden. 1-MByte-Regionen werden natürlicherweise an einer Adresse ausgerichtet, die ein Vielfaches von 1 MByte ist, und 32-Byte-Regionen an einem Vielfachen von 32. Die PCI-Spezifikation nutzt diese Ausrichtung aus. Sie legt fest, daß der Adreßdecoder nur die höherwertigen Bits auf dem Adreß-Bus ansehen darf und daß nur diese auch programmierbar sind. Diese Konvention bringt es auch mit sich, daß die Größe jeder Region eine Zweierpotenz sein muß.

Das Einblenden einer PCI-Region in den physikalischen Adreßraum erfolgt dadurch, daß ein passender Wert in den höherwertigen Bits eines Konfigurationsregisters gesetzt wird. Beispielsweise wird eine 1-MByte-Region, die einen Adreßraum von 20 Bits hat, umgeblendet, indem die zwölf höherwertigen Bits des Registers gesetzt werden. Um also die Karte auf den Adreßbereich von 64 MByte bis 65 MByte reagieren zu lassen, können Sie in das Register jede Adresse im `0x040`*xxxxx*-Bereich schreiben. In der Praxis werden nur sehr hohe Adressen verwendet, um PCI-Regionen einzublenden.

Diese Technik der »teilweisen Decodierung« hat den zusätzlichen Vorteil, daß die Software jetzt die Größe einer PCI-Region bestimmen kann, indem sie die Anzahl der nicht-programmierbaren Bits im Konfigurationsregister ermittelt. Zu diesem Zweck legt der PCI-Standard fest, daß unbenutzte Bits immer als 0 ausgelesen werden. Indem eine minimale Größe von 8 Bytes für I/O-Regionen und 16 Bytes für Speicherregionen festgelegt wird, kann der Standard einige zusätzliche Informationen im gleichen PCI-Register unterbringen:

- Bit 0 ist das »Space«-Bit. Es ist 0, wenn der Bereich in den Speicher-Adreßraum eingeblendet wird, und 1, wenn der Bereich in den I/O-Adreßraum eingeblendet wird.
- Die Bits 1 und 2 sind die »Typen«-Bits: Speicherbereiche können als 32-Bit-Bereiche, 64-Bit-Bereiche oder als »32 Bit-Bereiche, die unterhalb von 1 MByte eingeblendet werden müssen« (eine veraltete, x86-spezifische Idee; wird nicht mehr verwendet) markiert werden.
- Bit 3 ist das »prefetchable« Bit, das für Speicherbereiche verwendet wird.

Das Ermitteln der Größe einer PCI-Region wird durch die Verwendung mehrerer Bitmasken erleichtert, die in `<linux/pci.h>` definiert sind: `PCI_BASE_ADDRESS_SPACE` ist eine Bitmaske, die auf `PCI_BASE_ADDRESS_SPACE_MEMORY` gesetzt ist, wenn es sich um einen Speicherbereich handelt, sowie auf `PCI_BASE_ADDRESS_SPACE_IO`, wenn es sich um einen I/O-Bereich handelt. Um die tatsächliche Adresse herauszufinden, an der ein Speicherbereich eingeblendet ist, können Sie das PCI-Register mit `PCI_BASE_ADDRESS_MEM_MASK` logisch UND-verknüpfen, um die oben genannten unteren Bits zu verwerfen. Für I/O-Bereiche verwenden Sie entsprechend `PCI_BASE_ADDRESS_IO_MASK`. Beachten Sie, daß PCI-Regionen von Geräte-Herstellern in beliebiger Reihenfolge alloziert werden können; es ist also nicht ungewöhnlich, daß ein Gerät den ersten und dritten Bereich verwendet und den zweiten unbenutzt läßt.

Typischer Code zum Ermitteln der aktuellen Lage und Größe der PCI-Regionen sieht etwa so aus wie der Code im *pciregions*-Modul, das Sie im gleichen Verzeichnis wie *pcidata* finden. Dieses Modul erzeugt unter Verwendung des oben gezeigten Codes zum Erzeugen der Daten eine */proc/pciregions*-Datei. Das Programm schreibt Einsen in alle Konfigurationsregister und liest diese wieder aus, um herauszufinden, wie viele Bits der Register programmiert werden können. Während das Programm die Konfigurationsregister antestet, ist das Gerät am oberen Ende des physikalischen Adreßraumes eingeblendet, weswegen das Melden von Interrupts währenddessen abgeschaltet ist (damit kein Treiber auf den Bereich zugreift, während dieser an der falschen Stelle eingeblendet ist).

Obwohl die PCI-Spezifikationen angeben, daß der I/O-Adreßraum 32 Bits breit ist, tun einige Hersteller in ihrer x86-zentrischen Sicht so, als wären es nur 64 KByte und implementieren nicht alle 32 Bits des Basis-Adreßregisters. Deswegen ignoriert der folgende Code (und der Kernel selbst) die hohen Bits der Adreßmaske für I/O-Bereiche:

```
static u32 addresses[] = {
    PCI_BASE_ADDRESS_0,
    PCI_BASE_ADDRESS_1,
    PCI_BASE_ADDRESS_2,
    PCI_BASE_ADDRESS_3,
    PCI_BASE_ADDRESS_4,
    PCI_BASE_ADDRESS_5,
    0
};

int pciregions_read_proc(char *buf, char **start, off_t offset,
                         int len, int *eof, void *data)
{
    /* Dieses Makro haelt die folgenden Zeilen kurz. */
#define PRINTF(fmt, args...) sprintf(buf+len, fmt, ## args)
    len=0;

    /* Die Geraete durchlaufen (Code hier nicht abgedruckt) */

        /* Die Adressbereiche dieses Geraets ausgeben */
        for (i=0; addresses[i]; i++) {
            u32 curr, mask, size;
            char *type;

            pci_read_config_dword(dev, addresses[i],&curr);
            cli();
            pci_write_config_dword(dev, addresses[i],~0);
            pci_read_config_dword(dev, addresses[i],&mask);
            pci_write_config_dword(dev, addresses[i],curr);
            sti();

            if (!mask)
                continue; /* es kann noch andere Bereiche geben */
```

```
            /*
             * Die I/O- oder Speichermaske auf die aktuelle Position
             * anwenden. Beachten Sie, dass I/O auf 0xffff beschraenkt
             * ist und 64 Bit von dieser einfachen Implementation
             * nicht unterstuetzt werden.
             */
            if (curr & PCI_BASE_ADDRESS_SPACE_IO) {
                curr &= PCI_BASE_ADDRESS_IO_MASK;
            } else {
                curr &= PCI_BASE_ADDRESS_MEM_MASK;
            }

            len += PRINTF("\tregion %i: mask 0x%08lx, now at 0x%08lx\n",
                          i, (unsigned long)mask,
                             (unsigned long)curr);
            /* den Typ und die programmierbaren Bits extrahieren */
            if (mask & PCI_BASE_ADDRESS_SPACE_IO) {
                type = "I/O"; mask &= PCI_BASE_ADDRESS_IO_MASK;
                size = (~mask + 1) & 0xffff; /* Bleah */
            } else {
                type = "mem"; mask &= PCI_BASE_ADDRESS_MEM_MASK;
                size = ~mask + 1;
            }
            len += PRINTF("\tregion %i: type %s, size %i (%i%s)\n", i,
                              type, size,
                              (size & 0xfffff) == 0 ? size >> 20 :
                                (size & 0x3ff) == 0 ? size >> 10 : size,
                              (size & 0xfffff) == 0 ? "MB" :
                                (size & 0x3ff) == 0 ? "KB" : "B");
            if (len > PAGE_SIZE / 2) {
                len += PRINTF("... more info skipped ...\n");
                *eof = 1; return len;
            }
        }
    return len;
}
```

Hier sehen Sie als Beispiel, was */proc/pciregion* für unseren Framegrabber meldet:

```
Bus 0, device 13, fun  0 (id 8086-1223)
        region 0: mask 0xfffff000, now at 0xf1000000
        region 0: type mem, size 4096
```

Interessanterweise kann die vom obigen Programm gemeldete Größe des Speichers übertrieben sein. Beispielsweise meldet */proc/pciregions*, daß unsere Videokarte 16 MByte hat, wo es eigentlich nur 1 MByte ist. Diese Lüge ist aber akzeptabel, weil die Größeninformation nur von der Firmware verwendet wird, um Adreßbereiche zu verwenden. Übergroße Bereiche sind kein Problem für Treiber-Autoren, die die internen Details des Geräts kennen und mit dem von der Firmware zugewiesenen Adreßbereich korrekt umgehen könnnen. In diesem Fall könnte später Geräte-RAM hinzugefügt werden, ohne daß währenddessen das Verhalten der PCI-Register verändert werden müßte.

Ein solches Übertreiben bei der Größenangabe spiegelt sich in der Ressourcen-Schnittstelle wieder; *pci_resource_size* meldet die übertriebene Größe.

PCI-Interrupts

Was die Interrupts angeht, ist PCI einfach zu benutzen. Wenn Linux bootet, hat die Firmware des Rechners dem Gerät bereits eine eindeutige Interrupt-Nummer zugeteilt, und der Treiber muß diese einfach nur noch verwenden. Die Interrupt-Leitung wird im Konfigurationsregister 60 (`PCI_INTERRUPT_LINE`) abgelegt, das ein Byte breit ist und damit bis zu 256 Interrupt-Leitungen erlaubt, auch wenn die tatsächliche Obergrenze von der verwendeten CPU abhängt. Der Treiber muß sich nicht darum kümmern, die Interrupt-Nummer zu überprüfen, denn der Wert in `PCI_INTERRUPT_LINE` ist garantiert richtig.

Wenn das Gerät keine Interrupts unterstützt, dann ist das Register 61 (`PCI_INTERRUPT_PIN`) 0, ansonsten hat es einen von Null verschiedenen Wert. Da der Treiber aber weiß, ob ein Gerät Interrupt-gesteuert ist oder nicht, muß er normalerweise `PCI_INTERRUPT_PIN` nicht auslesen.

PCI-spezifischer Code muß also nur zur Verwaltung von Interrupts das Konfigurationsbyte auslesen, um die Interrupt-Nummer zu bekommen, die in einer lokalen Variable gespeichert wird, wie der folgende Code zeigt. Ansonsten gilt weiterhin das in Kapitel 9 Gesagte.

```
result = pci_read_config_byte(dev, PCI_INTERRUPT_LINE, &myirq);
if (result) { /* Fehler behandeln */ }
```

Der Rest dieses Abschnitts enthält zusätzliche Informationen für neugierige Leser, ist aber zur Programmierung von Treibern nicht weiter notwendig.

Ein PCI-Steckverbinder hat vier Pins für Interrupts, und eine Peripherie-Karte kann beliebige davon verwenden. Jeder Pin wird einzeln zum Interrupt-Controller der Hauptplatine durchgeführt, so daß Interrupts ohne elektrische Probleme gemeinsam genutzt werden können. Der Interrupt-Controller ist dafür verantwortlich, die Interrupt-Drähte (-Anschlüsse) mit der Hardware des Prozessors zu verbinden. Diese plattformabhängige Operation wird dem Controller überlassen, damit der Bus selbst plattformunabhängig bleibt.

Das nur-lesbare Konfigurationsregister bei `PCI_INTERRUPT_PIN` wird verwendet, um dem Computer mitzuteilen, welcher Pin eigentlich verwendet wird. Man sollte nicht vergessen, daß jede Karte bis zu acht Geräte enthalten kann; jedes Gerät benutzt einen einzelnen Interrupt-Pin und teilt diesen über sein eigenes Konfigurationsregister mit. Verschiedene Geräte auf derselben Karte können verschiedene Interrupt-Pins verwenden oder einen gemeinsam nutzen.

Das Register `PCI_INTERRUPT_LINE` kann dagegen auch beschrieben werden. Wenn der Computer hochgefahren wird, sucht die Firmware die PCI-Geräte und setzt dieses Register für jedes Gerät entsprechend dem Interrupt-Pin, der für diesen PCI-Slot verwendet wird. Der Wert wird von der Firmware zugewiesen, weil nur diese weiß, wie die Hauptplatine die verschiedenen Interrupt-Pins an den Prozessor weiterleitet. Der Gerätetreiber kann das Register PCI_INTERRUPT_LINE nur lesen. Interessanterweise können neuere Versionen des Linux-Kernels unter manchen Umständen Interrupt-Leitungen ohne Hilfe des BIOS zuweisen.

Hot-Pluggable-Geräte

Während der 2.3-Entwicklung überholten die Kernel-Entwickler die PCI-Programmierschnittstelle, um die Arbeit zu vereinfachen und Hot-Pluggable-Geräte zu unterstützen, also solche Geräte, die während der Laufzeit zum System hinzugefügt oder aus ihm entfernt werden können (wie CardBus-Geräte). Was in diesem Abschnitt besprochen wird, steht im 2.2-Kernel und davor nicht zur Verfügung, ist aber für neu entwickelte Treiber der bevorzugte Weg.

Dieser Ansatz basiert auf der Idee, daß alle verfügbaren Gerätetreiber überprüfen müssen, ob ein neues Gerät, das während der Laufzeit des Systems erscheint, ihres ist oder nicht. Daher müssen Hot-Plug-fähige Treiber anstelle der klassischen *init*- und *cleanup*-Einsprungpunkte ein Objekt beim Kernel registrieren; die *probe*-Funktion dieses Objekts wird dann gebeten, jedes Gerät im System zu überprüfen und sich zu eigen zu machen (oder auch nicht).

Dieser Ansatz hat keine Nachteile: Der Standardfall einer statischen Geräteliste wird durch einmaliges Durchsuchen der Geräteliste pro Gerät beim Booten des Systems erledigt; modularisierte Treiber werden wie üblich entladen, wenn kein Gerät vorhanden ist, und ein externer Prozeß, der den Bus überwacht, lädt diese bei Bedarf. Genauso hat das PCMCIA-Subsystem schon immer funktioniert, und die Integration dieses Systems in den Kernel selbst erlaubt einen konsistenteren Umgang mit ähnlichen Fragen in anderen Hardware-Umgebungen.

Sie werden vielleicht einwenden, daß Hot-Plug-PCI heutzutage nicht besonders geläufig ist, aber die neue Treiber-Objekt-Technik ist auch bei Nicht-Hot-Plug-Treibern, die mit einer Reihe alternativer Geräte klarkommen müssen, sehr nützlich. Der Initialisierungscode wird vereinfacht und gestrafft, weil er nur das *aktuelle* Gerät mit einer Liste bekannter Geräte vergleichen muß, anstatt durch das Durchlaufen von *pci_find_class* oder *pci_find_device* aktiv auf dem PCI-Bus nach dem Gerät zu suchen.

Schauen wir uns jetzt aber etwas Code an: Das Design ist um eine in <linux/pci.h> definierte Struktur namens struct pci_driver herumgebaut. Diese Struktur definiert die implementierten Operationen und enthält auch eine Liste der unterstützten Geräte (um unnütze Aufrufe des Codes darin zu vermeiden). Hier sehen Sie die Initialisierung und das Aufräumen eines hypothetischen »Hot-Plug-PCI-Moduls« (HPPM):

```
struct pci_driver hppm_driver = { /* .... */ };

int hppm_init_module(void)
{
    return pci_module_init(&hppm_driver);
}
```

```
int hppm_cleanup_module(void)
{
    pci_unregister_driver(&hppm_driver);
}

module_init(hppm);
module_exit(hppm);
```

Das ist schon alles. Es ist geradezu unglaublich einfach. Die versteckte Zauberei verteilt sich auf die Implementation von *pci_module_init* sowie die Interna der Treiber-Struktur. Wir arbeiten besser top-down und fangen mit den relevanten Funktionen an:

`int pci_register_driver(struct pci_driver *drv);`
: Diese Funktion fügt einen Treiber in einer verketteten Liste ein, die vom System verwaltet wird. Auf diese Weise erledigen einkompilierte Treiber ihre Initialisierung; von modularisiertem Code wird diese Funltion nicht direkt verwendet. Der Rückgabewert ist die Anzahl der vom Treiber abgedeckten Geräte.

`int pci_module_init(struct pci_driver *drv);`
: Diese Funktion ist ein Wrapper um die eben genannte Funktion und sollte von modularisiertem Initialisierungscode aufgerufen werden. Sie gibt 0 im Erfolgsfall und `-ENODEV`, wenn kein Gerät gefunden wurde, zurück. Dies soll ein Modul daran hindern, im Speicher zu verbleiben, wenn gerade kein Gerät vorhanden ist (mit dem Hintergedanken, daß das Modul automatisch geladen wird, wenn ein passendes Gerät auftaucht). Weil diese Funktion als `inline` definiert ist, ändert sich das Verhalten je nachdem, ob `MODULE` definiert ist oder nicht; sie kann also selbst in nicht-modularisiertem Code als unveränderter Ersatz für *pci_register_driver* verwendet werden.

`void pci_unregister_driver(struct pci_driver *drv);`
: Diese Funktion entfernt den Treiber aus der verketteten Liste bekannter Treiber.

`void pci_insert_device(struct pci_dev *dev, struct pci_bus *bus);`
`void pci_remove_device(struct pci_dev *dev);`
: Diese beiden Funktionen implementieren die aktive Komponente des Hot-Plug-Systems; sie werden von den Ereignisbehandlungsroutinen aufgerufen, die das Hinzufügen oder Entfernen von Geräten auf einem Bus überwachen. Die Struktur `dev` wird dazu verwendet, die Liste der registrierten Treiber zu durchsuchen. Gerätetreiber müssen diese Funktionen nicht aufrufen, sie stehen hier nur, um Ihnen ein vollständiges Bild des Designs rund um PCI-Treiber zu geben.

`struct pci_driver *pci_dev_driver(const struct pci_dev *dev);`
: Dies ist eine Hilfsfunktion, die den Treiber zu einem Gerät (so vorhanden) heraussucht. Sie wird von den Hilfsfunktionen für */proc/bus* verwendet und sollte von Gerätetreibern nicht aufgerufen werden.

Die Struktur pci_driver

Die Datenstruktur `pci_driver` ist der zentrale Bestandteil der Hot-Plug-Unterstützung; wir beschreiben sie daher hier detailliert, um das Gesamtbild zu vervollständigen. Die Struktur ist recht klein; sie besteht nur aus einigen Methoden und der Geräte-ID-Liste.

`struct list_head node;`
: Wird dazu verwendet, eine Liste von Treibern zu verwalten. Dies ist ein Beispiel für die generischen Listen, die in »Verkettete Listen« in Kapitel 10 eingeführt wurden, und sollte nicht von Gerätetreibern verwendet werden.

`char *name;`
: Der Name des Treibers, wird nur zu Informationszwecken verwendet.

`const struct pci_device_id *id_table;`
: Ein Array, das die von diesem Treiber unterstützten Geräte aufführt. Die Methode *probe* wird nur für Geräte aufgerufen, die auf eines der Elemente in diesem Array passen. Wenn das Feld mit `NULL` belegt wird, wird die *probe*-Funktion für jedes Gerät im System aufgerufen. Wenn das Feld nicht `NULL` ist, dann muß das letzte Element im Array 0 sein.

`int (*probe)(struct pci_dev *dev, const struct pci_device_id *id);`
: Diese Funktion muß das übergebene Gerät initialisieren und im Erfolgsfalle 0 sowie im Fehlerfall einen negativen Fehler-Code zurückgeben (der Fehler-Code wird derzeit nicht verwendet, aber man kann getrost einen `errno`-Fehler-Code zurückgeben, nicht nur einfach -1).

`void (*remove)(struct pci_dev *dev);`
: Die Methode *remove* wird dazu verwendet, dem Gerätetreiber mitzuteilen, daß er das Gerät herunterfahren und sich nicht mehr damit beschäftigen sowie allen zugehörigen Speicher freigeben soll. Die Funktion wird entweder aufgerufen, wenn das Gerät aus dem System entfernt wird oder wenn der Treiber *pci_unregister_driver* aufruft, um aus dem System entladen zu werden. Im Gegensatz zu *probe* wird ist diese Methode PCI-Geräte-spezifisch und gilt nicht für alle von diesem Treiber abgedeckten Geräte; das jeweilige Gerät wird als Argument übergeben.

`int (*suspend)(struct pci_dev *dev, u32 state);`
`int (*resume)(struct pci_dev *dev);`
: Dies sind die Power Management-Funktionen für PCI-Geräte. Wenn der Gerätetreiber das Power Management unterstützt, sollten diese beiden Methoden verwendet werden, um das Gerät herunterzufahren und zu reaktivieren; sie werden zu den passenden Zeitpunkten von den höheren Schichten aufgerufen.

Das PCI-Treiber-Objekt ist ziemlich offensichtlich aufgebaut und angenehm zu verwenden. Zur Aufzählung der Felder gibt es wenig hinzuzufügen, weil der normale Code zum Umgang mit der Hardware gut in diese Abstraktion paßt, ohne entsprechend verbogen werden zu müssen.

Jetzt müssen wir nur noch das `struct pci_device_id`-Objekt beschreiben. Die Struktur enthält mehrere ID-Felder. Das jeweilige Gerät, das einen Treiber benötigt, wird mit allen Feldern verglichen. Alle Felder können auf `PCI_ANY_ID` gesetzt werden, um dem System mitzuteilen, es zu ignorieren.

`unsigned int vendor, device;`
: Die Hersteller- und Geräte-IDs des Geräts, an dem dieser Treiber interessiert ist. Die Werte werden mit den Registern 0x00 und 0x02 des PCI-Konfigurationsraums verglichen.

`unsigned int subvendor, subdevice;`
: Die Unter-IDs, die mit den Registern 0x2C und 0x2E des PCI-Konfigurationsraums verglichen werden. Sie werden beim Suchen des Geräts verwendet, weil ein Hersteller/Geräte-ID-Paar manchmal eine ganze Gruppe von Geräten identifiziert, der Treiber aber möglicherweise nur mit einigen davon umgehen kann.

`unsigned int class, class_mask;`
: Wenn ein Gerätetreiber eine ganze Klasse oder eine Teilmenge davon abdecken will, dann kann er die obengenannnten Felder auf `PCI_ANY_ID` setzen und statt dessen die Klassen-Bezeichner verwenden. Die `class_mask` gibt es, um sowohl Treiber zu ermöglichen, die eine Basisklasse abdecken wollen, als auch solche, die nur an einer Subklasse interessiert sind. Wenn die Geräte-Auswahl über die Hersteller/Geräte-Bezeichner geschieht, müssen diese Felder auf 0 gesetzt werden (nicht auf `PCI_ANY_ID`, weil die Überprüfung über ein logisches UND mit dem Maskenfeld geschieht).

`unsigned long driver_data;`
: Ein Feld zur Verwendung durch den Gerätetreiber. Es kann beispielsweise dazu verwendet werden, die einzelnen Geräte zur Kompilierzeit zu unterscheiden, und so umständliche Arrays bedingter Abfragen zur Laufzeit vermeiden.

Interessanterweise ist die Datenstruktur `pci_device_id` nur ein Hinweis vom System; Gerätetreiber selbst dürfen trotzdem noch 0 aus der *probe*-Methode zurückgeben und so das Gerät zurückweisen, auch wenn es auf das Array der Geräte-Bezeichner gepaßt hat. Wenn also beispielsweise mehrere Geräte mit der gleichen Signatur existieren, dann kann der Treiber nach weiteren Informationen suchen, anhand derer er entscheiden kann, ob er für das Peripherie-Gerät geeignet ist oder nicht.

Hardware-Abstraktionen

Wir vervollständigen die Behandlung von PCI hier durch einen schnellen Blick darauf, wie das System mit der Unzahl von PCI-Controllern umgeht, die es auf dem Markt gibt. Dies ist lediglich zur Information gedacht, um neugierigen Lesern zu zeigen, wie sich das objektorientierte Layout des Kernels bis in die untersten Schichten hinunter erstreckt.

Der Mechanismus zur Implementation der Hardware-Abstraktion ist die übliche Struktur mit enthaltenen Methoden. Dies ist eine leistungsfähige Technik, die nur den minimalen zusätzlichen Aufwand erfordert einen Zeiger über den normalen Funktionsaufruf hinaus zu dereferenzieren. Im Falle der PCI-Verwaltung sind die einzigen Hardware-abhängigen Operationen diejenigen, die die Konfigurationsregister auslesen und beschreiben, weil alles andere in der PCI-Welt durch direktes Lesen und Schreiben der I/O- und Speicher-Adreßräume geschieht und diese unter direkter Kontrolle der CPU stehen.

Die Struktur für die Hardware-Abstraktion enthält dementsprechend nur sechs Felder:

```
struct pci_ops {
    int (*read_byte)(struct pci_dev *, int where, u8 *val);
    int (*read_word)(struct pci_dev *, int where, u16 *val);
    int (*read_dword)(struct pci_dev *, int where, u32 *val);
    int (*write_byte)(struct pci_dev *, int where, u8 val);
    int (*write_word)(struct pci_dev *, int where, u16 val);
    int (*write_dword)(struct pci_dev *, int where, u32 val);
};
```

Diese Struktur wird in `<linux/pci.h>` definiert und von *drivers/pci/pci.c* verwendet, wo auch die eigentlichen öffentlichen Funktionen definiert sind.

Die sechs Funktionen, die auf dem PCI-Konfigurationsraum arbeiten, bringen mehr Aufwand als das Dereferenzieren eines Zeigers mit sich, weil sie aufgrund des hohen Grades an Objektorientierung kaskadierende Zeiger verwenden; dies ist aber angesichts der Operationen, die selten (und nie in zeitkritischen Situationen) ausgeführt werden, kein Problem. Die Implementation von *pci_read_config_byte(dev)* expandiert beispielsweise zu:

```
dev->bus->ops->read_byte();
```

Die diversen PCI-Bus-Systeme im System werden beim Booten erkannt. Zu diesem Zeitpunkt werden auch die `struct pci_bus`-Elemente erzeugt und mit ihren Merkmalen, darunter dem `ops`-Feld, verknüpft.

Das Implementieren von Hardware-Abstraktionen via »Hardware-Operations-Datenstrukturen« ist typisch für den Linux-Kernel. Ein wichtiges Beispiel ist die Datenstruktur `struct alpha_machine_vector`. Diese ist in `<asm-alpha/machvec.h>` definiert und deckt alle Unterschiede ab, die es zwischen den einzelnen Alpha-basierten Computern gibt.

Ein Blick zurück: ISA

Der ISA-Bus hat ein ziemlich veraltetes Design und eine notorisch schlechte Performance, deckt aber immer noch einen bedeutenden Teil des Marktes für Erweiterungskarten ab. Wenn es auf die Geschwindigkeit nicht so ankommt und Sie alte Hauptplatinen unterstützen wollen, dann ist eine ISA-Implementation einer PCI-Implementation vorzuziehen. Ein weiterer Vorteil: Wenn Sie Hobby-Elektroniker sind, dann können Sie sich leicht eigene Geräte bauen, etwas, was mit PCI definitiv nicht möglich ist.

Ein großer Nachteil von ISA ist dagegen die enge Bindung an die PC-Architektur. Der Bus hat alle Einschränkungen des 80286-Prozessors und verursacht Systemprogrammierern endlose Schmerzen. Das zweite große Problem des ISA-Designs (das vom ursprünglichen IBM PC ererbt wurde) ist das Fehlen von geographischer Adressierung, was zu endlosen Problemen und langwierigen Ausstöpseln-Jumper-umstecken-Einstöpseln-Testen-Zyklen beim Einbau neuer Geräte geführt hat. Interessanterweise benutzten selbst die ältesten Apple II-Computer eine geographische Adressierung und verfügten über Jumper-lose Erweiterungskarten.

Trotz seiner großen Nachteile wird ISA immer noch an mehreren unerwarteten Stellen verwendet. Beispielsweise enthält die VR41xx-Serie von MIPS-Prozessoren, die in mehreren Palmtops verwendet wird, merkwürdigerweise einen ISA-kompatiblen Erweiterungs-Bus. Der Grund dafür sind die extrem niedrigen Kosten mancher alter Hardware wie 8390-basierter Ethernet-Karten, weswegen eine CPU mit elektrischen ISA-Signalen leicht die furchtbaren, aber billigen PC-Geräte verwenden kann.

Hardware-Ressourcen

Ein ISA-Gerät kann über I/O-Ports, Speicherbereiche und Interrupt-Leitungen verfügen.

Auch wenn die x86-Prozessoren 64 KByte an I/O-Port-Speicher unterstützen (d. h., der Prozessor verwendet 16 Adreßleitungen), decodiert manche alte PC-Hardware nur die unteren zehn Leitungen. Das begrenzt den verwendbaren Adreßraum auf 1024 Ports, weil jede Adresse im Bereich von 1 KByte bis 64 KByte für eine niedrige Adresse eines Gerätes gehalten wird, das nur die unteren Adreßleitungen decodiert. Manche Peripherie-Geräte umgehen dies, indem sie nur einen Port in das untere Kilobyte abbilden und die hohen Adreßleitungen benutzen, um zwischen den verschiedenen Geräteregistern auszuwählen. Beispielsweise kann ein an `0x340` abgebildetes Gerät auch sicher `0x740`, `0xB40` usw. verwenden.

Kann man die Anzahl der zur Verfügung stehenden I/O-Ports schon als beschränkt betrachten, ist es beim Speicherzugriff noch schlechter. Ein ISA-Gerät kann nur den Speicherbereich zwischen 640 KByte und 1 MByte und den zwischen 15 MByte und 16 MByte verwenden. Der Bereich von 64 KByte bis 1 MByte wird vom PC-BIOS, von VGA-kompatiblen Grafikkarten und verschiedenen anderen Geräten benutzt, was nur wenig Platz für andere Geräte läßt. Der Speicher ab 15 MByte wird dagegen von Linux nicht direkt unterstützt, und das Aufbohren des Kernels, um dies zu unterstützen, ist heutzutage Zeitverschwendung.

Die dritte zur Verfügung stehende Ressource von ISA-Karten sind die Interrupt-Leitungen. Es gibt nur eine begrenzte Anzahl von Interrupt-Leitungen, die auf den ISA-Bus geleitet werden, und diese werden auch noch von allen Karten gemeinsam genutzt. Das kann dazu führen, daß falsch konfigurierte Geräte auf einmal die gleichen Interrupt-Leitungen verwenden.

Obwohl die ursprüngliche ISA-Spezifikation das gemeinsame Nutzen von Interrupts über Gerätegrenzen hinweg nicht erlaubt, ist das doch mit den meisten Geräten möglich.[6] Das gemeinsame Nutzen von Interrupts auf der Ebene der Software wurde in »Gemeinsames Nutzen von Interrupts« in Kapitel 9 beschrieben.

ISA-Programmierung

Was die Programmierung angeht, gibt es im Kernel oder im BIOS keine direkten Hilfen, die die Verwendung von ISA-Geräten einfacher machen (wie etwa bei PCI) – einmal abgesehen davon, daß Sie die Register für I/O-Ports und IRQ-Leitungen verwenden können, die in »Ressourcen verwenden«« (Kapitel 2) und in »Einen Interrupt-Handler installieren« (Kapitel 9) beschrieben wurden.

Die im ersten Teil des Buches gezeigten Programmiertechniken gelten alle für ISA-Geräte; der Treiber kann nach I/O-Ports suchen, und die Interrupt-Leitung muß mit einer der in »Automatische Erkennung der IRQ-Nummer« in Kapitel 9 gezeigten Techniken automatisch ermittelt werden.

Die Hilfsfunktion *isa_readb* und mit ihr verwandte Funktionen sind in »I/O-Speicher verwenden« in Kapitel 8 kurz eingeführt worden; mehr gibt es dazu auch nicht zu sagen.

Die »Plug-and-Play«-Spezifikation

Einige neuere ISA-Karten folgen merkwürdigen Entwurfsregeln und erfordern eine besondere Initialisierungssequenz, die dazu gedacht ist, die Installation und Konfiguration von zusätzlichen Karten zu vereinfachen. Die Spezifikation dafür wird *Plug-and-Play* (PnP) genannt und besteht aus einer unpraktischen Menge an Regeln zum Entwerfen und Konfigurieren Jumper-loser ISA-Geräte. PnP-Geräte implementieren relozierbare I/O-Regionen, und das PC-BIOS ist für die Relozierung zuständig – ähnlich wie bei PCI.

Das Ziel von PnP ist es also, die gleiche Flexibilität wie bei PCI-Geräten zu erreichen, ohne die zugrundeliegende elektrische Schnittstelle (den ISA-Bus) zu verändern. Zu diesem Zweck definiert die Spezifikation eine Reihe von geräteunabhängigen Konfigurationsregistern und eine Möglichkeit, die Karten geografisch zu adressieren, auch wenn der physikalische Bus selbst keine Leitungen pro Karte (also geographische Leitungen) hat – jede ISA-Signalleitung ist mit jedem verfügbaren Slot verbunden.

---

6 Das Problem beim gemeinsamen Nutzen von Interrupts hat seine Ursache hauptsächlich in der Elektrotechnik. Wenn ein Gerät die Signalleitung auf inaktiv legt, indem es eine Spannung niedriger Impedanz anlegt, dann kann dieser Interrupt nicht gemeinsam benutzt werden. Wenn dagegen das Gerät einen Pull-Up-Widerstand für den inaktiven logischen Zustand verwendet, dann ist eine gemeinsame Nutzung möglich. Die meisten Karten verwenden den zweiten Ansatz. Es kann aber immer noch passieren, daß Interrupts verlorengehen, weil ISA-Interrupts an den Flanken und nicht auf den Ebenen ausgelöst werden. An den Flanken ausgelöste Interrupts sind in der Hardware einfacher zu implementieren, sind aber nicht für sicheres gemeinsames Nutzen geeignet.

Die geograpische Adressierung läuft so ab, daß zunächst jedem Peripherie-Gerät im Computer eine kleine ganze Zahl, die *Card Select Number (CSN)* zugewiesen wird. Jedes PnP-Gerät hat eine eindeutige 64 Bit breite Seriennummer, die in der Karte hart codiert ist. Bei der CSN-Zuweisung wird diese eindeutige Seriennummer verwendet, um die PnP-Geräte zu identifizieren. Diese Zuweisung funktioniert aber nur beim Hochfahren des Rechners sicher, weswegen das BIOS PnP-fähig sein muß. Daher können alte Rechner PnP nur mit einer spezifischen Konfigurationsdiskette unterstützen, selbst wenn das Gerät PnP-fähig ist.

Die Karten, die der PnP-Spezifikation folgen, sind auf der Hardware-Seite sehr komplex, insbesondere komplexer als PCI-Karten, und benötigen auch komplexe Software. Schwierigkeiten bei der Installation dieser Geräte sind nicht unüblich, und selbst, wenn die Installation glatt läuft, gibt es immer noch die Performance-Beschränkungen und den begrenzten I/O-Raum auf dem ISA-Bus. Unserer Meinung nach ist es viel besser, wo immer möglich PCI-Geräte zu verwenden und die neue Technologie zu genießen.

Wenn Sie sich für die PnP-Konfigurationssoftware interessieren, dann können Sie einen Blick in *drivers/net/3c509.c* werfen, wo die Funktion zum Suchen der PnP-Geräte unterstützt wird. In Linux 2.1.33 wurde auch im Verzeichnis *drivers/pnp* einiges an Unterstützung für PnP eingebaut.

PC/104 und PC/104+

In der industriellen Welt sind gerade zwei Bus-Architekturen besonders in Mode: PC/104 und PC/104+. Beide sind in Einplatinen-Computern der PC-Klasse Standard.

Beide Standards beziehen sich auf bestimmte Formfaktoren für gedruckte Schaltungen wie auch auf die elektrischen und mechanischen Spezifikationen für die Verbindungen zwischen den Platinen. Der praktische Vorteil dieser Bus-Systeme besteht darin, daß Schaltkarten vertikal in einen steckdosenartigen Verbinder auf einer Seite des Geräts eingesteckt werden können.

Das elektrische und logische Layout der beiden Bus-Systeme ist identisch mit ISA (PC/104) und PCI (PC/104+), so daß Software normalerweise keine Unterschiede zwischen den normalen Desktop-Bus-Systemen und diesen beiden bemerken wird.

Andere PC-Busse

PCI und ISA sind die am häufigsten verwendeten Peripherie-Geräte in der PC-Welt, aber es sind nicht die einzigen. Dieser Abschnitt faßt die Merkmale der anderen Busse zusammen, die es auf dem PC-Markt gibt.

MCA

Die Micro Channel Architecture (MCA) ist ein IBM-Standard, der in PS/2-Rechnern und einigen Laptops verwendet wird. Das Hauptproblem bei MCA ist die fehlende Dokumentation, was bis vor kurzem zu einer fehlenden MCA-Unterstützung in Linux geführt hat.

Auf der Hardware-Ebene kann Micro Channel mehr als ISA. Es unterstützt Multimaster-DMA, 32 Bit-Adreß- und -Datenleitungen, gemeinsam genutzte Interrupt-Leitungen und die geographische Adressierung für den Zugriff auf Konfigurationsregister auf den Karten. Solche Register werden *Programmable Option Select (POS)* genannt, haben aber nicht alle Features von PCI-Registern. Die Linux-Unterstützung für Micro Channel enthält Funktionen, die an Module exportiert werden.

Ein Gerätetreiber kann den Integerwert `MCA_bus` auslesen, um festzustellen, ob er auf einem Rechner mit Micro Channel läuft. `MCA_bus` hat nur dann einen von Null verschiedenen Wert, wenn der Kernel auf einem MCA-Rechner läuft. Wenn das Symbol ein Präprozessor-Makro ist, dann ist auch das Makro `MCA_bus__is_a_macro` definiert, und wenn `MCA_bus__is_a_macro` undefiniert ist, dann ist `MCA_bus` eine Integer-Variable, die an modularisierten Code exportiert wird. Sowohl `MCA_bus` als auch `MCA_bus__is_a_macro` sind in `<asm/processor.h>` definiert.

EISA

Der Extended ISA-Bus (EISA) ist eine 32-Bit-Erweiterung von ISA mit einem kompatiblen Verbindungsstecker; ISA-Karten können in einen EISA-Steckplatz gesteckt werden. Die zusätzlichen Drähte werden unter den ISA-Kontakten durchgeleitet.

Wie PCI und MCA ist auch der EISA-Bus für Jumper-lose Geräte entworfen worden. Er hat dieselben Features wie MCA: 32-Bit-Adreß- und -Datenleitungen, Multimaster-DMA und gemeinsam genutzte Interrupt-Leitungen. EISA-Geräte werden von der Software konfiguriert, benötigen aber keine besondere Unterstützung durch das Betriebssystem. Im Linux-Kernel gibt es bereits EISA-Treiber für Ethernet-Karten und SCSI-Controller.

Ein EISA-Treiber überprüft den Wert von `EISA_bus`, um zu erfahren, ob der Rechner einen EISA-Bus hat. Wie bei `MCA_bus` ist auch `EISA_bus` entweder ein Makro oder eine Variable, je nachdem, ob `EISA_bus__is_a_macro` definiert ist oder nicht. Beide Symbole sind in `<asm/processor.h>` definiert.

Für die Treiber gibt es keine spezielle EISA-Unterstützung im Kernel, und der Programmierer muß sich selbst um die ISA-Erweiterungen kümmern. Die Treiber verwenden standardisierte EISA-I/O-Operationen, um auf die EISA-Register zuzugreifen. Sie können die Treiber, die es schon im Kernel gibt, als Beispiel-Code verwenden.

VLB

Eine weitere Erweiterung von ISA ist der VESA Local Bus, der die ISA-Steckverbindung durch einen dritten, längs dahinter angeordneten Slot erweitert. Dieser zusätzliche Slot kann auch allein von VLB-Geräten verwendet werden, weil alle wichtigen Signale von der ISA-Schnittstelle auch hierher geführt werden. Damit können Geräte gebaut werden, die in einen VLB-Steckplatz gesteckt werden, ohne den ISA-Steckplatz zu benutzen. Solche Geräte sind allerdings sehr selten, weil die meisten Geräte an die Rückwand heranreichen müssen, damit ihre externen Anschlüsse zugänglich sind.

Der VESA-Bus hat sehr viel eingeschränktere Fähigkeiten als EISA, MCA und PCI und verschwindet vom Markt. Es gibt keine spezielle Kernel-Unterstützung für VLB. Sowohl der Lance-Ethernet-Treiber als auch der IDE-Festplattentreiber in Linux 2.0 können mit den VLB-Versionen der jeweiligen Geräte umgehen.

SBus

Während die meisten Computer mit PCI- oder ISA-Bussen ausgestattet sind, verwenden die meisten älteren SPARC-basierten Workstations SBus, um die Verbindung zu den Peripherie-Geräten herzustellen.

Das Design von SBus ist ziemlich fortschrittlich, auch wenn es den SBus schon ziemlich lange gibt. Es soll prozessorunabhängig sein (auch wenn der SBus nur von SPARC-Computern verwendet wird) und ist für I/O-Peripherie-Karten optimiert. Sie können also kein zusätzliches RAM in SBus-Slots stecken. Diese Optimierung soll sowohl die Entwicklung von Hardware als auch von Systemsoftware vereinfachen, wenn auch auf Kosten zusätzlicher Komplexität auf der Hauptplatine.

Diese I/O-Ausrichtung des Busses führt dazu, daß Peripherie-Geräte virtuelle Adressen verwenden, um Daten zu übertragen, wodurch es nicht mehr notwendig ist, einen zusammenhängenden Puffer zu allozieren. Die Hauptplatine ist dafür zuständig, die virtuellen Adressen zu decodieren und sie auf physikalische Adressen abzubilden. Dazu benötigt der SBus einige MMU-Fähigkeiten (Memory Management Unit); der zuständige Schaltkreis heißt »IOMMU«. Obwohl dieser etwas komplexer als die Verwendung physikalischer Adressen auf dem Schnittstellen-Bus ist, wird dieses Design deutlich durch die Tatsache vereinfacht, daß SPARC-Prozessoren schon immer so entworfen waren, daß der MMU-Kern vom CPU-Kernel getrennt bleibt (entweder physikalisch oder zumindest konzeptionell). Diese Entwurfsentscheidung wird auch von anderen intelligenteren Prozessor-Designs verwendet und hat ganz allgemein Vorteile. Es ist ein weiteres Merkmal dieses Busses, daß die Geräte geographisch adressiert werden, so daß es nicht notwendig ist, in jedem Peripherie-Gerät einen Adreßdecoder zu implementieren oder sich um Adreßkonflikte zu kümmern.

SBus-Peripherie-Geräte verwenden in ihren PROMs die Programmiersprache Forth, um sich selbst zu initialisieren. Forth wurde gewählt, weil der Interpreter sehr klein ist und daher leicht in die Firmware jedes Computers eingebettet werden kann. Außerdem gibt die SBus-Spezifikation den Vorgang des Hochfahrens vor, so daß Geräte, die der Spezifikation gehorchen, sich leicht in das System einfügen und beim Hochfahren erkannt werden. Dies war ein großer Schritt in Richtung auf Multiplattform-Geräte und eine vollständig andere Welt als der PC-zentrierte ISA-Kram, an den wir gewöhnt waren. Aus einer Reihe von kommerziellen Gründen war dem SBus allerdings kein Erfolg beschieden.

Obwohl aktuelle Kernel-Versionen SBus-Geräte recht umfassend unterstützen, wird dieser Bus heutzutage so wenig verwendet, daß es sich nicht lohnt, ihn hier detailliert zu behandeln. Interessierte Leser können einen Blick auf die Quellen in *arch/sparc/kernel* und *arch/sparc/mm* werfen.

NuBus

Ein weiterer interessanter, aber in Vergessenheit geratener Bus ist der NuBus. Dieser Bus ist in älteren Macs (mit 68k-CPUs) zu finden.

Der gesamte Bus wird in den Speicher eingeblendet (wie alles auf der M68k-Plattform), und die Geräte werden ausschließlich geographisch adressiert. Dies ist gut und typisch für Apple, die meisten älteren Apple II hatten ein ähnliches Bus-Layout. Schlecht ist, daß es fast unmöglich ist, Dokumentationen über den NuBus zu bekommen, weil Apple bei den Macs keine Informationen herausrücken will (im Gegensatz zum Vorgänger Apple II, für den Quellcode und Schemazeichnungen für wenig Geld verfügbar waren).

Die Datei *drivers/nubus/nubus.c* enthält fast alles, was wir über diesen Bus wissen, und ist ein interessanter Lesestoff. Sie zeigt, wieviel Reverse Engineering die Entwickler betreiben mußten.

Externe Bus-Systeme

In jüngerer Zeit ist mit den Interface-Bus-Systemen eine ganze Klasse von externen Bus-Systemen hinzugekommen. Dazu gehören USB, FireWire und IEEE1284 (ein Parallel-Port-basierter externer Bus). Diese Interfaces ähneln älterer und nicht so externer Technologie wie PCMCIA/CardBUS und sogar SCSI.

Konzeptionell sind diese Busse weder vollständige Interface-Busse (wie PCI) noch dumme Kommunikationskanäle (wie serielle Ports). Es ist schwer, die Software zu klassifizieren, mit der die Fähigkeiten dieser Busse ausgenutzt werden, weil sie normalerweise in zwei Ebenen aufgeteilt wird: in den Treiber für den Hardware-Controller (wie Treiber für PCI-SCSI-Adapter oder die in »Die PCI-Schnittstelle« eingeführten PCI-Controller) einerseits und in die Treiber für die jeweiligen »Client«-Geräte andererseits (ähnlich wie *sd.c* generische SCSI-Festplatten steuert und sogenannte PCI-Treiber für in den Bus eingesteckte Karten zuständig sind).

Es gibt aber noch ein anderes Problem mit diesen neuen Bussen. Mit Ausnahme von USB ist die Unterstützung entweder noch nicht ausgereift oder muß überarbeitet werden (letzteres trifft insbesondere auf das SCSI-Kernel-Subsystem zu, das nach Aussage mehrerer der besten Kernel-Hacker alles andere als optimal ist).

USB

USB, der Universal Serial Bus, ist der einzige externe Bus, der derzeit so ausgereift ist, daß es sich lohnt, ihn hier zu besprechen. Topologisch ist ein USB-Subsystem nicht als Bus gestaltet, sondern eher als Baum aus mehreren Punkt-zu-Punkt-Verbindungen. Die Verbindungen sind vierdrahtige Kabel (Masse, Spannung und zwei Signalleitungen), die ein Gerät und einen Hub verbinden (wie bei Twisted Pair-Ethernet). Computer der PC-Klasse sind normalerweise mit einem »Wurzel-Hub« ausgerüstet und enthalten zwei Buchsen für externe Verbindungen. Sie können hier entweder Geräte oder weitere Hubs anschließen.

Aus technologischer Sicht ist der Bus nicht weiter aufregend, ist handelt sich um eine Single-Master-Implementation, in der der Host-Computer die diversen Geräte der Reihe nach abfragt. Trotz dieser eingebauten Beschränkung hat der Bus eine Reihe interessanter Merkmale. So bietet er beispielsweise einem Gerät die Möglichkeit, für seine Übertragungen eine feste Bandbreite anzufordern, um Video- und Audio-I/O verläßlich zu unterstützen. Außerdem arbeitet USB als reiner Kommunikationskanal zwischen dem Gerät und dem Host und verlangt keine spezielle Bedeutung oder Struktur der gelieferten Daten.[7]

Dadurch unterscheidet sich USB von SCSI und anderen standardisierten seriellen Medien.

Diese Merkmale machen USB gemeinsam mit der eingebauten Hot-Plug-Fähigkeit zu einer praktischen und billigen Lösung, wenn es um das Verbinden (und das Aufheben von Verbindungen) mehrerer Geräte mit einem Computer geht, ohne das System herunterfahren, das Gehäuse öffnen und über die Schrauben und Kabel fluchen zu müssen. USB wird im PC-Markt beliebt, bleibt aber für Hochgeschwindigkeitsgeräte ungeeignet, weil die maximale Übertragungsrate 12 MByte pro Sekunde beträgt.

USB wird von der Version 2.2.18 (und neuer) sowie von den 2.4.*x*-Versionen des Linux-Kernels unterstützt. Der USB-Controller gehört immer zu einer von zwei Arten, und beide werden vom Standard-Kernel mit einem Treiber unterstützt.

---

7 Ein wenig Struktur gibt es allerdings schon, aber diese läßt sich im wesentlichen auf die Anforderung reduzieren, daß jede Kommunikation in eine von wenigen vordefinierten Klassen passen muß. So wird eine Tastatur keine Bandbreite reservieren, während eine Kamera das durchaus tun kann.

Einen USB-Treiber schreiben

Was »Client«-Gerätetreiber angeht, ist der Ansatz bei USB ähnlich wie beim `pci_driver`-Layout: Der Gerätetreiber registriert sein Treiber-Objekt beim USB-Subsystem und verwendet später die Hersteller- und Geräte-Bezeichner, um das Ankoppeln »seiner« Hardware zu erkennen.

Die relevante Datenstruktur ist `struct usb_driver` und wird typischerweise folgendermaßen verwendet:

```
#include <linux/usb.h>

static struct usb_driver sample_usb_driver = {
        name:        "sample",
        probe:       sample_probe,
        disconnect:  sample_disconnect,
};

int init_module(void)
{
    /* nur registrieren, gibt 0 oder einen Fehler-Code zurück */
    return usb_register(&sample_usb_driver);
}

void cleanup_module(void)
{
    usb_deregister(&sample_usb_driver);
}
```

Die in der Datenstruktur deklarierte *probe*-Funktion wird vom USB-Subsystem im Kernel immer dann aufgerufen, wenn ein neues Gerät mit dem System verbunden wird (oder wenn ein Treiber geladen wird und sich noch herrenlose Geräte am Bus befinden).

Jedes Gerät identifiziert sich selbst, indem es dem System die Bezeichner für Hersteller, Gerät und Klasse mitteilt, ähnlich wie bei PCI-Geräten. Die Aufgabe von *sample_probe* ist es daher, sich diese Informationen anzuschauen und gegebenenfalls ein Gerät für sich zu beanspruchen.

Um ein Gerät zu beanspruchen, gibt die Funktion einen von `NULL` verschiedenen Zeiger zurück, der zur Identifikation des Geräts verwendet wird. Dies wird normalerweise ein Zeiger auf die gerätespezifische Datenstruktur sein, die dem Gerätetreiber als Ganzes zugrundeliegt.

Um Informationen mit dem Gerät auszutauschen, müssen Sie dem USB-Subsystem dann mitteilen, wie Sie kommunizieren wollen. Dazu wird eine Struktur `struct urb` (für *USB Request Block*) ausgefüllt an *usb_submit_urb* übergeben. Dieser Schritt wird normalerweise in der *open*-Methode, die zur Gerätedatei gehört, oder in einer äquivalenten Funktion durchgeführt.

Beachten Sie, daß nicht jeder USB-Treiber seine eigenen Gerätedateien samt Anfordern von Major-Nummern und so weiter implementieren muß. Geräte, die in eine Klasse fallen, für die der Kernel verallgemeinerte Unterstützung anbietet, haben keine eigenen Gerätedateien und melden ihre Informationen auf andere Weise.

Ein Beispiel solcher verallgemeinerter Verwaltung sind Eingabegeräte. Wenn Ihr USB-Gerät ein Eingabegerät (wie ein Grafiktablett) ist, allozieren Sie keine Major-Nummern, sondern registrieren Ihre Hardware durch Aufrufen von *input_register_device*. In diesem Fall ist der *open*-Callback Ihres Eingabegeräts dafür zuständig, durch einen Aufruf von *usb_submit_urb* die Kommunikation aufzubauen.

Ein USB-Eingabe-Treiber muß sich daher auf mehrere andere Systembestandteile verlassen, von denen die meisten wiederum Module sein können. Die Modul-Stapel-Architektur für USB-Eingabegeräte-Treiber ist in Abbildung 15-3 zu sehen.

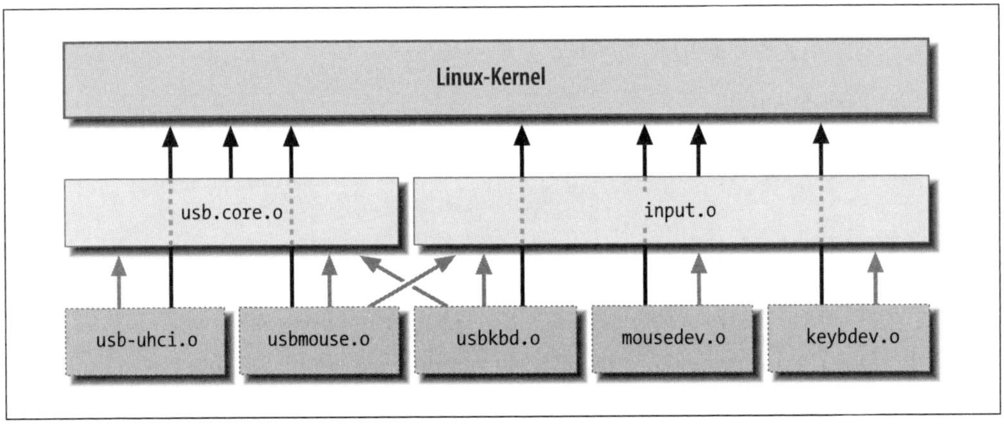

Abbildung 15-3: Für USB-Eingabegeräte verwendete Module

Einen vollständigen USB-Gerätetreiber finden Sie in den Beispieldateien auf dem O'Reilly-FTP-Server. Es handelt sich dabei um einen stark vereinfachten Tastatur- und Maus-Treiber, an dem Sie sehen können, wie man einen vollständigen USB-Treiber aufbaut. Um diesen einfach zu halten, verwendet er nicht das Eingabe-Subsystem, um Ereignisse zu melden, sondern schreibt Meldungen mit *printk*. Sie brauchen mindestens eine USB-Tastatur oder eine USB-Maus, um den Treiber auszuprobieren.

Über USB gibt es derzeit eine ganze Menge an Dokumentation, darunter zwei Artikel von einem der Autoren, deren Stil und technisches Niveau dem von *Linux-Gerätetreiber* ähnelt. Diese Artikel enthalten sogar einen vollständigeren Beispiel-USB-Gerätetreiber, der das Eingabe-Subsystem des Kernels verwendet und auch auf alternative Weise betrieben werden kann, wenn Sie gerade keine USB-Geräte parat haben. Sie finden den Artikel unter *http://www.linux.it/kerneldocs*.

Abwärtskompatibilität

Die derzeitige PCI-Unterstützung stand in der Version 2.0 nicht zur Verfügung. Die API war damals deutlich roher, denn sie enthielt nicht die diversen in diesem Kapitel beschriebenen Objekte.

Die sechs Funktionen für den Zugriff auf den Konfigurationsraum erwarteten als Argumente den 16-Bit-PCI-Schlüssel des Geräts anstelle eines Zeigers auf eine `struct pci_dev`. Außerdem mußten Sie `<asm/pcibios.h>` einbinden, bevor Sie in den Konfigurationsraum schreiben oder daraus lesen konnten.

Glücklicherweise kann man die Unterschiede leicht abhandeln, und wenn Sie *sysdep.h* einbinden, dann können Sie die 2.4-Semantik auch beim Kompilieren für 2.0 verwenden. Eine PCI-Unterstützung für Version 2.0 ist in der Header-Datei *pci-compat.h* enthalten, die automatisch von *sysdep.h* eingebunden wird, wenn Sie unter 2.0 kompilieren. Die Header-Datei implementiert die wichtigsten Funktionen für die Arbeit mit dem PCI-Bus.

Wenn Sie *pci-compat.h* verwenden, um Treiber zu schreiben, die mit allen Versionen von 2.0 bis 2.4 funktionieren, dann müssen Sie *pci_release_device* aufrufen, wenn Sie mit dem `pci_dev`-Element fertig sind. Dies ist notwendig, weil die von der Header-Datei erzeugten falschen `pci_dev`-Strukturen mit *kmalloc* alloziert werden, während die echten Strukturen aus 2.2 und 2.4 statische Ressourcen im Kernel selbst sind. Die zusätzliche Funktion ist in *sysdep.h* als leer definiert, wenn für 2.2 oder 2.4 kompiliert wird, so daß sie keinen Schaden anrichten kann. Wenn Sie portablen Code in Aktion sehen wollen, sollten Sie einen Blick auf *pciregions.c* oder *pcidata.c* werfen.

Ein weiterer wichtiger Unterschied in 2.0 ist die */proc*-Unterstützung für PCI. Es gab keine */proc/bus/pci*-Hierarchie (und übrigens überhaupt kein */proc/bus*), nur eine einzige Datei namens */proc/pci*. Diese war mehr für Menschen als Computer gedacht, aber trotzdem nicht besonders lesbar. Unter 2.2 konnte man beim Kompilieren ein »abwärtskompatibles */proc/pci*« auswählen, aber in Version 2.4 wurde diese veraltete Datei vollständig entfernt.

Das Konzept der Hot-Plug-PCI-Treiber (und `struct pci_driver`) wurde in Version 2.4 neu eingeführt. Wir bieten keine abwärtskompatiblen Makros an, um dieses Feature mit älteren Kerneln verwenden zu können.

Schnellreferenz

Dieser Abschnitt faßt wie üblich die in diesem Kapitel eingeführten Symbole zusammen.

`#include <linux/config.h>`
`CONFIG_PCI`
: Dieses Makro sollte für die bedingte Kompilation von PCI-Code verwendet werden. Wenn ein PCI-Modul in einen Nicht-PCI-Kernel geladen wird, beschwert sich *insmod* über eine Reihe nicht aufgelöster Symbole.

`#include <linux/pci.h>`
: Diese Header-Datei enthält symbolische Namen für die PCI-Register und viele Werte für vendor und deviceID.

`int pci_present(void);`
: Diese Funktion gibt einen Booleschen Wert zurück, der bangibt, ob der Rechner einen PCI-Bus hat oder nicht.

```
struct pci_dev;
struct pci_bus;
struct pci_driver;
struct pci_device_id;
```
: Diese Strukturen repräsentieren die in der PCI-Verwaltung verwendeten Objekte. Das Konzept von `pci_driver` ist neu in Linux 2.4; `struct pci_device_id` ist hier ein zentrales Element.

```
struct pci_dev *pci_find_device(unsigned int vendor, unsigned int device,
                                struct pci_dev *from);
struct pci_dev *pci_find_class(unsigned int class, struct pci_dev *from);
```
: Diese Funktionen werden dazu verwendet, in der Geräteliste nach Geräten mit bestimmten Signaturen oder bestimmten Klassen zu suchen. Wenn keine gefunden werden, wird `NULL` zurückgegeben. `from` wird verwendet, um eine Suche fortzusetzen; dieser Parameter muß beim ersten Aufruf `NULL` sein und bei jedem weiteren Aufruf auf das zuletzt gefundene Gerät verweisen.

```
int pci_read_config_byte(struct pci_dev *dev, int where, u8 *val);
int pci_read_config_word(struct pci_dev *dev, int where, u16 *val);
int pci_read_config_dword(struct pci_dev *dev, int where, u32 *val);
int pci_write_config_byte (struct pci_dev *dev, int where, u8 *val);
int pci_write_config_word (struct pci_dev *dev, int where, u16 *val);
int pci_write_config_dword (struct pci_dev *dev, int where, u32 *val);
```
: Diese Funktionen werden zum Lesen oder Schreiben eines PCI-Konfigurationsregisters verwendet. Auch wenn der Linux-Kernel sich um die Byte-Reihenfolge kümmert, muß man als Programmierer vorsichtig sein, wenn man mehr-bytige Werte aus einzelnen Bytes zusammensetzt. Der PCI-Bus verwendet die Little-Endian-Reihenfolge.

```
int pci_register_driver(struct pci_driver *drv);
int pci_module_init(struct pci_driver *drv);
void pci_unregister_driver(struct pci_driver *drv);
```

Diese Funktionen unterstützen das Konzept eines PCI-Treibers. Einkompilierter Code verwendet *pci_register_driver* (das eine Reihe von Geräten zurückgibt, die von diesem Treiber verwaltet werden), modularisierter Code sollte statt dessen *pci_module_init* aufrufen (das 0 zurückgibt, wenn eines oder mehrere Geräte vorhanden sind, sowie `-ENODEV`, wenn kein passendes Gerät in das System eingesteckt ist).

```
#include <linux/usb.h>
#include <linux/input.h>
```

Die erste Datei enthält alles zu USB und muß von USB-Gerätetreibern eingebunden werden. Die zweite Datei definiert den Kern des Eingabe-Subsystems. Keine dieser Dateien gibt es in Linux 2.0.

```
struct usb_driver;
int usb_register(struct usb_driver *d);
void usb_deregister(struct usb_driver *d);
```

`usb_driver` ist der wichtigste Baustein von USB-Gerätetreibern. Eine solche Struktur muß beim Laden beziehungsweise Entladen des Moduls registriert beziehungsweise deregistriert werden.

KAPITEL 16

Der physikalische Aufbau der Kernel-Quellen

Bisher haben wir über den Linux-Kernel aus der Perspektive des Treiber-Autors geschrieben. Wenn Sie aber einmal anfangen, mit dem Kernel herumzuspielen, dann wollen Sie möglicherweise alles wissen. Es kann sogar so weit kommen, daß Sie ganze Tage damit zubringen, durch den Quellcode zu navigieren und den Quellbaum mit *grep* zu durchsuchen, um die Verbindungen zwischen den einzelnen Bestandteilen des Kernels zu entdecken.

Dieses massive Durchsuchen mit *grep* ist eine der Aufgaben, die die Autoren dieses Buches regelmäßig ausführen. Es handelt sich um eine effiziente Möglichkeit, Informationen aus dem Quellcode zu bekommen. Heutzutage können Sie auch Internet-Ressourcen ausnutzen, um den Kernel-Quellbaum zu verstehen; einige davon stehen im Vorwort. Aber trotz dieser Internet-Ressourcen ist der sinnvolle Einsatz von *grep*[1], *less* und möglicherweise *ctags* oder *etags* immer noch das beste Verfahren, um Informationen aus den Kernel-Quellen zu bekommen.

Unserer Meinung nach kann es hilfreich sein, sich ein wenig Wissen zu verschaffen, bevor man sich vor seine bevorzugte Shell-Eingabeaufforderung setzt. Daher enthält dieses Kapitel einen kurzen Überblick über die Dateien in den Linux-Kernel-Quellen der Version 2.4.2. Wenn Sie mit einer anderen Version arbeiten, dann stimmen möglicherweise nicht alle Beschreibungen Wort für Wort. Ganze Abschnitte können fehlen (wie das Verzeichnis *drivers/media*, das durch das Verschieben diverser bereits existierender Treiber in 2.4.0-test6 neu entstand). Wir hoffen, daß die Informationen in diesem Kapitel hilfreich, wenn auch nicht immer maßgeblich für das Durchsuchen anderer Kernel-Versionen sind.

1 Normalerweise braucht man *find* und *xargs*, um eine Kommandozeile für *grep* zusammenzubauen. Der durchdachte Einsatz von Unix-Werkzeugen ist nicht trivial, würde aber den Rahmen dieses Buches sprengen.

Alle Pfadnamen sind relativ zur Wurzel des Quellbaums (normalerweise */usr/src/linux*) zu lesen, während Dateinamen ohne Verzeichnisanteil im »aktuellen« Verzeichnis zu suchen sind, also in dem, das gerade besprochen wird. Header-Dateien, die in < und > eingeschlossen sind, sind relativ zum *include*-Verzeichnis des Quellbaums zu suchen. Wir werden das Verzeichnis *Documentation* hier nicht zerlegen, weil seine Rolle selbstverständlich sein sollte.

Booten des Kernels

Normalerweise schaut man sich ein Programm als erstes dort an, wo die Ausführung beginnt. Bei Linux ist das aber schwer zu sagen – es kommt darauf an, wie Sie »beginnen« definieren.

Der architekturunabhängige Einsprungpunkt ist *start_kernel* in *init/main.c*. Diese Funktion wird vom architekturspezifischen Code aufgerufen und kehrt nie zu diesem zurück. Sie bringt das Rad zum Rollen und kann daher als »Mutter aller Funktionen« betrachtet werden, gewissermaßen als der erste Atemzug im Leben des Computers. Vor *start_kernel* war das Chaos.

Wenn *start_kernel* aufgerufen wird, ist der Prozessor bereits initialisiert, befindet sich im geschützten Modus[2] und arbeitet auf der Ebene mit den größten Zugriffsrechten (manchmal *supervisor mode* genannt). Interrupts sind abgeschaltet. Die Funktion *start_kernel* ist dafür zuständig, alle Kernel-Datenstrukturen zu initialisieren. Dies geschieht durch Aufrufen externer Funktionen für Unteraufgaben, weil jede Initialisierungsfunktion im jeweiligen Subsystem des Kernels definiert ist.

Die erste von *start_kernel* aufgerufene Funktion nach dem Holen der Kernel-Sperre und dem Ausgeben der Start-Meldung ist *setup_arch*. Mit ihr kann plattformabhängiger C-Code ausgeführt werden. *setup_arch* bekommt einen Zeiger auf den lokalen `command_line`-Zeiger in *start_kernel*, kann diesen also auf die echte (plattformabhängige) Position der Kommandozeile zeigen lassen. Als nächsten Schritt übergibt *start_kernel* die gesamte Kommandozeile an *parse_options* (ebenfalls in *init/main.c* definiert), damit die Boot-Optionen berücksichtigt werden können.

Das Parsen der Kommandozeile erfolgt durch das Aufrufen von Handler-Funktionen, die zu jedem Kernel-Argument gehören (beispielsweise gehört *video_setup* zu `video=`). Alle diese Funktionen setzen im wesentlichen Variablen, die später, bei der Initialisierung der jeweiligen Funktionalität, verwendet werden. Die interne Organisation des Parsens der Kommandozeile ähnelt dem Mechanismus zum Aufruf der Initialisierungsfunktionen, den wir später besprechen.

2 Dieses Konzept gibt es nur auf der x86-Architektur. Bessere Architekturen landen nicht erst in einem eingeschränkten abwärtskompatiblen Modus, wenn sie eingeschaltet werden.

Nach dem Parsen aktiviert *start_kernel* die diversen grundlegenden Funktionalitäten des Systems. Dazu gehören das Einrichten der Interrupt-Tabellen, das Aktivieren des Timer-Interrupts und das Initialisieren der Konsolen- und Speicherverwaltung. All dies geschieht durch Funktionen, die andernorts im plattformabhängigen Code deklariert sind. *start_kernel* fährt dann damit fort, weniger grundlegende Kernel-Subsysteme zu initialisieren, darunter die Puffer-Verwaltung, das Signal-System und die Verwaltung von Dateien und Inodes.

Schließlich startet *start_kernel* den *init*-Kernel-Thread (der die Prozeßnummer 1 bekommt) und führt die *idle*-Funktion aus (auch diese ist wiederum im architekturspezifischen Code definiert).

Die initiale Boot-Sequenz kann also folgendermaßen zusammengefaßt werden:

1. Die Firmware des Systems oder ein Boot-Lader sorgen dafür, daß der Kernel an eine passende Stelle im Speicher geladen wird. Dieser Code befindet sich normalerweise nicht im Linux-Quellcode.
2. Architekturspezifischer Assembler-Code erledigt Aufgaben auf allerniedrigster Ebene, wie etwa das Initialisieren des Speichers und das Einrichten der CPU-Register, so daß C-Code problemlos ausgeführt werden kann. Dazu gehören auch die Auswahl eines Stack-Bereichs und das korrekte Setzen des Stack-Zeigers. Wieviel Code dafür notwendig ist, unterscheidet sich von Plattform zu Plattform: Das kann von einigen Dutzend Zeilen bis zu mehreren tausend Zeilen gehen.
3. *start_kernel* wird aufgerufen. Diese Funktion holt sich die Kernel-Sperre, gibt die Start-Meldung aus und ruft *setup_arch* auf.
4. Architekturspezifischer C-Code vervollständigt die Initialisierung auf niedriger Ebene und holt eine Kommandozeile, die *start_kernel* verwenden kann.
5. *start_kernel* parst die Kommandozeile und ruft die Handler auf, die zum jeweiligen Schlüsselwort gehören.
6. *start_kernel* initialisiert die grundlegenden Funktionalitäten und startet den *init*-Thread.

Es ist die Aufgabe von *init*, alle weiteren Initialisierungen vorzunehmen. Dieser Thread steht ebenfalls in der Datei *init/main.c*. Der Großteil der Aufrufe von Initialisierungsfunktionen wird von *do_basic_setup* aus ausgeführt. Die Funktion initialisiert alle Bus-Subsysteme, die sie findet (PCI, SBus usw.). Dann ruft sie *do_initcalls* auf; hier erfolgt auch die Initialisierung von Gerätetreibern.

Die Idee der init-Aufrufe kam in Version 2.3.13 hinzu und steht in älteren Kerneln nicht zur Verfügung. Sie ist dafür gedacht, komplizierte `#ifdef`-Anweisungen im gesamten Initialisierungscode zu vermeiden. Alle optionalen Kernel-Funktionen (Gerätetreiber und andere) dürfen nur dann initialisiert werden, wenn sie im System konfiguriert sind, weswegen die Initialisierungsfunktionen von `#ifdef CONFIG_`*`FEATURE`* und `#endif` umgeben waren. Mit den init-Aufrufen deklariert jedes optionale Feature eine eigene Initialisierungsfunktion. Während der Kompilation wird dann eine Referenz auf die Funktion in einen speziellen ELF-Abschnitt gestellt. Beim Booten durchsucht *do_initcalls* dann den ELF-Abschnitt, um alle relevanten Initialisierungsfunktionen aufzurufen.

Die gleiche Technik wird auch für Kommandozeilenargumente verwendet. Jeder Treiber, der beim Booten Kommandozeilenargumente entgegennehmen kann, definiert eine Datenstruktur, die das Argument mit einer Funktion verknüpft. Ein Zeiger auf die Datenstruktur wird in einen separaten ELF-Bereich geschrieben, so daß *parse_option* diesen Abschnitt nach Kommandozeilenoptionen durchsuchen und die zugehörigen Treiberfunktionen aufrufen kann. Die verbleibenden Argumente landen entweder in der Umgebung oder auf der Kommandozeile des *init*-Prozesses. All diese Zauberei mit init-Aufrufen und ELF-Abschnitten finden Sie in `<linux/init.h>`.

Unglücklicherweise funktioniert diese Idee mit den init-Aufrufen nur dann, wenn unter den diversen Initialisierungsfunktionen keine Reihenfolge eingehalten werden muß, so daß sich doch noch einige wenige `#ifdef`-Konstrukte in *init/main.c* befinden.

Es interessant, wie sehr die Idee der init-Aufrufe und deren Anwendung auf die Kommandozeilenargumente die Anzahl der bedingten Kompilierungsanweisungen im Code reduziert hat:

```
morgana% grep -c ifdef linux-2.[024]/init/main.c
linux-2.0/init/main.c:120
linux-2.2/init/main.c:246
linux-2.4/init/main.c:35
```

Trotz der Vielzahl neuer Features ist die Anzahl bedingter Kompilierungsanweisungen in 2.4 dank der init-Aufrufe signifikant gefallen. Ein weiterer Vorteil besteht darin, daß Gerätetreiber-Autoren nicht mehr für jedes neue Kommandozeilenargument *main.c* ändern müssen. Durch diese Technik ist das Hinzufügen neuer Features zum Kernel deutlich vereinfacht worden, und der Boot-Code enthält keine kniffligen Cross-Referenzen mehr. Als Nebeneffekt kann 2.4 aber nicht mehr in ältere Dateiformate kompiliert werden, die weniger flexibel als ELF sind. Aus diesem Grund wechselten die *uClinux*-Entwickler[3] von COFF auf ELF, als sie ihr System von 2.0 auf 2.4 portierten.

Ein weiterer Nebeneffekt der massiven Verwendung von ELF-Abschnitten ist, daß der letzte Durchlauf beim Kompilieren des Kernels kein normaler Linker-Vorgang mehr ist. Alle Plattformen definieren mit Hilfe einer *ldscript*-Datei nun genau, wie das Kernel-Image (die *vmlinux*-Datei) gelinkt werden muß. Im Quellbaum der einzelnen Plattformen heißt diese Datei *vmlinux.lds*. Die Verwendung von *ld*-Skripten wird in der Standarddokumentation des *binutils*-Pakets beschrieben.

3 *uClinux* ist eine Version des Linux-Kernels, die auf Prozessoren ohne MMU funktioniert. Dies ist typisch für eingebettete Systeme; mehrere M68k- und ARM-Prozessoren haben keine Speicherverwaltung in der Hardware. *uCLinux* steht für Microcontroller-Linux, weil es eher für Microcontroller als für vollständige Computer gedacht ist.

Es hat noch einen weiteren Vorteil, den Initialisierungscode in einen speziellen Abschnitt zu stellen: Sobald die Initialisierung beendet ist, wird dieser Code nicht mehr benötigt. Weil er isoliert war, kann der Kernel ihn verwerfen und den davon belegten Speicher zurückgewinnen.

Vor dem Booten

Im vorigen Abschnitt haben wir angenommen, daß *start_kernel* die erste Kernel-Funktion ist. Sie sind aber möglicherweise auch daran interessiert, was *vor* dieser Funktion passiert. Deswegen gehen wir jetzt einen Schritt zurück und schauen uns das kurz an. Falls Sie das nicht interessiert, können Sie direkt zum nächsten Abschnitt weiterblättern.

Wie bereits erwähnt wurde, ist der vor *start_kernel* ausgeführte Code größtenteils in Assembler geschrieben. Es werden aber auf mehreren Plattformen auch Funktionen der C-Bibliothek aufgerufen (vor allem *inflate*, der Kern von *gunzip*).

Auf den meisten Plattformen ist der Code, der vor *start_kernel* ausgeführt wird, vor allem dazu da, den Kernel herumzuschieben, nachdem die Firmware des Computers ihn (möglicherweise mit Hilfe eines Boot-Laders) von einem anderen Speicher (wie einer lokalen Festplatte oder über das Netzwerk von einem entfernten Server) in das RAM geladen hat.

Es ist aber auch nicht ungewöhnlich, rudimentären Boot-Ladecode im *boot*-Verzeichnis architekturspezifischer Bäume zu finden. Beispielsweise enthält *arch/i386/boot* Code, der den Rest des Kernels von einer Diskette laden und aktivieren kann. Die Datei *bootsect.S*, die Sie dort finden, kann aber nur von einer Diskette aus ausgeführt werden und ist auf gar keinen Fall ein vollständiger Boot-Lader (beispielsweise kann keine Kommandozeile an den geladenen Kernel übergeben werden). Gleichwohl ist das Kopieren eines neuen Kernels auf eine Diskette eine bequeme Möglichkeit, ihn auf PCs zu booten.

Es ist eine bekannte Einschränkung der x86-Plattform, daß die CPU nach dem Einschalten nur 640 KByte Systemspeicher sehen kann, egal wieviel Speicher Sie installiert haben. Um diese Einschränkung zu umgehen, muß der Kernel komprimiert werden. Den dafür notwendigen Code finden Sie in *arch/i386/boot*, zusammen mit anderem Code wie etwa zur Einstellung des VGA-Modus. Aufgrund dieser Einschränkung kann man auf PCs nichts mit dem *vmlinux*-Kernel-Image anfangen, weswegen die gebootete Datei in Wirklichkeit *zImage* oder *bzImage* heißt; der oben beschriebene Boot-Sektor wird in Wirklichkeit vor diese Datei und nicht vor *vmlinux* geschrieben. Wir werden hier nicht mehr Zeit mit dem Boot-Vorgang auf der x86-Plattform verschwenden, weil mehrere Boot-Lader zur Verfügung stehen und sich darüber anderenorts genug Dokumentation findet.

Auf manchen Plattformen unterscheiden sich das Layout des Boot-Codes massiv vom PC. Manchmal muß dieser Code mit mehreren Varianten der gleichen Architektur umgehen können. Das ist beispielsweise bei ARM, MIPS und M68k der Fall. Diese Plattformen decken eine große Vielfalt von CPU- und Systemtypen ab, von mächtigen Servern und Workstations bis zu PDAs und eingebetteten Systemen. Unterschiedliche Umgebungen verlangen unterschiedlichen Boot-Code und manchmal sogar unterschiedliche *ld*-Skripten, um das Kernel-Image zu kompilieren. Ein Teil dieser Unterstützung ist noch nicht im offiziellen, von Linus veröffentlichten Kernel-Baum vorhanden und steht nur in Concurrent Versions System-(CVS-)Bäumen Dritter zur Verfügung, die dem offiziellen Baum folgen, aber noch nicht mit diesem zusammengeführt worden sind. Dazu gehören derzeit etwa der SGI-CVS-Baum für MIPS-Workstations und der LinuxCE-CVS-Baum für MIPS-basierte Taschen-Computer. Wir möchten gleichwohl ein paar Zeilen über dieses Thema verlieren, weil wir es für interessant halten. Alles, was ab *start_kernel* passiert, basiert auf dieser zusätzlichen Komplexität, merkt aber nichts davon.

Besonders für eingebettete Systeme, und hier wiederum speziell für Varianten ohne MMU, die von *uClinux* unterstützt werden, braucht man spezielle *ld*-Skripten und Makefile-Regeln. Wenn Sie keine Hardware-MMU haben, die virtuelle Adressen auf physikalische abbildet, dann müssen Sie den Kernel so linken, daß er an der physikalischen Adresse ausgeführt wird, an die er von der Ziel-Plattform geladen wird. Auf kleinen Systemen ist es nicht ungewöhnlich, den Kernel in nur lesbaren Speicher (oft Flash-Speicher) zu laden, von wo er beim Einschalten direkt und ohne jede Hilfe eines Boot-Laders aktiviert wird.

Wenn der Kernel direkt aus dem Flash-Speicher ausgeführt wird, arbeiten die Makefiles, die *ld*-Skripten und der Boot-Code eng zusammen. Die *ld*-Regeln stellen den Code und die nur lesbaren Segmente (wie etwa die Informationen über die init-Aufrufe) in den Flash-Speicher, die Datensegmente (Daten und BSS (Block started by symbol) aber in das System-RAM. Als Folge davon hängen die beiden Bereiche nicht zusammen. Im Makefile gibt es spezielle Regeln, die all diese Abschnitte an aufeinanderfolgendende Adressen zwingen und in ein Format konvertieren, das für das Hochladen auf das Zielsystem geeignet ist. Das Zusammenfügen ist unbedingt notwendig, weil das Datensegment initialisierte Datenstrukturen enthält, die in nur lesbaren Speicher geschrieben werden müssen, weil sie sonst verlorengehen. Schließlich muß Assembler-Code, der vor *start_kernel* ausgeführt wird, das Datensegment aus dem Flash-Speicher in das RAM (an die vom Linker vorgesehene Stelle) kopieren und den zum BSS-Segment gehörenden Adreßbereich mit Nullen füllen. Erst danach darf C-Code ausgeführt werden.

Wenn Sie einen neuen Kernel auf das Zielsystem hochladen, holt sich die dortige Firmware die Datendatei über das Netzwerk oder eine serielle Verbindung und schreibt es in den Flash-Speicher. Das zum Hochladen verwendete Zwischenformat unterscheidet sich von System zu System, weil es davon abhängig ist, wie das Hochladen durchgeführt wird. In allen Fällen ist dieses Format aber ein generischer Container für binäre Daten, der für das Übertragen des kompilierten Images mit Standardwerkzeugen verwendet wird. Beispielsweise ist das BIN-Format dafür gedacht, über ein Netzwerk übertragen zu werden, während das S3-Format eine hexadezimale ASCII-Datei ist, die über ein serielles

Kabel an das Zielsystem übertragen wird.[4] Meistens kann der Benutzer beim Einschalten des Systems auswählen, ob Linux gebootet oder Firmware-Befehle ausgeführt werden sollen.

Der init-Prozeß

Wenn *start_kernel* den *init*-Thread startet (der von der Funktion *init* in *init/main.c* implementiert wird), läuft die Funktion immer noch im Kernel-Modus, und damit auch der *init*-Thread. Wenn alle oben beschriebenen Initialisierungen erledigt sind, gibt der Thread die Kernel-Sperre auf und bereitet sich auf die Ausführung des *init*-Prozesses im User-Space vor. Die auszuführende Datei steht in */sbin/init*, */etc/init* oder */bin/init*. Wenn keine dieser Dateien gefunden wird, wird */bin/sh* als Notmaßnahme gestartet, damit eine eventuell zerstörte *init*-Datei wiederhergestellt werden kann. Als Alternative dazu kann der Benutzer auf der Kommandozeile angeben, welches *init*-Programm der *init*-Thread ausführen soll.

Der Eintritt in den User-Space ist einfach. Der Code öffnet */dev/console* als Standardeingabe durch Aufrufen des Systemaufrufs *open* und verbindet die Konsole durch Aufrufen von *dup* mit *stdout* und *stderr*; schließlich wird *execve* verwendet, um das User Space-Programm auszuführen.

Der Thread kann Systemaufrufe vom Kernel-Modus aus aufrufen, weil *init/main.c* vor dem Einbinden von `<asm/unistd.h>` `__KERNEL_SYSCALLS__` deklariert hat. Die Header-Datei definiert speziellen Code, mit dem Kernel-Code eine begrenzte Anzahl von Systemaufrufen genau wie der User-Space verwenden kann. Weitere Informationen zu Kernel-Systemaufrufen finden Sie in *http://www.linux.it/kerneldocs/ksys*.

Der Aufruf von *execve* beendet den Übergang in den User-Space. Daran ist überhaupt nichts Geheimnisvolles. Wie jeder andere *execve*-Aufruf in Unix ersetzt auch dieser die Speichertabellen des aktuellen Prozesses durch neue, die von der ausgeführten Binärdatei definiert werden (Sie werden sich erinnern, daß das Ausführen einer Datei bedeutet, daß sie in den virtuellen Adreßraum des aktuellen Prozesses eingeblendet wird). Es spielt keine Rolle, daß der aufrufende Prozeß in diesem Fall im Kernel-Space läuft. Dies ist für die Implementation von *execve* transparent, die einfach nur feststellt, daß es keine vorherigen Speichertabellen freizugeben gibt, bevor die neuen aktiviert werden.

Wie auch immer das System eingerichtet war und die Kommandozeile aussah, jetzt wird der *init*-Prozeß im User Space ausgeführt, und alle weiteren Kernel-Operationen erfolgen als Antwort auf Systemaufrufe von *init* selbst oder von Prozessen, die von *init* gestartet werden.

4 Wir beschreiben diese Formate und Werkzeuge hier nicht, weil es dazu genug Informationsquellen gibt.

Weitere Informationen darüber, wie der *init*-Prozeß das gesamte System hochfährt, finden Sie in *http://www.linux.it/kerneldocs/init*. Wir machen jetzt mit unserer Tour weiter, indem wir uns die in den einzelnen Verzeichnissen implementierten Systemaufrufe anschauen sowie dann einen Blick darauf werfen, wie die Gerätetreiber im Quellbaum organisiert sind.

Das Verzeichnis kernel

Einige Kernel-Funktionalitäten – alles was zu Dateisystemen, Speicherverwaltung und Netzwerken gehört – haben eigene Verzeichnisbäume. Das Verzeichnis *kernel* enthält alle anderen grundlegenden Funktionalitäten.

Die wichtigste dieser Funktionalitäten ist das Scheduling. *sched.c* und `<linux/sched.h>` können daher als wichtigste Quelldateien im Linux-Kernel angesehen werden. Neben dem Scheduler selbst, der von *schedule* implementiert wird, definiert diese Datei die Systemaufrufe, mit denen die Prioritäten der Prozesse gesteuert werden, sowie außerdem die Mechanismen zum Schlafen und Aufwachen.

Die Systemaufrufe *fork* und *exit* werden von zwei gleichnamigen Dateien implementiert. Es handelt sich um umfassende und wohlstrukturierte Dateien, die sich um alles kümmern, was mit dem Erzeugen und Zerstören von Prozessen zu tun hat.

Die Ausgabe von Kernel-Meldungen ist in *printk.c* implementiert, wo Sie auch die Konsolenverwaltung finden. Der Konsolen-Code ist nicht trivial, denn das Konzept einer »Konsole« ist heutzutage alles andere als trivial und umfaßt den Textbildschirm (entweder nativ oder Framebuffer-basiert), die serielle Schnittstelle und sogar die Drucker-Schnittstelle.

Weitere in diesem Verzeichnis implementierte Funktionalitäten sind das Zeit-Management (*time.c*), der Kernel-Timer (*timer.c*), die Auslieferung von und der Umgang mit Signalen (*signal.c*), das Modul-System (*module.c*), der *kmod*-Thread (*kmod.c*), das systemweite Power Management (*pm.c*), Tasklets (*softirq.c*) und die Funktion *panic* (*panic.c*).

Das Verzeichnis fs

Die Dateiverwaltung ist einer der zentralen Bestandteile eines jeden Unix-Systems, und das Verzeichnis *fs* ist das wohlgefüllteste aller Verzeichnisse. Es enthält alle von der aktuellen Linux-Version unterstützten Dateisysteme (jeweils in einem eigenen Unterverzeichnis) sowie die wichtigsten Systemaufrufe nach *fork* und *exit*.

Der Systemaufruf *execve* befindet sich in *exec.c* und benutzt die diversen verfügbaren Binärformate, um die in den ausführbaren Dateien vorgefundenen binären Daten zu interpretieren. Das wichtigste Binärformat ist heutzutage ELF, das in *binfmt_elf.c* implementiert wird. *binfmt_script.c* unterstützt die Ausführung interpretierter Dateien. Nachdem festgestellt wurde, daß ein Interpreter benötigt wird (üblicherweise durch die `#!`-Zeile, auch »shebang« genannt), benutzt die Datei die anderen Binärformate, um den Interpreter zu laden.

Diverse Binärformate (wie das ausführbare Format von Java) können durch den Benutzer mittels einer in *binfmt_misc.c* definierten */proc*-Schnittstelle definiert werden. Das *misc*-Binärformat ist in der Lage, ein interpretiertes Binärformat auf der Basis des Inhalts der ausführbaren Datei zu identifizieren und den passenden Interpreter mit den passenden Argumenten zu starten. Dies wird in */proc/sys/fs/binfmt_misc* konfiguriert.

Die grundlegenden Systemaufrufe für den Datenzugriff sind in *open.c* und *read_write.c* definiert. definiert auch *close* und einige andere Systemaufrufe für den Dateizugriff (zum Beispiel *chown*). *select.c* implementiert *select* und *poll*. Die Dateien *pipe.c* und *fifo.c* implementieren Pipes und benannte Pipes. *readdir.c* implementiert den Systemaufruf *getdents*, mit dem User-Space-Programme Verzeichnisse lesen (der Name steht für »get directory entries«). Andere Programmierschnittstellen für den Zugriff auf Verzeichnisdaten (wie etwa die *readdir*-Schnittstelle) sind alle als Bibliotheksfunktionen im User-Space definiert und verwenden den Systemaufruf *getdents*.

Die meisten Systemaufrufe zum Herumbewegen von Dateien wie etwa *mkdir*, *rmdir*, *rename*, *link*, *symlink* und *mknod* sind in der Datei *namei.c* implementiert, die wiederum auf dem Verzeichniseintrag-Cache aufbaut, der in *dcache.c* implementiert ist.

Das Ein- und Aushängen von Dateisystemen wie auch die Unterstützung von temporären Wurzelverzeichnissen für *initrd* werden in *super.c* implementiert.

Für Gerätetreiber ist *devices.c* besonders interessant, wo die Register für Zeichen- und Block-Treiber registriert werden und alle Geräte angesteuert werden. Dies geschieht durch das Implementieren der generischen *open*-Methode, die verwendet wird, bevor die gerätespezifische `file_operations`-Struktur geholt und verwendet wird. *read* und *write* für Block-Geräte sind in *block_dev.c* implementiert, was wiederum alle Arbeiten rund um die Puffer-Verwaltung an *buffer.c* delegiert.

Es gibt in diesem Verzeichnis noch mehrere andere Dateien, die aber weniger interessant sind. Die wichtigsten sind *inode.c* und *file.c*, die die interne Organisation von Datenstrukturen für Dateien und Inodes erledigen, dann die Datei *ioctl.c*, die *ioctl* implementiert, sowie *dquot.c*, die Quoten implementiert.

Wie wir bereits erwähnt haben, enthalten die meisten Unterverzeichnisse von *fs* die Implementationen der einzelnen Dateisysteme. *fs/partitions* ist allerdings kein Dateisystemtyp, sondern vielmehr ein Container für den Code zur Partitionsverwaltung. Manche Dateien in diesem Verzeichnis werden unabhängig von der Kernel-Konfiguration immer kompiliert, andere dagegen, die die Unterstützung spezieller Partitionierungsschemata implementieren, können individuell ein- oder ausgeschaltet werden.

Das Verzeichnis mm

Das letzte wichtigere Verzeichnis der Kernel-Quelldateien hat mit der Speicherverwaltung zu tun. Die Dateien in diesem Verzeichnis implementieren all die Datenstrukturen, die im gesamten System verwendet werden, um Fragen der Speicherverwaltung zu behandeln. Während die Speicherverwaltung in Registern und anderen Funktionen der jeweiligen CPU stattfindet, haben wir schon in Kapitel 13 gesehen, wie der größte Teil davon plattformunabhängig gemacht worden ist. Interessierte Leser können in *asm/arch-arch/mm* nachlesen, wie die jeweils niedrigste Ebene für die einzelnen Computer-Plattformen implementiert wird.

Die Allokationsmaschinerie *kmalloc/kfree* befindet sich in *slab.c*. Diese Datei ist eine vollständig neue Implementation, die ersetzt, was vorher in *kmalloc.c* war. Letztere Datei existiert in Versionen nach 2.0 nicht mehr.

Während die meisten Programmierer damit vertraut sind, wie ein Betriebssystem Speicher in Blocks und Seiten verwaltet, greift Linux eine Idee aus Solaris von Sun Microsystems auf und verwendet ein zusätzliches, flexibleres Konzept namens *slab*. Jeder Slab ist ein Cache, der mehrere Speicherobjekte der gleichen Größe enthält. Manche Slabs sind spezialisiert und enthalten Strukturen eines bestimmten Typs, die von einem bestimmten Teil des Kernels verwendet werden, während andere allgemeiner sind und Speicherbereiche von 32 Bytes, 64 Bytes und so weiter enthalten. Der Vorteil von Slabs besteht darin, daß Strukturen oder andere Speicherbereiche mit nur wenig Verwaltungsaufwand zwischengespeichert und wiederverwendet werden können; die aufwendigere Technik des Allozierens und Freigebens von Seiten wird so seltener benötigt.

Das andere wichtige Allokationswerkzeug, *vmalloc*, sowie die allem zugrundeliegende Funktion *get_free_pages* sind in *vmalloc.c* und *page_alloc.c* definiert. Beide sind recht einfach strukturiert und interessant zu lesen.

Neben den Allokationsdiensten muß ein Speicherverwaltungssystem auch das Einblenden von Speicher erlauben. Schließlich liegt *mmap* vielen Aktivitäten des Systems, darunter auch der Ausführung einer Datei, zugrunde. Die Funktion *sys_mmap* selbst befindet sich aber nicht hier, sondern ist tief im architekturspezifischen Code vergraben, weil Systemaufrufe mit mehr als fünf Argumenten eine Sonderbehandlung in Sachen CPU-Register benötigen. Die Funktion, die *mmap* für alle Plattformen implementiert, heißt *do_mmap_pgoff* und findet sich in *mmap.c*. Diese Datei implementiert auch *sys_sendfile* und *sys_brk*. Letztere Funktion mag nicht dazugehörig aussehen, weil *brk* dazu verwendet wird, die maximale virtuelle Adresse, die ein Prozeß benutzen kann, heraufzusetzen. Linux (und die meisten aktuellen Unix-Systeme) erzeugen neuen virtuellen Adreßraum für einen Prozeß, indem sie Seiten aus */dev/zero* einblenden.

Die Mechanismen zum Einblenden einer normalen Datei in den Speicher stehen in *filemap.c*. Diese Datei arbeitet auf Datenstrukturen ziemlich niedriger Ebene im Speicherverwaltungssystem. *mprotect* und *remap* werden in zwei Dateien gleichen Namens implementiert; das Sperren von Speicher taucht in *mlock.c* auf.

Wenn ein Prozeß mehrere aktive Speichertabellen hat, braucht man eine effiziente Möglichkeit, im Adreßraum nach freien Adressen zu suchen. Dazu sind alle Speichertabellen eines Prozesses als Adelson-Velski-Landis-Baum (AVL-Baum) aufgebaut. Diese Software-Struktur wird in *mmap_avl.c* implementiert.

Die Initialisierung und Entfernung von Auslagerungsdateien (also die Systemaufrufe *swapon* und *swapoff*) sind in *swapfile.c* zu finden. *swap_state.c* kümmert sich um den Auslagerungs-Cache und *swap.c* um das Altern von Seiten. Das *Auslagern* selbst ist hier nicht definiert, sondern ist ein Bestandteil der Verwaltung von Speicherseiten, was durch den Thread *kswapd* implementiert wird.

Die niedrigste Ebene der Seitentabellenverwaltung wird in der Datei *memory.c* implementiert, die immer noch die ursprünglichen Anmerkungen von Linus enthält, als er im Dezember 1991 die erste echte Speicherverwaltung implementierte. Alles, was sich auf noch niedrigeren Ebenen abspielt, befindet sich in Architektur-spezifischem Code (oft als Makros in den Header-Dateien versteckt).

Der Code zur Verwaltung von hohem Speicher befindet sich in *highmem.c*, wie Sie sicherlich unschwer erraten können. (Unter »hohem Speicher« versteht man Speicher jenseits der Grenze, die der Kernel direkt adressieren kann. Diese Speicheraufteilung wird insbesondere in der x86-Welt verwendet, um mehr als 4 GB RAM unterstützen zu können, ohne die 32-Bit Architektur aufzugeben.)

vmscan.c implementiert den *kswapd*-Kernel-Thread. Dies ist die Prozedur, die nach unbenutzten oder alten Seiten sucht, um diese freizugeben oder in den Auslagerungsbereich zu stecken. Die Quelldatei ist wohlkommentiert, weil das Fine-Tuning dieser Algorithmen ein Schlüsselfaktor für die gesamte System-Performance ist. Hier ist keine Entwurfsentscheidung trivial oder unkritisch und alles will gut durchdacht sein, weswegen hier so viele Kommentare stehen.

Der Rest der Quelldateien im *mm*-Verzeichnis kümmert sich um kleinere, aber manchmal wichtige Details wie *oom_killer*, eine Prozedur, die bestimmt, welcher Prozeß zwangsweise beendet wird, wenn das System keinen Speicher mehr zur Verfügung hat.

Interessanterweise führt die *uClinux*-Portierung des Linux-Kernels auf MMU-lose Prozessoren ein weiteres Verzeichnis namens *mmnommu* ein. Dieses wiederholt den offiziellen *mm*-Code recht genau, läßt aber allen MMU-bezogenen Code weg. Die Entwickler haben sich für diese Lösung entschieden, um einen Wust bedingter Kompilierungsanweisungen im *mm*-Baum zu vermeiden. Weil *uClinux* (noch) nicht in den Mainstream-Kernel integriert ist, müssen Sie einen *uClinux*-CVS-Baum oder ein tar-Paket herunterladen, wenn Sie die beiden Verzeichnisse vergleichen wollen (beide sind im *uClinux*-Baum enthalten).

Das Verzeichnis net

Das Verzeichnis *net* in der Linux-Dateihierarchie ist das Repository für die Socket-Abstraktion und die Netzwerkprotokolle; diese Features enthalten eine Menge Code, weil Linux mehrere verschiedene Netzwerk-Protokolle unterstützt. Jedes Protokoll (IP, IPX und so weiter) befindet sich in einem eigenen Unterverzeichnis; das Verzeichnis für IP heißt *ipv4*, weil es die Version 4 dieses Protokolls repräsentiert. Der neue Standard (der derzeit noch nicht besonders weit verbreitet ist) heißt *ipv6* und ist in Linux ebenfalls implementiert. Unix-Domänen-Sockets werden als ein weiteres Netzwerk-Protokoll behandelt; die Implementation finden Sie im Unterverzeichnis *unix*.

Die Netzwerk-Implementation in Linux basiert auf den gleichen Datei-Operationen wie bei Gerätedateien. Dies ist nur natürlich, weil Netzwerk-Verbindungen (Sockets) von normalen Dateideskriptoren repräsentiert werden. Die Datei *socket.c* ist das Zuhause der Socket-Datei-Operationen. Sie verteilt die Systemaufrufe über eine `struct proto_ops`-Struktur an eines der Netzwerk-Protokolle. Diese Struktur wird von jedem Netzwerk-Protokoll definiert, um Systemaufrufe auf die jeweiligen Datenverarbeitungsoperationen auf niedriger Ebene abzubilden.

Nicht jedes Unterverzeichnis in *net* dient zur Definition einer Protokollfamilie. Es gibt einige Ausnahmen: *core*, *bridge*, *ethernet*, *sunrpc* und *khttpd*.

Die Dateien in *core* implementieren generische Netzwerk-Funktionen wie den Umgang mit Geräten, Firewalls, Multicasting und Aliasnamen; dazu gehören auch die Verwaltung von Socket-Buffern (*core/skbuff.c*) und die Socket-Operationen, die unabhängig vom zugrundeliegenden Protokoll sind (*core/sock.c*). Die geräteunabhängige Datenverwaltung, die dem gerätespezifischen Code nahesteht, ist in *core/dev.c* definiert.

Die Verzeichnisse *ethernet* und *bridge* implementieren bestimmte Funktionalitäten niedriger Ebene, konkret die Ethernet-Hilfsfunktionen, die in Kapitel 14 beschrieben wurden, sowie das Bridging.

sunrpc und *khttpd* sind merkwürdig, weil sie auf der Kernel-Ebene Implementationen von Aufgaben enthalten, die normalerweise im User-Space ausgeführt werden.

In *sunrpc* finden Sie Hilfsfunktionen für den Kernel-NFS-Server (der RPC-basiert ist), während *khttpd* einen Kernel-Space-Webserver implementiert. Diese Dienste sind in den Kernel-Space verlegt worden, um den zusätzlichen Aufwand durch Systemaufrufe und Kontextwechsel während zeitkritischer Aufgaben zu vermeiden. Beide haben in diesem Modus gute Performance bewiesen. Das *khttpd*-Subsystem ist allerdings durch *TUX* abgelöst worden, einen Webserver, der derzeit den Rekord als schnellster Webserver der Welt hält. *TUX* wird voraussichtlich in die 2.5-Kernel-Reihe integriert werden.

Die beiden verbleibenden Quelldateien in *net* heißen *sysctl_net.c* und *netsyms.c*. Erstere ist das Backend des *sysctl*-Mechanismus[5], letztere ist lediglich eine Liste von `EXPORT_SYMBOL`-Deklarationen. Es gibt mehrere solcher Dateien im Kernel, üblicherweise eine je Hauptverzeichnis.

ipc und lib

Die kleinsten Verzeichnisse im Linux-Quellbaum sind *ipc* und *lib*. Das erste ist eine Implementation der Primitive zur System V-Interprozeßkommunikation (Semaphore, Message Queues und Shared Memory; es wird oft vergessen, aber viele Applikationen benutzen das). Das zweite Verzeichnis enthält generische Hilfsfunktionen, die denen der Standard-C-Bibliothek ähneln.

Die generischen Bibliotheksfunktionen sind eine sehr kleine Untermenge derjenigen, die im User-Space zur Verfügung stehen, decken aber unabdingbare Funktionalitäten ab, die man beim Programmieren immer benötigt: String-Funktionen (darunter *simple_atol* zum Konvertieren eines Strings in einen `long`-Werts mit Fehlerprüfung) und `<ctype.h>`-Funktionen. Die wichtigste Datei in diesem Verzeichnis ist *vsprintf.c*, sie implementiert die Funktion gleichen Namens, die *sprintf* und *printk* zugrundeliegt. Eine weitere wichtige Datei ist *inflate.c*, die den Dekomprimiercode von *gzip* enthält.

include und arch

In einer schnellen Übersicht über den Kernel-Quellcode gibt es wenig über Header-Dateien und architekturspezifischen Code zu sagen. Die Header-Dateien sind schon über das ganze Buch verstreut eingeführt worden, weswegen ihre Rolle (und die Trennung zwischen *include/linux* und *include/asm*) bereits klar sein sollte.

Architekturspezifischer Code ist dagegen noch nicht detailliert eingeführt worden, läßt sich aber auch nicht so leicht besprechen. In jedem Architektur-Verzeichnis finden Sie normalerweise eine Dateihierarchie, die die Top-Level-Hierarchie wiederholt (es gibt also Unterverzeichnisse *mm* und *kernel* usw.), aber auch Boot-Code und Assembler-Dateien. Die wichtigste Assembler-Datei auf jeder unterstützten Architektur ist *kernel/entry.S*; dies ist das Backend des Systemaufrufmechanismus (also die Stelle, an der Benutzerprozesse in den Kernel Mode eintreten). Abgesehen davon haben die einzelnen Architekturen wenig gemein, sie alle zu beschreiben wäre nicht so nützlich.

---

5 *sysctl* ist in diesem Buch nicht beschrieben worden; interessierte Leser können sich Alessandros Beschreibung dieses Mechanismus unter *http://www.linux.it/kerneldocs/sysctl* anschauen.

Treiber

Aktuelle Linux-Kernel unterstützen eine große Anzahl von Geräten. Gerätetreiber füllen etwa die Hälfte des gesamten Quellbaums (oder sogar zwei Drittel, wenn Sie den architekturspezifischen Code, den Sie nicht verwenden, nicht mitrechnen). Sie bestehen zusammen aus fast 1500 C-Dateien und mehr als 800 Header-Dateien.

Das Verzeichnis *drivers* selbst enthält keine einzige Quelldatei, sondern nur Unterverzeichnisse (und natürlich ein Makefile).

Die Strukturierung einer großen Menge von Quellcode ist nicht einfach, und die Entwickler sind keinen strikten Regeln gefolgt. Die ursprüngliche Aufteilung zwischen *drivers/char* und *drivers/block* ist heutzutage uneffizient. Es sind außerdem weitere Verzeichnisse angelegt worden, um diverse Anforderungen zu erfüllen. Die generischsten Zeichen- und Block-Treiber stehen aber weiterhin in *drivers/char* und *drivers/block*, weswegen wir dort anfangen.

drivers/char

Das Verzeichnis *drivers/char* ist wahrscheinlich das wichtigste in der ganzen *drivers*-Hierarchie, weil es eine Menge treiberunabhängigen Codes enthält.

Die generische TTY-Schicht (wie auch die Line Disciplines, die TTY-Software-Treiber und ähnliche Features) ist in diesem Verzeichnis implementiert. Die Datei *console.c* definiert den Terminal-Typ *linux* (indem sie die speziellen Fluchtsequenzen und die Tastatur-Encodierung implementiert). *vt.c* definiert die virtuellen Konsolen und enthält auch den Code, um von einer virtuellen Konsole auf eine andere zu wechseln. Die Unterstützung der Zwischenablage auf der Linux-Text-Konsole ist in *selection.c* implementiert, die Default-Line Discipline in *n_tty.c*.

Es gibt noch weitere Dateien, die wahrscheinlich entgegen Ihrer Erwartung, geräteunabhängig sind. *lp.c* implementiert einen generischen Parallel-Port-Druckertreiber, der auch die Console-on-line-printer-Fähigkeit enthält. Dieser ist geräteunabhängig, weil der *parport*-Gerätetreiber die Operationen auf die eigentliche Hardware abbildet (wie Sie in Abbildung 2-2 sehen können). Entsprechend implementiert *keyboard.c* die höheren Ebenen der Tastatursteuerung; diese Datei exportiert die Funktion *handle_scancode*, so daß plattformspezifische Tastaturtreiber (wie *pc_keyb.c* im gleichen Verzeichnis) von der verallgemeinerten Verwaltung profitieren können. *mem.c* implementiert */dev/mem*, */dev/null* und */dev/zero*: grundlegende Ressourcen, ohne die man nicht auskommt.

Übrigens wird *mem.c* immer mitkompiliert, weil es auch das Zuhause von *chr_dev_init* ist, was wiederum mehrere andere Treiber initialisiert, sofern diese mitkompiliert werden.

Es gibt noch andere geräte- und plattformunabhängige Quelldateien in *drivers/char*. Wenn Sie sich die Aufgaben der einzelnen Dateien anschauen wollen, dann beginne Sie am besten im Makefile dieses Verzeichnisses, einer interessanten und weitgehend selbsterklärenden Datei.

drivers/block

Wie das gerade beschriebene Verzeichnis *drivers/char*, so gibt es auch *drivers/block* schon seit langem in der Linux-Entwicklung. Hier fanden sich früher alle Block-Gerätetreiber, weswegen hier auch immer noch einiger geräteunabhängiger Code zu finden ist.

Die wichtigste Datei ist *ll_rw_blk.c* (low-level read-write block). Sie implementiert alle Anfrage-Verwaltungsfunktionen, die wir in Kapitel 12 beschrieben haben.

Relativ neu in diesem Verzeichnis ist *blkpg.c* (kam mit 2.3.3 hinzu). Diese Datei implementiert generischen Code für die Partitions- und Geometrie-Verwaltung in Block-Geräten. Der hiesige Code ersetzt gemeinsam mit dem oben beschriebenen Verzeichnis *fs/partitions* das, was früher »generic hard disk«-Unterstützung hieß. Die Datei namens *genhd.c* existiert immer noch, enthält heutzutage aber nur noch die generischen Initialisierungsfunktionen für Block-Treiber (ähnlich derjenigen für Zeichen-Treiber in *mem.c*). Eine der von *blkpg.c* exportierten öffentlichen Funktionen ist *blk_ioctl*, die wir in »Die ioctl-Methode« in Kapitel 12 behandelt haben.

Die letzte geräteunabhängige Datei in *drivers/block* ist *elevator.c*. Diese Datei implementiert den Mechanismus zur Änderung der Fahrstuhl-Funktion eines Block-Gerätetreibers. Diese Funktionalität kann durch die in »Die ioctl-Methode« kurz eingeführten *ioctl*-Befehle ausgenutzt werden.

Neben den Hardware-abhängigen Gerätetreibern, die Sie in *drivers/block* sicher erwarten, enthält dieses Verzeichnis auch Software-Gerätetreiber, die von Haus aus plattformunabhängig sind, genau wie die Treiber *sbull* und *spull*, die wir in diesem Buch eingeführt haben. Es handelt sich um die RAM-Disk in *rd.c*, das »Network Block Device« in *nbd.c* und das Loopback-Block-Gerät in *loop.c*. Letzteres wird dazu verwendet, Dateien so einzuhängen, als wären es Block-Geräte. (Siehe dazu die Man-Page von *mount*, wo die *-o loop*-Option beschrieben wird.) Das Network Block Device kann für den Zugriff auf entfernte Ressourcen als Block-Gerät verwendet werden (und ermöglicht so beispielsweise ein entferntes Swap-Gerät).

Andere Dateien in diesem Verzeichnis implementieren Treiber für bestimmte Hardware, darunter verschiedene Diskettenlaufwerke, den altmodischen x86-XT-Festplatten-Controller und einige weitere. Die wichtigsten Familien von Block-Treibern sind in separate Verzeichnisse verschoben worden.

drivers/ide

Die Familie der IDE-Gerätetreiber befand sich früher in *drivers/block*, ist aber so gewachsen, daß sie in ein eigenes Verzeichnis verschoben wurde. Die IDE-Schnittstelle ist mit der Zeit immer mehr erweitert und verbessert worden, um mehr als nur konventionelle Festplatten zu unterstützen. Beispielsweise werden inzwischen auch IDE-Bandlaufwerke unterstützt.

Das Verzeichnis *drivers/ide* ist eine Welt für sich, mit ein wenig allgemeinem Code und einer eigenen Programmierschnittstelle. Sie werden bemerken, daß einige Dateien in diesem Verzeichnis nur einige wenige Kilobytes lang sind. Diese enthalten nur den Code zur Erkennung des IDE-Controllers und verwenden dann den verallgemeinerten IDE-Treiber für alles andere – ein interessanter Lesestoff, wenn Sie an IDE-Treibern interessiert sind.

drivers/md

In diesem Verzeichnis geht es um die RAID-Funktionalität und die Abstraktion des Logical Volume Managers. Der Code registriert seine eigenen Major-Nummern für Zeichen- und Block-Treiber, kann also als Treiber wie die traditionellen Treiber angesehen werden. Trotzdem wird der Code davon getrennt gehalten, weil er nichts mit direktem Hardware-Zugriff zu tun hat.

drivers/cdrom

Dieses Verzeichnis enthält die generische CD-ROM-Schnittstelle. Sowohl die IDE- als auch die SCSI-*cdrom*-Treiber benutzen *drivers/cdrom/cdrom.c* für einen Teil ihrer Funktionalität. Die Haupteinsprungpunkte in der Datei sind *register_cdrom* und *unregister_cdrom*; der Aufrufer übergibt diesen Funktionen einen Zeiger auf eine `struct cdrom_device_info`, das wichtigste Objekt in der CD-ROM-Verwaltung.

Andere Dateien in diesem Verzeichnis kümmern sich um bestimmte Hardware-Laufwerke, die weder IDE noch SCSI verwenden. Diese Geräte sind heutzutage reichlich selten, weil sie in Anbetracht moderner IDE-Controller als veraltet angesehen werden können.

drivers/scsi

Alles rund um den SCSI-Bus befindet sich traditionell in diesem Verzeichnis. Dazu gehören die Controller-unabhängige Unterstützung für bestimmte Geräte (wie Festplatten und Bandlaufwerke) sowie Treiber für bestimmte SCSI-Controller.

Die Verwaltung der SCSI-Schnittstelle ist über mehrere Dateien verteilt: *scsi.c*, *hosts.c*, *scsi_ioctl.c* und ein Dutzend weitere. Wenn Sie an der gesamten Liste interessiert sind, schauen Sie besser in das Makefile, wo *scsi_mod-objs* definiert ist. Alle öffentlichen Einsprungpunkte in diese Dateiengruppe sind in *scsi_syms.c* zusammengefaßt.

Code, der eine bestimmte Art von Hardware-Laufwerken unterstützt, wird über den Aufruf von *scsi_register_module* mit dem Argument `MODULE_SCSI_DEV` in das SCSI-System eingebunden. So werden die Festplattenunterstützung von *sd.c*, die CD-ROM-Unterstützung von *sr.c* (die intern wiederum die *cdrom_*-Funktionen verwendet), die Bandlaufwerk-Unterstützung von *st.c* und die generischen Geräte von *sg.c* implementiert.

Der »generische« Treiber wird verwendet, um User-Space-Programmen direkten Zugriff auf SCSI-Geräte zu geben. Das zugrundeliegende Gerät kann so ziemlich alles sein; sowohl CD-Brenner als auch Scanner verwenden das generische SCSI-Gerät, um auf die angesteuerte Hardware zuzugreifen. Durch Öffnen der */dev/sg*-Geräte kann ein User-Space-Treiber alles Notwendige selbst machen, ohne Unterstützung vom Kernel zu benötigen.

Host-Adapter (also die SCSI-Controller-Hardware) können durch den Aufruf von *scsi_register_module* mit dem Argument `MODULE_SCSI_HA` in das Kern-System eingebaut werden. Die meisten Treiber tun das einfach durch die in *scsi_module.c* bereitgestellte Registrierungsfähigkeit: Die Quelldatei des Treibers definiert ihre statischen Datenstrukturen und bindet dann *scsi_module.c* ein. Diese Datei definiert Standard-Initialisierungs- und Aufräum-Funktionen, basierend auf `<linux/init.h>` und dem Mechanismus der init-Aufrufe. Diese Technik erlaubt es Treibern, ganz ohne `#ifdef`s entweder als Module oder als einkompilierte Funktionen verwendet zu werden.

Interessanterweise ist einer der in *drivers/scsi* unterstützten Host-Adapter der Code für die IDE-SCSI-Emulation, ein Software-Host-Adapter, der auf IDE-Geräte abbildet. Dieser wird zum Beispiel für das CD-Mastering verwendet: Das System sieht alle Laufwerke als SCSI-Geräte, und das User-Space-Programm muß nichts als SCSI verstehen.

Beachten Sie bitte, daß mehrere SCSI-Treiber in Linux von den Herstellern zur Verfügung gestellt wurden und nicht aus Ihrer bevorzugten Hacker-Gemeinde stammen; daher sind nicht alle besonders amüsant zu lesen.

drivers/net

Wie Sie vielleicht erwarten, befinden sich in diesem Verzeichnis die meisten Schnittstellen-Adapter. Im Gegensatz zu *drivers/scsi* enthält dieses Verzeichnis nicht die Kommunikationsprotokolle selbst. Diese liegen in *net* im Top-Level-Verzeichnis. Trotzdem ist in *drivers/net* ein Stückchen Software-Abstraktion zu finden, insbesondere die Implementation der verschiedenen Line Disciplines, die bei der Netzwerk-Kommunikation über serielle Leitungen verwendet werden.

Die Line Discipline ist die Software-Schicht, die für die Daten zuständig ist, die über die Kommunikationsleitung übertragen werden. Jedes TTY-Gerät hat eine zugehörige Line Discipline. Jede Line Discipline wird durch eine Nummer identifiziert, die wie üblich als symbolischer Name angegeben wird. Die Default-Line Discipline in Linux ist `N_TTY`, damit sind die normalen TTY-Verwaltungsroutinen als *drivers/char/n_tty.c* gemeint.

Bei PPP, SLIP oder anderen Kommunikationsprotokollen muß die Default-Line Discipline aber ersetzt werden. User-Space-Programme ändern die Line Discipline in `N_PPP` oder `N_SLIP`. Wenn das Gerät abschließend geschlossen wird, wird der Default wieder eingesetzt. Genau deswegen beenden sich *pppd* und *slattach* auch nicht nach dem Einrichten der Verbindung: Sobald sie sich beenden würden, würde das Gerät geschlossen und die Default-Line Discipline restauriert werden.

Die Aufgabe der Initialisierung von Netzwerk-Treibern ist noch nicht auf den init-Aufruf-Mechanismus übergegangen, weil es einige subtile technische Details gibt, die das verhindern. Die Initialisierung geschieht daher immer noch auf die alte Art und Weise: Die Datei *Space.c* führt die Initialisierung durch, indem sie eine Liste mit bekannter Hardware und Suchen nach den jeweiligen Geräten durchsucht. Die Liste wird durch `#ifdef`-Anweisungen gesteuert, die bestimmen, welche Geräte überhaupt einkompiliert sind.

drivers/sound

Wie *drivers/scsi* und *drivers/net* enthält dieses Verzeichnis alle Treiber für Soundkarten. Der Inhalt des Verzeichnisses ähnelt dem des SCSI-Verzeichnisses: Einige wenige Dateien bilden den Kern des Sound-Systems; individuelle Gerätetreiber bauen darauf auf. Das Kern-Sound-System kümmert sich darum, die Major-Nummer `SOUND_MAJOR` anzufordern und alle Aufrufe an die zugrundeliegenden Gerätetreiber weiterzuleiten. Ein Hardware-Treiber meldet sich beim Kern-System an, indem er die in *dev_table.c* definierte Funktion *sound_install_audiodrv* aufruft.

Die Liste der geräteunabhängigen Dateien in diesem Verzeichnis ist ziemlich lang, weil sie auch die generische Unterstützung für Mixer, Sequencer usw. enthält. Wenn Sie darin weiterforschen wollen, sollten Sie mit dem Makefile anfangen, um zu sehen, was was ist.

drivers/video

Hier finden Sie alle Framebuffer-Video-Geräte. Das Verzeichnis kümmert sich um die Video-Ausgabe, nicht um die Video-Eingabe. Wie in *drivers/sound* implementiert auch hier das gesamte Verzeichnis einen einzigen Zeichen-Gerätetreiber; ein Kern-Framebuffer-System leitet die Zugriffe auf die diversen auf dem Computer jeweils verfügbaren Framebuffer weiter.

Der Einsprungpunkt in */dev/fb*-Geräte befindet sich in *fbmem.c*. Die Datei registriert die Major-Nummer und pflegt eine interne Liste, welches Framebuffer-Gerät für welche Minor-Nummer zuständig ist. Ein Hardware-Treiber registriert sich selbst durch Aufrufen von *register_framebuffer*, wobei ein Zeiger auf eine `struct fb_info` übergeben wird. Diese Datenstruktur enthält alles, was zur Verwaltung der Geräte notwendig ist, darunter die Methoden *open* und *release*, aber keine *read*-, *write*- und *mmap*-Methoden; diese werden verallgemeinert in *fbmem.c* selbst implementiert.

Neben dem Framebuffer-Speicher kümmert sich dieses Verzeichnis auch um Framebuffer-Konsolen. Weil das Layout der Pixel im Framebuffer zu einem gewissen Grad standardisiert ist, konnten die Kernel-Entwickler eine generische Konsolen-Unterstützung für diverse Layouts von Video-Speicher implementieren. Sobald ein Hardware-Treiber seine eigene `struct fb_info` registriert, bekommt er automatisch eine Text-Konsole zugewiesen, die dem deklarierten Layout des Video-Speichers entspricht.

Leider gibt es in diesem Bereich keine wirkliche Standardisierung, so daß der Kernel derzeit 17 unterschiedliche Bildschirm-Layouts unterstützt, die von den ziemlich gängigen 16-Bit- und 32-Bit-Farb-Displays bis zu den haarigen Pixel-Plazierungen unter VGA und auf dem Mac reichen. Die Dateien, die Text in Framebuffer schreiben, heißen *fbconname.c*.

Wenn das erste Framebuffer-Gerät registriert wird, ruft die Funktion *register_framebuffer take_over_console* auf (was von *drivers/char/console.c* exportiert wird), um den aktuellen Framebuffer als System-Konsole einzurichten. Beim Booten, also vor der Initialisierung der Framebuffer, ist die Konsole entweder der native Textbildschirm oder, wenn es einen solchen nicht gibt, die erste serielle Schnittstelle. Die Kommandozeile, die den Kernel startet, kann den Default natürlich überschreiben, indem sie ein bestimmtes Konsolen-Gerät auswählt. Die Kernel-Entwickler haben *take_over_console* geschrieben, um Framebuffer-Konsolen unterstützen zu können, ohne den Boot-Code zu verkomplizieren. (Framebuffer-Treiber benötigen normalerweise PCI- oder eine andere Unterstützung und können daher nicht zu früh im Boot-Vorgang aktiv sein.) *take_over_console* ist aber nicht auf Framebuffer beschränkt, sondern steht jedem Code für jede Hardware zur Verfügung. Wenn Sie Kernel-Meldungen über einen Morse-Telegraphen oder UDP-Netzwerkpakete verschicken wollen, dann können Sie das tun, indem Sie *take_over_console* von Ihrem Kernel-Modul aus aufrufen.

drivers/input

Die Eingabeverwaltung ist eine weitere Funktionalität, die dazu gedacht ist, Aktivitäten, die mehreren Treibern gemein sind, zu vereinfachen und zu standardisieren. Die zentrale Datei hier heißt *input.c*. Sie registriert sich selbst als Zeichen-Treiber mit der Major-Nummer `INPUT_MAJOR`. Ihre Aufgabe besteht darin, Ereignisse von den Gerätetreibern zu sammeln und diese Ereignisse an die höheren Schichten weiterzuleiten.

Die Eingabe-Schnittstelle wird in `<linux/input.h>` definiert. Alle Treiber registrieren sich selbst durch Aufruf von *input_register_device*. Nach der Registrierung können Benutzer durch Aufrufen von *input_event* neue Ereignisse in das System einspeisen.

Module höherer Ebene können sich bei *input.c* registrieren, indem sie *input_register_handler* aufrufen und die Art von Ereignissen angeben, an denen sie interessiert sind. Auf diese Weise meldet beispielsweise *keybdev.c* sein Interesse an Tastaturereignissen an (die in dieser Datei am Ende dann an *driver/char/keyboard.c* weitergeleitet werden).

Ein Modul höherer Ebene kann auch eigene Minor-Nummern registrieren, um eigene Datei-Operationen zu verwenden und der Eigentümer einer Eingabe-Gerätedatei in */dev* zu werden. Derzeit ist es aber für Dritt-Module nicht leicht, Minor-Nummern zu registrieren, weswegen dieses Feature derzeit nur von den Dateien in *drivers/input* verläßlich verwendet werden kann. Minor-Nummern werden derzeit zur Unterstützung von Mäusen, Joysticks und generischen Ereigniskanälen im User-Space verwendet.

drivers/media

Dieses Verzeichnis wurde mit der Version 2.4.0-test7 eingeführt und faßt diverse Kommunikationsmedien zusammen; derzeit handelt es sich dabei um Radio- und Video-Eingabe. Sowohl die *media/radio*- als auch die *media/video*-Treiber bauen auf der Datei *video/videodev.c* auf, die wiederum die »Video For Linux«-API implementiert.

video/videodev.c ist ein generischer Container. Er fordert eine Major-Nummer an und stellt diese den Hardware-Treibern zur Verfügung. Die einzelnen Treiber niedrigerer Ebene registrieren sich durch Aufruf von *video_register_device*. Sie übergeben dabei einen Zeiger auf ihre eigene `struct video_device` sowie einen Integer-Wert, der den Typ des Geräts angibt. Derzeit unterstützt werden Framegrabber (`VFL_TYPE_GRABBER`), Radios (`VFL_TYPE_RADIO`), Teletext-Geräte (`VFL_TYPE_VTX`) sowie undecodierte Informationen in der vertikalen Austastlücke (`VFL_TYPE_VBI`).

Bus-spezifische Verzeichnisse

Einige der Unterverzeichnisse im Verzeichnis *drivers* werden nur für Geräte verwendet, die an eine bestimmte Bus-Architektur angeschlossen werden. Diese sind von den generischen Verzeichnissen *char* und *block* getrennt worden, weil ein recht großer Teil des Codes Bus-Architektur-spezifisch (und nicht gerätespezifisch) ist.

Das Unterverzeichnis mit den wenigsten Einträgen ist *drivers/pci*. Es enthält nur den Code, der mit den PCI-Controllern (oder dem System-BIOS) kommuniziert, wohingegen die PCI-Hardware-Treiber über den ganzen Kernel verteilt sind. Der PCI-Bus ist so weit verbreitet, daß es nicht sinnvoll ist, alle PCI-Karten an einer Stelle zu sammeln.

Falls Sie sich fragen, ob es ein spezielles Verzeichnis für ISA gibt, dann lautet die Antwort nein. Es gibt keine ISA-spezifischen Hilfsdateien, weil der Bus keine Ressourcen-Verwaltung oder Standardisierung kennt, auf der man eine Software-Schicht aufbauen könnte. ISA-Hardware-Treiber passen am besten nach *drivers/char*, *drivers/sound* oder in ein ähnliches Verzeichnis.

Die anderen Bus-spezifischen Verzeichnisse enthalten alles von weniger bekannten internen Computer-Bussen bis hin zu weit verbreiteten externen Schnittstellen-Standards.

Zu den ersteren gehören *drivers/sbus*, *drivers/nubus*, *drivers/zorro* (der in Amiga-Computern verwendete Bus), *drivers/dio* (der Bus der HP300-Computer) und *drivers/tc* (Turbo Channel, verwendet in MIPS DECstations). Während *sbus* sowohl SBus-Hilfsfunktionen als auch Treiber für einige SBus-Geräte enthalten, enthält die anderen nur Hilfsfunktionen. Hardware-Treiber auf der Basis aller dieser Busse finden Sie in *drivers/net*, *drivers/scsi*, oder welches Verzeichnis auch immer auf die jeweilige Hardware paßt. Einige wenige dieser Busse werden derzeit sogar nur von einem einzigen Treiber verwendet.

Zu den Verzeichnissen für externe Busse gehören *drivers/usb*, *drivers/pcmcia*, *drivers/parport* (generische Cross-Plattform-Unterstützung für den Parallel-Port, definiert eine ganz neue Klasse von Gerätetreibern), *drivers/isdn* (alle von Linux unterstützten ISDN-Controller und deren gemeinsame Hilfsfunktionen), *drivers/atm* (desgleichen für ATM-Netzwerk-Verbindungen) sowie *drivers/ieee1394* (FireWire).

Plattform-spezifische Verzeichnisse

Manche Computer-Plattformen haben einen eigenen Verzeichnisbaum in der *drivers*-Hierarchie. Solche Plattform-spezifischen Verzeichnisbäume findet man immer dann, wenn die Kernel-Entwicklung für eine Plattform eine Zeitlang neben dem Haupt-Quellbaum hergelaufen ist, ohne mit diesem wieder synchronisiert worden zu sein. In diesen Fällen helfen die separaten Verzeichnisbäume bei der Pflege. Dazu gehören beispielsweise *drivers/acorn* (alte ARM-basierte Computer), *drivers/macintosh*, *drivers/sgi* (Silicon Graphics-Workstations) und *drivers/s390* (IBM-Mainframes). Es lohnt sich nicht sehr, sich diesen Code anzuschauen, sofern Sie nicht an einer dieser Plattformen interessiert sind.

Andere Unterverzeichnisse

Es gibt in *drivers* noch andere Unterverzeichnisse, die aber unserer Meinung nach sehr spezifisch und nicht allgemein interessant sind. *drivers/mtd* implementiert eine Memory Technology Device-Schicht, mit der Solid State-Festplatten (Flash-Speicher und andere Arten von EEPROMs) angesteuert werden können. *drivers/i2c* enthält eine Implementation des i2c-Protokolls. i2c ist der »Inter Integrated Circuit«, ein zweidrahtiger Bus, der intern von mehreren modernen Peripherie-Geräten verwendet wird, besonders von Framebuffern. *drivers/i2o* kümmert sich entsprechend um I2O-Geräte (ein proprietärer Hochgeschwindigkeitskommunikationsstandard für bestimmte PCI-Geräte, der unter Druck der Bewegung für freie Software veröffentlicht worden ist). *drivers/pnp* ist eine Ansammlung von allgemeinem ISA-Plug-and-Play-Code aus diversen Treibern, aber glücklicherweise verwenden die meisten Hersteller den PnP-Hack heutzutage nicht mehr.

Unter *drivers/* finden Sie auch die Anfänge der Unterstützung neuer Geräte-Klassen, die derzeit nur in sehr wenigen Geräten zu finden sind.

Dies ist der Fall mit der Fiber Channel-Unterstützung (*drivers/fc4*) und mit *drivers/telephony*. Es gibt sogar ein leeres Verzeichnis namens *drivers/misc*, das für »diverse Geräte, die nirgendwo anders hinpassen« gedacht ist. Der Verzeichnis enthält keinen Code, aber ein leeres Makefile, das das gerade genannte Zitat im englischen Original als Kommentar enthält.

Der Linux-Kernel ist so riesig, daß es unmöglich ist, alles auf einigen wenigen Seiten zu behandeln. Außerdem verändert er sich ständig, und immer, wenn man denkt, daß man fertig ist, haben die Hacker schon wieder einen Patch veröffentlicht, der viel neues Material enthält. Es kann gut sein, daß das *misc*-Verzeichnis in 2.4 nicht mehr leer ist, wenn Sie dies lesen.

Obwohl wir das nicht für wahrscheinlich halten, kann es doch sein, daß die Kernel-Versionen 2.6 oder 3.0 deutlich anders als 2.4 sein wird; leider aktualisiert sich die Auflage dieses Buches nicht automatisch, um neue Versionen zu behandeln, so daß es mit der Zeit veralten wird. Obwohl wir uns sowohl in diesem Kapitel als auch im Rest des Buches bemüht haben, die aktuelle Kernel-Version zu behandeln, gibt es doch keinen Ersatz für das direkte Lesen des Quellcodes.

Bibliographie

Die meisten Informationen in diesem Buch stammen aus den Kernel-Quellen, der besten Dokumentation des Linux-Kernels.

Kernel-Quellen können von Hunderten von FTP-Sites auf der ganzen Welt heruntergeladen werden, weswegen wir diese hier nicht aufführen wollen.

Versionsabhängigkeiten finden Sie am besten durch einen Blick auf die Patches heraus, die Sie von der gleichen Stelle wie die gesamten Quellen bekommen können. Ein Programm namens *repatch* kann Ihnen dabei helfen herauszufinden, wie sich eine einzelne Datei in verschiedenen Kernel-Versionen verändert hat; es ist in den Quelldateien auf dem FTP-Server von O'Reilly enthalten.

Auf *sunsite.unc.edu* und den diversen Spiegeln davon finden Sie auch mehrere Gerätetreiber, die Ihnen sicherlich dabei helfen können, eigene Treiber zu schreiben.

Bücher zum Linux-Kernel

Bar, Moshe. *Linux Internals*. McGraw-Hill. 2000. Dieses knapp gefaßte Buch des *Byte*-Kolumnisten beschreibt einen großen Teil der Funktionalität des Linux-Kernels und behandelt auch eine Reihe von 2.4-Features.

Bovet, Daniel P. und Marco Cesati. *Understanding the Linux Kernel*. O'Reilly & Associates. 2000. Behandelt das Design und die Implementation des Linux-Kernels in großen Detailreichtum. Es ist mehr auf das Verständnis der Algorithmen als auf eine Dokumentation der Kernel-API ausgelegt.

Maxwell, Scott. *Linux Core Kernel Commentary*. Coriolis. 1999. Im wesentlichen ein großes Listing des zentralen Kernel-Codes mit 150 Seiten Kommentar am Ende. Kann nützlich sein, wenn Sie herausfinden wollen, was in einem bestimmten Teil des Kernels passiert.

Nutt, Gary J. *Kernel Projects for Linux*. Addison-Wesley. 2000. Geschrieben als Unterrichtsmaterial für Universitätskurse; ist von daher keine vollständige Einführung in den Linux-Kernel. Wer allerdings vorhat, mit dem Kernel herumzuspielen, findet hier eine gute Hilfe.

Unix-Design und Interna

Bach, Maurice. *The Design of the Unix Operating System*. Prentice Hall. 1987. Obwohl dieses Buch schon recht alt ist, behandelt es doch alle Fragen von Unix-Implementationen. Es war die wichtigste Inspirationsquelle für Linus, als er die ersten Linux-Versionen schrieb.

Stevens, Richard. *Unix Network Programming*. P T R Prentice-Hall. 1990. Wahrscheinlich die definitive Quelle zur Unix-Netzwerk-API.

Stevens, Richard. *Advanced Programming in the UNIX Environment*. Addison-Wesley. 1992. In diesem Buch wird jedes Detail der Unix-Systemaufrufe beschrieben, was es zu einem guten Begleiter macht, wenn man fortgeschrittene Features in den Gerätemethoden implementiert.

Index

Zahlen

A

B

C

D

E

F

G

H

J

K

L

M

N

O

P

S

U

V

W

X

Z

Über die Autoren

Alessandro Rubini installierte Linux 0.99.14 kurz nachdem er seinen Abschluß in Elektrotechnik erworben hatte. Er promovierte später noch an der Universität von Pavia in Informatik, verließ die Uni dann aber bald, weil er es leid war, Artikel zu schreiben. Als selbständiger Programmierer schreibt er jetzt Gerätetreiber und ... hmm ... Artikel. Bevor seine Kinder geboren wurden, war er ein junger Hacker, jetzt ist er ein alter Verteidiger freier Software, der eine Vorliebe für Nicht-PC-Plattformen entwickelt hat.

An der Universität von Colorado hatte **Jonathan Corbet** 1981 seinen ersten intensiven Kontakt mit Unix-Quellen, als nämlich ein Dozent ihm auftrug, den Paging-Algorithmus des BSD-Systems zu »fixen«. Seitdem hat er in jedem System herumgewühlt, das ihm in die Finger kam, darunter VAX, Sun, Ardent und x86-Systeme. Sein erstes Linux bekam er 1993 – und hat seitdem nie wieder zurückgeblickt. Er ist Chefredakteur und einer der Gründer von *Linux Weekly News (http://LWN.net)*. Jonathan Corbet lebt mit seiner Frau und zwei Kindern in Boulder, Colorado.

Über den Übersetzer

Matthias Kalle Dalheimer ist Geschäftsführer von Klarälvdalens Datakonsult AB und freiberuflich als Autor und Übersetzer tätig. Für O'Reilly hat er z.B. *Programming with Qt*, *KDE Anwendung & Programmierung* und *LaTeX – kurz & gut* geschrieben sowie zahlreiche O'Reilly-Bücher aus dem Englischen ins Deutsche übersetzt. Kalle war schon immer ein glühender Fan Schwedens, seiner Bewohner wie seiner Produkte (von Volvos bis IKEA-Möbeln), weswegen er jetzt mit seiner Frau Tanja und den Söhnen Jan Lennart und Tim Fredrik auf einem alten Bauernhof im kleinen Ort Hagfors in Schweden lebt.

Kolophon

Die Abbildung auf dem Einband von *Linux-Gerätetreiber* zeigt ein bockendes Pferd. Eine lebendige Beschreibung dieser Verhaltensweise findet sich in dem Buch *Marvels of the New West: A Vivid Portrayal of the Stupendous Marvels in the Vast Wonderland West of the Missouri River* von William Thayer (The Henry Bill Publishing Co., Norwich, CT, 1888). Thayer zitiert einen Viehhändler mit der folgenden Beschreibung eines bockenden Pferdes[1]: »Wenn ein Pferd bockt, dann senkt es seinen Kopf zwischen die Beine, krümmt den Rücken wie eine verärgerte Katze und springt mit allen Vieren gleichzeitig in die Luft, um dann mit einem schrecklichen Wiehern wieder zu landen. Manchmal wiederholt es die ganze Vorstellung, bis es davon vollkommen erschöpft ist. Der Reiter dürfte sich mittlerweile wohl ähnlich fühlen, falls er überhaupt im Sattel geblieben ist, was nicht ganz einfach ist, insbesondere wenn es sich um ein Pferd handelt, das die Bockerei geradezu als Wissenschaft betrachtet und eine Art Seitenbewegung in jeden Sprung legt. Der doppelte Sattelgurt mexikanischer Sättel ist gut, um den Sattel während eines solchen Anfalls

1 inoffizielle Übersetzung

in Position zu halten, aber es gibt keinen Zweifel, daß er regelmäßig Pferde zum Bocken bringt, die mit einem einfachen Gurt friedlich wären. Bei einigen Tieren ist es völlig unmöglich, den Flankengurt anzuziehen, ohne sie zum Bocken zu bringen.«

Der Umschlagentwurf dieses Buches basiert auf dem Reihenlayout von Edie Freedman und stammt von Emma Colby, die hierfür einen Stich aus dem 19. Jahrhundert verwendet hat. Das Coverlayout der deutschen Ausgabe wurde von Pam Spremulli mit Quark XPress 4.1 unter Verwendung der Schriftart ITC Garamond von Adobe erstellt. Die in diesem Buch enthaltenen Abbildungen stammen von Robert Romano und Jessamyn Read und wurden mit Adobe Photoshop 6 und Macromedia Freehand 9 erzeugt. Für den Einband verwenden wir die Spezialbindung »Freier Rücken«. Ann Schirmer und Joachim Kurtz haben das Kolophon geschrieben.

Linux

Linux in a Nutshell, 3. Auflage

Ellen Siever, Stephen Spainhour, Stephen Figgins & Jessica P. Hekman
848 Seiten, 2001, 36,- €
ISBN 3-89721-195-5

Linux in a Nutshell ist das Nachschlagewerk für Benutzer, Programmierer und Systemadministratoren und beschreibt alle wichtigen Befehle, die in den verbreitetsten Linux-Distributionen enthalten sind.

Linux-Gerätetreiber, 2. Auflage

Alessandro Rubini
624 Seiten, 2002, 44,- €
ISBN 3-89721-138-6

Dieses Buch richtet sich an alle, die unter Linux periphere Geräte unterstützen oder neue Hardware entwickeln wollen. Es erklärt Schritt für Schritt, wie man Treiber für eine große Bandbreite an Geräten schreibt, liefert viele Beispiele, die man sofort anpassen und einsetzen kann, und gibt Einblick in die Interna des Linux-Kernels. Deckt Kernel 2.4 ab.

vi-Editor – kurz & gut

Arnold Robbins
63 Seiten, 1999, 8,- €
ISBN 3-89721-213-7

Zum Nachschlagen für die wenig intuitiven vi und ex: Optionen und Befehle, Shortcuts, reguläre Ausdrücke sowie Optionen der Klone nvi, elvis, vim und vile.

C – kurz & gut

Ulla Kirch-Prinz & Peter Prinz
120 Seiten, 2002, 8,- €
ISBN 3-89721-238-2

Das Buch bietet zweierlei: der erste Teil ist ein kompakter Überblick über die Sprache und ihre Elemente, die zweite Hälfte ist der Standard-Bibliothek gewidmet. Der neuste ANSI-Standard C99 wird hierbei berücksichtigt.

Linux – Wegweiser zur Installation & Konfiguration, 3. Auflage

M. Welsh, M. K. Dalheimer & L. Kaufman
848 Seiten, 2000, 36,- €
ISBN 3-89721-133-5

Dieser Wegweiser erklärt Ihnen alles, was Sie wissen müssen, um Linux zu verstehen, es zu installieren und um damit arbeiten zu können. Neben einer umfassenden Installationsanleitung enthält das Buch u.a. eine Einführung in Unix, Hinweise zur System- und Netzwerkverwaltung, einen Überblick über X Windows sowie Informationen über Kernel-Updates, Werkzeuge für die Programmierung und jetzt auch Kapitel zu KDE und Samba.

Linux – Wegweiser für Netzwerker, 2. Auflage

Olaf Kirch & Terry Dawson
528 Seiten, 2001, 38,- €
ISBN 3-89721-135-1

Die vollständig aktualisierte 2. Auflage dieser umfassenden Einführung in die Netzwerkarbeit mit Linux behandelt nun auch Firewalls, Masquerading und Accounting. Abschnitte zu DNS, Mail und News, PPP sowie NFS/NIS wurden gründlich überarbeitet.

CVS – kurz & gut

Gregor N. Purdy
84 Seiten, 2001, 8,- €
ISBN 3-89721-229-3

Behandelt die zentralen Konzepte der CVS-Versionskontrolle und enthält eine vollständige Befehlsreferenz sowie eine Anleitung für die Konfiguration und Installation von CVS.

GNU Emacs – kurz & gut

Debra Cameron
64 Seiten, 1999, 8,- €
ISBN 3-89721-211-0

Referenz zu den Optionen und Befehlen des Editors GNU Emacs 20.2: von den Grundlagen der Textverarbeitung bis zu speziellen Befehlen für Programmierer.

Perl

Einführung in Perl /TK

Nancy Walsh
384 Seiten, 1999, 36,- €
ISBN 3-89721-142-2

Eine Einführung in die Perl-Erweiterung Perl/Tk zur Programmierung grafischer Benutzeroberflächen, die anhand von vielen Beispielen und Abbildungen schrittweise jedes Element (Widget) von Perl/Tk erklärt.

Programmierung mit Perl DBI

Alligator Descartes & Tim Bunce
384 Seiten, 2001, 38,- €
ISBN 3-89721-143-2

DBI ist die Standard-Datenbankschnittstelle für Perl. Das Buch beschreibt die Architektur von DBI, erklärt, wie DBI-basierte Programme geschrieben werden, und behandelt ausführlich die Details und Besonderheiten jedes einzelnen DBD.

Programmieren mit Perl-Modulen

Nate Patwardhan u.a.
538 Seiten, 1999, 38,- €, inkl. CD-ROM
ISBN 3-89721-108-4

Diese Einführung in die Anwendung von Perl-Modulen erklärt, wie man die passenden Module findet, installiert und einsetzt. Dabei werden Module für die wichtigsten Anwendungsbereiche (Datenbanken, Textbearbeitung, GUI, Grafiken, E-Mail, CGI usw.) vorgestellt.

Perl für System-Administration

David N. Blank-Edelman
476 Seiten, 2001, 38,- €
ISBN 3-89721-145-9

Dieses Buch wendet sich an Administratoren von Unix/Linux-, Windows NT/2000- und MacOS-Systemen. Es behandelt vor allem die Bereiche der Systemadministration, in denen Perl besonders nützlich und effektiv ist, u.a. Management von Dateisystemen, Prozessen, Benutzer-Accounts, Datenbanken und Netzwerken.

Perl/TK – kurz & gut

Stephen O. Lidie
120 Seiten, 1998, 8,- €
ISBN 3-89721-200-5

Referenz zu Perl/Tk, die sämtliche Widgets von Perl/Tk einschließlich deren Methoden und Variablen u.v.a.m. beschreibt.

mod_perl – kurz & gut

Andrew Ford
92 Seiten, 2001, 8,- €
ISBN 3-89721-231-5

Übersicht über die wichtigsten Features des Apache-Moduls mod_perl. Behandelt werden sowohl Funktionen als auch Konfigurationsanweisungen.

Fortgeschrittene Perl-Programmierung

Sriram Srinivasan
462 Seiten, 1998, 40,- €
ISBN 3-89721-107-6

Fortgeschrittene Perl-Programmierung ermöglicht sowohl Lesern mit Grundkenntnissen als auch erfahrenen Anwendern, ihre Programmiertechnik zu verbessern, kompliziertere Vorgänge zu meistern und effektiver zu arbeiten. Dieses Buch behandelt u.a. folgende fortgeschrittene Themen:

- Objektorientierte Programmierung
- Komplexe Datenstrukturen, Persistenz
- Netzwerkprogrammierung
- API-Programmierung mit Tk
- Interaktion mit in C geschriebenen Funktionen
- Erweiterung und Einbettung des Perl-Interpreters
- Perl-Interna

Kontaktieren Sie uns

1. Besuchen Sie uns auf unserer Homepage

http://www.oreilly.de/

- Ankündigungen von Neuerscheinungen
- Gesamtkatalog der englischen und deutschen Titel
- Probekapitel und Inhaltsverzeichnisse unserer Bücher

2. Tragen Sie sich in unsere Mailingliste ein

Neuerscheinungen

Wenn Sie automatisch per E-Mail über Neuerscheinungen informiert werden möchten, schicken Sie eine E-Mail an:
majordomo@oreilly.de
Setzen Sie die folgende Information in die erste Zeile Ihrer Nachricht (nicht in die Subject-Zeile):

- für Informationen über neue englische Titel:
  subscribe ora-news + Ihre E-Mail-Adresse
- für Informationen über neue deutsche Titel:
  subscribe oreilly-aktuell + Ihre E-Mail-Adresse

Oder füllen Sie einfach das entsprechende Formular auf unserem Web-Server aus:

- http://www.oreilly.de/oreilly/majordomo.form.html

3. Bestellen Sie unseren gedruckten Katalog

- über unseren Web-Server:
  http://www.oreilly.de/oreilly/katalog.html
- oder per Post, telefonisch oder per Fax

4. Beziehen Sie die Beispiele aus unseren Büchern (per FTP)

- ftp an:
  ftp.oreilly.de
  (login: *anonymous*
  password: Ihre E-Mail-Adresse)

- oder mit Ihrem Web-Browser über:
  ftp://ftp.oreilly.de/

5. Treten Sie mit uns per E-Mail in Kontakt

- *anfragen@oreilly.de*
  für generelle Anfragen und Informationen

- *order@oreilly.de*
  für Bestellungen

- *kommentar@oreilly.de*
  für Anmerkungen zu unseren Büchern

- *proposals@oreilly.de*
  um Manuskripte und Buchvorschläge an uns zu senden

- *presse@oreilly.de*
  für Journalisten, die mehr über uns oder unsere Bücher erfahren möchten

O'Reilly Verlag GmbH & Co. KG
Balthasarstraße 81, 50670 Köln
Tel. 49 (0)221/973160-0 • (9 bis 18 Uhr)
Fax 49(0)221/973160-8

O'REILLY

anfragen@oreilly.de • http://www.oreilly.de • +49 (0)221-97 31 60-0